The Oxford Handbook of Fiduciary Law

フィデューシャリー法大全

溜箭将之・萬澤陽子 監訳

有吉尚哉・中田直茂・友松義信・吉谷 晋・佐藤令康 訳

弘文堂

The Oxford Handbook of
Fiduciary Law

Edited by Evan J. Criddle, Paul b. Miller and Robert h. Sitkoff

Copyright © 2019 by Oxford University Press, Inc.

This translation is published by arrangement with Oxford University Press.

監訳者序言

　本書は、オックスフォード・ハンドブックの中で信認法を扱った The Oxford Handbook of Fiduciary Law（2019）の前半部分の翻訳である。原書は、4 部構成で全 48 章からなる包括的なハンドブックであり、本書は、第 1 部と第 2 部にあたる第 1 章〜第 24 章を訳出している。編者の Evan J. Criddle 教授（ウィリアム・アンド・メアリー大学）と Paul B. Miller（ノートルダム大学）教授は、ここ 15 年あまりで信認法の理論化を目指す論文や著書・編著を多数世に出しており、Robert H. Sitkoff（ハーバード大学）教授は、今日アメリカの信託法研究を代表する研究者として知られる。その意味で本書は、これまで信託法や信認法の代表的理論家としてわが国でも紹介されてきた Tamar Frankel（ボストン大学）、John H. Langbein（イェール大学）、David M. English（ミズーリ大学）各教授を引き継ぐ世代が、信認法の包括的な俯瞰を試みた編著といえる。各章を執筆するのも該当テーマを代表する研究者であり、各分野の概観と引用文献からさらなる研究を深める手がかりを提供するとともに、単体でも読み応えのある論稿になっている。

　第 1 部は、代理、信託、会社といった分野ごとに信認法理を概観する。第 2 部の概念的な統合では、忠実義務、注意義務、任意的規律と強行的規律といったテーマが、分野横断的に検討される。本書で翻訳を行ったのは、以上の 2 つの部であるが、第 3 部は、法制史と比較法として、イギリスのコモン・ローや教会法から現代コモン・ロー、大陸法、中国法等が扱われる。第 4 部では、「信認法と理論の将来」と題し、経済学、哲学、心理学等の方法論上のアプローチ、信認法とエクイティ、倫理、社会規範、腐敗、金融規制等の関連分野を交えた検討、さらに、私法と公法における信認法研究の最前線が検討されている。

　本書に収録された論稿は、2017 年 11 月にハーバード大学ロースクールで開催された会議で検討されたペーパーがベースとなっている。私もこの会議に出席し報告する機会を得たが、フィデューシャリー法をめぐって議論が交わされる法分野と論点の広がりに圧倒されるような思いをした。個々の論稿・報告に対しては、異なる法分野とアプローチをとる参加者から、様々な観点や意見が示された。そうした刺激的な議論は、本書にも様々な形で反映されている。

　同時に、本ハンドブックは、突如として単体で現れたものではなく、近年のア

メリカや国際的なフィデューシャリー法研究の発展の積み重ねの中から生まれた
ものでもある。以前から Frankel 教授を核に、Andrew S. Gold 教授（ブルックリ
ン・ロースクール）、Deborah A. DeMott 教授（デューク大学）や Criddle 教授、
Miller 教授を中心とするメンバーは、毎年フィデューシャリー法のワークショッ
プを開いてきた。2010 年代には、ワークショップのメンバーが、フィデューシ
ャリー法を様々な側面から検討する編著を世に問うている。いくつかの例として、
Andrew S. Gold and Paul B. Miller, eds., Philosophical Foundations of Fiduciary
Law（Oxford University Press 2014）、Paul B. Miller and Andrew S. Gold, eds.,
Contract, Status, and Fiduciary Law（Oxford University Press 2017）、Evan J.
Criddle, Evan Fox-Decent, Andrew S. Gold, Sung Hui Kim and Paul B. Miller, eds.,
Fiduciary Government: Provenance, Promise, and Pitfalls（Cambridge University
Press 2018）、Arthur Laby and Jacob Russell, eds., Fiduciary Obligations in Busi-
ness（Cambridge University Press 2021）、Seth Davis, Thilo Kuntz, and Gregory
Shaffer, eds., Transnational Fiduciary Law（Cambridge University Press 2024）、
Thilo Kuntz, ed., Research Handbook on Environmental, Social and Corporate
Governance（Edward Elgar 2024）を挙げることができ、最後の 3 冊には私も 1 章
を寄せている。

　こうしたフィデューシャリー法研究の高まりは、Frankel 教授が California
Law Review に "Fiduciary Law" と題された画期的な論文を発表した 1983 年から
すると、隔世の感がある。当時は、信認義務は信託法や会社法等個別の法分野で
扱われることがあっても、分野を横断する体系としてフィデューシャリー法を取
り上げることには懐疑的な向きもあった。また、フィデューシャリー法を観念す
るとして、これをどのように統一的理念で基礎づけ正当化するかについても争い
があった。信託を契約の一種と捉えられるとする Langbein 教授と、これに信認
関係を軸とした議論で信託の独自性を主張した Frankel 教授の論争は、樋口範雄
教授『フィデュシャリー「信認」の時代――信託と契約』（有斐閣・1999 年。現在、
トラスト未来フォーラムのホームページで読むことができる）で、わが国にも紹介さ
れている。

　フィデューシャリー法をめぐる議論や研究は、わが国でも信託や会社の文脈に
とどまらず、金融商品取引や公益団体等、広がりをみせている。アメリカ等、諸
外国においても、雇用関係、親子関係、公法分野等、多様な文脈におけるフィデ
ューシャリー法の検討が進められている。フィデューシャリー法の適用分野が広

がれば、具体的な法理は文脈に応じて変容し、多様な形態をとるため、統一性や一貫性を想定することは難しくなる。信託や会社、代理や後見など伝統的なフィデューシャリーでも、利益相反が錯綜したり、契約や合意による信認義務の変更・縮減が認められたりする。本書は、フィデューシャリー法が幅広い分野で適用されることを示しつつ、そうした変容や多様性についてもオープンな立場をとっている。フィデューシャリー法はいまだ完成をみたということはできないのであり、本書に収録された諸論稿は、今後のフィデューシャリー法の行方を考えるうえでも、貴重な示唆を与えてくれる。

ここで、本書のタイトルにもある「フィデューシャリー／fiduciary」の語について、一言触れておきたい。フィデューシャリーという英単語は、名詞にも形容詞にも用いられ、対応する日本語も「信認〔的な〕」や「受認者〔の〕」等、複数ある。また、カタカナ語の「フィデューシャリー」も、ある程度わが国で人口に膾炙したようにも見受けられる。こうした用語を文脈に応じて一貫して訳し分けることは容易ではないが、大まかには、信認義務を負う特定の人（受託者や代理人など）を指して fiduciary の語が用いられているときは「受認者」と漢字表記で訳出し、理念や概念として fiduciary が用いられているときは「フィデューシャリー」とカタカナ表記で訳出している。ただし、受認者が受益者に対して負う fiduciary duty は「信認義務」、受認者と受託者との関係を指す fiduciary relationship は「信認関係」、これら信認義務や信認関係を規律する原理原則である fiduciary principle は「信認原理」として、わが国でも定着していると思われるので、そのように訳した。こうした翻訳の過程での試行錯誤にも、フィデューシャリー・信認原理という言葉と考え方がわが国にも定着し、議論されてきたことがうかがえる。フィデューシャリー・信認原理をめぐる議論が今後も深化と発展を遂げ、本書『フィデューシャリー法大全』がそうした展開の一里塚となり、今後の発展の礎石となれば、訳者一同にとって望外の幸せである。

本書の翻訳は、三菱 UFJ 信託銀行の主催する第 2 次フィデューシャリー・デューティー研究会（座長：神作裕之教授。2019 年 11 月〜2023 年 3 月開催）と並行して進められた。報告会における本書の理解や翻訳についてコメントは、各章の翻訳に際して参考とした。本書の議論は、研究会の成果である神作裕之・三菱 UFJ 信託銀行フィデューシャリー・デューティー研究会編『フィデューシャリー・デ

ューティーの最前線』にも影響を与えている。例えば、本書において言及されているフィデューシャリー・ローの拡大現象については、同書の友松義信「プラットフォーマーはフィデューシャリーか――デジタルプラットフォーマーの責任を巡る議論とフィデューシャリー概念の交錯」でも取り上げられている。

　監訳者にとって本訳書は、10 年前に三菱 UFJ 信託銀行 Fiduciary Law 研究会でタマール・フランケル『フィデューシャリー――「託される人」の法理論』（弘文堂・2014 年）の翻訳に携わって以来の翻訳作業である。この間に、フィデューシャリーの分野における議論がわが国でも海外でもさらなる展開を遂げていることは、感慨深い。

　最後に、翻訳者の有吉尚哉氏、佐藤令康氏、友松義信氏、中田直茂氏、吉谷晋氏、監訳に加わってくださった萬澤陽子先生、およびフィデューシャリー・デューティー研究会の参加者である神作裕之先生、加毛明先生、中原太郎先生、松元暢子先生に感謝したい。また、研究会に対する三菱 UFJ 信託銀行の支援と、きめ細やかな編集作業をしてくださった弘文堂編集部の北川陽子氏にも、心から感謝を申し上げる。

2024 年 6 月

溜箭将之

監訳者序言 ……………………………………………………………… i

目　　次 ……………………………………………………………… v

凡　　例 ……………………………………………………………… xvii

| はしがき | EVAN J. CRIDDLE, PAUL B. MILLER, AND ROBERT H. SITKOFF ———— 1 |

Ⅰ 学理上の規範 ———————————————————————— 3

Ⅱ 信認法の概念的統合 ——————————————————— 6

Ⅲ 歴史や法制度を超えた信認法 ————————————— 8

Ⅳ 信認法とその理論の将来 ——————————————— 10

| 第1章 | 事実関係に基づく信認関係における信認原則 |
| | DANIEL B. KELLY ———— 15 |

Ⅰ はじめに ———————————————————————— 15

Ⅱ 事実関係に基づく信認関係の発生の契機 ——————— 18

　A 事実関係に基づく信認関係とされるための鍵となる事実と判断基準 — 18

　B 事実関係に基づく受認者と地位に基づく受認者の関係 ———— 25

Ⅲ 事実関係に基づく信認関係における信認義務 ————— 28

　A 事実関係に基づく信認関係における忠実義務と注意義務 —— 29

　B 事実関係に基づく信認関係におけるその他の義務 ———— 30

Ⅳ 事実関係に基づく信認関係における強行規定と任意規定 —— 33

Ⅴ 事実関係に基づく信認関係の救済 ——————————— 34

Ⅵ 結　　論 ———————————————————————— 36

| 第2章 | 代理法における信認原則　　DEBORAH A. DeMOTT ———— 39 |

Ⅰ 代理関係の諸要素と意味 ——————————————— 39

　A コモン・ローにおける代理の要件 ————————————— 41

　B 代理関係の範囲の画定 ——————————————————— 42

　C 代理関係が成立間近な状況？ ——————————————— 44

Ⅱ 本人に対する代理人の義務 —————————————— 47

　A 忠実義務 ———————————————————————— 48

　B 履行義務 ———————————————————————— 51

Ⅲ 強行規定と任意規定 —————————————————— 54

　A 履行義務 ———————————————————————— 54

　B 忠実義務 ———————————————————————— 56

Ⅳ 義務違反に対する救済 —————————— 57

Ⅴ 結　論 —————————————————————— 59

第3章　**信託法における信認原則**　ROBERT H. SITKOFF ——— 61

Ⅰ はじめに ——————————————————————— 61

Ⅱ 信認関係の発生の契機および範囲 ————————— 63

Ⅲ 忠実義務 ———————————————————————— 65

Ⅳ 注意義務 ———————————————————————— 68

　A 分配 —————————————————————————— 69

　B 投資 —————————————————————————— 70

　C 保管および管理 ——————————————————— 74

Ⅴ その他の信認義務 ————————————————— 76

　A 公平義務 ——————————————————————— 76

　B 情報提供・説明義務 ———————————————— 78

　C 受託者機能が分化している場合の相互監視 ——— 79

Ⅵ 強行規定と任意規定 ———————————————— 80

　A 信託条項 ——————————————————————— 80

　B 受益者の承認 ———————————————————— 84

Ⅶ 救　済 —————————————————————————— 85

Ⅷ 結　論 —————————————————————————— 86

第4章　**会社法における信認原則**　JULIAN VELASCO ——— 88

Ⅰ はじめに ——————————————————————— 88

Ⅱ 発生の契機 —————————————————————— 91

Ⅲ 忠実義務 ———————————————————————— 94

Ⅳ 注意義務 ———————————————————————— 98

Ⅴ その他の義務 ———————————————————— 100

Ⅵ 強行規定と任意規定 ———————————————— 103

Ⅶ 救　済 —————————————————————————— 106

Ⅷ 結　論 —————————————————————————— 109

第5章　**会社以外の営利組織の法における信認原則**
MOHSEN MANESH ——— 111

Ⅰ はじめに ——————————————————————— 111

II 信認関係の発生の契機 ——————————— 114

A 無限責任組合 ——————————————— 114

B 有限責任組合 ——————————————— 115

C LLC ————————————————————— 115

D デラウェア州 —————————————— 116

III 忠実義務 ———————————————————— 117

A 無限責任組合 ——————————————— 117

B 有限責任組合 ——————————————— 119

C LLC ————————————————————— 120

D デラウェア州 —————————————— 121

IV 注意義務 ———————————————————— 122

A 無限責任組合 ——————————————— 123

B 有限責任組合 ——————————————— 124

C LLC ————————————————————— 124

D デラウェア州 —————————————— 125

V その他の法的義務 ——————————————— 126

A 情報開示 ————————————————— 126

B 誠実義務および公正取引義務 ——————— 129

VI 強行規定としての義務と任意規定としての義務 ——— 132

A 組合 ——————————————————— 132

B 有限責任組合 ——————————————— 134

C LLC ————————————————————— 134

D デラウェア州 —————————————— 135

VII 救 済 ———————————————————— 136

A 無限責任組合 ——————————————— 136

B 有限責任組合 ——————————————— 138

C LLC ————————————————————— 139

D デラウェア州 —————————————— 139

VIII 結 論 ———————————————————— 140

第6章 **慈善団体とそれ以外の非営利組織における信認原則**
LLOYD HITOSHI MAYER ———— 141

I はじめに ————————————————————— 141

II 信認関係の発生の契機となる基準 ——————————— 143

A 役員と理事等 ———————————————— 144

B メンバー ——————————————————— 145

C それ以外の個人・組織 ————————————— 146

D 法形式の違い ——————————————— 146

E 連邦税法 ————————————————— 147

Ⅲ **忠実義務** ———————————————————— 147

A 義務の実質 ———————————————— 148

B 法形式の違い ——————————————— 149

C 連邦税法 ————————————————— 151

Ⅳ **注意義務** ———————————————————— 152

A 義務の実質 ———————————————— 153

B 慈善目的の資金運用 ———————————— 153

C 法形式の違い ——————————————— 154

D 連邦税法 ————————————————— 155

Ⅴ **それ以外の法的義務** ————————————— 156

A 遵守義務 ————————————————— 156

B 開示および記録保存の要請 ———————————— 158

C 誠実義務、守秘義務、その他の義務 ———————— 158

Ⅵ **強行規定と任意規定** ————————————— 159

A 緩和する権限 ——————————————— 159

B 免責、補償および保険 ————————————— 160

C 元フィデューシャリー ————————————— 161

Ⅶ **信認義務違反からの救済** ———————————— 161

A 州の司法長官 ——————————————— 161

B その他救済を求めることのできる者 ——————— 163

C 連邦税法 ————————————————— 163

Ⅷ **結　　論** ——————————————————— 164

| 第 7 章 | **銀行業務における信認原則** | ANDREW F. TUCH —— 165 |

Ⅰ **はじめに** ——————————————————— 165

Ⅱ **商業銀行業務** ———————————————— 167

A 融資 ——————————————————— 167

B 預金の受入れ ——————————————— 171

Ⅲ **投資銀行業務** ———————————————— 171

A 証券募集の引受け ———————————————— 171

B M&A 取引に関する助言 ———————————————— 175

C M&A に関するフェアネスオピニオンの提供 ————————— 180

D M&A 顧客への銀行融資の提供 ————————————— 181

Ⅳ その他の銀行の担う機能 ———————————————— 182

Ⅴ 強行規定および任意規定 ———————————————— 183

A 契約上の免責条項 —————————————————— 183

B 説明に基づく同意 —————————————————— 186

C 信認義務の免責条項および説明に基づく同意の差違 ————— 186

D 受認者の損害賠償責任の免除 ————————————— 186

E 情報障壁 ————————————————————— 188

Ⅵ 救済手段 ————————————————————— 188

Ⅶ 結　　論 ————————————————————— 189

第8章 **投資顧問における信認原則**　　　ARTHUR B. LABY ——— 190

Ⅰ はじめに ————————————————————— 190

Ⅱ 発生の契機 ———————————————————— 191

A 連邦法 —————————————————————— 191

B 州法 ——————————————————————— 198

Ⅲ 忠実義務 ————————————————————— 200

Ⅳ 注意義務 ————————————————————— 203

Ⅴ その他の法令上の義務 ———————————————— 205

Ⅵ 強行規定か任意規定か ———————————————— 207

A 受認者の地位 ——————————————————— 208

B 開示 ——————————————————————— 209

C 免責条項 ————————————————————— 209

D 委任 ——————————————————————— 211

E 辞任または離脱 —————————————————— 212

Ⅶ 救　　済 ————————————————————— 212

Ⅷ 結　　論 ————————————————————— 215

第9章 **年金法における信認原則**　　　DANA M. MUIR ——— 216

Ⅰ はじめに ————————————————————— 216

Ⅱ エリサ法と信託法 —————————————————— 217

Ⅲ 受認者の発生の契機 ————————— 219

  A 指名受認者および機能上の受認者 ————————— 219

  B DC における投資顧問と受認者の地位 ————————— 220

  C 共同受認者の責任 ————————— 221

  D 機能上の受認者の義務の境界 ————————— 221

  E 受認者としてのプラン提供者（スポンサー）：
「2つの帽子〔兼務〕」問題 ————————— 221

Ⅳ 受認者の負う忠実義務と注意義務 ————————— 222

  A 制定法上の義務 ————————— 223

  B 投資の選択肢とサービス提供者の選定 ————————— 225

  C DC の投資としての雇用主の株式 ————————— 226

  D 経済的目的投資 ————————— 227

  E 受認者と開示義務の交差 ————————— 229

  F まとめ ————————— 231

Ⅴ その他の法律上の義務 ————————— 231

Ⅵ 強行規定と任意規定 ————————— 233

Ⅶ 救　　済 ————————— 234

  A エリサ法の救済スキームの概要 ————————— 234

  B 年金プラン回復条項 ————————— 235

  C 包括条項 ————————— 236

  D 行政執行 ————————— 238

  E 救済の十分性 ————————— 239

Ⅷ 結　　論 ————————— 240

第 10 章　雇用法における信認原則　　　ADITI BAGCHI ———— 241

Ⅰ フィデューシャリーとしての従業員 ————————— 241

  A どの従業員がフィデューシャリーか ————————— 245

  B 従業員の忠実義務が求めるもの ————————— 249

  C 任意規定か強行規定か ————————— 251

  D 救済手段 ————————— 253

Ⅱ 受益者としての従業員 ————————— 255

  A エリサ法の信認義務が求めるもの ————————— 256

  B 救済手段 ————————— 260

  C 強行規定か任意規定か ————————— 260

Ⅲ 雇用主は信認義務を負うか ————————— 261

Ⅳ 結　論 —————————————————————— 262

第11章　破産・倒産法における信認原則
JOHN A. E. POTTOW ————— 264

Ⅰ はじめに —————————————————————— 264
Ⅱ 破産法入門 ————————————————————— 265
Ⅲ 管財人の義務 ———————————————————— 268
　A 分類：信認義務、非信認義務および反信認義務 ————— 268
　B 注意義務の内容：相対的明瞭性 ——————————— 272
　C 忠実義務の内容（および受益者）：相対的混乱 ———— 273
Ⅳ 救済手段 —————————————————————— 284
　A 管財人の責任を否定しうる根拠：免責および制限 ——— 284
　B 管財人が有責とされる根拠：注意義務違反の基準 —— 287
Ⅴ 破産における信認義務をめぐる様々な問題 ——————— 288
Ⅵ 結　論 —————————————————————— 290

第12章　家族法における信認原則
ELIZABETH S. SCOTT AND BEN CHEN ————— 292

Ⅰ はじめに —————————————————————— 292
Ⅱ フィデューシャリーとしての親 —————————————— 293
　A 両親共に揃った家庭の親を規制する ———————— 295
Ⅲ 配偶者と親密なパートナー ————————————— 302
　A 進歩的婚姻関係と信認義務 ——————————— 302
　B 生活必需品の法理と利益相反禁止ルール ————— 304
　C 夫婦財産制と配偶者のサポート ————————— 304
　D 未婚のパートナー ——————————————— 306
Ⅳ 家族の後見：信認義務の公式化 ——————————— 306
　A 公式の信認関係として特別に保護する必要性 ——— 307
　B 指名 ——————————————————————— 309
　C 報酬 ——————————————————————— 310
　D 権限の範囲と制限 —————————————— 311
　E 後見関係の終了 —————————————— 314
Ⅴ 知的障碍をもった成人の家族の後見 ————————— 315
　A 指名 ——————————————————————— 316

B 信認義務の適用 ——————————————————— 316

Ⅵ 結　論 ——————————————————————— 317

第13章　意思決定代行における信認原則　　NINA A. KOHN ——— 319

Ⅰ はじめに ————————————————————— 319

Ⅱ 信認義務の発生の契機 ————————————————— 320

　　A 後見人および財産管理人 ——————————————— 320

　　B 資金管理および医療に関する委任状 ——————————— 323

　　C 代理受取人および他の政府の受認者 ——————————— 325

Ⅲ 忠実義務 ————————————————————— 326

Ⅳ 注意義務 ————————————————————— 329

Ⅴ その他の法的義務 ——————————————————— 332

Ⅵ 救　済 —————————————————————— 333

Ⅶ 結　論 —————————————————————— 336

第14章　代理人弁護士の信認原則　　RICHARD W. PAINTER ——— 337

Ⅰ 序論：専門家の信認義務 ———————————————— 337

Ⅱ 弁護士の信認義務の法律上の基礎と発生の契機 ——————— 339

Ⅲ 忠実義務 ————————————————————— 341

　　A 利益相反 ————————————————————— 341

　　B 守秘義務 ————————————————————— 342

　　C 依頼者を特定して代理すること ———————————— 345

　　D 情報伝達 ————————————————————— 347

Ⅳ 注意義務 ————————————————————— 349

　　A 依頼者の事情に精通すること ————————————— 349

　　B 秘密の保護 ———————————————————— 351

Ⅴ 信認義務と信認義務以外の専門家としての
　　責任に関する義務との関係 ——————————————— 352

　　A 2つの義務が対立する場合があること —————————— 352

　　B 義務の調和 ———————————————————— 354

Ⅵ 受託者としての弁護士 ————————————————— 357

Ⅶ 強行規定と任意規定 —————————————————— 358

　　A 職務上の責任に関する義務 —————————————— 358

　　B 一般法 —————————————————————— 360

Ⅷ 救　　済 ——————————————————— 360
　　Ⅸ 結　　論 ——————————————————— 361

第 15 章　医療における信認原則　　　MARK A. HALL ——— 363
　　Ⅰ はじめに ——————————————————— 363
　　Ⅱ 医師その他の医療従事者は「受認者」か ————————— 363
　　　　A 医師 ——————————————————— 363
　　　　B 医師以外の者 ——————————————— 365
　　Ⅲ 医療の受認者による忠実義務 —————————————— 369
　　Ⅳ 医療における受認者の注意義務 ————————————— 373
　　Ⅴ 医療に従事する受認者のその他の義務 —————————— 375
　　Ⅵ 医療における信認義務の免責 —————————————— 376
　　Ⅶ 医療における受認者の義務違反に対する訴訟 ——————— 377
　　Ⅷ 結　　論 ——————————————————— 380

第 16 章　信認原則と公的な官職
　　　　　ETHAN J. LEIB AND STEPHEN R. GALOOB ——————— 382
　　Ⅰ はじめに ——————————————————— 382
　　Ⅱ 公的な官職は公共の信託である ————————————— 383
　　　　A 報酬条項 ——————————————————— 386
　　　　B 行政法 ——————————————————— 388
　　　　C 裁判に関する法 ——————————————— 390
　　Ⅲ フィデューシャリーの規範は
　　　　いかに公的な官職を有する者を制御するか ——————— 394
　　　　A 忠実義務 ——————————————————— 394
　　　　B 注意義務 ——————————————————— 396
　　　　C 熟慮 ——————————————————— 397
　　　　D 良心 ——————————————————— 398
　　　　E 堅確性 ——————————————————— 400
　　Ⅳ 政治・政治制度にとっての意味 ————————————— 402
　　Ⅴ 結　　論 ——————————————————— 405

第 17 章　信認原則と国家　　　D. THEODORE RAVE ——— 407
　　Ⅰ はじめに ——————————————————— 407

Ⅱ フィデューシャリーとしての国家 ——— 408

Ⅲ 国家に適用される信認原則 ——— 413

A アメリカ先住民信託の法理 ——— 413

B 天然資源法における公共信託の法理 ——— 414

C 行政法 ——— 416

D 憲法 ——— 418

Ⅳ 国家の信認義務 ——— 421

A 忠実義務 ——— 421

B 注意義務 ——— 424

Ⅴ 救済手段 ——— 426

Ⅵ 結　論 ——— 429

第18章　国際法における信認原則　　EVAN J. CRIDDLE ——— 431

Ⅰ はじめに ——— 431

Ⅱ 植民地の起源 ——— 433

Ⅲ 委任統治制度（国際連盟） ——— 435

Ⅳ 非自治地域と信託統治（国際連合） ——— 440

Ⅴ 国連の派遣 ——— 444

Ⅵ 軍事的占領 ——— 446

Ⅶ 国　　家 ——— 448

Ⅷ 外　交　官 ——— 450

Ⅸ 結　論 ——— 452

第19章　信認関係の特定　　PAUL B. MILLER ——— 455

Ⅰ はじめに ——— 455

Ⅱ 前提に関する一般的所見 ——— 456

Ⅲ 地位に基づく理由づけの定型パターン ——— 458

Ⅳ 事実関係に基づく理由づけの定型パターン ——— 462

Ⅴ 地位と事実関係に基づく類推による理由づけ ——— 464

Ⅵ 地位と事実関係に基づく定義による理由づけ ——— 467

Ⅶ いくつかの複雑なこと：信認関係の成立と終了 ——— 471

Ⅷ 結　論 ——— 474

第20章　フィデューシャリーの忠実義務

ANDREW S. GOLD ——— 476

Ⅰ はじめに ——— 476

Ⅱ 行動基準 ——— 478

　A 利益相反禁止ルール ——— 478

　B 利益取得禁止ルール（The No-Profit Rule）——— 481

　C 誠実義務 ——— 482

　D 開示義務 ——— 484

　E その他の義務との関連性 ——— 485

Ⅲ 救済手段 ——— 488

Ⅳ 忠実義務が修正される状況 ——— 490

　A 契約による変更および免除 ——— 490

　B 複数の受益者 ——— 492

　C 適用に影響するその他の要因 ——— 494

Ⅴ 忠実義務に関する学説 ——— 496

Ⅵ 結　論 ——— 500

第21章　フィデューシャリーの注意義務

JOHN C. P. GOLDBERG ——— 502

Ⅰ はじめに ——— 502

Ⅱ 行為、不履行および厳格に執行を行わないことの基準 ——— 506

Ⅲ 注意義務、損害および責任 ——— 514

Ⅳ 結　論 ——— 518

第22章　その他の信認義務──忠実義務および注意義務を実行するための義務

ROBERT H. SITKOFF ——— 520

Ⅰ はじめに ——— 520

Ⅱ 従たる信認義務の簡易なモデル ——— 524

　A エージェンシー問題と不完全な契約 ——— 525

　B 主たる信認義務としての忠実義務と注意義務 ——— 527

　C 従たる信認義務 ——— 529

Ⅲ モデルの検証 ——— 533

　A 私法 ——— 533

　B 公法における信認法 ——— 536

C 事実関係に基づく受認者 ———————————— 537

Ⅳ 結　　論 ————————————————————— 538

| 第 23 章 | **信認法の強行規定・任意規定** DANIEL CLARRY ——— 540 |

Ⅰ はじめに ————————————————————— 540

Ⅱ 重要な概念および文脈 ———————————————— 541

　A 強行規定 —————————————————————— 542

　B 任意規定 —————————————————————— 543

　C 信認法における強行規定および任意規定の法源 ———— 544

Ⅲ フィデューシャリーの忠実性 ————————————— 547

Ⅳ 注意義務・誠実義務 ————————————————— 553

Ⅴ 結　　論 ————————————————————— 556

| 第 24 章 | **フィデューシャリーに関する救済方法** |

SAMUEL L. BRAY ————— 557

Ⅰ はじめに ————————————————————— 557

Ⅱ フィデューシャリーに関する救済手段の一覧 ————— 559

　A 利益の計算・清算（Accounting for Profits）————— 560

　B 擬制信託（Constructive Trust）————————— 563

　C エクイティ上の賠償（Equitable Compensation）——— 565

　D 差止命令（Injunction）——————————————— 569

　E 巻き戻しによる救済（Unwinding Remedies）————— 569

　F 監督による救済（Supervisory Remedies）—————— 570

　G コモン・ローの救済（Legal Remedies）（特に代理）—— 571

Ⅲ 救済方法の組み合わせ ———————————————— 572

Ⅳ 未解決の問題 ———————————————————— 574

　A フィデューシャリーに関する救済には独自の目的と方法がある —— 574

　B フィデューシャリーに関する救済はエクイティ上の救済である —— 576

　C フィデューシャリーに関する救済は罰を与えるものではない —— 578

Ⅴ 結　　論 ————————————————————— 579

事項索引 ———————————————————— 581

監訳者・訳者紹介 ———————————————— 585

凡　例

・原書における " 　 " は「　」、' 　 ' は『　』で表した。

・原書の筆者による補足・注記等の（　）は、そのまま（　）で表した。また、原語と訳語とを併記する場合も、（　）で表した。

・原書の筆者による補足・注記等の〔　〕は、そのまま〔　〕で表した。

・訳者による補足・注記等は、〔　〕で表した。

・原書のイタリック *italic* 体による強調語句は、**ゴシック**体で表記した。

・原書の筆者により引用文中に施されたイタリック *italic* 体での強調語句は、傍点で表記した。

・原書執筆当時（2019 年）の情報のままで邦訳を行い、適宜、訳者注を入れることとした。なお、原書の脚注において掲記される URL の中には、現在ではアクセス不可能となっているものがあるので注意されたい。

はしがき

EVAN J. CRIDDLE, PAUL B. MILLER, AND ROBERT H. SITKOFF

　本書『The Oxford Handbook of Fiduciary Law』（オックスフォード・ハンドブック「信認法」）の目指すところは、大きく分けて4つある。第1に、信認原則が生まれる様々な状況全体にわたる1つの統合された信認法を理解しようということである。第2に、信認原則の内容、性質、機能、構造を理解するための標準的参考書を1冊の本の形で提供しようということである。第3に、様々な領域において信認原則の研究が個別に行われてきたことに対して、信認法の研究テーマの重要性を確かめるとともに、信認法がそれ自体固有の法領域として理解できることを示すことである。第4に、信認法に新たな歴史的、比較法的、学際的な将来展望を提供することである。

　本書の内容は、それ自体、信認法を理解しようという最近の潮流から出たものである。信認原則は、最近まで広い法分野における副次的要素として扱われてきた。そのため、法律家や裁判官、学者が、例えば、受託者や代理人、取締役の信認義務について言及するとき、信認原則というより広い性質、機能にはそれほど注意を払うことがなく、それぞれ信託法、代理法、会社法における信認義務という文脈で捉える傾向があった。

　確かに、様々な形で適用される信認原則に共通する構造に注意を向ける学者もいたし、ある信認原則が法領域により変化するのはなぜかを説明しようとする学者もいた。しかしこれらは、信認原則を1つの独立した研究領域としようという動きによって阻まれてきた。これら信認法学の第1世代専門家は、大部分、信託法か会社法といった具体的なフィデューシャリーの分野の専門家で、信認法という法分野全体を概括的に捉えるゼネラリストではなかった。したがって、信認法に目を向ける際も一般的に、自分の専門分野に結びついたところから、そのテーマにアプローチする傾向があった。

　しかし、信認法の研究にパラダイムの転換が起こった。若手学者グループが、私法だけでなく公法も含む、固有の一般的研究分野として信認法を研究し始めたのである。そして、このグループが中核となって、信認原則が生まれる具体的領域において、より専門的なプロジェクトを立ち上げることとなっていき、これに

続く人々と共同するようになったのである。このような拡大の動きのなかで、指導的立場の者が、多く本書の執筆者となっている。

ところで信認原則は、現実に、重要性を常に増し続けている。例えば、何兆ドルもの財産がフィデューシャリーの投資原理に服しているし、州当局者や連邦当局者は、さらにより多くの資産に対してこの原理を拡大することに携わっている。行政、立法、司法における最高位にある者の利益相反や不当利得などでも、信認原則は公人による汚職の法と倫理に関し、近時、議論の中心となっている。したがって、信認原則はますますもって新たな重大訴訟や厳しい政治的議論のトップページにくる問題となった。

しかしながら、これらのヘッドラインを飾る例によって、信認原則が、私たちの生活を形作るたくさんの日常にも関係していることを忘れてはならない。例えば、医者から処方箋を受け取ったり、あるいは心理学者に診察してもらう、弁護士を雇う、自分に代わってビジネスをしてもらうため代理人を指名する場合など、信認原則は日常的に適用される。また親と子、能力の低下した者と後見人や介護人など最も親密な関係にある場合にも適用される。本書で描かれる信認関係の範囲は、驚くほど広く、信認原則はどこにでもあるということが理解できる。

本書『The Oxford Handbook of Fiduciary Law』は信認法の研究と実際を知るに恰好の材料を提供する。判例と学者の注釈は、今やこの分野の詳細な地図を生み出すのに近づいている。本書は、アメリカ法に主に焦点を当てているものの、他の法的伝統からもその洞察を取り込み、この分野における百科事典的概説書となることを目指している。つまり、この本の目的は、読者にこの1冊で信認原則に関する主な法分野、法域、時代をカバーするガイダンスとなることなのである。

無論、このような息を呑むようなカバー範囲と大きな望みをもった本は、1人の学者の力でできるものではない。様々な見解と専門領域をもった学者が集まることによってのみ可能となる。したがって、本書の著者は信認法の最先端の専門家43人にのぼり、48章という驚くほど広範囲で多様なテーマを取り上げるものとなっている。同時に執筆者の眩いばかりの学識により、確立した法域に新たな解釈を提供したうえで、将来の研究のため、新しい領域も切り拓いてくれている。著者の多くは、彼らの成果を共有するために2017年の11月、ハーバード大学ロースクールで行われた会議に集まった。したがって、本書はこの共同的努力の賜物といえる。そして、そのカバー範囲の深さと広さにおいて、本書は信認法の現状とこの分野の学識にとってユニークで権威あるガイドとなろう。

本書の各章はテーマによって4つのパートに分かれる。パートⅠは、信託法、会社法から、家族法や法律家のための法、さらには公職および国際公法にまで広がる、様々な領域における信認原則を概観する。パートⅡは、これらに適用される、忠実義務、注意義務といった中核的信認義務を含む、信認法の基本原理は何かをいくつか捉え、これをまとめている。パートⅢは、信認原則が時代を経てどのように発展してきたかと、他の法的伝統においてどのように発展してきたかを考察する。最後に、パートⅣは、他分野の法理論や学際的アプローチ、学会が信認法の学問的研究および発展に貢献できることはないかを考察する。

Ⅰ　学理上の規範

　パートⅠは、学理上の規範を越えて信認原則を概観する。各章の目的は、信認原則が、いつ生ずるのか、そして特定の関係、例えば、本人と代理人、受託者と受益者、取締役と会社などの関係をどのように規律するのかについて、説明することにある。大部分の章が同じような構成をとっており、本書の他章との比較考察を容易にし、研究の原理的足がかりとなるようにしている。したがって、大半の章は、信認原則が適用される際、何が発生の契機となっているかを最初に扱い、忠実義務、注意義務、そして当該分野で問題となっている、他のフィデューシャリー・ルールの議論へと続く。一般に、各章とも信認原則のどこまでが強行規定で、どこからが任意規定として認められているかの分析を、信認義務違反の場合に利用できる救済の議論と併せて行い、締め括るというスタイルとなっている。それとともに各章は、いくつかの構造的特徴、法的規範および救済が様々な信認関係に共通していることも指摘している。

　パートⅠは、Daniel B. Kelly による「事実関係に基づく信認関係」の信認原則の章から始まる。ある地位にある受認者（例えば、本人と代理人、受託者と受益者、取締役と会社など）の関係と異なり、事実関係に基づく信認関係は個々の判例にみられ、当該事案で裁判所は信認原則の適用が認められるかどうかを確定するため、アドホック的に特定の事実と状況を分析しなければならない。Kelly は、当該関係が受認者であるかどうかを評価する際、裁判所は、託された裁量の程度、当事者の一方が他方の専門性に依存しているかどうか、当事者にそれまでの社会的または個人的関係があったかどうかなど、様々な要素を考慮していることを明らかにしている。そして一旦裁判所が事実関係に基づき信認関係ありと認定する

と、伝統的な信認義務がフルに適用される傾向があるという。

　これに続くパートⅠの各章は、私法の中心的関心事である、様々な地位に基づく信認関係において信認原則がどのように作用するかを議論している。これらの章は、裁判官と立法者が全くタイプの異なる関係に信認原則をどのように適用しているか（変更して適用する場合もあるが）を分析している。Deborah A. DeMott の章は、代理法は本人が代理人に指図を与え監督する権限をもち、代理人が本人を拘束する権限をもつという特殊な形ではあるが、そこでどのように信認原則が組み込まれているかを説明している。Robert H. Sitkoff の章は、信託法における信認原則を概観することで、信認原則は、信認法における最も発達した分野となり、他の多くの分野における信認原則の源となったとする。Julian Velasco の章は、法原則と実務との微妙なバランスをとりながら、会社法の信認原則を説明する。これに続き、Mohsen Manesh の章は、無限責任組合や有限責任組合、LLC（limited liability company）など、会社以外の営利組織の信認原則を詳細に描いてくれている。最後に Lloyd Hitoshi Mayer の章は、慈善団体その他の非営利組織に関する文献から、連邦法および州法において、信認義務がどのように適用されるかを描いている。

　このような概観に続き、信認原則が商業活動の分野でどのように適用されるかの考察が行われる。すなわち、銀行業務、投資顧問、年金管理、労働、破産・倒産などの分野である。Andrew F. Tuch の章は、銀行が代理人として、または受託者や投資顧問業者、エスクロー管理者として行動するとき、どのような信認義務を負うかを述べている。Arthur B. Laby の章は、投資顧問業者に対するフィデューシャリーとしての規制が、信託や代理のコモン・ローや連邦法、州の制定法、さらには拡大し続ける行政規制など、複合的な法枠組みの間でいかに複雑に作用し合っているかを描いてくれる。これに対し、Dana M. Muir の章は、連邦年金法を見渡し、1974 年エリサ法が州の信託法に起源をもつ信認義務とは異なる信認規範をどのように生み出したのかを示してくれる。労働法を概観した Aditi Bagchi の章は、従業員が雇用主の受認者になる場合を説明し、従業員が職域年金制度や従業員持株制度、福祉給付計画等の受益者となる場合の信認原則をレビューしている。John A. E. Pottow の章は、倒産・破産における信認原則という、非常に広い範囲にわたる議論を展開しており、パートⅠ全体をまとめている。これらの各分野では、専門家が、地位に基づく受認者と事実関係に基づく受認者の関係の場合と同様、対等な関係と信認関係との間の境界線上にある隙間で、しば

しば同時に複数の役割を果たしつつ、活動している。

　パートⅠの第３の領域は、特別な親密さと信頼によってタイプ分けされる関係に対し、どのように信認関係が適用されるかを考察している。Elizabeth S. Scott と Ben Chen の章では、親しい家族の関係にも信認原則が適用されるが、家族法では信認義務の強制を裁判によるのではなく、非公式な絆の繋がりと監督に主として依っていることを論ずる。Nina A. Kohn の章は、意思決定代行（surrogate）関係の３つの類型、すなわち、後見人（guardians）、財産管理人（conservators）、財産管理または身上監護を行う代理人、代表受取人（representative payees）、その他政府が指名するフィデューシャリーに係る信認原則を説明してくれる。Richard W. Painter の章は、法律家（lawyers）の信認義務が依頼人の代弁者しての役割と裁判所の構成員としての役割との間でどのような緊張があるかを論ずる。次に医療保険業界に目を向け、Mark A. Hall の章は、医療保険に携わる専門家は信認義務を負うと説明し、その義務の範囲について考察する。これらの章では、個人の自律と専門的知識の発揮を尊重しながら、信認法の伝統的なガバナンス機能のバランスを如何にとるかという問題に留意しつつ、立法者がどのように信認規範を取り上げ、個々の場面でこれを執行しているかを描き出している。

　パートⅠは公法における信認原則に焦点を当てる３つの章で締め括っている。ここ 20 年ほど、公法におけるフィデューシャリーの理論を論ずることの意義が高まりつつある。収録された各章は、信認原則が過去においてどのように公法を形成してきたかを説明するとともに、現在において、公職にある者と公的機関に信認原則を適用することが、何ゆえフィデューシャリーの一般的な概念と一致するのかを説明している。まず、Ethan J. Leib と Stephen R. Galoob の章は、信認原則がどのような形で合衆国憲法や行政法、裁判所法の報酬条項の中に組み込まれているかに焦点を当て、公職について議論している。D. Theodore Rave の章は、アメリカ原住民の信託法理、公共信託の法理、行政法、憲法などを取り上げつつ、信認原則の州への適用を考察している。最後に、Evan J. Criddle の章は、国際的領土管理や軍事的占領、国家主権、外交官などに関する現代の法を議論しつつ、植民地時代から現代に至るまでの国際法における信認原則の位置づけについて論じている。全体を通じ、これらの章は、公法に信認原則を取り込む際の功罪を含む微妙な問題を呈示している。

　読者の中には、いくつか注目に値する省略がなされているところに気づかれ、がっかりされていることであろう。例えば、ジョイント・ベンチャーや寄託者、

集団的取引代理人の信認義務をパートⅠは取り上げていない。裁判所が、どのような状況であれば、教育者や会計士、一部の聖職者をフィデューシャリーとして取り扱うかについても、説明していない。また「情報のフィデューシャリー」という新しい、学界や政治家の議論等で牽引力を得つつある概念に、課せられる可能性のある義務についても、パートⅠは扱っていない。時間と分量の制約がなければ、これらだけでなくそれ以外のトピックも取り扱うことができたかもしれない。それでも、我々は、パートⅠが広い範囲をカバーすることで、信認法の長年にわたる伝統から、現代の対立と議論および今後の方向性に至るまでの大まかな見取り図を、本書の読者に提供できたものと信ずる。

　全体として、パートⅠは、信認原則が、人や財産、組織の介護・監護や管理など、非常に幅広い範囲の関係において、なくてはならない法基盤となっていることを描き出している。たくさんの領域における適用事例を知らなくては、信認法全体を首尾一貫して理解することはできない。これまで信認原則に触れた〔論考の〕数も分野もわずかであったがために、信認法を正確に見定めることは難しかった。したがって、パートⅠの鍵となる貢献は、「信認法」という大書された世界に入っていく障壁をなくし、ゼネラリストでも信認法の首尾一貫した分析ができる道を提供することである。

Ⅱ　信認法の概念的統合

　法のある領域がゼネラリストに分析されるようになってきたということは、分析すべき固有の問題があるということである。ここでは、単なるいくつかの信認法の集まりではなく、1つの信認法という体系があるということである。本当にそのような法体系があるのであろうか。もしあるならば、それをしっかりと結合させるものについて、何が他から分離し、明確化させるのであろうか。パートⅡの各章全体の貢献は、これに応える重要なステップへと進めさせることである。

　馴染みある帰納的推論を使って、パートⅡの各章は、フィデューシャリーの学理上の規範を横断する概念上のパターンを統合的に分析している。それにより、具体的法理に照らして簡潔な説明が可能なのであれば、信認法に法体系があると考えるよい根拠となる。このようにしてパートⅡは、最終的に信認法を1つの法領域として区別する際、一般に適用する法原則が5つあることを示している。

　まず、フィデューシャリーの責務が生ずる「契機となる」条件を統合的に分析

することは、信認義務が信認関係を形成した場合にのみ発生し、さらにその信認義務の範囲は当該関係の基礎にある関係の範囲によって決まるということを示している。Paul B. Miller の章は、法が、ある関係を信認関係と実際に決定する方法を描写する際にこの点を挙げる。Miller は、概して、2つのいずれかを通じて、ある関係がフィデューシャリーと判断されるという。それは、特定の関係類型において受認者と推定される特徴を根拠に認定する方法（地位に基づき認定する方法）か、あるいは当該関係の現実の特徴を個別に一度限りの根拠として認定する方法（事実関係に基づき認定する方法）である。裁判官は、直接的特徴づけ、類推的理由づけ、定義をあてはめての議論を組み合わせることによって、この2つの方法論を使っているという。

　統合的分析によって得られる2点目は、フィデューシャリーの責任準則に関するもので、信認法は、忠実性の欠如および注意不足という、少なくとも2つの落ち度に関して法的責任を考慮するという。裏返すと、これらの落ち度は、忠実義務と注意義務という2つの法的義務の存在を前提とする。この2つの中核的信認義務の分析を、Andrew S. Gold と John C. P. Goldberg が行い、これらは、それぞれ一般的な信認義務であって、タイプや内容に関わりなく信認関係が認められるときに生ずるという。しかし同時に、これらの章は、フィデューシャリーの忠実義務および注意義務の一般原則を特定の分野に特有に適用することに伴い、それぞれの義務の内容が文脈により変わってくることを示している。加えて Goldberg の章は、フィデューシャリーに課される注意義務は、不法行為法によって課される注意義務とは区別されるというユニークな観点を示してくれている。

　総合的分析の3点目は、一見したところフィデューシャリーの落ち度として独立した（責任の）根拠となるような場合であっても、信認義務があるとはみられない場合があるという点である。学者の中には、忠実義務、注意義務に加えて、開示義務や記録保存義務、守秘義務といったそれ以外の義務を信認法が認める場合もあるのではないかということについて疑問を示す者がいる。確かに、フィデューシャリーが開示や記録保存、秘密保持に関する信認ルールに違反したとして責任を負う場合がある。しかし、これらおよびこれに類する他の信認ルールは、独立した信認義務から生じたものであろうか。本パートにおける Robert H. Sitkoff の章は、これら「それ以外の」信認義務の性質と機能を考察する。ルールとスタンダードの理論を参照して Sitkoff は、忠実義務と注意義務以外の信認義務は、信認関係の特定のタイプや種類全体の中から繰り返し共通して発生する事象

に適用される、より一般的な忠実義務・注意義務に、さらに特別な意味を与える副次的またはそれを実行させるための原則であると理解するのが最善であると説明している。同じ行動にルールとスタンダードを重畳的に適用し、ルールとスタンダードは互いに競争関係にある統治戦略であるというわかりやすい喩えによって信認法をより理解しやすくしている。

4点目は、強行規定の問題である。確かに、法を独立領域のものとするのは、その中に強行的な規則が存在するということが大きい。Daniel Clarry の章は、信認原則の強行性を考察している。特に、信認原則の中にどの程度強行規定があるかを検討している。「忠実であること」は信認法の中核となる積極的で規範的な構成要素であるという広く共有された直観と一貫して、Clarry は、忠実義務の中核的特徴は様々なタイプと種類の信認関係全体に強行的に適用されるものであり、この忠実義務の中核的特徴だけが信認法において強行的な法原則であるとする。

5点目は、わざわざ Holmes 判事の「悪人」の法理を引合いに出して、理解しやすくする必要まではないかもしれないが、主要な責任ルールに焦点を当てることは全体の一部部分を語ることにはなるということである。Samuel L. Bray の章は、信認法の救済面を概観し、それによって信認法の性質と機能の重要な点を教えてくれている。例えば、作為・不作為命令の発出や監督的救済は、ある者が受認者として託され引き受けたことについては義務づけられたものとして、法が当該受認者に要求することを示しているという。したがって、救済の観点から、受認者は、たとえ受益者が義務違反を訴えていなくとも、引き受けたことをその通り履行するよう強制されたり、解任されたりする。同様に、損害の填補という救済だけでなく、利益の吐出しに関しても救済が用意されることによって、信認法の中核に忠実義務がくることが補強されるとともに、受認者の権限は受益者の利益のためにのみ行使されなければならないという受益者の期待を積極的かつ規範的に補強していることが示される。

Ⅲ　歴史や法制度を超えた信認法

信認法全体を描写し、統合するという、パートⅠとパートⅡの各論考は、重要な意味で選択的である。それらは大部分、現代のアメリカ法に焦点を当てており、他の法域や過去を除いて議論している。これは避け難い限定である。歴史を縦断

し、法域を横断しながら、簡潔かつ包括的に信頼のおける形で信認法を言い換えることは不可能であろう。

　しかしながら、何もないところから法概念は生まれない。それらは、時代を超え、法域を跨ぎながら発展するものである。それゆえ、信認原則を適切に広く深く理解するためには、時と法の伝統を越えて、その発展を評価しなければならない。信認法は統合的分析に適した独自の法領域であるという考え方は、比較的新しい。しかし、他者に関する権限の濫用を抑制することの重要性などといった、信認法を基礎づける中核的な考え方は、千年にわたり、様々な法域において共鳴し合ってきたのである。

　この最後の教訓はパートⅢの論考によって強く示される。卓越した法制史家と比較法学者による豊かな学識に裏打ちされた専門的分析によって、パートⅢの各章は、異なる法制度が、時を超え、それぞれ独自の方法で、どのように信認原則法を取り込み、拡張させていったかを教えてくれる。

　まず歴史から、始めてみよう。アメリカの信認法は、他の旧イギリス植民地と同様、イギリスのコモン・ローとエクイティの法理から発展した。イギリス法における信認法理の発展を辿る Joshua Getzler の章において、彼は現代の信認原則は、何世紀にもわたる法によるアカウンティングの要請に遡るという。つまり、権限ある立場に就いた者は、行使する権限の態様によって様々なやり方にはなるが、説明して計算・精算（account）しなければならないというのである。また Getzler は、イギリス法は、フィデューシャリーの責任概念の中に一部、人的および財産権的の委任を含む関係としての「フィデューシア」という法概念を大陸法と教会法から受け容れてきたという。この主張は、Richard H. Helmholz による教会法の精緻な分析によって支持されることになる。Helmholz は、教会法は、それを包含するカテゴリーとしては信認法を知らないという。しかし、現代の信認原則の様々な祖先ともいうべきものを、中世の教会の組織内の統制の枠組みとともに、教会の実体法の中にみることができるという。David Johnston も、ローマ法におけるフィデューシャリーの考え方について同じような結論を導き出しており、例えば、信託遺贈（fideicommissum）や保護（tutela）などには、忠実義務に相当する準則があり、現代の地位に基づく信認関係に通ずるものといえるとする。

　宗教法では、約束に基づく義務や不当利得のように私法的概念に類するものがみられる。執筆者は、信認法にも同様のことがいえるという。そこで Mohammad Fadel の章は、教会法を取り上げた Helmholz の章に加え、古典的イスラム法には信認法が多くみられるとして、代理や慈善、さらには公共的フィデューシャリーなどといった現代の地位に基づく信認関係の変形ともいえるものを紹介している。同様に Chaim Saiman の章では、古典的ユダヤ法を基に、ある者が第三者の財産に権限を有する場合の利害関係について論じている。Saiman は、ユダヤ法は権限の濫用に対して独特のアプローチ、すなわち、忠誠（fidelity）の誓いを信頼し、社会的制裁を与えるというアプローチをとったことを強調している。

　比較法の観点に目を転ずると、パートⅢは、法制度間で類似性と変形がみられることを示そうとする。Matthew Conaglen の章は、現代の英米法における信認原則を考察し、地位に基づく信認関係の中核とフィデューシャリーの忠実性が禁止的準則の中心にあることについて、法域を越えて広く合意がみられるという。しかし他方で、Conaglen は、信認法が非経済的利益まで保護するか、フィデューシャリーの注意義務を他とは区別して保護するかなどに関しては、合意がみられていないことも指摘している。これに対し、Martin Gelter と Geneviève Helleringer の章は、現代の大陸法は大部分において信認法を1つの法体系とはみていないが、信認関係と信認義務は、明示的ではないものの実際にみられる、ということをはっきりと示してくれている。

　さらにバランスのとれたテーマを構成とするため、これと並行して本パートは、Nicholas C. Howson（中国）、Vikramaditya S. Khanna（インド）および J. Mark Ramseyer と溜箭将之（日本）の執筆による現代の中国、インド、日本の信認原則の章を載せている。これらの章は、信認法はそれぞれの法制度において、法カテゴリーとして公式に認められたものではないということを指摘して注意を促しているように思われる。しかし、いくつかの関係は（多くはアメリカ法に直接または間接的にこれに相当するものがある関係であるが）、他人に関する権限をもち、これを行使することに伴ってガバナンス問題が生ずるものとして扱われている。これらの問題は、開示の要請や説明責任の強制、利益相反回避の要求、不当利得としての解決の可能性などよく知られた形で問題となることが多いという。

Ⅳ　信認法とその理論の将来

　パートⅣは、様々な新しい洞察に基づき、信認法とその理論の将来について考えている。このパートの各章はさらに4つのグループに分けられる。第1のグル

ープは、他の学問分野の知見による示唆によって信認法の研究をより豊かなものにするにはどうしたらよいかを考察するものである。信認法に適用される学問分野としては、長く経済学による分析が支配的であった。Richard R. W. Brooks の章では、伝統的な法と経済学の3つの理論領域の長所と短所を掘り下げ、フィデューシャリーの忠実には、自己の利益を狭くする機能、人的性質の機能、関係または組織に対し忠誠を誓わせる機能がそれぞれある、としている。それ以外の章は経済学に代わる学問分野を探すことに挑戦している。Charlie Webb の章は、哲学的分析をすることによって、信認原則とそれが倫理的である理由をより明確にしており、説明と正当化に繋がっている。Tess Wilkinson-Ryan の章は、実験心理学を使って、信認理論の基本的仮説を支持したり、それに挑戦する考察を試みている。最後に Jonathan Klick と Max M. Schanzenbach の章は、コーポレート・ガバナンス、フィデューシャリーの投資、医療過誤といった、3つの主要領域において、信認法の実証分析を概観し、将来の実証分析のための入門的方法論を呈示している。

　第2のグループは、信認法の中核的規範、概念および構造的原理を括り出し、分析を試みる章である。近年、信認法理論を研究する者は、信認法の理論的根拠を厳しく議論してきた。すなわち、信認法は法令によって、あるいは裁判所による解釈によって定義されているか。道徳規範または社会規範に基づくものか。それとも、信認法は本質的規範を中核にもつものではなく、姿を変えるカメレオンのようなものなのであろうか。これに対する答えは決して明確ではない。信認法理論を研究する者の中には、信認法は特別な事情を利用する機会主義者に創造的に対応することのできる曖昧な基準の貯蔵庫であるという者がいる。また別の研究者は、信認関係の中核構造の特徴に基づき、またある者は信認義務を強固なものにする道徳規範や社会規範に基づき、またある者は信認法が社会福祉と正義に貢献するものであるということに基づき、信認法を理論的に説明しようと試みている。信認法の基盤が引き続き議論されているということは（ある者はやけくそ気味に議論から逃げ出すであろうが）、これ以上明確にしようとしても法理論研究者をよりいらいらさせるだけである。

　パートⅣのいくつかの章は、信認法理論の基本問題に新たな光を当てようという章である。Henry E. Smith は、私法における信認法は、フィデューシャリーがその主要な義務を履行する際の態様を規制する衡平法上の「第2秩序的な法（second order）」あるいは「法を超えた法（metalaw）」として機能していると主

張する。Hillary A. Sale の章も同様に、信認法の衡平法的性質を強調するが、異なる観点、すなわち、アメリカ会社法上の誠実義務がフィデューシャリーである代表をどのようにコントロールし、重要な公共の利益を守っているかに焦点を当てている。James Penner は、信認法は、信頼、忠実や誠実といった道徳規範をもった複雑で時に曖昧な関係であるという。Matthew Harding は、信認法は、信頼と忠実といった社会的規範がない場合であっても、これと同じ結果を保証することがあり、これらの社会規範を補強しているという。Sung Hui Kim の章では、信認法の中心課題は、もっと具体的なものであって、自己の利益を図るために託された権限を濫用するといった「不正」に走る誘惑を断ち切ることにあるという。そして最後に Hanoch Dagan は、パートⅠで議論された信認関係の多様性を指摘し、信認法は、極めて規範的で多元的構造をしていると定義される異質な法類型と理解するのが最も良いとする。

　これらの章はいずれもより注意してみる必要がある。信認法理論に初めて接する読者にとっては、これらの章が接しやすい導入となり、さらに関わりたいと触発されることを期する。と同時に、専門家諸氏が、これらの章から啓示を受け、これまでの信認法理論の根深い難問に創造的な反応してくれることを期待するものである。

　パートⅣの第3のグループは、特定分野の規制における信認原則の発展を考察している。これらの章を読むと、信認義務が政治的目的または公共政策を促進するための手段となっていることに気づかれるであろう。Howell E. Jackson と Talia B. Gillis の章は、アメリカ政府が、議会、裁判所ならびに労働省、通貨監督官、SEC といった行政機関による重畳的な規制を金融機関に行うことにより、複雑な信認法体系を創り出している様を説明している。Lawrence A. Hamermesh と Leo E. Strine, Jr. の章は、デラウェア州会社法の発展の歴史を記し、デラウェア州最高裁の信認法に関する立場は、(1)裁判所は会社のフィデューシャリーが試みとリスクをとることを容認すべきである、(2)フィデューシャリーの利益相反から生ずる略奪的行為から株主を守るべきである、という2つの原則にコミットしてきたと主張する。2つの章はともに、公的機関の特異な統治が如何に市場を変え、繰り返し起こるスキャンダルがどのように信認法を発展させてきたかを活写している。

　パートⅣの最後のグループは、直接、将来に焦点を当てている。執筆者は、信認法とその理論の現状からさらに視野を広げた試論を試み、法理の発展と学問的

研究の今後期待される領域を示してくれている。Paul B. Miller と Evan Fox-Decent の研究成果は、私法と公法における信認法の「新分野」の地図をそれぞれ描き出してくれている。Miller の論考では、私法領域における信認法の、概念的、規範的問題、および社会学、経済学、実証分析から広範囲にわたる課題が示される。あわせて、私法分野の義務について信認法とそれ以外の類型との交錯点を理解するための工程表も示してくれる。Fox-Decent は、信認原則は国家の法、国際法、多国籍法における一連の概念的問題および実務上の問題に新たな光を当てるとともに、自然法に関する民主的理論と陳腐化した法体系に係る議論を実りある再定義に資すると主張している。

　この最後の 2 つの章により、本書が転換点に到達したことを示唆してくれる。信認原則は今や多くの実体法領域でしっかりと確立し、世界中の法制度に広がりをみせている状況で、信認法は、契約法、不法行為法、財産法、憲法、その他法的研究および実務における独自領域などと並び、確固たる地位を占めるに至ったのである。信認法はその影響を拡大、強化しており、加速的に革新される法理、多国籍的広がりと学理研究は非常に明るいように見受けられる。

＊　＊　＊　＊　＊　＊　＊　＊　＊　＊　＊　＊　＊

　以上から、本書は、信認法の学理上の教義、その中核原理と歴史ならびに様々な法制度への適用や普及している理論と方法論に関する 48 の権威ある論考を 1 冊の本にまとめたものである。本書に寄せられた専門家の分析は、学問的厳密さと包括性の新たな基準を示すとともに、新たな基礎を打ち出している。本書で論考を執筆した主導的立場の学者は、それ自体、信認法が独自の法分野となる強力な証拠を提供してくれた。

　本書は、今後多くの人々に膾炙することであろう。最も顕著なのは、法律の研究者たちであろう。フィデューシャリー研究について、まとめて論じられたものとして、今後何年間にもわたるフィデューシャリー研究の工程表となることであろう。法学部の教員は本書を信認法の基礎講義におけるサブ・テキストとして、またゼミナールのメイン・テキストとして使うことができる。法律実務家や裁判官、政策担当者にとっては、法が求めるところを明らかにし、法改革の提案を定式化し評価する際の豊かな史的および比較法的状況を提供している本書を、非常に価値ある情報源とすべきである。本書がどのように使われるにせよ、我々は、

取締役会、法廷から議会に至るまで、信認法には、現代社会全体にとって必要不可欠のものがたくさんあると読者が評価してくれると信ずる。

第 1 章	事実関係に基づく 信認関係における信認原則

DANIEL B. KELLY

I はじめに

　信認関係の法には数多くの類型がある。その中には、本人のために行動する代理人[1]や受益者の利益のために行動する受託者[2]、株主の利益のために行動する会社の取締役[3]の関係などが含まれる。代理人や受託者、取締役など、多くの状況において法は、ある当事者をその者の**地位**（または立場）に基づき「受認者」と分類する[4]。しかし裁判所は、ある事件における特定の**事実関係**について、信認関係と認定することがある。本章の目的は、定型的な信認関係や地位に基づく信認関係ではなく、個別事例における特定の事実につきアドホックに、すなわち**事実関係に基づいて**、信認関係と認定される際の信認原則の適用について考察することにある。

　事実関係に基づくフィデューシャリーを考える場合、様々な問題が生ずる。第1に、訴訟当事者と裁判所がある事実に基づいて信認関係ありと決定する際の判断基準が広いこと、ある学者によれば「途方もなく多様な性格づけが行われている」ことが挙げられる[5]。そこで第1の疑問として、事実関係に基づいて裁判所が受認者であると評価する際の判断基準は何か、という問題が挙げられる。第2に、信認関係の大部分は地位に基づくものであるのに、なぜ、地位に基づく受認者だけでなく、事実関係に基づく受認者を法が認めるのであろうか。第3に、事実関係に基づく受認者に適用される実体法は、地位に基づく受認者に適用される法と同等またはこれに類するものであろうか、ということが問題として挙げられる。

　事実関係に基づく判例には、互いに当事者が自己の利益に従い行動する独立当事者間の取引と、一方の当事者が専ら他方の利益のみ、または他方の利益が最大

---

1 ｜ 本書第 2 章参照。
2 ｜ 本書第 3 章参照。
3 ｜ 本書第 4 章参照。
4 ｜ See Andrew S. Gold & Paul B. Miller, Introduction to Philosophical Foundations of Fiduciary Law 1, 2 (Andrew S. Gold & Paul B. Miller eds., 2014)（信認関係の大半が地位または慣習の問題として扱われているとしている）.
5 ｜ 本書第 19 章参照。

となるよう行動することが求められる信認関係との境界線上にある事例が多く含まれている。そこで事実関係に基づく事例を判断するにあたり、裁判所は受認者とそうでない者との間に線引きを施さねばならない。結果として、事実関係に基づく判例は、「フィデューシャリーとは何か」という長年にわたる疑問に答え、法がなぜある関係を信認関係と分類し、それ以外を信認関係と分類しないのかを明瞭にしてくれる、これは、信認法を一定の法分野に位置づけるという基本的問題にとって有益である。

　まず、「事実関係に基づく」信認関係の概念を明確にしておく意味がある。事実関係に基づく信認関係の意義は、ある当事者を受認者と決定するには、その場合の事実と状況を裁判所が分析しなければならないということがポイントになる。典型的な事実関係に基づく事例は、当事者の関係が（代理人や受託者、取締役といった）受認者とされる類型には該当しないが、裁判所がアドホックに信認義務を課すかどうかを決定する場合である[6]。

　説明のため、ブローカー・ディーラーまたは一般的な金融アドバイザーと彼らが助言する人々との関係を取り上げてみよう。この関係は伝統的に信認関係ではないと分類されている[7]。しかし、この助言者が信頼関係を構築し、自らが専門家だと表示し、助言相手が経験のない人であったために助言を信用し、助言者に全面的信頼を置いていたならば、裁判所は、アドホックに信認関係ありと認定する場合もある[8]。同様に、一般に、商業銀行や投資銀行の関係は法的に受認者のカテゴリーには入らないとされている[9]。しかし、ある銀行取引の関係を「個別具体的な事情」に照らして分析した結果、商業銀行または投資銀行を受認者と結論づけることがある[10]。また事実関係に基づく受認者は、金融関係以外でも生ずることがある。例えば、状況次第ではあるが、婚姻関係のカウンセリングをしている聖職

6　See, e.g., Burdett v. Miller, 957 F.2d 1375, 1381 (7th Cir. 1992). 当該事件に関し、事実関係に基づき受認者は「アドホックな」受認者として知られているとする判例として Iacurci v. Sax, 99 A.3d 1145, 1154 (Conn. 2014); Burdett, 957 F.2d at 1381. また「非公式な」受認者とする判例として Brass v. American Film Technologies, Inc., 987 F.2d 142, 151 (2d Cir. 1993); Johnson v. Reiger, 93 P.3d 992, 999 (Wy. 2004).「機能としての」受認者という、近いが異なる言葉を使うものとして Lebahn v. Nat'l Farmers Union Uniform Pension Plan, 828 F.3d 1180, 1184 (10th Cir. 2016) (本件は伝統的受認者の中に事実関係に基づく〔信認関係の〕発生の契機が含まれている). 後掲注12～15 およびそれに関連する本文を参照。

7　本書第8章。Burdett, 957 F.2d at 1381 参照。

8　See, e.g., Burdett, 957 F.2d at 1381.

9　本書第7章参照（Curtis-Shanley v. Bank of Am., 109 A.D.3d 634 (N.Y. 2013) を引用している）; see also Cecil J. Hunt, The Price of Trust: An Examination of Fiduciary Duty and the Lender-Borrower Relationship, 29 Wake Forest L. Rev. 719 (1994).

10　前掲注9（本書第7章166～167頁）参照。

者が、配偶者の一方と婚姻関係外の関係を結んだ場合、受認者とされることがある[11]。

　アドホックすなわち事実関係に基づく信認関係と、定型的すなわち地位に基づく受認者の事例では、事実関係に基づく発生の契機のあり方が異なる。後者では、裁判所は当事者が伝統的受認者の類型にあてはまるかどうか、事実関係に基づく判断基準を用いる場合がある。例えば、エリサ法[12]では、年金プランを管理する者は、受認者との指定を受けた場合、または「受認者の地位が生ずると定義されている行為に従事している」場合に、受認者とされる[13]。後者のタイプの「機能に基づく受認者」は、ある事実関係が発生の契機となって定型的すなわち地位に基づく受認者となる。年金プランの管理者が「年金プランの資産、運用および管理に関し裁量権を有するか、またはプランに投資顧問を提供する」場合には受認者とされるのである[14]。しかしながら、一旦、この発生の契機を満たすと、この当事者は、エリサ法に基づき他の受認者と同じ信認義務に服することになる。同様に、代理人は定型的に受認者とされているが、裁判所はある特定の関係が実際にそれにあたるかどうか評価するため、事実関係に基づいて分析することになる[15]。

　信認義務の発生の契機が、ある関係に複数含まれる場合がある。金融アドバイザーの場合[16]、助言者は地位に基づくテスト（例、連邦法に基づく「投資顧問業者」など[17]）により、定型的に受認者とされる場合がある。同じ助言者が事実関係に基づくテスト（例、代理法に基づく「代理人」など）に基づいて定型的受認者になる場合もある[18]。さらに助言者が事実関係に基づくテスト（例、「顧客の資産に関し裁量を有する」あるいは「顧客と信頼と信用（trust and confidence）という特別な関係にある」ブローカーなど[19]）によってアドホックに受認者となる場合もある。このよ

11　受認者と認定した Moses v. Diocese of Colorado, 863 P.2d 310 (Col. 1993) および Doe v. Evans, 814 So.2d 370 (Fla. 2002) と、受認者ではないとした Wende C. v. United Methodist Church, 827 N.E.2d 265 (N.Y. 2005) を比較のこと。See Janice D. Villiersa, Clergy Malpractice Revisited: Liability for Sexual Misconduct in the Counseling Relationship, 74 Denv. U.L. Rev. 1 (1996).

12　29 U.S.C. §§1001-1461 (2012).

13　本書第9章参照。

14　前掲注13（本書第9章）参照。

15　See Restatement (Third) of Agency §1.01 cmt. b（「裁判所の機能は代理関係か、それとも非代理関係か、特徴を」考察して、「当事者の事実関係を確定することである」と述べている）.

16　投資顧問業者の信認義務に関しては前掲注7（本書第8章）参照; see also Arthur B. Laby, Fiduciary Obligations of Broker-Dealers and Investment Advisors, 55 Vill. L. Rev. 701 (2010).

17　See SEC v. Capital Gains Research Bureau, 375 U.S. 180, 184-185 (1964).

18　See, e.g., O'Malley v. Boris, 742 A.2d 845, 850-851 (Del. 1999); Cecka v. Beckman & Co., 104 Cal. Rptr. 374 (Ct. App. 1972); see also Robert H. Sitkoff, The Fiduciary Obligation of Financial Advisors Under the Law of Agency, 27 Journal of Financial Planning 42 (2014).

19　前掲注7（本書第8章191～194頁）参照。

うに、裁判所は定型的すなわち地位に基づく受認者の認定を事実に基づいて判断
する場合もあるが、これは、アドホックすなわち事実関係に基づく受認者を認定
する際、事実関係に基づき判断するのとは異なる。この後者が本章の主要な焦点
となる。

　本章の構成は以下の通りである。Ⅱでは、アドホックに受認者を認定するにあ
たって裁判所が考慮する要素に焦点を当てつつ、事実関係に基づく信認関係の発
生の契機について議論する（Ⅱ A）。そして事実関係に基づく信認関係と地位に
基づく信認関係の関係を検討し、特定の状況において、裁判所が何ゆえに事実関
係に基づく受認者を認定するかを論ずる（Ⅱ B）。Ⅲでは、忠実義務、注意義務
を含む、事実関係に基づく信認関係に求められる信認義務について分析する（Ⅲ
A）とともに、それ以外の守秘義務、誠実義務、開示義務などの義務を分析する
（Ⅲ B）。Ⅳでは、事実関係に基づく信認関係における強行規定と任意規定の問題、
および当事者が信認原則を責任免除または修正することができるかを掘り下げる。
Ⅴは、事実関係に基づく信認関係の救済について考察する。Ⅵで結論を述べる。

Ⅱ　事実関係に基づく信認関係の発生の契機

　ここでは、事実関係に基づく関係が信認関係となるための発生の契機に関し、
2つの問題を扱う。第1に、信頼と信用を置いているなど、裁判所が事実関係に
基づき信認関係ありと宣言する際の鍵となる事実と判断基準は何か。第2に、ア
ドホックすなわち事実関係に基づく信認関係と定型的すなわち地位に基づく信認
関係の関係は何か。つまり、なぜ、信認法がこれら2つの分析をともに用いるの
か、という問題である。

A.　事実関係に基づく信認関係とされるための鍵となる事実と判断基準

　裁判所が、定型的すなわち「地位に基づく」信認関係に加え、事案の具体的な
事実関係または状況に基づき信認義務を課す、すなわち「事実関係に基づき」信
認関係ありとすることがある。例えば、事実関係に基づき受認者を認定した画期
的判決である *Burdett v. Miller* において、Rechard Posner 判事は「信認義務は
時にアドホックに課されることがある」ことを強調した。[20] また Robert Sitkoff 教
授は、信認法がエージェンシー・コストの問題にどう対処しているかを論ずる中

20 | 957 F.2d 1375, 1381 (7th Cir. 1992).

で、「定型的信認関係は潜在的なエージェンシー問題の世界全てをカバーしているわけではない」、「エージェンシー問題は、状況によってそれ以外の関係で生ずることがある[22]」と述べている。この場合のそれ以外の関係は、事実関係に基づく信認関係であったり、なかったりするが、様々な文脈で生じうる。これを説明するために、イリノイ州の *Burdett* 事件とあと 2 つ、事実関係に基づく受認者が取り上げられたニューヨーク州の事件とマサチューセッツ州の事件を考えてみよう。

まずはじめに、*Burdett* 事件を取り上げる[23]。アメリカ合衆国第 7 巡回区控訴裁判所は、あまり洗練されていない投資家である Burdett と公認会計士 Miller との関係を検討した。Miller は会計事務所を経営する会計学の教授であった。実際、Miller は Burdett を自分の教室で教えていた[24]。法廷意見を書いた Posner 判事は、金融アドバイザーとその助言を受ける人々との関係は、「信認義務が発生する（弁護士と依頼人や後見人と被後見人などといった）**定型的**関係ではないが、時にアドホックに信認義務が課されることがある」という点を強調した[25]。

裁判所は、イリノイ州法に基づき、投資家 Burdett と助言者 Miller との間に「信認関係」ありと認める証拠があると判示した。適用すべき法準則を述べるに際し、裁判所は次のように説明している。「ある者が、自分は専門家で信頼できると表示している事案において、相手方に対して自分を信じてほしいと言い、その相手方が専門家ではなく、その申出を受け容れ、その者に完全なる信頼を置いている場合には信認関係が成立する[26]」。そして全ての専門家が自動的に受認者となるわけではないものの、「ある者が第三者に対して信頼と信用を置き、それによってその者が相手に対して影響力と優位な立場を得た」とき、信認関係が発生

---

21 | Robert H. Sitkoff, An Economic Theory of Fiduciary Law, in Philosophical Foundations of Fiduciary Law (Andrew S. Gold & Paul B. Miller eds., 2014) [hereinafter Sitkoff, Economic Theory]. 信託法におけるエージェンシー・コストの問題に関しては、Robert H. Sitkoff, Trust Law as Fiduciary Governance Plus Asset Partitioning, in The Worlds of the Trust (Lionel Smith ed., 2013); Robert H. Sitkoff, An Agency Cost Theory of Trust Law, 89 Cornel. L. Rev. 621 (2004) 参照。

22 | 前掲注 2（本書第 3 章）参照。信認法におけるエージェンシー・コストに関する先駆的業績として、Robert Cooter & Bradley J. Freedman, The Fiduciary Relationship: Its Economic Charter and Legal Consequences, 66 N.Y.U. L. Rev. 1045 (1991); Frank H. Easterbrook & Daniel R. Fischel, Contract and Fiduciary Duty, 36 J.L. & Econ. 425, 427 (1993)（「フィデューシャリー」の関係は特定とモニタリングに異常に費用のかかることによって特徴づけられた契約の一種であるとの主張）参照。本書第 35 章（未訳）The Economics of Fiduciary Law も参照。

23 | 957 F.2d 1375 (7th Cir. 1992)（Posner 判事）.

24 | Id. at 1378-1379.

25 | Id. at 1381 (citing Klass v. Hallas, 157 N.E.2d 261, 263 (Ill. 1959); Carey Electric Contracting, Inc. v. First Nat'l Bank, 392 N.E.2d 759, 763 (Ill. App. Div. 1979)).

26 | Id.

するとした[27]。

この基準を適用するに際し、裁判所は、「彼女にとって経験が浅く、洗練されていない分野（投資）の専門家であると自ら示しながら、長年にわたり Burdett との信頼関係を深めた」のであるから、Miller は受認者であると結論づけた[28]。Miller は、Burdett が「彼の助言を何の批判も疑問も抱かず受け容れたこと、および彼女が全くセカンド・オピニオンを求めなかった、それどころか、導かれるまま投資にサインし、確認書すら求めなかったこと」を知っていた[29]。彼は、Burdett に対して「彼女の全財産を彼に全ての裁量を与えて投資するよう、サインして渡す」ことは求めなかった[30]。しかし、と裁判所は指摘する。「Miller は自分の観点からほぼこれと同じことをした」、すなわち、彼は、「自らの専門家と教授としての立場を信頼する彼女に、租税を回避する投資の奥義に関する識見について、何の疑問も差し挟ませず、答えもしないまま、助言を受け容れるよう」誘い、「それも社会的な友人関係と分かちがたい継続的ビジネス関係においてのことだったのである[31]」。

2番目に、*Wiener v. Lazard Freres*[32] を取り上げる。この事件でニューヨーク州の最上級審裁判所は、オフィスビル所有者である原告とアセット・マネジメント会社（Lazard 社とその役員）との関係の性質を検討した。原告は、抵当権が債務不履行となったある建物を銀行から買い戻そうとして、ファイナンスを含む支援を被告に求めた。他方、被告は原告が提供した情報をもとに第三者が当該物件を購入することに携わっていた[33]。そして最上級審裁判所は、原審が本件当事者をジョイント・ベンチャーではないとしたことは正しいが、「原告と Lazard 社との関係は貸し手と借り手の関係により近く、信認義務の存在を証拠づける書面条項が存在しないという明白な推定により原告の主張は失敗したとする、（原審）裁判所の決定は正しくない」とした[34]。

裁判所は、適用可能な判断基準を示す形で次のように述べた。「一般論として、独立当事者である貸し手と借り手あるいは債権者と債務者の契約関係からは、貸し手にも債権者にも信認義務は発生しない。また秘密情報の単なるやりとりも、

27 | Id.
28 | Id.
29 | Id.
30 | Id.
31 | Id. at 1382.
32 | 241 A.D.2d 114 (N.Y. App. Div. 1st Dep't 1998).
33 | Id. at 116–119.
34 | Id. at 121–122.

それだけで銀行と顧客との間で信認関係を発生させるのに十分ではない」[35]。しかし、と裁判所は続けて以下のように述べる。「信認関係は書面にて定められていなければならないというものではなく、信認義務が存在するか否かの検討には、特定の事案における特定の事実が必要なのである」[36]。とりわけ、裁判所として考慮すべきは「ある当事者が相手方に信頼を置いたかどうか、相手の優れた専門性や知見を信頼したことが合理的であったかどうか」だという[37]。そして裁判所は、「まさにこのことが、原告が本件で主張したことである。というのも、両当事者の行動により信認関係が成立する場合があるからである」と結論づけた[38]。

　最後に、*Patsos v. First Albany Corporation* である[39]。この事件では、投資家がブローカー・ディーラーが信認義務を犯したと訴えた。具体的には、投資家 Patsos は、ブローカー・ディーラーの従業員が投資家の口座から 160 万ドルを引出し、ギャンブルの借金と個人的事業の支払に充てたと主張した。本件では、出訴期限法が問題となり、信認関係の成否が鍵となった。マサチューセッツ州最高裁判所は、「単なるブローカーと顧客の関係は、たとえブローカーが洗練されていない顧客の信頼を得ようとしていたとしても、受認者という性質のものではない」[40]、としたうえで、次のように続けた。

　　しかし、ある特定の事案において株式ブローカーに信認義務ありとされる範囲は、投資判断がなされ、口座に取引が執行されるという事実問題であるというのは、一般に了解されている。ブローカーの信認義務の範囲を決定するとき、裁判所は、まず顧客がブローカーにどの程度の範囲で裁量を与えたかをみる。その口座が、顧客が投資判断を行い、ブローカーは単に顧客からの注文を受けて執行するにすぎない、非裁量的口座の場合、一般的にいってその関係に一般的信認義務は発生しない。しかし、その口座が、顧客がブローカーに銘柄の選択を委ね、全部ではないとしても、大半の執行が事前の個別承諾なしに執行される、裁量的口座の場合、そのブローカーは個別取引の域を越えて、広義の信認義務を負うことになる[41]。

---

35 | Id. at 122.
36 | Id.
37 | Id.
38 | Id. この事実関係に基づく信認関係に加えて、裁判所は当事者の間には代理関係も存在すると結論づけた。See id. at 123.
39 | 741 N.E.2d 841 (Mass. 2001).
40 | Id. at 848.
41 | Id. at 849-850.

さらに裁判所は、それ以外に、「顧客の投資に関する洞察力の欠如、顧客の洗練されていない分野において株式ブローカーが自分は専門家だと表示していたこと、株式ブローカーと顧客との間の社会的および個人的絆といった要素も、株式ブローカーが一般的信認義務を引き受けたと判断する際の材料となりうる」とした[42]。最終的に顧客の主張には、信認関係が存在するか否かについて、トライアルで争うべき重要な事実についての真正の争点があると認められたのである[43]。

要するに、これらの判例は、ある信頼と信用の関係が事実関係に基づく信認関係であるか否かを評価するため、裁判所が様々な事実を扱っていることを示している。ある事実は「本人」(すなわち、受益者)であることを、ある事実は「代理人」(すなわち、受認者)であることの説明に貢献している。なお、ここで「本人」や「代理人」という言葉は、経済的または機能的な意味で用いており、法的意味をもつものではない[44]。

このような意味での「本人」、すなわち、受益者についていうと、裁判所は、本人が代理人に信用と信頼を置いている場合や、本人に専門性や知見、洗練性、経験が欠ける場合、本人が代理人の助言や判断に著しく依存し、頼る場合には、その関係はフィデューシャリーの関係と結論づけることが多い。例えば、Burdett事件では、投資家はアドバイザーの専門性と「専門家であって教授であるという地位」を信頼した。そして投資家は「経験がなく洗練されてもおらず」、「無批判に何の疑問を抱くことなく[45]」助言を受け容れた。これらの要素が信認関係の存在を認める方向に働いたのである。同様に、Patsos事件では、投資家はブローカーに投資口座の「完全なる支配権」を与え、「洗練性と経験が欠如」し、「ブローカーの投資における専門性を信頼」するように仕向けられていた[46]。

一方、受認者としての「代理人」に関しては、裁判所は、代理人が本人または本人の財産に対して大きな裁量をもっている場合や、特別な専門性や知見、信頼をもっている場合、本人に対して影響力や優位性または支配力が示させている場

---

42 | Id. at 850-851.

43 | 裁判所は、投資家の洗練性や知識の欠如、ブローカーの「顕著な投資経験」、「特別な知見」、投資家が未経験であることを知っていたこと、投資家の口座を「完全に支配」していたこと、「投資家に自分の利益ためだけに取引を行ってくれている」と保証したことなど、信認関係と認定するのに有利な要素いくつかに焦点を当てている。Id. at 852.

44 | 法律上の代理人は、代理人の地位に基づく受認者である。See Restatement (Third) of Agency §1.01; 前掲注1(本書第2章)も参照。ただし、経済的または機能的代理人には、プリンシパルとエージェントとしての関係、全てのタイプを含み、そのうちいくつかは、(地位または事実関係に基づき)信認義務を負うが、これを負わないものもある。

45 | Burdett, 957 F.2d at 1381-1382.

46 | Patsos, 741 N.E.2d at 849-852.

合に、受認者と認定することが多い。例えば、*Burdett*事件でいうと、アドバイザーは自らを専門家と称し、数年間かけて投資家の信頼を深め、その専門性を信頼させ、「何の疑問を抱かせることもなく、また何も答えることなく助言を受け容れる[47]」ように仕向けた。同様に、*Patsos*事件のブローカーは、投資に関して「完全に支配」し、「重要に投資経験と特別な知見」を有し、事前に投資家に知らせたり、承諾を得ることなく、取引を執行した[48]。また*Wiener*事件では、原告は、会社は「優越的な経験と知識」をもち、この手の取引を処理するうえで特別な専門性をもっていたと主張している[49]。

さらに裁判所は、当事者間にビジネスの関係だけでなく、以前から社会的または個人的関係があった場合にも、信認関係を認めることが多い[50]。また書面による合意が必要というわけではないものの、当事者の一方が受認者として行動する、あるいは本人の利益のためだけに行動することを約する合意をした場合には、信認関係ありとされることが多い[51]。

「事実関係に基づく」議論を分析したPaul Millerは、判例の示す信認関係の特徴には「深刻な一貫性がない」と正確な指摘をしている[52]。Millerは、裁判所は非常にたくさんの要素を強調しているという。主なものとしては、権威（「ある者が相手方に関する法的な権利や権限を保有し、行使すること」）、不平等性（「〔当事者間で、〕重要な地位、権限、強さ、または影響力が不平等であること」）、依存（「ある者が相手方に対して依存し脆弱であったりすること」）、危害を受けるおそれ（「財産の横領や搾取をされる危険性が高い立場にあるなど危害を受ける具体的な可能性があること」）、秘密情報（「秘密または個人情報が交換されること」）、信頼（「信頼し信用していること」）、監視する権限や能力がないこと（「一方当事者が法的にもしくは事実上能力がなかったり、完全にもしくは状況によって監督、報告、その他の自己防衛ができないこと」）、依存（「ある者が相手方に依存していること」）、忠実（「ある者が、善意、利他主義、忠実、または能力あるもしくはよく考えられた助言や判断を相手方に期

---

47 | Burdett, 957 F.2d at 1378-1382.
48 | Patsos, 741 N.E.2d at 849-852.
49 | Wiener, 241 A.D.2d at 122-123; 前掲注9（本書第7章167～168頁）も参照（銀行が債権者と債務者の関係おいて受認者とされる状況を分析している）。
50 | Burdett, 957 F.2d at 1382; Patsos, 741 N.E.2d at 851; see also Schlumberger. Tech. Corp. v. Swanson, 959 S.W.2d 171, 176 (Tex. 1997)（ビジネス上の非公式な関係に基づき信認義務を課すには、それ以前の関係で必要とする）。
51 | See, e.g., Patsos, 741 N.E.2d at 852.
52 | 前掲注5（本書第19章464頁）参照。

待していること」）などである。しかし最終的に Miller は、事実関係に基づく信認関係の特徴は「全く一貫性がない」と結論づけている[54]。

同様に、Gordon Smith は、「裁判所は非公式の（つまりアドホックすなわち事実関係に基づく）信認関係全体に通ずる法をこれまで絶えず合理化しようする試みを強めている[55]」と論ずる。「裁判所は非公式な信認関係を叙述するため、様々な定式化を行ってきた」と指摘する Smith は、共通の要素としては、「ある者の相手方に対する『信頼』または『信用』」、そして「その結果相手が『支配』または『優越性』または『不当威圧』の立場に立ったこと」であると示唆している[56]。彼は、信頼だけでも脆弱性だけでも十分ではないとしつつ、「裁判所はそうでもないかのような曖昧な言い方をすることが多い」ことを強調する[57]。また Smith は、「これらの基準は非常に柔軟であり、それによって裁判所は特定の事件にその判断を適合させることができる」と指摘している[58]。しかしながら、「このような柔軟性の反面」として、「当事者が相手を信頼しその結果脆弱な立場に置かれたにもかかわらず、それ以外の事情により、信認関係はないように見受けられる[59]」事例もたくさん存在している。したがって、「信認関係とそれ以外を区別するために、信頼と脆弱性といった概念を適用すると、誤りとなる可能性がある」のである[60]。

最後に、裁判所がフィデューシャリーの発生の契機を考察するに際し、「事実関係に基づく」分析をする状況がさらに2つあることを言及しておく必要がある。1つは、Ⅰで指摘したことであるが、地位に基づく受認者のうち一部（例えば、エリサ法の「機能に基づくフィデューシャリー」など）について、裁判所は、ある当事者が受認者に入ると十分に認められたカテゴリーに入ると評価する際に適用する判断基準として、事実関係に基づく分析を行う場合がある[62]。もう1つは、稀

53　前掲注5（本書第19章）。
54　前掲注5（本書第19章）。Miller は、ほかでも「信認関係は、ある者（受認者）が第三者の重大な実際的利益に関し、裁量をふるう関係である」としている。Paul B. Miller, A Theory of Fiduciary Liability, 56 McGill L.J. 235, 262 (2011).
55　D. Gordon Smith, The Critical Resource Theory of Fiduciary Duty, 55 Vand. L. Rev. 1399, 1413 (2002).
56　Id. at 1413-1414.
57　Id. at 1414.
58　Id. at 1415.
59　Id.
60　Id. at 1417 (Top of Iowa Cooperative v. Schewe, 149 F. Supp. 2d 709, 718 (N.D. Iowa 2001) を引用している).
61　後掲注12～19およびそれに関連する本文を参照。
62　前掲注13参照。

な状況ではあるが、ある者が（取締役や受託者などではないため）受認者の立場にはないものの、**事実上の受認者**（**事実上の取締役**または**事実上の受託者**など）として行動していた場合、裁判所は、その者を地位に基づくカテゴリー（取締役または受託者など）をあてはめて受認者とすることがある。[63]

B.　事実関係に基づく受認者と地位に基づく受認者の関係

　もう1つの問題は、事実関係に基づく受認者と地位に基づく受認者の関係に関するものである。より具体的には、なぜ法は定型的すなわち地位に基づく受認者だけでなく、アドホックすなわち事実関係に基づく受認者を認めるのであろうか、という疑問である。理論的には、法はアドホックすなわち事実関係に基づく受認者を認めず、専ら地位に基づき全ての受認者を類型化することも可能である。その逆に、地位に頼ることなく、個別ケースで、アドホックすなわち事実関係に基づき認定することも可能なのである。

　最もうまい説明は、信認関係を認定するための最善の方法は、ルール（すなわち、地位に基づく受認者）とスタンダード（すなわち、事実関係に基づく受認者）との組み合わせであるということかもしれない。具体的に、ルールとスタンダードの両方を使って受認者を認定する方法は、ルールだけ（すなわち、地位に基づく受認者）を使った場合やスタンダードだけ（すなわち、事実関係に基づく受認者）を使った場合より、優れている。ルールとスタンダードの区別は、法が何を命ずるかを策定する場面だけでなく、信認関係の類型化にも関係している。[64]

　ルールとスタンダード、どちらが最適かは時と場合による。どちらにも長所、短所がある。[65]一般的には、ルールは策定コストが高くなるが、判断コストは低くて済み、（当事者や裁判所にとって）予測可能性や一貫性が増すが、特定事案において正義を実現する際の柔軟性は低下する。反対に、スタンダードは、典型的に

---

63 ｜ See, e.g., Holland v. The Commissioners for Her Majesty's Revenue and Customers and another, UKSC 51, 2010 WL 4689481 (2010); 前掲注5（本書第19章462〜463頁）も参照。

64 ｜ 信託法と信認法の学者など法学者は、法の命令には、主に、ルールとスタンダードの形式があるとする。Sitkoff は、この枠組みを使って信認義務の構造を説明している。すなわち、信認法には特定のサブ・ルールとともに、忠実義務と注意義務といった一般的スタンダードがあるという。本書第22章; Sitkoff, Economic Theory, supra note 21, at 202-203 参照。彼は財産承継法の法理に関してもルール対スタンダードの議論をしている。See Robert H. Sitkoff & Jesse Dukeminier, Wills, Trusts, and Estates 380-381 (10th ed. 2017)（断絶による遺贈撤回）。同様に筆者も統一検認法典におけるルールとスタンダードとのトレードオフについて議論している。See Daniel B. Kelly, Toward Economic Analysis of the Uniform Probate Code, 45 U. Mich. J.L. Reform 855, 872-873 (2012)（分析に続き議論を展開）。

65 ｜ See MindGames, Inc. v. W. Publ'g Co., 218 F.3d 652, 657（7th Cir. 2000）。

はそれを作るコストはより低くできるが判断コストは増す、予測可能性や一貫性
は低下するが、正義実現のための柔軟性は増す。Louis Kaplow は、「ルールとス
タンダードの望ましさに影響を与える中心的要素」は、「法が行動を左右する頻
度」であると主張する[66]。つまり、ルールは行動が頻繁に起きる場合には望ましい
が、スタンダードは行動の頻度が少ない場合に望ましいことが多い[67]。さらに
Carol Rose は、ルールは生産性を増し、注意深さと計画性を促進するが、スタン
ダードは、不当な負担を強いることなく法の隙間を突く機会主義を抑制する、と
指摘している[68]。

この判断枠組みを使って、法はある者を類型的に受認者であると決定し、これ
には代理人や受託者、取締役などが含まれる。直ちに適用されるルールは、ルー
ルの長所によって正当化される。ある一定の関係について、信認義務を課すこと
は、濫用のおそれに照らしてほぼ常に妥当であり、それゆえ、類型化された定型
的すなわち地位に基づくアプローチを採用する意味が出てくる。定型的アプロー
チは、当事者や裁判所にとって不確実性を低下させ、裁判所がある一連の状況に
おいて、ある者を受認者の立場にあると判断する際、個々の判決の判断コストを
下げる[69]。あるタイプの受認者が頻繁に登場することに照らすと、一定数のよく知
られた関係に対してルールを作る意味が出てくる[70]。

それと同時に、法が個別的またはアドホックに信認関係が存在すると判断する
方が優れている場合もある。個別に分析するアプローチがある関係にとって必要
となる主な理由は、受認者の通常類型が濫用と機会利用の可能性のある全ての場
合をカバーしていないからである。それゆえ、頻繁には起きないが、一定の状況
のための包括的スタンダードが必要となる[71]。

そのような関係において、スタンダードは、ルールに基づくアプローチでは広
く含めすぎたり、含む範囲を狭くしすぎたりするため、判断コストはかかるかも

66　Louis Kaplow, Rules Versus Standards: An Economic Analysis, 42 Duke L.J. 557, 621 (1992).

67　See id. ルールとスタンダードは複雑さの違いによっても変わってくる。See id. at 586-596; see also Louis Kaplow, A Model of the Optimal Complexity of Legal Rules, 11 J.L. Ecom. & Org. 150 (1995).

68　Carol M. Rose, Crystals and Mud in Property Law, 40 Stan. L. Rev. 577, 592, 601-602 (1995).

69　前掲注 5（本書第 19 章 462 頁）参照（信認義務を適用することが比較的明確であること、および地位に基づく場合がいかに判決をシンプルにするかなど地位に基づく理由づけの利点を議論している）。

70　さらにルールに基づくアプローチは、経験により信認義務が相応しいと、ほとんどまたは全てのケースでされる場合に、著しい錯誤コスト伴うことがあまりない。

71　See Sitkiff, Economic Theory, supra note 21, at 200-201（定型およびアドホックともに抑止することについて、信認法におけるエージェンシー・コストの問題にも焦点を当てつつ議論している）。

しれないが、ルールより優れているともいえる。投資家とブローカー、債権者と債務者のように、信認義務を課すことが必ずしも保証されない関係はたくさんある。実際、これらの関係にエージェンシー・コストが伴うとしても、それら全てに対して、一律定型的に信認義務を課すのは有害だとも考えられる。信認義務は、その関係の機能をしばしば阻害する場合もあるので、むしろ裁判所がアドホックに、すなわち、個別事案の特別な事実関係に基づき受認者であるか否かを分析するのである[72]。

このような個別事情の分析により、裁判所は、定型的または地位に基づくアプローチによって立法者や裁判所が事前に規定できない事実関係など、様々な状況を考察することができる。予め全ての受認者を分類し、ある者が信頼と信用の関係にあるとされる全ての状況を捕捉できるルールを作ることは、不可能とまでは言わないものの難しい。さらに、個別事情の分析は、法により定型的には受認者だとされない者が、受認者でない立場を利用して受益者を害することを防ぐことができる。裁判所が個別分析アプローチを通じて受認者と認定することを認めることによって、つまり、一連の特定事実に対して事後的にスタンダードを適用することによって、法は、ある者が受認者ではないという立場を戦略的に使って、受益者を搾取するのを予防し、究極的には抑止しているのである。

ここまでは、個別に受認者とされる事例の事実関係の分析に焦点を当てて議論してきたが、最後に、定型的受認者であってもしばしば事実関係に基づく分析が行われることを改めて確認しておきたい。年金法に基づき、ある年金プランの管理者を「機能に基づく受認者」と分類する[73]、また、ある者を代理法に基づいて法律上の代理人かどうかを決定する[74]、ある従業員が雇用法上の受認者であるかどうかを評価する[75]、といった過程では、当該事例において特定の事実を検討することがある。事実関係を受認の発生の契機とすることの利点は、予めある者を受認者と類型化するために必要な関連する考慮要素を全て決定することは不可能でも、ある当事者があるカテゴリーに該当するとの事実関係に基づく判断基準を満たすと裁判所が認めた場合には、忠実義務や注意義務といった信認義務の実体的内容、どの義務が強行規定でどの義務が任意規定かの決定、および適用される救済は、

---

72 | ここでは、事実関係に基づく信認関係がエクイティの役割と同様、2次的安全弁としてギャップを埋め、機会主義を抑止する機能を果たしている。本書第39章（未訳）Fiduciary Law and Equity 参照。
73 | 前掲注13（本書第9章219頁）参照。
74 | 前掲注1（本書第2章42～43頁）参照。
75 | 本書第10章参照。

そのカテゴリーごとに標準化されている。したがって、定型的アプローチは、事実関係を発生の契機とするものであっても、当事者と裁判所にとって確実性と明確性を増すことに寄与する。後述のように、アドホックなアプローチは、既知の類型にあてはまらない受認者を捉えることには資するが、実体法および救済法における多くの問題に対し、確実性と明確性を与えることには難があるということになる。

Ⅲ　事実関係に基づく信認関係における信認義務

Ⅲでは、事実関係に基づく信認関係の忠実義務、注意義務およびそれ以外の法的義務について考察する。忠実義務と注意義務は、事実関係に基づく場合も、一般的には、地位に基づく場合に適用される忠実義務、注意義務と同じかこれに類する表現が使われ、適用される。忠実義務、注意義務だけでなく、秘密、誠実や開示など「信頼関係（confidential relationship）や信認関係が存在する際の義務の範囲」をまとめて、ある概説書は次のように述べている。「信認義務は、一方当事者が信頼し、その結果、相手方の当事者が優位に立ち影響力をもつような、ありうる全ての場合に及ぶ。このルールは、正式な信認関係だけでなく、ある者が第三者を信頼し依存する、全ての非公式な関係にも適用される[76]」。

この信認義務は、適用される場面が変われば変わってくる。したがって、一般的な金融アドバイザーの忠実義務は、ブローカー・ディーラーの忠実義務とは異なる[77]。しかし、裁判所は定型的受認者の領域から、忠実義務と注意義務の原則を導き出すことが多い。同様に裁判所は、事実関係に基づく受認者に対し、信頼や誠実、開示などといった別の法的義務を発展させてきた。これらの義務も、適用される場面により変わってはくるものの、定型的受認者の領域から導き出している[78]。

76　37 Am. Jur. 2d Fraud and Deceit §35（2018）; see also Appellant's Brief, Jones v. Thompson, No. 08-08-00245-CV, 2009 WL 380802, at *18（Tex. Ct. App. Jan. 23, 2009）（「明らかに、裁判所が［当事者の］間に非公式の信認関係があると認定した場合、［被告は］信認関係に伴うあらゆる義務義務を負う」（citing Kensbach Tool Co. v. Corbett-Wallace Corp., 160 S.W.2d 509, 512（Tex. 1942）））.

77　前掲注7（本書第8章）と前掲注9（本書第7章）を比較せよ; cf. Deborah A. DeMott, Relationships of Trust and Confidence in the Walkplace, 100 Cornell L. Rev. 1255, 1264-1265（2015）（アドホックな信認関係がフィットするパターンを見つけたものの、義務を課すパターンが導き出された前後関係から有意に枝分かれしたため、全体に共通する法理には昇華しなかった）.

78　See DeMott, supra note 77, at 1265（「裁判所は受認者の類型と定義されたものばかりを参照して、信認義務をアドホックに課すことに関連した問題の分析をしている」と指摘している）.

A. 事実関係に基づく信認関係における忠実義務と注意義務

事実関係に基づく信認関係における二大義務は、全ての信認関係と同様、一般に忠実義務と注意義務である。判例とその注釈者の説明から、事実関係に基づく受認者に忠実義務を適用する際、定型的受認者の領域における忠実義務の法理と同じ義務であるということがわかる[79]。適用される場面によって、様々に変わりはするものの、忠実義務は、事実関係に基づく受認者を含む全ての信認関係の中核にある[80]。同じように、事実関係に基づく受認者に注意義務を適用する際も、判例をみると、そこでの注意義務は定型的受認者の領域における注意義務の原則と似ていることがわかる[82]。

「信認関係」、「信頼関係」およびそれに類似する関係を区別する州もある[83]。例えば、テキサス州の裁判所は、信認関係には次の３つの類型があるとする。第１に「公式」ないし「法に基づく」関係（定型的すなわち地位に基づく受認者に対応する）であり、第２に「非公式」または「信頼」の関係（「アドホック」すなわち「事実関係に基づく」受認者に対応）、そして第３に「特別な関係」、の３類型である[84]。しかし、ある学者によれば、この類型の違いは、「義務の実質に違いがあるというより、挙証責任に違いがある」にすぎないという[85]。別の言い方をすると、裁判所は地位に基づく信認関係における義務の実質は、事実関係に基づく信認関係における義務と概ね同じ、と考えているということになる[86]。とはいうものの、事実関係に基づく受認者に対して信認義務を適用する判例は、（地位に基づくものの判例）より少ないため、当事者や裁判所にとっては確実性が劣る。

---

79 | See, e.g., Evan J. Criddle, Liberty in Loyalty: A Republican Theory of Fiduciary Law, 95 Tex. L. Rev. 993, 1041 (2017) (「アドホックな信認関係は、特定の関係が地位に基づく信認関係（例えば、代理人や受託者など）にあてはまらないときに発生するが、その関係に特有の特徴に基づいて忠実義務を負うことになる」).

80 | 本書第 20 章参照; see also Villiersa, supra note 11, at 39 n.255（忠実義務は全ての受認者に及ぶ義務であることを指摘している）.

81 | 注意義務に関しては、一般論として本書第 21 章参照。

82 | See, e.g., Benjamin v. Kim, 1999 WL 249706, at *15 & n.16 (S.D.N.Y. Apr. 28, 1999) ; Mountcastle v. Baird, 1988 WL 5682, at *2-3 (Tenn. Ct. App. Jan. 29, 1988).

83 | Id.

84 | Gregory B. Westfall, "But I Know It When I See It": A Practical Framework for Analysis and Argument of Informal Fiduciary Relationships, 23 Tex. Tech L. Rev. 835, 837-841 (1992).

85 | Villiersa, supra note 11, at 39 n.255.

86 | 実体法上の義務は同じであるが、それ以外の出訴期限法の例外の発見等証拠および手続に関するルールは異なりうる。See Denise M. DeRose, Comment, Adult Incest Survivors and the Statute of Limitations: The Delayed Discovery Rule and Long-Term Damages, 25 Santa Clara L. Rev. 191, 205 (1985) (「裁判所は非公式の信認関係の場合、法的に確立した信認関係に求められるより、スタンダードが緩くなる」).

裁判所は、非公式または事実関係に基づく信認関係に忠実義務と注意義務を課す。Naomi Shoenbaum は、看護婦、ソーシャル・ワーカー、療法士、牧師、ヘアースタイリストなどの事件を取り上げ[87]、「裁判所は、ある関係における地位に基づく公式の信認義務のほかにも、ある特定の関係にある者の信頼と依存という状況に基づいて**忠実義務と注意義務**を課す」と述べている[88]。Shoenbaum は、「信認義務を適用する際、より一般的なアプローチをとる裁判所は、たくさんの親密な労働者から消費者に至るまで、信認関係ありと判断した」ことを指摘している[89]。彼女は、忠実義務と注意義務は非公式の信認関係における機会主義的行動を抑止するとする[90]。

裁判所は、大学の教育者、旅行代理店、聖職者などに対しても、事実関係に基づき受認者と認定し、忠実義務と注意義務を適用している。例えば、シカゴ大学とイェール大学の事件では、「ある大学の教育者を、教授という地位に基づいてではなく、先生を信頼している生徒に多大な出費をさせるという露骨な自己利益の追求を図ったことに基づいて忠実義務違反を認定し、損害賠償を命じた」[91]。同じように、「知っているのに旅の危険を開示しなかった旅行代理店に対し、拡大された受認者として注意義務を適用した」裁判所がある[92]。最後に、これは I で言及した事例であるが、夫婦関係の相談にのっていた聖職者が、配偶者の一方と夫婦の一線を越える関係となってしまった事件で、信認義務違反と結論づけた裁判所もある[93]。

B. 事実関係に基づく信認関係におけるその他の義務

忠実義務、注意義務に加え、裁判所は、事実関係に基づく信認関係に、信頼、誠実、開示など、様々な法的義務を発展させてきた。しかし、これらの義務には重大な混乱があり、訴訟でも争われている。信頼と誠実が取り上げられた事件に

---

87 | See Naomi Shoenbaum, The Law of Intimate Work, 90 Wash. L. Rev. 1167 (2015).

88 | Id. at 1206.

89 | Id. at 1206-1207.

90 | See id. at 1207 (信認義務がどのようにしてそのような関係にある消費者を守るかを議論している)。

91 | Rebekah Ryan Clark, Comment, The Writing on the Wall: The Potential Liability of Mediators as Fiduciaries, 2006 BYU L. Rev. 1033, 1038-1039 (傍点は筆者による) (citing Chou v. Univ. of Chi., 254 F.3d 1347, 1362 (Fed. Cir. 2001); Johnson v. Schumitz, 119 F. Supp. 2d 90, 98 (D. Conn. 2000))。

92 | Id. at 1039 (傍点は筆者による) (citing Maurer v. Cervenik-Anderson Travel, Inc., 890 P.2d 69, 71 (Ariz. Ct. App. 1994); Rodriguez v. Cardona Travel Bureau, 523 A.2d 281, 284 (N. J. Super. Ct. Law Div. 1986))。

93 | See supra note 11.

おいて、これらの義務が受認者に対してだけでなく、それ以外の関係にも適用される。開示の事件では、この義務が受認者に対し適用されるが、独立当事者間の取引には適用されない。

第1に、事実関係に基づく受認者は、通常、守秘義務を負っている。ある「信頼」関係（例えば、一方当事者の相手方に信頼と信用を置いている場合など）が、事実関係に基づいて信認関係とされることがある。しかし、信認関係と信頼関係は「よく同義語である」といわれ、ともに信認義務が生ずるとされることから、混乱が生じている[94]。しかし、両者は別の概念であり、信頼と信用が置かれた関係の「全てがフィデューシャリーの関係というわけではない」[95]。実際、信認関係以外の関係が別の意味（例えば、何か内密のものを預かっている場合など）から、「信頼」関係ありとされることがある。そして「裁判所は、友人関係やビジネス関係、家族の関係などにも、[このような意味での]信頼が置かれた関係と数多くの事件で判断してきた」。しかし、これら全てが定型的ないしアドホックなフィデューシャリーとされるわけではない[96]。

第2に、事実関係に基づくフィデューシャリーには、誠実に行動するという法的義務がある[97]。バージニア州最高裁判所は、次のように述べている。「エクイティ（equity）と良心（good conscience）に基づき、誠実に行為し、かつ自らに信頼を置く人の利益を適切に考慮して行為する義務を負っている者に対し、特別な信頼を置いた場合は、常に信認関係が認められる」[98]。しかし、契約関係においても、当事者は誠実に行動する黙示の義務を負う[99]。したがって誠実の義務は、事実関係に基づく信認関係を独立当事者間の契約関係から、必ず区別するわけではない。それどころか、誠実と開示の義務は、しばしば相互に絡み合っており、誠実または開示の義務を負っているかどうかによってその者が受認者か否かが決まるという裁判所もあるくらいである[100]。この理由づけは堂々巡りの論法である。しかし、

---

94 | Robert Unger, "Difference Between Confidential and Fiduciary Relations," Crosswind Business Divorce Blog, available at http://crosswindbusinessdivorce.com/difference-between-confidential-and-fiduciary-relations/.

95 | Woodrow Harzog, Reviving Implied Confidentiality, 89 Ind. L. Rev. 763, 771 (2014).

96 | Woodrow Harzog, Chain-Link Confidentiality, 46 Ga. L. Rev. 657, 771 (2012) (citing Roy Ryden Anderson, The Wolf at the Campfire: Understanding Confidential Relationships, 53 SMU L. Rev. 315, 330 (2000)).

97 | 誠実義務に関しては、本書第40章（未訳）Fiduciary Law, Good Faith, and Publications 参照。

98 | H-B Ltd. P'ship v. Wimmer, 257 S.E.2d 770, 773 (Va. 1979)（傍点は筆者による）.

99 | Restatement (Second) of Contracts §205; U.C.C. §1-203.

100 | See Nicola W. Palmieri, Good Faith Disclosures Required During Precontractual Negotiations, 24 Seton Hall. L. Rev. 70, 129-130 (1993).

裁判所は「誠実および公正取引の概念に従って」開示することを求め、それによって、「その性質が信頼または信認の関係にあるとすることができ、交渉における全ての重要事実を開示する義務をアドホックに負わせることができたのである」[101]。裁判所は、そのような関係を広く定義することにより、誠実に行動する義務と開示する義務を無数の場面に適用することができたのである[102]。

　第3に開示に関してであるが、裁判所はこの義務を地位に基づく受認者に対しても、事実関係に基づく受認者に対しても、同じように適用しているように見受けられる。例えば、オハイオ州の最高裁判所は、「相手方と信認関係にあるビジネス取引の当事者は、自分だけが知っていて、相手は知らない重要事実は完全に開示する義務を負っている」と述べる[103]。しかし、この開示義務は、「取引の両当事者が特別な信頼と信用を置いたと認識している場合に、非公式な関係から生ずる場合もある」[104]。別の裁判所は、「公式な受認者の立場にあるか、あるいは『信頼関係』という非公式な立場にあることにより、ある者が有利な立場に立ち、内部情報から利益を受けている場合、その信頼を置かれた者は、開示義務と無私の忠実義務（undivided loyalty）を負う」としている[105]。

　もっとも、この開示義務は一般に、対等条件で取引する当事者間には適用されない。例えば、「対等条件のビジネス取引を交渉する洗練されたビジネスマンは受認者とはされず、したがって、取引に関連する全ての重要事実を開示することが求められる特別な関係にもない」とされる[106]。したがって、裁判所がある取引の当事者を事実関係に基づく信認関係にあるとするか、対等条件で行われるビジネス取引であるとするかによって損害賠償責任を負うか否かが決まることになる。

　説明のために、2つのタイプの事実関係に基づく信認関係に関する開示義務を取り上げてみよう。LLC（limited liability company）のメンバーに対してテキサス州の裁判所は、「LLC の株主間の関係には、性質上、非公式な信認関係が発生する場合があることを認めてきた」[107]。その結果、近時、ある裁判所は2人の LLC のメンバーは、長年にわたる親愛と信頼に基づき、メンバーの1人に対し、信認義

---

101 | Id. at 128-129.
102 | Id. at 129.
103 | Blon v. Bank One, Akron, 519 N.E.2d 363, 367 (Ohio 1998).
104 | Id.
105 | Robinson v. Garcia, 804 S.W.2d 238, 258 (Tex. Ct. App. 1991).
106 | Palmieri, supra note 100, at 129. But cf. Soluita v. FMC Corp., 456 F. Supp. 2d 429, 456 (S.N.N.Y. 2006).
107 | Bazan v. Munoz, 444 S.W.3d 110, 118-119 (Tex. Ct. App. 2014).

務を負うとし、その者に対し、重要事実を開示する義務があると判示している。[108]
同様に、Andrew Tuch は、債権者と債務者の関係であっても、「貸し手が、注意義務または忠実義務と明確化された義務違反を犯したというよりも、信認義務としての開示違反を犯したという顧客の主張」が「同じ事実関係のパターンのように繰り返されている」と説明している。[109] ここで裁判所は、「銀行に対し、提供する助言にバイアスがかかったり、ある種の妥協が入るような潜在的インセンティブがあることを開示する（狭い）義務を課している」。[110]

Ⅳ　事実関係に基づく信認関係における強行規定と任意規定

当事者が信認義務を排除できる範囲は、信認法にとって重要な問題である。[111] 事実関係に基づく受認者にとって、裁判所が何らかの信認法理があると認定した（少なくともそうみなした）ということは、それは強行的であり、当事者の合意によって放棄したり、修正することはできないように思われる。事実関係に基づき信認関係ありとすること自体が、信認義務の標準化された、あるいは強行的な核心を課すということだからである。したがって、ポイントは当事者にとって強行規定が課されることを契約で排除できるかどうかである。

一般に、裁判所がある事実が信認関係の発生の契機になると認めたとき、合意の中で信認関係を免責する明確な言葉があっても、信認義務を「適用除外」とするに十分ではない。[112] しかし、ニューヨーク州などいくつかの州では、契約条項が明確で曖昧なところがなければ、事実関係に基づく信認関係についても信認義

108	Id. at 119.
109	前掲注 9（本書第 7 章 170 頁）参照。
110	Id. at 6 (citing Morrice v. Resolution Trust Corp., 622 A.2d 708 (Me. 1993); Buxcel v. First Fidelity Bank, 601 N.W.2d 593 (S.D. 1999); Barnett Bank of West Flolida v. Hooper, 498 So.2d 923, 925 (FLA.1986)).
111	本書第 23 章参照; see also Henry N. Butler & Larry E. Ribstein, Opting Out of Fiduciary Duties: A Response to Anti-Contracarians, 65 Wash. L. Rev. 1 (1990); Tamar Frankel, Fiduciary Duties as Default Rules, 74 Or. L. Rev. 1209 (1995); John H. Langbein, Madatory Rules in the Law of Trusts, 98 Nw. U. L. Rev. 1105 (2004); Melanie B. Leslie, Trusting Trustees: Fiduciary Duties and the Limits of Default Rules, 95 Geo. L.J. 67 (2005); Gabriel Rauterberg & Eric Talley, Contracting Out of the Fiduciary Duty of Loyalty: An Empirical Analysis of Corporate Opportunity Waivers, 117 Colum. L. Rev. 1075 (2017); Michael J. Whincop, An Empirical Analysis of the Standardisation of Corporation Charter Terms: Opting Out of the Duty of Care, 23 Int'l Rev. L. & Econ. 285 (2003).
112	See Anderson, supra note 96, at 330（実際には信頼関係にあるのに、その関係にあることを否定する契約条項は、「信認義務の免責は公序良俗に反し無効」というのが「一般にいわれているところ」であるから、無効であり、強制できない、ということを強調している).

の排除を認めてきた。[113] しかし逆に、事実関係に基づく信認関係においては、当事者の一方が「受認者」として行動するとか、相手の利益のために「専ら」行動するという合意をしていることが多いように思われる。[114] しかし、既に指摘したように、信認義務に関する条項がないからといって、事実関係に基づく受認者の主張が通らないとは限らない。実際、*Wiener v. Lazard Freres* [115] において裁判所は、「信認義務の存在を証拠づける条項が書面にないからといって、原告の主張を退ける」ことを保証するものではないと判示している。[116]

また強行規定と任意規定は、商業銀行や投資銀行が事実関係に基づき（信認義務ありと）認定される事件でも一定の役割を果たしている。Andrew Tuch は、「銀行は、主要な商業銀行機能および投資銀行機能を果たす際、事実関係に基づき受認者と性格づけられてきた」と説明している。[117] 銀行は、利益相反や義務の衝突に遭遇することが多いので、顧客と取り交わす文書の中で信認義務を契約により免除している。[118] Tuch は、「重要なのは、信認義務の存在や内容、範囲だけでなく、契約によって銀行が義務を変更したり免除したりする範囲である」と指摘している。[119] しかし、彼が指摘しているように、「これらの疑問の多くに対して明確な答えはなく、それは、判例が示す指針が、こうした微妙な判断が必要な問題よりも」、「信認義務があるかどうかに焦点を当てているからである」。[120]

V　事実関係に基づく信認関係の救済

裁判所が事実関係に基づく信認義務違反事件に適用する救済は、信認義務違反

---

113 | See, e.g., Seipel v. Jenkens & Gilchrist, P.C. 341 F. Supp. 2d 363, 381–382 (S.D.N.Y. 2004); Asian Vegetable Research & Dev. Ctr. v. Inst. of Int'l Educ. 944 F. Supp. 1169, 1177–1179 (S.D.N.Y 1996); First NH Banks Granite State v. Scarborough, 615 A. 2d 248, 250 (Me. 1992); cf. Bazan v. Munoz, 444 S.W.3d 110, 119 (Tex. Ct. app. 2014) (*Cathey* 事件の合意とは異なり、本件の会社合意には非公式な信認関係ありと判示し、信認義務の構成を明確には否定しなかった (Meyer v. Cathey, 167 S.W.3d 327, 331 (Tex. 2005) を引用している).

114 | Patsos v. First Albany Corp., 741 N.E.2d 841, 852 (Mass. 2001); see also DeMott, supra note 77, at 1275 (裁判所が信認義務を認めないような場合に、雇用主が信認義務が発生するようにいかに雇用合意を用いるかを議論している). But cf. Crim Truck & Tractor Co. v. Navistar Int'l Transp. Corp., 823 S.W.2d 591, 595–596 & n.7 (Tex. 1992).

115 | 241 A.D.2d 114 (N.Y. App. Div.1st Dep't 1998).

116 | Id. at 121–122. But cf. Seth Davis, The False Promise of Fiduciary Government, 89 Notre Dame L. Rev. 1145, 1167 (2014) (いくつかの州では非公式な信認関係は契約的関係に限られるとされている、ということを指摘している).

117 | 前掲注 9 (本書第 7 章 167 頁) 参照。

118 | 前掲注 9 (本書第 7 章 167 頁) 参照。

119 | 前掲注 9 (本書第 7 章 167 頁) 参照。

120 | 前掲注 9 (本書第 7 章 167 頁) 参照。

に対して適用する通常の救済と同じである[121]。実際の救済は、適用されるケースによって様々であるが、裁判所が、地位に基づく受認者に関する同様の事案で適用する救済と同等または類似したものであることが多い。事実関係に基づく信認関係全てに一般化することは難しいが、機会主義や責任回避を含む、信認法の伝統的な事件に対して適用される救済が妥当すると考えられる。

そもそも、事実関係に基づく信認関係自体がエクイティ上の救済というわけではない。例えば、ある連邦破産裁判所は、「テキサス州法に基づき認定された非公式な信認関係は、既に行われた不正行為を正すために課される事後的なエクイティ上の救済ではない[122]」ことを強調している。そうではなくて、「それは既に一定の関係が存在していることを認めるものであって、その関係とは特定の不正行為とは独立しており、その成立状況からして、自己の利益がより高い行動基準に譲ることを求められる関係[123]」である。裁判所は、「しかし、そのような関係に違反があったとき、適切な救済を行うために、擬制信託のようなエクイティ上の救済が認められる、というのは確かに正しい[124]」と述べている。

通常であれば、地位に基づく信認関係に適用される信認義務違反に対する救済が事実関係に基づく信認関係の事例にも適用される。イリノイ州の最高裁判所は既に 1909 年の判決において、信認を裏切る行為に対しては、法に基づく信認関係でだけでなく、「一方が信頼を置き相手方に依存する場合に常にみられる非公式な関係に対しても[125]」、「同様の救済」が適用されるということを強調した。ここでの救済には、エクイティ上の損害賠償（equitable compensation）、利益の計算・精算（accounting for profits）、擬制信託（constructive trusts）など伝統的なエクイティ上の救済が含まれる。

例えば、エクイティ上の損害賠償は事実関係に基づく信認関係において重要な役割を果たす[126]。ある学者が述べているように、「エクイティ上の損害賠償はその重要性を増しているが、それは伝統的にエクイティの実体的の管轄とされた領域、

---

121 信認法の救済に関しては、本書第 24 章; Joshua Getzler, Am I My Beneficiary's Keeper? Fusion and Loss-Based Fiduciary Remedies, in Equity in Commercial Law 239（Simone Degeling & James Edelman eds., 2005）; Daniel B. Kelly, "Deterrence and Disgorgement in Trust Fiduciary Law"（2018）, available at https://papers.ssrn.com/sol3/papers.cfm? abstract_id=2952775; Paul B. Miller, Justifying Fiduciary Remedies, 63 U. Toronto L.J. 570（2013）参照。

122 In re Douglass, 2015 WL 64463305, at *32（Bank E.D. Tex. Oct. 23, 2015）.

123 Id.

124 Id. at *32 n.67.

125 Dick v. Albers, 90 N.E. 683, 684-685（Ill. 1909）（citing Central Nat. Bank v. Connecticut Mutual Life Ins. Co., 104 U.S. 54（1881））; see also Fitz-Gerald v. Hull, 237 S.W. 2d 256, 261（Tex. 1951）.

126 エクイティ上の損害賠償に関しては、一般に、前掲注 121（本書第 24 章 564〜569 頁）参照。

すなわち信認義務（特に事実関係に基づく受認者の拡大）と信頼といった場面において、人間の活動が行われる場面が増えている結果である[127]」。同様に、例えば受益者が利益に対する計算・精算の権利を得た場合など、事実関係に基づく受認者には計算・精算の義務があるとする判例が少なからず存在する[128]。ある裁判所は、「エクイティ上の計算・精算をさせる権利は、伝統的に信頼と信用の関係とみなされる関係の事件だけでなく、ある者が信頼を置き、他者に依存する場合にみられる非公式な関係の事件においても存在する[129]」と判示している。最後の擬制信託は、事実関係に基づく、または非公式な信認関係に違反があった場合に適用されるごく普通の救済である[130]。例えば、ミシシッピ州では、「擬制信託のルールにおける信頼の濫用は、公式の信認関係の場合だけでなく、ある者が信頼を置き、他者に依存する非公式な関係にもありうる。これには、道徳上の関係、社会的または家庭内、さらには個人的な関係にすぎないものも含まれる[131]」とされる。擬制信託またはエクイティ上の先取特権は、カナダやニュージーランドなど他の法域においても、事実関係に基づく信認関係の違反に対して適用されているが、アメリカ合衆国ほど普通にみられるわけではない[132]。

VI 結　　論

信認法を1つの法分野として位置づけるには、何をもってある関係を法が「フィデューシャリー」とするかを理解する必要がある。特に、信認義務は、定型的すなわち地位に基づく関係だけでなく、個別的すなわち事実関係に基づく関係でも発生する。事実関係に基づく事例では、裁判所はある当事者を状況に基づきフィデューシャリーと認定する。その際、地位に基づく場合とは異なり、事実関係に基づく事件では、裁判所は信認関係の特質が何かを明確にすることを求められる[133]。

---

127 Jeff Berryman, Fact-Based Fiduciary Duties and Breaches of Confidence: An Overview of Their Imposition and Remedies for Breach, 15 NZBLQ 35, 46-47 (2009)（傍点は筆者による）.

128 利益の計算・精算に関しては、一般に、前掲注121（本書第24章560～563頁）参照。

129 Mankert v. Elmatco Products, Inc., 854 A.2d 766, 769 (Conn. App. 2004).

130 擬制信託に関し、一般に、前掲注121（本書第24章563～565頁）参照。

131 In re Estate of Hood, 955 So.2d 943, 948 (Miss. Ct. App. 2007); see also Higgins v. Higgins, 514, S.W.3d 382, 389 (Tex. Ct. App. 2017).

132 See Berryman, supra note 127, at 51.

133 前掲注5（本書第19章459頁）（「地位に基づく理由づけは、通常、受認者の地位について権威をもって宣言されていると認められていることのみを前提としている」）と同（本書第19章462頁）（「事実関係に基づく分析」のために裁判所は「信認関係に必要十分な特徴は何か」を決めなくてはならない）を比較せよ。

裁判所が個々のケースにおいて事実関係に基づき受認者と認定する場合、その判断基準を叙述しているので、そうした事例はなぜ法がある関係を受認者とするのかを考える糸口を提供してくれている。特に、受益者とされる者が相手方に信用と信頼を置き、その者が専門性や知識、洗練性、経験が欠けていて、相手の助言や判断に強く依存した場合には、その関係は「受認者」とされることが多い。また受認者とされる者が受益者または受益者の財産に対して大きな裁量を有していたり、専門性や知識、信頼性を有している場合、受益者に対し影響力や優位性、支配力を示している場合などには、「受認者」だと結論づけられることが多い。しかし、それらの要素はあまりに広くバラエティに富んでいて、一貫しているわけではないことから、これら個別的な事例における信認関係の発生の契機が、より一般的な定型的フィデューシャリーとしての特徴を示しているかどうかを知ることは難しい。

　より広い構造という意味では、法は地位に基づく関係にはルールを、事実関係に基づく関係にはスタンダードを適用して信認関係を判断しようとする。ルールとスタンダードを組み合わせることは、ルールのみ、スタンダードのみを適用する場合より優れている。信認関係を分類するのにルール、すなわち地位に基づくアプローチを適用すると、より明確となって判断コストが低下する。これによって、裁判所は代理人、受託者、取締役など、受認者とされることが多い状況において、ある者を個別に受認者として行動していると判断する必要がなくなる。これに対し、スタンダード、すなわち、事実関係に基づき認定するアプローチは、予め全ての要素を明確にすることが難しい限られた状況や受認者ではないという立場を奇貨として受益者を食いものにするリスクのある場合に必要となる。

　一般的に、事実関係に基づき信認関係とされる場合の信認義務には、忠実義務と注意義務が含まれ、地位に基づく信認関係に適用される義務と同等ないし類似しているとして表現され、適用される。これらの義務はそれぞれ適用される状況によって変わってくるが、裁判所は概して、定型的受認者とされる領域の忠実義務と注意義務の原則に準ずることが多い。そして事実関係に基づく事例においては、ある信認法理を強行的に、すなわち、当事者の合意によって免除したり、変更することができないと認定（または推定）する。事実関係に基づく信認関係に適用される救済も、適用される場面によって変わってくる。しかし、エクイティ上の損害賠償、利益の計算・精算、擬制信託などといった救済は、地位に基づく事例に適用される救済と概ね同じである。

要するに、事実関係に基づくフィデューシャリーに関する問題で最も議論されている問題は、その関係を受認者と認定してよいかどうかであり、その場合、如何にその範囲を狭められるかである。裁判所が事実関係に基づき受認者と認定する際の主要課題は、裁判所に裁量を与えすぎて、受認者でないかもしれない者に過度に義務を負わせないようにすることである。信認義務が無秩序に広がっているというこの問題から、法制度は、受認者とよく知られた類型に受認者の範囲を「囲い込む」または限定しなければならないことを示唆する。[134]信認義務を閉じ込めることを提唱する人々は、契約、市場、評判その他のメカニズムによって裁量を限定し、信頼と信用の立場の濫用を防ぐことができ、信認義務の範囲を拡大することは有害であると主張する。[135]

他方で、一定の場合に事実関係に基づくフィデューシャリーを認めることは、機会主義的行動を抑止する防壁となると主張する者もいる。特に、裁判所が事実関係に基づくアプローチを採用することを容認すれば、信頼と信用の立場に立つ者、他者に対して裁量的権限を有するが受認者の立場には立たない者が、受認者ではないという立場を利用するのを防げるかもしれない。究極的には、こうした防壁によって受認者が範囲の隙間を利用するのを防ぐ必要があるかどうかは、実証的な問題である。[136]しかし、現在、裁判所は様々な事実関係に基づき受認者を認定し続けており、これらの事実関係に基づくフィデューシャリーは、信認法という法分野に、より広い課題につながっていく糸口となっている。

謝 辞

Margaret Brinig、Arthur Laby、Paul Miler、Mark Ramseyer、Robert Sitkoff、Tess Wiliamson-Ryan それ以外の信認法関係者に感謝する。ハーバード大学での「信認法の領域を探索する」カンファレンスおよびノートル・ダム大学での法と経済学のワークショップにおける有益なコメントと示唆に対し謝辞を申し上げる。

---

134 | See generally Larry E. Ribstein, Fencing Fiduciary Duties, 91 B.U.L. Rev. 899 (2011).

135 | See id. at 900; cf. Swenson v. Wintercorn, 234 N.E.2d 91, 97 (Ill. App. 1968) (「[信認] 関係が法律問題として存在しない場合、証拠は明確で、説得力のある、曖昧でない、間違いなく1つの結論に導かれるものでなければならない」).

136 | 関連する実証的問題として、事実関係に基づくアプローチが受認者ではないとする立場を利用しようとすることを効果的に防ぎ、抑止することができるかどうかということがある。Cf. Kenneth B. Davis, Jr., Judicial Review of Fiduciary Decision Making—Some Theoretical Perspective, 80 Nw. U. L. Rev. 1, 39 (1985) (「アドホックな調査の代わりに明確なスタンダードに行く際のメリットとデメリット」を議論している).

第 2 章 | 代理法における信認原則

DEBORAH A. DeMOTT

I 代理関係の諸要素と意味

　本章では、コモン・ローによって定義される代理関係にとって重要な信認原則を特定し、その含意を探求する。個別の事実関係とその背景事情を評価して信認義務が適用される関係とは対照的に、代理関係は、定型的に信認関係として扱われる[1]。本章では特定の代理関係に適用される制定法および規制に言及することもあるが、ほとんどの部分ではコモン・ローに焦点を当てる。本章の対象外のものとしては、総合的な法典によって定義され、規制される特定の関係があり[2]、規制機関が規制の適用される代理人が負う信認義務を別途明示的に定める場合がある[3]。同様に、コモン・ローの代理の定義には従業員を含むが[4]、雇用関係自体には本章では焦点を当てない。

　また、本章が焦点を当てる地域はアメリカに限る。コモン・ローの広範な伝統の中で、他の分野に比べて、代理法の法理は国内での管轄による相違点が少ない。アメリカ国内における州ごとの差異は少なく、本章で検討する信認原則については特にそうである。代理法の一般法理の多くを立法している 7 つの州の判決の結論と、コモン・ローの適用により裁判所が判決を下す場合の結論にほとんど差異はない[5]。代理法リステイトメントは、アメリカ法律協会によって第 3 次まで改定

1　この区別については、Andrew S. Gold & Paul B. Miller, Introduction, in Philosophical Foundations of Fiduciary Law 1, 2-3 (Andrew S. Gold & Paul B. Miller eds., 2014) 参照; 本書第 1 章も参照。

2　本書第 13 章等を参照。

3　本書第 8 章参照。

4　Restatement (Third) of Agency §1.01 cmt. c (Am. Law Inst. 2006). 従業員が受認者となる場合については、本書第 10 章参照。

5　7 つの州とは、アラバマ州、カリフォルニア州、ジョージア州、ルイジアナ州、モンタナ州、ノースダコタ州およびサウスダコタ州である。See Ala. Code §8-2-1 to -9; Cal. Civ. Code §§2019 to -22; 2026 to -30; 2295 to 2300; 2304 to -39; 2342 to -45; 2349 to -51; 2355-57; Ga. Code §§10-6-1 to -6; 10-6-20 to -39; 10-6-50 to -64; 10-6-80 to -89; 10-6-100 to -102; 10-6-120 to -122; La Civ. Code Art. 2985-3032; Mont. Code Ann. §§28-10-101 to -105; 28-10-201 to -215; 28-10-301 to -303; 28-10-401 to -423; 28-10-501 to -503; 28-10-601 to -609; 28-10-701 to -704; 28-10-801 to -802; N.D. Cent. Code §§3-01-01 to -11; 3-02-01 to -16; 3-03-01 to -09; 3-04-01 to -03; 3-05-01 to -02; 3-06-01 to -06; S.D. Codif. Laws ch. 59-51 to -9; 59-2-1 to -7; 59-3-1 to -18; 59-4-1 to -2: 59-5-1 to -3; 59-6-1 to -10; 59-7-1 to -8; 59-8-1 to -2; 59-9-1 to -8.

して発行されており、各州の法理を収斂する方向性に重要な影響力を持ち続けている[6]。これに関連していえば、他の分野では学術論文が支配的な地位にあるのだが、代理法におけるリステイトメントは、同等の権威のある学術的資産として貢献している[7]。

　コモン・ロー上の代理関係が二者間に存在する場合、一方の行為が他方に対して直接的に、法律上重要な意味をもつことがある。後ほど説明するが、代理法理では多くの状況でそれが顕著に表れる。「代理人（agent）」が「本人（principal）」により付与された権限の範囲内で行為する場合、または代理人の取引の相手方である第三者の観点からは権限内行為であると合理的に判断される場合、代理人の行為の法的効果が本人に及ぶ。代理法理は、一方当事者が他方当事者を代理するという法的に重要な権限を有する旨の合意がある関係を定義し、これに法的構造を与えるものであり、これには本人、代理人および第三者の間の対外的効果と、本人と代理人の間の対内的な権利・義務の両面が含まれる。代理人は、代理関係の範囲内での第三者との取引やその他の対外的行為について本人の代役を務めるのではなく、本人の法人格の拡大として機能するのであり、これには代理人の本人に対する義務にとって重要な事実に関する知識を代理人が取得することも含まれる[8]。このように本人に重要な影響を及ぼす可能性があることが、フィデューシャリーの性質も含め、代理関係を定義する要件を基礎づけている。と同時に、代理関係の要件には、一方が他方を代理する場合の個人の自律性という意味も反映されている。

　おそらく、代理関係の法律用語は、他の信認法の規範と比べても、他分野で使われている用法とは異なる用いられ方をすることが多いと思われる。例えば、社会科学および人文科学の分野では、「代理（agency）」「代理人と本人の関係（agent and principle relation）」および「代理すること（representation）」という言葉の意味は、法律上の意味とはしばしば異なる[9]。この点に関し、代理法の理論的

6 | Restatement of Agency (Am. Law Inst. 1933); Restatement (Second) of Agency (Am. Law Inst. 1958); Restatement (Third) of Agency (Am. Law Inst. 2006).
7 | リステイトメント以外の、アメリカに特化した包括的な代理法に関する最後の著作として、1914 年に上・下巻で発行された書籍がある。See Floyd R. Mechem, A Treatise on the Law of Agency (2d ed. 1914).
8 | Deborah A. DeMott, The Fiduciary Character of Agency and the Interpretation of Instructions, in Philosophical Foundations 321, 322 (Andrew S. Gold & Paul B. Miller eds., 2014) [here in after DeMott, Fiduciary Character].
9 | 経済学での古典的定義に関して、Michael Jensen & William Meckling, Theory of the Firm: Managerial Behavior, Agency Costs, and Ownership Structure, 3 J. Fin. Econ. 305, 308-309 (1976)（「１名または複数の者（本人）が他者（代理人）に、意思決定の権限を付与して本人のために何らかの

説明に、代理人の行為から発生する対外的な法的効果を組み込む複数の焦点が代理法理自身にあるという事実を反映させるべきという説明がなされることがある。法律上の代理は、二者間で一方が他方を代理するという法理のカテゴリーに属するが、経済学の分野における本人と代理人の関係は、ある者の行為が多様な形で他者の利益に影響を及ぼす可能性があるもので、必ずしも法律上の代理をもたらす必要はなく、より広い範囲の関係を対象としている。

A.　コモン・ローにおける代理の要件

　コモン・ローの定義によれば、「代理とは、ある者（「本人」）が、他の者（「代理人」）に対して、代理人が本人の支配・監督のもと本人のために行為することへの容認を表明し、かつ、代理人もそのように行為することへの容認、もしくは何らかの形で同意を表明するときに生ずる信認関係である」[10]。信認関係の性格があるということと、本人が代理人を支配・監督することの２つが代理関係に不可欠な要件となる。アメリカ合衆国連邦最高裁判所は、*Hollingsworth v. Perry*[11] においてこのような構造的特質があるという理解のもと、カリフォルニア州憲法の改正を求める住民投票が行われた際の提案者であった者は、同州または同州民の代理人には該当しないことと、州政府当局が改正しないとしているときに連邦裁判所において改正を主張するアメリカ合衆国憲法上の当事者適格を欠くことを判示した。裁判所の多数意見によれば、「本件では、代理関係の最も基本的な特徴を満たしていない」うえに、提案者はカリフォルニア州に対して信認義務を負っておらず、訴訟の遂行に関して同州または同州民の支配・監督のもとになかった。[12] より一般的にいえば、本人が代理人を支配・監督する権利または権限を有するという要件がある点において、代理は他の信認関係と区別される。本人による支

　　役務を履行することを委託する関係を代理関係と定義する」）参照。忠実に関する経済モデルの類型については、本書第35章（未訳）The Economics of Fiduciary Law 参照。哲学および人文科学の分野では、より一般的に目的や希望を託すことができる対象を表す特性を「代理（agency）」と呼んでいる。See Charles Taylor, Human Agency and Language: Philosophical Papers I 99 (1985). 芸術に関する哲学的探求における「representation（再現）」は、denotation（指示）を含意する。Nelson Goodman, Languages of Art 25 (1968).

10　Restatement (Third) of Agency §1.01 (Am. Law Inst. 2006).

11　Hollingsworth v. Perry, 133 S. Ct. 2652 (2013).

12　Id. at 2666-2667. 同裁判所の判断は、連邦裁判所での当事者適格の法理を示すものであるか論争の的となっている。See Fred O. Smith, Jr., Undemocratic Restraint, 70 Vand. L. Rev. 845, 899-900 (2017)（Hollinsworth 判決は、カリフォルニア州最高裁判所が住民投票の提案者は合憲性について主張する当事者適格があると決定した先例を無視して、「州の利益を代理できるのは誰か」ということを憲法上の問題とする「驚くべき見解」であるとしている）。

配・監督がどのようなものであるかは個々の代理関係によって異なるものの、本人は、たとえ契約違反になるとしても、代理人に対して暫定的な指図をする権限を有し、それどころか代理権を停止する権限をもっている[13]。代理人の本人に対する信認義務は、本人から受けた指図を解釈する際の判断指標となり、信認関係の性質があることを本人の支配・監督権限と結びつけている[14]。

　代理は同意に基づく関係であるが、当事者がその関係をどう名づけて分類するかまでは確定していない。とはいえ、当事者がその関係の機能の名称をどのように呼ぶかによって、代理関係の存否に関する法的判断が異なる可能性がある。この判断は、一般に法と事実を併せて考える問題となる[15]。当事者間の合意の中に信認義務を免除すると明記されている場合でも、合意に代理関係の本質的な構造があるならば、免除条項によって信認義務を排除することはできない[16]。裁判所は合意の全体から目的を考慮するため、一方が他方のために法的に重要な行為をすることを、他方の支配・監督のもとで可能とされている場合、代理であるとして免除条項に効力はなくなり、信認義務は排除されない[17]。一般的には、コモン・ロー上の代理関係を成立させるために、有効な書類または契約書のような法定の形式に従う必要はない[18]。ただし、本人が代理人に対し、法律上、責任を負うことになる当事者による署名のある書面が必要とされる種類の合意または取引を行う権限を付与する場合には、「同等の尊厳（equal dignity）」と呼ばれる法原則により、本人が署名をした書面によって代理人の権限が証明されていなければならない[19]。

B.　代理関係の範囲の画定

　代理人が第三者と取引する場合、外観法理による代理権という確固たる法理により、本人が現実の代理権に本人から当該第三者への意思表示と矛盾する制限を

---

13 | Restatement（Third）of Agency §1.01 cmt c（Am. Law Inst. 2006）. 経済学において忠実さを説明する場合、代理人が指図に従う義務の理論上・運用上の重要性を、認めているか、否定しているか、または無視しているか、によって異なってくる。前掲注9（本書第35章（未訳））at 671-673 参照。

14 | DeMott, Fiduciary Character, supra note 8, at 321.

15 | Restatement（Third）of Agency §1.02（Am. Law Inst. 2006）.

16 | Patriarch Partners Agency Servs., LLC v. Zohar CDO 2003-I, Ltd., No. 16 Civ. 4488, 2017 WL 1535385 at *5（S.D.N.Y. Apr. 20, 2017）; EBC I v. Goldman, Sachs & Co., 5 N.Y.3d 11, 20（N.Y. 2005）（信認義務は、当事者間の関係から発生するのであって、「当事者間の合意または契約関係のみに依存するものではない」）.

17 | Samba Enters., LLC v. iMesh, Inc., No. 06 Civ. 7660, 2009 WL 705537, at *7-8（S.D.N.Y. Mar. 19, 2009）.

18 | Restatement（Third）of Agency §1.01 cmt. d（Am. Law Inst. 2006）.

19 | Id. §3.02.

個人的に課していたとしても、または代理人が業界の慣行に従って行動している状況で、そのような代理人の権限を制限しようとしても、それらの制限は有効とされない。ただし、代理関係にある当事者の間では、代理人が本人に対する信認義務を負うことなく行動できる領域を定める等の除外条項により、代理関係の範囲を明確にすることはできる。また、これとは別に、法律上、異なる種類の法的関係が代理関係と併存する可能性があることを認めている。例えば、よくある例として、代理人は、その役務について合意された報酬を本人が支払うことを担保するため、本人の財産に対する先取特権（lien）を主張する権利がある。[20]同様に、信用取引口座を通じて顧客に資金を貸し付けている証券ブローカーは、当該顧客の債権者となる。ブローカーが口座約款に従い、委託保証金が不足する口座を清算した場合、結果として顧客が不利益を被り、異議を唱えるかもしれないが、ブローカーにとっては本人にあたる顧客に対して負う代理法上の義務の範囲外で、顧客の債権者としての権利を行使したにすぎない。[21]

　契約で代理関係の範囲から除くとすることによって、実際に効果を有する代理人の信認義務の範囲が最小限に狭められる場合がある。美術品のオークションにおいて、オークション会社に出品を委託する者は、オークション会社との代理関係における本人となり、オークション会社が委託者の代理人となる。その際の委託に関する合意書面に通常含まれる規定によれば、両当事者の関係は、オークション会社と購入者との標準契約の規定（当該オークション会社の販売条件、制限的担保責任および保証）に従う。委託合意書面に基づき、オークション会社は専門家に相談する裁量権を付与され、委託者から明示的な異議があった場合でも、これを行使することができる。[22]また、オークション会社は委託合意書面により、カタログの記載（例えば記載されたアーティスト名などの属性情報等）が不正確であることによる契約上の品質保証違反を理由として、購入者に責任を問われる可能性があると誠実に判断した場合、契約を取り消す裁量権を付与されている。[23]いずれの事例でも、受認者であるオークション会社は、代理関係上の本人である委託

---

20 | Id. §8.01 cmt c.
21 | この点に関する議論の全体について、Deborah A. DeMott, Defining Agency and Its Scope II, in Comparative Contract Law: British and American Perspectives 396, 403（Larry A. DiMatteo & Martin Hogg eds., 2016）[hereinafter DeMott, Scope] 参照。
22 | Reale v. Sotheby's, 718 N.Y.S.2d 37（N.Y. App. Div. 2000）.
23 | Greenwood v. Koven, 880 F. Supp. 186（S.D.N.Y. Mar. 20, 1995）. Greenwood 事件では、オークション会社による裁量権の行使には、少なくとも販売により同社が責任を問われる可能性があるという主観的な確信を動機とするものでなければならないと判示している。

者に対する信認義務の範囲外にある契約に規定されている権利に従って行動する。契約に規定されているこれらの権利は、本人の指図に反するとしても、また本人の不利益になるとしても、行使可能なものとなる。[24]

　コモン・ロー上の代理関係の範囲が制定法に規定がある事項についても重要な意味をもつことがある。コモン・ローで代理人として定義されている者が、制定法で「代理人」という用語で規定されている者に該当するか否かは、その制定法の構造および目的による。例えば、*Segal v. Genitrix* では、LLC（limited liability company）の元社長が、過去に役員会に在籍していた投資家2名に対して、マサチューセッツ州の賃金法に基づき、元社長に未払賃金を支払う個人的責任を負っていることを理由として、訴訟を提起した。[25] 同賃金法は、LLC の「経営権のある役員または代理人」に責任を課している。被告はいずれも同社の業務執行役ではなかった。被告の1人は、元社長の雇用契約では契約当事者以外の受益者であると指定されており、LLC の代理人として雇用契約を執行する権限を有し、そこには雇用契約の終了権限も含まれていた。また、証拠により、同人がもう1人の被告に代わって発言していることと、よってその代理人として行為していたとの推論が裏づけられた。裁判所は、これらの代理関係は範囲が限定的であるため、被告らは賃金法上の要件である「LLC の経営権のある代理人」に該当しないと判示した。被告らは投資家として LLC の事業（特に、新たな資金による投資）に対する影響力を有してはいたが、そのような監督をすることは、LLC の経営責任を負う代理人の地位にあることと同じではない。役員（または投資家）である個人がそのような地位にあったことを立証するためには、LLC の役員会が賃金法の規定の範囲に該当する権限を個人に付与していることを明らかにしなければならないのである。[26]

C.　代理関係が成立間近な状況？

　代理人の本人に対する義務は、一般的には代理関係に伴うものであるが、代理関係に先立って、後に代理人と本人になる者との間では、対等な独立当事者の立場でやりとりが行われる。[27] しかし、代理関係が存在しないとしても、当事者が互

---

24 | 美術品のオークションの事案に関する議論の全体について、DeMott, Scope, supra note 21, at 404-407 参照。
25 | Segal v. Genitrix, 87 N.E.3d 560（Mass. 2017）. 賃金法：Mass. Gen. L c. 149, §148.
26 | 87 N.E.3d at 576.
27 | Restatement（Third）of Agency §8.01 cmt. c（Am. Law Inst. 2006）.

いに相手方に対し、いかなる義務も負わないということにはならない。例えば、証券会社の従業員が形式上は同社の顧客ではない投資家に詐欺を行う場合に、同社には現実の代理権も外観法理による代理権もないし、同社を通じて行われたと明示されてもいないとする。証券業務に関する権威ある定説によれば、代理関係は、顧客が注文を発し、証券会社がその執行に同意した時点で開始する。[28] 従業員の雇用および監督につき会社の側に過失がある場合（雇用されている立場を利用して投資家を食いものにするであろうことが予想される経歴のある従業員のような場合）、不法行為理論により会社が責任を問われる。[29]

　代理関係成立前の義務を概念整理するには3通りの方法がある。第1は、いかなる代理関係成立前の義務も、証券会社の不祥事の事例にみられるように、代理法以外の法律に起因するとするもの。第2は、代理関係成立前の義務については、代理人と本人の関係となる見込みのある当事者間の信頼と信用の関係が、代理人となる見込みのある者の行為を信認義務の基準に照らして評価することに正当性があると判断されるほどのものであるかを、個々の事実に基づき決定することが必要であるとするもの。[30]第3は、成立が見込まれる代理（「代理関係が成立間近な状況」）そのものが信認義務を発生させるとするものであるが、そこでは、当事者が最終的に代理関係になった場合にのみ信認関係が発生していたことになるのかどうかが問題となる。第2・第3の理論については、代理人の義務の範囲を確定する必要がある。これらの3つの可能性を検討することは、たとえていえば、電灯のスイッチを購入しようとするときに、オンオフを切り替えるトグルスイッチにするか、明るさを調節できる調光スイッチにするかを考えてみるとよい。

　商品投資家が集団訴訟を提起した *Martin v. Heinold Commodities, Inc.* で裁判所は、商品ブローカーの手数料および報酬体系は複雑であり、かつ商品ブローカー以外からそれらの関連情報は入手できないことを考慮して、商品ブローカーはそれらの性質について顧客となる人に説明する信認義務があると判示した。[31] 裁判

28　Le Marchant v. Moore, 44 N.E. 770 (N.Y. 1896). これより最近の説については、In re Enron Corp. Sec., Derivative & "ERISA" Litig., 238 F. Supp. 3d 799, 843 (S.D. Tex. 2917) (取引一任勘定ではない場合の証券会社の信認義務は、顧客の発注時に開始され、担当者がこれを執行した時点で終了する。これは、証券会社が投資一任により口座を管理している場合または顧客の財務アドバイザーを務めている場合の関係とは対照的である) 参照。

29　近時の事例としては、Owens v. Stifel Nicholaus & Co., 650 Fed. App'x 764 (11th Cir. 2016) 参照。盗難警報機の会社が暴力的重罪犯であると知られている者を訪問販売員として雇用し、その販売員が見込み客を誘拐した事例で、同じ法理を根拠として会社が責任を負うとされた。Underberg v. Southern Alarm, Inc., 643 S.E.2d 374, 375 (Ga. App. Ct. 2007).

30　前掲注1 (本書第1章) 参照。

31　643 N.E.2d 734, 741 (Ill. 1994).

所の論拠は、前記の第2・第3の理論にまたがるものであり、「まさしく代理関係を形成することが、本人に対し、その後代理人が公正な取引をするであろうという特別な信頼および信用を生じさせる場合には、これから代理人となる者は、代理人として雇われる際の条件を開示する信認義務を負うこともあり得る」と強調している。[32] つまり、これから代理人となる者が信認義務（Martin 事件では、手数料および報酬に関する条件を開示する義務）をこれから本人となる者に負うかどうかは、いかなる理由で情報の非対称性があるとされるかによる。ここではこれから本人となる者がこれから代理人となる者に特に依存していたことからそうした事情があるとされた。

Martin 事件における手数料と報酬体系の不明瞭さだけでは、代理関係に先行し、または代理関係を予期させるような、問題となる可能性のある行為を検討し尽くしたとはいえない。商品取引の分野だけでいってもなお、規制上、商品ブローカーによる「フロント・ランニング」（すなわち、同一商品に対する顧客の執行可能な注文の前に、ブローカーがその自己勘定または自らが利害関係を有する勘定の取引を優先させる行為）を禁止する内部規定を置くことが義務化されている。[33] ⅡＡで詳述する通り、顧客の注文に対するフロント・ランニングによって代理人は本人と競合し、本人が同意している場合を除いて、代理人は忠実義務に違反する。フロント・ランニングはまた、代理人による先行取引が相場の変動に繋がるほどの規模に上る場合、本人に被害を及ぼす可能性もある。代理人がこの戦略により利益を得たとすれば、本人が代理人との関係に基づいて同意した手数料を上回る金額を手にしたことになる。

一方、商品先物取引口座の開設に至っていない見込み顧客がブローカーに対し、例えば大口のブロック取引の購入をするための見積もりを依頼したとしてみよう。ブローカーは、商品仲介業者として、見込み顧客が入手できない情報（リアルタイムの市場情報や、先物契約についての顧客注文の最新動向など）を得ている。商品取引規制は、顧客の「執行可能な注文」によって適用されるため、見込み顧客からの見積もり依頼に対する「先行取引」を明示的に禁止する規定はない。ただし、現行の商品取引規制には、インサイダー取引禁止規定（証券のインサイダー取引禁止規定に比べ適用範囲は狭い）があり、情報を既存の義務に違反して不正に利用することを禁止しており、その情報は顧客の情報である必要はない。[34] したがって、

---

32 | Id. at 740.
33 | 17 C.F.R. §§155. 2-4.

Martin 事件における論拠は、見積もり依頼がその性質上、見込み顧客のブローカーに対する信頼および信用を必然的に伴うものであるので、見込み顧客による発注があるかないかで議論になるかもしれないが、責任を課す根拠となりうる。

Martin 事件のブローカーや、顧客の注文にフロント・ランニングを行っていたブローカー（または雇い主の取引計画にフロント・ランニングを行っていた従業員のブローカー）とは異なり、見積り依頼に基づいて、取引を予測したフロント・ランニングを常習的に行っているブローカーは、見積り依頼の後に発注がなかった場合、現金化されない商品ポジションを抱えるリスクを負っている。このフロント・ランニングの経済性に内在する事実によって、見込み顧客が見積り依頼をする際にブローカーに対し十分な信頼および信用を置いていたことを証明する可能性を下げるかもしれない。より一般的にいえば、代理関係成立前の取引においては、明確な形で義務が発生するようなものではなく、状況によっては発生するものであり、トグルスイッチよりむしろ調光スイッチに近いのである。

Ⅱ　本人に対する代理人の義務

代理法理に関する最近の学説によれば、本人に対する代理人の義務のうち、忠実義務と履行義務は区別される。[35] 代理人の履行義務には、代理に特有の部分があり、従来の学説は、この種の義務を「［本人のために］履行する義務および［本人の意向に］従う義務」としていた。[36] この種類の義務の中で、「その他の信認義務」として区別されるいくつかの義務は、本人に対する代理人の忠実義務を促進・支援するものである。さらに代理法理には、代理人が本人のために行うことに同意した機能を別の者に行わせ、同人の行為について代理人が本人に対して責任を負

---

34 | Commodities Exchange Act §§4b(a) and (c); 7 USC §§6b and (c). ドッド・フランク法により、2010 年に §6(c) の条文が改正され、商品先物取引委員会（CFTC）は、CFTC の規制に反する相場操縦的または詐欺的な仕組みまたは計略を禁止する権限を付与された。この改正は、誤解を招くおそれのある表記を防止または訂正するために必要な場合を除き、積極的な情報開示の義務を課すものではない。CFTC がインサイダー取引に対する規制を初めて発動して、解決したのは2015 年および 2016 年の事例で、これらはいずれも、雇用主の自己売買の計画にフロント・ランニングしたトレーダーに対するものであった。In re Motazedi, CFTC No. 16-02 (Dec. 2, 2015) and In re Ruggles, CFTC No. 16-34 (Sept. 29, 2016).

35 | Restatement (Third) of Agency §§8.02-8.05 (Am. Law Inst. 2006) (duties of loyalty); id. §§8.07-8.12.

36 | Restatement (Second) of Agency §§377-386 (Am. Law Inst. 1958). 経済学者の説明による「本人の指図に従う義務」の変容については、前掲注 9（本書第 35 章（未訳））at 671-673 参照。

う関係に適用される復代理を定義づけるという面がさらにある[37]。復代理人は、自らを任命した代理人が本人に対して負う義務に拘束され、さらに当該代理人に対する信認義務も負うのである[38]。したがって、前述のブローカーの例でいうと、証券会社の顧客のために取引の執行やその他の代理機能を果たす個人は証券会社の復代理人であり、証券会社自体が顧客の代理人となる[39]。証券会社のように代理業務を提供する組織のトップは、本人たる顧客に対して従業員が負っている義務の遵守を促進する仕組みを策定する機会をもっており、多くの場合、規制上の義務が伴っている。

A.　忠実義務

　代理人は本人に対し、4つの異なる忠実義務を負っている。その全てを統合するのが、代理人は「代理関係に関連するあらゆる事項について、本人の利益のために忠実に行動する義務」を負うという包括的な信認原則である[40]。これらの義務は、代理人が本人の財産に関与するか否か、また代理人の機能が裁量権の行使を必要とするか否かにかかわらず適用される。Ⅲ B にて論ずるように、本人は、本来は忠実義務違反となる行為について、同意する場合もあるが、本人が同意したとしても代理人が全ての義務を免除されるわけではなく、特に本人との取引を公正かつ誠実に行うという義務は免除されることがない。

　4つの確立した義務のうち、第1に、代理人は、本人のために行う取引に関してであれ、本人のために行うその他の行為に関してであれ、代理人としての地位を利用して、第三者から「実質的利益」を得てはならないという義務を負う[41]。したがって、代理人が本人のために行った取引に関連して第三者から賄賂を受領した場合、忠実義務違反となる。本人が損害を証明できないとしても、また代理人が本人に損害が生ずると考えていなかったとしても、代理人は責任を問われる[42]。「実質的利益」の大半は、金銭的賄賂のように直接かつ財産的性質のものである

---

37 ｜ Restatement（Third）of Agency §3.15（1）（Am. Law Inst. 2006）.
38 ｜ Id. §3.15 cmt. d.
39 ｜ Id. cmt b. 一方、共同代理人とは、本人を共同で代理する複数の代理人をいう。Id.
40 ｜ Id. §8.01.
41 ｜ Id. §8.02.
42 ｜ 最近の事例について、Samba Enters., LLC v. iMesh, Inc., No. 06 Civ. 7660, 2009 WL 705537（S.D.N.Y. Mar. 19, 2009）, aff'd, 390 Fed. App'x 55（2d Cir. 2010）（代理人として活動していると裁判所が判断した会社が、顧客に適切なビジネスパートナーを探す業務を行っていたところ、顧客を紹介した会社との間で非公開の協定を結び、紹介によってパートナーとなった場合に手数料を受領した事例）参照。

が、会社の役員が、感謝のしるしであったり、将来の会社との取引関係を見越して、株式の新規公開（IPO）の引受人からIPO株を購入する機会を提供される場合のように、微妙な性質の利益も義務の対象に含まれる。[43]

第2に、代理人は、本人と自己取引をしない義務を負う、すなわち「代理関係に関連する取引において、本人に対して取引の相手方となったり、または取引の相手方のために本人との間で取引をしてはならない」[44]。このような取引は、代理人（または第三者）の利益と本人の利益との間に調整しようのない緊張をもたらし、代理人が本人を代理するという合意の質を劣化させる。代理人による自己取引が慣例化している業界で、本人がそのような慣例を知らずにいる場合、本人は、その業界で代理人を任命したとしても、自己取引の慣例に同意したことにはならない。[45] ある取引の当事者双方の代理人となる双方代理は、この義務に反する。いくつかの判決では、「事務的な行為」を双方代理の禁止の対象外としている。そうした事件では、「事務的行為」を、もう1人の本人のために判断や裁量またはスキルの行使を伴わない行為、と定義している。[46]

第3に、代理人は、代理関係が存続している期間中、本人と競合してはならず、また本人の競合相手のために行為し、当該競合相手を支援してはならないという義務を負う。[47] 代理人が競合相手となり、本人に不利となる行為をした場合、自己取引が行われていないとしても、また本人が損害を証明できないとしてもなお、忠実義務違反となる。代理人が本人の秘密情報へのアクセス権を有し、これを利用する場合、代理人による競合を促し、かつ競合による被害が悪化することが多い。[48] 代理人が別段の同意をしている場合を除き、この義務は、代理関係の終了と同時に終了する。

第4に、代理人は、自らの目的または第三者の目的のために本人の財産を利用してはならず、また自らの目的または第三者の目的のために本人の秘密情報を利用・伝達してはならないという義務を負う。[49] 本人との競合を禁止する義務とは異

43　In re eBay, Inc. S'hoders Litig., No. C.A. 19988-NC, 2004 WL 253521 (Del. Ch. Feb. 11, 2004).
44　Restatement (Third) of Agency §8.03 (Am. Law Inst. 2006).
45　Id. cmt. b.
46　Bernstein v. Centaur Ins. Co., 644 F. Supp. 1361, 1370 (S.D.N.Y. 1986); Oslen v. Vail Assocs. Real Estate, Inc., 935 P.2d 975, 980-981 (Colo. 1997).
47　Restatement (Third) of Agency §8.04 (Am. Law Inst. 2006).
48　アメリカ以外の最近の事例として、Lifeplan Australia Friendly Soc. Ltd. v. Ancient Order of Foresters [2017] FCAFC 74 参照。このLifeplan事件では、原告の幹部従業員2名が原告に雇用されているにもかかわらず、被告のために行動し、被告の利益となるよう事業に制限をかけ、原告の顧客名簿を手に退社した後、被告に雇用されていた。
49　Restatement (Third) of Agency §8.05 (Am. Law Inst. 2006).

なり、本人の財産および秘密情報に関する義務は、代理関係の終了後も継続する[50]。復代理人は、秘密保持契約を締結していないとしても、自らを任命した代理人と同様に、本人に対して秘密保持義務を負う。*Veleron Holding, B.V. v. Morgan Stanley* では、原告が株式購入資金の借入れの担保として差し入れた株式につき、貸手が被告である投資銀行を当該株式の処分の代理人としていた[51]。原告は、貸手が株主に追加証拠金を請求しようとしており、株主はこれに応ずることができない見込みであるという非公開の情報を被告が入手していながら、当該株式を空売りしたのは被告の信認義務違反であると主張した。これに対し裁判所の判示は、本件の事情を踏まえると、投資銀行は、「株式処分の代理人」として、本人たる貸手に対して信認義務を負う可能性があるとした。あるいは、貸手は株主に対して秘密保持義務を負っているので、株式処分の代理人は貸手の復代理人として秘密保持義務に拘束される可能性があり、それは貸手と株式処分の代理人の間で秘密保持契約を締結していなかったとしてもそうである[52]、とした。

　忠実義務の一般的かつ包括的な原則そのものが、代理人に対してフィデューシャリーとしての制約を課すことができることは、代理人が本人のために機能することをやめた場合に生ずる様々な問題からもわかる。代理関係が合意に基づくという性質を有するということは、代理人または本人のいずれも、相手方への意思表示、すなわち代理人の場合は放棄（renunciation）を、本人の場合は撤回（revocation）を意思表示することにより、いつでも関係を終了できることを意味する[53]。代理人には辞任の権限があるため、元代理人となった時点で、在任中であれば本人に対する信認義務違反となる行為を実行できるようになる。「代理関係が成立間近な状況」について議論したように、どの時点で行為者に代理人の信認義務が課されるかを確定するには、綿密な吟味を要する場合が少なくない。同様に、代理関係が終了したとしても、代理から生ずる結果の全てが終了するとは限らない[54]。代理人が本人に対して放棄の意思表示をすることなく、単に行為を中止した場合を考えてみよう。代理の根本的な帰結（IVで詳述する）は、代理人がその義

50	Id. cmts. b and c.
51	117 F. Supp. 3d 404 (S.D.N.Y. 2015).
52	Id. at 455 (裁判所は「ひどい手抜かり」ではあるが「重要なこと」ではないとした).
53	Restatement (Third) of Agency §3.10(1) (Am. Law Inst. 2006).
54	そのような結果の例の1つに、代理人が本人のためと称して第三者との取引を継続する可能性がある。（現実の代理権でなく）外観法理による代理権が終了するのは、その取引相手となる第三者にとって当該代理人は現実の代理権もって行為していると信ずることがもはや合理的でない場合のみである。Id. §3.11(2).

務に重要な意味をもつ事実を知った場合、それが本人に帰せられるということである。何もしないこと自体が法的結果をもたらす場合があるのであって、権利放棄も適切な時期に行われなければならない。通知なく本人を放置することは、代理人が負う包括的な忠実義務に反する。何もせず、本人に対する通知を怠ることは、もし代理人の側の自発的行為であるならば、代理人の忠実義務違反となる。本人を放置することは、代理人と本人の間の代理関係を断ち切ることになる。[55]

B.　履行義務

　受認者の義務は、これまで「忠実義務」と「注意義務」のどちらかに分類されることが多かったが、代理では義務の分類は、もう少し複雑で込み入ったものとなっている。具体的には、代理人は、注意義務、適正な能力を具備する義務、および勤勉に行動する義務を併せて負う。また、代理人は、本人から受けた合法的な指図に従うという独特な義務を負っており、これは履行義務に該当するのみならず、本人を代理する者として、本人のために忠実に行動するという代理人の負う包括的な義務と不可分に結びついている。さらに本人による支配・監督の行使を容易にするものとして、もう１つの独特な義務、すなわち代理人がその義務に重要な意味をもつ事実を知った場合、これを本人に伝えるための合理的努力を尽くさなければならないという義務がある。

　前記の義務ほど独特ではないが、代理人は、本人との契約の明示および黙示の定めと矛盾なく行為する義務を負っている。[56]その定めには、個々の取引における慣習や慣行が含まれることもある。例えば、ＩＣで取り上げた商品取引に関するブローカーと投資家との契約には、ブローカーが顧客のために取引を執行するという取引所の規則および慣習が黙示的に含まれているかもしれない。同様に、代理法理に特有というわけではないが、代理人は本人に対し、本人の財産について、他者の財産と混同しない義務や、本人の勘定で授受した金銭その他の財産に関し、帳簿を作成して本人に説明する義務等を負っている。[57]

　代理人の義務は、「代理人が通常、同様の状況で行うように注意を払い、適正

55　この点に関し、弁護士と依頼人との関係について、Maples v. Thomas, 565 U.S. 266, 283 (2012)（弁護士が死刑囚である依頼人を放置して、同死刑囚を代理することをやめた場合、元依頼人となった同死刑囚に、弁護士が適時に上訴しなかったことによる影響が及ぶことはないとされた事例）参照。

56　Restatement (Third) of Agency §8.07 (Am. Law Inst. 2006).

57　Id. §8.12. この義務により、本人の財産を代理人の財産であるかのようにみえる方法で取引することも禁止される。Id. §8.12(1).

な能力を具備し、かつ勤勉に行為すること」である[58]。代理人の義務には適正な能力やスキルを具備することが含まれていることによって、代理人の義務違反と職業専門家の不法行為の法理論が結びついている。代理人が特別なスキルまたは知識を有することは、同様の状況にある代理人に適用される規範のもとで、代理人がその状況で相当の注意を払い、かつ勤勉に行為しているかどうかということにとって重要である[59]。したがって、勤勉に行動する義務は、注意義務および適正な能力を具備する義務と同様に結論にとって重要である。代理人が自分は特別な技能をもっている、または知識が特別に優れていると主張するならば、その代理人の行為が義務違反に該当するか否かを決定する際には、当然の基準となる[60]。これらの義務は、本人との契約に明記されたり、契約により設定され代理人の履行義務と重複することがある。代理人が本人との契約とは独立または区別して、本人＝代理人関係から発生する履行義務を負う場合、代理人の義務違反の結果として本人が被った経済的損失の不法行為法に基づく損害賠償を、いわゆる経済的損失ルールと呼ばれる法理により妨げられることはない[61]。

また代理人特有の履行義務には、代理人に現実の代理権の範囲内でのみ行動するという義務が含まれている。代理人が権限の範囲を超え、その結果、本人が損失を被った場合、代理人はこれを賠償する責任を負う[62]。これは、外観法理による代理権により、第三者との取引に本人が拘束される場合や、本人が第三者による請求訴訟に勝訴しても訴訟費用がかかる場合が多いからである。これに関連して、代理人は、前記の本人から受けた合法的な指図に従う義務を負っている。この義

58 | Id. §8.08.
59 | Id.; Restatement (Third) of Torts: Liability for Physical and Emotional Harm §12 (Am. Law Inst. 2009).
60 | Restatement (Third) of Agency §8.08 (Am. Law Inst. 2006).
61 | 経済的損失のルールに独立した義務の例外が適用された最近の事例として、Lawyers Title Ins. Co. v. Rex Title Co., 283 F.3d 292, 294 (4th Cir. 2002) (applying Maryland law) (権原に設定された抵当権が解除されていないにもかかわらず権限保険を発行したことで、代理人は、代理契約書の規定とは別に、独立した注意義務に違反したとされた事例); U.S. Bank Nat'l Assoc. v. San Antonio Cash Network, 252 F. Supp. 3d 714 (D. Minn. 2017) (銀行の現金を ATM に送金する委託を受けた業者が同行の代理人として、契約により設定された義務とは別に、本人の権利に関連する全ての事実を開示する義務を含む信認義務を負うとされた事例); Cook v. John Hancock Life Ins. Co. (U.S.A.), No. 7:12-cv-455, 2015 WL 178108, at *15 (W.D. Va. Jan. 14, 2015) (財務アドバイザーがクライアントの代理人となり、クライアントのために財産を保管している場合、契約とは独立した信認義務が発生する可能性があるとされた事例) 参照。See also St. Malachy Roman Catholic Congregation of Geneseo v. Ingram, 841 N.W.2d 338 (Iowa 2013) (証券の登録販売員は、相続計画業務に関連して本人たる顧客に対する注意義務に違反したものであり、受益者と推定される者による販売員に対する主張が、経済的損失のルールにより妨げられることはないとされた事例).
62 | Restatement (Third) of Agency §8.09 cmt. b (Am. Law Inst. 2006).

務は、代理法に特有の特徴の１つである[63]。これは本人の支配・監督権限にとって不可欠なものであり、また、代理人の本人に対する何よりも重要な忠実義務にとっても、それが本人から受けた指図を代理人が解釈して行動する際の指針となることから、不可欠なものである。

指図に従う義務は、会社の代理人に相当する会社の執行役に適用される（取締役は代理人でないので適用されない[64]）。*Amalgamated Bank v. Yahoo! Inc.* において、裁判所は、会社の CEO がナンバー２の地位に就く者の採用に関連して取締役会から受けた指示に従わなかったことにより、会社に対する信認義務違反となる可能性がある[65]、と判示した。さらにこの CEO は、ナンバー２の報酬体系変更に関する重要な情報を取締役会に知らせなかったことにより、代理人の負う他の義務に違反した可能性がある。それは、代理人が、代理人の本人に対する義務に重要な意味をもつ事実を知った場合、本人（本件では、CEO が報告した取締役会）に知らせなければならないという義務である。*Amalgamated Bank* 事件が示すように、この意味における事実には、代理人の義務にとって重要であれば、代理人自身が作為でも不作為でも関連する事実が含まれる。代理人の本人への情報提供義務には制限があり、代理人が別の本人に対して負っている、当該情報提供義務に優先する義務に違反することなく本人に提供できる事実に限定される[66]。加えていえば、本人が例えば特定種類の情報については受領することを希望しないという意思表示をした場合には、代理人はこれに従うことになる。しかしながら、*Amalgamated Bank* のような会社の文脈では、取締役自身が会社に対し信認義務を負っているから、上級執行役が知っていた事実を取締役が受領しないようにしても、それには限度がある[67]。

---

63 | See Megan Wischmeier Shaner, Restoring the Balance of Power in Corporate Management: Enforcing Officer's Duty of Obedience, 66 Bus. Law: 27, 44-45 (2010)（「代理法に特有」な義務と特徴づけている）. 経済学者の説明における義務の取扱いの変容について、前掲注 9（本書第 35 章（未訳））at 671-673 参照。

64 | 執行役は、代理人として、注意義務、適正能力を具備する義務および勤勉義務を負うという点で、制定法上、執行役に依拠する強固な権利を有する取締役とは異なる。ただし執行役の行動が同様の状況にあるその他の代理人に通常要求される基準に満たない場合、執行役の責任は、経営判断の原則、すなわち忠実義務に違反しない誠実な行為については取締役の責任が免除されるという原則により保護される範囲に含まれない。この点について、Deborah A. DeMott, Corporate Officers as Agents, 74 Wash. & Lee L. Rev. 847 (2017) 参照。

65 | 132 A.3d 752, 780 (Del. Ch. 2016).

66 | Restatement (Third) of Agency §8.11 (2) (Am. Law Inst. 2006).

67 | 会社の文脈については、本書第 4 章参照。

Ⅲ　強行規定と任意規定

　代理法理は、代理人の義務を定義する際の柔軟性と変更不可能な諸要素とを融合させている。ⅠＡでも述べたが、本人と代理人との関係においてフィデューシャリーという性質は、*Hollinsworth v. Perry* で最高裁判所が判示した通り、代理を構成する要素である。確かに、当事者間で自由に関係を構築し、いずれの当事者も相手方に対し信認義務を負わないようにすることもできるが、そうなると、コモン・ロー上の代理には該当しないこととなる。また、代理人または本人は、そうすることが契約違反になる場合であったとしても、いつでも関係を終了する権限をもっている。代理は、当事者を本人と代理の関係として結びつける継続的な合意を前提としている。代理人との元の契約に違反するものであっても、本人は拘束力ある指図を代理人に都度する権限を有することと同じで、両当事者は互いに、期間中いつでも関係を終了する権限をもっている。[68]したがって、代理法は、過去と矛盾するような選好を当事者が表明しても、尊重し、執行するのであって、このようなことは他の法理ではないかもしれない。全体としてみれば、代理の定義上の必要条件は、本人・代理人間の合意が以前に示した適用範囲があるにもかかわらず、合意の法的効果を制限するものとなっている。

A.　履行義務

　代理人の履行義務は、本人との合意に服することになるであろう。最も重要なことは、注意を払い、適正能力を具備し、かつ勤勉に行動する代理人の義務は、代理人に期待される努力または成果を測る指標やその他の測定方法を定める合意によって定義されるということである。また、代理人に適用される履行の基準は、合意により引き上げることも引き下げることもでき、紛争処理の方法を合意により特定することもできる。かかる合意の文言が、この後 B で述べるような、本人の同意がなければ、代理人の忠実義務違反となってしまう行為に対する本人の同意として必要な具体性を欠いていることがある。[69]執行役の雇用合意書は、専門

---

68 | この権限は、制定法に違反しない範囲で適用される。業界特有の（通常とは異なる）事例として、Md. Com. Law Code §23-104 (2004)（ホスピタリティ業界（ホテル・高齢者向け住宅）について、業務合意書で期間前解約が認められていない場合に、コモン・ローの規則の適用が排除されている）参照。Md. Com. Law Code §23-104 (b) の定めによれば、特定履行が救済手段として適用される。

69 | Restatement (Third) of Agency §8.08 cmt b (Am. Law Inst. 2006).

的な交渉による契約の事例であり、期待事項、履行内容の測定方法、報酬および処罰について規定する。CEO の雇用合意書では、少なくとも公開会社の場合、「理由」ありで雇用契約終了となる状況を画定し、理由なく契約終了した場合には当該 CEO が会社に対してより有利な権利が与えられる旨が書かれており、これによって、コモン・ロー（および代理法）上の随意雇用に関する任意規定を適用しないことが通例となっている。[70]本人たる会社は、代理法上、CEO との関係を終了する権限を保持するが、合意によって、当事者間で事前に、会社が権限を行使する際の対価を定めているのである。

これに対し、現実の代理権の範囲内で行為する代理人の義務や、代理人が本人から受けた合法的な指図に従う義務に関しては、個々の合意の役割はそれほど明確でない。代理人の行為が以前に定めた現実の代理権の範囲を超えた場合、本人は、将来に向けて権限の範囲を拡大することに同意するかもしれない。実際に、代理人の越権行為に対し本人が異議を申し立てない場合、代理人は、本人の黙諾により代理権の範囲が黙示的に拡大されたと理解して差し支えないとされている。[71]状況に応じて、例えば代理人との従前のやりとりに照らし、代理人がそのように理解することが合理的である場合、本人の黙諾により、代理人の権限の範囲は再定義され、拡大されたことになる。ただし、代理人が過去に行った越権行為は、本人がこれを追認した場合に限り、本人を拘束し、本人に対する代理人の義務違反とならない。追認に際しては、代理人の行為に関し重要な事実を本人が把握していなければならず、[72]かつ本人が何らかの方法で、当該行為への同意を表明するか、または本人が同意していると合理的に推定することを正当化する行為を別途していなければならない。[73]したがって、定義上、追認をするためには経緯、すなわち代理人が既に行った行為に関する事実を把握している必要がある。これらの制限は、代理関係を構成する要素の 1 つとして、代理人を支配・監督する本人の権限が様々な場面で重要であることを反映している。代理人に対し、代理人の権限範囲を一方的に再定義する権限や、本人から受けた合法的な指図を無視することを一方的に決定する権限を付与することは、本人による支配・監督と対極にあ

---

70 Stewart J. Schwab & Randall S. Thomas, An Empirical Analysis of CEO Employment Contracts: What Do Top Executives Bargain For?, 63 Wash. & Lee L. Rev. 231（2006）.

71 Restatement（Third）of Agency §2.02 cmt f（Am. Law Inst. 2006）.

72 Id. §4.06.

73 Id. §4.01（2）. 追認が適用されるのは、問題となる行為が代理人または代理人を名乗る者によってなされた場合のみである。See Kristensen v. Credit Payment Servs. Inc., 879 F.3d 1010, 1014（9th Cir. 2018）.

る。

　これに関連して、代理権の範囲によって、復代理人を任命して、代理人が本人のために遂行することに同意している機能を遂行させることができるか否かが決まる。代理人が復代理人を任命できるのは、代理人が現実の代理権により任命権限を有する場合または外観法理による代理権により任命する場合のみであり、外観法理による代理権の場合は、本人が第三者に対し、代理人がそのような権限を有することを表明していなければならない。[74] 復代理人の任命に関するこの制限は、代理関係の合意に基づく性質に由来しており、本人のコントロール権限に対するもう1つの意味合い、すなわち、その行動により本人を拘束する可能性がある者の人数が増加することを意味している。

B.　忠実義務

　代理法において、代理人の忠実でない行為の扱いは、履行義務違反の場合と異なる。特に、法は、代理人と本人との間で忠実義務を再定義したり、違反を免責したりすることの事前合意の有効性について大幅に制限している。忠実でない行為に対し、本人は同意によってのみ、代理人の違反に対する「権利を放棄」し、救済を求める権利を喪失する。そういう意味で、同意は、ある行為が起こるであろうということを実際に意図していること、または少なくとも外観上意思があるようにみえることを成立要件とする不法行為法の構造に似ている。[75] 代理法上、同意がなければ忠実義務違反となってしまう代理人の行為に対する同意が法的に有効とされるには、明確性を要する。特に、代理人が知っている重要な事実の全てを本人が把握していることが必要となるが、本人がそれらの事実を既に把握していること、または知りたくないという意思を明示している場合は除かれる。[76] 本人の同意は、その対象が特定の行為または取引に限定されている場合を除き、本人と代理人との関係における通常の過程で起こると合理的に予想される特定のいくつかの種類の行為または取引に適用される場合においてのみ法的効果を有する。[77]

---

74 | Restatement（Third）of Agency §3.15（2）（Am. Law Inst. 2006）.
75 | Restatement（Second）of Torts §10A（Am. Law Inst. 1958）（「同意」を「行為または権利侵害が発生しているという事実におけるの成立要件である実際の意思」と定義している）.
76 | Restatement（Third）of Agency §8.16（1）(a)(ii)（Am. Law Inst. 2006）. 最近の適用例としては、Sacramento EDM, Inc. v. Hynes, No. 2: 13-cv-288, 2017 WL 1383289, at *28（E.D. Cal. Mar. 18, 2017）（代理人が個人的に利害関係を有するリースに関する金利その他の条件の不実表示により、リース取引に対する本人の同意が無効とされた事例）参照。
77 | Restatement（Third）of Agency §8.06（1）(b)（Am. Law Inst. 2006）.

本人の同意を得るに際し、代理人は、誠実に行動し本人に対して公正に対応しなければならない。

　特定された種類の取引は別として、代理法理では、この同意を、ⅢＡで述べた追認の法理と密接に関連する用語として定義している。本人の同意について、代理人が知っている重要な事実を全て把握していることを求める要件は、追認に匹敵する遡及性を同意にもたせているのである。

Ⅳ　義務違反に対する救済

　代理人が忠実義務違反をした場合、本人が救済を求める方法はいくつかある。[78] まず、代理人との関係を終了するという自力救済の対応をとることが（その法的影響がどうであれ）賢明な場合がある。本人と代理人との契約上、関係を終了する前に、代理人に違反について通知し、是正の機会を与える必要があると規定されている場合、是正不能な違反は当該規定の対象外であり、それには忠実義務違反が含まれうる。[79] また、代理人の信認義務違反は、本人が第三者との（またはその件に関する代埋人との）契約を回避する根拠となりうる。[80]

　代理人の義務違反によって本人が損害を被った場合、代理人は本人に対しその責を負う。不法行為法において過去から確立している原則に基づき、信認義務違反はそれ以外の不法行為（詐欺等）により本人が損害を被った場合と同様の救済対象として扱われる。[81] さらに、共同不法行為者間の寄与度に関する不法行為の原則の中にも、不法行為法上の従来からの分類によって、信認義務違反の場合が位置づけられている。[82] これとは別に、代理人が信認義務違反を通じて実質的利益を享受した場合、不当利得の返還に関する法律により代理人は本人に対し計算・精算義務を課されるが、この義務は、義務違反により生じた利益の吐出し義務と呼ばれることが多い。[83]

---

78 ｜ 救済全般については、本書第24章参照。
79 ｜ See Larken, Inc. v. Larken Iowa City P'ship, 589 N.W.2d 700, 704 (Iowa 1998).
80 ｜ Restatement (Second) of Contracts §163 (Am. Law Inst. 1981).
81 ｜ Restatement (Second) of Torts §874 (Am. Law Inst. 1958); Restatement (Third) of Torts: Liability for Economic Harm §20(a) (Tentative Draft No. 3) (Am. Law Inst. 2018) (信認義務違反を不法行為と定義).
82 ｜ 最近の事例としては、In re Rural/Metro S'holders Litig., 102 A.3d 205 (Del. Ch. 2014), aff'd, 129 A.3d 816 (Del. 2015) 参照。
83 ｜ Restatement (Third) of Restitution and Unjust Enrichment §43(a) (Am. Law Inst. 2011) (信認義務違反により得た利益を返還する責任).

これらの個別の救済方法を包括するのが代理法の一般原則であり、これが代理人とその助言者が義務を免れようと画策するのを防いでいる。ⅡAで述べた通り、代理人が、本人に対する義務に重要な意味をもつ事実を知った場合、原則として、その事実は本人に帰属する。実際、本章の対象範囲を超えるともいえるが、認識の帰属（imputed knowledge）に関する法理は複雑であり、その影響は広範囲に及んでいる[84]。代理人は、本人の代理人に対する訴訟の文脈でも、本人の主張に対して、認識の帰属が適用になるという議論をしたいという誘惑にかられるかもしれない。例えば代理人の不正行為についての認識が本人に帰属することで、代理人の義務違反について本人の黙諾または本人との共謀の立証に繋げられるようにすることを試みるかもしれない。*Zendejas v. Redmam* は、選手権の騎手である息子に適した馬を探すことを父親が代理人に委託したという事案である。原告は、代理人が見つけた馬（"Vorst"）の経歴に関する重要な情報を秘匿したことに加え、Vorst の所有者の販売代理人としても行為していたと主張した[85]。Vorst が調教できない馬であるのみならず、ほかにも重大な欠点があることを主張・立証した後、代理人に対する本人の請求には過失による不実表示が加えられた。代理人は、本人には代理人の知った事実についての認識が帰せられるので本人がVorst に関する代理人の情報を信頼したと立証できないと主張した。驚くことではないが、裁判所は、認識の帰属の法理は本人と代理人との間の請求には適用されず、代理人を通じて本人と取引をする第三者を保護する効果があるだけであるとして、代理人の認識の帰属の主張を退けた[86]。

　さらに議論を呼ぶ問題であるが、代理人の忠実義務違反は、忠実でない期間に代理人に支払った、または支払うべき手数料その他の報酬の没収を本人が要求する際の根拠にもなる。没収は、代理人が報酬を主張する請求をした際の抗弁また

84 　良い入門書として、Harry S. Bryans, Claims against Lawyers by Bankruptcy Trustees: A First Course on the In Pari Delicto Doctrine, 66 Bus. Law. 587（2011）参照。

85 　No. 15-81229-CIV, 2016 WL 1242349（S.D. Fla. Mar. 30, 2016）. 買主の代理人は事実審の前に和解している。裁判所は、原告である買主は、Vorst に関する重要な情報を売主が開示しなかったことを立証する責任を果たしていないという陪審の決定を証拠が裏づけていると判示した。See 334 F. Supp. 3d 1249,（S.D. Fla. 2018）.

86 　Id. at *7; accord, Restatement（Third）of Agency §5.03 cmt. b（Am. Law Inst. 2006）. 裁判所によっては、破産管財人が請求を主張するという文脈において、代理人の義務違反については異論がなく、その義務違反が全面的に本人の利益に反するものでない場合、この基本原則にこれほどの強い効果は認められない可能性がある。See In re Lehr Constr. Corp., 551 B.R. 732（S.D.N.Y. Jan. 12, 2016）, aff'd, 666 Fed. App'x 66（2d Cir. 2016）（従業員は、元雇用主の破産管財人に対し同等過失の原則に基づき防御の主張を行うことができ、従業員が詐欺的超過請求に参加したことにより、従業員も個人的利益を得たが、その参加が全面的に雇用主の利益に反したわけではないとされた事例）.

は相殺としてのみ用いられるのではない。代理人の働きが忠実でなくとも、それによって本人が利益を得ていたときは、没収により本人に棚ぼた式の利益がもたらされるかもしれない。他方、代理人が忠実でないことによって［本人のために］利益を生むことがなく、本人が損害を証明できない場合には、没収が唯一の救済となることがもっともに思われるかもしれない。代理人に支払われた、または支払われるべき金額で決めることができるので、没収は、訴訟当事者および判決を下す裁判所にとって、他の救済に比べて低コストで決定することができる救済である。没収が忠実でないことを抑止する可能性があることは明らかであり、没収が主張されるおそれがあることによって、元従業員は元雇用主に対する権利を主張する意欲を削がれるかもしれない。最近の判例は、この救済を代理人に忠実義務違反があった場合に必ず適用されるものではなく、裁量的に適用されるものとして扱っている。[87]

　さらにテクニカルな問題として、いくつかの事例において、忠実でなかった期間をどのように定義するか、すなわち一定の期間とするか、特定の業務に基づいて判断するかという問題がある。*Phansalkar v. Anderson Weinroth & Co.* では、小規模な投資銀行が雇用したアドバイザー兼取引ファシリテーターが同行に在籍していた最後の18か月の間に4件の取引に関与し、3件の取引において、同行の同意を得ずに、自らの個人口座で投資機会を得ていた。[88]銀行が当該アドバイザーに対し、取引ごとに報酬を支払っていたわけではないという事実に基づいて、裁判所は、背信行為が行われていた期間の長さが報酬を決定するための適切な基準となると判示した。また、当該アドバイザーは銀行に対し、自らが得た投資機会または財産を通じて獲得した利益について責任を負うが、それらはいずれも、信認義務違反によって得た実質的利益に該当するとした。

V　結　　論

　コモン・ロー上、代理関係は、信認義務の適用対象に分類されている。しかしながら、少なくともコモン・ローの定義によって代理人は、本人の支配・監督下

---

87 | Wall Sys., Inc. v. Pompa 154, A.3d 989, 1001 (Conn. 2017), relying on Restatement (Third) of Agency §8.01 cmt. (d)(2) (Am Law Inst. 2006). Pompa at 1000-1001 で論じられている通り、Restatement (Second) of Agency §§403, 469 (Am. Law Inst. 1958) のように、没収を強制的なものとみなす事例もある。

88 | 344 F.3d 184 (2d Cir. 2003).

にあることが要件とされているから、信認法についての理論的説明をして行こう
とする際のプロトタイプとはいえない。本章で示した通り、代理関係においてフ
ィデューシャリーの性質は、代理関係の構成要素または必須の要素であるという
ことは確立している。代理法理は、代理人が本人を代理することに伴う対外的な
影響と両者間の対内的な関係を併せ含んだものであることから、結果として複雑
なものとなっている。

謝　辞

　Andrew Tuch、Rob Sitkoff および本書の編集会議参加者から、本章初期の草稿に受け
たコメントに対し、謝意を表する。

| 第 3 章 | # 信託法における信認原則 |

ROBERT H. SITKOFF

I　はじめに

　信託は典型的な信認関係である。厳密な話をしていないときフィデューシャリーという意味で受託者という言葉が用いられることが多い。（信認法の基本形を成す）信託における信認法は、破産、慈善団体、会社法、投資顧問および年金法等に適用される信認法理に強い影響を与えている[1]。

　信託がまさに信認関係という性格を有することは、その定義に表れている。すなわち、「信託は……財産に関わる信認的な関係を意味し……この信認的関係は、受託者に、慈善目的または1人もしくは複数の者……の利益を図る目的のために、当該財産を扱う義務を負わせるものである[2]」。他の信認関係と比較して、受託者の信認義務は厳格である。信託における**忠実義務**は、受益者の利益のためにのみ忠実であることを義務化する厳格な専念義務として構成されており、信託法上の注意義務は、信託の専門用語で**合理的な投資の原則**ともいわれるが、これが経営判断原則によって軽減されることはない。信託における信認法理の大半は性質上、任意規定であるが、強行規定も含まれている。信託の条項にかかわらず、受託者は、常に誠実に受益者（beneficiaries）の利益のために行動しなければならない。受託者が信認義務に違反した場合、当該受託者は、解任されうるし、受益者は、あるべき状態に回復させるエクイティ上の損害賠償を求めたり受託者が得た利益を吐き出させたりする等の救済を受けることができる。

　本章では、贈与目的の、撤回不能な私的信託（private trust）の受託者に適用される信認原則を取り上げる[3]。通常このような信託の使い途は、世襲財産をフィデューシャリーが継続的に管理することであるから、このような信託が「管理信託（management trust)[4]」といわれるのももっともである。そこで、本章では、撤

---

1 | 本書第21章、第6章、第4章、第8章、第9章参照。
2 | Restatement (Third) of Trusts §2 (Am. Law Inst. 2003).
3 | 遺産管理人にも同様の原則が適用される。See, e.g., Uniform Probate Code §§3-703, 3-711, 3-712 (Unif. Law Comm'n 1990).
4 | John H. Langbein, The Rise of Management Trust, 143 Tr. & Est. 52 (2004).

回可能な信託、公益信託、事業信託、擬制信託および復帰信託を対象外とする[5]。そして本章では、アメリカ法に重点を置き、アメリカ合衆国の各州法の典型を取りまとめたものとして絶大な影響力を有する信託法リステイトメントおよび各州で広く制定法として採用されている統一信託法典について述べる[6]。

コモン・ロー上の信託の特質は、財産権の分離を可能とすることにある[7]。信託の用語では**委託者**（*settlor*）と呼ばれる贈与者が**受託者**に財産を託すことにより、その財産の**法的所有権**が受託者に移転される。ただし、コモン・ロー上の所有者が受託者であっても、1名または複数名の**受益者**が衡平法上の所有権または**受益的**所有権を有する。このようなコモン・ロー上の所有権と受益的所有権との分離（機能的には、所有権と支配権との分離）を行う方便として、受益者と信託財産との間に介在する受託者に受認義務を課すことになる[8]。受託者は、信託財産の**分配**、**投資**、**保管**および**管理**等の役割を果たす。

目的物を単に贈与する代わりに信託を設定することで、委託者は、信託条項に表される自らの意思通りに財産が確実に管理・分配されるようにすることができる。また、委託者は、信託財産の投資および分配に関する重要な意思決定を行う時期を後回しにすることもできる。つまり、委託者は、信託設定時、将来変更できないような指示をすることは差し控え、受託者に対し、信託財産につきどのような投資を行い、また、信託財産をどのように分配すべきかを市況の変動や受益者が置かれている状況に応じて決定する権限を与えることができる。それゆえ信託は、委託者が有する**財産処分の自由**を実現する強力な道具である[9]。

伝統的には、通常、信託は封土をめぐる争いや土地の権利譲渡における長子相続を回避するために用いられ、その当時の信託法は、信託条項に明示されている権限のみを受託者に与えることによって受益者を保護した[10]。これに対し、富の蓄積が流動的な金融資産の形をとるようになった現代では、一般的な信託条項の起案の仕方と信託法で広くみられる任意法規のいずれをみても、広範な管理**権限**が

5　See Robert H. Sitkoff & Jesse Dukeminier, Wills, Trusts and Estates, 131-132, 398-400, 417-418, 591, 759 (10th ed. 2017); 前掲注 1（本書第 6 章）。

6　See Sitkoff & Dukeminier, supra note 5, at 387-391（アメリカ信託法の法源に関する記載）. その他のコモン・ロー法域における信託原則については、本書第 30 章（未訳）Fiduciary Princples in Contemporary Common Law Systems 参照。

7　See Robert H. Sitkoff, Trust Law as Fiduciary Governance Plus Asset Partitioning, in The Worlds of the Trust (Lionel Smith ed., 2013).

8　See Robert H. Sitkoff, An Agency Costs Theory of Trust Law, 89 Cornell L. Rev. 621 (2004).

9　See Robert H. Sitkoff, Trusts and Estates: Implementing Freedom of Disposition, 58 St. Louis U.L.J. 643 (2014).

10　See John H. Langbein, The Contractarian Basis of the Law of Trusts, 105 Yale L.J. 625 (1995).

受託者に与えられている。しかし、受託者に強い権限を付与することにより、受益者は、受託者による不適切な管理や不正流用の危険にさらされる。これが**エージェンシー・コスト**の問題である。[11]

信託法は、このエージェンシー・コストの問題への回答として、受託者による権限の行使・不行使について受託者に**信認義務**を課している。信認法の諸原則はこのように、現代の信託実務において主たる受益者の保護策になっている。リステイトメントは、受託者が信認義務を負うことを「信託事務の遂行の基本原則」と特徴づけている。すなわち、「受託者の地位に基づき有する権限の行使または不行使は信認義務に従ってなされなければならない。したがって、信託証書または制定法により明示的に受託者に与えられた権限であっても、受託者の基本的な義務である注意義務、忠実義務および公平義務、信託条項を遵守する義務ならびに受託者に課されるその他の信認義務に服する」。[12]

本章の残りの部分の構成は、以下の通りである。Ⅱでは、信託・信認関係が認められるきっかけが何か、そして信認関係が認められた場合の信認関係の範囲について考察する。Ⅲでは、忠実義務を取り上げる。Ⅳでは、受託者の役割のうち分配、投資、保管および管理の機能に係る注意義務を説明する。Ⅴでは、信託法上のその他の信認義務（重要な義務である公平義務や、重要性が増している受益者への情報提供義務を含む）を取り上げる。Ⅵでは、信託法の信認原則がどの程度まで強行法規として作用するか、すなわち委託者または受益者が信認原則の一部の適用を除外できるか否かを検討する。Ⅶでは、受託者の義務違反に対する救済について考察する。そしてⅧで結論を示す。

Ⅱ　信認関係の発生の契機および範囲

信託における信認原則が適用される前提として、信託が設定され、受託者となる者が就任を承諾していなければならない。また、委託者は、信託を設定する**意思**を有し、[13]信託に基づき権利行使ができる**確定可能な受益者**を定め、かつ、特定

---

11 | See Sitkoff, supra note 8; see also Robert H. Sitkoff, An Economic Theory of Fiduciary Law, in Philosophical Foundations of Fiduciary Law (Andrew Gold & Paul Miller eds., 2014).

12 | Restatement (Third) of Trusts §70 cmt. a (Am. Law Inst. 2007); see also Unif. Trust Code §815(b) (Unif. Law Comm'n 2003).

13 | 委託者による意思表示の形式は、生前信託であるか、信託宣言または信託証書によって設定される信託であるか、または遺言信託であるかによって異なる。See Sitkoff & Dukeminier, supra note 5, at 401-414.

の**財産**を信託財産として指定しなければならない[14]。これらの要素を充足したが委託者が受託者を指名しない場合、または指名された受託者が就任を拒否した場合、もしくは受託者の就任が不可能な場合、裁判所が受託者を選任する。すなわち、信託は、受託者が不存在だからといって無効になるものではない[15]。

言葉または行為のいずれかにより受託者に就任することを未だ承諾していない者は、就任を拒否することができる[16]。しかし、就任承諾後の受託者が辞任できるのは、信託条項、受益者の同意または裁判所命令により認められる場合のみである[17]。その場合でも、受託者の辞任は、通常、「後任の受託者が就任を承諾」しない限り効力を生じない[18]。これは、後任の受託者が就任するまでの間も信託財産が保護されなくてはならないためである。さらに、辞任後も「受託者は、辞任が効力を生ずる前になされた信託違反行為に対する責任を免れない[19]」。

大抵の場合、受託者の信認義務は、信託関係の内部における受託者による権限の行使・不行使に適用される。ただし、信託法は、受託者と受益者との間の個人的な取引に適用される、いわば信認関係外の信認関係も認めている。すなわち受託者は、「個人としての地位に基づき」行為しているときであっても、受益者と「公正に」取引するとともに「重要な事実の全て」を受益者に伝えなければならない[20]。受託者がこのような義務を負う理由は、信託関係が「相手方に対し信頼を置き、相手方に依存する関係を伴いうる」ので、信託関係の周辺部においても信認義務を及ぼすことが正当化されることにある[21]。

受託者に信認義務の履践を強制するよう裁判所の命令を求めることができるのは、受託者の義務違反によって自らの受益権につき悪影響を受ける全ての受益者である[22]。この点につき、信託財産の分配を受ける可能性のある者は、実際に分配がされる可能性の高低を問わず受益者とされる[23]。

14	See, e.g., Unif. Trust Code §402 (Unif. Law Comm'n 2000). 遺言信託の場合または信託財産が土地である場合には、遺言法または詐欺防止法を遵守するために書面の作成が要求されることがある。See Restatement (Third) of Trusts §§17, 22 (Am. Law Inst. 2003).
15	See Restatement (Third) of Trusts §31 (Am. Law Inst. 2003).
16	See id. §35.
17	See id. §36.
18	Id. cmt. a.
19	Id. cmt. d; see also Unif. Trust Code §§701, 705 (Unif. Law Comm'n 2000).
20	Restatement (Third) of Trusts §78(3) (Am. Law Inst. 2007).
21	Id. §78 cmt. g.
22	See id. §94 cmt. b.
23	See id.; Scanlan v. Eisenberg, 669 F.3d 838 (7th Cir. 2012).

III 忠実義務

信託における信認法上の**忠実義務**は、受託者に無私の忠実性を求める。受託者は、「専ら受益者の利益のために、信託を管理する義務を負う」[24]。また、受託者は、「第三者の利益によって影響されてはならず、信託目的達成以外の動機により影響されてはならない」[25]。

信託法が無私の忠実性という**専ら受益者の利益を図るルール**（*sole interest rule*）をとっているのは、一定の類型にあたる行為を一律に禁止することを通じ実現されており、このような禁止を実効的なものとしているのが**不探求の原則**で、その適用対象は、受託者による「自己取引にあたる取引、または受託者のフィデューシャリーとしての義務と自らの利益との間の対立を伴う取引もしくはその対立を生じさせる取引」である[26]。この不探求の原則においては、「受託者がその取引を誠実に行い、取引条件が公正であり、さらにその取引の結果、受託者がいかなる利益をも得ていないことを証明することができても受託者は責任を免れない」[27]。受託者にとって唯一の防御方法は、(1)委託者が信託条項において明示的または黙示的に利益相反を認めていたこと、(2)受益者に対し、十分な情報を開示したうえでその同意を得ていること、または(3)受託者が事前に裁判所の承認を得たことである[28]。

専ら受益者の利益を図る義務は、エージェンシー・コストの封じ込めを目的として「他の信認関係に適用される基準と比べても特に厳格なもの」となっている[29]。「専ら受益者の利益を図る義務の趣旨は、受託者が利益相反による誘惑を伴う取引を行った場合は不正があったものと推定し、この推定について反証を認めない規則を確立することにより、不正行為を防止することにある」[30]。リステイトメントにおいては以下のように説明されている。

    信託の文脈においてフィデューシャリーの義務である無私の忠実性は特

---

24 | Restatement (Third) of Trusts §78(1) (Am. Law Inst. 2007)（傍点は筆者による）.
25 | Id. §78 cmt. f.
26 | Id. §78(2) and cmt. b.
27 | Id. §78 cmt. b.
28 | See id. cmts. c(1)-(3).
29 | Id. cmt. a.
30 | John H. Langbein & Daniel R. Fischel, ERISA's Fundamental Contradiction: The Exclusive Benefit Rule, 55 U. Chi. L. Rev. 1105, 1114-1115 (1998).

に強力なものであるがゆえに、かかる義務による禁止は予防的観点から全面的なものになっている。このような規律の出発点は、受託者の個人的な利益と信認義務とが対立する場合、誘惑に抵抗することが難しいであろうという認識である。かかる状況では、典型的な信託関係に特有の理由により、信託法は（任意規定の問題として）、フィデューシャリーの行動を監視したうえで受託者が実際に誘惑に屈したときにその不正を発見し処罰を試みるよりも、誘惑が生ずる原因を完全に排除することを優先する方針をとっている。この厳格な禁止の方針があることによって、（委託者または〔受託者の裁量判断の〕影響を受ける受益者が受託者の義務を特に免除した場合を除いて）受益者の受託者に対する、利益相反の影響を受けず、かつ、客観的な判断をしてもらう権利が奪われないように行き届いた合理的な保証がされている[31]。

実務レベルでは、専ら受益者の利益を図るルールを受託者に課することで、受託者が受益者の利益を図る以外の動機も有していたことにより、受益者の利益と受託者自身の利害のどちらが相対的に強い影響を及ぼしたのか、事後的に事実に反する想定をして事実関係を確定するような難しい判断を伴う紛争を避けられる。受益者の利益を図る以外の動機を有していながら受託者が行為することは、それだけで忠実義務に反するような利益相反であり、自己取引にあたらずとも、完全に禁じられる。受益者が信認義務違反を証明するためには、受託者が受益者の利益を図る以外の動機を有していたこと、すなわち無私の忠実性を全うする義務に違反したことを証明すれば足りる。その理論は、「かかる利益相反取引は、非常に多くの場合において望ましくないから、この種の取引を一切合切禁止する規則のコストが、公正さのスタンダードをとることによりケース・バイ・ケースで司法判断を仰ぐコストを下回る」というものである[32]。

確かに、受益者が損害を合理的な確からしさをもって証明できない場合、忠実義務に反した受託者が、あるべき状態に回復させるエクイティ上の損害賠償責任を負わないこともある。しかし、忠実義務違反が認められれば、受益者はその他の救済手段を求める権利を有し、これには、受託者の解任、さらなる同様の違反行為に対する差止命令（injunction）および利益の吐出し、またはエクイティ上の

---

31 | Restatement (Third) of Trusts §78 cmt. b (Am. Law Inst. 2007).
32 | Robert H. Sitkoff, Trust Law, Corporate Law, and Capital Market Efficiency, 28 J. Corp. L. 565, 573-574 (2003)（強調削除）.

先取特権もしくは擬制信託等により利益相反取引を巻き戻すことなどが含まれる[33]。

専ら受益者の利益を図るルールについては、議論がないわけではない。信託法は、会社法と同様に、利益相反行為であってもそれが公正であり、かつ「受益者の最善の利益」に適合するものであるという抗弁を受益者に認める、受益者の最善の利益を図るルール（best interest rule）に移行すべきであるとする論者もいる[34]。しかし、既に確立した実定法の問題として、信託に係る権威のある見解のとる立場は明確である。すなわち、受託者は、「専ら」受益者の利益のためにのみ行動しなければならない。

規律が過度に広汎であることの問題への対処として、専ら受益者の利益を図るルールに対する批判説が示唆するような受益者の最善の利益を図るルールに全面的に移行するのではなく、専ら受益者の利益を図るルールの**例外**がいくつかの場面で認められてきている。かかる例外に該当する場合、一律禁止の原則をそのまま適用するのではなく、取引が誠実にかつ公正に行われたか否かについてのさらなる探求（further inquiry）によって受託者の免責される余地が認められている。例えば、ほとんど全ての州法は、法人受託者に対し、注意を払い誠実に行動することを条件として、信託財産を自らの銀行部門に預金することを認め、また、当該法人受託者またはその関連会社が運用するミューチュアルファンドに信託財産を投資することを認めている[35]。もう１つの例外として、厳密には信託された資金から自らの報酬を収受することは自己取引にあたるにもかかわらず、受託者には、合理的な報酬を受領することが認められている[36]。

不探求の原則は、委託者が明示的または黙示的に承諾した利益相反にも適用されない[37]。例えば、**甲**が非公開会社の株式を信託し、当該非公開会社の取締役会の一員である**乙**を受託者に指名する場合、**乙**が信託保有している同社株式の議決権を行使する際、利益相反が生ずる。しかし、この利益相反は委託者である**甲**が信

---

33 ｜ 後述Ⅶ参照。

34 ｜ Compare John H. Langbein, Questioning the Trust Law Duty of Loyalty: Sole Interest or Best Interest?, 114 Yale L.J. 929 (2005), with Melanie B. Leslie, In Defense of the No Further Inquiry Rule: A Response to Professor John Langbein, 47 Wm. & Mary L., Rev. 541 (2005). 会社法上の忠実義務については、前掲注1（本書第4章）参照。

35 ｜ See Restatement (Third) of Trusts §78 cmts. c(6) and c(8) (Am. Law Inst. 2007); Unif. Trust Code §802(f) and (h)(4) (Unif. Law Comm'n 2004).

36 ｜ See Restatement (Third) of Trusts §78 cmt. c(4) (Am. Law Inst. 2007); Unif. Trust Code §802(h)(2) (Unif. Law Comm'n 2004).

37 ｜ See Restatement (Third) of Trusts §78 cmt. c(2) (Am. Law Inst. 2007).

託を設定する際に信託の仕組みに組み込んだ、もともと構造的に存在していたものであり、受託者である乙が利益相反を招いたのではない。そのため、乙は、利益相反があるからといって権限を失わず、信託財産である株式の議決権を行使できる。ただし、乙は、誠実に、かつ受益者の最善の利益のために議決権を行使しなければならない。[38]

委託者が収益受益者の1名を受託者に指名したとき、当該収益受託者の利益と残余財産の受領権を有する受益者の利益とが相反しうるところ、そのような信託にも、前記と同じ分析があてはまる（もしくはこれとは逆に残余財産の受領権を有する受益者が受託者とされ、当該受託者と収益受益者との間に利益相反が生じうるケースも同様である）。このような受託者兼受益者は、利益相反があっても受託者としての行為をすることができる。しかし、受託者は、そのような行為をするに際し、受託者としての信認義務（特に後記の公平義務）を負う。[39]

このように利益相反が予め承認されている状況においては、不探求の原則による取引の無効化という厳格な取扱いをしない代わりに、受託者による説明責任の履行がなされているかにつき「特に注意深い審査」を行うことが受益者の利益の保護として必要になる。[40]この点について、リステイトメントでは次の通り説明されている。

> 受託者が、信託条項により明示的または黙示的に、本来であれば不可分の忠実性を義務づける原則によって禁止される取引を行うことを授権される場合がある。……ただし、信託条項において、受託者の利益と個人的利益との相反を伴う自己取引その他の取引を行う権限がどれほど幅広く規定されていたとしても、受託者が不誠実に、もしくは不公正に行動した場合、受託者は、受益者に対する忠実義務に違反する。[41]

Ⅳ　注意義務

信託におけるフィデューシャリーとしての注意義務は、**慎重義務**（*duty of prudence*）を意味するものと理解されている。この慎重義務は、客観的な基準であるとともに、受託者と受益者の関係を反映する基準でもある。すなわち、受託者

---

38 | See id. cmt. d(1).
39 | 後述 **Ⅴ A** 参照。
40 | Restatement (Third) of Trusts §37 cmt. f(1) (Am. Law Inst. 2003).
41 | Id. §78 cmt. c(2).

は、「合理的な人が信託の目的、信託条項、およびその他の事情に照らして行うように、信託事務を遂行する義務」を負うとともに、その際、「合理的な注意、能力および配慮」を求められる。[42]また、受託者が特別の能力を有するとき、もしくは、受託者が高度の能力を有すると自ら主張して受託者としての任命を受けたとき、このような能力を発揮すべき義務を負う。[43]**分配、投資、保管**および**管理**を含む受託者のあらゆる役割に注意義務の規律が及ぶ。

A.　分配

　受託者の**役割のうち分配**とは、信託条項に従った受益者に対する収益および元本の支払に関わるものであり、信託条項において一定の行為が義務づけられていることもあれば、受託者の裁量に委ねられていることもある。**受託者が分配につき裁量を有しない信託**の場合、受託者は、信託条項で特定された通りに分配を行わなければならない。すなわち**甲**が**乙**に財産を信託し、四半期ごとに**丙**に収益の全額を分配することが目的とされた場合、**乙**は、分配の時期、対象者または金額を自らの裁量で決定することはできない。**乙**が収益を四半期ごとに**丙**に全額分配しなかった場合には、注意義務違反となるとともに、具体的には受託者が「信託条項に従い信託事務を遂行する義務」を負うという規則[44]に違反する。[45]

　裁量信託の場合、受託者は、分配の時期、対象者または金額を自らの裁量で決定することができる。**甲**が**乙**に財産を信託し、その収益の全額について受託者が任意に決定した金額を**丙**、**丙**の配偶者および**丙**の子孫の間で分配することが目的とされた場合、**乙**は、収益の生じた時点において収益の全額を分配しなければならないが、誰にどれだけの金額を分配するかについて、一定の裁量権を有する。

　裁量信託には、時間の経過にも耐えうる柔軟性がある。前記の例では、**乙**は、**丙**、**丙**の配偶者および**丙**の子孫のうち誰が信託収益を受領するかを決定することができる。ただし、**乙**は受託者として、その裁量権を慎重にかつ誠実に行使しなければならない。「合理的判断の範囲を超えて」裁量権を行使した場合には、裁

42　Id. §77(1)–(2); see also Unif. Trust Code §804 (Unif. Law Comm'n 2000)（同旨）.

43　See Restatement (Third) of Trusts §77(3) (Am. Law Inst. 2007); Unif. Trust Code §806 (Unif. Law Comm'n 2000).

44　Restatement (Third) of Trusts §76 (Am. Law Inst. 2007).

45　旧来の法令上、受託者は、信託財産の分配を受ける資格のない者に誤って分配をした場合、「同人が正当な受益者であると合理的に判断」していたとしても有責とされていた。Restatement (Second) of Trusts §226 cmt. b (Am. Law Inst. 1959). 近年はこの原則が緩和され、受託者は、「真摯に、かつ誠実に努力」したという抗弁を主張することができる。Restatement (Third) of Trusts §76 cmt. f (Am. Law Inst. 2007).

量権の濫用にあたり、**乙**は、注意義務に違反する。[46]

しばしば問題となっている信託条項の規定は、受託者の裁量権につき、**唯一、絶対的**または**何らのコントロールをも受けない**等の形容詞を用いて表現し、これをもって裁量的分配に関する受託者の説明責任の免除を目的とする規定である。かかる規定の効果につき法の原則は確立しており、かかる規定の効果として、受託者には「最も広範に拡大された裁量権」が与えられるが、「受託者の説明責任が一切免除」されることはないと理解されている。[47]そのため、「『絶対的』、『無制限』または『唯一かつ何らのコントロールをも受けない』等の表現も文字通りに解釈することはできない。受託者は、最大限の裁量権を付与されているとしても、正直に、かつ委託者が意図した通りの分別をもって行動しなければならない。したがって、裁判所は、受託者に対し、不誠実に行動することを許さず、または裁量権を付与された目的を達成すること以外の目的または動機のために、行動することも許さない」。[48]

分配に関わるもう１つの近年ホットになっている問題が、信託の**デキャンティング**である。[49]信託のデキャンティングとは、受託者がある信託（**第１の信託**）の信託条項に基づき、分配につき裁量権をもち、かかる分配権限の行使により、信託財産をあたかもワインのデキャンティングのように、より現在の実情に合った内容に改定された信託条項に基づき設定される別の信託（**第２の信託**）の信託財産に移すことをいう。制定法でも判例法でも、デキャンティングは受託者が分配権限の範囲内でできることと認められているものの、受託者は、当該分配権限の行使に関しても信認義務を負う。[50]

B. 投資

受託者の**投資に関する役割**には、信託財産が適切なものかを継続的に見直し、

46 | Id. §87 cmt. c.
47 | In re Trusts for McDonald, 953 N.Y.S.2d 751, 753 (N.Y. App. Div. 2012). Learned Hand 判事は、「いかに強い言葉を用いたとしても、信託の〔受託者の〕権限をエクイティ裁判所の管轄の範囲外とすることはできない。……そのように解しないならば、信託関係に基づき権限が付与されたものとは認められないのであって、〔受託者の責任を厳しく問わないでいただきたいという〕懇願的な勧告が記載されているという以上の意味を有しない」と説明している。Stix v. Commissioner, 152 F.2d 562, 563 (2d Cir. 1945).
48 | Restatement (Third) of Trusts §50 cmt. c (Am. Law Inst. 2003); see also id. §87 cmt. d (Am. Law Inst. 2007) (同旨); Unif. Trust Code §814(a) (Unif. Law Comm'n 2004) (同旨).
49 | See Robert H. Sitkoff, The Rise of Trust Decanting in the United States, 23 Trusts & Trustees 976 (2017).
50 | See, e.g., Unif. Trust Decanting Act §4(a) (Unif. Law Comm'n 2015); Hodges v. Johnson, 177 A.3d 86 (N.H. 2017).

信託の条項および目的ならびに受益者の状況に適合する投資プログラムを実行することが含まれる。かつての信託法は、法的に許容される投資対象を限定列挙した**法定リスト**を定めていた。典型的には、国債および不動産に対する第1順位の抵当権により担保される与信だけが投資対象として許容された。その後、法定リストに代え、より柔軟性が高いはずの**合理人準則**（*prudent man rule*）が導入された。しかし、実務上、合理人準則の適用後もなお、国債が好まれ、株式投資が好まれなかった。今日では、全ての州が合理人準則を廃止し**合理的な投資家の準則**（*prudent investor rule*）に移行している[51]。

1. ポートフォリオ理論を制定法化[52]

　合理的な投資家の準則は、現代ポートフォリオ理論の核となる教えに依拠している。現代ポートフォリオ理論によれば、投資家は、市場への参加に伴う**市場リスク**と、個々の投資に伴う**固有リスク**とを区別して考えるべきである。一般的にいえば、投資家は、より大きな期待リターンを得たいなら、より大きな市場リスクを負わなければならない。市場リスクをとることには代償があり、より多くの期待リターンを得るためにより大きな市場リスクをとらなければならない。これに対し、固有リスクは、市場リスクとは異なる。なぜなら、一般的には、固有リスクをとることの代償がないからである。かかるリスクは、投資を分散することによって軽減でき、除去することさえも可能である。したがって、個々の投資の合理性は、その投資がポートフォリオ全体の想定リスクと期待リターンに対してどのように寄与するかという観点から考慮されなければならない。

　合理的な投資家の準則による市場リスクと固有リスクの区別は、以下の2つの基本的原則に基づき行われる。第1に、「個々の資産に関する投資および運用に関する受託者の決定を、個々の資産についての投資判断を個別に切り離して評価するのではなく、その信託のために合理的に適合するリスクおよびリターンの目標を含む総合的な投資戦略の文脈において評価しなければならない」[53]。第2に、受託者は、「特段の事情が存在することにより、投資を分散しないほうが信託の

---

[51]　大半の州が信託法第3次リステイトメント（Restatement (Third) of Trusts）§§90-92（Am. Law Inst. 2007）の前身である1992年度版に基づく統一プルーデント・インベスター法（Unif. Law Comm'n 1994）のいずれかのバージョンを州法として制定することを通じ、この規則を採択している。

[52]　本章は、Max M. Schanzenbach & Robert H. Sitkoff, The Prudent Investor Rule and Market Risk: An Empirical Analysis, 14 J. Emp. Legal Stud. 129 (2017) の内容を新たな引用または著作権の表示をすることなく自由に書き換えたものである。

[53]　Unif. Prudent Investor Act §2 (b)（Unif. Law Comm'n 1944）; see also Restatement (Third) of Trusts §90 (a)（Am. Law Inst. 2007）（同旨）.

目的により適合すると受託者において合理的に判断した場合を除き、信託のために行う投資を分散」しなければならない[54]。

　合理的な投資家の準則のもとでは、いずれの投資も、「その投資自体だけを取り上げてみて合理的または不合理と判断される」ものではない[55]。受託者は、リスク管理に関する前記の2つの基本的原則に従うことを条件として、「あらゆる種類の財産またはあらゆる種類の投資対象に投資する」ことができる[56]。したがって、構造的に、合理的な投資家の準則は、事実関係や状況しだいで異なりうる基準である。この準則は、受託者に対し「信託ポートフォリオから求める期待リターンの水準の高低しだいで適切な程度のリスクをとることを考慮したうえで、主観的な判断を行うことを求めるものであり、このような主観的な判断は資産運用の過程において避けて通れないものである[57]」。

　受託者は、就任を承諾した後、「合理的期間」内に「法令に適合する投資プログラムを策定し、実行」しなければならない[58]。受託者は、その後、例えば投資の実績および状況の変化に応じ、ポートフォリオの再調整を行うことにより、「継続的に投資の状況を把握し、必要に応じてポートフォリオの調整を行う義務」を負う[59]。合理的な投資家の準則は、このように、「継続的に、実行済みの投資が適切なものであるかを監視するとともに、新規投資に関する決定を行う受託者の責務」を定めるものである[60]。

2.　繰り返し発生する難題

　合理的な投資家の準則に基づいて発生する訴訟は、その大半が分散投資に関わる[61]。受託者が就任した時点では慎重性を欠き集中投資されていたポートフォリオについて、受託者が就任後合理的期間内に分散することを怠ったという主張がしばしば行われる[62]。相当数の事件において、受託者は抗弁として、信託証書により投資対象の継続保有が認められている（あるいは義務づけられていることさえある）

54　Unif. Prudent Investor Act §3 (Unif. Law Comm'n 1944)；see also Restatement (Third) of Trusts §90 (b)（Am. Law Inst. 2007）（同旨）.

55　Restatement (Third) of Trusts §90 cmt. f (Am. Law Inst. 2007).

56　Unif. Prudent Investor Act §2(e) (Unif. Law Comm'n 1994).

57　Restatement (Third) of Trusts §90 cmt. e(1) (Am. Law Inst. 2007).

58　Unif. Prudent Investor Act §4 (Unif. Law Comm'n 1994). 合理的期間の解釈は、事実に基づいて判断されるところが大きい。See Restatement (Third) of Trusts §92 cmt. b (Am. Law Inst. 2007).

59　Restatement (Third) of Trusts §90 cmt. e(1) (Am. Law Inst. 2007); see also Tibble v. Edison Int'l, 135 S. Ct. 1823, 1828 (2015).

60　Unif. Prudent Investor Act §2 cmt. (Unif. Law Comm'n 1994).

61　See Sitkoff & Dukeminier, supra note 5, at 641-642（分散しない理由についての議論）.

62　See, e.g., In re Estate of Janes, 681 N.E.2d 332 (N.Y. 1997).

ことを理由として、集中された投資対象の維持の正当性を主張してきた。[63] このような事例では、その信託では（一般的な分散投資の要請にもかかわらず）信託財産を継続保持してもよいと**授権する**信託の規定と、受託者に対し選択の余地なく継続保有を**命ずる**信託の規定とを区別することが重要である。

　支配的な見解によれば、分散されていないポートフォリオ保有し続けてもよいと授権する規定（よくある定型的規定[64]）があったとしても、分散しないことが合理性を欠くと評価される場合、受託者は、免責されない。Scott の解説書によれば、「受託者は通常、注意義務を負い、信託条項で分散投資義務の免除が意図された場合であっても同様である。受託者の注意義務は継続的な性格を有し、受託者は、分散投資する必要がないか継続して考慮しなくてはならない義務に服しうる」[65]。リステイトメントも Scott と同じ立場をとる。すなわち、「ある投資が認められているとしても、思慮深く行為するという受託者の基本的義務が免除されるものではない。フィデューシャリーは、なお、投資財産を取得しまたは保有する決定に際し、配慮をし、能力を発揮し、かつ、注意を尽くさなければならない」[66]。

　一定の財産の保有が命じられている場合は、前記と異なる。受託者が信託条項により一定の財産の保有を命じられている場合、信託条項に従い信託事務を行う義務に基づき、受託者はその通りにしなければならず、「受託者が保有を命じられた財産を処分してしまった後にその価値が上昇した場合には、受託者は責任を問われうる」[67]。ただし、信託条項を遵守する義務にも限界があり、受託者は、その遵守が「信託またはその受益者に重大な損害をもたらす」場合、「信託条項の適切な変更または信託条項からの逸脱を求めて裁判所に申立てを行う」義務を負う[68]。そのため、信託条項により特定の財産の保有が義務づけられていても、その財産を保有することが合理的ではないとき、受託者は、「売却の許可を裁判所に求める義務」を負う[69]。

---

63 | See, e.g., Wood v. U.S. Bank, N.A., 828 N.E.2d 1072 (Ohio App. 2005).
64 | See, e.g., Northern Trust, Will and Trust Forms 201–231 (2014)（「受託者は、いずれの投資についても責任を負うことなく継続的に保有するか、または投資をすることができる〔との定型的な文言〕」）.
65 | 4 Austin Wakeman Scott, William Franklin Fratcher & Mark L. Ascher, Scott and Ascher on Trusts §19.2 (4th ed. 2017) [hereafter Scott and Ascher on Trusts].
66 | Restatement (Third) of Trusts §91 cmt. (Am. Law Inst. 2007).
67 | Scott and Ascher on Trusts, supra note 65, §19.3.3.
68 | Restatement (Third) of Trusts §66(2) (Am. Law Inst. 2003). この場合の申立ては、指示を求める申立てとなる。See id. §71.
69 | Scott and Ascher on Trusts, supra note 65, §19.3.3. 最も有名な判例は、Matter of Pulitzer, 249 N.Y.S. 87 (N.Y. Sur. 1931), aff'd mem., 260 N.Y.S. 975 (N.Y. App. Div. 1932) である。See also In re

信託財産の継続保有が強制されている場合の問題につき、学説上の論争がある。一方の論者は、委託者の処分の自由には強制的な投資プログラムを定める権限が含まれると主張する[70]。他方、受託者は、信認義務を負う者として、受益者の福利に有害な行動を決してとってはならないのであって、委託者に処分の自由があるとはいっても、それは、信託が受益者の利益のための信認関係であるという根本的な原則を否定する自由までを含まない、と主張する論者もいる[71]。少数の州では、法律によって、分散投資を禁止する強制的な指示も有効である旨が定められているが[72]、かかる法律の規定が上訴審の公刊判例で取り上げられたことはない。

最後に、繰り返し発生する難題として特筆に値するもう1つの例を挙げる。受託者が事業体の役員を兼任しており、かつ当該事業体に対する出資持分が信託により保有されている状況で、受益者が訴訟を提起した場合、当該事業体の運営に関連する受託者の行為については、信託法上の信認原則ではなく、当該事業体に適用される法律の信認原則により判断されるべきか否かという問題が生ずる。信託違反をめぐり受益者により提起された訴訟においては、受託者が当該事業体の役員として行った行為であったとしてもなお、信託法上の信認義務に違反していないかという審査に服するという解釈がより望ましい。これは、「受託者は、法人の形態を利用して信託法上の信認義務を免れることはできない」[73]からである。

C. 保管および管理

受託者が担う**保管の役割**に関する注意義務の一般的な応用型は、信託財産を不合理な遅滞なく**回収**し、**安全に保管**する義務である[74]。何が不合理な遅滞であるか、またどのような措置が合理的に必要とされるかは、状況によって異なる[75]。例えば、高価な宝石や金銭に代え難い芸術作品などについては、盗難防止のセキュリティ対策および損害賠償保険が必要となる。

保管の役割に関する注意義務のもう1つの応用型は、信託財産の**分別管理**義務、

Estate of Chamberlin, 23 N.Y.S.3d 658 (N.Y. App. Div. 2016) (近年の判例).

70 | See Jeffrey A. Cooper, Shades of Gray: Applying the Benefit-the-Beneficiaries Rule to Trust Investment Directives, 90 B.U. L. Rev. 2383 (2010); Jeffrey A. Cooper, Dead Hand Investing; The Enforceability of Trust Investment Directives, 37 ACTEC L.J. 365 (2011).

71 | See John H. Langbein, Burn the Rembrandt? Trust Law's Limits on the Settlor's Power to Direct Investments, 90 B.U. L. Rev. 375 (2010).

72 | See, e.g., Del. Code tit. 12, §3303(a)(3) (2017).

73 | Unif. Trust Code §802 cmt. (Unif. Law Comm'n 2004).

74 | See id. §809.

75 | See Restatement (Third) of Trusts §76 cmt. d (Am. Law Inst. 2007).

すなわち信託財産を受託者の固有財産と区別して管理する義務である[76]。例えば、「信託金を銀行口座に預金する場合、その口座は受託者の信託受託者としての名義による別の口座でなければならず」、また「受託者が受託者として土地を取得する場合、その土地の所有権登記は受託者の信託受託者としての名義で行わなければならない[77]」。信託財産と受託者の固有財産とを**混蔵**することは分別管理原則の重大な違反となり、忠実義務と注意義務の両方が問題となる。受託者は、「信託財産を受託者の固有財産と区別して管理」しなければならない[78]。受託者が信託財産と固有財産とを混蔵した場合、信託財産中の資金を受託者自身の目的に流用していないとしても信託違反となる。

信託の**管理**については、受託者は、信託財産および信託事務の遂行に関する**適切な記録**を作成し続けなければならず[79]、その一環として、重要な意思決定および行為ならびに受託者がそれらの意思決定および行為を行った理由を文書化しなければならない。このような記録保存は、(1)受託者に規律を課すことにより、適切な注意を払い、かつ忠実に信託事務の遂行を行うことを促進し、(2)受益者が受託者による信託事務の遂行について有意義な検討を行うことを可能とし、かつ(3)決定または行為を行った時点の関連事情を受託者が分析して記録しておくことにより、後知恵による評価のゆがみから受託者を保護することをも可能にする。適切な記録保存がされていない場合、裁判所は「疑問が残る点について受託者にとって不利な判断」をすることができる[80]。

受託者はまた、「信託に帰属する**請求権を行使**し、信託に対する**請求を防御する**ために合理的措置を講ずる」義務を負い[81]、これには、「前任の受託者による信託違反を是正すること」が含まれる[82]。請求権についてこれを行使し、また防御する義務は、受託者において**費用を慎重に考慮すべき義務**、すなわち合理的費用のみを負担する義務の影響を受ける[83]。したがって、受託者は、「回収可能性、訴訟費用および執行費用」を考慮したうえで、費用対効果の高い請求についてのみ訴訟を提起し、費用対効果の低い請求については妥協し、または請求を行わないこ

---

76 | See Unif. Trust Code §810(c) (Unif. Law Comm'n 2000).
77 | Restatement (Third) of Trusts §84 cmt. d (Am. Law Inst. 2007).
78 | Unif. Trust Code §810(b) (Unif. Law Comm'n 2000).
79 | See id. §810(a).
80 | Restatement (Third) of Trusts §83 cmt. a(1) (Am. Law Inst. 2007).
81 | Unif. Trust Code §811 (Unif. Law Comm'n 2000) (傍点は筆者による).
82 | Id. §812.
83 | See Id. §805; Restatement (Third) of Trusts §88 (Am. Law Inst. 2007).

とを検討すべきである。[84]

V　その他の信認義務

信託における信認法は、繰り返し発生しやすい事実および状況に応じて忠実義務および注意義務の遵守を担保する目的で付随的な信認義務を数多く規定している。[85]これまでに、(1)合理的な投資家の準則ならびに当該準則に包含される、分散投資義務および継続的に投資状況を監視する義務、(2)信託条項に従い信託事務を遂行し、信託条項の遵守にこだわると受益者に害が及ぶ場合は裁判所に申立てを行う義務、(3)信託財産を回収し、安全に保管するとともに分別管理し、混蔵しない義務、(4)信託事務の遂行の適切な記録を具備する義務、(5)信託に属する請求権を行使し、信託に対する請求を防御する義務、および(6)費用の無駄遣いがないよう配慮し、合理的費用のみを負担する義務を含め、いくつかの例を既にみてきた。これらの例に加え、信託法上のその他の信認義務のうち最も重要なのは、(1)公平義務、および(2)受益者への情報提供・説明義務であると考えられる。さらに、(3)共同受託または信託事務の委託が行われたことにより受託者の機能の分化がされた際の相互監視についても考察する。

A.　公平義務

受託者は、専ら受益者の利益のために行動しなければならない。[86]だが、多数の受益者の利益が相反する可能性がある場合、受託者はそれらの利益をどのように集約すべきだろうか。**公平義務**に基づき、「受託者は、公平に、かつ、信託条項により生ずる多様な受益者の利益を適切に考慮して行為しなければならない」。[87]

公平義務という義務の呼び方は誤解を招く点で適切ではない。公平義務は、平等という意味での公平を求めるものではない。公平義務は、受託者に対し、信託条項において委託者が定める各々の受益者の利益に**十分に配慮すること**を義務づけるものである。状況によっては、信託条項が受託者に対し、特定の受益者を他の受益者より優遇することを認めている場合があり、またそのような優遇を義務

---

84 | Unif. Trust Code §811 cmt. (Unif. Law Comm'n 2000).
85 | 本書第 22 章参照。
86 | 前述Ⅲ参照。
87 | Restatement (Third) of Trusts §79 (Am. Law Inst. 2007); see also Unif. Trust Code §803 (Unif. Law Comm'n 2000)（同旨）.

づけている場合さえある。例えば、残された配偶者が終身の受益者となり、その死後は委託者の子孫が受益者となる信託では、委託者は、配偶者が快適にすごせるように支援することを子孫の残余受益権より優先させるよう受託者に指示することができる[88]。

　公平の問題が最も多く発生するのは、前記の例のように、現在の受益者と将来の受益者との間である。前記の例をより明確にして、**T**が信託を設定し、「**A**の生存中は信託収益を**A**に支払い、その死後、元本を**B**に支払うよう」**X**に指示したとする。問題は、伝統的な信託における信認法に基づく会計原則によれば、様々な投資リターンが、特定の**形式**をとっていることを理由に**収益**または**元本**のいずれかに自動的に分類されることである。収益受益者である**A**は収益に分類されるリターンが発生する投資を希望し、元本受益者である**B**は元本に分類されるリターンが発生する投資を希望する。また、コモン・ローの伝統において、賃料、普通株式の現金配当および社債の利息は収益に分類されるが、株価または地価の上昇による資産価値の上昇分は元本に分類される[89]。

　合理的な投資家の準則が現代ポートフォリオ理論を支持したことにより、信託財産による投資へのリターンの形式だけに基づいて収益および元本を配分してしまうと受託者による投資の効率性を害するような歪みが生ずることが浮き彫りとなった。リステイトメントにおいて解説されている通り、「受託者が、リターンのうち〔元本ではなく〕収益に該当する部分がどの程度かを考慮することなく、トータルリターンに集中して投資判断を行うことが許されるのは、複数の受益権の内容が収益と元本の区別によって影響を受けない場合に限られる[90]」。

　リターンが元本または収益のいずれに形式的に分配されるかにかかわらず、受託者がトータルリターンを実現する目的でポートフォリオを自由に組成できるようにするため、2つの改正が定着している。1つは、収益と元本とを**調整する権限**を受託者に付与することである[91]。この改正は、収益または元本を形式に基づき配分する従来の方式を踏襲しながらも、受託者に対し、公平義務を遵守するために必要な範囲で、元本と収益とを調整し、再配分する権限を付与している。もう1つの改正は、信託財産の価額の一定割合（通常は3～5％）を収益受益者に毎

---

88 | See, e.g., Howard v. Howard, 156 P.3d 89 (Or. App. 2007).
89 | See Unif. Principal and Income Act (Unif. Law Comm'n 1931, rev. 1962).
90 | Restatement (Third) of Trusts §90 cmt. i (Am. Law Inst. 2007).
91 | See Unif. Principal and Income Act §104 (Unif. Law Comm'n 1997).

年支払う**ユニトラスト**（*unitrust*）である[92]。これら2つの改正は、いずれも、投資の役割を規律する注意義務を、分配の役割を規律する公平義務の要請から自由なものとして切り離すことにより、受託者が、リターンの発生の形式が元本・収益のどちらに分類されるかをいちいち考えずに、ポートフォリオ全体のリスクおよびリターンの最適化に専念して自由に判断することができるようにしたものである。

B.　情報提供・説明義務

　受託者は、信託事務の遂行について受益者が常に十分な情報を得られるようにする継続的義務を負う[93]。この義務は通常、以下の3つの形式をとる。第1に、受託者は、「受益者が信託事務の遂行に関連する情報を請求」した場合、速やかに対応する義務を負う[94]。伝統的には、委託者は、受益者の信託に対する権利を保護するために合理的に必要となる情報に関する受益者の権利を排除することはできない[95]。

　統一信託法典によりこの強行規定が明文化されたことに伴い、複数の州が統一信託法典の内容を変更し、委託者が受益者の情報請求権を排除する「無言」または「ナイショ」の信託を認める改定バージョンを州法として定めている[96]。2004年には、州間での統一が期待できないことを示すため、受益者の情報提供請求権の強行性を定める統一信託法典の関連規定が括弧書で表示され〔その採用が選択的であることが示され〕た[97]。それでもなお、受託者の説明責任が受託者の義務の中核をなすため、判例は、受益者が常に「信託証書の条項にかかわらず、信託に基づく」受益者の「権利を行使するために合理的に必要な情報を請求することができ、これと異なる結論をとると、受益者が信託に基づく権利行使を行うことが不可能となってしまう」旨の判断を維持している[98]。

　第2に、コモン・ローにおいては、信託事務の遂行に重要な、または通例とは

---

92 ｜ See Unif. Fiduciary Income and Principal Act §§301-09 (Unif. Law Comm'n 2018).

93 ｜ See Restatement (Third) of Trusts §82 (Am. Law Inst. 2007); Unif. Trust Code §813 (Unif. Law Comm'n 2004).

94 ｜ Unif. Trust Code §813(a) (Unif. Law Comm'n 2004).

95 ｜ See Restatement (Second) of Trusts §173 cmt. c (Am. Law Inst. 1959).

96 ｜ See Jay A. Soled et. al., Quiet Trusts: When Mum's the Word to Trust Beneficiaries, 40 Est. Plan. 13 (July 2013); Thomas P. Gallanis, The Trustee's Duty to Inform, 85 N.C. L. Rev. 1595 (2007).

97 ｜ See Unif. Trust Code §105(b)(8)-(9) and cmt. (Unif. Law Comm'n 2018).

98 ｜ Wilson v. Wilson, 690 S.E.2d 710, 716 (N.C. Ct. App. 2010); see also Restatement (Third) of Trusts §82 cmt. e (Am. Law Inst. 2007).

いえない進展があった場合、受託者が受益者に対し積極的に情報を開示する義務を負うことも認めるようになりつつある。そのような進展の例としては、「投資その他の運用戦略の変更」や、「価値の査定が難しい資産に関する重大な措置または受益者への影響が特に大きい措置」などがある。積極的な情報開示を通じてこれらの事項を受益者に通知することにより、受益者は、異議の申立てその他の方法（例えば、受託者が予定している措置の禁止命令を裁判所に請求する等）で自らの利益を守る機会を得ることができる。

第3に、もし受託者が信託違反の事実を裁判所に提出した会計書類において適正に開示し、かつ会計報告書を適切に受益者に送付し、これに対し受益者が適時に異議を申し立てなければ、受託者は、信託違反について受益者に対する責任を負わない。受益者が会計手続において異議申立てをしなかった場合、受託者を相手方として後日、会計手続において申立てをする機会があった請求をすることは、請求排除効（res judicata）により禁止される。

正式な司法会計手続は多額の費用を要するため、司法によらない正式ではない会計手続を行う傾向が生じている。旧来の法令上、正式ではない会計処理を認める規定の有効性は不透明であった。近代法のもとでは、正式ではない会計処理を認める信託規定が受け容れられがちとなり、多くの州で、任意規定として、信託条項にそのような会計を認める規定がない場合でも、正式ではない会計処理が認められている。統一信託法典は、「報告書（report）」と統一信託法典にて称される方法により正式ではない会計報告を行うことを正面から認めるとともに、当該報告書において適正に開示されたあらゆる事項について1年の出訴期限を規定している。

C. 受託者機能が分化している場合の相互監視

以上に述べてきたもののほか、2つの信託における信認原則も注目に値する。第1に、受託者は、受託者の担う機能の一部を他に委託することができるが、そのためには、受託者は、委託先の選任、委託先への指図、および委託先の定期的

---

99 | See Restatement (Third) of Trusts §82 cmt. d (Am. Law Inst. 2007); Unif. Trust Code §813 cmt. (Unif. Law Comm'n 2004). リーディングケースは、Allard v. Pacific National Bank, 663 P.2d 104 (Wash. 1983) である。

100 | Restatement (Third) of Trusts §82 cmt. d (Am. Law Inst. 2007).

101 | See, e.g., Marsman v. Nasca, 573 N.E.2d 1025, 98 n.8 (Mass. App. Ct. 1991) （非正式の会計処理は「受託者にとって危険な手続である」という説を引用）.

102 | See Unif. Trust Code §§813 (c) and 1005 (a) (Unif. Law Comm'n 2004).

な監督に関し十分な注意を払わなければならない。受託者がかかる注意を払っている限り、委託先に不正行為があったとしても、受託者がその責任を問われることはない。その代わり、委託先が信託の受益者に対し、合理的な注意を払う義務を負う。すなわち、委託先が、委託された機能に関して受託者を代替する役割を担う[103]。第2に、共同受託者の場合、「受託者の1名が責任を負わされていない事項についても、当該受託者が、共同受託者による信託違反の実行もしくはその試みについて知っている場合、当該受託者は、かかるフィデューシャリーの不正を防止するための合理的な措置を講ずる義務を負う」[104]。これらの2つの原則に通ずる命題は、それぞれの場合に受託者が、信託条項の定めでは責任を負わないとされている事柄に関してもなお、継続的な監視義務を負うことである。

VI 強行規定と任意規定

これまでみてきた通り、受託者の職務の信認性はその定義自体に表れている。すなわち、「信託は……財産に関わる信認的な関係を意味し……、この信認的関係は、受託者に慈善目的または1人もしくは複数の者の利益を図る目的のために、当該財産を扱う義務を負わせるものである」[105]。その結果として、「受託者としての資格において有する全ての権限について、受託者の信認義務に従って、権限を行使しなければならず、あるいは権限を行使してはならないとされる」[106]。しかし、(a)委託者が信託条項において信認義務を免除した場合、または(b)本来、義務違反に該当する行為について、受益者が事前に同意しまたは事後に免責した場合はどうだろうか。

A. 信託条項

信託条項においても、「誠実に、信託の条項および目的に従い、かつ受益者の利益のために」行為する受託者の義務を変更することはできない[107]。筆者は、本書とは別の場所で、「信認義務は、信託や代理といった法理のカテゴリーにおける

---

103 | See Restatement (Third) of Trusts §80 (Am. Law Inst. 2007); Unif. Trust Code §807 (Unif. Law Comm'n 2000).
104 | Restatement (Third) of Trusts §81 cmt. b (Am. Law Inst. 2007).
105 | Id. §2.
106 | Id. §70 cmt. a.
107 | Unif. Trust Code §105 (b)(2) (Unif Law Comm'n 2018); see also Restatement (Third) of Trusts §§78 cmt. c (2) and 96 (1)(a) (Am. Law Inst. 2007, 2012); John H. Langbein, Mandatory Rules in the Law of Trusts, 98 Nw. U. L. Rev. 1105 (2004).

必要な構成要素の1つである。……人は、他者に財産を与え、その財産について
お気に召すままに行為させることができる。しかし、このような形式による譲渡
は〔信託ではなく〕絶対的な贈与であり、このような形で財産を保有する権利は
単純所有権（fee simple）である」と説明している[108]。信託条項において受託者の地
位が信認性をもつという原則を覆すことはできないため、信託条項によっても、
受託者が誠実に、かつ受益者の利益のために行為する義務を免除することはでき
ない。

　2002年にデラウェア州最高裁判所で判決が下った *McNeil v. McNeil* では、受
託者の意思決定が「いかなる裁判所の審理にも服しないものとする」という規定
が争点となった[109]。裁判所は、「一般に裁判所が、受託者があらゆる責任を問われ
ないという規定の有効性を認めることを一律に拒んでいる」ことを指摘したうえ
で、前記免責規定にもかかわらず受託者の行為について審理した[110]。「信託といっ
ても、受託者が法的拘束力のある義務を一切負わないようなものは、名目だけの
信託であり、その性質は、当該財産についての完全な財産権が受託者に与えられ、
あるいは、財産の絶対的所有権（fee simple）を贈与するようなものである[111]」。ま
た、*Armitage v. Nurse* では、Millet 判事がイギリスの信託に同じ原則を適用し、
次のように説明した。「受託者が受益者に対し負う義務には、これ以上縮減でき
ない中核的内容というものがあり、その義務の履行を受益者が求めることができ
るということが信託の概念において根本的なものである。受益者が受託者に対し
て法的に行使することのできる権利がなければ、信託は存在しないのである[112]」。

　誠実に、かつ受益者の利益のために行為するという受託者の義務が放棄不可能
であるという規則の複数の適用場面については既述の通りである。かかる規則に
は、以下が含まれる。(1)利益相反関係の存在自体が委託者により認められている
状況であっても、「受託者が不誠実にあるいは不公正に行為したときには、受託
者は、受益者に対する忠実義務に違反する[113]」。(2)「唯一」、「絶対的」または「無
制限」の裁量権を付与するという表現を「文字通りに解釈することはでき」ず、

---

108 | Sitkoff, supra note 11, at 205. この理論は、物権法定主義（*numerus clausus*）を応用したもので
ある。See, e.g., Thomas W. Merrill & Henry E. Smith, Optimal Standardization in the Law of Property:
The Numerus Clausus Principle, 110 Yale L.J. 1 (2000).

109 | 798 A.2d 503, 508 (Del. 2002).

110 | Id. at 509.

111 | Id.

112 | [1998] Ch. 241 at 253 (Eng.) ; see also David Hayton, The Irreducible Core Content of Trusteeship,
in Trends in Contemporary Trust Law (A. J. Oakley ed., 2004).

113 | 前掲注41 およびこの注記に対応する本文を参照。

「裁判所が受託者に対し、不誠実に、または裁量権限を与えられた目的を達成することと以外の目的または動機のために行動することを認めることはない」[114]。(3)受託者は、信託条項に従い信託事務を遂行する義務を負うが、その時の状況に鑑みると信託条項通りに信託事務を遂行することが「信託またはその受益者に重大な損害をもたらす」場合、裁判所に申立てをしなければならない[115]。また、(4)受益者は常に「信託証書の条項にかかわらず、信託に基づく」受益者の「権利を行使するために合理的に必要な」情報を請求することができる[116]。

　前記に加え、最も顕著な例はおそらく責任を**免除または減免**する規定の効果であろう。このような規定は、受託者が損害賠償について個人的責任を負うことがないよう保護し、受託者が個人的責任を負うリスクを軽減する。ただし、それでもなお、受託者は解任されるおそれがあり、受益者はその他の救済を享受できる可能性がある。また、信託における信認法の中核的な強行規定の帰結として、免責規定の効果について完全に理解した委託者が、意図的に信託条項に免責規定を組み込んだとしても、受託者の**不誠実、無思慮な無関心**、または**故意もしくは意図的な職務怠慢**の責任を減免することはできない。リステイトメントでは以下のように説明されている。

　　受託者の信託違反に対する責任を免除する信託規定の文言が広範であるとしても、政策的な理由により、信託における信認法では、受託者が免責される可能性のある不正行為の種類および程度につき限定している。そのため、免責規定によっても、受託者が不誠実にした信託違反に対する責任を免除することはできない。また、受託者が受益者の利益または信託の条項もしくは目的に無関心であることにより行った違反について責任を免れることはできない。すなわち、適用ある信認義務を理解しこれを遵守するための合理的努力を怠ったことによる違反については責任を免れない[117]。

　概念的に関連性のある問題として、信託をめぐる紛争について委託者が**仲裁**を義務づけることの可否がある。判例は少なく、かつ相反しており[118]、政策的な観点からの分析に関する識者の見解も合致していない[119]。受益者は仲裁契約（すなわち

114 | 前掲注47・48およびこれらの注記に対応する本文を参照。
115 | 前掲注68およびこの注記に対応する本文を参照。
116 | 前掲注94～98およびこれらの注記に対応する本文を参照。
117 | Restatement (Third) of Trusts §96 cmt. c (Am. Law Inst. 2012); see also Unif. Trust Code §§105 (b) (10) and 1008 (a) (2000) (同旨).
118 | See Mary F. Radford, Trust Arbitration in United States Courts, in Arbitration of Trust Disputes 175 (S.I. Strong ed., 2016).

信託証書）の当事者ではないことを理由として、受益者に仲裁を強制することはできないとした判例もある。また、信託における受益者は、委託者が設定する条件に従った利益を享受するという条件付の贈与であるから、委託者が仲裁に同意しているか否かが問題であるとした判例もある。政策的に難しい問題は、裁判所において、裁判官の面前で受託者が説明責任を果たすべきこともまた、委託者が放棄することのできない、強行法的な信認義務の中核的内容の一部を成すかどうかである。

　信託における信認法の中核的な強行規定をめぐる問題は、**指図型信託**（*directed trust*）についても生じている。指図型信託では、「指図権者（trust director）」「信託保護者（trust protector）」または「信託アドバイザー（trust adviser）」と呼ばれる者が、受託者にはならず、信託財産の所有権を有することもないのに、信託に対する広範な権限を有する。指図型信託の受託者は、その責任が極めて限定的であるため、「指図を受ける受託者（directed trustee）」または「管理受託者（administrative trustee）」と呼ばれることがある。指図権者は、少なくとも「フィデューシャリー」であるとの推定を受けるというのが各州の統一見解である。指図を受ける受託者が信認義務を負うとすればその内容が何であるかについて、各州の見解が一致しているとはいえない。

　指図を受ける受託者の義務を法律で明確に規定している州の一部は、指図を受ける受託者は指図権者の指図に従う以外の義務を負わないと規定しているが、裁判所が今後この解釈に従うことを確認した判例は未だに存在しない。また、それらの州の中には、指図を受ける受託者は、指図権者の指図に従うことにより、自らが個人的に「故意」の、または「意図的」な不正行為を行うことになってしまう場合を除いて、その指図に従ったことについて責任を負わないと規定している州もある。2017 年に公布された統一指図型信託法は、指図を受ける受託者の

---

119 | See, e.g., Jessica Beess und Chrostin, Mandatory Arbitration Clauses in Donative Instruments: A Taxonomy of Disputes and Type-Differentiated Analysis, 49 Real Prop. Tr. & Est. L.J. 397 (2014); Erin Katzen, Arbitration Clauses in Wills and Trusts; Defining the Parameters for Mandatory Arbitration of Wills and Trusts, 24 Quinnipiac Prob. L.J. 118 (2011).

120 | See Schoneberger v. Oelze, 96 P.3d 1078 (Ariz. Ct. App. 2004).

121 | See Rachal v. Reitz, 403 S.W.3d 840 (Tex. 2013).

122 | See John D. Morley & Robert H. Sitkoff, Making Directed Trusts Work: The Uniform Directed Trust Act, 44 ACTEC L.J. 1 (2018) (この〔注 122 が付された〕段落および次段落で引用).

123 | See Alaska Stat. §13.36.375 (c); N.H,. Rev. Stat. Ann. §564–B:8–808; Nev. Rev. Stat. §163–5549 (1); S.D. Codified Laws §55–1B–2.

124 | See Del. Code Ann. tit. 12, §3313;760 Ill. Comp. Stat. 5/16.3 (f); Tex. Prop. Code Ann. §114.003; Va. Code Ann. §64.2–770.

「故意の不正行為」（がない限り責任を負わない）規則を定めるとともに、[125]「同様の地位および同様の状況」にある受託者に適用されるのと同様の、信認法上の原則（強行規定および任意規定）が指図権者にも適用されるとしている。[126]

B.　受益者の承認

　受託者の信認義務違反に対する受益者の授権（正式には、事前のものであれば**同意**（consent）、事後的には**責任の免除**（release）である）[127]は、受益者による授権が受益者自らが有する権利の放棄にかかるものであるゆえに、概念的には信託条項における委託者による信認義務の適用除外よりシンプルである。「信託違反に該当する作為または不作為」について適正に事前の同意を与え、または事後的に免責の意思表示をした受益者は、「その違反について受託者に責任を追及することはできない」。[128]

　ただし、信託が独立当事者間の関係ではなく信認関係であること、および受託者が受益者の承認を得ることは必然的に利益相反行為となることを理由として、信託法は内容面および手続面での受益者保護を求めている。すなわち、事前の同意または事後の免責は、受益者が「自らの権利および当該事案に関連して受託者が知りまたは知るべきであった全ての重要な事実および関連事項を知っている」場合で、かつその事前の同意または事後の免責が「受託者の不適切な行為によって誘導されたものではない」ときに限り、法的に有効となる。[129]

　ここでの留意点として、2つの実際的な制限がある。第1に、「信託の受益者の一部」による事前の同意または事後の免責は、「通常、当該信託のその他の受益者、すなわち同意をしていない現在または将来の受益者が受託者に対し、信託違反の責任を追及することを妨げない」。[130]第2に、事前の同意または事後の免責をした後に信託違反があった場合、過去の同意等の対象となった行為と同様の行為に関わる違反であったとしても免責の効果は及ばない。[131]

---

125 | Unif. Directed Trust Act §9(b)（Unif. Law Comm'n 2017）.
126 | Id. §8(a)(1)(B).
127 | See Restatement（Third）of Trusts §97 cmt. b（Am. Law Inst. 2012）.
128 | Id. §97.
129 | Id.; see also Unif. Trust Code §1009（Unif. Law Comm'n 2001）.
130 | Restatement（Third）of Trusts §97 cmt. c（Am. Law Inst. 2007）.
131 | See id. cmt. c(3).

Ⅶ　救　　済

　受託者の信託違反に対し、受益者に認められる主な救済には2つの形式がある。第1に、受託者は、「違反に関わる部分の信託事務が適切に遂行されていたと仮定した場合を考慮して、信託財産および信託からの分配の価値を原状に回復するために必要な金額」を補塡する責任を負う[132]。これは、あるべき状態に回復させるエクイティ上の損害賠償である。このように、「信託違反により損害が生じた場合（信託が適切に管理されていれば得られていたはずの収益、キャピタルゲインまたは価値の増加が実現しなかった場合を含む）、受託者は、その違反について十分な補償を行うために必要な金額について責任を負う[133]」。

　第2に、受託者は、「違反の結果、受託者が個人的に得たあらゆる利益に相当する金額」についても責任を負う[134]。信託違反によって受託者が利益を得た場合、受託者は、不当に利得したこととなる。というのは、受託者の地位を有することを理由として生じた全ての利益は、信託財産であると推定されるからである。また、受託者は違反によって生じた利益を自身の利益として保持することはできないから、受託者が自らの単独の判断で違反してしまうことが抑止されるうえ、生じうる利益につき情報開示を行い、受益者の同意を得るインセンティブを受託者にもたせることができる。

　これらの2つの形式による救済は目的が異なり、受益者は、その双方を受ける権利を有しうる[135]。受益者はまた、(1)受託者の解任または職務停止と、後任の受託者または特別受託者の任命、(2)受託者に職務の履行、将来の違反の禁止または説明義務の履行を求める差止命令による救済（injunctive relief）および(3)受託者に対する報酬の支払拒絶を含む、広範な救済を受けることができる[136]。さらに、不当利得の法理に基づき、受益者は、受託者による信託違反の結果、利益を得た第三者を相手方として、当該第三者が違反を知らない善意の有償購入者である場合を除き、擬制信託の成立による権利主張を行い、またはエクイティ上の先取特権を行使することができる[137]。

132　Id. §100(a); see also Unif. Trust Code §1002(a)（Unif. Law Comm'n 2001）.
133　Restatement (Third) of Trusts §100 cmt. (b)(i)（Am. Law Inst. 2012）.
134　Id. §100(b).
135　See Miller v. Bank of America, N.A., 352 P.3d 1162（N.M. 2013）.
136　See Unif. Trust Code §1001（Unif. Law Comm'n 2000）.
137　See id. §§1001(b)(9) and 1012; Reinhardt Univ. v. Castleberry, 734 S.E.2d 117（Ga. Ct. App. 2012）.

あるべき状態に回復させるエクイティ上の損害賠償の適用場面として最も興味深いのは、おそらく、受託者による投資についての注意義務違反であろう。裁判所は従来、当初の損害額に法定利息を加算した金額に基づき損害賠償額を算定していた。今日、裁判所は、典型的には、必要な注意を払った運用がされたと仮定してあるべきポートフォリオの状況と比較することにより、「信託違反がなければ信託においてどれだけ収益が生じていたか」を算定する傾向が強まっている。[138]

もう１つの興味深い事例は、受託者の忠実義務に反した、信託財産の第三者への売却である。判例は、そのような状況では、受益者は「受託者が信託財産を他者に売却する権利を付与されていたか否か、またその売却価格が公正であったか否かにかかわらず、売却を無効としたうえで、売却された財産自体の取戻しを求めるか、または判決が出た時点における当該財産の価値相当額の回復を求めることができる」[139]と判断しており、通説的な解説書もこれを支持している。

最後に、受託者の信託違反が「悪質」である場合、判例は懲罰的損害賠償を認める傾向にある。[140]これらの判決に注目し、リステイトメントは、受託者が「悪意で、不誠実に、または詐欺的、極めて無思慮もしくは利己的に行動」したか否かと、「受託者による不正行為の性質および範囲、会計記録の提示または損害賠償請求訴訟の防御における受託者の行動、ならびに受託者を処罰するために懲罰的損害賠償が重要とされる程度」を「受益者が受けた被害を認定し、同様の不正行為を抑止するため」の関連要因であると指摘している。[141]

Ⅷ　結　論

信託法における信認原則の機能は、受託者に対し、信託条項に従い忠実に合理的な注意を払い受益者の利益のために行動するよう促すことにより、エージェンシー・コストを封じ込めることにある。受託者がその忠実義務、注意義務または信託における信認法上のその他の付随的義務に違反した場合、受託者は解任され

---

138 | Scott and Ascher on Trusts; supra note 65, §24.9（強調削除）; see also Restatement (Third) of Trusts §100 cmt. b(1).

139 | Scott and Ascher on Trusts; supra note 65, §24.10.　リーディングケースは、In re Rothko, 372 N.E. 2d 291（N.Y. 1977）である。

140 | Scott and Ascher on Trusts; supra note 65, §24.9.

141 | Restatement (Third) of Trusts §100 cmt. d (Am. Law Inst. 2012).　批判については、Samuel L. Bray, Punitive Damages Against Trustees?, in Research Handbook on Fiduciary Law (Gordon Smith & Andrew Gold eds., 2018) 参照。

る可能性があり、受益者は、損害賠償および利益の吐出しを含む救済を受けることができる。これらの救済は、違反を抑止し、信託財産および分配についてあるべき状態に回復させ、また、不当利得をさせないようにするものである。

委託者の処分の自由を認めるため、信託における信認原則の大半は任意規定であり、信託条項により変更することができる。ただし、受託者の役割はその定義の通り信認的な性格のものであることから、信託条項により、受益者の利益のために誠実に行動する受託者の義務を免除することはできない。すなわち、「受託者が法的拘束力のある義務を一切負わない信託は、単なる名義上の信託にすぎず、制約のない財産権〔の帰属〕か、単純所有権の贈与の性格を有する[142]」。このように強行規定とされる信認法の中核は、受託者が担う分配、投資、保管および管理の役割の全てに対し適用される。

筆者注記

本章の一部は、Robert H. Sitkoff & Jesse Dukerminier, Wills, Trusts, and Estates（10th ed. 2017）の内容を新たな引用または著作権の表示をすることなく自由に書き換えたものである。

利益相反に関するハーバード大学ロースクールの方針に従い、筆者は外部活動の一部を以下のウェブサイトで開示しており、その一部は本章の主題事項に関連している。
https://helios.law.harvard.edu/Public/Faculty/ConflictOfInterestReport.aspx?id=10813

謝　辞

Samuel Bray、Daniel Kelly、John Molly、Max Shanzenbach の各氏およびハーバード大学での「信認法の領域を探索する」カンファレンスの参加者から有益なコメントやご示唆を頂き、また、Joe Ruckert および Catherine Weiner の各氏にはリサーチにおける優れた補助を頂いた。ここに感謝申し上げる。

---

142 | McNeil v. McNeil, 798 A.2d 503, 509 (Del. 2002).

第4章 会社法における信認原則

JULIAN VELASCO

I　はじめに

　会社法における信認義務は、極めて野心であるとともに実務上も極めて重要だという性質を同時に併せ持っている。その結果、それは緊張関係で満ちあふれている。会社法における信認義務を理解する鍵は、経営判断原則である。しかしながら、これは適切な出発点ではない。経営判断原則から始める者は、会社法にとって信認義務が重要ではないと単純化してしまいがちである。実際は、信認義務は会社法のまさに中核的なものである。さらに、経営判断原則は、行為者が信認義務が極めて重要であることを認識し、還元主義を否定することを想定しており、実際にそのように要求もしている。

　適切な出発点は、通常の信認法の原則である。会社法は、尊重すべき信認法の分野の1つであり、ルーツは信託の信認法にある[1]。中心的な論点は、典型的なエージェンシー問題である。株主は、会社の資産管理権限を経営者（取締役および業務執行役員）に委ね、経営者は会社の収益性および株主の富を追求する責任を負う。結果として、株主は経営者による権限の濫用による被害を受けやすくなり、経営者はこの権限を利用して自身の利益を追求しようという誘惑に駆られる可能性がある。したがって、会社法は信認義務を経営者に課している。

　会社法における信認義務について理解するために最も重要なことは、それが広く適用されるということである。デラウェア州最高裁判所によると、「信認義務は、細切れに機能するのではなく、不断の指針であり、これに従って、会社に対する全ての取締役の行為が……導かれなければならない」[2]。これはまた、「会社の業務執行役員または取締役の責任とされている会社の利益を積極的に守るためだけでなく、会社に対して損害を与えることとなるいかなることも行わないようにするために、断固として厳然と、会社の業務執行役員または取締役に対して最大限、誠実に義務を遵守することを包括的に求めること」[3]である。

1　本書第3章。
2　Malone v. Brincat, 722 A.2d. 5, 10 (Del. 1998).

裁判所が高尚な言葉を使うことがあるため、会社法における信認義務は、あく
まで達成が望ましいものにすぎないと主張する者もいる。しかしながら、この見
解には、根本的な誤解がある。信認義務は法的義務であり、単なる道義的な要請
ではない。換言すると、信認義務は法が要求するものであり、単なる提言ではな
い[4]。

　会社法は、信認義務に関して、非常に高度の倫理性を求める一方で、非常に実
務的でもある。以下で明らかになる通り、会社法は、信認法の原則の厳格な執行
を強く求めるのではなく、しばしば妥協をしてきた。しかしながら、かかる妥協
は、信認義務が重要ではないことを意味すると理解されるべきではない。むしろ、
会社法は、信認法の目的に完全に一致した実務的な理由により、妥協をするので
ある。

　会社法は事業の経営に関するものであり、事業は富の創出および利益の創出に
関するものである。株主は、収益性を高めるためにリスクを引き受けることを厭
わない投資家である。したがって、裁判所は、経営者が株主のためにより高い収
益性を追求できるようにするには、相当の自由を与えられなければならないと結
論づけている。また、経営陣も利益を得た場合でも、会社法においては、信認義
務に関わる他の分野ほど大きな問題とされない。結局、会社経営者は、企業家で
あって、株主とともに自分自身のためにも富を創出することを追求しているため、
他の受認者と全く同じように自分の利害を考えないと想定することはできない。
したがって、忠実義務について、会社法では、専ら受益者の利益を図る基準
（sole interest standard）ではなく、受益者の利益を最善のものとする基準（best
interests standard）を適用するのが一般的である[5]。

　また、注意義務については、会社法は経営判断原則を導入し、これは会社にお
ける信認義務を理解する鍵となっている。経営判断原則とは何であろうか。デラ
ウェア州裁判所によると、「それは、会社の取締役は、経営判断を行うにあたり、
必要な情報に基づき、誠実に、かつ自らの行為が会社の利益にとって最善である
と正直に信じて、行為したと推定することである[6]」。以下でみる通り、これは非
常に強い推定であり、重要な法的かつ実務的な帰結を伴う。

---

3 ｜ Guth v. Loft, 5 A.2d 503, 510 (Del. 1939).
4 ｜ 一般論として、Julian Velasco, The Role of Aspiration in Corporate Fiduciary Duties, 54 Wm. & Mary
　　L. Rev. 519 (2012) 参照。
5 ｜ 本書第 20 章参照。
6 ｜ Aronson v. Lewis, 472 A.2d 805, 812 (Del. 1984).

会社法は、様々な理由により取締役が信認義務を遵守しているものと推定している。第1に、会社法は経営者を信頼できると考えているからである。実業家として、経営者は、株主と共通の利益を有している。すなわち、両グループとも収益の多い事業を望んでいるのである[7]。また、会社法は、司法制度の限界を認識している。裁判所は、経営の専門家ではない[8]。伝統的な信認法の原則を適用する際、裁判所は、非常にリスク回避的となる傾向があり、長期的にみて株主を守ることよりも富の創出を妨げる傾向がある。したがって、裁判所は経営者の判断を尊重することを選択しており、このような手法が経営判断原則の推定である。要するに、取締役の実質的な経営「判断は、それらが合理的な事業の目的によるものである場合、否定されない」[9]。

　この推定は強いものであるが、反証を許さないわけではない。株主は、経営者が信頼できないことを証拠を挙げて主張することによりこの推定に反証することが認められている[10]。反証が認められれば、裁判所は経営者の判断を尊重するという反証前の態度を退け、取締役の行為をより厳しく審査することも厭わない。

　経営判断原則による推定により、会社法における行為規範が評価規範と乖離することは広く知られている[11]。極めて簡潔にいえば、行為規範は行為者に対してどのように行動すべきかを示すものであり、他方で評価規範は評価を行う裁判所に対し、行為者が責任を負うと判示されるべきか否かをどのように判断するかを示すものである。しばしば、2つの規範は一致する。したがって、例えば不法行為法において、行為規範としては通常の注意である一方で、評価規範としては過失となる（一般的に通常の注意の欠如として定義される）。しかしながら、会社法においては、規範は乖離する。すなわち、行為規範は評価規範よりもはるかに高い水

---

7 ｜ See William T. Allen et al., Function Over Form: A Reassessment of Standards of Review in Delaware Corporation Law, 26 Del. J. Corp. L. 859, 875 (2001)（「利益相反がない取締役会は、市場が許容する最高額の取引価格を達成しようと考える。これらの状況において、取締役会の利益と株主の利益は一致しているため、裁判所が取締役会の決定の実質的な調査に関与する理由はない」); Henry G. Manne, Mergers and the Market for Corporate Control, 73 J. Pol. Econ. 110, 117 (1965)（「一般的にいえば、経営者のインセンティブおよび利益は、経営者としてできるだけ最低の価格で会社のために管理サービスを購入するインセンティブをもっていないという1点を除き、全ての点において株主のインセンティブおよび利益と一致する」）（脚注省略）.

8 ｜ Dodge v. Ford Motor Co., 170 N.W. 668, 684 (Mich. 1919).

9 ｜ Sinclair Oil Corp. v. Levien, 280 A.2d 717, 720 (Del. 1971).

10 ｜ Cede & Co. v. Technicolor, Inc., 634 A.2d 345, 361 (Del. 1993)（「［経営判断］原則に反証するためには、株主である原告は、取締役が難しい判断に至る際に、3つの信認義務（誠実義務、忠実義務または当然払うべき注意義務）のいずれかに違反していた証拠を提供する義務を負う」）（傍点は原文のまま）.

11 ｜ Melvin A. Eisenberg, The Divergence of Standards of Conduct and Standards of Review in Corporate Law, 62 Fordham L. Rev. 437 (1993).

準である。言い換えれば、会社法は、強制することが適切であると考えられることよりも多くのことを取締役に要求している。

この相違は混乱を招く可能性があり、しばしば誤解に繋がる。しかしながら、この相違は、会社法および富の創出を促進するという会社法の目標の観点からは完全に理に適っている。完全に執行をすることは必要ではなく、実際に不可能である。執行のための労力を最悪の事例に集中させることにより、限られた法的資源を節約することができ、リスクのある経営判断への干渉を最小限にすることができる。

したがって、信認義務が会社法において重要でないということはない。むしろ、会社法は、一般的な信認法の原則と、株主にとって全体的に最善な結果を達成するための利益追求に関する実際的な考慮のバランスをとっているのである。

会社法における信認義務を理解するためには、この野心と実用性の間の緊張関係を理解しなければならない。会社法は、ある程度の妥協を行っている。しかしながら、これらの妥協は、信認法の原則を逸脱するものではなく、むしろそれらを実現するものとして行われている。それは、取締役が株主の利益を追求することができるようにするためである。それでは、この一般的な枠組みを念頭に置いて、詳細をみていきたい。[12]

II 発生の契機

会社法において、信認義務の発生の契機となるものは、他の法分野ほど複雑な問題ではない。関連する意味において、人は主に会社の取締役または業務執行役員になることにより受認者になる。[13]難しい問題は、受認者の地位の発生の契機ではなく、むしろ会社の受認者の義務は誰に対して負うものであるかということである。

少なくとも、デラウェア州においては、答えは簡単である。すなわち、会社の信認義務は究極的には株主に対してのみ負う。[14]他の州においては、問題はもう少

---

12 | これは、会社信認法に関する実証的な文献である。例えば、本書第 38 章（未訳）Empirical Analysis of Fiduciary Law 参照。

13 | 会社の従業員およびその他の代理人もまた受認者であるが、これは会社法よりも代理法の側面としてより適切に理解される。本書第 2 章および第 10 章参照。また、会社において経営支配権を有する株主は、信認義務を有すると判示される可能性がある。後掲注 44〜49 および付随する本文参照。

14 | 「取締役会は、株主である所有者のために会社の事業を経営する法的責任を負う」。Malone, 722

し複雑である可能性があり、他の国においては、信認義務はより広く拡大する。なぜ相違があるのだろうか。それを理解するために、まずデラウェア州法をみてみたい[15]。

　裁判所は、ほとんどの場合、経営陣は「会社および株主に対して」信認義務を負うと主張する[16]。純粋に文理上の意味として、この定式化は曖昧であると考えられる可能性がある。1つの可能性が、義務が二当事者に対して、すなわち一方で株主に対して、他方で株主とは区別される会社に対して、負うことを意味するという解釈である。もう1つの可能性が、その義務が一当事者に対して、すなわち擬制的な主体である会社により代表される株主に対して、負うという解釈である。デラウェア州においては、曖昧さを解決するのは簡単で、正しいのは後者である[17]。デラウェア州では、前者に引用した表現が用いられることもよくあるが、かかる義務は「会社の所有者としての株主のために会社の最善の利益」を追求することであるという、より明確な定式化もよく使われる[18]。

　モデル事業会社法（The Model Business Corporation Act）は、あまり明示的ではないが、基本的に同じ立場をとっている。同法は、「取締役……は、取締役が会社の最善の利益のためであると合理的に考える方法により、……行為するものとする」とだけ規定している[19]。しかしながら、オフィシャルコメントは、「『会社』という用語は、事業を行う企業体の代名詞であることに加えて、株主を包含する枠組みでもある」と明示している[20]。州制定法を比較したセクションにおいては、「［多くの］州が、取締役の裁量権として許容される範囲を拡大し、会社および株主の利益に加えて、取締役会の作為または不作為が『その他の利害関係者』の利益に対して与える影響を考慮する権限を取締役に与えてきた」（そのような条項が規定されていなくとも）とも指摘している[21]。

　これは、2つ目の複雑な要因を生じさせる。すなわち、多くの法域におけるそのようなステークホルダー法（利害関係者法：constituency statutes）の採用である。

A.2d at 9.

15 　デラウェア州を中心とする信認法の原則の取扱いについては、本書第46章（未訳）Delaware Corporate Fiduciary Law: Searching for the Optimal Balance 参照。

16 　See, e.g., Unocal Corp. v. Mesa Petroleum Co., 493 A.2d 946, 954 (Del. 1985).

17 　Cf. Leo J. Strine, Jr., The Dangers of Denial: The Need for a Clear-Eyed Understanding of the Power and Accountability Structure Established by the Delaware General Corporation Law, 50 Wake Forest L. Rev. 761 (2015).

18 　NACEPF v. Gheewalla, 930 A.2d 92, 101 (Del. 2007).

19 　Model Bus. Corp. Act §8.30(a) (Am. Bar Ass'n, revised 2011).

20 　Id. §8.30 official cmt. at 8-193.

21 　Id. statutory comparison at 8-211.

これらの規定は、多くの異なる形式がとられているが、いずれも一定の範囲で株主第一主義を否定しているように思われる。しかしながら、ステークホルダー法の重要性は、評価するのが難しい。通常、ステークホルダー法は、取締役が他の利害関係者を考慮することを許容しているが、取締役がそのように行うことを要求してはいない。さらに、予想と異なり、ステークホルダー法は判例法に重大な影響を与えていない。最後に、ステークホルダー法は株主第一主義と整合性があるものとして捉えることが可能である。ステークホルダー法は、取締役が株主にとっての短期的な利益よりも会社の長期的な利益（これは、株主にとっての長期的な利益に繋がる）を考慮するために取締役を保護する方法として理解することができる。これは、ステークホルダー法を持たないデラウェア州でとられてきた、他の利害関係者グループに関する判例法解釈の方法と本質的に同じである。しかしながら、ステークホルダー法は、信認義務の範囲を株主以外の者に対して拡大するものとして理解することも可能である。また、法域によっては、他の法域よりもこの考え方を拡大しているものもある。

さらに、他の利害関係者グループに配慮することは、多くの州がパブリック・ベネフィット・コーポレーションに関する法律を採用することに繋がった。この法律は、企業がその事業目的に加えて、「一般的な公益」およびできる限り「1または複数の特定の公益を創出する目的」をもって設立することを明示的に認めている。この法律の目的は、株主第一主義の規範を一定の限度で弱体化することである。この法律は、将来、会社法に重大な影響を与える可能性が高いだろう。しかしながら、現時点において、一般的な会社法は、多かれ少なかれ株主を中心としているように思われる。

信認義務は株主以外の者に対しても及ぶと考えることを可能とする別の方法もある。経営難の会社が支払不能に近づいた場合に、経営陣の義務は株主だけでなく債権者にも及ぶ可能性があるかという問題がある。その根本的理由は、会社が倒産状態にある場合、株主はもはや自身の投資をリスクにさらさないということである。有限責任により、株主はうまくいけば株主の利益になる機会を得ること

---

22 | See Julian Velasco, The Fundamental Rights of the Shareholder, 40 U.C. Davis L. Rev. 407, 462-67 (2006)（「少なくとも、後になって考えてみると、ステークホルダー法はあまり重要ではない」）.

23 | Revlon, Inc. v. Macandrews & Forbes Holdings, Inc., 506 A.2d 173, 176 (Del. 1986)（「様々な会社の利害関係者に配慮することは買収の脅威に対処する際に適切である一方で、かかる原則は、合理的に関連する利益が株主にもたらされる必要があるという要件により制限されている」）.

24 | Model Benefit Corporation Legislation §201(a)-(b).

25 | 本書第11章参照。

によりリスクを外部化することができるが、失敗した場合は債権者に損害を与えることになる。これは不公平であり、介入を正当化する可能性がある。

しばらくの間、デラウェア州エクイティ裁判所は、この議論を受け容れていた。エクイティ裁判所の意見では、倒産に近い状態にある場合、取締役の義務は株主以外の者の利益にも及ぶ可能性があると主張されていた[26]。他の法域では、いまだにそのように解釈されている可能性がある。しかしながら、デラウェア州最高裁判所は、この見解を否定している。デラウェア州最高裁判所は、経営陣が信認義務を負うのは会社が実際に倒産に至るまで株主に対してのみであると主張する。すなわち、倒産の時点においてのみ、債権者は会社の資産に対する衡平法上有効な権利を取得する[27]。

2つの立場は、根本的に異なるものではない。すなわち、両者とも、株主の持分がゼロに近づくにつれて、債権者は会社において真の持分保有者になっていくと評価している。その意味において、信認義務は常に株主に対するものであり、問題は誰が真の株主であるかということである。2つの立場の違いは、単に、債権者の持分権者としての利益がどれほどすぐに認められるかということによるものである。デラウェア州最高裁判所は、単純明快な規律を定立する一方で、他の裁判所は、より柔軟なアプローチを好む可能性があるということである。

Ⅲ　忠実義務

忠実義務は、会社法において重要な役割を果たす。経営者は、自らの利益または第三者の利益よりも会社の利益を追求することを要求される。判例のレトリックは、忠実義務を論ずる際に最も雄弁となる。忠実義務に関する最も有名な一節として、当時、判事であった Benjamin Cardozo は、「最良の忠実義務は、」「ただの誠実さだけでなく、名誉ある人の機微に関わる特に繊細なものであり、」かつ「妥協を許さぬ厳格さを有するもの」だと述べた[28]。もう1つの非常に有名な一節として、デラウェア州最高裁判所は、「この義務は、特に厳格な遵守」を「要求され」かつ「専心的かつ無私の忠実性」が「求められるものだ」と述べた[29]。

---

26 | See, e.g., Credit Lyonnais Bank Nederland N.V. v. Pathe Commc'ns Corp., No. 12150, 1991 WL 277613, at *34 & n.55 (Del. Ch. Aug. 11, 2009).

27 | Gheewalla, 930 A.2d at 101-102.

28 | Meinhard v. Salmon, 164 N.E.545, 546 (N.Y. 1928).

29 | Guth, 5 A.2d at 510.

多くの他の法分野において、忠実義務は、強力な予防的ルール（prophylactic rules）により実現される[30]。「利益相反禁止（no conflict）」ルールにより、受認者は、その利益が受益者の利益と相反する者（自らの利益相反を含む）のために行為することを禁止される。「利益取得禁止（no profit）」ルールにより、受認者は、受益者により明確に許可されている場合を除き、信認関係から利益を得ることを禁止される[31]。受益者が忠実義務に背きたくなるインセンティブを全て取り除くことにより、信認法は、受認者が受益者の利益に注力し続けることを求める。

しかしながら、会社法において、これらの強力な予防的ルールは、少なくとも3つの方法で、実務的な理由により妥協を余儀なくされている。第1に、利益の相反する取引が実際に禁止されているわけではない[32]。そのような取引は、禁止されるのではなく、エクイティ上の審査の対象となる。そのうえで、受認者の側の利益相反により不利な影響を受ける取引は、完全な公正性の基準による司法上の審査に耐えられれば、取引を進めることが認められる。この厳格なテストは、原告である株主ではなく被告である取締役が、公正の問題に関する証明の負担を負うことを求める。取締役は、利益相反にかかわらず、取引が会社にとって完全に公正であったことを示さなければならない。一般的に、取締役は、取引が手続的にも実体的にも公正（公正取引と公正価格といわれるのが一般的）だといえることを示さなければならない[33]。しかしながら、取締役がこのことさえ証明できれば、取引を許可しない理由はない、というのが会社法の結論である。

予防的ルールの妥協がなされる2つ目の方法は、これら予防的ルールが利益相反の状況の全てに適用されるわけではなく、主に自己取引に適用される、とすることである。「［自己取引］の典型例として、取締役が取引の両方の側の当事者となる場合や、取締役が取引から株主一般が得られない利益を個人的に受ける場合が挙げられる[34]」。こうした定義における自己取引は、厳格なものとはされないが、利益相反は「自己取引の水準まで達」しなければ認められない[35]。このことは、通常、個人または家族の重大な経済的利益の相反を意味する。その他の種類の利益

---

30 | 例えば、前掲注1（本書第3章）参照。

31 | See Tamar Frankel, Fiduciary Law 108-109 (2011); Paul B. Miller, Justifying Fiduciary Duties, 58 McGill L.J. 969, 975-978 (2013); 前掲注5（本書第20章）。

32 | John H. Langbein, Questioning the Trust Law Duty of Loyalty: Sole Interest or Best Interest?, 114 Yale L.J. 929, 962 (2005)（「会社法（一部の相反が会社に利することを認識している）」は、禁止を規制と置き換えた）。

33 | Weinberger v. UOP, Inc., 457 A.2d 701, 711 (Del. 1983).

34 | Cede & Co. v. Technicolor, Inc., 634 A.2d 345, 362 (Del. 1993).

35 | Id. at 363 (Aronson v. Lewis, 473 A.2d 804, 812 (Del. 1984) を引用している).

相反があっても、完全な公正性の基準を発動させない。裁判所は、その他の利益相反が存在しうることを認識している[36]。しかしながら、かかる利益相反は、予防的ルールによる保護を与えるものではない。むしろ、原告は、かかる動機が、現実に問題であったことの証明責任を負う[37]。

　忠実義務の予防的ルールの妥協がなされる3つ目の方法は、会社法が、中立的な意思決定者による審査により、利益相反に冒された取引のいわば洗浄または浄化を認めることである。これにより、十分に説明を受けた利害関係のない取締役または株主によって取引が承認される場合、会社法は、通常、利益相反のない当事者による承認を理由として、当該取引を利益相反にあたらないものと扱う[38]。なお、このことが信認法と全く相容れないわけではないことは、付言しておこう。法分野によっては、必要な承認の取得がより難しい場合もあるが、利益相反は、開示と承認があれば、しばしば許される。

　これらの妥協は、株主の利益に資することを意図したものであるため、忠実義務を損なうものとして理解されるべきではない。これらの妥協は、利益を最大化するためにリスクを受け容れるという株主の希望と、株主の保護の必要性のバランスをとることによって、株主の利益に資することになる。軽微な利益相反（例えば、自己取引の水準まで達しない利益相反）は、強力な予防的ルールの保護が必要とならない可能性もある。重大な利益相反はより深刻に捉えられなければならないものの、そのリスクを誇張しないようにする必要がある。そのような利益相反は、行為者が自らに対する信頼に背こうとする誘惑となる可能性があるが、それでも利益相反のある当事者が忠実さを保つことは不可能ではない[39]。株主は、利益相反のある取引を十分な審査の対象とすることによって、十分な保護を受けることができる。実際、利益相反のある取引が無条件に禁止される場合よりも、利益相反のある取引が許可されることがある場合の方が、株主にとってより良い結果を達成することができる可能性がある[40]。例えば、ある資産を売却しようとする

36　See, e.g., In re RJR Nabisco, Inc. S'holders Litig., No. 10389, 1989 WL 7036, at *15（Del. Ch. Jan. 31, 1989）（Allen, C.）（「ある者を礼節の道から引き出すことができる人間の感情は、貪欲さに限らない（憎しみ、渇望、ねたみ、復讐……羞恥心または自尊心等）。確かに、人間の感情は、取締役が会社の福利よりも自らの利益、好みまたは欲望を優先することを引き起こす可能性がある」）.

37　See, e.g., Aronson, 473 A.2d at 815 n.8（「〔取締役に責任追及の訴訟を提起するよう〕請求しても無意味な訴訟における〔取締役会の〕構造的な偏見についての難しさは、単に、〔株主代表訴訟に関する〕規則23.1の要件を満たすための主張において、それを立証する難しさである」）.

38　Del. Code Ann. tit. 8 §144（West 2015）; Benihana v. Benihana, 906 A.2d 114（Del. 2006）（利害関係のない取締役による承認は、経営判断原則を発動させる）; Corwin v. KER Financial Holdings, LLC, 125 A.3d 304（Del. 2015）（利害関係のない株主による承認は、経営判断原則を発動させる）.

39　対照的に、信託法は反対の見解をとる。前掲注1（本書第3章）参照。

場合、取締役が誰よりも多くの対価を支払おうとする可能性がある。ある資産を購入する必要がある場合、取締役が最良の価格での売却に応じようとする可能性がある。これらの取引を禁ずることは、株主の利益の最大化に繋がらない。このため、会社法は、利益相反のある取引を禁ずるのではなく、規制するのである。

会社との取引における単純な自己取引に加え、忠実義務に関するもう１つの重要な論点が、会社の機会（corporate opportunity）である[41]。会社が享受する可能性があったビジネスチャンスを会社の受認者が代わりに得てしまう場合、忠実性に関する懸念が生ずる。一般的に、取締役は、自らのために機会を得る前に、会社に対してその機会を提供することを期待される。しかしながら、いかなる場合にビジネスチャンスが受認者の個人的な機会ではなく、会社の機会とみなされるべきかの判断には、概念上の難しさを伴うため、多くの州では、この問題の取扱いに関して細目的なルールを展開している。一部の州は、開示および承認を厳格に要求する[42]一方、他の州は、最終的に、公正さに関する審査に依拠する[43]。

忠実義務の問題は、会社の状況に応じて異なる傾向がある。上場会社において、利益相反は経営者を中心に展開する傾向がある一方で、非公開会社においては、当該問題は支配株主（経営者である場合も経営者ではない場合もある）に関係する傾向がある。いずれの状況においても、自己取引および会社の機会は、主要な問題となりうる。しかしながら、非上場会社は、フリーズアウトおよびスクイーズアウトという追加の問題に直面する[44]。

フリーズアウトとは、支配株主が、少数株主の経済的期待を妨げる措置を講ずることをいう。代表的な方法としては、少数株主の雇用を妨げることや、配当を行わないことにより、少数株主が自らの投資の回収を行いにくくさせることが挙げられる。裁判所は、常にではないがしばしば、非公開会社の株主に対し、加重された、組合に類似した信認義務を課すことがある[45]。端的にいえば、故意のフリーズアウトは許されない。

スクイーズアウトは、支配株主が少数株主を買収し排除しようとすることをい

---

40 | See Model Bus. Corp. Act ch. 8, sub. F, intro. cmt., §8-493 (2011 Rev.).

41 | 実際、会社の受認者は、通常、株主と利益を共有するのではなく利益を受け取るため、自己取引の１つの形式とみなされうる。しかしながら、会社の機会の問題は、しばしば、別個のものとして取り扱われる。

42 | See, e.g., North Harbor Golf Club, Inc. v. Harris, 661 A.2d 1146 (Me. 1995).

43 | See, e.g., Broz v. Cellular Info. Sys., Inc., 673 A.2d 148, 155 (Del. 1996).

44 | ２つの用語は、しばしば、置換可能なものとして用いられることがあるが、２つの概念は異なるものである。

45 | See, e.g., Donahue v. Rodd. Electrotype Co. of New Eng., Inc., 328 N.E.2d. 505 (Mass. 1975).

う。株主が会社から放逐されることを望まないことが問題となる場合もある[46]。しかしながら、大抵の場合、買取価格が公正であるか否かが問題とされる。法的には、支配株主は、少数株主の反対を押し切って、取引を押し進める権限を有する。しかしながら、エクイティ上の問題として、この種類の自己取引において、取引は完全な公正性の基準による裁判所の審査の対象となる。要するに、スクイーズアウトは禁止されていないが、規制されているということである。

支配株主は、少数株主を公正に扱わなければならないという義務を果たすために、しばしば、取引に関して少数株主の承認を条件とすることを選択する。裁判所は、そのような行動を推奨する傾向がある。しかしながら、裁判所は、少数株主の投票が公正さの十分な保証とならない可能性があることも認識している。このため、裁判所は、そのような承認は、公正性の問題に関する証明責任を転換する効力を有すると判示した[47]。近時、デラウェア州最高裁判所は、支配株主は、取引に関して2つの中立的な意思決定者、すなわち十分に説明を受けた利害関係のない取締役と少数株主の過半数の承認を条件とする場合には、公正性の基準を回避することができると判示した[48]。裁判所は、「二重の手続上の保護は……支配者による買収における少数株主の保護として最適である」と判示した[49]。完全な公正性の基準による裁判所の審査よりも最適だ、という趣旨だろう。

Ⅳ　注意義務

会社法において、注意義務は、十分な情報に基づく意思決定を重視する傾向がある。「取締役は、経営判断を行う前に、自らが合理的に入手可能な全ての重要な情報について知っておく義務を負う。このように情報を知ったうえで、取締役は、自らの義務の履行において必要な注意をもって行為しなければならない[50]」。

行為の水準は通常の注意である。デラウェア州法によれば、「会社の取締役は、会社の業務の執行において、類似の状況で注意深く合理的な者が通常用いるものと同程度の注意を用いる義務を負う[51]」。モデル事業会社法では、取締役は「類似

46　See, e.g., Coggins v. New Eng. Patriots Football Club, Inc., 492 N.E.2d 1112 (Mass. 1986).

47　Kahn v. Lynch Comm. Sys., Inc., 638 A.2d. 1110 (Del. 1994). 支配株主が存在する場合、利害関係のない取締役から成る委員会による承認は、同一の限定された効力を有する。Id.

48　Kahn v. M&F Worldwide Corp., 88 A.3d 635 (Del. 2014).

49　M&F Worldwide, 88 A.3d at 644.

50　Aronson, 473 A.2d at 812.

51　Graham v. Allis-Chalmers Mfg. Co., 188 A.2d 125, 130 (Del. 1963).

の地位にある人物が類似の状況のもとで合理的に適切と考える注意をもって義務を履行[52]」しなければならないとされている。しかしながら、いずれの場合も、審査基準ははるかに緩やかである。「経営判断原則に基づき［、］取締役の責任は重大な過失の概念に基づく[53]」。これは、判断権者の判断をかなりの程度まで尊重する審査基準であり、取締役が注意義務の違反について責任を負うと判示する裁判例は極めて稀である。

　なぜこのような大きな相違が生ずるのだろうか？　妥協というより、屈服のようにも思われる。しかしながら、このように注意義務を完全には強制しないことは、経営判断原則を通じてみる場合、信認法の原則の観点から理解できるものである。前述の通り、経営判断原則は、取締役への信頼および取締役が会社の利益のために行為するという信用に基づく仮定である。この仮定は、行為規範と評価規範の乖離という形で現れる。かかる乖離は、取締役が損害賠償責任を恐れることなく行為できるよう、ある程度の自由ないし「誤りの余地」を与えるものである[54]。このような自由が与えられるのは、取締役がその信認義務を無視することを認めるためではなく、取締役が株主の利益を精力的に追求することで十分に自らの信認義務を果たせるようにするためである。

　注意義務に関する事件で、裁判所が審査を行うことに利点があるかは、特に疑義がある。利益相反のない取締役は株主または裁判所よりも優れた意思決定者である可能性が高いだけではなく、上場会社においては、破滅的な責任を負うことのリスクは大きく、取締役側の過度のリスク回避に繋がる[55]。このことは、株主にとって利益とならない。株主は、より大きい収益性を追求して適切なリスクをとることを厭わない起業家的な経営者を望むものである。

　このように、行為規範と評価規範の間の乖離は、妥協である。これは、取締役の保護を意図した方策というよりも、株主の利益を高めることを意図した方策である。義務に対する執行を強化することは常に受益者の利益を高めると決め込みたくなるかもしれないが、必ずしもそうではない。会社法は、暗黙の費用対効果

52 ｜ Model Bus. Corp. Act §8.30(b).
53 ｜ Aronson, 473 A.2d at 812.
54 ｜ Velasco, supra note 4, at 546-553（誤りの余地の理論を論ずる）.
55 ｜ See William T. Allen et al., Realigning the Standard of Review of Director Due Care with Delaware Public Policy. A Critique of Van Gorkom and Its Progeny as a Standard of Review Problem, 96 Nw. U.L. Rev. 449 (2002)（「法律のトレーニングを受けた裁判官が、経営者が『不当な』または『過失のある』経営判断（これに関して、経営者は金銭賠償によって対応しなければならない）を行った旨の事後判決を行うことを認められる場合、取締役は、将来的に、潜在的に価値があるが、失敗のリスクがある会社の機会を会社に与えることを避ける可能性がある」）.

分析を行った末に、注意義務は、厳格に強制しない方が、株主の利益にとって望ましいとの結論に至った。

会社法がこの結論に至っただけではない。株主自身が、厳格な執行よりも執行しないことを望むと判断した。これは、悪名高い事件である *Smith v. Van Gorkom* [56] を取り巻く状況でみられる。この事件においては、多くの学者が重大な過失にはならないと考える行為に関して、取締役が注意義務の違反について個人的に責任を負った。[57] この結論は非常に衝撃的であり、全国的に州の立法者が、注意義務の違反についての責任の免除を認める規定を採択することになった。[58] 数多くの会社において、株主は、この免責条項を積極的に採用し、それ以降これを廃止することを求めていない。このことは、経営判断原則が実際に株主の利益を高めることを目的としたものであり、信認法の原則と完全に矛盾がないという主張を強力に支持するものである。[59]

V　その他の義務

会社法において、信認義務は、一般的に、注意義務および忠実義務の2つの区分に分かれると考えられている。しかしながら、これは、いくらか恣意的な区分である。単純な2種類の区分を否定するいくつかの概念が存在する。[60]

1つの例は、誠実義務の概念である。過去に誠実義務は信認義務から派生したものとみなされていた。[61] より最近では、デラウェア州裁判所は、誠実義務を忠実義務に取り込んだ。[62] 会社の受認者は、故意の不正行為を行った場合、自らの誠実義務に違反することになる。より具体的には、「受認者が故意に会社の最善の利益を高めること以外を目的として行為をする場合、受認者が適用ある実定法に違

---

56 | 488 A.2d 858（Del. 1985）.

57 | Allen, supra note 55, at 458（「（一部の評者はそれにさえ異議を唱えたものの）これらの手順の不履行は通常の過失を構成したと捉えることも理解できるが、かかる不履行が本当の重大な過失を構成したと議論することは難しい」）.

58 | Del. Code Ann. tit. 8 §102（b）（7）（West 2015）; Model Bus. Corp. Act §2.02（b）（4）.

59 | 広範囲に免責条項が採用されたことでさえ、一般株主の間の合理的無関心に照らして、あまり証明にならないと主張されるかもしれない。しかしながら、アクティビストである株主が免責条項を無効にするという主張を持ち出さなかったという事実は、より軽視し難いだろう。

60 | See Julian Velasco, How Many Fiduciary Duties Are There in Corporate Law?, 83 S. Cal. L. Rev. 1231（2010）.

61 | Cede & Co., 634 A.2d at 361.

62 | Stone ex. rel. AmSouth Bancorporation v. Ritter, 911 A.2d 362（Del. 2006）. 調査については、本書第40章（未訳）Fiduciary Law, Good Faith, and Publicness参照。

反する意図をもって行為をする場合、または受認者が自らの義務を意識的に無視して、行為義務があることを知っているにもかかわらず故意に行為をしない場合、……誠実義務に即して行為していないとみなされる可能性がある[63]」。自己取引が存在しない場合であっても、これらの不正行為は忠実義務の違反に含まれる。しかしながら、裁判所は、誠実さが欠如したというためには、単に過失だけでなく、咎められるべき主観的事情があったことを要件とすると指摘する[64]。これは、原告にとって充足が難しい基準である。誠実義務は忠実義務に含まれるものの、株主は予防的ルールによって保護されていない。むしろ、取締役は、経営判断原則の仮定により保護されているのである。

　2つ目の概念は、買収の場面および支配権争いに関わるものである。会社が買収対象となった場合、問題は複雑になりうる。買収は即時の収益機会を提供するものであるため、株主は、しばしばこれに賛成する。一方で、取締役は、しばしばこれに反対し、買収提案を頓挫させるため、一般に買収防衛策と呼ばれる様々な方策を用いることがある。取締役は、株主が考えるほど買収提案が良いものではないため、買収防衛策を実施していると主張しがちである。取締役は、株主よりも多くの情報を有しており、このことは、取締役が正しい可能性があることを示す。しかしながら、買収は取締役の地位を失わせる可能性があるため、取締役には利益相反も生ずる。このような状況に関して、裁判所は、中間的な審査基準が経営判断原則および完全な公正性の基準よりも適切であると判断した。このように、裁判所は、通常、買収防衛策を合理性の判断基準に基づく審査の対象とする[65]。この基準は、経営判断原則ほど取締役の判断を尊重するものではなく、また、完全な公正性の基準ほど厳格ではない。

　しかしながら、いずれかの時点で会社の売却が不可避となった場合、通常、取締役は、支配権の帰属を変更させるプロセスを開始する決定をした以上、株主が合理的に得ることができる最良の価値を達成することを要求される[66]。このような場面を除けば、取締役は、株主にとっての会社価値を算定する特定の時期を選択

---

63 | In re the Walt Disney Co. Deriv. Litig., 906 A.2d 27, 67 (Del. 2006).

64 | See, e.g., Stone, 911 A.2d at 370 (「責任を課すためには、取締役が自らの信認義務を履行していないと知っていたことを示すことを必要とする」).

65 | Unocal Corp. v. Mesa Petroleum Co., 493 A.2d 946 (Del. 1985); Unitrin, Inc. v. Am. Gen. Corp., 651 A.2d 1361 (Del. 1995).

66 | Revlon, Inc. v. MacAndrews & Forbes Holdings, Inc., 506 A.2d 173 (Del. 1986); QVC Network Inc. v. Paramount Comm. Inc. S'holders Litig., 637 A.2d 34 (Del. 1994).

させられることなく、会社が売却されるべきか否かを決定することが認められる[67]。

3つ目の類型は、株主の議決権に関係する。取締役の行為が、買収防衛策その他の形式で、株主の議決権を損なうことを目的として行われる場合、追加の保護が機能し始める。取締役が株主の議決権行使の妨害を主な目的として行為をしたことを株主が立証できる場合、取締役は、自らの行為に関して説得力のある根拠を示さなければならない[68]。典型的な例は、株主が取締役の計画を妨げることを防ぐために、取締役が株主総会の日程を変更する行為[69]や追加の取締役を任命する行為[70]である。

注意義務や忠実義務とは別に論ずる意義がある4つ目の類型には、いくつかの特定の種類の行為がある。いくつかの義務は、しばしば独立した信認義務とされることがあるが、実際は、1つまたは複数の標準的な信認義務に該当する。最も重要な例のうち2つは、監督義務および開示義務である。

取締役は、会社の業務およびその代理人の行為を監督する義務を負う。しかしながら、これは、独立した義務ではない。むしろ、これは、注意義務および忠実義務の双方に関係するものである。株主が注意義務の問題として監督の問題を追及する場合、審査基準は重大な過失である。しかしながら、免責条項が広範に採用されるようになった後、株主はそのような請求を行うことができなくなった。代わりに、審査基準はより負担が重いものになるものの、株主は、誠実義務の問題として監督の問題を追及することができる。株主は、故意の不正行為を主張しなければならず、これは、「『取締役会が継続的にまたは組織的に監督を行わないこと（合理的な情報収集および報告システムの成立を確保しようとする試みを完全に怠ること等）』」を立証することで示すことができる[71]。

さらに、取締役は、一定の情報を株主に開示する義務を負う。ほとんどの州の法律では、この義務は相当程度、限定されている。もちろん、経営者は、株主とやり取りをするときはいつでも誠実でなければならないが、常に情報を開示しなければならないという一般的な義務は存在しない。全てではないが一部の州では、

---

67 | See Paramount Comm. Inc. v. Time Inc., 571 A.2d 1140, 1150 (Del. 1989) (「『長期的』価値対『短期的』価値の問題は、通常、取締役が特定の投資期間にかかわらず最善の利益となる会社に関する方針を決める義務を負うため、ほぼ無関係である」).

68 | Blasius Indus., Inc. v. Atlas Corp., 564 A.2d 651 (Del. Ch. 1988)；MM Cos., Inc. v. Liquid Audio, Inc., 813 A.2d. 1118 (Del. 2003).

69 | See Schnell v. Chris-Craft Industries, Inc., 285 A.2d 437 (Del. 1971).

70 | See supra cases cited at note 68.

71 | Stone, 911 A.2d at 372 (In re Caremark Int'l Inc. Deriv. Litig., 698 A.2d 959, 971 (Del. Ch. 1996) を引用している).

会社に対し、定期的に、財務書類等の一部の情報を開示することを要求する[72]。さらに、取締役は、株主からの行為を求める場合、関連する情報を開示する義務を負う[73]。重要な例として、取締役が株主の投票を求める場合または自社株買いを行う場合が挙げられる。開示基準としては、かつては完全に率直であること（complete candor）が求められていたが[74]、裁判所は、徐々に、より実際上の重大性基準（practical material standard）を適用するようになっている[75]。繰り返すが、開示義務は、独立した信認義務ではない。開示の請求は、注意義務、忠実義務または誠実義務の枠組みに基づき、追求されるべきものである。

VI　強行規定と任意規定

　会社法において信認義務を免除できる範囲は完全には明確ではない。信認義務を免除する最も基本的な方法は、会社の定款を変更することであろう。定款は会社を規律する基本的な組織文書であり、法令と矛盾しないいかなる条項も定めることができる。このことは、最大限の柔軟性を与えているとも思われる。しかしながら、問題はそれほど単純ではない。

　既に述べたように、免責条項は法令で明示的に認められている。厳密には、免責条項によって、注意義務が免除されるわけではないが、注意義務違反に基づく損害賠償責任を除外する。エクイティ上の救済は引き続き認められるが、免責は、実質的に免除と同様に機能する。しかしながら、注目すべきことに、免責条項を認める法律は、忠実義務（および誠実義務に即して行われなかった行動）を明示的に除外する傾向がある。これは、忠実義務（および誠実義務）が免除の対象ではないことを示唆していると思われ、忠実義務は強行規定的なものであるという共通認識と一致している。

　それにもかかわらず、一部の州の法律は、一定の範囲で、会社が会社の機会の法理の適用を免除することを認めている[76]。このような条項は、免責条項ほどは普及していないが、多くの人が考えているより一般的であるかもしれない[77]。会社の

---

72 | Model Bus. Corp. Act §16.20.
73 | Stroud v. Grace, 606 A.2d 75, 84 (Del. 1992).
74 | Lynch v. Vickers Energy Corp., 383 A.2d 278, 281. (Del. 1977).
75 | London v. Archer-Daniels-Midland Co., 700 A.2d 135, 143 (Del. 1997).
76 | See, e.g., Del. Code Ann. tit. 8, §122 (17) (West 2015); see also Model Bus. Corp. Act §2.02 (b)(6).
77 | See Gabriel Rautenberg & Eric Talley, Contracting Out of the Fiduciary Duty of Loyalty: An Empirical Analysis of Corporate Opportunity Waivers, 117 Colum. L. Rev. 1075 (2017).

機会は忠実義務の範疇に含まれるため、このことは理論的に難解である。しかしながら、既に述べたように、会社の機会は、明確な回答が得られないことが多く、不明瞭な責任配分に関する問題も引き起こす。したがって、会社法では、Ⅳの後段に述べるように、長い間、特定の場合における会社の機会の放棄について規定してきた。さらに、会社法は、これらの新たに承認された会社の機会の放棄に対する保護を定めている。会社の機会の放棄が定款条項として採用される場合には、株主の承認が必要である。会社の機会の放棄が取締役決議により採用される場合には、放棄を採用すること自体が信認義務違反の審査の対象となる可能性がある。[78]

これら法令で承認された2種類の定款条項に加えて、特定の観点から忠実義務を免除する効果のある他の定款条項を規定することができる可能性がある。例えば、一定の利益相反を回避するために会社の権限を制限する定款条項、取締役が任意で行えば義務違反とされかねない行為を、むしろするよう義務づける定款条項が考えられる。[79] そのような条項によって、その行為が義務違反とみなされなくなる可能性がある。しかしながら、それが法令と抵触すると裁判所が結論を下した場合は、定款条項は有効とされないであろう。[80]

別の形態の免責が論点となるのは、特定の状況において、より限定的な承認がなされる場合である。このような場合には、完全な開示が可能となり、実際に完全な開示が要求されるため、概念的に問題となることが少ない。そのような免責は、事後的に行われる場合もある。一般的に、株主は、取締役が無権限でした行為や義務違反が疑われる行為を決議により承認することが認められている。[81] これには制限があり、株主は、全員一致の同意による場合を除き、浪費（waste）を承認することは認められていない。[82] しかしながら、対象となる事項がその水準まで高まらない（または低下しない）限り、株主は、承認がなければ信認義務違反とみなされうる行動について承認することが認められる。

免責は、しばしば事前承認の形で行われることがある。取締役（または支配株主）が希望する場合、取締役（または支配株主）は株主に承認を仰ぐことができ

---

78 S. 363, 140th Gen. Assembly（Del. 2000）; 72 Del. Laws, c. 343, §3（2000）（「サブセクションによって、忠実義務を含むコモン・ロー上の信認義務に基づいて決定されるビジネスチャンスにおける会社の利益または期待の放棄に適用される司法審査の水準は変更されない」）.

79 そのような行動を認めるだけでも、それを要求するのと同じ効果がある。

80 See, e.g., Siegman v. Tri-Star Pictures, Inc., C.A. No. 9477, 1989 WL 48746（May 5, 1989）, reprinted in 15 Del. J. Corp. L. 218（1990）（忠実義務の問題にまで及ぶ免責条項は、州法違反となる可能性があることを示唆している）.

81 Gantler v. Stephens, 965 A.2d. 695, 713（Del. 2009）.

82 Michelson v. Duncan, 407 A.2d 211, 219（Del. 1979）.

る[83]。その承認が完全な情報に基づいたものであり、かつ、強制されたものでない限り、既に述べたように、これによって、信認義務違反に対する請求を放棄し、経営判断原則による保護を発動する効果がある。

Ⅳで既に述べた免責に関する法律が制定されるずっと前は、会社の機会がそのような免責の典型的な例であった。会社の受認者が他のビジネスチャンスを追求することは、法によって全面的には禁止されていない。むしろ受認者は、法により、最初に会社に機会を提供することができるとされている（一部の州では提供することが義務づけられている）。会社が、取締役の行為によるか株主の行為によるかを問わず、その機会を断った場合には、それはもはや会社の機会ではなくなるため、忠実義務の問題を伴わないものとして扱われることになる。これは、実質的に免責である。

関連する概念は委任である。会社法では、取締役が業務執行役員に職責を委任することが認められているだけではなく、そうすることが全面的に期待されている[84]。同様に、業務執行役員が他の従業員に職責を委任することも期待されている。これは、階層的組織の概念に内在する性質である。「十分な情報に基づき業務の委任を決定することは、他の経営判断の執行と同等のものである[85]」。また、法令は、ほとんどの事項に関する最終的な権限を取締役会が取締役会所管の委員会に委任することを明示的に認めている[86]。

ほとんどの場合、取締役はどの程度委任するかを決定することが認められているが、それにも限度がある。会社法では、一定の事項については取締役の承認が明示的に要求されている。例えば、定款変更や合併についてである。このような事項は委任することができない。もっとも、その場合でも、取締役は決定を行う際に、他者の助言に依拠することが認められる[87]。

法令で要件の定められた場面を除くと、委任が認められる範囲は不明瞭である。取締役は最も重要な事項に対応することが期待されているが、重要な事項を委任する行為も有効とされている[88]。ある限度を超えると、委任が度を超して、権限の

---

83 | 前掲注 38 および付随する本文参照。無関係かつ独立した取締役による承認にも同様の効果があり、権利放棄の 1 つの形態とみなすことができる。See id.
84 | Del. Code Ann. tit. 8 §141(a); Model Bus. Corp. Act §8.01(b).
85 | Rosenblatt v. Getty Oil Co., 493 A. 2d 929, 943 (Del. 1985).
86 | Del. Code Ann. tit. 8 §141(c); Model Bus. Corp. Act §8.25.
87 | Del. Code Ann. tit. 8 §141(e); Model Bus. Corp. Act §8.30(f).
88 | See, e.g., In re Walt Disney Co. Deriv. Litig., 906 A.2d 27, 45 (Del. 2006)（CEO は自身の潜在的な後継者を解雇した）。

放棄にあたるとして許されないとの判断がなされうる[89]。しかしながら、少なくとも業務執行役員に委任する場合は、いつ一線を越えたとされるのか完全には明確でない。その一方で、取締役は、単純に株主の要求に従ってはならず、自身の独立した経営判断を行わなければならないことは明らかである[90]。

取締役が辞任できるか、また、いつ辞任できるかという問題は、会社法では重要な論点ではない。一般に、取締役は、自由に辞任することができる[91]。特定の場合においては辞任によって信認法の問題が生ずる可能性はあるが、その可能性は現実的というより理論的なものである。

Ⅶ 救 済

会社法による救済を理解するためには、救済が図られることになる通常の状況を理解しなければならない。一般に、信認義務違反に基づく請求は、直接訴訟ではなく、代表訴訟において行われる。言い換えれば、株主は自らの権利に基づき訴えることはできない。一般に、信認義務違反は、株主に対して直接的にではなく、別個の法主体としての会社に損害を与えるものである。したがって、訴訟原因は会社に帰属する。訴訟を起こすかどうかは、本来は取締役に権限が帰属する経営上の決定事項である。そのような理由で、株主は、法によって代表訴訟を提起する前に取締役に適切な措置を講ずるよう要求することが求められている[92]。しかしながら、取締役は、しばしば信認義務違反で訴えられる当事者であり、取締役が自身に対する訴訟を提起することは期待できない。そのため、株主は、請求しても無意味だと示すことができれば、法により、請求を行わずに会社を代理して代表訴訟を提起することが認められる場合がある[93]。

一般的には、代表訴訟を提起することが認められているのは株主のみである。株主にその資格があるのは、株主が会社の所有持分を通して、取締役の信認義務の最終的な受益者であるためである[94]。しかしながら、既に述べたように、会社が倒産状態の場合、または一部の法域においては会社が倒産状態に近い状態にある

---

89 | Grimes v. Donald, 673 A.2d 1207, 1214 (Del. 1996).
90 | Paramount Comm. Inc. v. Time Inc., 571 A.2d 1140, 1154 (Del. 1990); In re Trados Inc. Shareholder Litig., 73 A.3d 17, 38 (Del. Ch. 2013).
91 | Model Bus. Corp. Act §8.07.
92 | Del. Ch. Ct. R. 23.1; Model Bus. Corp. Act §7.42.
93 | Aronson, 473 A.2d at 814.
94 | Gheewalla, 930 A.2d at 101.

場合、債権者が代表訴訟を提起することが認められる場合がある。さらに、株主でない取締役にも資格が付与される場合がある。[95]加えて、親会社の株主は、子会社を代理して「二重代表訴訟」と呼ばれる訴訟を提起することが認められることがある。[96]ステークホルダー法やベネフィット・コーポレーション法によって他の当事者が訴えることを認めることもありうるであろうが、そのようにはなっていない。

　代表訴訟において救済が図られる場合、救済は一般的には（少なくとも直接的には）、原告には与えられない。むしろ、救済は会社自体に与えられる。損害を受けているのは会社であるため、これは理に適っている。[97]さらに、会社に補償することにより、原告だけでなく、会社への持分を通じて間接的に、全ての株主が救済を公平に享受することが保証されるであろう。しかしながら、非公開会社の場合のように、特段の事情により会社への補償が適切でないことが示される場合、裁判所は、代表訴訟を直接訴訟として取り扱い、少数株主の持分に応じた補償が直接なされることを認めることがある。[98]

　信認義務違反に対する実際の救済に関しては、裁判所はかなり柔軟な傾向にある。それにもかかわらず、救済は、少なくとも2つの理由で差止命令（injunction）による救済に偏りがちである。最も重要な点として、免責条項が広く採用されているため、一般に注意義務違反に対して金銭賠償は認められない。また、裁判所は、適切な金額が推測によってしか決定されない状況において、忠実義務違反に対して金銭賠償を認めることを躊躇している。

　しかしながら、金銭賠償が適切であり、排除されない場合は、裁判所は補償を認めることを躊躇しない。金銭賠償に関するエクイティ上の救済の例として、利益の吐出し、擬制信託の強制、および取消しに代わる損害賠償が含まれる。また、金銭賠償は、株式買取請求求権を有する株主にも認められる。[99]株主買取請求求権とは、合併または類似の取引において株式売買契約上の対価を受け取らず、株式の公正価額の支払を求めて裁判所に申し立てる法令上の権利をいう。

　免責条項があったとしても、注意義務違反の事案に対して、差止命令による救済は引き続き利用可能である。[100]また、多くの場合、差止命令による救済は、忠実

95 | Schoon v. Smith, 953 A.2d. 196 (Del. 2008).
96 | Rales v. Blasband, 634 A.2d 927, 932 (Del. 1993).
97 | Tooley v. Donaldson, Lufkin, & Jenrette, Inc., 845 A.2d 1031 (Del. 2004).
98 | See, e.g., Barth v. Barth, 659 N.E.2d 559 (Ind. 1995).
99 | Del. Code Ann., tit. 8 §262.
100 | Malpiede v. Townson, 780 A.2d 1075, 1093 (Del. 2001).

義務違反の事案に対して最も適している。デラウェア州最高裁判所は、救済の選択肢を大幅に自由化し、「大法官の権限は、適切と認められるあらゆる形態のエクイティ上の救済と、金銭賠償による救済を与えられるだけの完全性を備えている」と述べている[101]。最も重要な問題は、状況に適した救済を考えることであり、これは必ずしも簡単なことではない。

　差止命令による救済を策定する方が簡便であることもある。例えば、買収の場面において、取締役は信認義務に違反して防衛策を講じている場合がある。これらの防衛策を継続することに対する差止命令は、明らかに救済となる。これにより敵対的買収者の成功が保証されるものではないが、株主に申出を提示することを買収者に認めることになる。同様に、開示の問題がある場合、裁判所は、株主による訴訟の前に、開示の訂正を容易に義務づけることができる。裁判所にとって、取引が行われた後に金銭賠償を決定するより、事前に差止命令による救済を与える方がはるかに好ましい。

　その一方で、適切な差止命令による救済の策定がより煩雑になりうることもある。例えば、救済が強すぎると、株主が合理的に取得可能な最善の価値を提供する申込みを受けることを妨げる可能性がある一方で[102]、救済が弱すぎると、顕著な効果をもたらさないため、不十分だと評価される可能性がある。しかしながら、会社法が標準化された解決方法を成文化するよりも、エクイティ裁判所の適切な裁量に救済を委ねるのは、まさにそのような難しさによるものである。

　救済に関する最後の問題は、弁護士に関連するものである。救済は、株主ではなく会社に対して差止命令か補償のいずれかが与えられることが多いため、株主自身は代表訴訟による利益が限定されることが多い。その一方で、弁護士は、勝訴した場合や、和解が得られた場合でも、報酬を受けることができる。そのため、代表訴訟による利益の真の享受主体は弁護士であると考える者が多い[103]。裁判所は、訴訟当事者らが弁護士報酬を確定して合意した場合でも、弁護士の業務によって株主が確実に利益を得られるようにするため、弁護士報酬の付与について一層真剣に監視し始めた[104]。このように、裁判所は、弁護士が自身の利益のために不必要

---

101 | Weinberger v. UOP, Inc., 457 A.2d 701, 714 (Del. 1983).

102 | See, e.g., Abrons v. Maree, 911 A.2d 805, 810-811 (Del. Ch. 2006)(「本裁判所は、競合する申出がない場面において株主にプレミアムを付与する取引を禁止することを求める原告に直面した場合に、特に慎重となる」).

103 | 一般論として、Roberta Romano, The Shareholder Suit: Litigation Without Foundation, 7 J.L. Econ. & Org. 55 (1991) 参照。

104 | See In re Trulia, Inc. S'holder Litig., 129 A.3d 884 (Del. Ch. 2016).

な訴訟を提起する動機が生じないよう努めている。しかしながら、弁護士を罰することによって、ガバナンスの手段としての信認法の実行可能性を損なう可能性があるため、裁判所は注意して進める必要がある。結局のところ、個人株主が合理的に無関心であるのは変わらなくても、訴訟は取締役の責任を担保する役割を果たす可能性がある。

　会社に関わる信認法において、その野心と実務的重要性の緊張関係とも関わる、救済についての最後の問題が、どの程度の法的救済が必要であるかという論点である。ある程度は、市場の規律によって十分な責任が担保される可能性があるため、裁判所が信認義務を履践させることの重要性は低くなる。このことは、会社支配権市場の理論において最も明白である。[105]少なくとも公開会社に関しては、取締役を選任する株主の権利が、株主が株式を売却できることと相俟って、企業買収が成立し、現職の経営者が地位を失うことになる可能性を生じさせる。この常に存在する脅威は、取締役を株主の利益に注意を集中し続けるようにするために、訴訟とは比べ物にならないほど効果的であろう。そのような場合には、裁判所が信認義務の履践を厳格に強制しないことが効率的な結果となりうる。しかしながら、厳格に強制しない姿勢が企業買収の場面にも及び、取締役が会社支配権の市場による規律に干渉することを可能にする場合には、効率性に関する主張は損なわれることになる。[106]したがって、厳格に強制をしないことが効率的な場合もあるが、強制を一切しないことが効率的とはいえないであろう。

Ⅷ　結　　論

　以上の会社法の検討からは、次のような結論が必然的に導き出される。すなわち、裁判所による信認義務の強制は、少なくとも信認法の標準と比べて、厳格ないし厳密なものとはいえないというものである。これによってジレンマが生ずる。会社法において、信認義務はそもそも重要ではないと結論づけることが許されるかもしれない。あるいは、信認義務は強制力をもつ法（ハードロー）ではなく、あくまで達成が望まれる理想と捉えるのが適切と考えられるかもしれない。しかしながら、これらの見解は、いかにもっともらしく思えたとしても、過度な単純化であり、間違っており、自滅的である。

---

105 ｜ 企業統制の市場の検討については、Manne, supra note 7; Velasco, supra note 22, at 442-51 参照。
106 ｜ 前掲注 65〜67 および付随する本文参照。

信認義務は会社法の中核的なものである。経営者は、常に会社と株主の利益を追求することが求められている。しかしながら、その付託を実現するには、野心と実務的重要性との間の微妙な妥協が必要である。一方では、忠実さが少しでも損なわれれば、株主を犠牲にして経営者が利益を得ることを許すことになる。その一方で、厳格に強制しすぎると、経営者が収益を上げるために必要なリスクを取ることができなくなってしまう。いずれの場合も極端であると株主の利益にならないため、法は最適なバランスを達成するために妥協することが適切であると考えている。この妥協は、特に経営判断原則を通じて、厳格な強制を行わないという形態をとってきた。しかしながら、この妥協の実行可能性は、完全に会社の受認者の誠実さに左右される。経営者が自らの信認義務を真剣に受け止めない場合、裁判所は経営者に経営判断原則の推定を認めることができなくなり、枠組み全体が崩壊するだろう。

謝　辞

　本書の編者とハーバード大学ロースクールでの「信認法の領域を探索する」カンファレンスの参加者の皆様からのコメントや提案、また、Andrew Meerwarth と Katy Baum による優れた研究支援に感謝したい。

第5章	# 会社以外の営利組織の法における信認原則

MOHSEN MANESH

I　はじめに

　本章では、会社以外の営利組織（unincorporated business entities）における信認原則について、主に無限責任組合〔general partnership は日本の合名会社に相当するが、法人ではない〕、有限責任組合（LP）〔limited partnership は日本の合資会社に相当するが、法人ではない〕および LLC〔limited liability company は日本の合同会社に相当するが、法人ではない〕を対象として説明する。本章で述べるように、これらの会社以外の組織の信認原則は、ある程度、全般的に整合しているのだが、一方で、法のあるべき姿については対立する立場があり、裁判所に受認者を監督する権限を与えるべきという考え方と組織に参加する者の権利と義務の確実性と予測可能性を確保したいという考え方がある。

　しかしながら、これらの論点を掘り下げる前にまず、会社以外の営利組織に適用される法源を理解することが有益であるし、この後の議論の参考になる。現代の会社以外の組織の形態の中でも最も古いものは無限責任組合で、その起源はコモン・ローに遡るが、今日では、アメリカ各州において組合やその他の会社以外の営利組織を統治する法の多くが、成文法化されている。各州は、これらの組織に適用する法律を州ごとに定めているが、これらの法律は少しずつ異なっているものの、大部分、統一法委員会（Uniform Law Commission; ULC）のおかげで、一定程度の統一性を保っている。

　1914 年、最初に統一法委員会によって公表された統一組合法（Uniform Partnership Act; UPA）は、ルイジアナ州以外の全ての州で最終的に採用されている。1997 年、統一法委員会は、改定統一組合法（the Revised Uniform Partnership Act; RUPA）によって UPA を現代化し、2017 年現在、多少の修正が加えられたものを含めて 39 州で採用されている。

　ULC は、無限責任組合以外の会社以外の組織についても同様に、統一法の立

---

1 ｜ Unif. P'ship Act (Unif. Law Comm'n 1914) [hereinafter UPA].
2 ｜ Revised Unif. P'ship Act (Unif. Law Comm'n 1985) [hereinafter RUPA].

案に尽力してきた。例えば、統一法委員会は、UPA の確定版を公表してまもなく、1916 年に統一有限責任組合法（Uniform Limited Partnership Act）を公表した。これは広く採用され、後に統一法委員会によって 1976 年の改定統一有限責任組合法（RULPA）として現代化された（1985 年にさらに改定されている）。1916 年の最初の統一法と後の RULPA は、いずれも、無限責任組合に関する統一法に基づいており、明示的に結びつけられているのであって、RULPA には「[RULPA] に規定されていない場合には、[UPA] の規定が適用される」と定められている。したがって、RULPA に定められていない領域、例えば信認義務について、RULPA は裁判所に無限責任組合に関する法を参照するように指示していたことになる。しかし、20 年の歩みを経て、統一法委員会は全て完備した LP 法が望ましいと判断し、2001 年に新たに公表した統一有限責任組合法（Uniform Limited Partnership Act; ULPA）は、先行していた無限責任組合に関する統一法を明示的に参照先とすることなく、単独で完結した法となっている。現在、多数の州の LP 法は古い RULPA に基づいているものだが、20 の州が新しい ULPA を採用している。

　さらに続いて、統一法委員会は、会社以外の組織の中で最も新しい形態である LLC についてもアメリカ国内の法域間の統一化を推し進めることを試みている。ULC は 1996 年、大部分は RUPA をモデルとする統一 LLC 法（Uniform Limited Liability Company Act; ULLCA）を公表した。統一法委員会は、ULLCA の採用については各州をうまく説得できなかったが、その後の統一法委員会の努力により、2006 年改定 LLC 法（the Revised Uniform Limited Liability Company Act of 2006; RULLCA）は少しはうまくいった。2017 年現在、RULLCA を採用しているのは 17 法域で、カリフォルニア州、フロリダ州、イリノイ州、ニュージャージー州、ペンシルベニア州、ワシントン州など経済的に重要な州が含まれている。

　最近では 2013 年に、賛否両論となっている、いわゆる「調和化」プロジェクトの一環として、統一法委員会は、これら 3 種類の会社以外の組織に適用される最新の統一法である RUPA、ULPA、および RULLCA のそれぞれについて、こ

3 ｜ Unif. Ltd. P'ship Act (Unif. Law Comm'n 1916).
4 ｜ Revised Unif. Ltd. P'ship Act (Unif. Law Comm'n 1976) with 1985 Amendments [hereinafter RULPA].
5 ｜ RULPA §1105.
6 ｜ Unlf. Ltd. P'ship Act (Unlf. Law Comm'n 2001) [hereinafter ULPA].
7 ｜ Unif. Ltd. Liab. Co. Act (Unif. Law Comm'n 1996) [hereinafter ULLCA].
8 ｜ Revised Unif. Ltd. Liab. Co. Act (Unif. Law Comm'n 2006) [hereinafter ULLCA].

れらを「調和化」する目的で一連の改定を公表した。実際には、2013年の改定は単なる調和化を超えていて、むしろ、いくつかの重要な政策的な変更を実施しているのだが、その中で最も重要なものは、RUPAおよびULPAの信認義務の規定をRULLCAに合わせていることである。2017年現在、2013年の「調和化」改定は各州に広く受け容れられてはいないため、これらの改定が提示されたことの影響が仮にあるとしても、よくわからない。

　注目すべき点として、デラウェア州は、長年の間、統一化の傾向の例外となっていることである。デラウェア州のLLC法は、ULLCAやRULLCAに従うものではない。その代わり、デラウェア州のLLC法は同州のLP法をモデルとしていて、そのLP法は、1976年のRULPAを基にして改定を加えたものである。このような事実が重要であるのは、会社以外の組織に適用される法ではデラウェア州の比重が大きくなっているからである。ある論文の表現によれば、会社以外の組織の法と実務は、「デラウェア州法の引力のもとにあるといってもよいように思える」のだ。デラウェア州の引力は、LLCの領域ではよく言及されており、いくつかの研究では、事業でLLCを自州以外の州の法律に基づいて組成する場合、デラウェア州が最も頻繁に選択されることが示されている。特に、規模の大きい事業においてその傾向が顕著であり、LPにおいても同様の傾向がみられる。デラウェア州法の実質的な内容、州裁判所の専門性と効率性が認識されていること、会社以外による事業の組成地として定評ある地位を有することに伴うネットワーク効果、いずれにせよ、デラウェア州が会社以外の組織の領域において、会社の領域と同様に、格段に大きな役割を担っていることは、ますます明らかになっている。したがって、会社以外の組織における信認原則を完全に調査するためには、種々の統一法のみならず、デラウェア州の法律も検討しなければならない。

---

9 | See Unif. P'ship Act (Unif. Law Comm'n 1914) (last amended 2013) [hereinafter HRUPA].

10 | See Unif. Ltd. P'ship Act (Unlf. Law Comm'n 2001) (last amended. 2013) [hereinafter HULPA)].

11 | See Revised Unif. Ltd. Liab. Co. Act (Unif. Law Comm'n 2006) (last amended 2013) [hereinafter HRULLCA].

12 | See Robert R. Keatinge, Harmonization, Rationalization, and Uniformity, in Research Handbook on Partnerships, LLCs and Alternative Forms of Business Organizations 299 (Robert W. Hillman & Mark J. Loewenstein eds., 2015).

13 | Carter G. Bishop & Daniel S. Kleinberger, Limited Liability Companies: Tax and Business Law ¶14.01 [2] (2017).

14 | See, e.g., Bruce H. Kobayashi & Larry E. Ribstein, Delaware for Small Fry: Jurisdictional Competition for Limited Liability Companies, 2011 U. Ill. L. Rev. 91, 116 tbl. 2.

15 | See, e.g., Mohsen Manesh, Contractual Freedom Under Delaware Alternative Entity Law: Evidence from Publicly Traded LPs and LLCs, 37 J. Corp. L. 555, 598 n.236, 603 (2012).

会社以外の組織の統一法と略称

無限責任組合（General Partnerships）	
1914 年統一組合法（Uniform Partnership Act of 1914）	UPA
1997 年改定統一組合法（Revised Uniform Partnership Act of 1997）	RUPA
2013 年調和化統一組合法（Harmonized Uniform Partnership Act of 2013）	HRUPA
有限責任組合（Limited Partnerships; LP）	
1976 年・1985 年改定統一有限責任組合法（Revised Uniform Limited Partnership Acts of 1976 and 1985）	RULPA
2001 年統一有限責任組合法（Uniform Limited Partnership Act of 2001）	ULPA
2013 年調和化統一有限責任組合法（Harmonized Uniform Limited Partnership Act of 2013）	HULPA
LLC（Limited liability Companies）	
1996 年統一 LLC 法（Uniform Limited Liability Company Act of 1996）	ULLCA
2006 年改定 LLC 法（Revised Uniform Limited Liability Company Act of 2006）	RULLCA
2013 年調和化改定 LLC 法（Harmonized Revised Uniform Limited Liability Company Act of 2013）	HRULLCA

Ⅱ　信認関係の発生の契機

　会社以外の組織の制定法は、組織内における役職に基づいて、個々の構成員に分類的に信認義務を課す傾向がある。一般的なパターンは、事業の資産や財産に対して管理権や裁量権を行使する個々の構成員が信認義務を負うというものである。

A.　無限責任組合

　RUPA は、無限責任組合の全ての組合員が、当該組合と他の組合員に対して信認義務を負うと規定している[16]。しかし、個々の構成員が事業に対して共同所有者として「最終的な支配権」をもつ場合にのみ、当該無限責任組合における組合員であるとされる[17]。実際、UPA と RUPA はともに、共同所有と支配を同一のものと捉えている。「共同所有という特質は、単なる代理関係から組合を区別する

16 | RUPA §404.
17 | Id. §202 cmt. 1.

ものである[18]」と認識したうえで、UPA と RUPA の両方の公式コメントは、「所有には最終的な支配権が含まれる。組合員が事業の共同所有者であるということは、組合員はそれぞれが最終的な支配権をもっているということである」としている[19]。したがって、共同事業への参加者は、その参加者が当該事業およびその資産に対する所有権および支配権という要素を欠いていれば、組合員とされず、信認義務を伴うこともない。

B.　有限責任組合

LP に関する法も同じパターンに従う。ある LP 内には、1 以上の無限責任組合員に事業に対する支配権が制定法上付与されていて、法は当該無限責任組合員に信認義務を課している[20][21]。対照的に、LP の経営に事実上何も口出しできない LP の有限責任組合員は、有限責任組合員であるという理由のみによって信認義務を負わない[22][23]。しかし、LP に関する合意（agreement）によって有限責任組合員に LP の経営に関する支配権と裁量権を与えているという事情があれば、そのような有限責任組合員に信認義務を負わせるとの考え方を裁判所はとっている[24]。このような無限責任組合員と有限責任組合員間の信認義務の配分は、古い RULPA のもとで裁判所が解釈を示し、現在では、組合法を参照せず単独で法として完結している新しい ULPA に明記されている[25]。

C.　LLC

支配権を行使する者が信認義務を負うというパターンは、ULLCA と新しい RULLCA の両方に引き継がれている。各構成員が LLC の経営に対する支配権を制定法で付与された、構成員による経営型 LLC では、各構成員は当該 LLC および他の構成員に対して信認義務を負う[26][27]。対照的に、LLC の経営に対する支配権が 1 以上の経営者に制定法上付与され、各構成員が経営上の判断に口出しするこ

18	Id.
19	Id.; UPA §6(1) cmt.
20	ULPA §406(a).
21	RULPA §403(b); ULPA §408.
22	See ULPA §302.
23	Id. §305(a).
24	See Christine Hurt et al., Bromberg and Ribstein on Partnership §16.07(a)(1) (2014-1 Supp.) [hereinafter Bromberg & Ribstein on Partnership].
25	ULPA §§305(a), 408.
26	ULLCA §404(a); RULLCA §407(b).
27	ULLCA §409(a); RULLCA §409(a).

とがほとんどない、経営者による経営型LLC[28]においては、信認義務を負うのは構成員ではなく経営者である[29]。しかし、この場合においてさえ、経営者による経営型LLCの支配的な持分を保有し、それによって間接的に当該LLCの活動を支配する構成員は、信認義務を負うことがありうる[30]。

D. デラウェア州

　統一法とは異なり、デラウェア州のLPおよびLLCの制定法では、信認義務を負う者が存在するとすれば誰なのかということについて明示的に定義しておらず、裁判所の判断に委ねられている。LPに関しては、組合法に歴史的な原型があって、州のLP法には組合法（RUPAをモデルにしている）を参照することが明示されており[31]、LPの無限責任組合員が当該LPと有限責任組合員に信認義務を負っていることが疑問視されたことは一度もなかった[32]。

　しかし、LLCに関しては、その形態に明確な歴史的先例がなかったため、ある時点で、この最も新しいタイプの会社以外の営利組織に信認義務が適用されるかが問題となった[33]。この論点は最終的には、2014年の州のLLCに関する制定法の改正によって立法的に解決され、伝統的なエクイティの原則（信認義務を含む）がLLCにも適用されることが明確にされた[34]。この改正では、LLCに対して裁量権と支配権を行使する者はエクイティ上、信認義務を負うとする裁判上の先例が確認された。

　一般的に、これはデラウェア州法のもとでは、LPの無限責任組合員とLLCの経営者が信認義務を負うことを意味する。しかし、デラウェア州の裁判所は、有限責任組合員またはLLC構成員で事業の支配的持分を有する者も信認義務を負う可能性があるともしている[35]。さらに議論となる点として、デラウェア州の裁判所は、LPまたはLLCに支配権を行使する当事者自身が組織体である場合には、その組織体に支配権を行使する自然人は、支配されているLPまたはLLCに対

---

28 │ ULLCA §404(b), (c); RULLCA §407(c).
29 │ ULLCA §409(h); RULLCA §409(g).
30 │ See RULLCA §409(g)(5) cmt.
31 │ Del. Code Ann. tit. 6, §17-1105 (2017).
32 │ See, e.g., Gotham Partners, L.P. v. Hallwood Realty Partners, L.P., 817 A.2d 160, 170 (Del. 2002).
33 │ See Gatz Props., LLC v. Auriga Capital Corp., 59 A. 3d 1206, 1218-1220 (Del. 2012); Mohsen Manesh, Damning Dictum: The Default Duty Debate in Delaware, 39 J. Corp. L. 35, 41-43 (2013).
34 │ Del. Code Ann, tit. 6, §18-1104 (2017).
35 │ See 4 Robert S. Saunders et al., Folk on the Delaware General Corporation Law §§17-302.04, 18-1104.02 (6th ed. 2016 Supp.) [hereinafter Folk on Delaware Law].

して直接に信認義務を負うとも判示している。[36]

Ⅲ　忠実義務

統一法委員会によって公表された主要な統一法は、組織体において課される信認義務の様々な面を成文法化することを試みてきた。論点として残されているのは、信認義務を成文化する制定法の文言において信認義務の範囲と内容をどの程度網羅的に規定するか——すなわち、「狭い客室に閉じ込めるようにするのか」——ということである。

A.　無限責任組合

最初の 1914 年 UPA には、組合員の信認義務について、控えめに、「受認者として計算し、説明する責任がある組合員」と題された条文において、「全ての組合員は、いかなる利益についても組合の計算に加えなければならず、また、組合の組成、活動および解散に係る取引、または組合の財産の利用から生ずるいかなる収益も……組合の受託者として保有しなければならない」と規定されている。[37] UPA には信認義務についての規定が乏しいため、裁判所は、信認義務を 1914 年 UPA により制限されないものとして、判例法において広く解釈して適用する余地が十分に与えられた。

特にフィデューシャリーの忠実義務に関し、判例法においてそれを明確にしたものとして最も有名なものは、当時のニューヨーク控訴裁判所の主席判事であった Benjamin Cardozo が記した 1928 年の判決である。以下に *Meinhard vs. Salmon* における Cardozo 判事の記念碑的な説示を引用する。

> ジョイントベンチャーの参加者は、共同組合員と同様に互いに対して、事業が存続する間、最善の忠実義務を負っている。独立当事者間では日常世界において許される行動様式であっても、信認関係で結ばれた者の間では禁じられていることも少なくない。受託者は市場の道徳よりも厳しい責任を負うことが期待されている。単に正直であるというだけではなく、名誉の機微に関わる特に細やかなところにまで気を配るという態度が、受託

---

36 | See generally Mohsen Manesh, The Case Against Fiduciary Entity Veil Piercing, 72 Bus. Law. 61 (2017).

37 | UPA §21.

者の行動基準となる。この点に関しては、頑ななまでに揺るぎのない伝統が発達してきた。[38]

Meinhard 判決は、組合員の信認義務を、印象的かつ崇高な言葉で記述しているが、「名誉の機微に関わる特に細やかなところにまで気を配るという態度」として組合員に何が求められるかということについては、あまり実務的な指針を提供しているわけではない。判例法における組合員の忠実義務についてのより実践的な解説は、UPA に先行するアメリカ合衆国連邦最高裁判所判決である *Latta v. Kilbourn* にみることができる。

　　以下のことは確立している。組合員は、自らの利益のために直接または間接に組合財産を利用することができない。組合の事業を行うにあたり、自らのために隠れて何らかの収益を得てはならない。組合の事業を遂行することによって私的な利得を得てはならない。組合の事業と競合するような他の事業を行うことによって、その組合員の時間、技術、および信頼性から得られる利益を組合から奪ってはならないし、競合する事業よってその組合員が得るであろう利益は共同組合員の計算に加えなければならない。組合員は、所属する組合のために取得すべき利益を自らのものとすることはできない。組合の事業目的の範囲に含まれていて事業のために利用でき、有用であるという意味において組合の財産と適切にみなされるべき知識や情報を自分自身で利用することもできない。[39]

しかし、この長いリストでさえ、受認者の忠実義務として組合員に求められるものを網羅しようという趣旨ではない。

UPA が判例法に任せていることとは対照的に、RUPA は組合員の信認義務を成文法化している。そして、それは、排他的かつ包括的に成文法化することによって、制定法の範囲を超えて裁判所が信認義務を拡大しないように「狭い客室に閉じ込める」ように限定することを意図している。[40] RUPA は、「組合員が組合および他の組合員に対して負う信認義務は、[当該統一法に規定される] 忠実義務と注意義務のみである」と特に規定している。[41]

特に忠実義務に関しては、RUPA は、忠実義務は「以下に限定される」と定めることによって、条文によって限定される性質のものであることを強調してい

---

38 | Meinhard v. Salmon, 164 N.E. 545, 546 (N.Y. 1928).
39 | Latta v. Kilbourn, 150 U.S. 524, 543-544 (1893).
40 | See RUPA §404 cmt. 1.
41 | Id. §404(a)（傍点は筆者による）。

る。

(1)組合員が組合の事業を……行うこと、または組合の機会の利用も含め、組合員が組合の財産を利用することによって得られたいかなる財産、収益、利益について、組合の計算に加え、組合の受託者として保有すること

(2)組合との取引において……組合に反する利益を有する当事者となることまたは組合と対立する利益を有する他の当事者のために組合と取引することの禁止

(3)組合の事業活動に関して……、組合と競合することの禁止[42]

　このRUPAにおける信認義務を成文法化し、「狭い客室に閉じ込める」ように限定するという判断は、激しく意見が対立するところであった。RUPAのアプローチを支持する論者は、信認義務を定義し適用する裁判所の権限を制限することは、信認義務を口実にして裁判所が無制限に合意を後知恵的に修正することを防止することによって、契約上の自由と組合員間の合意と予想されることに強制力をもたせることを尊重するものであると主張する[43]。エクイティ志向による裁判所の介入を制限することで、確実性と予測可能性が高まり、ビジネスにおいて非常に望ましいとする。統一法によって「狭い客室に閉じ込める」ように限定することに反対する論者は、信認義務は、まさにその性質上、柔軟かつ不確定であるように設計されているのであって、裁判所が、新しい形態の不法行為が組合員の間で起こった場合に統制するための強力な道具として提供するべきだと反論する[44]。これらの考え方の真価がどのようなものかはともかくとして、ⅢCで述べる議論の通り、RUPAを公表して10年以内でULCは信認義務を「狭い客室に閉じ込める」ように限定することを望ましいとする考え方から方向転換した。

B.　有限責任組合

　LPに関する統一法は、無限責任組合員のフィデューシャリーの忠実義務の定義において無限責任組合の統一法に主に従っている。実際、古いRULPAでは、忠実義務の定義について単に無限責任組合に関する統一法を参照し準用せよとし

---

42 ｜ Id. §404 (b)（傍点は筆者による）.

43 ｜ See, e.g., Larry E. Ribstein, An Analysis of the Revised Uniform Limited Liability Company Act, 3 Va. L. & Bus. Rev. 35, 62-63 (2008).

44 ｜ See, e.g., Rutherford B. Campbell, Jr., Bumping Along the Bottom: Abandoned Principles and Failed Fiduciary Standards in Uniform Partnership and LLC Statutes, 96 Ky. L.J. 163, 183-186 (2008).

ている。対照的に、新しい ULPA は単独で法として完結する形式をとり、フィデューシャリーの忠実義務を明確に定義している。そして、それは RUPA とほとんど同じ文言を用いている。また、ULPA は、RUPA と同様に、信認義務を「狭い客室に閉じ込める」ように限定することを意図している。つまり、忠実義務の範囲を排他的かつ包括的に統一法の条項で定義している。

C. LLC

ULPA と同様に、1996 年 ULLCA もフィデューシャリーの忠実義務の定義は RUPA の文言をそのまま使っている。また、ULLCA は信認義務を「狭い客室に閉じ込める」ように限定することを意図しており、その範囲と内容を当該統一法で明示的に規定されているものに限定している。したがって、RUPA、ULPA、および ULLCA という 3 つの連続した統一法によって、統一法委員会は、3 つの主要な会社以外の組織を通して、フィデューシャリーの忠実義務に一貫性をもたらした。各統一法ではほとんど同一の文言によって忠実義務を定義することにより、裁判所が解釈を拡大しないよう当該義務を「狭い客室に閉じ込める」ように限定した。

しかし、2006 年の RULLCA で、統一法委員会は突然方向転換した。ULLCA と同様、RULLCA はフィデューシャリーの忠実義務を成文法化するにあたり、RUPA の文言を用いている。しかし、RULLCA は、それ以前の統一法と異なり、当該統一法で明示されている忠実義務ついての 3 カ条は例示であり、網羅的なものではないことも明らかにしており、裁判所によって忠実義務が新たな方向に発展しうることを示している。

統一法委員会は、「(i)RUPA に始まった［狭い客室に閉じ込める］アプローチは、LLC の非常に複雑で多様な世界には適合しない。(ii) 全ての LLC 関連の信認義務を制定法により定式化して狭い客室に閉じ込めることは現実的ではない」という前提に基づき、過去 10 年間に公表された無限責任組合、LP および LLC の各統一法について、一貫して狭い客室に閉じ込めるアプローチをとっていたにもかか

45	RULPA §403(b).
46	ULPA §408(b).
47	Id. §408(a).
48	ULLCA §409(b).
49	Id. §409(a).
50	RULLCA §409(b).
51	Id. §409(a).

わらず、RULLCA では信認義務を「狭い客室に閉じ込めない」と決定すること
が合理的であるとした[52]。この理由からは、信認義務が限定されることは LLC の
形態で特に問題となるという考え方をとっているようにみえるかもしれないが、
ULC はその後、2013 年の調和化のための改定において、RULLCA の「狭い客
室に閉じ込めない」アプローチを採用する方向で RUPA と ULPA を改定するこ
とを提案した[53]。しかし、2013 年の調和化のための改定はまだ諸州に広く受け容
れられていないため、無限責任組合と LP に関する法が RULLCA の方向に転換
するかどうかは明らかではない。

D. デラウェア州

Ⅱ D で述べたように、デラウェア州の LP および LLC の制定法では、信認義
務を負う者が**誰**なのかを明示的に定義していないし、誰かが負うことがあるのか
も明らかでない。同様に、デラウェア州の LP と LLC の制定法では、信認義務
の**範囲**や**内容**が規定されておらず、ここでも裁判所の判断に問題を委ねている。
この点、デラウェア州の LP 法および LLC 法のもとでの信認義務は、単に「客
室に閉じ込めていない」だけでなく、全く制定法による定義をしていない。

デラウェア州の無限責任組合法は RUPA に基づいて組合員の信認義務を排他
的かつ包括的に定義しているが、デラウェア州の裁判所は、LP および LLC の文
脈で信認義務の範囲と内容を定義する際に、当該無限責任組合法に依拠せず、む
しろ高い評価を得ている州の会社法に依拠してきた[54]。会社法に依拠するのは、裁
判所が、LP と LLC（構成員が経営する LLC というよりは、少なくとも経営者が経営
する LLC については）の集権的な経営形態は、組合の非集権的な形態よりも、会
社に類似するとの裁判所の信念を反映している[55]。

デラウェア州の LP 法や LLC 法と同様に、デラウェア州の会社法は、信認義
務の適用可能性、範囲、内容を明らかにすることを、ほぼ全てデラウェア州の裁
判所に委ねている。特にフィデューシャリーの忠実義務に関していえば、デラウ

---

52 | RULLCA §409 cmt.
53 | See HRUPA §409(b); HULPA §409(b).
54 | See, e.g., Auriga Capital Corp. v. Gatz Props., LLC, 40 A.3d 839, 850–851, 855 n.65 (Del. Ch. 2012)（経営者による経営型 LLC の文脈で会社法の先例を類推した）; In re Boston Celtics Ltd. P'ship Shareholders Litig., No. C.A. 16511, 1999 WL 641902, at *4 (Del. Ch. Aug. 6, 1999)（LP の文脈で会社法の先例を類推した）.
55 | See, e.g., Auriga, 40 A.3d at 850–851; Kelly v. Blum, C.A. No. 4516-VCP, 2010 WL 629850, *11 n.73 (Del Ch. Feb. 24, 2010).

ェア州の会社法の判例——および当然 LP や LLC に関するデラウェア州の判例
法も含む——は、RUPA や他のより最近の統一法で条文化されている忠実さに
ついての３カ条のそれぞれを反映した規範であると思うかもしれない。しかし、
デラウェア州の裁判所は制定法によって拘束されていないため、デラウェア州の
判例法には、統一法委員会の統一法で特に条文化されているフィデューシャリー
の忠実義務の規律を超えた規律があると明示していることもあることがわかる。[56]
例えば、デラウェア州判例法では、忠実義務には「誠実さ」の規律があることを
それ以外とは区別して認めており、事業の最善の利益を追求する以外の意図をも
って行動することを禁止している。[57]

　この点に関していえば、デラウェア州の LP 法および LLC 法は、裁判所が信
認義務を新たな形で適用して発展させることを制限していないという点で、
RULLCA と軌を一にしている。しかし、RULLCA を採用している法域と少なか
らず異なっている点は、少なくともデラウェア州で、このような制定法によって
限定されない裁量権が与えられているのが、デラウェア州エクイティ裁判所とい
うビジネス法を専門的に扱い、この分野でその高度な水準が広く評価されている
裁判所であるということである。[58]さらに、Ⅵ D で述べるように、RULLCA と異
なり、デラウェア州の LP 法および LLC 法は、当事者に信認義務を契約で完全
に排除する自由を与えており、これにより、当事者が望めば、裁判所が信認義務
を使って介入することを回避することも自由である。これらの相違点によって、
デラウェア州の LP 法および LLC 法の基で裁判所に裁量が与えられていること
が十分に正当化されるかもしれないし、RULLCA を採用する他の法域ではその
ような裁量は正当化されないことが示唆されるかもしれない。

Ⅳ　注意義務

　会社以外の組織を規律する現代の各統一法は、フィデューシャリーの注意義務

---

56 | See, e.g., Lonergan v. EPE Holdings, L.L.C., 5 A.3d 1008, 1023 (Del. Ch. 2010)（「有限責任組合の文脈
においては、契約で修正されていなければ、無限責任組合員は信認義務を負い、その中には完全
な情報公開の義務を含む」と認定している）.

57 | See, e.g., Stone v. Ritter, 911 A.2d 362, 370（誠実義務をフィデューシャリーの忠実義務の一面であ
ると認定している）; Auriga, 40 A.3d at 860-861（LLC の文脈でフィデューシャリーの誠実義務を
適用している）.

58 | See, e.g., William Savirt, The Genius of the Modern Chancery System, 2012 Colum. Bus. L. Rev. 570,
585-586 (2012).

についても忠実義務と同様に定義を試みている。そして、無限責任組合を規律する RUPA の定義は、会社以外の営利組織の文脈においても現代的な注意義務の定義の基礎となってきた。

A. 無限責任組合

既に述べたように、最初の統一法である UPA は信認義務について控えめに扱っていた。実際、1914 年の UPA では、注意義務を特定して言及することはなかった。それでも、多くの裁判所が、無限責任組合の文脈において、判例法上フィデューシャリーの注意義務があるとの認識を示した。しかしながら、裁判所によって、この判例法上の義務が要求する行動基準が通常の注意なのか、それよりも低い基準なのかという点で異なっていた。この重要な行動基準の問題について判例法の判断が分かれていたにもかかわらず、ほとんどの無限責任組合の裁判例で、責任の判断においては経営判断原則の考え方を適用することでは一致していた。また、注意義務違反が争われた裁判例では、重大な過失、詐欺行為、不誠実、利益相反が存在しない場合には、軽過失や不適切な経営判断があっても組合員は責任を負わないとした事例も多い。[59]この点で、UPA のもとで発展した判例法は、会社法を反映したものとなっており、行動に求められる基準と、責任を判断したり審査する際の基準を区別していた。[60]

UPA とは対照的に、RUPA は、組合員のフィデューシャリーの注意義務を明示的に取り上げ、「重大な過失もしくは無思慮とされる行為、意図的な不正行為、または故意による法令違反を行わないことに限定される」と定義している。[61]したがって、フィデューシャリーの忠実義務と同様に、RUPA は注意義務を網羅的かつ包括的に定義し、以前の組合の判例法に置き換え、裁判所が注意義務を拡大しないように狭い客室に閉じ込めている。さらに、RUPA は、求められる行動基準はどのようなものかという、判例法では明確になっていなかった問題を解決している。つまり、RUPA は、実質的に経営判断原則を注意義務に組み込み、適用可能な行動の基準を責任の基準のレベルまで低めて、破綻させたのである。

---

59 | See Bromberg & Ribstein on Partnership §6.07（f）; Elizabeth S. Miller & Thomas E. Rutledge, The Duty of Finest Loyalty and Reasonable Decisions: The Business Judgment Rule in Unincorporated Business Organizations?, 30 Del. J. Corp. L. 343, 373-375（2005）.

60 | 本書第 4 章参照。

61 | RUPA §404（b）.

B. 有限責任組合

　LP に関する法は、無限責任組合員の注意義務を定義する際に、無限責任組合の例に従っている。実際、RULPA は、無限責任組合に関する統一法を単に参照することによって、義務を定義している[62]。対照的に、単独で法として完結しているULPA は、RUPA とほとんど同一の文言で、明示的に注意義務を定義している[63]。また、ULPA は、RUPA と同様に、信認義務を狭い客室に閉じ込めることを意図している。すなわち、統一法の文言によって、注意義務を網羅的かつ包括的に定義している[64]。

C. LLC

　ULPA と同様に、ULLCA は、フィデューシャリーの注意義務を定義する際にRUPA の文言を使っている[65]。そして、RUPA や ULPA のように、ULLCA は注意義務を狭い客室に閉じ込めることを意図している[66]。

　忠実義務のときと同様に、RULLCA はこれらの点を大きく変更している。第1 に、2006 年の RULLCA では、注意義務が当該統一法に規定された明示的基準に「限られる」ことを示す文言は何ら残されていない[67]。このように、RULLCAは忠実義務と同じように注意義務を「狭い客室に閉じ込めない」のである。

　さらに、RULLCA は、注意義務の規定において RUPA、ULPA、およびULLCA の文言とは大きく異なっていて、過去の統一法で採用されていた「重大な過失」の基準への明示的な言及はなくなっている。代わりに、RULLCA は、「経営判断原則に服しながら、構成員による経営型 LLC の構成員の注意義務は、……同様の地位にある者が同様の状況下で合理的に行動する場合と同じ注意をして、かつ、当該構成員が当該 LLC の最善の利益にあると合理的に信ずる方法で行動することである」と規定している[68]。この再定式化によって、混乱と不確実性を乗り越えることに成功するかは明らかにはなっていない[69]。一方で、RULLCAの規定は、「重大な過失」から通常の過失に、責任を負担する基準を低めている

---

62 ｜ RULPA §403(b).
63 ｜ ULPA §408(c).
64 ｜ Id. §408(a), (c).
65 ｜ ULLCA §409(c).
66 ｜ Id. §409(a), (c).
67 ｜ RULLCA §409(c).
68 ｜ Id.
69 ｜ See Ribstein, supra note 43, at 65.

ようにみえる。このように責任を負担する基準が低くなったと思えるものの、他方では、責任を負担する基準として重大な過失を組み入れるとほとんどの実務家が理解する会社法の原理である「経営判断則に服する」ものであるともされている。

統一法委員会は、RULLCA で注意義務の再定式化によって確立しようと計画したものが何であれ、その計画からは早めに手を引いたのである。2013 年に RULLCA を調和化のために改定した際には、UCL は RULLCA の注意義務の定式を、RUPA および ULPA の「重大な過失もしくは無思慮とされる行為、意図的な不正行為、または故意による法令違反を行わない」義務に一致させようとした。しかし、Ⅲ C に示したように、調和化のための改定は、3 つの統一法全てについて注意義務を「限定的なものとしない」ようにもした。加えて、調和化のための改定は、「信認」義務としての注意義務を、当該統一法から削除しており、その際、この改定を支えるものとして第 3 次代理法リステイトメントを引用している。しかし、改定に対する補足コメントでは、「ラベルの変更は単に正しい用語法に従ったものであり、法の変更を意図していない」と認めている。

D.　デラウェア州

フィデューシャリーの忠実義務と同様に、フィデューシャリーの注意義務は、デラウェア州の LP 法および LLC 法の条文に定められておらず、デラウェア州の裁判所に任され、判例法によって定義されている。デラウェア州の LP および LLC の判例法は、デラウェア州の会社法から借用した経営判断原則を採用しており、フィデューシャリーの注意義務違反とするには、単なる過失または不適切な経営判断では足りず、その代わりに、経営者または無限責任組合員の意思決定過程における重大な過失が必要であることが明確になっている。この点において、デラウェア州の法は、会社以外の組織の統一法と整合している。

---

70 ｜ HRULLCA §409 (c).
71 ｜ Id. §409 (c) cmt.
72 ｜ Id.
73 ｜ See, e.g., Feeley v. NHAOCG, LLC, 62 A.3d 649, 664 (Del. Ch. 2012) (LLC に関する判決); In re Boston Celtics Ltd. P'ship Shareholders Litig., No. C.A. 16511, 1999 WL. 641902, at *4 (Del. Ch. Aug. 6, 1999) (LP に関する判決).

V　その他の法的義務

　会社以外の組織の法では、組織の構成員に、中心的な信認義務である忠実義務と注意義務以外にも、従属するいくつかの法的義務が課される。その中でも最も重要で十分に確立されているものとして、情報開示義務と、誠実義務および公正取引義務がある。

A.　情報開示
1.　無限責任組合

　最初に定められた UPA は、「組合員は、組合に影響を与える全ての事柄について、請求に応じて、真実かつ完全な情報をいずれの組合員に対しても提供するものとする」と規定している。[74] この条項の示すことからすると、他の組合員の「請求」があった場合のみに開示義務を課していることになるのであるが、裁判所は、このような情報について開示請求のない場合であっても、開示を行わないことが信認義務違反、誠実および公正取引についての黙示の契約義務違反、[75] または「組合の事業の経営および実行において」組合員が等しい発言権を有するという UPA の規定する権利の妨げとなる場合には、組合員に積極的な開示義務を課[76] している。一般的に、裁判所は、組合員が組合の関与する取引に個人的な利害関係がある場合、またはある組合員が他の組合員の持分を買い取ろうとする場合には、このような積極的な開示義務があると解釈してきた。[77]

　UPA とは対照的に、新しい RUPA は、明示的に積極的な開示義務を課しており、各組合員に「開示請求がない場合でも、組合合意または本法における組合員の権利と義務の適切な行使のために合理的に必要とされる組合の事業および業務に関する情報の全てを」、他の組合員に提供することを義務づけている。[78] 統一法のこの規定は、本質的には、古い UPA のもとで発展した判例法を成文化したものであるが、RUPA は、組合員の開示義務が信認義務の性質を有さないことも明らかにしている。[79]

---

74 ｜ UPA §20（傍点は筆者による）.
75 ｜ See J. William Callison & Maureen A. Sullivan, Partnership Law and Practice: General and Limited Partnerships §12:5 (Dec. 2016 Update) [hereinafter Callison & Sullivan].
76 ｜ UPA §18(e).
77 ｜ See Bromberg & Ribstein on Partnership§6.06(b)；Callison & Sullivan §12:5.
78 ｜ RUPA §403(c)(1).

2. 有限責任組合

有限責任組合員がLPの経営において担っている役割は限定的なものであるという認識のもとに、各統一LP法が課している積極的な開示義務の範囲は、無限責任組合法で求められるものよりもはるかに狭い。実際、古いRULPAは、積極的な開示義務を明示的には何も課しておらず、そのような義務を認める際には、無限責任組合員の判例法上の信認義務または黙示的な契約上の誠実義務から生ずるものとする。

対照的に、新しいULPAは、LPにおける無限責任組合員の積極的な開示義務を規定している。しかし、その義務は限られている。それは、有限責任組合員の同意を必要とする事項の場合にのみ適用されるものであり[80]、しかもその事項は、LPの文脈においては狭い範囲になる傾向がある。同意を得る際には、LPとその無限責任組合員は、同意を得る際には、LPとその無限責任組合員は、無限責任組合員が知る情報のうち、同意を与えるか留保するかを「有限責任組合員が判断をするために重要な全ての情報を、有限責任組合員からの請求がない場合であっても」、有限責任組合員に提供しなければならない[81]。RUPAと同様に、ULPAはこの開示義務が受認者としての性質を有しないことを明らかにしている[82]。

3. LLC

LLCの経営構造が様々であることから、LLCにおける積極的な開示義務は、構成員による経営型組織と経営者による経営型組織との間でうまく区別されなければならない。ULLCAは、積極的な開示義務を1つの規定で成文化することでこの区別を試みている。すなわち、当該統一法またはLLC契約の定める条項に基づいて、「構成員が権利を適切に行使し、義務を適切に遂行するために、合理的に必要とされる［LLCの］事業および業務に関する情報」を、請求がない場合であっても、LLCは各構成員に提供しなければならないとしている[83]。この文言は、RUPAと同様であるが、構成員による経営型LLCにおいては、構成員の経営する権利と義務がより広範囲であるため、構成員に対する積極的な開示義務が経営者による経営型LLCより広範囲に及ぶことになる。経営者による経営型LLCでは、構成員の経営する権利が特定の具体的な事項に関する議決権に限ら

---

79 | See id. §404 (a) （成文化された信認義務の一覧に情報開示義務は含まれていない）.
80 | ULPA §304 (i).
81 | Id.
82 | See id. §408 (a) （成文化された信認義務の一覧に情報開示義務は含まれていない）.
83 | ULLCA §408 (b).

れていて、構成員は信認義務を負わないため、構成員に対する積極的な開示義務はより狭くなると考えられる。

RULLCA はより複雑な手法をとっているが、その到達地点は、実質的には ULLCA と同じである[84]。RULLCA が LLC 構成員や経営者の積極的な情報開示義務に加えた真のイノベーションや不幸な複雑化の要因は、信認義務を「狭い客室に閉じ込めな」かったことである。統一法委員会が、信認義務を「狭い客室に閉じ込めない」ことを正当化したことで、裁判所は、部分的に、信認義務という見出しのもとで、当該統一法で明示的に規定されているものを超えて、構成員および経営者に対して追加的に積極的な開示義務を認識し課すことが可能になった[85]。したがって、RULLCA は、当事者の信認義務を包括的かつ網羅的に成文化した RUPA、ULPA および ULLCA とは異なって、積極的な開示義務の文脈において、司法のイノベーションを明示的に促し、それゆえ相当な不確実性をもたらすであろう。そして、統一法委員会による 2013 年の調和化改定がこれらの事業体においても信認義務を「閉じこめない」としたことによって、無限責任組合および LP の法にもこのような不確実性が及ぶことになろう[86]。

4. デラウェア州

デラウェア州の LP 法と LLC 法は、積極的な開示義務を明文化していない[87]。しかし、デラウェア州の裁判所は、判例法の信認義務の一面として、LP の無限責任組合員または LLC の経営者が、一定の状況において組織体の持分権者に対して重要な事実を積極的に開示するよう求められることがあると、長年の間、認識してきた。一般的に、この積極的な開示義務は、有限責任組合員または LLC 構成員の同意を必要とする取引を行う場合はいつでも、または受認者が有限責任組合員または構成員の持分を買い取ろうとする場合に、適用されてきた。しかし、この義務は裁判所によって定義されるもので、法律の定めで「客室に狭く閉じ込められて」いないため、想定される事実の幅広さに応じて柔軟に対応することができる[88]。この点、デラウェア州法に基づく積極的な開示義務は、RULLCA の起草者が想定する開示義務と似ている。もちろん、既に述べたように、重要な相違

---

84 | RULLCA §§410(a)(2)(A), 410(a)(3), 410(b)(1), 410(b)(4).
85 | See id. §409 cmt.
86 | See HRUPA §409; HULPA §409(a).
87 | See Del. Code Ann. tit. 6, §§17-305 (請求があった場合にのみ情報開示を要する), 18-305 (請求があった場合にのみ情報開示を要する) (2017).
88 | See Folk on Delaware Law §17.403.05 [D].

点は、デラウェア州の裁判所は専門化しているため、デラウェア州のLP法および LLC法に基づき司法上の裁量権を行使する能力を十分に備えている可能性がある一方で、他の法域の裁判所は、不慣れなために義務をあまりにも広範囲に、あるいは手当たり次第に適用するかもしれないということである。

B. 誠実義務および公正取引義務

1. 組合

　組合についての最初の統一法であるUPAは、信認義務についてほとんど述べていないが、それと同じく、組合員が負っている誠実義務についても、何も言及していない。それでも、裁判所は、判例法によって、無限責任組合の組合員は誠実義務のようなものを負っていると認めていた。しかし、判例法は、時に、その義務が性質において信認義務なのか契約上の義務なのかを明確にしないままにした[89]。この区別は学術的なものに思えるかもしれないが、フィデューシャリーの誠実義務は、誠実および公正取引という、どの契約にも黙示に含まれている比較的狭い契約上の義務よりも、より拡張的で、求めるものがより厳しいであろう。契約上の黙示の誠実義務は、契約当事者の合理的な期待に沿った契約上の明白な権利を解釈するために裁判において使われる道具にすぎないのであって、自由に変動する、独立した、無私の義務というようなものではない[90]。

　RUPAは、信認義務に対するアプローチと同じく、この問題も明確に解決しようと試みている。RUPAは、各組合員が、「誠実義務および公正取引義務と一貫性をもって」、権利を行使し、義務を履行しなければならないことを明示的に定め[91]、さらに、この義務は信認義務の性質を有しないことを明確にしている[92]。代わりに、公式コメントは、成文化されている誠実義務および公正取引義務は、「契約上の概念であって、組合が合意によるという性質をもつために、組合員に課される」ことを明確にしている[93]。

2. 有限責任組合

　統一LP法は、誠実義務に関して、統一組合法の先導に従っている。1914年のUPAと同様、RULPAは誠実義務のようなものについては何も言及しておら

---

89 ｜ See Bromberg & Ribstein on Partnership§6.07(a)(2).
90 ｜ See id.
91 ｜ RUPA §404(d).
92 ｜ See id. §404(a)（成文法化された信認義務の一覧に誠実義務は含まれていない）.
93 ｜ Id. §404 cmt. 4.

ず、その義務の範囲と実質を組合法に任せている。

対照的に、新しいULPAは単独の法として完結した定めを置くようにしており、誠実義務についても明確に取り上げている。また、それはRUPAとほとんど同じ文言を用いて誠実義務について規定しており[94]、公式コメントで、誠実義務は信認義務の性質を有しない契約上の義務であることを明確にしている。

> 誠実義務および公正取引義務は、信認義務ではなく、利他主義や自己犠牲を命ずるものではなく、組合員が組合員自身の利益のために行動することを妨げるものではない……この義務は、合意された取決めを、取決めの時点で合理的な人が期待し得た範囲を明確に超えた行為から保護するためにのみ用いられるべきである[95]。

この論理に沿って、ULPAは、LPの有限責任組合員と無限責任組合員の双方に誠実義務および公取取引義務を負わせているのであって、その理由は、双方がLPに関する契約的合意の当事者だからである[96]。

3. LLC

古いULLCAは、ULPAと同様に、誠実義務を定めるためにRUPAの文言を借りている[97]。そうすることで、ULLCAもまた、誠実義務が信認義務ではなく、契約上の義務であり、LLCの経営者と構成員の双方に適用されることを明らかにもしている。

新しいRULLCAは、誠実義務に関してほとんどULLCAの表現を維持しているが、さらに加えて、その義務が「**契約上の義務**」であると明記しており[99]、さらに公式のコメントにおいて、「契約上の」という表現が「誠実義務は構成員間の合意を裁判所によって上書きして変更することを奨励するものではない、ということを強調するため」追加されたと記している[100]。

4. デラウェア州

デラウェア州のLP法とLLC法では、「誠実義務」という名称で2つの異なった義務があると認められる状況が続いている。前記のとおり、誠実義務の1つ目は、信認義務の性質を有し、忠実義務に付随した一面であり、受認者が事業体の

---

94 ULPA §§305(b), 408(d).
95 Id. §305 cmt.
96 Id. §§305(b), 408(d).
97 ULLCA §409(d).
98 Id. §409(a)（成文法化された信認義務の一覧に誠実義務は含まれていない）.
99 RULLCA §409(d).
100 Id. §409(d) cmt.

最善の利益を追求する以外の目的で意図的に行動することを禁じている。もう1つの誠実義務は、厳格に契約上の義務の性質を有するものであり、デラウェア州のLP法とLLC法の制定法においては、受認者としての誠実義務と区別するために「誠実および公正取引についての黙示の契約の定め」として規定されている。[101]

デラウェア州の裁判所は、黙示の契約上の誠実義務を適用するにあたり、その強制力について、時として矛盾する概念を支持してきた。[102]明確なことは、誠実義務は、**LPまたはLLCの関連する合意の明示的な条項**に照らして当事者の合理的な期待を保護するものということである。これらの明示的な条項は、当事者が互いに合理的に期待できることを具体化し、制限することから、契約における黙示的な義務の内容と範囲を、具体化し、制限することになる。この点において、契約における黙示的な義務は、受認者に求められる「誠実さ」と「公正な取引」に関する、自由に変動する義務と同じ義務を強制するものではない。むしろ、契約上の黙示の誠実義務は、範囲と機能においてより狭いものである。[103]

この最後の論点は重要である。なぜなら、Ⅵ Dで述べるように、デラウェア州のLPおよびLLCの法令において、信認義務は契約で別段の定めを置いて修正することや免除することができるのに対して、誠実および公正取引についての契約上の黙示の義務は免除できないのであって、デラウェア州のLPおよびLLCにとっては数少ない強行的な義務の1つとなっているからである。そのため、LPまたはLLCに関する合意によって伝統的な信認義務を免除している場合、訴訟において原告は、事業を支配している者によって行われた、不公正または自己に利益をもたらす取引について争うために、黙示の誠実義務の違反を繰り返し主張してきたのである。しかし、デラウェア州の裁判所は、エクイティについての感受性があるにもかかわらず、契約上の黙示の誠実義務に信認義務のような役割を新たに与えようとする誘惑に、一貫して意識的に抵抗してきた。[104]

---

101 | See Del. Code Ann. tit. 6, §§17-1101 (d), 18-1101 (c) (2017).

102 | See generally Mohsen Manesh, Express Contract Terms and the Implied Contractual Covenant of Delaware Law, 38 Del. J. Corp. L. 1 (2013).

103 | See, e.g., Gerber v. Enter. Prod. Holdings, LLC, 67 A.3d 400, 419 (Del. 2013).

104 | Compare Lonergan v. EPE Holdings, LLC, 5 A.3d 1008, 1019 (Del. Ch. 2010) (「黙示の契約によって信認義務を再検討することは、誠実および公正取引についての黙示の義務という概念の及ぶ範囲を限定している意味を損ないかねない」)、本書第40章（未訳）Fiduciary Law, Good Faith, and Publicness（フィデューシャリーの誠実義務の発展について、「会社と信託の文脈で……注意義務と伝統的な忠実義務の間のすきまを監督する役割へと時間をかけて成長している」としている）。

VI 強行規定としての義務と任意規定としての義務

　会社以外の組織についての制定法が、信認義務を「客室に閉じ込める」ような
ものであるべきかどうかをめぐる論争がある一方で、それに関連するものの、ま
た別の議論として長年激しく続いている論争として、契約上の合意によって信認
義務に変更を加えたり、あるいは免除する権限を当事者にどの程度認めるべきか
ということがある。この論争の一翼を担う伝統派は、事業に対する支配権と裁量
権を行使する構成員が負う受認者の責任は、当事者がそれとは異なる合意をした
場合でも、ほとんど免除できるべきではないはずだと主張している。伝統派は、
信認義務の中核的な部分のいくつかは、事業を経営する者が、事業を所有する
人々に対して説明責任を果たす手段を確保するために必要であるとする。これに
対する考え方として、契約重視派は、信認義務は任意規定にとどめるべきである
と主張しており、当事者間の合意があれば、そのような義務を免除し、修正でき
るべきとする。契約重視派にとっては、免除できない強行規定は——信認義務も
含めて——、当事者が固有のニーズに最も適合するように取引関係を構築するこ
とを妨げかねないものである。[105] これらの対立する見解の真価が何であるかはとも
かくとして、明確なことは、統一法委員会の最近の会社以外の組織の統一法が、
伝統派の見解を反映しているのに対し、デラウェア州法は契約重視派の考え方を
取り入れているということである。

A. 組合

　当初の UPA では、組合員が、信認義務に変更を加えたり完全に免除する事前
の合意をすることが、どの程度可能かということについて規定していない。この
1914 年 UPA は、組合員が、特定の行為や取引について、それが通常は信認義務
違反となるものであっても、個別に合意して認めることができる、と単純に規定
している。[106] さらに、判例法は、このような合意は、全員一致でなければならず、
また、問題となっている特定の行為または取引に関連する重要な事実が完全に開
示されたうえでなされた場合にのみ、効力が生ずることを明らかにしている。[107]

---

105 ｜ See Manesh, supra note 15, 562-564（会社以外の組織の文脈での伝統派と契約重視派の論争をま
　　　とめている）.
106 ｜ UPA §21(1)（組合員が「他の組合員の同意なく得た利益」について説明することを求めている）.
107 ｜ See Bromberg & Ribstein on Partnership §6.07 (h)(1). これらのコモン・ローのルールは後に

個別の免除の場合とは対照的に、UPA は、組合員が、組合契約の条項によっ
て信認義務を事前に修正または免除できる範囲については言及していない。伝統
派の見解を反映して、古い UPA のもとでの判例法では、様々な程度の契約上の
自由を認めていたが、信認義務の限られた一部を修正する合意の効力を認める一
方で、広範な免除には疑問を投げかけていた。[108]

　UPA とは異なり、新しい RUPA は、信認義務の免除を明示的に規定している。
具体的には、RUPA は、組合員が、信認義務を契約によって修正することに事
前に同意することができるが、完全に免除することはできないと定めている。忠
実義務については、「組合合意は、特定の種別や分類に該当する行為で明らかな
不合理ではないものについて、忠実義務に違反しないと定めることができる」と
している。[109]注意義務については、組合合意は、「不合理」に注意義務の基準が引
き下げられているのでなければ、求められる通常の水準よりも引き下げる（すな
わち重大な過失基準とする）ことができる。[110]

　つまり、RUPA は、信認義務の範囲を事前に調整するための契約上の自由の
手段を組合員に明示的に与えている。しかし、この契約上の自由はなお統一法に
おいて制限されており、当該統一法は、信認義務の中核的な部分の一部は、契約
で免除する対象とすべきではないという伝統派の見解を反映して、そのように制
限している。さらに、これらの統一法上の制限、つまり、「明らかに不合理であ
る」、「不合理である」という不確かな基準が入ることによって、組合員に与えら
れた契約上の自由の範囲を明確に画することができなくなっている。したがって、
組合員は自分たちの信認義務に変更を加えたり、制限することを条件として合意
することは自由にできるが、裁判所がどのような条件であれば統一法上の制限に
違反すると後に判断することになるのかを事前に知ることはできない。RUPA
の公式コメントは、この問題について何らかの指針を提供するものであるが、最
終的には司法の裁量に委ねている。交渉力において優位な組合員が、やりすぎて
しまうことがないように、これらの不確定な基準を予防的に用いられるようにし
ようという意図によってである。[111]

	RUPA §103 (b)(3)(ii) にて条文化された。
108	See id §6.07 (h)(3).
109	RUPA §103 (b)(3)(i)（傍点は筆者による）.
110	See id. §103 (b)(4).
111	RUPA §103 cmt. 5.

B. 有限責任組合

　1976 年と 1985 年の RULPA は、信認義務が強行規定なのか、それとも単なる任意規定にすぎないのかという問題について、無限責任組合の統一法に委ねている。対照的に、2001 年の ULPA は 1997 年の RUPA の先導するところに従い、RUPA とほぼ同一の文言を使って、LP に関する合意に事前に記載することによって無限責任組合員の信認義務をどの程度制限できるのかを成文法化している[112]。したがって、ULPA のもとで契約上の自由が認められていることによって、RUPA において問題となったのと同様に、限界が画されていないことについて懸念が生じている。

C. LLC

　より古い統一法である 1996 年の ULLCA は、ULPA と同様に、RUPA と同じ文言を使って、LLC の事前の合意が、構成員または経営者が負う信認義務を制限できる範囲を画している[113]。2006 年の RULLCA は、一般的には同じアプローチに従っているものの、RUPA の型に微妙なバリエーションを加え、相当に複雑なものとしている。

　まず、RULLCA はフィデューシャリーの忠実義務と注意義務の両方に同じ法文による制限を適用している。すなわち、信認義務を修正または制限する LLC に関する合意の条項は、「明らかに不合理」なものであってはならない[114]。したがって、RUPA および ULPA と同様に、RULLCA は、信認義務を修正するような条項を入れようと望む LLC の当事者に、信認義務の限界が画されないという問題を提起する。

　しかし、RULLCA は契約の起案者をさらに悩ませる問題を提示している。RULLCA は信認義務を「狭い客室に閉じ込めない」ので、契約上の自由を有効に行使するためには、契約書の起案をする者が、法律に定められていなくても裁判所が関係当事者に課すかもしれない義務がどのようなものであるかを事前に推測することが求められる。その場合ですら、RULLCA は、LLC に関する合意で法律に定められていない種類の義務の「特定の側面を変更または免除する」ことを認めているのみであって、このような義務を全面的に免除することはできない

---

112 ｜ ULPA §110 (b) (5), (6).
113 ｜ ULLCA §103 (b) (2), (3).
114 ｜ RULLCA §110 (d).
115 ｜ RULLCA §110 (d) (4) （傍点は筆者による）.

ことを示している。ULC の 2013 年調和化改定は、この問題に対処するために、LLC の合意によって法律に定められていない、いかなる信認義務も「変更または免除」することを可能にしており、それは、そのような義務の特定の部分のみ可能であるということではなく、裁判所で認められるかもしれない信認義務は全て事前に排除できることを示唆している。しかし、2013 年改定の公式コメントによれば、あらゆる免除は「特定された形で……述べられていなければならない」と付記されており[117]、これは、法律に定められていない全ての義務を特定せずに包括的に免除することでは効力が生じないことを意味しているため、この問題が混乱する原因となっている。2013 年調和化改定により、RUPA と ULPA にもこれに従った変更が行われると[118]、改定によって、同様に複雑で不確実な要素が無限責任組合法および LP 法にも取り入れられることになろう。

D.　デラウェア州

　統一法委員会が公表した各種の統一法とは異なり、デラウェア州で制定された LP 法および LLC 法は、信認義務に対する伝統派の考え方をとらずに、契約重視派の考え方を強固に採用した。デラウェア州の会社以外の組織の制定法は、LP と LLC の合意に「契約自由の原則とその執行可能性に最大限の効果」を与える方針を明確に示している[119]。この方針は、デラウェア州の LP 法と LLC 法が、実際には、信認義務を含む全ての面でただの任意規定であり、LP または LLC の合意書の明文の定めによって修正されることを意味している。そのため、デラウェア州最高裁判所が 2002 年の判決で、LP において信認義務を全面的に免除できることについての疑問を提起した際[120]、デラウェア州議会は、信認義務がまさに契約によって「制限または免除」できることを確定するために、デラウェア州の LP 法と LLC 法の両方を直ちに改正した[121]。契約上免除できないかもしれない唯一の義務は、Ⅴ B 4 で述べた誠実および公正取引についての契約上の黙示の義務で

---

116 | HRULLCA §105 (d)(3)(D).

117 | See HRULLCA §105 (d)(3) cmt. (傍点は筆者による). おそらく、法律の条文自体からは信認義務の免除が「特定された形で」述べられる必要があることの根拠はわからないことから、公式コメントは 2 つのデラウェアの裁判例を引用して、この主張を補強している。しかしながら、これらの裁判例は、信認義務の免除は明確かつ曖昧なところがないものでなければならないという主張を補強するものであって、包括的に全ての義務の免除をすると曖昧なところがないように定めることには強制力がないという主張を補強するものではない。

118 | HRUPA §105 (d)(3); HULPA §105 (d)(2).

119 | Del. Code Ann. tit. 6, §§17-1101 (c), 18-1101 (b) (2017).

120 | See Gotham Partners, L.P. v. Hallwood Realty Partners, L.P., 817 A.2d 160, 167-168 (Del. 2002).

121 | Del. Code Ann. tit. 6, §§17-1101 (d), 18-1101 (c) (2017); see Manesh, supra note 33, 39-41.

ある。

　今日、デラウェア州の LP と LLC に関する合意では、信認義務を制限または全部免除することが一般的な慣行となっている[122]。そしてデラウェア州の裁判所は、当たり前のこととして、このような契約の効力を認めている。しかしながら、裁判所はまた、このような義務を制限または免除しようとする契約は、その条項が明示されており、曖昧さがない場合にのみ効力があることを明らかにしている[123]。

Ⅶ　救　　済

　組織に関する法で利用される様々な救済方法は、会社以外の各種の営業組織にも一貫して適用されることが一般的である。しかし、救済を求める手段は、計算・精算やその他の直接的または派生的な訴訟によるなど、様々な形態がある。

A.　無限責任組合

　より古い 1914 年の UPA とより新しい 1997 年の RUPA は、どちらも、組合員に、信認義務に違反して組合員が得た利益を、精算して組合の計算に入れなければならないことと、組合のために信託の受託者として有しなければならないことを求めている[124]。したがって、信認義務違反による損害額を算出する典型的な方法は、組合員が違反行為によって得た利益を損害額とすることである[125]。単に組合に生じた損失というよりむしろ、信認義務に違反した組合員が得る利益に着目し、このような損失額の算出方法にすることで、組合員が、組合に対する信認義務違反によって利益を個人的に得ることになる行為を抑止するような予防的な効果を得る意図がある[126]。もっとも、利益が存在することは、信認義務違反の責任を負うことの前提条件ではない[127]。違反を行った組合員は、違反行為を原因とする組合の損失に基づいて損害賠償責任を負うこともあるし、他の方法で算出された損害に責任を負うこともある。そして、極めて悪質な事例の場合、違反した組合員は、

122　Peter Molk, How Do LLC Owners Contract Around Default Statutory Protections?, 42 J. Corp. L. 503, 522-529 (2017); Manesh, supra note 15, 562-564.

123　See, e.g., Feeley v. NHAOCG, LLC, 62 A.3d 649, 664 (Del. Ch. 2012)（「LLC の合意書を起案する者は、『信認義務を排除するという意思を平易かつ不明瞭なところがないように示さなければならない』」）.

124　UPA §21; RUPA §404 (b)(1).

125　See Bromberg & Ribstein on Partnership §6.07 (i).

126　See id.

127　See id.

懲罰的損害賠償責任を負うこともありえて、このような方法は、救済に抑止的な性格をもたせるという方向性と一致している。実際、このような請求にエクイティの性格があることを考慮して、裁判所は、信認義務違反の適切な救済を行うために、擬制信託を命じたり、差止命令（injunction）を発動したり、また既に行われた取引の取消しをすることなどの、あらゆるエクイティ上の権限を全般的に有する。

UPA の採択前の判例法においては、組合員は、組合の解散に伴う計算・精算訴訟（accounting action）によってのみ、そのような救済を求めることができた。計算・精算訴訟とは、エクイティ上の訴訟手続で、「裁判所が、組合および組合員の取引について詳細な調査を行い、その権利関係について裁決を下し、各組合員の収支を調整して金銭支払命令の決定を行う」ものである。

UPA は、計算・精算訴訟は組合の解散に付随して提起しなければならないとしていた判例法上の要件を廃止した。その代わりに、UPA のもとでは、組合の解散前にいつでも計算・精算訴訟を提起できるため、「組合員間の金銭支払の問題を解決するために、費用をかけて組合を解散する必要性がなくなる」こととなった。しかし、同時に、UPA は、計算・精算訴訟が信認義務違反の救済を求める唯一の手段であるという、判例法のいわゆる「他の方法を排除するルール（exclusivity rule）」と呼ばれるものを維持した。同ルール（他の方法を排除するルール）の論理的根拠の1つは、組合を、各組合員から区別される法主体というより、各組合員の単なる「集合体」とする時代遅れな概念で、長年、多くの裁判所はそれに対する様々な例外を認めてきた。

この趨勢と整合させるために、より新しい 1997 年の RUPA は同ルールを廃止し、組合員が「組合の事業の計算・精算を求めるか、求めないかにかかわらず」、自己に対する信認義務の実現を求めることができると認めた。このより新しい統一法である RUPA は、「組合員は、組合の事業……から生ずるほとんどの訴訟原

---

128 | See id.
129 | See id.
130 | See Callison & Sullivan §13:1.
131 | See id.
132 | Bromberg & Ribstein on Partnership §6.08 (a).
133 | See UPA §22.
134 | Callison & Sullivan §13:1.
135 | See UPA §13 (訴えの利益を「組合の組合員以外」の者に対して「組合員が不法行為または行うべきことを行わなかったこと」による訴訟の提起の場合に限定している).
136 | Bromberg & Ribstein on Partnership §6.08 (c); Callison & Sullivan §13:4.
137 | RUPA §405 (b).

因について、……直接訴訟を提起することができる」とする[138]。そして、RUPA の信認義務に対する伝統派の一般的な考え方のように、RUPA のもとで信認義務を実現する訴訟を提起する組合員の権利は、組合合意の条項によって不合理に制限できない[139]。

B. 有限責任組合

　LP において信認義務違反に利用可能な救済は、一般的に、無限責任組合で利用可能なものと同じである。そして、無限責任組合法と同様に、古い 1976 年 RULPA と新しい 2001 年 ULPA は、組合員が計算・精算を求める訴訟によってそれらの義務の実現を求めることを認めている[140]。しかし、RUPA と整合して、新しい ULPA は、計算・精算訴訟が無限責任組合員に対して信認義務の実現を求める唯一の手段ではないことを明確にしている。有限責任組合員は、計算・精算という形式をとるか否かにかかわらず、その実現を求めることができる[141]。

　しかし、有限責任組合員が無限責任組合員に直接訴訟を提起する権利は、有限責任組合員が直接被った損害がある事案に限定される[142]のであって、無限責任組合員の違反により、LP の組織が被った損害とは区別される。その代わりに、無限責任組合員の信認義務違反が LP の組織に損害を生じさせている場合で、個々の有限責任組合員の損害は LP の組織の損害から派生しているにすぎない場合、RULPA と ULPA はともに、有限責任組合員は、直接訴訟ではなく、LP の権利を実現するための派生訴訟を提起することができると定めている[143]。直接訴訟と異なり、派生訴訟での収益やその他の便益は、判決か和解のいずれによるかを問わず、LP に帰属し、派生訴訟の原告に属するものではない[144]。また、ULPA は、RUPA と整合した定めとして、信認義務を実現するために直接訴訟または派生

---

138 | RUPA §405 cmt. 2.
139 | RUPA の条文の文言からは、組合合意に組合員の救済を求める権利を制限する条項があった場合に、その強制力を制限するとは明示的に読み取れないが、公式コメントは、そのような強制力の制限の適用があると明らかにしている。See RUPA §103 cmt. 1, §405 cmt. 3. 2013 年調和化改定ではこの点を明確にするために、組合契約は、組合員が救済を求めることを定めた法律上の権利を「不合理に制限する」ことはできないと定めている。HRUPA §105 (c)(7). しかしながら、組合合意の条項で組合員が紛争を仲裁にかけることを強制する条項は強制力があるとされるのが一般的である。See Callison& Sullivan §13:5; HRUPA §105 (c)(7) cmt.
140 | Bromberg & Ribstein on Partnership §16.07 (i).
141 | See ULPA §1001 (a).
142 | See ULPA §1001 (b).
143 | See RULPA §1001; ULPA §§1001 (b), 1002.
144 | See RULPA §1004; ULPA §1005 (a).

訴訟を提起する有限責任組合員の権利は、LP に関する合意の条項によって「不合理に」制限できないものと定めている。[145]

C. LLC

LLC 法は、より古い 1996 年 ULLCA とより新しい 2006 年 RULLCA のいずれにおいても、信認義務違反に対して利用可能な救済に関して[146]、直接訴訟または派生訴訟のいずれかによって救済を求める LLC 構成員の権利[147]、および LLC 構成員がこれらの訴訟を遂行する権利を「不合理に制限」する LLC に関する合意の条項に執行力が認められないこと[148]に関して、LP 法と概ね整合的である。ただし、より古い ULLCA と異なり、より新しい RULLCA は、意図的に計算・精算訴訟について何も記載しないようにしており、公式コメントで、LLC においては「組合で行われている計算・精算による救済は……適切でない」とした。[149]

D. デラウェア州

デラウェア州の LP 法および LLC 法は、信認義務違反で利用可能な救済に関して、および LP の有限責任組合員または LLC 構成員が直接訴訟または派生訴訟のいずれかによってそれらの救済を求める権利に関して、この Ⅶ で述べた原則と概ね一致している。しかし、デラウェア州法は、その契約重視派の指向の通り、LP の有限責任組合員や LLC 構成員が信認義務違反の救済を求める権利を、組織に関する合意書によって修正したり制限したりする方法にも制限を設けていない。

例えば、デラウェア州の LP 法および LLC 法は、適用可能とされる全ての信認義務を免除する合意書を正当とすることに加えて、合意書によって、これらの義務に違反することに起因するいかなる責任も免除することができると規定している。[150] そしてデラウェア州裁判所は、信認義務の範囲と責任について契約自由の原則が適用されることと同様に、LLC 構成員が派生訴訟を提起する権利を排除する合意書を認めることについても契約自由の原則が適用されるとしている。[151]

145 | ULPA §110(b)(11).
146 | Larry E. Ribstein & Robert R. Keatinge, Ribstein and Keatinge on Limited Liability Companies §9:9 (Dec. 2016 Update).
147 | See ULLCA §§410(a), 1101; RULLCA §§901, 902.
148 | Id. §110(c)(9). この規定の公式コメントでは、仲裁条項は組合員の救済を求める権利を不合理に制限することを当然とするものではない、としている。Id. cmt.
149 | Id. §901(a) cmt.
150 | Del. Code Ann. tit. 6, §§17-1101(f), 18-1101(e) (2017).
151 | See Elf Atochem N. Am., Inc. v. Jaffari, 727 A.2d 286, 295 (Del. 1999).

Ⅷ　結　　論

　会社以外の組織における信認原則に関してここで述べてきた議論の中心にある
のは、エクイティ（実質的正義：equity）とコモン・ロー上の（法的な：legal）確
実性の間の緊張関係である。客室に閉じ込めるかのように限定されることなく、
強行規定的な信認義務は、裁判所に、事業に対して支配権と裁量権を行使する者
を統制するための柔軟で強力な手段を提供する。しかし、この手段には、組織の
参加者のコモン・ロー上の権利や義務を確定することを妨げるという側面がある。
このような緊張関係への対応として、デラウェア州は、契約条項の実現を判例法
上確実にすることを強く支持する立場を打ち出した。対照的に、統一法委員会は、
統一法において曖昧な表現を使うことで、エクイティと確実性の間の微妙な均衡
を見出すために、揺れ動いている。しかし、緊張関係が続くことを前提とすれば、
単一のアプローチで十分満足できるということはないのだろう。

| 第6章 | # 慈善団体とそれ以外の 非営利組織における信認原則 |

LLOYD HITOSHI MAYER

I　はじめに

　非営利組織に信認原則を適用する際には、非営利組織がとりうる様々な州法の法形式を知る必要があり、州法および連邦税法における慈善団体とそれ以外の非営利組織との区別、これらの法原則に与える連邦税法の影響を知る必要がある。実際、州法は非営利組織にバラエテイに富んだ法形式を与えてくれている。非営利法人、公益信託、法人格のない非営利組織（associations と呼ばれている）などのほか、州によっては LLC（limited liability company）もある[1]。これらの組織は、Henry Hansmann が「無分配の制約」と名づけたように、組織をコントロールする者に純利益の分配が禁じられているという点で共通している[2]。この制約は、非営利組織には利益に対する所有者がいないことを意味し、営利団体と区別されることになる。また利益の追求と社会福祉目的を共に追求する社会的団体（social enterprises）のために設計されたハイブリッドな法形式とも区別されることになる[3]。

　本章では、「非営利組織（nonprofits）」という言葉をこの無分配の制約に服する団体全てを含めて用いることとする。信認義務の実質は、原則として非営利組織の全ての法形式に対して同じであるが、利益相反のあった場合に救済が認められるか否か、違反に対し責任を負う際の基準、これらの義務を緩和したり回避することができるか否か、それ例外の信認原則の諸側面に関しては、法形式により違ってくる場合がある。これらの違いは、歴史的にはどの法形式を選択するかということに影響を受けてきたが、慈善目的非営利組織法リステイトメント（以下、単に「リステイトメント」と呼ぶ）が起草されて、法形式による信認原則の違いを取り除こうとされていることにより、縮小しつつある。

　州法は、一般に、非営利組織には幅広い目的がありうるとしている。その中に

1　Restatement of Charitable Nonprofit Organizations §1.02 (Am. Law Inst., Tentative Draft No. 1, 2016).
2　Henry Hansmann, The Role of Nonprofit Enterprises, 89 Yale L.J. 835, 838 (1980).
3　See Dana Brakman Reiser, Theorizing Forms for Social Enterprise, 62 Emory L.J. 681 (2013).

は、「慈善」目的も含まれるが、幅広く定義されており、貧困からの救済等一般的に慈善と理解されている目的だけでなく、教育や文学、宗教、科学、その他公共に利益をもたらしうる目的、さらには公益ユース法の前文にまで遡る目的なども含まれることになる。[4] 州法によっては、慈善目的の法人が「パブリック・ベネフィット・コーポレーション」と呼ばれることがある。[5]

本章では、「慈善団体」といったときには、非営利組織のうちで慈善を専らの目的とする団体を指す。[6] 州法および連邦税法は、無分配の制約に加えて、慈善団体はその清算時においても、慈善目的を促進するためにその資産を恒久的に利用しなければならないとしている。[7] 慈善団体は、州法に基づき非営利組織に認める法形式なら原則として何でもとることができる。

労働組合や事業団体、社交クラブなどのように、非営利組織の多くが非営利という目的のほか、メンバーの利益となることを目的にしている。このため、州法では、慈善目的以外の非営利法人を「共益法人（mutual benefit corporations）」と呼ぶことがある。[8] 慈善目的以外の非営利組織は、活動中にあげた純利益は無分配の制約に服するが、解散時において、メンバーに純資産を分配することが認められている。[9] 加えて、慈善目的以外の非営利組織は、通常、どのような法形式であっても州法に基づき選択することができるが、公益信託の形式はとれない。信認義務の実質は、慈善目的であれ、慈善以外の目的であれ、原則として同じであるが、細かい部分では慈善団体と非営利組織とで異なることがある。

慈善団体その他の非営利組織に適用される信認法の諸原則は、判例法に由来するが、本章でみるモデル法や統一法を州が修正しつつ採用していることからわかるように、州レベルでの法典化が進んでいる。[10] これに加えてアメリカ法律協会は、

4 | See Restatement (Third) of Trusts §28 cmt. a (Am. Law Inst., 2007); Gareth Jones, History of the Law of Charity 1532-1827, 25-26 (1986).

5 | E.g., Cal. Corp. Code §5060 (2008); Revised Model Nonprofit Corp. Act §1.40(28) (Am. Bar Ass'n 1987). アメリカ合衆国の約半分の州が、この改正モデル非営利法人法に基づく法を採用し、12近くの州が、その前のモデル非営利法人法（Am. Bar Ass's 1952）に基づいた法となっている。後継のモデル非営利法人法（3d ed. Am. Bar Ass'n 2008）に基づく法を採用しているのはコロンビア特別区だけである。

6 | 26 U.S.C. §§170(c)(2), 501(c)(3), 2055(a)(2), 2522(a)(2), (b)(2) (2018); Restatement of Charitable Nonprofit Organizations §1.01 (Am. Law Inst., Tentative Draft No. 1, 2016).

7 | 26 U.F.R. §1.501(c)(3)-1(b)(4) (2018); Restatement of Charitable Nonprofit Organizations §3.06 cmt. e (Am. Law Inst., Tentative Draft No. 1, 2016).

8 | E.g., Cal. Corp. Code §5059 (2018); Revised Model Nonprofit Corp. Act §1.40(23) (Am. Bar Ass'n 1987).

9 | Revised Model Nonprofit Corp. Act §14.06(a)(7) (Am. Bar Ass'n 1987).

10 | See Marion Fremont-Smith, Governing Nonprofit Organizations: Federal and State Law and Regulation 187-231 (2004).

リステイトメントを起草しつつある。リステイトメントは、慈善団体にのみ適用になると明示されているが、重要な意味をもつ。なぜなら、慈善団体その他の非営利組織に適用される法規則に対しては、これまで営利組織に適用される法規則と比べて詳細な検討がなされてこなかったが、こうした状況を改善しようしているからである。また、異なる法形式間で適用になる法規則を収斂させようとする点でも、リステイトメントの試みは重要である。

慈善団体とそれ以外の非営利組織に適用される信認原則は、当該団体と信認関係にある個人または組織に対して、注意義務と忠実義務、そしておそらく独立した義務として遵守義務（duty of obedience）を課している。それ以外の法的義務、特に開示義務と記録保存の要請なども、必ずしも受認者の義務ではないが、信認義務の履行を強制する際の助けとなる。

ほとんど全ての非営利組織は、法形式を問わず、連邦所得税を免除されるため、慈善団体とそれ以外の非営利組織に適用になる信認原則にとって、連邦税法は重要な意味をもつ[11]。免除の条件として連邦税法は、州法の信認原則を反映した規則、特に忠実義務に関する規則を課している[12]。また連邦税法は、救済に関しても、ルール違反に対する州法の救済と異なる独自のものがある。最後に、税を免除された非営利組織の大半に適用される年次報告における質問など、連邦税法に関係する「ソフト・ロー」のいくつかは、非営利組織が州法の信認義務をどのように遵守するかに影響を与えていると思われる。

Ⅱ　信認関係の発生の契機となる基準

一般に州法では、非営利組織と、その役員（officers）または理事等（governing body voting members）、また法形式を問わず当該非営利組織に同様の権限を有するそれ以外の者との間に、信認関係が認められる[13]。非営利組織のメンバーに、非営利組織に対する信認関係があるかどうかについて、州法はまだ確立していない。

---

11 | 26 U.S.C. §501 (2018).

12 | Johnny Rex Buckles, The Federalization of the Duty of Loyalty Governing Charity Fiduciaries Under United States Tax Law, 99 Ky. L.J. 645 (2011).

13 | Unif. Ltd. Liab. Co. Act §409 (Unif. Law Comm'n 2013); Unif. Unincorporated Nonprofit Ass'n Act §22 (Unif. Law Comm'n 2011); Unif. Trust code §§801-802 (Unif. Law Comm'n 2010); Revised Model Nonprofit Corp. Act §§8.30, 8.42 (Am. Bar Ass'n 1987); Restatement of Charitable Nonprofit Organizations §2.01 (b) (Am. Law Inst., Tentative Draft No. 1, 2016); Restatement (Third) of Trusts §70 (Am. Law Inst., 2007).

しかし州法は一般に、非営利組織と従業員のような個人や団体等との間には、信認関係を認めない。非営利組織の法形式によって、信認関係が非営利組織そのものとの関係か、その目的との関係かで異なる扱いがされることもある。しかしこの違いは、基本的に当該関係の実際上の効果を変えるものではない。ある非営利組織が慈善組織であるかどうかによって、州法上の信認関係が生ずるかどうかの基準を変えるものではないが、慈善組織であることによって当該関係の効果が変わることはある。連邦税法は、それが州法の信認原則を反映する規則を課す限りにおいてではあるが、一般に非営利組織の課税免除に重大な影響を及ぼす人々に対する規則を課している。[14]

A.　役員と理事等

　非営利組織の役員は、一般に非営利組織の定款（governing documents）において、「役員」の地位として指名された立場を有する個人、または役員が通常有するのと同じ権限を行使する者である。非営利組織の理事会は、当該非営利組織の活動、資金調達、指揮、方針および運営プログラムに関して最終的権限を行使する個人または個人の集まりである。[15] 一般に非営利法人の理事会であるとか、公益信託の受託者、団体やLLCの役員などと呼ばれることが多いが、信認関係の有無は、これらの個人または個人の集まりに権限があるかないかで決まるのであって、彼らのもつ特別な肩書によって決まるのではない。彼らが提供するサービスから報酬を受け取っているかどうかは関係ない。[16] ただし、無報酬の受認者については、一定の条件のもとで、過失による信認義務違反を免責する連邦法と州の自主的免責立法がある。リステイトメントは、このような州法一般とも平仄をとり、慈善に関する「実質的権限」が信認関係の発生する正式の契機であるとしたうえで、そのような関係をもつ者は、原則として理事、役員および「その他慈善に関し同様の権限をもつ者」であるとして、明確化を図っている。[17]

---

14 26 U.S.C. §4958 (f) (1) (2018); 26 C.F.R. §53.4958-3 (2018)（誰が重大な影響を及ぼすかが記載されている）; see also 26 U.S.C. §4946 (a) (2018)（私的基金関係）.
15 Restatement of Charitable Nonprofit Organizations §2.05（Am. Law Inst., Tentative Draft No. 1, 2016）.
16 E.g., 26 U.S.C. §14503 (a) (2018); Cal. Corp. Code §5239 (a) (2018); N.Y. Not-for-Profit Corp. Law §720-a (2018).
17 Restatement of Charitable Nonprofit Organizations §2.01 (a) - (b)（Am. Law Inst., Tentative Draft No. 1, 2016）.

B. メンバー

　州法に基づき非営利組織のメンバー（社員）となった個人および団体が、非営利組織に対して権限を行使することに関し、非営利組織と信認関係ありとされるかどうかについても、州法はまだ確立していない。メンバーが行使する権限には、通常、非営利組織の理事会の理事を選んだり、定款の変更を承認したり、合併や解散といった重大な変更を承認する権限が含まれる。それ以外にも、非営利組織が「メンバー」と認識する者として、会費と入会金を割引いてもらえるメリットを受けた者がいるが、彼らには、理事を選任したり、定款を変更したりする権限はおそらくないため、どのような法形式であるかにかかわらず、原則として信認関係はない。

　リステイトメントは、慈善事業を支配する権利をもつメンバーは「当該メンバーの有する権限に応じて」信認義務を負うとしている[18]。これに対し、統一法人格なき非営利組織法は、メンバーは「メンバーであるということのみをもって」信認義務を負うことはないが、「適用される法原則ならびに契約上の誠実義務と公正取引義務に従い権利と義務を負う」としている[19]。統一 LLC 法（ULLCA）では、経営者による経営型 LLC のメンバーは、非営利組織のメンバーと同様に契約上の誠実義務と公正取引義務を負うがメンバーであることから直ちに信認義務を負うことはないとしている[20]。判例としては、デラウェア州に唯一、慈善団体のメンバーは営利団体の支配株主と同じような立場にある場合に限り、慈善団体に対して信認義務を負うと読める判例があるが、この点に関する判例はあまりない[21]。

　メンバーが信認関係にあるとみなされるのと、契約上の義務として同程度の義務を負うのとで、非営利組織のメンバーが負う実体的義務にいかなる差異が生ずるかについても、また、明確になっていない。ULLCA は、忠実義務について違いがあることを示唆しており、LLC のメンバーは、「メンバーの自らの利益を図るという理由のみをもって」契約上義務違反となることはないとしている[22]。慈善

---

18 | Restatement of Charitable Nonprofit Organizations §2.01 cmt. c（Am. Law Inst., Tentative Draft No. 1, 2016）.

19 | Unif. Unincorporated Nonprofit Ass'n Act §17（Unif. Law Comm'n 2011）. 5 つの州およびコロンビア特別自治区が法を採用し、11 の州が信認義務のないそれ以前からの 1992 年の統一法に基づいた法を採用している。

20 | Unif. Ltd. Liab. Co. Act §409(d), (i)(6)（Unif. Law Comm'n 2013）. 17 の州とコロンビア特別自治区が法を採用し、2 つの州がその前の 1996 年統一法（同内容の規定ではあるが）を採用している。

21 | Oberly v. Kirby, 592 A.2d 445, 462（Del. 1991）.

22 | Unif. Ltd. Liab. Co. Act §409(e)（Unif. Law Comm'n 2011）.

を目的としない非営利組織のメンバーは、組織の利益ではなく、しばしば自分たちの利益または自分たちが代表する組織構成員の利益を追求することが奨励されているから、この違いは、与えられた権限に応じて信認関係を認める立場が、問題をはらむ可能性を示唆している。

リステイトメントの立場は、慈善団体については正しい。慈善団体は、公共の利益を図る目的のみを追求することが求められ、特定のメンバーに利益を与えることが公共の目的に反する場合には、それが許されないからである。しかし、慈善目的以外を目的とする多くの非営利組織は、メンバーの利益を図るために組織されたものであることは明らかであるから、この立場を非営利組織一般に広げるべきではない。メンバーが自分たちの利益を促進することにその権限を行使することは、その目的に沿ったものなのである。したがって、慈善団体のメンバーは、リステイトメントのいう通り、その権限の範囲に応じて慈善団体に対して信認義務を負うべきであり、慈善目的以外の非営利組織のメンバーは契約上の誠実義務と公正取引義務のみを負うべき、ということになる。これによって自分たちや代表する他の構成員の利益を図る立場に身を置くことが禁じられることはない。

C.　それ以外の個人・組織

非営利組織に対する法的権限のない者が助言者の立場に就く場合、当該非営利組織と信認関係にはない。ただし、守秘義務に関し、信認義務以外の義務を負う可能性はある。また、役員でもなく理事会などでも議決権を有しない従業員は、信認義務に類似する一定の義務は負うとしても、非営利組織との間に信認関係はない[23]。その他、非営利組織に関係する受益者、顧客、寄附者、独立した契約相手などといった個人または組織もまた、原則として、信認関係ありとされるに十分な権限を有していないとされる。

D.　法形式の違い

非営利組織に関しては、当該組織またはその目的によって信認関係にあるか否か、および信認義務があるか否かについて、若干不確定なところがある。例えば、信託により組織された慈善団体の場合、その関係は信託自身に対してというより、当該慈善目的に対して義務を負うといわれることが多い[24]。しかしこの違いは、非

---

23 | 本書第 10 章参照。
24 | See Restatement (Third) of Trusts §78 (1)（Am. Law Inst. 2007）; Evelyn Brody, Charity Governance:

営利組織の目的促進が当該非営利組織の利益を促進することと同じである限り、実際問題としては、ほとんど意味がない[25]。これは、目的を促進させるためには当該組織の存在を終えなければならないような事態にもあてはまる。さらに、実際の法形式にかかわらず、信認義務の最終目標は当該非営利組織が現在および将来の受益者の利益となるよう運営されることを確保するということに、一般に異論はない[26]。後述するように、直接受益者に対してではなく、非営利組織に対して、またはその目的に対して義務を負っているという事実は、特に、違反に対する救済を誰が求めるかに関係してくることになる。

E.　連邦税法

　連邦税法は、免税措置の対象となる非営利組織の運営に「実質的な影響力」を有する個人または組織に対し、州法の信認義務を反映する義務を課している[27]。これには、理事会で議決権を有する者、上級役員およびこれと同様の権限を有する者が含まれるが、加えてこれと同程度の影響を有する大口寄付者等も含まれうる[28]。したがって、その実質的な影響力という信認関係のきっかけは、リステイトメントの実質的権限というきっかけや、多くの州法にみられる理事会で議決権を有する者や役員といったきっかけより広いものとなっている。しかし、連邦税法上の義務は、主として忠実義務に関係するものであり、また影響力を有する者が免税対象の非営利組織から不適切な経済的利益を得ないようにするものであることから、こうした広いきっかけを設けることは適切である。

Ⅲ　忠実義務

　州法は一般に忠実義務に関し、法形式にかかわらず実質的に同様の義務を課している。しかし、歴史的には、利益相反から救済されるかどうかと、フィデューシャリーと非営利組織との間で行われる一定の取引が類型的に禁止されるかどう

	What's Trust Law Got to Do with It?, 80 Chi.-Kent L. Rev. 641, 644 (2005).
25	Restatement of Charitable Nonprofit Organizations §2.02 cmt. a (Am. Law Inst., Tentative Draft No. 1, 2016); Brody, supra note 24, at 644.
26	Ellen P. Aprill, Section 501(c)(3) Organizations, Single Member Limited Liability Companies, and Fiduciary Duties, 52 ABA Real Prop., Trust & Estate J. 153, 169-171 (2017); Henry Hansmann, Reforming Nonprofit Corporation Law, 129 U. Pa. L. Rev. 497, 506-507 (1981).
27	26 U.S.C. §4958(f)(1) (2018); see also 26 U.S.C. §4946(a) (2018) (私的基金関係).
28	26 C.F.R. §53.4958-3 (2018).

かについて、法形式によって差が設けられていた。このような法形式の違いは徐々に小さくなっている。法形式間の運用上の違いも小さくなってきており、組織の定款等を注意深く起草すれば、違いはほぼ完全に取り除けることから、こうした傾向は妥当なものだろう[29]。しかし、この収斂が非営利法人法の基準を反映すべきか、公益信託の基準を反映すべきかは、まだ不明確である[30]。そのうえ連邦税法は、この義務の観点を反映した一定の要請を課すとともに、これに違反した場合の救済方法を付加している。

A.　義務の実質

忠実義務は、非営利組織と信認関係にある個人または組織は、受認者として、誠実に、かつ自らの利益より当該非営利組織の利益を促進すると合理的に信ずる方法で、行動しなければならない[31]。この義務の一般的適用として、受認者には、例えば、当該非営利組織との利益相反を回避すること、本来であれば非営利組織に帰属すべき機会を個人的に利用したり競合したりしないこと、自らの利益のために非営利組織の財産や秘密情報を利用しないこと、非営利組織との間で一定の金融取引をしないこと、などが求められている[32]。

通常であれば受認者の権限とされる非営利法人に関係する決定が、受認者の別の利益にも影響を与えるとき、受認者と非営利組織との間には利益相反が発生する[33]。かかるケースの典型例として、非営利組織がサービスの対価として受認者に対して支払う報酬や、受認者から非営利組織への財産譲渡に対する対価などがある。さらに利益相反は、受認者が第三者と親しい親戚関係にある場合や、非営利組織が取引を検討している相手方に対して、権限をもつ受認者が実質的な利害関係を有する場合にも及ぶ。利益相反の可能性のある例やそれ以外の忠実義務違反

29 | Restatement of Charitable Nonprofit Organizations §2.02 cmt. b, rep. n.6 (Am. Law Inst., Tentative Draft No. 1, 2016).

30 | Compare id.（非営利法人法の基準をとるべきとする）, with Melanie B. Leslie, Helping Nonprofits Police Themselves: What Trust Law Can Teach Us About Conflicts of Interest, 85 Chi.-Kent L. Rev. 551 (2010)（公益信託の基準をとるべきとする）.

31 | See Unif. Ltd. Liab. Co. Act §409 (a) – (b) (Unif. Law Comm'n 2013); Unif. Unincorporated Nonprofit Ass'n Act §22 (a) – (b) (Unif. Law Comm'n 2011); Unif. Trust Code §802 (Unif. Law Comm'n 2010); Revised Model Nonprofit Corp. Act §8.3 (a)(1), (3) (Am. Bar Ass'n 1987); Restatement of Charitable Nonprofit Organizations §2.02 (Am. Law Inst., Tentative Draft No. 1, 2016); Restatement (Third) of Trusts §78 (Am. Law Inst. 2007).

32 | Principles of the Law of Nonprofit Organizations §310 (b) (Am. Law Inst., Tentative Draft No. 1, 2007); Harvey J. Goldschmid, The Fiduciary Duties of Nonprofit Directors and Officers: Paradoxes, Problems, and Proposed Reforms, 23 J. Corp. L. 631, 646 (1998).

33 | E.g., Revised Model Nonprofit Corp. Act §8.31 (a) (Am. Bar Ass'n 1987).

事例をたくさん提供してくれる例として、数十億ドルの資産をもつハワイのカメハメハ学校のビショップ財団の例がある。そこでは最終的には全員が辞職したものの、受託者が、財団が投資する先に個人的投資をしていたり、友人と家族に財団との業務やコンサルティング契約を斡旋したり、また個人的なことに財団の従業員と資源を使ったりもしていた。[34]

　非営利組織に利益を得る機会がある場合、受認者はその機会を利用することで非営利組織の利益を害するのであれば、そうしたことをしてはならない。[35]このような状況は、「会社の機会」の問題としてしばしばいわれるところであるが、この制約は法形式の区別に関わらず適用される。例えば、非営利組織がその財産を購入しようとしていることを知った受認者は、それを自己または第三者のために購入したりはしない。[36]この法理が、フィデューシャリーがフィデューシャリーの役割を通じてその機会を知った場合にのみ適用されるのか、それとも慈善団体の事業範囲に入っていた場合の全てに適用されるのかは州によって異なる。法的要件が厳密にどのようなものであれ、フィデューシャリーは、非営利組織において利益の機会について検討する権限を有する利害関係のない第三者に対し、当該機会について自ら有する利益を十分に開示し、そうした検討に自らは加わらず、そして利害関係のない第三者が非営利組織としては当該機会を利用しないと判断した場合にのみ、機会利用の禁止から免れることができる。[37]さらに、この法理は、フィデューシャリーが当該組織と直接競合するものでない限り、自分が信認義務を負っている組織と同一または類似の事業もしくは同一業種の業務を営むことを禁ずるものではない。[38]

B.　法形式の違い

　歴史的には、忠実義務は、他の法形式をとる場合には非営利組織の「最善の」利益を図ることが求められてきたのに対して、公益信託の形式をとる場合には、「専ら」非営利組織の利益を図ることが求められてきた。[39]一般に、信託以外の非

---

34 | Samuel P. King & Randall W. Roth, Broken Trust: Greed, Mismanagement & Political Manipulation at America's Largest Charitable Trust (2006).

35 | See Unif. Unincorporated Nonprofit Ass'n Act §22 cmt. (Unif. Law Comm'n 2011); Model Nonprofit Corp. Act §8.70 cmt. (3d ed. Am. Bar Ass'n 2008); Restatement of Charitable Nonprofit Organizations §2.02 cmt. g (Am. Law Inst., Tentative Draft No. 1, 2016).

36 | E.g., Northeast Harbor Golf Club v. Harris, 661 A.2d 1146 (Me. 2008).

37 | Model Nonprofit Corp. Act §8.70(a) (3d ed. Am. Bar Ass'n 2008).

38 | E.g., Armenian Assembly of America v. Cafesjian, 772 F. Supp. 2d 20, 118 (D.D.C. 2011).

39 | See Restatement of Charitable Nonprofit Organizations §2.02 cmt. b (Am. Law Inst., Tentative Draft

営利組織の受認者は、判断権限を与えられた利害関係のない者に利益相反を開示し、自らは投票ないし判断に加わることを控え、そのうえで、判断権者が誠実かつ団体にとって公正な取引であると合理的に信じて取引を認めた限りにおいて、利益相反の責任を免れることとなる[40]。開示の要請を満たすためには、重要な事実に変更があった場合、受認者は追加的な開示をしなければならない。例えば、大学執行部メンバーの保有する企業と大学との関係が無料から報酬ベースに変わったことを開示しなかったために、大学の執行部メンバーが部分的に（その点に関し）忠実義務違反とされたことがある[41]。非営利組織の判断を行う者は、判断に関し利益相反が一切ないという意味での利害関係のない者でなければならず、それを判断する際にはⅣで述べる注意義務に服することになる。

しかし、この救済方法には変型がいくつかある。例えば、改定モデル非営利法人法（RMNCA）（共益団体に関係する）やモデル非営利法人法（第3版）も、UUNAA も、取引が公正であること、または取引を認めた利害関係のない者によって公正であると信じられることが明確に求められてはいない[42]。これらのモデル法ではまた、完全なる開示が行われたうえで利益相反のない者による事後承認が認められる例があるが、RMNCA は、慈善団体に関し、然るべき州政府職員または然るべき裁判所のいずれかが認めた場合にのみ、事後的な承認を認めている[43]。リステイトメントは一般に慈善団体の法形式を問わず、RMNCA のアプローチをとっている[44]。

歴史的に州は、公益信託の受託者との間で、貸付けを含む金融取引およびそれ以外の信託財産との取引や利益相反取引を、合理的範囲の報酬支払等の一部例外はあるものの、禁止してきた[45]。しかし今日では、大半の州が、任意規定としての

No. 1, 2016); John H. Langbein, Questioning the Trust Law Duty of Loyalty: Sole Interest or Best Interest?, 114 Yale L.J. 929 (2005).

40 See Revised Model Nonprofit Corp. Act §8.31 (a) (Am. Bar Ass'n 1987); Restatement of Charitable Nonprofit Organizations §2.02 cmt. d (Am. Law Inst., Tentative Draft No. 1, 2016).

41 The Committee to Save Adelphi v. Diamandopoulos (Board of Regents of the University of the State of New York 1997), https://folio.iupui.edu/bitstream/handle/10244/502/THE%20COMMITTEE%20TO%20SAVE%20ADELPHI.pdf?sequence=1.

42 Unif. Unincorporated Nonprofit Ass'n Act §22 (c) (Unif. Law Comm'n 2011); Model Nonprofit Corp. Act §8.60 (3d ed. Am. Bar Ass'n 2008); Revised Model Nonprofit Corp. Act §8.31 (c) (Am. Bar Ass'n 1987).

43 Revised Model Nonprofit Corp. Act §8.31 (b) (Am. Bar Ass'n 1987).

44 Restatement of Charitable Nonprofit Organizations §2.02 (b) cmt. b (Am. Law Inst., Tentative Draft No. 1, 2016).

45 See Unif. Trust Code §802 cmt. Unif. Law Comm'n 2010); Restatement (Third) of Trusts §78 (2) (Am. Law Inst., 2007).

み禁止し、信託設定者にそのような取引を認める権限を与えている（もっとも、注意義務、忠実義務の一般的遵守には服する[46]）。また多くの州が非営利法人に執行部のメンバーおよび役員に対する貸付けを禁止している[47]。法人格なき社団と LLC については、州法は一般に、特定類型の取引につき全面的禁止とはしていない。

C.　連邦税法

　連邦税法は、「純利益のいかなる部分も出資者または個人の利益とはならない」ことを慈善団体および一定類型の課税免除非営利組織に対して要求している[48]。この「個人的利益」の禁止は、非営利組織の内部者および内部者と密接な関係を有する個人または組織に対してのみ適用される。ここで非営利組織の内部者とは、非営利法人に対し重大な影響を与える個人、と定義されている。内国歳入法典の 501 条(c)項(3)号で税が免除される慈善団体と、501 条(c)項(4)号で税が免除される社会福祉組織に関しては、個人的利益の禁止は、「中間的制裁」〔違反行為を税法違反として刑事罰を与えるのではなく、税を課すという中間的な制裁を加えること〕と呼ばれる税法上の制度に取り込まれている。議会は、この中間的制裁を、不適切に利益を得た受認者と、一定の場合にはかかる不適切な取引を認めた非営利組織の役員に対して、適用するものとしたのである[49]。この中間的制裁は非営利組織に対して重大な影響を与える個人および組織に対して及ぶ。

　一定の免税非営利組織に適用される個人的利益取得の禁止がいくつかあるのに加え、連邦税法は、課税が免除された全ての慈善団体を含むプライベート・ファウンデーションと、その執行部メンバー、役員、それらと密接な関係を有する者との間で行われるほとんど全ての金融取引を禁止している[50]。プライベート・ファウンデーションは、団体と受認者との間の金融的関係を適切にモニターできるだけの、十分に広い一般市民との関わりが欠けていると議会が性格づけした課税免除慈善団体なのである。プライベート・ファウンデーションは、典型的には公益信託または非営利法人であるが、法形式としてはあらゆる法形式をとりうる。プ

---

46 | Fremont-Smith, supra note 10, at 196; 本書第 3 章参照。
47 | See Revised Model Nonprofit Corp. Act §8.32 (Am. Bar Ass'n 1987); Restatement of Charitable Nonprofit Organizations §2.02 cmt. j (Am. Law Inst., Tentative Draft No. 1, 2016).
48 | 26 U.S.C. §501 (c)(3), (4)(B), (6), (7), (11)(A), 13, 19(C), 26(D) (2018).
49 | 26 U.S.C. §4958 (2018).
50 | 26 U.S.C. §4941 (2018). 連邦税法はまた、家業のための持株会社として機能することを防止するため、プライベート・ファウンデーションが事業を保有することを禁止している。See 26 U.S.C. §4943 (2018).

ライベート・ファウンデーションが禁止される金融取引にはいくつか例外があり、最も有名なのは、一定のプロフェッショナルの提供するサービスに対して支払われる合理的な報酬である。しかし、例外にあたらなければ、団体にとって公正または最善な取引であっても、利害関係のない者による開示と承認によっては回避できない。このプライベート・ファウンデーションの「自己取引」の禁止は、利益を受けた受認者と、場合によってはそういった不適切な取引を承認した非営利組織の役員にも付加税が課されるので、中間的制裁はプライベート・ファウンデーションおよびその受認者には適用されない。議会はまた、州に対し、こうした利益相反の禁止を定款等に組み込むようプライベート・ファウンデーションに義務づけることで、禁止の実効性の向上を図る権限を与えている。[51]

このような忠実義務に関する州法と連邦税法の重複は、不必要な要素やその他否定的効果もみられないようなので、前向きな発展である。[52]

Ⅳ　注意義務

州法はフィデューシャリーに対し、法形式にかかわらず、委任に関する義務（歴史的には公益信託の場合は、委任がより制限されてきたが）を含む注意義務を同じように課している。この収斂は、非営利組織の運営がその法形式にかかわらず似通ってきたことと、非営利組織の経営がますます複雑になり、受託者は委任なしには一定規模の活動的な公益信託の運営を適切に行うことが難しくなってきていることから、望ましい発展である。また州法は慈善目的の資金運用に関しては、その法形式にかかわらず、原則として一定の注意義務を課している。しかし、義務違反の引き金となる責任はまだ法形式により、違いがある。もっともリステイトメントはこの乖離を終わらせるよう求めてはいる。この発展は、法形式がますます似通ってきており、多くの州において注意深い起草者がこの違いを取り除こうとしたことと相まって望ましいものとなっている。唯一のわずかな違いは、連邦税法が州法の注意義務を反映した要請を課さずに、特定の行為を奨励していることである。

51　26 U.S.C. §501(e)(1)(B) (2018).
52　Lloyd Hitoshi Mayer, Fragmented Oversight of Nonprofits in the United States: Does It Work? Can It Work?, 91 Chi.-Kent L. Rev. 937, 955–956, 960–961 (2016).

A. 義務の実質

　注意義務は、フィデューシャリーに、誠実で、なおかつ合理的な人間が同様の状況において同様の立場に立ったならば行動するであろうと考えられる程度の注意をもって行動することを求めている[53]。この義務には、フィデューシャリーとして特定の技量と知見を考慮することが含まれている[54]。この義務を適用するに際し、フィデューシャリーには注意を払うこと、十分な情報を収集すること、および執行会議や非営利組織の管理職やその他フィデューシャリーが単独または共同で権限を委譲した者を適切に監督することが含まれている。

　注意を払う義務として通常受認者には、必要な会議に出席し、提供された情報をチェックすることが求められていると解釈されている。十分な情報を得る義務には、そうすることが合理的である限り、他人が提供した情報に頼ることができるが、必要な場合は他人に質問することまでが含まれている[55]。監督する義務には、委譲された権限が法的に認められたものであるかどうか合理的な注意を払うことや、委譲した権限行使を適切にモニタリングすること、さらには非営利組織の管理者の雇用とそのパフォーマンスの評価に相当の注意を払うことまでが含まれている[56]。歴史的には、権限委譲に関して州法は一般に公益信託の受託者には権限委譲を制限してきたが、今では、他の非営利組織と同様に扱われ、かかる委譲は容認されている[57]。

B. 慈善目的の資金運用

　ペンシルバニア州を除く全ての州とコロンビア特別自治区において、統一機関

---

53 | Unif. Ltd. Liab. Co. Act §409(a), (c) (Unif. Law Comm'n 2013); Unif. Unincorporated Nonprofit Ass'n. Act §22(a)-(b) (Unif. Law Comm'n 2011); Unif. Trust Code §804 (Unif. Law Comm'n 2010); Revised Model Nonprofit Corp. Act §8.30(a)(1)-(2) (Am. Bar Ass'n 1987); Restatement of Charitable Nonprofit Organizations §2.03 (Am. Law Inst., Tentative Draft No. 1, 2016); Restatement (Third) of Trusts §77 (Am. Law Inst., 2007).

54 | E.g., Restatement of Charitable Nonprofit Organizations §2.03 cmt. b(3) (Am. Law Inst., Tentative Draft No. 1, 2016); Restatement (Third) of Trusts §77(3) cmt. e (Am. Law Inst., 2007).

55 | See Unif. Unincorporated Nonprofit Ass'n Act §22(b) [second sentence] (Unif. Law Comm'n 2011); Revised Model Nonprofit Corp. Act §8.30(b) (Am. Bar Ass'n 1987); Restatement of Charitable Nonprofit Organizations §2.03 cmt. c (Am. Law Inst., Tentative Draft No. 1, 2016); Restatement (Third) of Trusts §77 cmt. b (Am. Law Inst., 2007).

56 | Restatement of Charitable Nonprofit Organizations §2.06 (Am. Law Inst., Tentative Draft No. 1, 2016).

57 | See Unif. Trust Code §807 (Unif. Law Comm'n 2010); Restatement of Charitable Nonprofit Organizations §2.06 cmt. a (Am. Law Inst., Tentative Draft No. 1, 2016); Restatement (Third) of Trusts §80 (Am. Law Inst. 2007); Susan N. Gary, Regulating the Management of Charities: Trust Law, Corporate Law, and Tax Law, 21 U. Haw. L. Rev. 593, 600-603, 609 (1999).

投資家の資金プルーデント運用法（UPMIFA）に基づいて法律が制定されている。この法律は、慈善団体、政府組織または慈善のためだけの信託については、慈善目的で保有する資金の運用に関し、同法に規定される注意義務を充足することを求めている[58]。より一般的な注意義務との平仄をとって、UPMIFA は誠実かつ通常の合理的人間が同様の状況で似た立場に立ったならば、払うであろう注意を払うことに加え、投資、運営および贈与等に関する制限の遵守に関し、様々な特別ルールを求めている。UPMIFA は、会社が運営する公益信託と慈善団体ではないそれ以外の受認者には適用されないが、広く採用されている統一プルーデント・インベスター法に基づき本質的に同様の注意義務が適用される[59]。

C.　法形式の違い

　法形式の違いにより、注意義務の実質が変わることはないが、どの程度の過誤があれば、信認義務違反として損害賠償責任ありと認定するに足るかは、法形式によって異なる。より具体的にいえば、裁判所は、非営利法人の執行部には一般的な会社法を参照して重過失を基準として義務違反としてきたのに対し、公益信託の受託者には単純な過失をもって義務違反としてきた[60]。*The Stern v. Lucy Webb Hayes National School for Deaconeese & Missionaries* 事件判決が、この点（区別）を明らかにする判例として引用されることが多い[61]。これは慈善目的の非営利法人の事件であったが、裁判所は様々な判例やモデル法を引用しつつ、非営利法人の役員は「重過失」を犯した場合にのみ注意義務違反の責任を問われるが、公益信託の受託者は「通常の過失」でも責任を負うとした[62]。

　このように非営利法人について注意義務違反に対する責任が肯定される過失の基準を比較的高く設定したことにより、いくつかの裁判所は、注意義務違反の主張に対し、「最善の判断」といわれるものを適用することとなったが、これは、営利法人に適用される経営判断原則と同様の原則を非営利法人に適用したことになる[63]。「最善の判断」ルールによれば、非営利法人の受認者に、忠実義務が禁ずる利益相反がなく、十分な情報収集が行われ、誠実で非営利組織の最善の利益に

58　Unif. Prudent Management of Institutional Funds Act §§2 (4)-(5), 3 (2006).

59　Unif. Prudent Inv'r Act §2 (1995); Max M. Schanzenbach & Robert H. Sitkoff, The Prudent Investor Rule and Market Risk: An Empirical Analysis, 14 J. Empirical Legal Stud. 129 (2017).

60　Aprill, supra note 26, at 20; 本書第 4 章も参照。

61　381 F. Supp. 1003 (D.D.C. 1974).

62　381 F. Supp. at 1013.

63　James J. Fishman et al., Nonprofit Organizations: Cases and Materials 137 (5th ed. 2015).

なると合理的に信ずることができるよう行動したことをもって、注意義務が果たされたかどうかの探索を終えることとなる[64]。このルールの合理性は、営利法人における経営判断原則の合理性と通ずるものがあり、非営利法人のリーダーは、当該非営利組織に関し、裁判所より良い判断ができ、彼らに適切なリスクをとるのを差し控えさせることは、彼らの保護に資さないだろうということが考慮されている[65]。このルールとこれをベースとする重過失の基準は、さらに団体や非営利LLCにも拡張適用されているが、後者に関して、判例はまだない[66]。

　リステイトメントの立場は、注意義務違反に対し、責任を負わせる基準はもはや法形式の違いによるのではなく、最善の判断ルールの適用を含む、非営利法人の基準に収斂させるべきであるという立場となっている[67]。公益信託と非営利法人の運営上の違いは縮小し、多くの法域において、定款等が注意深く起草されることを通じてほとんど違いがなくなってきているから、このように、注意義務違反に責任を課す際の基準が収斂していることは適切なものといえる。さらに、デフォルトの基準としては過失の一種にすぎないとはいえ、大半の州は、公益信託の設定者が受託者は本質的に重過失基準を採用することを認めている[68]。

D.　連邦税法

　私的基金に対し、過度にリスクの高い投資や慈善目的の支出について、一定の制限を加える場合があることを除き、連邦税法が、注意義務に関し、特定の行動を求めたり、禁止したりすることはない[69]。しかし、連邦政府は、注意義務に関係して、2つの方法で特定の行動をとることを促している。1つは、中間的制裁の規制の手続上、課税を免除された非営利組織は、与えられた取引条件が事実上合理的であると（反証はできるものの）推定されるとしていることである。ごく簡単にまとめてしまうと、手続上、取引が承認され、承認の際の根拠となるデータや文書が適切なものであると認められるためには、当該取引に関し利益相反がないことが求められるというのである[70]。

---

64 | Armenian Assembly of America v. Cafesjian, 772 F. Supp. 2d 20, 104 (D.D.C. 2011); Restatement of Charitable Nonprofit Organizations §2.02 cmt. d (Am. Law Inst., Tentative Draft No. 1, 2016).
65 | 前掲注60（本書第4章）参照。
66 | Unif. Unincorporated Nonprofit Ass'n Act §22(d) (Unif. Law Comm'n 2011).
67 | Restatement of Charitable Nonprofit Organizations §2.02 cmt. b (Am. Law Inst., Tentative Draft No. 1, 2016).
68 | See Unif. Trust Code §804 cmt. (Unif. Law Comm'n 2010); Restatement (Third) of Trusts §77 cmt. d (Am. Law Inst. 2007).
69 | 26 U.S.C. §§4942, 4944, 4945 (2018).
70 | 26 C.F.R. §53.4958-6 (2018).

もう１つは、2000 年代の中頃、内国歳入庁が、全ての免税非営利組織に対し、組織統治に関する非公式なガイダンスを発し始めたことである。その中には、検査期間中の対応やフォーム 990 と呼ばれる年次報告書で報告しておくべき重要な領収書や一定金額以上の資産の記載実務等が含まれる[71]。これには個別の話ではあるが、いくつかの質問が含まれている。例えば、執行部の選任決議に投票権のある独立メンバーの数は何人か、役員や幹部従業員に支払われる報酬手続はどうなっているのか、課税免除非営利組織における利益相反管理方針や内部通報制度、文書保存方針等が書面化されているか、などである[72]。一般に州法が所管している注意義務の領域に、このようなソフトな形で、内国歳入庁内にある課税免除に関するアドバイザリー会議と政府関係団体を含め、内国歳入庁の権限が拡大していくことに対しては、数々の批判が示された[73]。かかる批判を受けて、内国歳入庁は非公式なガイダンスの一部をウェブサイトから削除したものの、フォーム 990 に関する実務ガイダンスに基づく照会は継続しており、課税免除を認知してもらうための申請と検査に関する実務に関する問い合わせは今後も続けられると思われる。

V　それ以外の法的義務

　それ以外の（忠実義務、注意義務以外の）法的義務として、遵守義務（duty of obedience）、開示義務（disclosure）、記録保存義務（recordkeeping requirements）、誠実義務（good faith）、守秘義務（confidentiality）などがある。しかし、遵守義務は例外とされる可能性があって、一般には忠実義務、注意義務の一側面またはその適用と考えられており、リステイトメントは、遵守義務は忠実義務と注意義務の中に取り込むのが適当としている。

A.　遵守義務

　非営利組織のフィデューシャリーに遵守義務という、広く認知され、忠実義務および注意義務とは別に独立した義務があるかどうかに関しては、学者の中でも

---

71 ｜ IRS, Governance and Related Topics – 501 (c)(3) Organizations, https://www.irs.gov/pub/irs-tege/governance_practices.pdf（最終閲覧日 2018 年 10 月 30 日）.

72 ｜ IRS Form 990, Part VI (2018).

73 ｜ Lloyd Hitoshi Mayer & Brendan M. Wilson, Regulating Charities in the Twenty-First Century: An Institutional Choice Analysis, 85 Chi.-Kent L. Rev. 479, 479–480, n.3 (2010).

議論のあるところである。[74]第3の義務の可能性のあるこの義務は、フィデューシャリーに適用される全ての法を遵守すること、および定款の定め、州によってはその活動の経緯も踏まえ、当該非営利組織の目的を誠実に追及することを確保するよう求めている。リステイトメントは、広範に定義された忠実義務で十分であり、目的を誠実に追及することに関する独立した遵守義務を不要とする立場をとっている。[75]学者によっては、遵守義務は、非営利組織の財産をフィデューシャリーが新しい目的に使うことができないよう制限するための独立の義務であると主張する者がいる。[76]ごく少数であるが、遵守義務をフィデューシャリーの独立した義務であるとする裁判所がある。[77]

　独立した遵守義務が存在するかどうかは、資産が蓄積されたとき、当該資産を非営利組織の定款等に記載されている目的以外のことに受認者が改めて拠出することがそれ以外の法的要請によって制限されることがあるかどうかと、そのような義務を強調するかどうかによる。慈善団体についていえば、リステイトメントはこの点を解決しており、やや議論のあるところではあるものの、（定款または適用法に別段の定めのない限り）非営利組織の法形式にかかわらず適用される、シプレー原則または逸脱の法理に基づき、フィデューシャリーは裁判所に資産の再拠出を認めてもらうことを求めている。これによって、独立した遵守義務は不要となる。[78]

　この強いタイプの遵守義務は、慈善団体の場合、道理にかなっており、資金を寄贈する寄贈者は、自分の死後も当該慈善団体の目的とされたことにその資金が使われるということを期待して、当該団体の重要な部分を占める資金を提供するからである。したがって、リステイトメントの解決方法は、求められたものではないといえ、合理的なものである。慈善を目的としない非営利組織の場合、かかる非営利組織は寄附に頼っていないのが通常であろうし、然るべき額を拠出したメンバーのコントロール下にあることが多いであろうから、強いタイプの遵守義

---

74 | Linda Sugin, Resisting the Corporation of Nonprofit Governance: Transforming Obedience into Fidelity, 76 Fordham L. Rev. 893 (2007).

75 | Restatement of Charitable Nonprofit Organizations §2.02 rep. n.17 (Am. Law Inst., Tentative Draft No. 1, 2016); see also Fremont-Smith, supra note 10, at 225-226.

76 | E.g., Daniel Kurtz, Board Liability Guide for Nonprofit Directors 84-85 (1989); Rob Atkinson, Obedience as a Foundation of Fiduciary Duty, 34 L. Corp. J. 43 (2008).

77 | E.g., In Matter of the Manhattan Eye, Ear & Throat Hospital v. Spitzer, 715 N.Y.S. 2d 575, 593 (N.Y. Supp. Ct. 1999).

78 | Restatement of Charitable Nonprofit Organizations §3.05 (Am. Law Inst., Tentative Draft No. 1, 2016).

務が求められることは少ない。

B. 開示および記録保存の要請

　大半の州が、いくつかの慈善団体から、公式の報告を求めており、連邦税法は
ほとんどの課税免除非営利組織から年次報告を登録するよう求めており、その報
告は公開されている。これらの義務を遵守することは、一般に注意義務の一側面
であり、独立の信認義務とはみられていない。同様に、大半の州が非営利組織全
てではないにしても、大部分に対し、記録の保存と、限定された形ではあるが、
その記録へのアクセスを、法形式の違いによって具体的詳細は違うものの、求め
ている。これらの要請を遵守することも、また、一般にフィデューシャリーの注
意義務の一側面とみられている。

C. 誠実義務、守秘義務、その他の義務

　裁判所は、また次々と制定される法律は、非営利組織の受認者に対し、それ以
外にも様々な義務を課すが、一般的にいって、いずれも忠実義務と注意義務の広
範な義務の一側面としてであって、特別な「信認義務」として課すものではない。
例えば、忠実義務および注意義務の条文には、（LLC の例外はあるものの）受認者
として誠実（in good faith）に行動することが一般に含まれており[79]、UUNAA には
メンバーに対する情報の開示義務が必要として含まれ[80]、ULLCA では忠実義務の
中に守秘義務が組み込まれている[81]。しかし、非営利組織の非公開情報を秘密保持
する義務および会議の議事録の保存その他必要な記録保持を確保する義務は、一
般的には、信認義務とはいわれておらず、受認者に対してではなく、組織自体に
対して課されるのが一般的である[82]。しかし、それ以外にも受認者を超えて義務が
課されることがある。例えば、UUNAA は信認義務ということではなく、契約
による義務として誠実義務、公正取引義務を団体メンバーに課している。

---

79 | E.g., Unif. Unincorporated Nonprofit Ass'n Act §22 (b) (Unif. Law Comm'n 2011); Unif. Trust code §105 (b)(2) (Unif. Law Comm'n 2010); Revised Model Nonprofit Corp. Act §8.30 (a)(1) (Am. Bar Ass'n 1987); Restatement of Charitable Nonprofit Organizations §2.02 (a) (Am. Law Inst., Tentative Draft No. 1, 2016); Restatement (Third) of Trusts §77 cmt. d (Am. Law Inst. 2007); But see Unif. Ltd. Liab. Co. Act §409 (Unif. Law Comm'n 2013).

80 | Unif. Unincorporated Nonprofit Ass'n Act §22 (b) (Unif. Law Comm'n 2011).

81 | Unif. Ltd. Liab. Co. Act §409 cmt. on subsection (b)(1)(B) (Unif. Law Comm'n 2013).

82 | E.g., Unif. Unincorporated Nonprofit Ass'n Act §24 (b) (Unif. Law Comm'n 2011); Unif. Trust Code §810 (a) (Unif. Law Comm'n 2010); Revised Model Nonprofit Corp. Act §16.01 (Am. Bar Ass'n 1987); Restatement (Third) of Trusts §77 cmt. d (Am. Law Inst. 2007).

Ⅵ　強行規定と任意規定

　信認義務違反に対して非営利組織が免責や補償、保険をどの程度与えることが
できるか等、フィデューシャリーの信認義務を緩和することができるか否かは、
非営利組織の法形式により変わる。これに対して州法は、元フィデューシャリー
について、一般に法形式にかかわらず同様に扱っている。受認者であった時に義
務違反があり、その任から離れ、信認義務から解放されたとしても責任ありとさ
れるのである。しかし、連邦税法は、元フィデューシャリーが得た一定の経済的
利益に関し、限定条件付きで例外を設けている。

A.　緩和する権限

　公益信託の法領域においては、受認者は、注意義務違反による責任を過失によ
り負うが、公益信託の設定者は、しばしば、非営利法人に適用される、より緩や
かな重過失に置き換えることができる。[83] 同様に、設定者が一般的義務である誠実
義務まで免除することはないが、忠実義務の厳格な適用を緩和することはありう
る。[84] このような限定に合わせ、リステイトメントは、全ての慈善団体に対して、
法形式の違いにかかわらず、定款等でこれらの義務を緩和することを認めるか、
あるいは「意図的または故意、無思慮による、あるいは重大な過失や違法な行
為」や「不誠実または慈善目的を無視した行動」ではない場合には、受認者は責
任を免れ、忠実義務、注意義務違反にならないとしている。[85]

　これに対し、LLC が非営利法人である場合には、LLC 法が柔軟性を発揮し、
その定款等において忠実義務、注意義務を緩和または免除することを認めている。[86]
例えば、デラウェア州で設立された非営利 LLC は、メンバーではない管理者に
対し、黙示の誓約条項である誠実義務、公正取引義務は免除しないものの、これ

---

83 ｜ 前掲注 46（本書第 3 章）参照。
84 ｜ Unif. Trust Code §105 (b)(2)（Unif. Law Comm'n 2010）.
85 ｜ Restatement of Charitable Nonprofit Organizations §2.04（Am. Law Inst., Tentative Draft No. 1,
　　 2016）.
86 ｜ 本書第 5 章。Unif. Ltd. Liab. Co. Act §105 (d)(3)（Unif. Law Comm'n 2013）は、運営合意書の中で
　　 忠実義務、注意義務の変更、除去を認めているが、その変更が「明らかに非合理的」な場合に限
　　 りとしている。また注意義務に関して「悪意、故意、意図的な不正行為や法令違反と知りながら
　　 の行為」は、かかる変更は認められないとしている。

らの義務は、遵守を免除することができるとされている[87]。実際には、このような緩和は連邦税法からの課税免除の承認を内国歳入庁から受けることを要しない非営利法人のみが利用することができる。というのは、内国歳入庁は、かかる条項の入った非営利組織からの申請を拒否するからである。おそらく意図したわけではなかったかもしれないが、いくつかの州において、非営利活動をするLLCに制限を加えることなく、LLC一般に組織的柔軟性を付与されたLLCは、かかる管理者の義務に対するこだわりを傷つけられることとなり、非営利LLCに関しては修正が必要となった[88]。

B.　免責、補償および保険

　1つまたはそれ以上の義務違反を犯した受認者が、定款等における、一定の限定に服する結果、これに基づき免責または補償されたり、信認義務違反により生じた責任や費用をカバーするために非営利組織が購入した保険の受益者となることがある。

　免責や補償の限定の正確なところは法域と法形式によってかなり異なる。例えば、リステイトメントは、慈善団体の定款等で認めないと予め定めていないような行為を免責―すなわち責任から解放することを禁止している[89]。UTCは、受託者が「不誠実または信託目的や受益者の利益を無思慮にも無視して」違反を犯した場合や補償条項があることを濫用した場合の免責を禁止している[90]。RMNCAは、補償――信認義務違反に対して課される責任およびそれに関連する費用を全て非営利組織が支払うこと、を受認者が誠実に行動しなかった場合や受認者の行動が非営利組織の利益と信ずることができないことが合理的な場合を除き、非営利組織の責任とすること、あるいは不適切な個人的利益として受けることを認めている[91]。これに対し、UUNAAは、単純に受認者が信認義務違反を犯した場合、これを補償するとしている[92]。

87　See Carter G. Bishop & Daniel S. Kleinberger, Limited Liability Companies; Tax and Business Law ¶14.05[5][a][i], [8] (2017); Aprill, supra note 26, at 11-12; Andrew S. Gold, On the Elimination of Fiduciary Duties: A Theory of Good Faith for Unincorporated Firms, 41 Wake Forest L. Rev. 123 (2006).

88　See Aprill, supra note 26, at 34-35.

89　Restatement of Charitable Nonprofit Organizations §2.04 (Am. Law Inst., Tentative Draft No. 1, 2016). リステイトメントは補償と保険を同様に扱うことを期待されている。

90　Unif. Trust Code §1008(a) (Unif. Law Comm'n 2010).

91　Revised Model Nonprofit Corp. Act §8.51(a), (b) (Am. Bar Ass'n 1987).

92　Unif. Unincorporated Nonprofit Ass'n Act §26(b) (Unif. Law Comm'n 2011).

保険に関しては、保険会社が提示するカバー範囲と価格条件に実務上の制限はあるかもしれないが、法形式にかかわらず、どのような保険がカバーすることについて、法的制限はない。[93] 最後に、既に述べたことであるが、いくつかの州の関連する LLC 法は、信認義務を全面的にないとし、信認違反行為も全面的に排除する。

C.　元フィデューシャリー

　信認関係が生ずる立場から辞任または退任した受認者は、その立場から去る前に犯した信認義務違反の責任は負うものの、退任後の行動に関し、信認原則に縛られることはもはや原則としてない。しかし、連邦税法は、課税免除慈善団体や課税免除社会福祉非営利組織に対して重大な影響力を与える個人、あるいはその者と密接な関係のある個人または団体は、理屈に合わない高い経済的利益を退任後の 5 年以内に非営利組織が提供または提供する義務を負っている場合には、そのような利益を受け取ることに対してペナルティが課されることになっている。[94]

Ⅶ　信認義務違反からの救済

　州法は一般に慈善団体およびそれ以外の非営利組織の信認義務を負わせることを、州の司法長官または州の司法長官が権限を付与した訴追代行者、共同フィデューシャリー、公益信託の場合は委託者に限定している。このような制限を設ける理由は、一般に非営利組織に対する、行きすぎた訴訟や安易な訴訟を防ぐことであるといわれている。トレードオフの関係にあるといえるが、違反の実態は明確でないものの、少なくともこの制約が一因となり、違反の告発に成功し、受認者に重大な制裁を課した例は比較的稀のようにみえる。さらに、内国歳入庁は、違反行為が連邦税法にも違反しているということがなれば、制裁を課すことがある。

A.　州の司法長官

　州の司法長官が非営利組織に対して義務違反を犯した受認者に対して然るべく

---

93 | See Revised Model Nonprofit Corp. Act §8.57（Am. Bar Ass'n 1987）; Unif. Unincorporated Nonprofit Ass'n Act §26(d)（Unif. Law Comm'n 2011）; Unif. Trust Code §816(11)（Unif. Law Comm'n 2010）.

94 | 26 U.S.C. §4958(f)(1)(A)（2018）.

エクイティ上の救済を課すよう州裁判所に求めることがある。[95]典型的な救済方法としては、受認者としての行動を今後改めるよう命令される、当該非営利組織の受認者の任から解かれる、違反により金融上その他の損害が生じた場合に非営利組織に対して賠償を支払う、違反と救済内容の開示をこれらと併せて、または開示のみを単独で行う、などがある。また州の司法長官は、信認義務違反を犯したと主張する対象である受認者と、1つまたはそれ以上の救済に応ずるが、法廷でそれを認めることはしたくない場合などに、和解の合意をすることがある。しかし、ULLCA は、LLC の注意義務は信認義務ではなく、損害のみが救済されうるとしており、注意義務に関し、このような救済に、LLC として設立された非営利組織が含まれるか否かははっきりしていない。[96]大半の州において、司法長官は、私人に信認義務違反の訴追をする権限を与えている。[97]

　実際のところ、最悪の場合、受認者は解任されることになるものの、今後の行動を改めよと要求されるより、信認義務違反が起こることは稀なように思われる。注意義務違反をしないよう慎重な行動が求められるのは比較的軽いケースであり、州の司法長官が強権を発動することには限界があり、そのような違反事例の存在を知ることも難しいので、注意義務違反を犯している受認者がそういった調査から免れているというケースがたくさんあるかもしれない。忠実義務違反は、世間や州の司法長官の関心がより向きやすいこと、また注意義務違反の場合より悪性が強いと彼らがみなすことなどから、制裁が科される場合が多い。忠実義務違反は、そのような厳しい制裁を科すということがそれほど多いわけではないものの、違反によって得た個人的な利益の賠償を求めたり、場合によっては、そういった行為を容認した受認者からも賠償を求めることができるなど、厳しい制裁となることが多い。どの程度の違反が調査から免れているかは、司法長官の調査からの分も含め、明確にはなっていない。[98]

---

95 | Restatement of Charitable Nonprofit Organizations §5.01 cmts. b(1), d(1) (Am. Law Inst., Tentative Draft No. 2, 2017).
96 | Unif. Ltd. Liab. Co. Act §409 cmt. on subsection (c) (Unif. Law Comm'n 2013).
97 | E.g., Cal. Corp. Code §5142(a)(5) (2018); see generally Restatement of Charitable Nonprofit Organizations §5.01 cmt. d(2) (Am. Law Inst., Tentative Draft No. 2, 2017).
98 | See Evelyn Brody, Whose Public? Parochialism and Paternalism in State Charity Law Enforcement, 79 Ind. L.J. 937 (2004); Jonathan Klick & Robert H. Sitkoff, Agency Costs, Charitable Trusts, and Corporate Control: Evidence from Hershey's Kiss-Off, 108 Colum. L. Rev. 749 (2008).

B. その他救済を求めることのできる者

　信認義務は非営利組織に対して負うものであって、受益者に対して負うものではないという考え方により、信認義務の履行を求めて訴える私人は、代表訴訟を通じて非営利法人を代表して訴えを起こす共同受託者に通常限られている（ただし、州によっては、十分な数または割合のメンバーが非営利組織に対して訴えを起こす権限を認めている場合がある[99]）。非営利組織が自ら義務の履行を訴えることもできるが、義務違反を犯したとされる受認者が引き続き当該非営利組織をコントロールしていること、および違反があった組織という風評被害が広がるおそれがあることから、あまり行われていない。それゆえ、裁判所は、そのようなケースは稀ではあるものの、当該事案に「特別な利害関係」のある私人に訴権を認める場合があるのである[100]。近年、非営利組織、特に慈善団体の訴権について、いくつかの制限が緩和、なかでも寄贈者と信託設定者に対し、訴権の緩和がみられる[101]。

　訴権を拡大することに伴う問題は、たとえ、その訴訟が最終的に失敗に終わったとしても、非営利組織の金融上の、またはそれ以外のところの資源が不当に費やされてしまうことになる過剰訴訟のリスクがあるということである。この問題は、慈善団体の受益者が、一般に不特定多数で定義が必ずしもはっきりしていないこと、寄贈者も同じように多数であることが多く、その地位を簡単に得られること、慈善目的でない非営利組織の受益者の場合も同様であって、メンバーの数が多く、メンバーという地位が簡単に得られるということから生ずる。

C. 連邦税法

　信認義務違反が連邦税法の規則にも違反する場合、内国歳入庁の関心を引くこととなる。1990年代半ば以前は、内国歳入庁が利用できる制裁手段は課税免除の取消しだけであったが、この制裁の威力はフィデューシャリーに対しては十分であって、今後の行動を改める、辞任する、損害を賠償するなど、それ以外の救済を受け容れる場合が多かった。このように私的な違反に慣れていた、非課税の

---

99 | See Revised Model Nonprofit Corp. Act §6.30 (a) (Am. Bar Ass'n 1987); Restatement of Charitable Nonprofit Organizations §6.02 (Am. Law Inst., Tentative Draft No. 2, 2017); Restatement (Third) of Trusts §94 (1) (Am. Law Inst., 2007); Rob Atkinson, Unsettled Standing: Who (Else) Should Enforce the Duties of Charitable Fiduciaries?, 23 J. Corp. L. 655, 657 (1998).

100 | Restatement of Charitable Nonprofit Organizations §6.05 cmt. a (Am. Law Inst., Tentative Draft No. 2, 2017).

101 | See Unif. Trust Code §405 (Unif. Law Comm'n 2010); Restatement of Charitable Nonprofit Organizations §6.03 (Am. Law Inst., Tentative Draft No. 2, 2017); Restatement (Third) of Trusts §94 (2) (Am. Law Inst. 2007).

慈善団体や社会福祉団体にとって、1995年9月14日は1つの事件であった。議会が内国歳入庁に、違反により経済的利益を得た受認者と、一定の条件はあるものの、問題のあるその取引を認めた受認者に対しても、消費税（excise tax）を課す権限を与えたのである。この中間的な制裁により、内国歳入庁は、違反のあった非営利組織を制裁するのでなく、違反者をターゲットにすることができるという、より柔軟（な武器）を手にしたのである[102]。しかし、内国歳入庁は、資源の制約もあってこの消費税を滅多に課してはいない。理論上、連邦政府は、連邦税法の意図的違反に対して刑事制裁も科すことができるが、実際には、この観点からそれを行使することは滅多にない。

VIII 結 論

慈善団体とそれ以外の非営利組織に関する信認原則の大きな流れとしては、州および法形式を超えての、さらに慈善とそれ以外との間の収斂である。一般論として、この流れは前向きの発展である。特に、法形式に関しては、実際に法形式間の違いは少なくなっている。しかしながら、利益相反の救済に適用される手続の違いや、忠実義務に基づきどういった取引が禁止されるか、義務の内容がどの程度緩和でき、フィデューシャリーが違反から免責されるかなど、重要な部分での違いが依然としてある（ことも事実である）。さらに、この分野の発展には、（メンバーはどの程度信認義務を負うか、遵守義務という独立した義務があるかなどの）まだ確立していない問題や、（いくつかの州にみられる非営利LLCの可能性のような）新たに発展してきた問題、連邦所得税免除の特典を受けるほとんど全ての非営利組織に求められる連邦税法からの要請の効果などの問題が複雑に絡み合っている。リステイトメントを今後発展させることなどにより、収斂がさらに続くことが期待されるが、違いの多くは来たるべき将来にも引き続き残るように思われる。

謝 辞

Ellen Aprill と James Fishman、そして、編集者やそれ以外の本書執筆者からたくさんのコメントを得たこと、およびリサーチに協力してくれた Dehmeh Smith に対し、心より御礼申し上げる。

---

102 | 26 U.S.C. §4958 (2018).

| 第7章 | 銀行業務における信認原則 |

ANDREW F. TUCH

I　はじめに

　本章においては、銀行法における信認原則を検討する。本章では、商業銀行業務と投資銀行業務の両方を含むように銀行業務を広く解釈する。これら２つのカテゴリーの区別は、1933年グラス・スティーガル法に由来し、同法は、銀行業務を営む金融機関に対し、商業銀行業務と投資銀行業務のいずれかの機能を選ぶよう強制した。一般的に、前者の機能は、個人・法人両方の顧客に対して融資を行い、かつ顧客から預金を受け入れることを含んでいた。後者は、主に法人顧客を相手として、証券を引き受け、財務アドバイスを行うことを含んでいた。それと同時に、連邦準備銀行は商業銀行を銀行持株会社（BHCs）として規制し、証券取引委員会（SEC）が投資銀行をブローカー・ディーラーとして規制するという規制枠組みが発展した。1999年には、グラム・リーチ・ブライリー法は、グラス・スティーガル法を一部廃止し、BHCが金融持株会社になることを認めた。金融持株会社は、「金融的な性質」をもつ活動と、それに付随し、あるいはそれを補完する活動を行うことが認められた新しい種類の金融機関である[2]。多くのBHCがこの機会を利用し、その金融業務を拡大した[3]。主要な投資銀行は、2007年〜2009年の金融危機までは金融持株会社ではなかったが、金融危機の際、それらの投資銀行は、破産宣告、金融持株会社への転換、または金融持株会社による買収のいずれかの途を辿った[4]。

1　1933年銀行法（グラス・スティーガル法）(Pub. L. No. 73-66, 48 Stat. 162 (1933)) (U.S.C. 第12編の様々なセクションにおいて成文化（改正を含む）されており、一部はグラム・リーチ・ブライリー法 (Pub. L. No. 106-102, 113 Stat. 1338 (1999)) により廃止されている）。

2　金融サービス現代化法（グラム・リーチ・ブライリー法）(Pub. L. No. 106-102, 113 Stat. 1338 (1999)) (U.S.C. 第12編および第15編の様々な条において成文化されている）。金融持株会社の資格を得るためには、銀行持株会社は、十分な資本をもち、十分な管理体制がとられていることを含む基準を満たさなければならない。Id. at §103(a).

3　主要なBHCsは、既に投資銀行業務を開始しており、それは、裁判所および規制当局によるグラス・スティーガル法の規制緩和的な解釈により認められていた。1999年の改正は、この展開を推し進めた。

4　See Financial Crisis Inquiry Commission, The Financial Crisis Inquiry Report: Final Report of the National Commission of the Causes of the Financial and Economic Crisis in the United States

今日のアメリカにおいて、主要な金融機関は、金融持株会社として規制されている。それらは、金融コングロマリットとして、あるいは単に銀行として知られている。このような金融機関は、預金を受け入れ、融資を行う。また、それらは、証券の募集を引き受け、M&A取引の助言やそれ以外の証券取引の促進を含む、関連する投資銀行業務を行う。

主要な銀行はまた、商業銀行業務または投資銀行業務とされる機能**以外の**業務も行う[5]。銀行は、アセット・マネジャーとして、主に外部の投資家により拠出された資金をプールする「ファンド」を管理することがある。このアセット・マネジャーの立場において、銀行は投資顧問業者や受託者（受認者として認知される類型）として行動する[6]。セールス・アンド・トレーディング業務において、銀行はブローカー・ディーラーとして信認義務を負う可能性がある[7]。もっとも、本章では、これらの業務ではなく、銀行の商業銀行業務と投資銀行業務に関連する信認原則を考察する。

裁判所は、銀行が代理人または受託者として行動する場合、銀行は受認者となると述べているが、銀行の主要な商業銀行業務または投資銀行業務における関係は、一律に信認関係と取り扱われているわけではない。しかしながら、一般的には、信認義務が生ずるとすれば、それは、一定の銀行関係についての事実関係固有の分析に基づき惹起される[8]。裁判所は、その分析において、しばしば、第2次不法行為法リステイトメントから分析を始める。すなわち、信認関係は、「二者間において、一方当事者が、その関係の範囲内の事柄について他方当事者のために行動するか、助言を行う義務を負うときに存在する[9]」。裁判所は、信認関係を生じさせる指標を特定し、特に投資銀行業務において、銀行が対等な役割を超える場合に、銀行を受認者とみなす傾向にある。銀行は、その主要な商業銀行業務および投資銀行業務の各機能を果たす際に、事実関係に基づく受認者としてみなされてきた。裁判所が信認義務を課す際に、銀行の法的形態（例えば、金融持株会社として）またはその組織構造（例えば、コングロマリットとして）に言及する

356-382 (Jan. 2011).

5 | より詳細について、一般論として、Andrew F. Tuch, Financial Conglomerates and Information Barriers, 39 J. Corp. L. 563 (2014) 参照。

6 | Investment Advisers Act §206; SEC v. Capital Gains Research Bureau, Inc., 375 U.S. 180, 194 (1963); 本書第3章。

7 | 本書第8章参照。

8 | 一般論として、本書第1章参照。

9 | See §874 cmt. a (1979).

ことは稀である。なお、信認義務の論点には州法が適用されるため、原則は法域ごとに多少異なる。

　多くの状況において、銀行は、顧客との契約上、信認義務の免責条項を定めることで対応してきた。銀行がそのようにする理由は、銀行の規模や顧客・機能の多様性の結果として、利益と義務が衝突する場面に頻繁に直面するためである[10]。したがって、論点は信認義務の有無と指標に関係するだけでなく、信認関係を否定することの可否や、信認義務の修正、利益相反を解消するためのその他の試み（情報障壁の利用を含む）の法的効力にも関係する。これらの問題の多くには、明確な答えがない。銀行の行う業務から想像されるよりも、銀行の顧客が訴訟を提起することは少なく[11]、提起された訴訟がトライアルに進むことはまれである。規制当局は、この局面においては、信認義務を監督する役割を果たしていない。決定を行うにあたり、裁判所は、一般的に、訴え却下の申立てにおいて原告が説得的な主張を申し立てたかどうか、つまり、信認関係の申立てが妥当であったかという問いをもって、顧客の主張が法的に十分であるか否かを審理する。

　本章では、主要な銀行業務について、どのような場合に信認義務が生ずるか、また、信認義務により何が要求されるかを考察する。判例が限られていること、受認者の地位は一般的に事実関係に基づく、あるいはアドホックなものであること、また、多様な種類の銀行業務による関係性の間で違いがあることから、裁判所は、銀行業務に広く適用される信認義務の存在を明示的に判示してはいない。したがって、本章では、それぞれの状況について、関連する忠実義務、注意義務およびその他の義務とともに、どのような場合に信認義務が生ずるかという問題を検討する。本章では、そのうえで、一般的に銀行業務にあてはまる論点、特に、免責条項、説明に基づく同意および救済手段の問題を検討する。

II　商業銀行業務

A.　融資

　裁判所は、銀行と融資を受ける顧客の間の関係を、信認関係の類型というより

---

10 ｜ 利益の相反および義務の相反の説明については、一般論として、Andrew F. Tuch, The Weakening of Fiduciary Law, in Research Handbook on Fiduciary Law (Andrew S. Gold & D. Gordon Smith eds., 2018) 参照。

11 ｜ 考えられる理由の検討については、Andrew F. Tuch, Banker Loyalty in Mergers and Acquisitions, 94 Tex. L. Rev. 1079, 1120-1123 (2016) 参照。

も、「契約上」の関係であり、かつ、「債権者と債務者」の関係であると性質づけている[12]。それにもかかわらず、銀行は、貸主としてだけでなく、代理人または受託者として行動する場合には、信認義務を負う可能性がある[13]。「圧倒的多数」の法域においても、いわゆる特別な状況・例外的な状況が存在する場合は、銀行が借主である顧客の受認者になる可能性があることが認められている[14]。このような状況には、銀行が対等な当事者間での融資という通常の役割以外の行為を行うことが含まれる。裁判所は、借主が銀行を信頼し信用していたか、借主が銀行の助言を受け、それに依拠していたか、銀行が借主を管理し、または借主よりも情報面で有利な立場にあったかという点を指摘する[15]。一般的な概念としては、借主が「信認、信頼および信用」し、銀行が借主に対して「支配権、監督権または影響力」を行使し、借主側に「不平等性、依存性、脆弱性または知識の不足」があることが求められる[16]。信認義務が生ずる場合、銀行が、「銀行の助言に借主が特別な信頼または信用を寄せることを助長し、これにより、借主を信頼させる」ことが「共通点」に含まれる[17]。信認義務を生じさせる特別な状況は、当事者の契約関係以外で生ずる可能性がある[18]。銀行は、借主に対して助言を行ったり、あるいは借主からの秘密情報を受領したりするだけでは、受認者にはならない[19]。審問は、必ず個別の事実関係に基づいて行われる。

　いくつかの事件では、どのような状況において信認義務が生ずる可能性があるかについて参考となる説明がなされている。*Morris v. Resolution Trust Corp.*[20]において、メイン州最高裁判所は、借主が助言を求めて信頼していた銀行の担当者と借主の関係に基づき、信認関係が存在していた旨の陪審判決を支持した。借主は、借主のアパートを修繕するために建設業者を雇用したが、プロジェクトの途

12 | See Curtis-Shanley v. Bank of Am., 970 N.Y.S.2d 830, 832 (N.Y. App. Div. 2013); Broadway Nat'l Bank v. Barton-Russell Corp., 585 N.Y.S.2d 933, 944–945 (N.Y. Sup. Ct. 1992); Groob v. Keybank, 843 N.E.2d 1170, 1173 (Ohio 2006); Barnett Bank of W. Fla. v. Hooper, 498 So. 2d 923, 924 (Fla. 1986); Umbaugh Pole Bldg. Co., Inc. v. Scott, 390 N.E.2d 320, 328 (Ohio 1979).

13 | See Broadway Nat'l Bank v. Barton-Russell Corp., 585 N.Y.S.2d at 944–945; Olmeca, S.A. v. Mfrs. Hanover Trust Co., 629 F. Supp. 214, 223 (S.D.N.Y. 1985).

14 | Cecil J. Hunt, The Price of Trust: An Examination of Fiduciary Duty and the Lender-Borrower Relationship, 29 Wake Forest L. Rev. 719, 768 (1994).

15 | See, e.g., Baylor v. Jordan, 445 So. 2d 254, 256 (Ala. 1984); Hunt, supra note 14, at 740–741.

16 | Union State Bank v. Woell, 434 N.W.2d 712, 721 (N.D. 1989) (引用省略).

17 | United Jersey Bank v. Kensey, 704 A.2d 38, 45 (N.J. Super. Ct. App. Div. 1997) (citing Cecil J. Hunt, supra note 14, at 739–778).

18 | See Wiener v. Lazard Freres & Co., 672 N.Y.S.2d 8, 14 (N.Y. App. Div. 1998).

19 | See Umbaugh Pole Bldg. Co., Inc. v. Scott, 390 N.E.2d 320, 323 (Ohio 1979) (助言の提供について); Groob v. Keybank, 843 N.E.2d 1170, 1175 (Ohio 2006) (秘密情報の受領について).

20 | 622 A.2d 708 (Me. 1993).

中で建設業者は修繕費を増額し、借主はさらなる資金調達を求められた。建設業者の提案で、借主は、銀行の融資担当者であるYoungに連絡をとり、Youngは銀行を通じて借主に資金を融資し、借主に対して修繕に関する助言も行った。Youngは、建設業者の履行を監督することを約束し、（Youngによると、Young自身の建設業者との以前の取引に基づき、）建設業者の履行について借主に確約し、別の建設業者を探すことには反対する旨を借主に助言した（これは借主が検討していたことである）。Youngは、建設業者に支払を行うために、速やかに資金を引き出すことを借主に提案した。借主はそのようにしたが、この資金が建設業者自身の銀行に対する債務を減らすことに充てられたとわかったのは、後になってからのことであった。信認関係の顕著な特徴が存在していた。すなわち、一方当事者が他方当事者を信頼し、信用しており、当事者の間には「立場と影響力に大きな差」があった。この差について、裁判所はYoungの「[建設業者の]誠実さおよび工事の履行に関する専門的な優れた知識」ならびに建設業者との以前の取引からのYoungの知識に言及した。借主が「借主自身の利益を守るための行為を全くすることができない状態である」必要はなかった。信認関係により、銀行は、建設業者の債務を開示することが求められたが、銀行はこの義務の履行を怠っていた。

Buxcel v. First Fidelity Bank においては、特別な状況が銀行と借主との間の信認関係を形成した。銀行は、代理人を通じて行動し、借主が事業を買収することを援助する「積極的役割」（助言を行うことを含む）を果たした。代理人は、その事業に借主の関心を向けさせ、その事業からどれほどの利益が得られるかを借主に示す数字をまとめた。代理人はまた、借主がその買収のために外部の資金を得ることを援助した。しかしながら、銀行は、売主が銀行の顧客であり、銀行に対して多額の債務を負っている（かつ、債務不履行の状況にある）こと、また、その事業を買収することにより、借主は売主に対する銀行のエクスポージャーを減らすことになることを借主に開示しなかった。その事業は、売却後すぐに破綻した。サウスダコタ州最高裁判所は、「特別な状況が本事件の事実のもとに存在しており、この……事業の業績の実態を開示すべき[銀行]の信頼または信認義務を形

21 | Id. at 712.
22 | Id.
23 | Id.
24 | Id. n.3（開示の信認義務を負っていることを否定する銀行の主張を退けることにより、銀行がこのような開示の信認義務を負っていたことを示唆している）.
25 | 601 N.W.2d 593（S.D. 1999）.

成している」と多数決により判示した[26]。裁判所は、買収取引における銀行の「積極的」かつ「不可欠な」役割および買主との「信認および信頼関係」を強調した[27]。

　貸主が顧客に負うフィデューシャリーの注意義務または忠実義務の内容は、これらの事件からは不明瞭である。裁判所は代わりに、内在するインセンティブ（それは、銀行の助言に対してバイアスをかけたり、その助言をあまり信用できないものにしたりする可能性があるものである）を顧客に開示することを銀行に要求する（限定された）義務を課した。*Morris* 事件においては、信認義務により、銀行は別の顧客との関係、特に、後者の顧客の銀行に対する債務および提案された取引によってかかる債務がどのように影響を受けるかを開示することが要求された。*Buxcel* 事件において、銀行は、「[他の顧客の] 事業の業績の実態を開示する……信認義務」を負うものとされた[28]。開示の義務は、状況に応じて注意義務または忠実義務のどちらかであると考えられる一方で、銀行が助言を行う際に投資銀行業務においてかかる義務が課されるという考え方に基づき、より広範で明確な注意義務および忠実義務が適用される可能性がある[29]。範囲については、どの信認義務も、銀行の助言業者としての関係に限定される。もちろん、銀行が事実関係に基づく受認者ではなく、代理人または受託者である場合は、適用される代理または信頼の法理が銀行の義務の内容および範囲を示す[30]。

　最後に、開示の義務は、一方の顧客に情報を開示することを銀行に要求することで、もう一方の顧客に負っている信認に違反することになり、銀行を相反する義務を負う立場に置く可能性がある。銀行の異議申立てにもかかわらず、このリスクによって、裁判所が開示の義務を課すことを差し控えることはなかった[31]。

　要するに、債権者と債務者の関係は、一般的には対等なものであるが、特別な状況（助言の提供が行われることが多い）では、裁判所は、銀行に対してインセンティブに関する情報を開示する義務を課す。それはたとえ、そうすることが他の顧客に対する守秘義務に違反する場合であったとしてもである。裁判所は、これまで明示的な注意義務または忠実義務を課しておらず、また、開示義務をどちら

---

26 ｜ Id. at 597.
27 ｜ Id. at 597–598.
28 ｜ Id. Barnett Bank of W. Fla. v. Hooper, 498 So. 2d 923, 925（Fla. 1986）において、裁判所は、銀行が顧客の犠牲のもとで利益を得る可能性のある取引に関与する場合、「特にその知識の範囲内で」重要事実を開示することを銀行に要求し、「さもなければ顧客は重要事実を入手できない」として銀行の信認義務を明確に判示した。
29 ｜ Ⅲ **A** および **B** 参照。
30 ｜ 本書第 2 章、前掲注 6（本書第 3 章）参照。
31 ｜ See, e.g., Barnett Bank v. Hooper, 498 So. 2d at 925.

かに内在するものと明示していないが、他の銀行の状況を参考にすることで、これらの義務が適用されると考えることは理に適っている。発生する信認義務は、助言の提供の範囲に限定される。

B.　預金の受入れ

　銀行はまた、顧客からの預金の受入れや、証券その他の資産の保管を行う。裁判所は、これらの関係を対等なものと位置づけ、信認に基づくものとは評価していない[32]。しかしながら、ここでもまた、銀行は特別な状況において、顧客に対して信認義務を負う可能性がある[33]。この状況における経済関係は、融資関係とは逆であるが、裁判所は、どちらの状況においてもほぼ同一の方法で先例に依拠している[34]。ⅡＡにおいて特定したものと同様の要因があてはまる。銀行と顧客の関係は、それ以上のことがない限り、信認に基づくものではないため、これらの機能のどちらかを果たすことによって銀行が受認者となるわけではない[35]。したがって、銀行が預けられた金銭または資産をどのように投資するかについて顧客に助言を行う場合、裁判例において、このような事実関係のパターンは典型的でないものの、信認義務が生ずる可能性がある。

Ⅲ　投資銀行業務

A.　証券募集の引受け

　典型的な投資銀行業務として、銀行が一般投資家または特定の類型の投資家に対して証券を発行（販売）する企業その他の発行体を支援することが挙げられる。引受業務は、主に、銀行が発行体と契約やその他の方法で取引を行う「顧客対応（client-facing）」の役割と、銀行が発行体の証券を投資家に販売する「投資家対応（investor-facing）」の役割の2つの役割に分類される[36]。銀行は、前者においては投

---

32 | Curtis-Shanley v. Bank of Am., 970 N.Y.S.2d 830, 832 (N.Y. App. Div. 2013).
33 | See, e.g., Price v. Wells Fargo Bank, 213 Cal. App. 3d 465, 478 (1989); Tokarz v. Frontier Sav. & Loan Ass'n, 33 Wash. App. 456, 458-459 (1982).
34 | See, e.g., Annechino v. Worthy, 162 Wash. App. 138, 143 (2011).
35 | Musalli Factory for Gold & Jewellry v. JP Morgan Chase Bank, 261 F.R.D. 13, 26 (S.D.N.Y. 2009).
36 | See Nicholas Wolfson, Investment Banking, in Abuse on Wall Street: Conflicts of Interest in the Securities Markets-Report to the 'Twentieth Century Fund Steering Committee on Conflicts of Interest in the Securities Markets 418-419 n.1 (1980). 「顧客対応（client-facing）」および「投資家対応（investor-facing）」という用語は、Niamh Moloney, How to Protect Investors: Lessons from the EC and the UK (2010) からの引用。

資銀行部門によって、また、後者においては銀行の販売および取引業務における
ブローカーおよびアドバイザーによって、役割ごとにそれぞれ異なる職員に代表
される。

　アメリカにおいて、銀行は、確約（ファームコミットメント）方式またはベスト
エフォート方式で引受けを行う。確約引受けでは、銀行は発行体から証券を買い
取り、合意された利幅を乗せて当該証券を投資家に転売することに合意する。こ
の利幅が銀行の報酬となる。銀行は投資家需要が低調となることのリスクを負担
[37]
するが、募集を行うか否か、募集時期、募集価格についての最終的な判断は銀行
が行うため、当該リスクを軽減することができる。ベストエフォート引受けでは、
銀行は発行体の代理として証券を販売するために「最善の努力」を尽くすことを
約束する。確約方式による引受業者と異なり、ベストエフォート方式による引受
[38]
業者は、発行体から証券を買い取る（または買取りを確約する）ことは滅多にない
ため、投資家需要が低調となることのリスクを負担することはない。アメリカで
は、銀行は、確約方式による証券募集の引受けを行うことが一般的である。

　銀行が（確約引受けにより）発行体から証券を買い取る場合または（ベストエフ
ォート引受けにより）発行体のために証券を販売する場合、銀行は発行体に対し
て信認義務を負わない。確約引受けにおいて、引受業者は、引受契約で定められ
る条件に基づいて対等な取引先として買取りを行っているため、引受業者が受認
者とみなされる余地はほとんどない。ベストエフォート方式による引受業者が発
[39]
行体を代理する場合においても、引受業者が代理人またはその他の方法で受認者
として行動しているかについては疑問がある。銀行が投資家のために裁量権を行
[40]
使する投資銀行業務以外の業務として証券の買取りを行う投資家を代理する場合
に信認義務が生ずる可能性があることとは、明らかに異なる。
[41]

---

37 ｜ See James D. Cox et al., Securities Regulation: Cases and Materials 106-110 (8th ed. 2017).

38 ｜ 事実、ベストエフォート引受けには3種類あり、各種類は引受業者が手数料を得るために販売
　　する必要がある株式数に応じて異なる。Id. at 109.

39 ｜ See Peter Watts & F.M.B. Reynolds, Bowstead and Reynolds on Agency 31-32 (20th ed. 2014)（販
　　売と代理は相互に異なる関係であり、前者は「商業上の反対の関係」である一方、後者は「信頼
　　と信用の信認関係を伴う」と述べている）. See also HF Mgmt. Servs., LLC v. Pistone, 818 N.Y.S.2d
　　40, 42 (N.Y. App. Div. 2006)（発行体である顧客から買い取る引受業者の義務の対等性について述
　　べている）.

40 ｜ 代理関係を築けるほど、顧客による引受業者の管理が十分に行われていないようであるが、それ
　　ぞれの関係は個別事実による分析が必要と思われる。See also Blue Grass Partners v. Bruns,
　　Nordeman, Rea & Co., 428 N.Y.S.2d 254, 255 (N.Y. App. Div. 1980)（「[ベストエフォート引受けに関
　　する] 引受契約により引受業者と発行会社の間に信認義務は生じない」という下級裁判所の判示
　　について言及している）.

41 ｜ 関連する原則については、前掲注7（本書第8章）参照。

銀行は、引受業者として他のサービスを提供する場合がある。新規株式公開
（IPO）のような場面での募集において、銀行は、取引のメリット、代替的な資
金調達手段、運用の仕組みおよび投資家向け広報活動について会社に助言を行う。[42]
問題は、これらの状況で助言を行う際に、引受業者が顧客の受認者となるかとい
うことである。訴訟が提起されるのは、主に IPO における確約引受けに関して
である。*EBC I, Inc. v. Goldman Sachs*[43] において、Goldman Sachs は、小売企業
の eToys による IPO の主幹事会社であった。eToys の証券は 20 ドルに設定さ
れ、79 ドルで取引されるようになった後、年末までに 25 ドルに下落し、その後
同社が破産した時点でゼロドル近傍で取引されていた。無担保債権者公式委員会
（The Official Committee of Unsecured Creditors）は、同社を代理して Goldman に
対して訴訟を提起し、とりわけ Goldman が IPO に関して同社に助言を行う際に、
利益相反について開示していなかったため、同社が信認義務に違反したと主張し
た。[44] 同委員会は、投資家が eToys の株式投資で得た利益から Goldman に見返り
を支払うという取決めが Goldman と投資家の間で締結されていたと申し立てた。
投資家による同社の株式への払込額が減少すると、投資家の利益が増え、Gold-
man の見返りも増えるため、Goldman は eToys に対して株価を低く設定するよ
う助言するインセンティブがあったと同委員会は申し立てた。Goldman は、申
し立てられた取決めについて eToys に対する開示を怠っていた。

　ニューヨーク州控訴裁判所は、Goldman による信認義務違反の請求却下の申
立てを認めることを拒否し、同委員会の訴状には十分な理由があったとして下級
裁判所に同意した。同裁判所は、IPO の引受けにおける Goldman のブローカ
ー・ディーラーとしての地位を考慮しなかった。[45] むしろ、同裁判所は、第 2 次不
法行為法リステイトメントにおける信認の定義づけから分析を始めた。[46] **引受契約**
によって直ちに信認義務は生じないかもしれないが、フィデューシャリーの「責
任は、受認者と受益者の間の合意または契約上の関係のみに依拠するわけではな
く、受認者と受益者の実際の関係からも生ずる」[47] と同裁判所は当該リステイトメ

---

42 | See Andrew F. Tuch, Securities Underwriters in Public Capital Markets: The Existence, Parameters
and Consequences of the Fiduciary Obligation to Avoid Conflicts, 7 J. Corp. L. Stud. 51, 56-60
(2007).
43 | 832 N.E.2d 26 (N.Y. 2005).
44 | Id. at 30.
45 | 当該地位に関しては、Andrew F. Tuch, The Self-Regulation of Investment Bankers, 83 Geo. Wash. L.
Rev. 101, 116-120 (2014) 参照。
46 | 832 N.E.2d at 31 (citing Restatement (Second) of Torts, §874 cmt. a (1979)).
47 | Id. at 20 (citing Restatement (Second) of Torts, §874 cmt. b (1979)).

ントを引用して述べた[48]。引受業者と発行体は、引受契約とは**独立した**関係をもつ場合があり、「引受業者が、とりわけ、マーケットの状況に関する顧客の専門アドバイザーとしての役割を果たす限度において、信認義務が生ずる可能性がある[49]」。このように信認義務が生ずる可能性があることは、対等に取引を行う商取引当事者間には信認義務は生じないという一般原則に反しないとされた。なぜなら、このような義務を生じさせる関係は、契約によって規律される関係とは異なるためである。

　原告は、当事者らが**契約に基づいて生ずる関係とは別の**より高度な信頼関係を築いたと申し立てたため、当該訴状は、信認義務違反について請求を行うために十分なものであった。Goldman の義務は、その顧客と「誠実に取引を行う」とともに、「助言に疑いを生じさせる重大な利益相反」について開示する必要があった[50]。信認関係の範囲は、「引受業者のアドバイザーとしての役割に限定」された[51]。

　同様の分析に基づき、他の裁判所も、引受業者と発行体の間で信認関係が生じうることを認めていた[52]。*In re Oakwood Homes Corp.* において[53]、裁判所は、銀行が発行体にとって単に証券引受業者であるだけでなく、財務や事業再構築のアドバイザーであり、かつ主要な貸主であり、この多面的な関係が銀行に顧客に対する事実上の支配権を与え、銀行をより高度の信頼を寄せられる地位に置くことにより、信認関係を生じさせる可能性があるため、銀行による請求却下の申立てを

---

48 | Restatement (Second) of Torts, §874 cmt. b (1979).
49 | 832 N.E.2d at 32.
50 | Id. at 32. 約 5 年後、EBC I, Inc. v. Goldman Sachs & Co., 936 N.Y.S.2d 92 (N.Y. App. Div. 2011) において、控訴部の合議体は意見が分かれたが、Goldman が eToys に対して信認義務を負っていないと判示した。事実、Goldman は、eToys に対して証券の IPO 価格に関して助言を行っておらず、価格は当事者間の対等な交渉の結果定められた。言い換えれば、第 1 に、信認義務は Goldman が証券の価格設定に助言を行う範囲に限定され、第 2 に、Goldman がそのような助言は行っていないという理由で、Goldman は、eToys の証券価格に関する信認義務に違反していない。本事件は 2013 年に解決した。
51 | 832 N.E.2d at 32.
52 | See, e.g., Breakaway Solutions, Inc. v. Morgan Stanley & Co., No. Civ. A. 19522, 2005 WL 3488497, at *3-4 (Del. Ch. Dec. 8, 2005)（引受業者が発行会社である顧客に対して契約外の信認義務を負っていたという請求却下の申立てを拒否するためにニューヨーク州法を適用した。訴えは、顧客が引受業者に秘密情報を委ねていることならびに引受業者の「引受けおよび IPO 手続に関する優れた知識、情報および経験」に基づく信認関係を主張した); In re Merrill Lynch Auction Rate Sec. Litig., 758 F. Supp. 2d 264, 282 (S.D.N.Y. 2010)（「裁判所は当該関係［引受業者と発行会社の関係］が信認関係であるとみなしている」と主張し、原告が当該義務違反を十分に申し立てるものであると判示した）. さらなる詳細な分析については、Jeremy McClane, The Agency Costs of Teamwork, 101 Cornell L. Rev. 1229, 1289-1294 (2016) も参照。
53 | 340 B.R. 510 (Bankr. D. Del. 2006).

拒否した[54]。そのため、銀行は、顧客と誠実に取引を行う義務を負っていた可能性があり、銀行が「故意に［顧客］を経済的破綻へ導いた」場合、銀行は当該義務に違反したと思われると裁判所は示した[55]。

　信認に関する問いは、個別の事実関係に基づくものである。全ての引受業者が顧客に助言を行うわけではない[56]。引受業者に何らかの利益相反がある場合には、業界の自主規制機関である金融業規制機構（Financial Industry Regulatory Authority）の規則で認められる通り、適格な独立引受業者が任命される場合があり、これにより顧客が引受業者に依存する可能性が低くなり、信認関係に伴うリスクを軽減する[58]。要するに、引受業者は、専門アドバイザーとしての役割を果たす範囲において、引受けを行う顧客に対して契約外の取引に基づいて信認義務を負う可能性がある。当該義務は、忠実義務とみなされる利益相反を開示する義務と注意義務とみなされる「誠実に取引を行う」義務であると明示されている[59]。

B. M&A 取引に関する助言

　M&A 取引は、複雑で、注目度が高く、かつリスクを伴うため、そのような取引を遂行する法人のほとんどが銀行を財務アドバイザーとして起用する[60]。当該取引における助言を行う際に、銀行が代理人として行為するため、またはその行為がアドホックな信認関係を生じさせるためのいずれかの理由により、銀行は信認義務を負う可能性がある。顧客がこの種の取引においてアドバイザーに対して訴訟を提起することは滅多にないが、後に検討する論点である、顧客との委任契約における信認義務の免責条項の効果を別として、銀行は受認者であるという有意なリスクに直面する[61]。

---

54 | Id. at 519.
55 | Id.
56 | 例えば、募集の数日前に引受業者が任命される発行登録による証券発行において、引受業者はあまり助言を行うことはなく、仮にあったとしても、信認義務が生ずる可能性は低い。
57 | See Fin. Indus. Regulatory Auth., Rule 5121.
58 | See, e.g., In re Quintus Corp., 397 B.R. 710 (Bankr. D. Del. 2008).
59 | 銀行は、地方証券規則制定委員会（MSRB）および SEC が統治する別個の体制のもとで、地方自治体である発行体（州およびその行政的下部組織に関連する事業体）のために証券の引受けを行う場合もある。地方債アドバイザーは、「忠実義務および注意義務を含む信認義務」を負う。MSRB, Rule G-42. さらなる詳細に関しては、Christine Sgarlata Chung, Municipal Securities: The Crisis of State and Local Government Indebtedness, Systemic Costs of Low Default Rates, and Opportunities for Reform, 34 Cardozo L. Rev. 1455, 1519-1536 (2013) 参照。
60 | 内部の M&A または事業開発チームをもつ法人の場合でも、一般的に財務アドバイザーを起用する。Joshua Rosenbaum & Joshua Pearl, Investment Banking: Valuation, Leveraged Buyouts, and Mergers & Acquisitions 355 n.1 (2013).
61 | 一般論として、Andrew Tuch, Investment Banks as Fiduciaries: Implications for Conflicts of Interest,

Walton v. Morgan Stanley & Co. Inc.[62] は、銀行の M&A アドバイザーとしての信認性の有無について検討した初めての主要な決定であった。銀行は顧客に対して（不特定の）義務を負っているが、顧客が買収しようとした企業である Olinkraft に対しては信認義務を負っていない。これは、Olinkraft が銀行の顧客との取引を円滑にするために銀行に秘密情報を提供した場合でも同様である。申立てによると、銀行はその秘密情報を自身の利益のために利用しただけでなく、当該情報を他の顧客に開示して、Olinkraft を買収するよう当該顧客を誘導し、当該顧客が買収をしたことによって銀行が買い取っていた Olinkraft の株価が上昇した。第 2 巡回区控訴裁判所は、過半数により、銀行と Olinkraft の取引が対等に行われ、銀行が Olinkraft の秘密情報を受領したことにより Olinkraft に対する銀行の信認義務が生じなかったと判決を下した。

In re Daisy Systems Corp.[63] では、第 9 巡回区控訴裁判所によって、顧客に対する銀行の義務について検討が行われた。Daisy 社は、ライバル企業である Cadnetix を買収することを試み、財務アドバイザーとして Bear Stearns を起用した。[64] Cadnetix が Daisy による友好的な買収アプローチを断った後、Daisy は、対象を買収するために相次いでより高値の入札を継続したが、これは銀行の助言に基づいて、また、銀行が Daisy の入札資金を援助すると両当事者に述べたことを踏まえて行われた。Cadnetix は、最終的に統合に同意し、Daisy は資金調達が必要となった。Daisy と Bear Stearns は、提案される取引について「全ての必要な資金調達に関する独占的代理人」として行為することを含むように銀行の役割を広げることに合意した。[65] しかしながら、銀行が当該取引の資金を調達する努力の手を緩めたため、Daisy の財務状況は悪化し、Daisy は破産した。連邦破産法第 11 章における管財人は、Bear Stearns に対して過失を申し立てたが、その後、当該訴えを信認義務違反に基づく請求に修正する許可を求めた。

地方裁判所は、管財人の請求を拒否したが、第 9 巡回区控訴裁判所は、それを

---

29 Melb. U. L. Rev. 478 (2005); William W. Bratton & Michael L. Wachter, Bankers and Chancellors, 93 Tex. L. Rev. 1 (2014); Tuch, Banker Loyalty in Mergers and Acquisitions, supra note 11; Randall S. Thomas & Robert G. Hansen, A Theoretic Analysis of Corporate Auctioneers' Liability Regimes, Wisc. L. Rev. 1147 (1992) 参照。Cf. Alan D. Morrison & William J. Wilhelm, Jr., Trust, Reputation, and Law: The Evolution of Commitment in Investment Banking, 7 J. Legal Analysis 363, 407-412 (2015).

62　623 F.2d 796 (2d Cir. 1980).
63　97 F.3d 1171 (9th Cir. 1996).
64　その意見は、裁判所による信認分析には関係がない委任契約書の様々な修正について言及している。
65　97 F.3d at 1174.

覆し、「法律問題」として、財務アドバイザーは顧客の受認者ではないという銀行の主張を退けた[66]。銀行は当該取引において Daisy の代理人、したがって受認者であった可能性があったと裁判所は述べた[67]。また、銀行は顧客である Daisy のアドホックな受認者であった可能性もある。そのような関係の本質は、「信頼と信用が寄せられ、その信頼と信用を受け容れた者は、自らに依存する当事者に対して特有の影響を与える優位な立場にあるため、当事者らによる取引は対等な条件のもとで行われない」ことである[68]。この定義に基づき、裁判所は、顧客には事業に関する高い知識があるため信認義務は生じないという見解を退け、むしろ、顧客の最高経営責任者が「公開で行われる買収の細部について知識がなかった」[69]ため、また、銀行に依存していたため、銀行には信認関係を生じさせるだけの優位性があったと示した[70]。

　裁判所は、信認義務の実質的な内容について幅広く議論しなかったが、信認義務違反の主張を根拠づけるだけの事実関係があると認める判決を下した。銀行は「Daisy に対して入念かつ徹底的な分析に基づいた信頼に足る情報を提供する」義務を負っていた[71]。銀行は、顧客が買収の資金調達を行う支援を続ける義務を負っていた可能性もある[72]。

　ニューヨーク州控訴部は、*Frydman & Co. v. Credit Suisse First Boston Corp.*[73] において信認関係を認めるという同様の見解を示した。当該事件において、Frydman & Co. は Starrett Corp. を買収する試みに関するアドバイザーとして Credit Suisse を起用した。Starrett は Frydnian の申入れを断り、代わりに Credit Suisse が資金提供することに合意した取引において他の会社と提携することに合意した。Frydman は、銀行が競合する入札に関して資金提供することを合意したことにより Frydman に対する信認義務に違反したと申し立てた。第 2 次不法行為法リステイトメント[74]における信認の定義に従い、裁判所は、銀行が Frydman の代理として対象と交渉することを含め、投資銀行業務として助言そ

66	Id. at 1178.
67	Id.
68	Id. at 1177.
69	Id. at 1178.
70	Id.
71	Id. at 1180.
72	Id.（「したがって、記録において、銀行が資金調達の努力を継続する義務を負っていた可能性があるが、それを怠ったと思われると示す証拠がある」）.
73	708 N.Y.S.2d 77 (N.Y. App. Div. 2000).
74	§874 cmt. a (1979).

の他のサービスを Frydman に提供したという Frydman による申立ては、「投資銀行が Frydman に信認義務を負っているかについて、トライアルで争うべき事実問題を含む争点を提起している」と判示した。[75] 当事者らが銀行のサービスについて書面による合意を締結しなかったことは、この結論を妨げるものではなかった。

Daisy Systems 事件で明示された原則は、American Tissue, Inc. v. Donaldson, Lufkin & Jenrette Securities Corp. に適用された。[76] これは、連邦破産法第 11 章に基づき破綻後も役員が経営陣として留まった債務者企業（debtor-in-possession）が、破綻前の財務アドバイザー DLJ に対して訴えを提起し、信認義務違反その他の訴因に基づき損害賠償を求めた事件である。American Tissue は、Crown Paper の買収と負債のリファイナンスを模索し、DLJ を「投資銀行およびコンサルタント[77]」として起用した。DLJ は、American Tissue に対して Crown の買収、負債のリファイナンスおよび社債募集に関する助言を行った。信認義務違反の主張に関して、裁判所は、財務アドバイザーが顧客の代理人である場合に限り受認者となりうるとの銀行の主張を退け、財務アドバイザーがアドホックな受認者になりうると判示した。連邦地方裁判所は、ニューヨーク州裁判所で銀行が受認者とされるのは、「『当事者間に信頼関係があって、それゆえに信頼された者が信頼した者との関係で有利に立てる場合』か、一方当事者が相手方に対する支配および責任を引き受けている場合のいずれか[78]」だと判示した。American Tissue は、American Tissue が DLJ に対して通常とは異なる信頼を寄せ、取引に関する DLJ の助言およびデューディリジェンスに依拠し、また、DLJ が American Tissue の財務および管理に深く関与していたと主張した。[79] これらの主張が真実であることを前提として、地方裁判所は、「DLJ が投資銀行および財務アドバイザーとしての立場において［American Tissue］に対して信認義務を負っていた[80]」と判決を下した。

ほぼ類似する事実のもとで、Official Committee of Unsecured Creditors v. Donaldson, Lufkin & Jenrette Securities Corp. において、[81] 連邦地方裁判所は、原

---

75 | 708 N.Y.S.2d at 79.
76 | 351 F. Supp. 2d 79（S.D.N.Y. 2004）.
77 | Id. at 84.
78 | Id. at 102（引用省略）.
79 | Id.
80 | Id.
81 | No. 00 Civ. 8688（WHP）, 2002 WL 362794（S.D.N.Y. Mar. 6, 2002）.

告（銀行の顧客の破産財団を代理する）が銀行とその M&A に関する顧客である SmarTalk の間に信認関係が存在することの申立て〔訴答〕（pleading）が適切であったと判示した。原告は、SmarTalk が取引の適切性に関するアドバイザーである DLJ に対して信頼と信用を寄せており、DLJ が当該信頼と信用を受け容れ、DLJ がその優れた知見により SmarTalk に対して特有の影響を与えうると主張した[82]。

　信認義務違反を申し立てる訴訟の却下を求める銀行による申立てを裁判所が却下することは難しいことではないが[83]、この問題は、事実関係に基づいて行われる必要がある。*In re e2 Communications* において[84]、裁判所は、従来の決定を踏まえ、銀行のアドバイザーとしての役割が限定されていたため、信認関係は生じていなかったと判示した。また、裁判所は、銀行に対する顧客の支配が限定されていることおよび顧客を代理する銀行の権限が限定されていることにより代理関係も存在していないと判示した[85]。*Northeast General Corp. v. Wellington Advertising* においては[86]、「投資銀行およびコンサルタント」として起用された企業について、当該企業が果たした役割が、その肩書きより限定された「仲介業者」としての役割であったため、その顧客の受認者とはならなかった。

　他の状況と同様に、裁判所は、財務アドバイザーが負う信認義務の内容を正確に明示していない。財務アドバイザーが代理人である場合、代理原則が適用される[87]。代理人でない受認者の義務に関しては、*Daisy Systems* 事件において、裁判所は、顧客に対して「入念かつ徹底的な分析に基づいた信頼に足る情報」を提供するという銀行の限定された義務を明示した[88]。*Baker v. Goldman Sachs & Co.* においては、注意義務が示された。注意義務は定義づけされなかったものの、裁判所は、明白な利益相反はなかったが、銀行が取引に関する助言を行い、その取引が顧客に多大な損害をもたらしたことに関して銀行の信認義務違反についての原告らによる訴答が認められたと判示した[89]。他の事件では、忠実義務が示された。

---

82 | Id. at *8.
83 | See, e.g., Bestolife Corp. v. Am. Amicable Life, 774 N.Y.S.2d 18 (N.Y. App. Div. 2004); Gen. Acquisition, Inc. v. Gencorp, Inc., 766 F. Supp. 1460 (S.D. Ohio 1990).
84 | 354 B.R. 368 (Bankr. N.D. Tex. 2006).
85 | Id. at 391.
86 | 624 N.E.2d 129 (N.Y. 1993).
87 | See DeMott, supra note 30.
88 | In re Daisy Sys. Corp., 97 F.3d. 1171, 1180 (9th Cir. 1996).
89 | 656 F. Supp. 2d 226 (D. Mass. 2009).

American Tissue 事件[90]および *SmarTalk* 事件[91]において、銀行が利益相反を理由として信認義務に違反したとの主張は法的に十分であった。代理原則は、発生する信認義務の内容に関して信頼できる指針となる可能性が高い。このような義務の範囲に関しては、助言を提供することに限定されると思われる[92]。また、このような義務は、顧客（大抵の場合、法人）に対して負うものであり、株主に対して負うことは極めて稀と思われる[93]。

デラウェア州における最近の事件では、財務アドバイザーとしての銀行が、法人顧客の取締役による信認義務違反を幇助したことへの責任を負う可能性を認めた[94]。この決定は、M&A 取引における財務アドバイザーの信認性の有無について検討していないが、一般的に、そのようなアドバイザーを受認者と位置づけるか、少なくとも顧客に対する忠実なアドバイザーとして位置づけている。*RBC Capital Markets v. Jervis* において、デラウェア州最高裁判所は、傍論ながら、銀行と顧客の関係が「主に契約関係」だと述べつつ、信認関係に似た語を用い、「［顧客］の取締役会の利益に反するような行動をとらない」義務を銀行に負わせた[95]。

C.　M&A に関するフェアネスオピニオンの提供

銀行が M&A の当事者にフェアネスオピニオンを提供する場合、銀行はアドバイザーとしての役割とは異なる役割を果たすが、同じ取引でいずれか一方または両方の役割を果たす場合がある。フェアネスオピニオンは、一般に会社の取締役会に提供され、取引が当該会社の株主にとって公正か否かについて財務的見地から意見を表明するものである[96]。意見表明の役割によって、信認関係が生ずるこ

---

90 | 351 F. Supp. 2d 79 (S.D.N.Y. 2004).

91 | No. 00 Civ. 8688 (WHP), 2002 WL 362794 (S.D.N.Y. Mar. 6, 2002).

92 | See BNY Capital Markets, Inc., v. Moltech Corp., No. 99 Civ. 11754 (GEL) 2001 WL 262675 at *7-11 (S.D.N.Y. Mar. 14, 2001) (M&A 顧客に対する財務アドバイザーとして行為する銀行は、受認者であると想定されていたが、その義務は「その関係の範囲内の事項」に限定されていたため、結果として違反は生じなかった).

93 | See Joyce v. Morgan Stanley & Co., 538 F.3d 797, 801-802 (7th Cir. 2008); In re Shoe-Town, Inc. Stockholders Litig., No. 9483, 1990 WL 13475, at *6-7 (Del. Ch. Feb. 12, 1990). But see Baker v. Goldman Sachs & Co., 656 F. Supp. 2d 226, 236-237 (D. Mass. 2009) (株主が「一般的な株主訴訟と同様の単なる傍観者ではなく、取引における中心的な役割を果たしていた場合」、M&A アドバイザーと法人顧客の株主の間に信認関係が存在することを裏づける十分な事実を認定している).

94 | See, e.g., In re Del Monte Foods Co. S'holders Litig., 25 A.3d 813 (Del. Ch. 2011); In re El Paso Corp. S'holder Litig., 41 A.3d 432 (Del. Ch. 2012); RBC Capital Mkts. v. Jervis, 129 A.3d 816 (Del. 2015). 内容については、Tuch, Banker Loyalty in Mergers and Acquisitions, supra note 11, at 1133-1150 参照。

95 | RBC Capital Mkts., LLC v. Jervis, 129 A.3d at 865 n.191. See also Tuch, Banker Loyalty in Mergers and Acquisitions, supra note 11, at 1139-1143.

96 | 一般論として、Steven M. Davidoff, Fairness Opinions, 55 Am. U. L. Rev. 1557 (2006) 参照。

とはほとんどない[97]。この立場における銀行と顧客の関係は対等である。代わりに、銀行が顧客とどの程度の関係を有しているかを開示すべきかが論点となる。株主は**独立した**フェアネスオピニオンに価値を見出しており、銀行の意見を顧客寄りにする可能性のある要素を把握する必要があり、それが重要な考慮要素となるのである[98]。その要素の1つは、銀行が取引において顧客のアドバイザーとしての役割も果たしているかどうかである。

D.　M&A 顧客への銀行融資の提供

　M&A 取引において銀行が貸付業務を行うことによって、銀行と顧客は対立する場合がある。銀行の既存借主である顧客の1社を買収する会社に銀行が融資または別の方法で支援を行うことへの制限について検討が行われている。この問題についての最近の判例である *ADT Operations v. Chase Manhattan Bank*[99] において、銀行は、その顧客の1社による他の顧客の企業買収に融資を行おうとした。銀行は ADT に融資を行い、当該取引において ADT は銀行に秘密情報を提供した。銀行は、ADT に助言を行うこともあったが、アドバイザーとしての役割は限定されたものであり、いずれも終了していた。銀行が ADT 買収を計画する競合他社に助言を行い、資金を提供しようとしたことを知った ADT は、銀行に対して訴えを提起し、信認義務違反その他の根拠に基づき、差止命令（injunction）を請求した。*Washington Steel v. TW Corp.*[100] における第3巡回区控訴裁判所の判決に従い、ニューヨーク州事実審裁判所は、ADT と銀行の間の信認関係の存在を否定し、銀行と顧客の関係によって信認義務が生ずることはないという原則を述べた[101]。「顧客が銀行に特別な信頼と信用を寄せることにより、銀行に依存するようになる」場合に信認関係が生ずる可能性があるが、このような状況は存在しなかった。ADT が銀行に秘密情報を伝えたことによってだけでは信認関係は構築されなかった[102]。

97 ｜ 一般論として、Floyd v. CIBC World Mkts., Inc., 426 B.R. 622 (Bankr. S.D. Tex. 2009) 参照。
98 ｜ 銀行による開示が必要な関係については、Fin. Indus. Regulatory Auth., Rule 5150 参照。
99 ｜ 662 N.Y.S.2d 190 (N.Y. Sup. Ct. 1997). 従前の判例法の検討については、一般論として、Note, Bank Financing of Hostile Takeovers of Borrowers: Washington Steel v. TW Corp., 93 Harv. L. Rev. (1979); Note, Bank May Use Confidential Information Obtained from Prior Contacts with Target Company to Evaluate Takeover Loans, 65 Cornell L. Rev. 292 (1980) 参照。
100 ｜ 602 F.2d 594 (3d Cir. 1979).
101 ｜ 662 N.Y.S.2d at 963.
102 ｜ Id. at 967. 銀行が敵対的な買収者等の利害が対立する会社に当該情報を伝えた場合、その行動は不適切であろう。しかしながら、銀行が利害が対立する会社に融資するか決定するにあたって当該情報を内部で適切に利用した可能性がある。Id. at 969. 裁判所は、顧客の秘密情報の利用につ

このように、銀行は、借主と利害が対立する他の顧客に融資または別の方法で支援することにより、一般的には借主に対する信認義務に違反することにはならない。それにもかかわらず、ⅡAで述べたように、銀行は顧客に助言を行う場合に、信認義務を負う可能性があり、顧客の買収を試みる者など、顧客と利害が対立する当事者に銀行が融資を行う場合、この義務に違反する可能性がある。[103]

Ⅳ　その他の銀行の担う機能

その他の銀行の担う機能により、信認義務が生ずる可能性がある。例えば、銀行は、信託サービスを提供する際、信認義務を負う。[104]銀行は、資金のエスクロー管理者として行為をする際、受認者となる可能性がある。[105]銀行は、他の貸主を代理してシンジケートローンの事務エージェントとして行動する際、信認義務を負う可能性がある。[106]銀行は、金融取引を組成する際、信認義務を負う可能性がある。*In re Parmalat Securities Litigation* において、銀行が、顧客である Parmalat のためのオフバランスでのファイナンス・ストラクチャーに基づいて設立した特別目的事業体（special purpose entities; SPE）2社に対して信認義務を負うのは、「ほぼ明らかだ」とされた。[108]当該 SPE は、当該 SPE が Parmalat から取得した資産を裏づけとして、投資家に対し、300万ドルの債券を発行した。そのストラクチャーは失敗に終わった。裁判所は、個別的な事実を分析するにあたって、信認関係が存在するか否かを判断する際に考慮すべきものとして、「一方当事者が相手方を信頼ないし信用し、その結果後者が前者に対し優位性または影響力を取得すること」や、事実上の支配権の行使といった要素を指摘した。[109]裁判所は、銀行をSPE の受認者として性格づけるにあたって、銀行の SPE に対する支配および[110]

　いて他の制約についても言及した。
103 | See, e.g., Frydman & Co. v. Credit Suisse First Boston Corp., 708 N.Y.S.2d 77 (N.Y. App. Div. 2000).
104 | 前掲注6（本書第3章）参照。
105 | See, e.g., Standard Federal Bank v. Healy, 777 N.Y.S.2d 499, 501 (N.Y. App. Div. 2004).
106 | 問題は、当事者の関係性（通常、クレジット契約において明示される）が代理関係を確立したかという点、および信認［義務の］否定の解釈となる。See Patriarch Partners Agency Servs., LLC v. Zohar CDO 2003-I, Ltd., No. 16 Civ. 4488 (VM), 2017 WL 1535385, at *6 (S.D.N.Y. Apr. 20, 2017)（「総括幹事」を任命するクレジット契約に基づく代理関係はないと判断した）。後述Ⅴも参照。市場慣行を考慮すると、「代理人」という表題は、通常、誤記である。
107 | 684 F. Supp. 2d 453 (S.D.N.Y. 2010).
108 | Id. at 477.
109 | Id. at 475.
110 | Id. at 475-476.

「取引のアレンジャーおよび発起人としての優位的な知識と信頼される立場」[111]を指摘した。銀行が負う信認義務とは別に、銀行の取締役および役員は、受認者として、銀行以外の法人の取締役および役員が服するものよりも厳格な義務を負う可能性がある[112]。

V 強行規定および任意規定

A. 契約上の免責条項

　銀行は、顧客との契約において、しばしばフィデューシャリーの責任を否認する[113]。例えば、銀行が「[他方当事者の] 財務アドバイザーまたは受認者としてではなく、対等な契約上の相手方の資格において」[114]行為していること、あるいは「自らとその相手方の間に信認関係が成立することまたは自らもしくは相手方が信認義務を負担することを銀行は特に否定する」[115]ことが契約に規定される場合がある。

　銀行取引に関する契約の大半に関して選択される準拠法であるニューヨーク州法に基づき、近時の決定は、明示的にフィデューシャリーの責任を否定する契約上の規定を有効であるものとして扱った。銀行業務および銀行業務以外の業務に関して、ニューヨーク州裁判所は、この論点をほとんど分析することなく、「契約上の信認義務の免責条項には、十分に明確である場合、法的効果を与えることができる」[116]と判決を下した。「法的効果を与えることができる」という言い回しにより、裁判所は、これらの規定が、信認義務を発生させない点において有効であり、当該規定により信認義務違反の請求が却下されるはずであることを意味している[117]。株主間契約に起因する紛争である、*Cooper v. Parsky*[118]において、第2巡回区控訴裁判所は、信認義務の違反に関する請求は、契約の免責条項があるため

---

111 | Id. at 477.
112 | See Michael S. Barr, Howell E. Jackson & Margaret E. Tahyar, Financial Regulation: Law and Policy 867-883 (2nd ed. 2018).
113 | See Eric S. Klinger-Wilensky & Nathan P. Emeritz, Financial Advisor Engagement Letters: Post-Rural /Metro Thoughts and Observations, 71 Bus. Law. 53, 69 (2015).
114 | CIBC Bank & Trust Co. v. Credit Lyonnais, 704 N.Y.S.2d 574, 575 (N.Y. App. Div. 2000).
115 | Bratton & Wachter, supra note 61, at 40 n.198.
116 | Valentini v. Citigroup, 837 F. Supp. 2d 304, 326 (S.D.N.Y. 2011); see also Seippel v. Jenkens & Gilchrist, 341 F. Supp. 2d 363 (S.D.N.Y. 2004)（「ニューヨークにおいて契約上の免責条項は有効である」ため、投資家と銀行の間に信認義務は存在しないと判示した）.
117 | See LBBW Luxemburg, S.A. v. Wells Fargo Sec. LLC, 10 F. Supp. 3d 504, 523-524 (S.D.N.Y. 2014).
118 | 140 F.3d 433 (2d Cir. 1998).

退けるとの判決を下した。当該免責条項は、「［信認義務の］放棄を有効とするために十分明示的[119]」であった。当該契約は、当事者が「特定のフィデューシャリーの責任に関する注意基準［原文のまま］……に服さず、自らの重過失または故意による不正行為の場合を除き、……いかなる場合にも責任を負わない[120]」と規定していた。裁判所で法的効果を認められるために、免責条項は、明示的に、**フィデューシャリーの責任に言及しなければならない[121]**。例えば、*King County, WA v. IKB Deutsche Industriebank AG*[122] において、信認義務に一切言及しなかった免責条項は、信認関係の発生を防ぐことができなかった[123]。

しかしながら、最近のより検討が進んだ意見では、免責条項は信認の問題の決定的な要因となるものではないと評価されている。*Veleron Holdings, B.V. v. Morgan Stanley*[124] において、連邦地方裁判所は、ニューヨーク州法に基づき、Morgan Stanley が「受認者ではなく独立契約者として行為しており、［相手方］は、Morgan Stanley が受認者を含む独立契約者以外の資格またはその他より高度の信頼を受ける地位において行為することを意図しない[125]」旨を規定する契約の免責条項を審理した。略式判決申立てに関する論点は、Morgan Stanley が当該契約のもとで相手方の受認者といえるかだった[126]。裁判所は、信認義務の免責条項の効力を認めた判例に触れたうえで、免責条項が当事者間の関係性の性質を判断するにあたって決定的であるとの主張を却下した。「『最終的には、信認義務のような義務の存否をめぐる紛争の解決の争点は、［当事者が用いる］名称ではなく、当事者間の契約に基づき合意されるサービスによって決定される』ため、……我々は、［当事者が］自らの関係性に付したレッテルを無視し、代わりに、Morgan Stanley が提供したサービスの真の性質を理解しなければならない[127]」。事実関係に基づき、相手方は、「ストラクチャリング、プライシングおよびタイミングに関する Morgan Stanley の専門性に依存しており」、これは「信認関係を証明

---

119 | Id. at 439.
120 | Id.
121 | LBBW Luxemburg v. Wells Fargo, 10 F. Supp. 3d at 523 (「端的にいうと、有効な免責条項は、明示的に信認義務に言及しなければならない」).
122 | 863 F. Supp. 2d 288 (S.D.N.Y. 2012).
123 | Id. at 313 n.193.
124 | 117 F. Supp. 3d 404 (S.D.N.Y. 2015).
125 | Id. at 415.
126 | 銀行に対する基本的請求はインサイダー取引であったが、この点は、裁判所の信認分析において取り上げられなかった。
127 | 117 F. Supp. 3d at 453 (citing Ne. Gen. Corp. v. Wellington Adver., Inc., 82 N.Y.2d 158, 163 (N.Y. 1993)).

するもの」であった[128]。免責条項はこれを否定する「一定の証拠」となるものであったが、裁判所は、当該契約によって信認関係が成立したか否かについては、トライアルでの審理が必要であると判断した[129]。

　当事者自身の性質づけに従うのではなく、裁判所が自ら当事者の関係を性質づけるという裁判所の要件は、強い支持があった。第3次代理法リステイトメントによれば、「当事者間の契約において関係性が代理人関係と性質づけられるか否かは、……支配的ではない」[130]。類似のアプローチを用いて、裁判所は、*In re Merrill Lynch Auction Rate Securities Litigation*[131] において、ルイジアナ州法に基づき、銀行は「財務アドバイザーまたは受認者の資格においてではなく、対等な契約相手としてのみ行為」[132] していた旨の免責条項に法的効力を認めることを拒否した。むしろ、当事者らが関係性をどのように性質づけるかではなく、「当事者の関係に関する事実および状況が、[信認] 義務が存在するかを決定する」[133]。

　第2次不法行為法リステイトメントに基づき、「責任は、受認者と受益者の間の合意または契約関係のみに基づいて決定されるわけではなく、受認者と受益者の関係にも起因する」[134]。したがって、当事者間の信認関係は、ニューヨーク州法に準拠した事件である、*EBC I, Inc. v. Goldman Sachs*[135] のように、当事者間の契約から独立して生ずる可能性がある。さらに、当事者間の信認関係は、その契約より前から存在する可能性があり、また当事者の契約後あるいは進行中の取引から生ずる可能性もある[136]。言い換えると、信認義務は、当事者の契約の前後の行為から、さらに当事者の契約と同時に、しかしながら、契約関係とは独立した関係性に基づいて生ずる可能性がある。

128	Id. at 453.
129	Id. at 455.
130	Restatement (Third) of Agency §1.02 (2006); 前掲注 30 (本書第2章)。
131	758 F Supp. 2d. 264 (S.D.N.Y. 2010).
132	Id. at 282.
133	Id.
134	Restatement (Second) of Torts, §874, cmt. b.　実際、ヴェルロン裁判所は、この提議に依拠した。117 F. Supp. 3d at 452 (citing EBC I, Inc. v. Goldman Sachs & Co., 5 N.Y.3d 11, 20 (N.Y. 2005)).
135	832 N.E.2d 26, 31 (N.Y. 2005).
136	例えば、引受契約はしばしば、証券募集のプロセスの遅い段階で（関係が生じてから何か月も経ってから）締結される。このような場面では、信認義務が契約の前から成立するか、あるいは契約以外の事情から生ずることを、より想像しやすいだろう。
137	Wiener v. Lazard Freres & Co, 672 N.Y.S.2d 8, 14 (N.Y. App. Div. 1998) において、ニューヨーク州控訴裁判所は、「当事者間の進行中の行為は、裁判所により認識される信認関係を生じさせる可能性がある」（傍点は筆者による）と述べた。

B.　説明に基づく同意

　信認義務が生ずる場合、銀行は、フィデューシャリーの責任を避けるため、同意がなければ信認義務違反とされる行為を行うことについて、顧客から、説明に基づく同意を取得することがある。かかる同意は、顧客本人との契約における受認者の利益相反を開示することによって取得できる。例えば、*HSH Nordbank AG v. UBS AG* [138] において、顧客は、当該顧客と銀行の間の契約において銀行の複数の役割に起因する潜在的な利益相反が明示的に開示されたため、銀行の利益相反に「同意」したとみなされた。説明に基づく同意は、通常、限定的な範囲で作用し、特定された行為、取引または取引類型への同意を必要とする。[139]したがって、既存の利益相反と潜在的な利益相反があることを全般的に開示する規定は、顧客が全ての重要な事実を完全に理解できない可能性があるため、顧客から説明に基づく同意を取得することとの関係で無効である可能性がある。

C.　信認義務の免責条項および説明に基づく同意の差違

　信認義務の免責条項の効果は、同意がなければフィデューシャリーの責任を生じさせる行為に対する説明に基づく同意の効果とは区別される。銀行が有効に信認関係を否定する場合、裁判所は、当該当事者を非受認者として扱う。銀行は、信認義務を負わないため、自己の利益のための行為やその他の信認義務に違反する行為について同意を取得する必要がない。一方で、受認者が、本来は信認義務に違反する行為を行うことに対する自らの顧客の説明に基づく同意を得た場合、受任者は、当該同意によって当該行為に関する責任を回避できる。[140]しかしながら、顧客との関係は引き続き信認関係であり、受認者は、当該関係性の範囲において、かつ当該関係性が続く間、信認義務に服するが、その顧客が同意した行為に関する責任は免れる。[141]

D.　受認者の損害賠償責任の免除

　別の問題として、受認者の責任を免除する契約条項に関して、当該責任免除条

138	941 N.Y.S.2d 59 (N.Y. App. Div. 2012).
139	See Restatement (Third) of Agency §8.06(1)(b) (2006); see also Andrew F. Tuch, Disclaiming Loyalty: M&A Advisors and Their Engagement Letters, 93 Tex. L. Rev. 211, 219-224 (2015).
140	より具体的には、当該行為は、義務の違反を構成しないものとして扱われる。See Restatement (Third) of Agency §8.06(1) (2006).
141	この提議は、代理人がその顧客の同意を取得するという定められた帰結から導かれる。代理人の行為は、義務の違反を構成しない。Id.

項に伴っては完全な開示がなされなかったとして、原告が当該規定が無効だと主張できるかという論点がある。この論点が争われたのは、*Blue Chip Emerald LLC v. Allied Partners, Inc.*[142] である。これは、合弁企業が、資産価値を 8,000 万ドルと評価して合弁事業のパートナーの持分を購入したものの、2 週間後にその資産を 2 億ドルで売却してしまった事件である。当事者は、商取引に精通しており、かつそれぞれ異なる弁護士から助言を受けていた。売買契約には、買主が「詐欺や忠実義務・信認義務の違反を理由とするあらゆる請求」を否認するとする条項が盛り込まれていたが、当該規定に、信認義務違反に基づく損害賠償責任を回避する効果は認められなかった。裁判所は、「受認者は、提案された契約に合意するか否か合理的な判断するのに受益者が必要とする情報を開示しないでおきながら、その契約で完全な開示という信認義務から免れることはできない」[143] と述べた。当該事件で問題となったのは、受認者の損害賠償責任免除を目的とした契約条項であって、そもそも信認関係が成立しないようにすることを意図した契約条項ではなかった。

　しかしながら、共有財産を有していた 2 つの法人間の紛争である、*Centro Empresarial Cempresa S.A. v. America Móvil, S.A.B. de C. V.* において[144]、ニューヨーク州の最上級審裁判所は、商取引当事者間で交渉が行われた結果、信認義務違反に基づく損害賠償責任を広く免除する条項が盛り込まれた場合は、当該条項は完全な開示なしで有効となりうると判示した。当事者は、「受認者が不正行為による損害賠償責任を負うことになるとは知らなかったと主張しても、当該免責条項を無効とすることは……できない」[145]。裁判所は、「商取引に精通した本人は——少なくとも本件のように、当事者間の信認関係が、代理人に利害があると疑いもしないような信頼関係ではない場合には——、代理人たる受認者が自身の利害に基づき行動していることを理解し、事情を知ったうえで免責条項に合意している限り、受認者を損害賠償請求から免責できる」[146] と述べた。ニューヨーク州最上級審裁判所は、この判示と矛盾する「限りにおいて」、第一審裁判所による *Blue Chip* 判決の判示を退けた[147]。

---

142 | 750 N.Y.S.2d 291, 294 (N.Y. App. Div. 2002).
143 | Id. at 280.
144 | 17 N.Y.3d 269 (N.Y. 2011).
145 | Id. at 278.
146 | Id. (引用省略).
147 | Id.

Centro 判決は、*Blue Chip* 判決を「明示的に否定したもの[148]」と解釈されたが、最上級審裁判所として、当事者が契約で受認者の責任を免除することには限界があると明言し、さらなる制限を課す可能性を残した。裁判所は、契約当事者が契約時に対等である場合の信認義務の免責条項とは異なり、契約当事者が信認関係にあることを考慮し、この場面における受認者の契約の自由を適切に限定している。

E.　情報障壁

情報障壁は、会社のある部署に所属する従業員が、当該会社の他の部署に所属する従業員に非公開情報を広めることを防ぐこと、または少なくともこれを制限することを意図する方針および手続により構成される[149]。理論的には、情報障壁は、銀行を、概念上、それぞれが自らの義務を果たすことのできる複数の別個の会社に分割することにより、銀行が直面する利益および義務の相反を解決する可能性がある。限られた司法判決であるが、情報障壁は、受認者が自らの信認義務に違反することを防ぐために法的に有効である可能性があると述べている。ただし、これらの措置は、実際には、情報フローを妨げることになり[150]、それ自体が議論のある問題である。

VI　救済手段

信認義務の違反に関する銀行の責任は、信託法、代理法および不法行為法の法理に基づき生ずる可能性があり、その結果、重複して請求を行うことができる可能性がある[151]。信認義務の違反に関する請求を立証するためには、原告は、第1に当事者の関係性に起因する信認義務の存在、第2に当該義務の違反、第3に損害の存在、そして、第4に当該違反と損害の間の因果関係を立証しなければならない[152]。信認義務の違反に関する損害の評価は、原状回復の理論による。不法行為に関して、しばしば、信認義務の違反、詐欺または不実表示が責任の根拠となり、損害は、複数の根拠のいずれかに基づき算定される。これらには、主なものとして自己負担損害、「合意利益」損害および結果的損害を含む[153]。また、顧客は、受

---

148 ｜ BNP Paribas Mortg. Corp. v. Bank of Am., 866 F. Supp. 2d 257, 270（S.D.N.Y. 2012）.

149 ｜ より詳細には、Tuch, Financial Conglomerates and Information Barriers, supra note 5 参照。

150 ｜ See Board of Trustees of AFTRA Retirement Fund v. JP Morgan Chase Bank, 806 F. Supp. 2d 662（S.D.N.Y. 2011）; Tuch, Financial Conglomerates and Information Barriers, supra note 5, at 581-592.

151 ｜ 本書第 24 章。

152 ｜ Szulik v. State Street Bank and Trust Co., 935 F. Supp. 2d 240, 275（D. Mass. 2013）.

認者の不当な利益の吐出しを求めることもできる。[154]銀行とその顧客の間に代理または信託の関係が存在する場合、代理人または受託者としての信認義務の違反は、当該信認関係を規律する実体法のルールに基づき責任を生じさせる可能性がある。[155]

Ⅶ 結 論

銀行業務における信認義務は、状況に依存する。代理または信託に関する法律に基づき義務が生ずる場合を除き、信認義務は、典型的には、顧客が、顧客に対して優位的、支配的、または情報優位な立場にある銀行による助言を信頼し、信用する場合において、個別的に生ずる。[156]信認義務は、しばしば、銀行が顧客に助言するが、顧客に対する裁量を有していない状況において生じ、これは、裁量の行使に基づき受認者に該当するという理論を揺るがすものである。[157]信認義務は、銀行が、主要な商業銀行業活動および投資銀行業活動を行う際に認められる可能性があり、とりわけ会社が投資銀行業務の取引について助言を行う場面で、信認義務が適用される条件が整ったとされることが多い。信認義務の正確な実質的内容については、未解決の問題が存在する。判例法が乏しいことは、顧客が責任追求を躊躇していることによって部分的に説明できるかもしれない。[158]銀行にとって、信認義務の違反を免れるための最も確実な方法は、完全に、また隠し立てせずに自らの利益相反を開示することであろう。

謝 辞

有益なコメントに関して、ハーバード大学ロースクールでの「信認法の領域を探索する」カンファレンスの参加者、特に Hanoch Dagan、Deborah DeMott、Mohammad Fadel、Talia Gillis、Howell Jackson、Arthur Laby および Robert Sitkoff に感謝する。素晴らしいリサーチの協力に関して、Kelly King および Tyler Nullmeyer に感謝する。

---

153 | See Deborah A. DeMott & Arthur B. Laby, The United States of America, in The Liability of Asset Managers 411, 448 (D. Busch & D. DeMott eds., 2012); Restatement (Second) of Torts, §§901-904 (1979).

154 | See Restatement (Third) of Restitution and Unjust Enrichment §43(1) (Tentative Draft No. 4, 2005). 吐出しは、不法行為損害賠償に加えて利用できる場合がある。See Deborah A. DeMott, Causation in the Fiduciary Realm, 91 B.U. L. Rev. 851, 863-864 (2011).

155 | 前掲注 30(本書第 2 章)(代理救済)、前掲注 6(本書第 3 章)(信託救済)参照。

156 | 前掲注 15 およびこれに対応する本文参照。

157 | See, e.g., Paul B. Miller, The Fiduciary Relationship in Philosophical Foundations of Fiduciary Law 63, 84 (Andrew Gold & Paul Miller eds., 2014)(「[アドバイザーは]自らの顧客の実質的な持分に対する裁量を行使する場合に限り、受認者である」)。この識見に関して、Arthur Laby に感謝する。

158 | See Tuch, The Weakening of Fiduciary Law, supra note 10.

| 第8章 | 投資顧問における信認原則 |

ARTHUR B. LABY

Ⅰ　はじめに

　顧客の金融資産形成にとって投資顧問業者の重要性はどれだけ誇張しても、しすぎることはない。個人や法人は、何兆ドルもの資金の管理を投資顧問業者に託している。2017 年までに、おおよそ 5,600 万世帯（44.5%）と 1 億人の個人投資家が投資信託を保有しており、資産残高は 17 兆ドルを超える[1]。さらに、確定給付年金制度から確定拠出年金制度へのシフトにより、健全な投資顧問の必要性は増加し、そして信認原則への重視が求められるようになっている。2017 年末時点では、確定拠出年金制度の資産は、おおよそ7.7 兆ドルまで増加している[2]。同様に、個人退職勘定（IRA）を保有するアメリカの家計は、約44% と 2000 年の38% から増加している[3]。

　投資顧問業者は受認者となる。この性質はシンプルかつ複雑なものでもある。シンプルさとは、本章で説明するほとんどの投資顧問業者は、受認者であるとされ、連邦と州の厳しい信認義務を課されるということによる。複雑というのは、投資顧問を提供する多くの個人や法人は、法律の定める定義から外れてしまうため、投資顧問業者とはならず、信認義務の対象とならないと考えられていることによる。こうした事情――投資顧問を提供した者が「投資顧問業者」とされないこと――は、規制当局が、大恐慌時代に整備された制度のもとで、市場の発達に合わせた法律の解釈をしてこなかった結果である。

　投資顧問に適用される信認原則は、いくつかの法領域において発展してきたものであり、それらは互いに概念を借用している。歴史的に、投資顧問法は信託と代理の判例法（コモン・ロー）を根源としていた[4]。さらに最近では、連邦制定法、

1　Daniel Schrass & Michel Bogdadn, Profile of Mutual Fund Shareholders, 2017, Investment Company Institute Research Report（Oct. 2017）, https://www.ici.org/pdf/rpt_17_profiles17.pdf.

2　Invesntment company Institute, Retirement Assets Total $27. 9 Trillion in Fourth Quarter 2017（Mar. 22, 2018）, https://www.ici.org/research/stats/retirement/ci.ret_17_q4.print.

3　Investment company Institute, Appendix, Additional Data on IRA Ownership in 2017（Dec. 2017）, https://www.ici.org/pdf/per23-10a.pdf.

4　本書第 3 章、第 2 章参照。

特に 1940 年投資顧問法（投資顧問法）および 1974 年従業員退職所得保障法（ER-ISA）は、判例法を補完しつつ重要性を増してきている。ひところ、連邦裁判所は州法が投資顧問業者を規制する信認原則の法源であるとみていたが、現在は連邦制定法が十分発展してきたため、潮目は変わっており、州の裁判所が連邦の法体系をガイダンスとして参照するようになっている。

　本章では、投資顧問の信認原則を検討し解説する。Ⅱでは、連邦制定法と州法を参照しつつ、投資顧問を行う者がいかなる場合に受認者だと考えられるかを検討する。Ⅲでは、受認者の忠実義務と、当該義務が投資顧問との関係においてどのように表現され、どのように適用されるのかについて論ずる。Ⅳでは受認者の注意義務と、その義務が適合性の原則といった他の行動規範とどのように違うのかを論ずる。Ⅴでは、投資顧問業者に課される他の義務を確認し、それらの義務がどのように投資顧問業者の信認義務に関連するのかを説明する。Ⅵでは、投資顧問業者の信認義務が絶対的な義務なのか、当事者により修正が可能なのかについて整理を行う。Ⅶでは、信認義務の違反時に受けることができる救済について論ずる。最後に簡潔な結論を述べる。

Ⅱ　発生の契機

　アドバイスを与える関係がいかなる時に信認義務を生じさせるのか否かを決めるためには、典型的に投資顧問を提供する個人や法人を調べるだけではなく、連邦法と州法の両方を調べる必要がある。アドバイスを与える関係に信認原則が適用されるか否かは、誰がアドバイスを与えているのかとその行動を規制する法源が何かにより決まることになる。

A.　連邦法
1.　投資顧問法におけるフィデューシャリー

　投資顧問に信認原則が適用されるかどうかを決定する最も明確な出発点は、1940 年投資顧問法であり、投資顧問業者を規制する最も重要な連邦法となる[5]。ここで論ずる通り、裁判所は、投資顧問法が投資顧問業者に連邦法における信認義務を課すものと解している[6]。

---

5 ｜ Investment Advisers Act, 15 U.S.C. §§80b-1 to b-21 (2012).
6 ｜ See Fe Indus. v. Green, 430 U.S. 462, 471 n.11 (1977).

投資顧問法は、大恐慌を引き起こした1929年の「大暴落（Great Crash）」の後に施行された6つの連邦証券法の最後の法律であった。同法は「投資顧問」の定義は行わず、誰が「投資顧問業者」とみなされるのかについて定義している。「投資顧問業者」とは、他人に対し報酬を得て有価証券に関するアドバイスを提供する業を行う者だとした[7]。定義規定は、株式や債券や投信といった有価証券へのアドバイスのみに適用されるものであったが、この法令を所管する証券取引委員会（SEC）は、この定義を拡大解釈している[8]。

もし、ある者が投資顧問業者の定義に該当すると、当該者は同法により規制され受認者とされる[9]。しかし、投資顧問法は、一定の者を投資顧問業者の定義から除外しており、それゆえに、投資顧問を顧客に提供している多くの者は同法の対象となっていない。場合によっては、制定法や判例法といった別の法源により、そういった者が受認者に該当すると判断されることもある。同法の適用を受けなかった者が、信認義務を負わずにアドバイスを提供できる場合もある。こうして適用除外について、まず、ブローカー・ディーラーへの適用除外からみていこう。

(1) ブローカー・ディーラー

ブローカー・ディーラーは、証券仲介の顧客に定期的に投資顧問を提供し、しばしば自らを「金融アドバイザー」、「金融コンサルタント」または「ウェルス・マネージャー」であると称している[10]。ブローカー・ディーラーは、提供するアドバイスが証券取引サービスに「単に付随的」であり、投資顧問提供に対する「特別な報酬」を受領していない場合は、投資顧問業者の定義から除外されている[11]。投資顧問法に基づき規制される投資顧問業者と異なり、ブローカー・ディーラーが「ディーラー（販売）」業務を行っている場合は、ディーラーが自ら保有する在庫から顧客に有価証券を販売することになる。このため、歴史的にブローカー・ディーラーは顧客に対する受認者とは考えられていない。その代わりブローカー・ディーラーは「適合性」（推奨事項が顧客へ適合していることを確認することを求めるもの）の義務を課されている[12]。

7 | Investment Advisers Act, §202(a)(11), 15 U.S.C. §80b-2(a)(11) (2012).
8 | Applicability of the Investment Advisors Act to Financial Planners, Pension Consultants, and Other Persons Who Provide Investment Advisers Act Release No. 1092, 52 Fed. Reg. 38400, 38401 (Oct. 16, 1987) (codified at 17 C.F.R. pt. 276) [hereinafter Release 1092].
9 | See SEC v. Capital Gains Research Bureau, 375 U.S. 180, 191-192 (1963); Arthur B. Laby, *SEC v. Capital Gains Research Bureau* and the Investment Advisors Act of 1940, 91 B.U. L. Rev. 1051 (2011).
10 | Angela A. Hung et al., Investor and Industry Perspectives on Investment Advisors and Broker-Dealers 74, 78 (2008).
11 | Investment Advisers Act, §202(a)(11), 15 U.S.C. §80b-2(a)(11) (2012).

ある者が投資顧問業者として行動しているのかブローカー・ディーラーとして行動しているのかは、信認義務が発生しているのかどうかを決めるために非常に重要な問題となる。この決定は複雑なものとなる。なぜならいくつかの会社は二重登録を行っているからである。こうした会社は、投資顧問業者とブローカー・ディーラーの両方に登録し、それらの従業員は両方の資格で営業を行うことができる。証券取引委員会は、そういったケースでは、会社は口座ごとに規制を行うと述べている。[13] Ⅴで説明するが、証券取引委員会は、個人は投資顧問業者とブローカー・ディーラーの「兼務」ができるとしており、一定の取引については、顧客に通知を行えば信認義務を避けることができるとしている。[14]

　ブローカーが自らをアドバイザーであると宣伝している中で、規制当局等は、ブローカーを投資顧問法から除外し続けるべきなのであろうかと疑問を呈するようになってきた。[15] ドッド・フランク法913条は、証券取引委員会に対し、投資顧問業者とブローカー・ディーラーの信認義務の違いについて調査を行うことを要求している。[16] この条文では、法を合理的なものとするルールを採用すること、そして、リテール投資家にアドバイスを提供するブローカーに信認義務を課す権限を証券取引委員会に与えている。

　2018年4月8日、証券取引委員会はブローカーと投資顧問業者の義務について定めた解釈とルールのパッケージについて市中協議を開始した。提案内容は3つのパートに分かれており、最初のものは、レギュレーション・ベスト・インタレストというもので、ブローカーに対し推奨を行う場合はリテール顧客の最善の利益のために行動することを求めるものとなっている。[17] 2番目は、ブローカーと投資顧問に対し、Form CRS（Client Relationship Summary）と呼ばれる4頁の開示文書を提供することを求めている。[18] 3番目に、証券取引委員会は投資顧問法に基

---

12 ｜ See Sec. & Exch. Comm'n Staff, Study on Investment Advisors and Broker-Dealers as Required by Section 913 of the Dodd-Frank Wall Street Reform and Consumer Protection Act iii-iv（2011）.

13 ｜ Certain Broker-Dealers Deemed Not to Be Investment Advisers, 70 Fed. Reg. 20424, 20440 n. 165（Apr. 12, 2005）（17 C.F.R. pt. 275 にて法制化）.

14 ｜ See Lawrence M. Labine, Reforming the Regulation of Broker-Dealers and Investment Advisers, 65 Bus Law. 395（2015）.

15 ｜ See Arthur B. Laby, Reforming the Regulations of Broker-Dealers and Investment Advisers, 65 Bus. Law. 396（2010）.

16 ｜ Dodd-Frank Wall Street Reform and Consumer Protection Act, Pub. L. No. 111-203, §913, 124 Stat. 1376, 1824（2010）.

17 ｜ Regulation Best Interest, 83 Fed. Reg. 21574（May 9, 2018）.

18 ｜ Form CRS Relationship Summary; Amendments to Form ADV; Required Disclosures in Retail Communications and Restrictions on the Use of Certain Names or Titles, 83 Fed. Reg. 21416（May 9, 2018）.

づく投資顧問業者の信認義務に関し、その忠実義務と注意義務の詳細に関する解釈について提案を行っている[19]。さらに、ⅡA2で論ずるが、アメリカ労働省は、ブローカーも含め、退職勘定に対しアドバイスを提供する者全てに対し信認義務を課すルールを採用した。しかし、現在、これらのルールは裁判により無効とされた。

(2) 銀行

アメリカの銀行と銀行持株会社が、投資顧問法における投資顧問業者の定義から除外されていることも重要である[20]。信用組合や外国銀行など他の金融機関は除外されていない。銀行は個人や機関投資家に対し重要な資産運用機能を提供しており、銀行の適用除外措置の影響は大きい。ⅡBで論ずるが、投資顧問法の定義からは除外されているものの、銀行は州法の原則や通貨監督庁（OCC）等の銀行規制当局により採用されたルールに基づく信認義務の対象となっている[21]。

2001年に議会は投資顧問法を改正し、投資信託等の登録投資会社に投資顧問を行っている銀行については、投資顧問業者の定義から除外しないこととした。しかし、もし銀行が投資信託の顧客に対し「分離された部局」として投資顧問業務を行う場合は、当該部局だけが投資顧問業者とみなされ、銀行全体には適用されない扱いとなる[22]。

(3) ファミリー・オフィス

ファミリー・オフィスも投資顧問法から除外されている[23]。ファミリー・オフィスは、1つの家族または複数の家族の資産運用やその他の業務を行っている。投資顧問だけでなく、予算管理、保険、慈善活動への寄付、資産の移転、そして税務サービスを行っていることが多い。家族のメンバーまたは以前家族であった者、主要な従業員、一族により設立された慈善団体、家族や従業員の遺産、家族信託、そして家族のメンバーの利益のために保有され経営されている企業などが、一般的には顧客となる。

1つの家族の資産だけを管理するファミリー・オフィスは、一定の条件を満たす場合に限り、投資顧問業者の定義から除外される[24]。この除外規定により、ファ

---

19 | Proposed Commission Interpretation Regarding Standard of Conduct for Investment Advisors; Request for Comment on Enhancing investment Advised Regulation, 83 Fed. Reg. 21203 (May 9, 2018).

20 | Investment Advisers Act, §202(a)(11)(A), 15 U.S.C. §80b-2(a)(11) (2012).

21 | 本書第7章参照。

22 | Investment Advisers Act, §202(a)(26), 15 U.S.C. §80b-2(a)(26) (2012).

23 | Investment Advisers Act, §202(a)(11)(G), 15 U.S.C. §80b-2(a)(11)(G) (2012).

ミリー・オフィスが受認者であるとみなされる場合は、当該信認義務は投資顧問法に基づくものではないことなる。

(4) その他の適用除外

投資顧問法は、会計士、弁護士、教師や技術者について、彼らの行うアドバイスがそれぞれの職業の実務において「単に付随的なもの」である場合は投資顧問業者の定義から除外している[25]。アドバイスがそれぞれの職業で単に付随的なものであるどうかを評価する際には、彼らが自らを投資顧問業者であると称しているかどうかも考慮に入れる[26]。自らを投資顧問業者と称している者によるアドバイスが、他の職業の実務における「単に付随的なもの」であるとの主張を貫くことは難しい。投資顧問業者の定義から除外されている他の者と同様に、もしこれらの職業の者が受認者であるとみなされる場合は、当該信認義務は投資顧問法以外の法源から導き出されていることになる。

2. エリサ法におけるフィデューシャリー

1974年、アメリカ連邦議会は、年金制度を運営する受認者に対する行動基準を設け、従業員と退職年金制度の参加者を守るため、エリサ法を制定した[27]。年金、退職、福利厚生やその他の制度を運営する主体は、エリサ法のもとでは受認者であるとみなされる。これらの主体には、退職資産の運用を行うために雇われた投資顧問業者も含まれる。この法律の施行にはアメリカ労働省と同財務省が双方責任を負うことになる[28]。

エリサ法では、対価を得て年金プランの資産に対する投資顧問を提供する行為等一定の活動に従事する者は、各種プランや個人退職勘定に対する受認者となる[29]。エリサ法では忠実義務と注意義務をプランの受認者に課すことで、制度の資産を守っている。受認者は、退職資産にリスクを生じさせる一定の利益相反行為を行うことが禁止されている[30]。エリサ法の信認義務は概ね信託法に由来する[31]。しかし、

---

24 | Investment Advisers Act, §202(a)(11)(G), 15 U.S.C. §80b-2(a)(11)(G)(2012); Investment Advisers Act Rule 202(a)(11)(G)-1(b), 17 C.F.R. §275.202(a)(11)(G)-1(b)(2018).

25 | Investment Advisers Act, §202(a)(11)(B), 15 U.S.C. §80b-2(a)(11)(B)(2012).

26 | Release 1092, supra note 8, at 38403.

27 | Employee Retirement Income Security Act [hereinafter ERISA] §§1-4402, 29 U.S.C. §§1001-1461 (2012).

28 | U.S. Dep't of Labor, Employee Benefits Security Administration, Executive Order: Reorganization Plan No. 4 of 1978, https://www.dol.gov/agencies/ebsa/laws-and-regulations/laws/executive-orders/4.

29 | 本書第9章参照。

30 | Definition of the Term "Fiduciary"; Conflict of Interest Rule-Retirement Investment Advice, 81 Fed. Reg. 20946 (Apr. 8, 2016) (29 C.F.R. pts. 2509, 2510, 2550 にて法制化).

31 | See Varity Corp. v. Howe, 516 U.S. 489, 496 (1996).

法制定時の説明では、エリサ法の合理人準則（prudent man rule）および他の信認基準は、従業員の年金プランの目的や性質に照らし、裁判所により解釈されるものとしていた。[32]

エリサ法で誰が受認者になるのかについては、これまで激論がなされてきている。2016年にアメリカ労働省はエリサ法における従業員年金プランで誰が受認者に該当するかについての規制を制定した。[33]アメリカ労働省によると、規制が必要となった理由は、1975年にエリサ法に基づくルールが初めて制定されて以来、退職者の資産形成マーケットが大きく変わってきているからとのことであった。この規制では、年金プランの資産や個人退職勘定に対してアドバイスを提供する者は幅広く受認者として取り扱うこととしている。この規制のもとでは、年金プランの資産に関して一定の分類に該当するアドバイスを有料で提供した場合は、投資顧問を提供したことになる。

新しい規制を制定するにあたり、アメリカ労働省は既存のビジネスモデルを維持できるようにした。そのため、この規制では、エリサ法における禁止取引ルールの適用除外を定め、投資顧問業者が引き続き、取引手数料や保険販売手数料や第三者からの手数料など、本来は禁止されているタイプの報酬を受領できるようにしている。このためアメリカ労働省は新たに「最善の利益契約の免除規定」（Best Interest Contract Exemption）と呼ばれる規定を設け、受認者がいくつかのステップを経た場合に限り、本来は禁止されている報酬を受領することを許容している。[34]

この規制は、当初から論争を引き起こし、多くの裁判所に提訴されることとなった。連邦第10巡回区控訴審では、この規制の内容を支持し、行政手続法が禁止する恣意的でもなければ気まぐれなもの（arbitrary and capricious）でもないとした。[35]その2日後、連邦第5巡回区控訴審は、裁判官全員一致ではないものの、そもそも労働省にはこのルールを制定する権限がないとの判断を示し、ルールそのものを完全に無効とした。[36]アメリカ労働省のフィデューシャリー・ルールは効力を失ったが、業界と証券取引委員会に与えた影響は続いている。

---

32 | H.R. Rep. No. 93-1280 at 302 (1974).
33 | Definition of the term "Fiduciary"; Conflict of Interest Rule – Retirement Investment Advice, 81 Fed. Reg. 20946 (Apr. 8, 2016) (codified at 29 C.F.R. pts. 2509, 2510, 2550).
34 | Id. at 20947; Best Interest Contract Exemption, 81 Fed. Reg. 21002, 21003 (Apr. 6, 2016) (29 C.F.R. pt. 2550 で法制化).
35 | Mkt. Synergy Grp. v. U.S. Dep't of Labor, 885 F.3d 676 (10th Cir. 2018).
36 | Chamber of Commerce v. U.S. Dep't of Labor, 885 F.3d 360 (5th Cir. 2018).

3. 投資会社法におけるフィデューシャリー

投資信託などの登録投資会社にアドバイスを行う投資顧問業者は、投資顧問法に基づく投資顧問業者であるとされ、証券取引委員会に登録しなければならない。さらに、これらの投資顧問業者は、投資信託や投資会社を規制する主要な制定法である1940年投資会社法に基づく規制に服さねばならない。つまり、これら投資顧問業者は既に投資顧問法のもとで信認義務の対象となっているところ、投資会社法によって、登録ファンドの投資顧問業者としての信認義務を追加で負うことになる。

投資会社法の定めによって、投資顧問業者は、アドバイスを提供する登録投資会社に対して「個人の不適切な行為を含めた」信認義務違反に責任を負う可能性がある[37]。裁判所はこの条項を、投資会社法で禁止されていない不正行為から投資信託の投資家を守るための「信認義務の貯蔵所（reservoir）」であると説明している[38]。

さらに、投資会社法では、登録投資会社へ課した投資顧問料に関して投資顧問業者は信認義務を負うものとしている[39]。この条項は、投資顧問業者がファンドのスポンサーである場合に、投資顧問業者がファンドに対して報酬水準を交渉する際に生ずる潜在的な利益相反を軽減するために議会が設けたものである[40]。そのため、投資会社法は、投資顧問法に基づく登録投資顧問業者に既に課されている信認義務に、上乗せ規制を加える形になっている。

4. 商品取引法におけるフィデューシャリー

商品取引顧問業者（CTA）、商品ファンド運営者（CPO）そして先物取次業者（FCM）は、商品取引の仲介業者であり、商品取引のアドバイスおよび売買サービスを提供している。彼らは、商品取引法（CEA）に基づき商品先物取引委員会（CFTC）により規制されている[41]。商品取引法とそのルールはこれらの仲介業者に法令上明確に信認義務は課していない。しかし、商品取引委員会の先例や判例法では、商品取引顧問業者、商品ファンド運営者および先物取次業者が顧客に代わって行為する場合には、信認義務も含めた幅広い義務を課している[42]。

---

37 | Investment Company Act of 1940 §36(a), 15 U.S.C. §80a-35(a) (2012).
38 | Brown v. Bullock, 194 F. Supp. 207, 238-239 n.1 (S.D.N.Y.), aff'd 294 F. 2d 415 (2d Cir. 1961) (en banc).
39 | Investment Company Act of 1940 §36(b), 15 U.S.C. §80a-35(b) (2012).
40 | See S. Rep. No. 91-184, 91st Cong, 2d Sess. 2 (1969).
41 | 商品は有価証券ではないので、これらの業者は投資顧問法に基づく投資顧問業者には該当しない。
42 | See U.S. Commodity Futures Trading Commission & U.S. Securities and Exchange Commission, A

先物取次業者は、明示で否定されない限りは、顧客のために行う特別な業務に対し信認義務を負う[43]。商品取引顧問業者、商品ファンド運営者および先物取次業者は、判例法に基づく義務を負う。先物取次業者に課される義務の範囲は、一般的には、口座の性質や顧客の知識水準など顧客との関係により判断される[44]。連邦裁判所は、この分野で信認義務があるかどうかを決めるためにしばしば州法を参照する[45]。商品取引顧問業者は最も投資顧問業者に近く、商品取引法は一定の商品取引顧問業者に信認義務を課している。裁判所は、個人に対してアドバイスを行わない商品取引顧問業者と行う業者を区分し、前者は受認者ではなく、商品取引法に基づく信認義務の対象とはならないとし、後者は受認者になりうるとしている[46]。さらに最近では、商品取引委員会は、顧客との関係の性質により、商品取引顧問業者は、適用される判例法に基づき、顧客に対し信認義務を負うことがある旨を再確認している[47]。

投資顧問業者に対する連邦法での信認義務は、比較的最近になって発展してきた。州法に基づく受認者、特に州の判例法は、はるかに長い歴史を有している。以下では、信認義務の発生の契機としての州法の状況について簡単に叙述する。

B. 州法

ほぼ全ての州は証券立法を有しており、州内で投資顧問業者を定義し、そのビジネスを規制している。そして、州法は一般に投資顧問業者に対し信認義務を課している。非倫理的なビジネス実務を規制するルールの1つとして信認義務を課す州もあれば、他の法令や判例法で課す州もある。州の証券監督の上部組織である北米証券監督者協会（NASAA）によると、投資顧問業者の信認義務では、自らよりも顧客の利益を優先することと、利益相反を回避することが求められる。利益相反が生じた場合は、投資顧問業者は明確かつ正確にそれを開示し、どのように投資顧問業者が中立性を維持しているのかを説明しなければならない[48]。

Joint Report of the SEC and the CFTC on Harmonization of Regulation, 68-69 (Oct. 16, 2009).

43 | Avis v. Shearson Hayden Stone, Inc., [1980-1982 Transfer Binder] Comm. Fut. L. Rep. (CCH) ¶ 21,379 at 25,831 n.7 (CFTC Apr. 13, 1982).

44 | Romano v. Merrill Lynch, 834 F.2d 523, 530 (5th Cir. 1987).

45 | See, e.g., Horn v. Ray E. Friedman & Co., 776 F.2d 777, 779 (8th Cir. 1985).

46 | See Commodity Trend Serv., Inc v. Commodity Futures Trading Comm. (CTS), 233 F.3d 981 (7th Cir. 2000).

47 | Business Conduct Standards for Swap Dealers and Major Swap Participants With Counterparties, 77 Fed. Reg. 97334, 9739 (Fed. 17, 2012) (codified at 17 C.F.R. pts. 23, 4).

48 | See North Amean Securities Administrators Associetion, Investment Adviser Guide, http://www. nasaa.org/industry-resources/investment-advisers/investment-adviser-guide.

規制により課される義務に加え、投資顧問業者と顧客の関係は州の判例法による規制が課されていることが多い。いくつかの判例では、顧客が信頼と信用を寄せている場合や顧客の投資知識や経験が欠けている場合は、投資顧問を提供することにより、事案特殊の信認関係ないし事実関係に基づく（fact-based）信認関係が成立するとしている。[49] しかしながら、投資顧問業者は通常、信託契約や委任関係、明文の投資顧問契約またはこれらの組み合わせに基づきサービスを提供している。そのため、投資顧問の提供に関係する契約は、典型的には、信託の判例法、代理法、契約またはこれらの組み合わせにより解釈されることになる。

1. 信託法

信託受託者が受益者の代わりに信託財産を運用する場合は、投資顧問業者として行動することが多い。そして、信託受託者はファンドへの投資と運用について幅広い裁量権を有するのが通例である。信託の判例法において、信託受託者は、信託と信託財産の管理に関する全ての事柄に関して、受益者に対し信認義務を負う。判例法での受託者への義務は、他の受認者に対する義務と比較すると厳しいものとなる。[50]

信託受託者は有価証券やその他の資産の運用を行うが、証券取引委員会はかなり前のオーガスタス・ロアリングの件での通達で、信託受託者は、投資顧問法に基づく投資顧問業者には該当しないと述べている。[51] しかし、信託受託者は自らを他者にアドバイスを提供する者であると名乗ってはならない。証券取引委員会は現在までこの立場を崩していないが、1983年のノー・アクション・レターでは、ロアリングの件における信託受託者のビジネスは、裁判所により指名された受認者であると証券取引委員会のスタッフは強調していた。[52] さらに、当該スタッフは有価証券の売買に関する裁量権を有する投資顧問業者は、そのビジネスが「信託を介した業務」であっても、投資顧問法に基づく投資顧問業者に該当すると述べている。したがって、以前のロアリングでの解釈にかかわらず、裁判所の指名に基づかない報酬を受領する信託受託者は、特に自由裁量権を行使している場合は、投資顧問法に基づく投資顧問業者であるとされる可能性が高い。[53]

---

49 | Burdett v. Miller, 957 F.2d 1375, 1381 (7th Cir. 1992); Patsos v. First Albany Corp., 741 N.E.2d 841, 851-852 (Mass. 2001); 本書第1章も参照。
50 | Restatement (Third) of Trusts §78 cmt. a (Am. Law Inst. 2007); 前掲注4（本書第3章）。
51 | Augustus P. Loring, Investment Company Act Release No. 33, 11 SEC 889 (July 20, 1942).
52 | Joseph Nameth, SEC No-Action Letter, 1983 WL 30256 (Jan. 31, 1983).
53 | See Christopher M. Reimer, Private Trustee Beware: A Review of the Sweeping New SEC Registration Requirements Under the Dodd-Frank Wall Street Reform and Consumer Protection

投資顧問法に、投資顧問業者の定義から銀行とファミリー・オフィスを除くという規定があることを想起されたい。つまり、信託財産の運用を行う銀行、信託会社またはファミリー・オフィスは、投資顧問法からそもそも除外されることになる。投資顧問法上、信託受託者は常に投資顧問業者とみなされるわけではないが、皮肉にも、投資顧問業者を規制する連邦法は概ね信託法がその由来となっている[54]。

2. 代理法と契約法

信託関係以外では、顧客の資産の投資の引き受けは、通常は判例法の代理法により規制される代理関係に基づき行われる[55]。適用される法令により投資顧問を行う者が投資顧問業者とされるのか、ブローカー・ディーラーとされるのかまたはいずれにも該当しないかにかかわらず、顧客のポートフォリオを運用する投資顧問を行う者は、判例法における顧客の代理人として行為することになる[56]。代理人は、代理関係に関連する全てのことについて、忠実義務と注意義務が課される[57]。もし、投資顧問を行う者と顧客の間で投資顧問契約を締結している場合は、その関係には契約法も適用されるであろう。

Ⅱでは、投資顧問において信認義務が適用される発生の契機が様々あることについて論じてきた。一旦投資顧問業者が受認者であると明確になれば、その後問題となるのは義務の内容となる。Ⅲ以下では、受認者である投資顧問業者に課される忠実義務、注意義務そして他の法令上の義務について論ずることとしたい。

Ⅲ 忠実義務

投資顧問業者に課される現代の忠実義務は、判例法の信託法および代理法の中に含まれる忠実義務を由来として発達してきた。判例法における信託の判例は、受認者は本人の利益のためだけに行動しなければならないというルールへと発展してきた[58]。エリサ法は、判例法の基準を法制化し、受認者は自らの義務を制度参加者と受益者の「専らの利益」のために使わなければならず、そして、彼らの利

Act, 12 J. Bus. & Sec. L. 337, 345 (2012).

54 | See Harvey E. Bines & Steve Thel, Investment Management Law and Regulation 3-4 (2d ed. 2004).
55 | Restatement (Third) of Agency §1.01 (Am. Law Inst. 2006).
56 | See Robert H. Sitkoff, The Fiduciary Obligation of Financial Advisors Under the Law of Agency, 27 J. Fin. Plan. 42, 42 (2014).
57 | 前掲注4（本書第2章）参照。
58 | Restatement (Third) of Trusts §78.

益となるよう「排他的な目的（exclusive purpose）」のために使わなければならないとしている[59]。証券取引委員会の投資顧問法はそこまで厳しいものではなく、通常は「最善の利益」基準を導入している[60]。しかし、基本的な原則は同じである。受認者は、アドバイスを提供する顧客に忠実義務を負い、顧客の利益を最優先しなければならない。

　忠実義務は、一般的には禁止的な（proscriptive）ものである。投資顧問業者は、窃盗、詐欺そして自己取引を避けなければならない。忠実義務のもとでは、投資顧問業者は利益相反を避けなければならず、最低限でも顧客に開示しなければならない。投資顧問業者は、顧客の信頼と信用を逆手にとって不正な利益を得てはいけない。忠実義務のもとでは、投資顧問業者は、単に誠実であること以上の義務を負う。投資顧問業者は、公平無私ではないアドバイスを意識的または無意識に提供する可能性に気を付けなければならない。顧客に損害が生じていない場合でも忠実義務違反になりうる[61]。

　投資顧問業者に対して忠実義務が適用される具体例としては、「投資顧問業者は、非開示の手数料を受領する有価証券を推奨してはならない[62]」、「投資顧問業者は、開示することなく、自分の得意先の顧客や投資顧問業者自身に有利になるように、利益が見込まれる取引を割り当ててはならない[63]」、そして、「投資顧問業者は、開示することなく、顧客口座へのサービス提供者として、必要となるサービス水準を満たす最も低コストである提供者でない限り、グループ会社を選択してはならない[64]」、といったものがある。

　投資顧問法に基づく投資顧問業者の忠実義務は、同法206条の詐欺防止条項を根拠として導き出している。同法は投資顧問業者が詐欺的なスキームを使うことや詐欺とみなされる行為に従事することを禁止している。この条項に関して重要な解釈を初めて示したのは、連邦最高裁で1963年に出された *SEC v. Capital Gains Research Bureau, Inc* の判決で、現在でもリーディング・ケースと位置づ

---

59 | ERISA §404(a)(1), 29 U.S.C. §1104(a) (2012).
60 | See, e.g., SEC v. Tambone, 550 F.3d. 106, 146 (1st Cir. 2008).
61 | See Monetta Fin. Serv., Inc. v. SEC, 390 F.3d 952, 955–956 (7th Cir. 2004).
62 | Amendments to Form ADV, Investment Act Release No. 3060, 75 Fed. Reg. 49234, 49238 (Aug. 12, 2010) (codified at 17 C.F.R. pts. 275, 279).
63 | James C. Dawson, Investment Act Release No. 3057 (July 23, 2010); Welhouse & Assoc., Advisers Act Release No. 4132 (June 9, 2015); McKenzie Walker Inv. Mgmt., Inc., Advisers Act Release no. 1571 (July 26, 1996).
64 | Lorna A. Schnase, An Investment Adviser's Fiduciary Duty 11 (2010), https://thefiduciaryinstitute.org/wp-content/uploads/2013/02/lornaschnaseFiduciary-Duty-Paper.pdf.

けられている。[65]

*Capital Gains*事件では、連邦最高裁では投資顧問業者による「スカルピング」という行為に対する証券取引委員会の行政処分について審理が行われた。スカルピングとは、投資顧問が自らの自己勘定で有価証券に投資を行い、それからその事実を伏して、顧客勘定で有価証券を購入するか、顧客に購入を推奨する行為をいう。価格が上昇した後に、投資顧問業者は自ら保有する有価証券を売却して利益を得る。

激しい議論が交わされた裁判で、連邦最高裁は最終的には証券取引委員会の主張を支持し、この行為は投資顧問業者の信認義務違反であり法令違反であると認めた。裁判所は、「投資顧問法は、投資顧問が、意識的か無意識かを問わず利害関係がないとはいえないアドバイスを行うことになりかねない全ての利益相反行為を排除するか、または最低でも開示させるという議会の意図を反映するとともに、『投資顧問関係が、繊細な信認関係という性質を有する』という議会の認識を反映したもの」であると説明した。[66]連邦最高裁はまた、投資顧問業者は「最大限の誠実さと全ての重要な事実を公正に開示する」義務を負い、顧客が誤解することを避ける義務を有する、とも述べている。[67]

利益相反に関する懸念が、投資顧問業者が自己勘定で顧客と取引を行うことを禁止する条項を設けた理由となっている。[68]自己勘定のために行動する投資顧問業者は事前に書面で顧客に開示を行ったうえで同意を得ない限りは、有価証券を顧客に売ることもできないし、顧客から買うこともできない。開示と同意取得は個々の取引のたびに行わなければならず、事前の包括同意では不十分である。[69]市場相場の変動を踏まえてぎりぎりのタイミングで行われる投資判断に対して事前の同意を与えることは困難であるため、投資顧問業者は通常は自己勘定での取引を避ける。対照的に、ⅡA1(1)で述べたように、ブローカー・ディーラーは、一般的には受認者とは考えられていない。そのため、ブローカー・ディーラーは、特定の有価証券のマーケット・メーカーとして、自らがアドバイスを提供する顧客との間であっても、自己勘定で取引を行うことが可能となる。

証券取引委員会が投資顧問法に基づき数多くの行政処分を行っている結果、連

---

65 | 375 U.S. 180 (1969).
66 | Id. at 190-192.
67 | Id. at 194.
68 | Investment Advisors Act §206(3), 15 U.S.C. §80b-6(3) (2012).
69 | Opinion of the Director of Trading and Exchange Division, Advisers Act Release No. 40 (Jan. 5, 1945); Stephens, Inc., Advisers Act Release no. 1666 (Sept. 16, 1997).

邦地裁の判例法理において、投資顧問法に基づく投資顧問業者の信認義務が詳細に分析されてきた。投資顧問法に基づく連邦法での信認義務の発展は、連邦法と州法の関係に疑問を生じさせることになった。少なくとも1つの連邦地裁は、投資顧問業者の義務についての判決で州法を参照する必要はなく、州法を考慮しないことで投資顧問法の統一性が促進されると述べている。[70] さらに、現在は州の裁判所も投資顧問業者の訴訟において、投資顧問業者が義務に違反したか否か判断する際に、連邦法をより進んだ法理論として参照するようになってきている。[71]

　忠実義務とは、窃盗、自己取引、利益相反およびそれらに関する懸念事項を規制するが、フィデューシャリーの数式の片方を構成するものでしかない。忠実義務の双子の妹である「注意義務」は、受認者が顧客の最善の利益のために行動することを確かなものとするためには、忠実義務と同様に重要なものとなる。Ⅳでは、受認者の注意義務について論ずる。

Ⅳ　注意義務

　投資顧問業者は業務を遂行するにあたり、もし同様の環境であれば通常行われるであろう、注意深さ、有能さそして慎重さを有しなければならないという義務を負っている。[72] 1830年の影響力の大きな判例である *Harvard College v. Amony* では、他人の財産の管理を信頼して任された場合は合理的な注意義務があるという原則が確立された。信託受託者が、製造会社の株式に投資できるか否かを判断するにあたって、裁判所は信託受託者の義務は、「信託受託者は、思慮と分別と聡明さを備えた者が、自己の資金を投機ではなく信託財産を永続的に運用するような管理の手法に従わなければならない」[73] ものであるとした。

　Harvard College v. Amony からは、信託受託者が投資の意思決定や信託財産の管理にあたって合理的な努力を行う義務を負うという「合理的な投資家の準則（Prudent Investor Rule）」が導かれることとなった。[74]

　信託法に由来する「合理的な投資家の準則」は、現在、投資顧問業者の注意義務の基準として幅広く受け容れられている。エリサ法では、受認者は、「同じ立

---

70 ｜ See Laird v. Integrated Res., Inc., 897 F.2d 826, 837 (5th Cir. 1990).
71 ｜ See Belmont v. MB Inv. Partners, Inc., 708 F. 3d 470, 500-501 (3d Cir. 2013); see also Hollerich v. Acri, No.14 CV 10411, 2017 WL 1316259, at *6 (N.D. Ill. April 10, 2017).
72 ｜ Restatement (Third) of Agency §8.08.
73 ｜ Harvard College v. Amory, 26 Mass. (9 Pick.) 446, 461 (1830).
74 ｜ See Tibble v. Edison, Int'l, 135S. Ct. 1823 (2015); 前掲注4（本書第3章）。

場の慎重な者であれば使うであろう、注意深さ、技量、思慮と分別」を用いなければならないと明確に規定している[75]。2016年にアメリカ労働省は誰が受託者に該当するのかを規則で定め、その中で年金プランまたは個人退職勘定へアドバイスを行う際の慎重さの意味を詳細に定めている[76]。投資顧問法のもとでは、注意義務の基準は、一般的には「合理的な慎重さ」を用いている[77]。連邦最高裁を含む連邦裁判所は、注意義務の内容を補完するため、信託法の判例を参照している[78]。そして、判例法に基づく裁判でも同じように、慎重なアドバイスを、適用すべき注意義務の基準としている[79]。

　本質的に禁止的（proscription）な忠実義務とは対照的に、注意義務は規範的（prescriptive）である。投資顧問業者は顧客の目的を達成するために合理的な努力と分別を用いなければならない。実務的には、注意義務は投資顧問業者に対し情報の収集と顧客の投資知識とリスク耐性の評価を行うことを要求する。そして、投資顧問業者は、適切な投資商品を選択しポートフォリオをモニタリングしなければならない。投資顧問業者は顧客が必要とすると知っているかまたは知る理由を有する情報を提供する合理的な努力をしなければならない[80]。投資顧問業者は、投資の調査やモニタリングでは適切な手続を踏まなければならず[81]、顧客の取引では最良執行を目指さなければならない[82]。投資顧問業者は一般に顧客の投資状況をモニタリングしなければならず、おそらく最も重要なことは、もしファンドがリスクにさらされていることを示す危険信号に対しては、追跡して対応しなければならないということ[83]。

　Ⅱ A 1(1)でブローカー・ディーラーについて論じた時、私は、彼らには顧客に対し推奨事項が適合していることを確認する義務を有すると述べた。投資顧問業者についても、注意義務の一環として適合した推奨を行う義務が認められる[84]。

75 | ERISA §404 (a)(1)(B), 29 U.S.C. §1104 (a)(1)(B) (2012).
76 | See Definition of the Term "Fiduciary"; Conflict of Interest Rule-Retirement Investment Advice, 81 Fed. Reg. 20964 (Apr. 8, 2016) (codified at 29 C.F.R. pts. 2509, 2510, 2550).
77 | Vernazza v. SEC, 327 F.3d 851, 861 (9th Cir. 2003).
78 | Tibble, 135 S. Ct. at 1828; see also Max M. Schanzenbach & Robert H. Sitkoff, The Prudent Investor Rule and Market Risk: An Empirical Analysis, 14 J. Emp. L. Stud. 129, 132-136 (2017).
79 | See Erlich v. First Nat'l Bank of Princeton, 505 A. 2d 220, 235 (N.J. Super. Ct. Law Div. 1984).
80 | Restatement (Third) of Agency §8.11 & cmt. d.
81 | Schnase, supra note 64, at 7.
82 | Newton v. Merrill, lynch, Pierce, Fenny & Smith, Inc., 135 F.3d 266, 270-271 (3d Cir. 1998).
83 | See People ex. rel. Cuomo v. Merkin, 907 N.Y.S.2d 439, *9 (2010); Hennessee Group LLC, Investment Advisers Act Release No. 2781, Admin. Proc. File 3-13454, at 8-11 (Apr. 22, 2009).
84 | Suitability of Investment Advice Provided by Investment Advisers; Custodial Accounts Statements for Certain Advisory Clients, Investment Advisers Act Release No. 1406, 59 Fed. Reg. 13464, 13465

この義務は、投資顧問業者に対し顧客の状況を評価し、それに従った形での投資推奨を行うことを要求する。

　受認者の忠実義務と注意義務は、双方が揃って初めて、投資顧問業者が顧客の最善の利益のために行動することを確実にすることができる。忠実義務は禁止的であり、窃盗、自己取引そして利益相反を防ぐ。注意義務は規範的であり、投資顧問業者が顧客のために行動する際に、置かれた環境のもとで合理的といえる注意深さ、専門性や分別をもって行動することを確かなものとする。しかし、受認者の忠実義務と注意義務が何を要求するのかは常に明確なわけではない。その結果、規制当局は投資顧問業者に対し様々な法的義務を課している。Ｖではそれらの義務について論ずる。

Ｖ　その他の法令上の義務

　明確に定義づけされた通常の法令上の義務と異なり、受認者の忠実義務と注意義務は漠然としていることが多い。忠実義務違反となる自己取引の機会は数えきれないほどあり、そのために投資顧問業者の行動には数多くの禁止事項が定められている。同様に、注意義務による注意深さ、専門性、思慮と分別で行動するという規範的な規制は、投資顧問業者が義務を果たすうえで踏むべきステップに関し、ほとんどガイダンスを提供していない。そのため、規制当局は投資顧問業者の義務を特定するために詳細な行政ルールを準備しており、そのうちのいくつかをＶで説明したい。これらの詳細なルールは、不透明な信認義務の扱いに関して、規制当局が投資顧問業者を導こうという意図の表れとみることができる。これらの行政ルールは、規制された特定の行動について、投資顧問業者の信認義務に取って代わるという位置づけではなく、むしろ、証券取引委員会が投資顧問業者の信認義務の適用を明確化しかつシンプルなものとするために、道筋となるルールを用意したものである。[85]

　行政ルールの重要性を説明するため、証券取引委員会の発した証券取引委員会登録の投資顧問業者に適用される規制について、いくつかの分野に分類してみた。他の規制当局もそれぞれの管轄の範囲内で投資顧問業者を規制するルールを採用

(proposed Mar. 22, 1994)(not adopted).

85　See Arthur B. Laby, The Fiduciary Structure of Investment Management Regulation, in Research Handbook on the Regulation of Mutual Funds（John D. Morley & William Birdthistle eds.）(2018); see also Sitkoff, supra note 56, at 8.

している。

- **登録**。多くの投資顧問業者は証券取引委員会または州の証券当局に登録しなければならない。ほとんどの大手投資顧問業者——1億ドル超の運用資産——は、証券取引委員会に登録を行い、中小の投資顧問業者は一般に州の証券当局に登録を行う。[86] 書式 ADV ——投資顧問業者の登録の書式——は、投資顧問業者に対し事業内容と業務運営方法の詳細を開示することを求めている。特定のプライベート・ファンド（ヘッジファンド等）は、証券取引委員会への登録は必要ないが、書式 PE という非公表の報告書を定期的に提出しなければならない。[87]

- **法令遵守**。証券取引委員会は、まず、投資顧問業者は自らの監督機能に責任をもつべきであるというアプローチを採用している。登録投資顧問業者はそれぞれ法令遵守のプログラムを保有しなければならず、そのプログラムには、法令違反を防ぐことを目的とした書面での監督手順の整備、業務手順の適切性を確認するための年次の検査、そして業務管理に責任を有する最高コンプライアンス責任者の設置等が含まれる。

- **帳簿と記録**。登録投資顧問業者は証券取引委員会のルールで列挙されている詳細な帳簿と記録を維持しなければならない。

- **投資顧問料**。投資顧問料は一般的には規制されていない。しかし、投資顧問業者は手数料を開示しなければならず、あまりに高い手数料は投資顧問法違反になる可能性がある。[88] 手数料は規制されないという原則の明確な例外は、一定の適用除外を除き、運用成績手数料——顧客の口座での元本評価額の上昇を基準とした手数料——をとってはいけないということである。[89]

- **カストディ**。顧客資産を管理するとみなされる証券取引委員会登録投資顧問業者は、カストディ・ルールを守らなければならない。[90] このルールは一般的にカストディを広く定義しており、直接か間接かを問わず、顧客のファンドまたは有価証券を保有または保有する権限を有している場合に適用される。

---

86 | See Rules Implementing Amendments to the Investment Advisers Act of 1940, Investment Advisers Act Release No. 3221, 76 Fed. Reg. 42950（July 19, 2011）（codified at 17 C.F.R. 275, 279）.
87 | Investment Advisers Act Rule 204(b)-1, 17 C.F.R. §275.204(b)-1（2018）.
88 | See, e.g., Equitable Commun. Co., SEC No-Action Letter（Feb. 26, 1975）（2％を超える報酬は過剰に高いとみなされる）.
89 | Investment Advisers Act §205(a)(1), 15 U.S.C. §80b-5(a)(1)（2011）.
90 | Investment Advisers Act §206(4)-2, 17 C.F.R §275.206(4)-2（2017）.

- **最良執行**。投資顧問業者は顧客の取引に関して最良執行義務を負う。投資顧問業者は、最良執行かどうかを評価するにあたり、執行価格やスピードそして執行の質などの様々な要素を考慮に入れることができる。
- **投資顧問業者の広告**。証券取引委員会のルールでは、広告行為を広めに定義しており、虚偽や誤解を生じさせる広告を禁止している[91]。このルールにはほかにも規定が含まれており、例えば、特定の投資家の経験に基づく意見を載せるような推奨意見は禁止されている。投資顧問業者は、過去1年の全ての推奨意見のリストを載せるといった情報提供をしない限り、過去の特定の推奨意見を参照することも禁止されている。

Ⅴでは、投資顧問業者、特に証券取引委員会登録投資顧問業者に対して適用される多くの義務について論じた。それらの義務について網羅したわけではない。投資顧問業者に対しては、政治献金や議決権行使、勧誘員の利用や、従業員の監督義務や、従業員の証券取引等、様々な追加の規制が課される[92]。

投資顧問業者を規制する信認義務と詳細なルールに関し、どのような場合に投資顧問業者の顧客に対する義務は合意により免責されるのかという問題がある。この問題は、信認義務というものが強行規定なのか、単に当事者間の合意で変更可能な任意規定なのかという長期間にわたる論争の一部でもある。Ⅵでは、投資顧問業者のこの問題について論じたい。

Ⅵ　強行規定か任意規定か

投資顧問業者の義務は典型的には投資顧問契約により設定される。契約の存否とその解釈は通常は州法に基づき判断される[93]。投資顧問業者と顧客において長らく争われてきた問題は、投資顧問業者に適用される信認原則について、強行規定の範囲がどこまでなのか、投資顧問契約で修正が可能な範囲はどこまでなのか、である。

多くの判例では、契約が優先される。投資顧問契約は、顧客に代わって取引を行う権限を投資顧問業者に付与するので、代理人としての投資顧問業者の義務の

---

91 | Investment Advisers Act §206(4)-1, 17 C.F.R §275.206(4)-1 (2018).
92 | より深い議論としては、Robert E. Plaze, Regulation of Investment Advisers by the U.S. securities and Exchange Commission (June 2018), https://www.proskauer.com/professionals/robert-plaze 参照。
93 | See DIRECTV, Inc. v. Imburgia, 136 S. Ct. 463, 468 (2015).

範囲を定めることになる。そのため、投資顧問契約において、投資顧問業者の権限の範囲と一致するように、投資顧問業者の義務の範囲を制限することも許される。

投資顧問業者がエリサ法や投資顧問法に基づき規制されている場合は、状況はさらに複雑なものとなる。エリサ法の410(a)条は契約当事者に対し、同法に基づき受認者が負う義務を軽減することを禁止している。[94]投資顧問法の215(a)条も、同法に規定する法令遵守条項を免責する合意は全て無効と規定している。投資顧問法206条により、投資顧問業者は受認者であるとされ、証券取引委員会が定めて判例法で発展してきた各種義務の対象になることを思い出してほしい。投資顧問法は、投資顧問業者の信認義務を修正する契約を評価する基準となるべき強行法規を提供するものである。

投資顧問業者の信認義務が強行規定なのか任意規定なのかについて、いくつかの角度から検討することができる。ⅥのA〜Eで、私はこの問題点を、受認者の地位、開示義務、免責条項を設定する権限、義務を委任する権限、そして投資顧問関係から離脱または辞任する権限という文脈でみてみることにしたい。

A. 受認者の地位

投資顧問業者の信認義務が強行法規なのかどうかという問題は、いつ受認者の地位となるトリガーが引かれるのかという問題と密接に関連する。これまで説明した通り、投資顧問業者は信認義務が課されるが、ブローカー・ディーラーは通常は課されない。金融機関は投資顧問業者とブローカー・ディーラーの両方に登録することができ、顧客も同じ金融機関で投資顧問口座と証券口座の両方をもっていることもありうる。ここから、投資顧問会社で投資顧問とブローカー・ディーラーの2つの資格で勤務する者が、「帽子を付け替える」ことができるのだろうかとという疑問が生じうる。顧客の証券口座に対し投資顧問を与える中で、（信認義務を負う）投資顧問業者の立場を捨てて、「（信認義務を負わない）ブローカーの立場です」と主張することが可能なのだろうか。また、一旦顧客との間で信認関係が構築された後は、全ての顧客口座についてその関係が拡大適用されるのだろうか。数少ない先例をみる限り、投資顧問業者が帽子を付け替え、顧客に通知することなく信認義務を負わないと主張することは、投資顧問法の救済目的

94 | ERISA §410(a), 29 U.S.C. §1104(a) (2012).

とは相容れないことを示している。[95]

B. 開示

投資顧問法における規制の哲学は、全てを開示すべきというものである。[96]その観点で、信認義務違反となる一定の行動や利益相反については、それを完全に開示すれば許されることになる。*Capital Gains* では、連邦最高裁は投資顧問法の趣旨は利益相反を消滅させるか"さらす"ことにあるとした。対照的に、エリサ法の哲学では開示はあまり重視されていない。エリサ法のもとでは顧客の同意の有無にかかわらず、一定の取引を禁止している。[97]

利益相反を開示する権限は、投資顧問業者の全ての信認義務が免責可能ということではない。例えば忠実義務は完全に免責することは不可能であり、受認者が不誠実に行動することを許容することは誰もできない。[98]さらに、信託法のもとでは、禁止取引を明示条項により許容しても、信託の管理において慎重に行動するという信認義務を消去できない。[99]

C. 免責条項

何年もの間、証券取引委員会は免責条項や責任回避条項が、投資顧問法 206 条違反であると扱ってきた。1951 年に、証券取引委員会の法務最高責任者は、投資家側が自らの権利を免責するとみなされる条項は全て投資顧問法違反になるとの考えを示した。[100]1970 年代に証券取引委員会のスタッフは、投資顧問は責任の放棄はできないというノー・アクション・レターを複数出している。[101]少なくとも1 つの州裁判所は、義務違反で生じた損害について投資顧問業者を免責するという投資顧問契約の免責条項について、公の政策に反し法的効力を与えることができないという判決を出している。[102]

---

95 | Lawrence M. Labine, Investment Advisers Act Release No. 4376, 113 SEC Docket 5511 (Apr. 22, 2016).
96 | Capital Gains, 375 U.S. at 186.
97 | See, e.g., Harris Tr. and Sav. Bank v. Salmon Smith Barney, Inc., 530 U.S. 238, 241-242 (2000).
98 | See Restatement (Third) of Trusts §78 cmt. c(2); Restatement (Third) of Agency §8.06.
99 | Restatement (Third) of Trusts §78 cmt. c(2).
100 | Opinion if the General Counsel relating to the use of "hedge clauses" by brokers, investment advisers, and others, Investment Advisers Act Release No. 58, 1951 WL 1363 (Apr. 10, 1951).
101 | Auchincloss & Laurence, SEC No-action Letter, 1974 WL 10979 (Feb. 8, 1974); see also First National Bank of Akron, SEC No-action Letter, 1976 WL 12229 (Feb. 27, 1976); Jonathan-Forbes, Inc., SEC No-Action Letter, 1972 WL 7681 (Mar. 20, 1972); Omni Mgt. Corp., SEC No-Action Letter, 1974 WL 422072 (Dec. 13, 1974).
102 | Erlich v. First Nat'l Bank of Princeton, 505 A.2d 220, 232-233 (N.J. Super. Ct. Law Div. 1984).

2007 年に、証券取引委員会は考え方を緩和し、責任回避条項について周辺の事実や環境次第では合法になりうる場合があると示唆した。投資顧問業者であるHeitman Capital Management は、損害賠償責任を重過失と不法行為の場合に限定する責任回避条項を使っていた。責任回避条項の後に、同社は開示条項を加えており、そこには連邦の証券法または他の法で免責が許されていない場合は、顧客の権利の免責に関する条項は効力を有しないと記載してあった。[103]さらに同社は、サービス提供先は主に機関投資家であり、機関投資家は投資顧問契約の交渉では買い手として強い交渉力を有していることを証券取引委員会のスタッフに対して表明していた。そのため、Heitman の後は、責任回避条項が投資顧問法違反かどうかは、責任回避条項の内容や投資顧問業者と顧客との責任回避条項に関する協議内容、そして顧客の状況といった事実関係次第で判断するという扱いになった。

Heitman のノー・アクション・レターが出された後の民事訴訟では、投資顧問業者は自らのプラットフォームを利用する第三者の投資顧問業者の行動について責任を回避することが許された。[104]*Hsu v. UBS Financial Services* では、原告はUBS との間でラップ（投資一任）契約を締結し、UBS から複数のサービス提供を受けるとともに、UBS がリストアップした第三者の投資顧問業者を利用するものとされた。そのサービスの責任回避条項では、UBS は第三者の投資顧問業者の行動に関しては責任を負わないと記載してあったが、UBS の行動についての免責条項はなかった。原告は投資顧問契約の条項が矛盾していると主張したが、裁判所は矛盾は存在しないと結論づけた。しかし、この見解については注意して解釈する必要がある。なぜなら、証券取引委員会は別のケースでは、他の投資顧問業者を選択したり、採用したりすることに関するアドバイスはそれ自体が投資顧問に該当するといっているからである。[105]

これらの議論の進展を踏まえても、投資顧問業者は責任回避条項が当然に認められるとは考えないほうがよい。[106]さらに、責任回避条項は、投資顧問業者と顧客

---

103 | Heitman Capital Mgmt., LLC, SEC No-Action Letter, 2007 WL 789073 (Feb. 12, 2007) (collecting references).

104 | Hsu v. UBS Fin. Serv., No. C 11-02076 WHA, 2011 WL 3443942 (N.D. Cal. Aug. 5, 2011) aff'd, No. 11-17131, 2013 WL 492443 (9th Cir. Feb. 11, 2013).

105 | See, e.g., Release 1092, supra note 8, at 38402.

106 | Francis J. Facciolo & Leland S. Solon, Exculpatory Hedge Clauses in Investment Management Contracts: Developments since *Heitman Capital*, 21 Inv. Law. 3, 9 (2014); see also Bines & Thel, supra note 54, at 100.

の間の二者間の関係を定めるものであるが、投資顧問法に基づく処分を行う可能性が高いのは証券取引委員会であり、証券取引委員会は責任回避条項に拘束されない。[107]

　エリサ法のもとでは、裁判所は免責条項を認めない。裁判所は410(a)条をエリサ法のフィデューシャリーの注意義務の最低基準を定めたもので、法律に基づく強行規定であり、免責の対象とならないと解釈している。ある裁判所はこのことを「エリサ法の受認者を信認責任から免責する契約条項は法律上の問題として無効である」とまとめている。[108]

D.　委任

　投資顧問業者は、しばしば特別な専門性が必要な場合は職務を委任する。投資顧問業者は、特定の領域や地理的な問題で専門性を有していない場合、ポートフォリオの管理の一部を専門家に委任することがある。委任先業者が投資顧問業者との間でサービスを提供し、顧客と直接関係がない場合は、第1の投資顧問業者が委任先業者の顧客となる。委任先は、投資家に対し開示を行う義務は負わないが、投資顧問業者は顧客に対し委任先を使っている旨を開示しなければならない。もし委託先がある顧客に特定のサービスを提供している場合、顧客は委託先の顧客にもなり、委託先は顧客を念頭に置きつつ自らの責任内容を評価しなければならない。

　委任は投資信託の投資顧問契約では一般的である。いくつかの投資信託の複合体では、1つのメイン投資顧問業者のもとにサブ投資顧問業者を1つまたは複数設置し、典型的には、サブ投資顧問業者はメイン投資顧問業者との間で契約を締結し報酬の支払を受ける形をとる。この構造は、マネージャー・オブ・マネージャーズと呼ばれ、メイン投資顧問業者がファンドの運用全般に責任を負い、サブ投資顧業者間の選択、採用、監視および監督を行い、そしてサブ投資顧問業者に対し日々のポートフォリオ運用を委任する。サブ投資顧問業者は1つの場合もあれば複数の場合もあり、いずれの場合でもそれぞれファンドの資産の一部分について責任を有する。[109]

---

107 | Schnase, supra note 64, at 20.
108 | IT Corp. v. Gen. Am. Life Ins. Co., 107 F.3d 1415 (9th Cir. 1997).
109 | See Independent Directors Council, Board Oversight of Subadvisers (Jan. 2010). https://www.idc.org/pdf/idc_10_subadvisers.pdf; see also Gregory C. Davis et al., Mutual Fund Use of Sub-Advisers, in Practising Law Institute, Mutual Funds and Exchange Traded Funds Regulation (Clifford E. Kirsch ed., 2013).

信託の場合、信託受託者による投資運用のプロの投資顧問業者への委任は現在では通常の実務となっている。Ⅳで述べた合理的な投資家の準則では、現代ポートフォリオ理論を採用し分散投資義務を定めている[110]。そのため、合理的な投資家の準則は、信託受託者の委任禁止ルールを引っくり返すことになり、信託受託者が投資顧問業者の選任と監督を注意深く行うのであれば、プロの投資顧問業者に委任を行うことが許容されるようになった[111]。統一プルーデントインベスター法では、信託受託者はプロの投資顧問業者に投資運用責任を委任できると定めている[112]。

E.　辞任または離脱

投資顧問業者は、投資顧問を辞任したり契約関係から離脱したりする権限に制約を受けることになる。例えば、証券取引委員会登録投資顧問業者は、合意なく投資顧問契約を他者に譲渡することを禁止されており、契約にはこの効力を有する条項を含めなければならない[113]。議会が、投資顧問業者が自らの義務を他者に譲渡することを制限した意図は、投資顧問関係が個人的な信頼関係に基づく性質を有していることにある[114]。さらに、証券取引委員会のスタッフは、投資顧問業者は顧客が投資顧問関係を終了する権利を制限したり、顧客を罰したりするような料金体系を禁止するという見解を採用している[115]。そのため、投資顧問業者は、投資顧問関係を終了しようとする場合は、自らの信認義務についてよく考慮しなければならない。信認義務が適用され、それに伴う責任が課されうる場合、最後の論点は信認義務違反に対し、いかなる救済措置が認められるかという点になる。

Ⅶ　救　　　済

信認義務違反に対して認められる救済措置は、根拠となる法律といかなる当事者が訴えを提起するかに左右される。投資顧問法のもとでは、証券取引委員会は投資顧問業者を訴えて、裁判所の救済を求める幅広い権限を有している。さらに、

---

110 | See Restatement (Third) of Trust §90 cmt. g.
111 | See id.; see also id. at §80; 前掲注 4（本書第 3 章）。
112 | Uniform Prudent Investor Act §9(c).
113 | Investment Advisers Act §205(a)(2), 15 U.S.C. §80b-5(a)(2) (2012).
114 | Investment Trusts and Investment Companies: Hearings on S. 3580, 76th Cong., 3d Sess. 253 (1939) (statement of David Schenker, Chief Counsel, Securities and Exchange Commission Investment Trust Study).
115 | National Deferred Compensation, SEC No-Action Letter, 1987 WL 108390 (Aug. 31, 1987).

投資顧問法では実質的に私的訴権は認められていないが、その他の法令の詐欺禁止条項に基づき、顧客は投資顧問業者を訴えることができる可能性がある。また、顧客は適用される州法、信託、代理法、契約そして不法行為の判例法、そして強制的な仲裁手続を通じて請求権を主張することもできる。

投資顧問法のもとで、証券取引委員会は投資顧問業者による不正行為を調査し、投資顧問業者やその関係者に対し、連邦地裁または行政法審判官に訴えを起こすことができる[116]。連邦裁判所では、証券取引委員会は差止命令（injunction）を求める権限を有している。緊急を要する場合は証券取引委員会は差し迫った法令違反を防ぐために緊急的差止命令（restraining order）または暫定的差止命令（preliminary injunction）求めることができる[117]。

証券取引委員会は民事制裁金を課すこともできる[118]。裁判所は、不正行為を通じて得た利益や回避した損失について利益吐出し命令を出すなど、追加の救済措置を命ずる権限を有する[119]。

行政手続でも、証券取引委員会の法執行部は、連邦裁判所で認められるのと同様の多くの制裁措置を求めることができる。さらに、登録投資顧問業者は、譴責処分、登録の取消、業務の停止や禁止または制限といった処分を受ける可能性がある[120]。投資顧問業者は、差止命令と同様に、一時的または無期限の排除命令（cease and desist order）の対象となる可能性もある[121]。法執行部は罰金を請求することもできる[122]。

もし故意による違反であった場合は、証券取引委員会は案件を司法省に付託して刑事訴追に移行することもできる[123]。近年で最も悪名の高い投資顧問業者は、バーナード・マドフで、11 もの重罪で有罪となり、連邦刑務所で懲役 150 年という量刑上最も重い判決が出されている[124]。

さらに、証券取引法 10 (b) 条および証券取引委員会のルール 10b-5 の詐欺禁止

---

116 | Investment Advisers Act §§203, 209, 15 U.S.C. §§80b-3, 80b-9 (2013).
117 | Investment Advisers Act §209 (d), 15 U.S.C. §80b-9 (d) (2012).
118 | Investment Advisers Act §209 (e), 15 U.S.C. §80b-9 (e) (2012).
119 | SEC v. Texas Gulf Sulphur Co., 312 F. Supp. 77, 91 (S.D.N.Y. 1970), aff'd in part and rev'd in part, 446 F.2d 1301 (2d Cir. 1971); see also Kokesh v. SEC, 137 S. Ct. 1635 (2017) (利益の吐出しは、罰則であり 5 年間の時効の対象となることを支持).
120 | Investment Advisers Act §§203 (e), 203 (f), 15 U.S.C. §§80b-3 (e), 80b-3 (f) (2012).
121 | Investment Advisers Act §203 (k), 15 U.S.C. §80b-3 (k) (2012).
122 | Investment Advisers Act §203 (i), 15 U.S.C. §80b-3 (i) (2012).
123 | Investment Advisers Act §217, 15 U.S.C. §80b-17 (2012).
124 | See Diana B. Henriques, The Wizard of Lies: Bernie Madoff and the Death of Trust (2011).

条項は、投資顧問やその関係者を含む全ての者に対して幅広く適用される[125]。裁判所は、10 (b)条に基づく私的訴権を認めており、投資家はしばしばこの条項に基づく権利を行使する。しかし、10 (b)条は、同条の解釈で詐欺にあたるとされる行為にのみ適用される。市場操作または詐欺を伴わない信認義務違反に対する訴訟には適用できない[126]。連邦の法令に加え、多くの州は証券関連法令を有しており、そこでは私的訴権が認められており、また、多くの州では詐欺への訴訟も許容している。これも、必ずしも信認義務違反にあたるとは限らない。

　もし投資家が、ブローカーによる金融アドバイスが法令違反であると信じた場合、多くのケースで当該主張は仲裁手続で行わなければならないという制約を受ける。ブローカレッジ契約には紛争前仲裁条項が置かれることが多く、顧客は仲裁の場で紛争を解決することを強いられる[127]。仲裁手続で投資家がブローカーに対して行う主張のほとんどが信認義務違反であることは驚くにあたらない[128]。仲裁を強制していることの影響を低く見積もるべきではない。顧客から金融アドバイザーに対する信認義務違反の訴えのほとんどは仲裁手続で解決され、そこでは書面による判断や、先例拘束性の制度はとられていない。

　最後に、エリサ法のもとでは、労働省長官、年金プラン加入者、年金プラン受益者は、年金プランで認められる給付に関する救済を受けるために、訴権が認められている[129]。連邦最高裁での *Varity Corp. v. Howe* の判決を受けて、私人が信認義務違反に対するエクイティ上の救済を求めて訴訟を提起できるようになった[130]。受認者は違反に基づく損失の年金プランへの返還、利益吐出しそして他のエクイティ上の救済または是正措置を請求できる[131]。

　信託法、代理法、契約法そして不法行為法の判例法理は、いずれも投資顧問業者に損害賠償を請求する基礎となる。もし投資顧問関係が信託関係により生じているのであれば、信託受託者の信認義務違反が責任の根拠となる。もし、投資顧問業者と顧客の関係が代理関係に基づくものであれば、投資顧問業者の義務違反

---

125 | Securities Exchange Act §10 (b), 15 U.S.C. §78j (b) (2002); Securities Exchange Act Rule 10b-5, 17 C.F.R. §240.10b-5 (2018).

126 | Santa Fe Indus., Inc. v. Green, 430 U.S. 462, 473–474 (1977).

127 | See Shearson/American Express, Inc. v. McMahon, 482 U.S. 220, 238 (1987); Rodriguez de Quijas v. Sheason/American Express, Inc., 490 U.S. 477, 486 (1989).

128 | FINRA, Dispute Resolution Statistics (Through Feb. 2008), https://www.finra.org/arbitration-and-mediation/dispute-resolution-statistics#top15controversycutomers.

129 | ERISA §302 (a), 29 U.S.C. §1132 (a) (2012).

130 | Varity Corp. v. Howe, 516 U.S. 489, 492 (1996).

131 | ERISA §409 (a), 29 U.S.C. §1109 (a) (2012).

は契約法または代理法に基づき生ずることになる。不法行為法に基づく主張も同じような関連性を有する。なぜなら、信認義務違反はしばしば不法行為であると考えられるからである。[132]これらの請求を受けた場合、州裁判所は、投資顧問業者が信認義務違反をしたかどうか判断するにあたって、投資顧問業者を規制する連邦法を参照することが多い。そのため、時が経つに連れて、投資顧問業者を規制する州の判例法は徐々に連邦法に近づいてきているようだ。

Ⅷ 結 論

　幅広い専門家が投資顧問を顧客に提供している。多くの投資顧問業者は受認者であるが、違う場合もある。そして、その義務がいつ生ずるのかは単純な話ばかりではない。受認者である投資顧問業者には厳しい忠実義務と注意義務が課される。これらの義務に加え、証券取引委員会登録投資顧問業者には数多くの他の義務も課される。証券取引委員会登録投資顧問業者に課される行政ルールは強行規定であるが、他の投資顧問業者の信認義務は免責が可能な場合がある。最後に、信認義務違反に対して認められる救済は多様である。かつて連邦裁判所は州の判例法を参照していた連邦法の内容を補充していたが、これまでに投資顧問法のもとで連邦の信認法が著しい発展を遂げたため、今日では州裁判所が受認者である投資顧問業者に適用されうる州法における信託法、契約法、不法行為法そして代理法の内容を補充するために、連邦法を参照するまでに至っている。

謝 意

　Robert Plaza と Duane Thompson に対し、草稿の段階で親身なコメントを寄せて頂いたことに感謝する。また、Mohammad Fadel、Nina Kohn、Robert Sitkoff、Julian Velasco そしてハーバード大学での「信認法の領域を探索する」カンファレンスのその他の参加者にも感謝したい。ラトガース・ロースクールの司書である Nancy Talley と Genevieve Tung は素晴らしい調査の支援をしてくれた。

---

132 | Restatement (Second) of Torts §874 (Am. Law Inst. 1979).

| 第9章 | 年金法における信認原則 |

DANA M. MUIR

I はじめに

　年金法は、長い間2つに枝分かれをしてきた。1つは、政府機関の年金プラン
を対象とする法制度と、もう1つは、民間の雇用主により運営されている年金プ
ランを対象とする法制度である。アメリカ独立戦争の兵士を対象とした軍の年金
プランが最初のアメリカ政府による年金プランになる。[1] 1850年代の中頃から末
にかけて、複数の都市で教師や公安官といった労働者のグループに対する退職プ
ランが率先して採用されていったが、1875年から1929年の大恐慌に至るまでの
間、民間の雇用主で年金プランを提供し始めるものは少なかった。[2]

　1974年、従業員退職所得保障法（エリサ法[3]）は、連邦法として制定された年金
法となる。年金プランに適用される法原則は、歴史的に、連邦税法と州レベルで
の契約法、雇用法、保険法、州憲法（公的年金部分）、そして、本章では最も重要
な、信認法を含む信託法により構成される。[4] エリサ法は、ほとんど全ての私的年
金プランに適用される特定の信認義務を、開示、アクセス基準や最低積立金規制
と同じように含んでいる。[5] エリサ法は、年金プランの健全性を保つために、この
包括的な枠組みによって、以前はバラバラだった規制を連邦レベルで統一した。

　年金プランは確定拠出年金（DC）か確定給付年金（DB）の2つのうち1つの
プランをとる。コメンテイターの中には、年金プランという用語を、DBプラン
と同じ意味で使う者がおり、DBとは退職後の所得を提供する伝統的な年金プラ

1　Robert L. Clark et al., A History of Public Sector Pensions in United States 2-3（2003）.
2　See id. at 4-5.
3　Employee Retirement Income Security Act [hereinafter ERISA] §§1-4402, 29 U.S.C. §§1001-1461
　（2012）.
4　See Dana Muir & Norman Stein, Two Hats, One Head, No Heart: The Anatomy of the ERISA Settlor/
　Fiduciary Distinction, 93 N.C.L. Rev. 459, 468（2015）.
5　エリサ法はほとんどの福利厚生制度に適用される。福利厚生制度には、健康保険制度、障害制度
　や、退職後の所得や退職時の後払賃金を提供しないその他の福利厚生制度を含む。ERISA §3(1),
　29 U.S.C. §1002(1). 本章は年金に適用される信認法だけを取り上げるので、福利厚生制度の議
　論は含まない。エリサ法は教会または教会の団体が設立し維持するプランには適用されず、管理
　層または高給の従業員向けの選抜された積立金のないプランには適用されない。ERISA §401(a)
　(1), 29 U.S.C. §1001(a)(1).

ンである。本章では、年金プランという用語を、DB と DC 両方を含むものとして使用する。DB では、加入者または受給権者に対し、その雇用主のもとでの勤続年数と給与の組み合わせに基づき計算された終身の年金給付を約束することが多い。DC は、個人別の口座をもつ制度で、従業員には退職時までの口座残高の合計額が支給される。1954 年時点で、DC のみに加入する労働者はたったの27% で、残りは全て DB に加入していた。2013 年までにその割合は逆転し、DCのみに加入する労働者は 70% となった。1975 年〜2015 年の間に、DC の資産は約 740 億ドルから 5 兆ドル以上に増加している。

II　エリサ法と信託法

　州または地方政府が運営主体となる年金プランのほとんどでは、資産は信託財産として保有され、年金資産の運用と管理には信認原則が適用されることになる。これらのプランにおける資産の投資と制度管理を規制するのは制定法で、それは州ごとにいくぶん異なっている。限られた例外を除き、エリサ法の信認条項は全ての民間の年金プランが対象となる。その〔信認〕条項は、連邦規則と判例法によって遍く解釈されており、その解釈が州ごとに大きく違っているということも滅多にないため、本章ではエリサ法の原則に焦点を当てることとし、そして、公的の年金に関する法との大きな違いの要点を説明する。

　年金法の分野でエリサ法による連邦化を可能にしたのは、幅広い〔当該分野は連邦法が専占したとして、州法の定めを無効とする条項〕専占条項（preemption provision）によるところが大きい。この専占条項があるため、一般的に、エリサ法制定以前に年金プランを規制していた様々なタイプの州法は、民間の年金プラン

6　エリサ法では、年金プランの給付の権利を有する従業員を制度参加者という。受給権者は、制度参加者または制度の指定により給付を受ける権利を有することなった者をいう。ERISA §401 (a) (1), 29 U.S.C. §1001 (a)(1).

7　See Dana M. Muir, Plant Closings and ERISA's Noninterference Provision, 36 B.C.L. Rev. 201, 205–206 (1995)（DC プランと DB プランの基本的な属性を説明）.

8　Employee Benefits Research Institute, EBRI Databook on Employee Benefits, Table 5. 2 (2015), https://www.ebri.org/pdf/publications/books/databook/DB.Chapter%2005.pdf.

9　United States Department of Labor, Private Pension Plan Bulletin Historical Tables and Graphs 1975–2015, Table E10 (2018), https://www.dol.gov/sites/default/files/ebsa/researchers/statistics/retirement-bulletins/private-pension-plan-bulletin-historical-tables-and-grafs.pdf.

10　T. Leigh Anenson, Public Pensions and Fiduciary Law: A View From Equity, 50 U. Mich. J.L. Reform, 251, 254 (2016); see also Natalya Shnitser, Trusts No More: Rethinking the Regulation of Retirement Savings in the United States, 16 BYU L. Rev. 629, 646 (2016).

11　Anenson, supra note 10, at 287–290.

には適用されないこととなった。[12]アメリカでは、年金プランが民間における労働者のおよそ半分をはるかに超えた人数を対象にしたことはこれまでないため、[13]いくつかの州や地方政府では、退職に向けた貯蓄を全ての従業員が税制優遇を受けることができる機会の提供を雇用主に義務づけようとしてきた。労働省は、州や地方政府による〔前記のような〕義務化が、エリサ法の専占条項を回避しうることについてガイダンスを出したが、連邦議会によって無効にされてしまった。[14]一握りの州では、州法を定めて〔前記の〕義務化をしているが、州がこの分野を規制することが許容されるのかどうかは引き続き議論になっており、州による義務化が専占条項から突きつけられる挑戦に耐えられるかどうかは不明確である。[15]

エリサ法での専占条項によれば、民間の年金プランに州の信託法が直接適用されることはないが、アメリカ連邦最高裁判所は、「エリサ法は信託法の用語（language and terminology）にあふれている」との認識を示している。[16]この制定法〔エリサ法〕の解釈や〔同法が定めていない部分の〕ギャップを埋めるためにそれぞれの裁判所は信託法の一般原則を適用することがあるが、その適用範囲は、時代背景や論点の性質により変わってきている。例えば、アメリカ連邦最高裁は、エリサ法の受認者が負う注意義務を明確にするにあたり、信託法リステイトメントのような、正典の（canonical）信託法の法源に依拠してきた。[17]一方で、連邦最高裁は、「信託法が全てを語るわけではない。結局のところ、エリサ法が定める基準と手続上の保護は、連邦議会での、信託のコモン・ローは完全に満足できる保護を提供できなかった、という判断を一部反映している。……そして連邦議会は、エリサ法が課す信託法に類似した信認基準についてすら『この合理人準則（prudent man rule）（そして他の信認基準）については、従業員の福利厚生という特別

12　ERISA §514(a), 29 U.S.C. §1144(a).　州法への優先条項への最も幅広い例外は、州の保険法で、一般的には年金制度には関係ない。

13　Nancy J. Altman, The Striking Superiority of Social Security in the Provision of Wage Insurance, 50 Harv. J. on Legis, 109, 159 (2013).

14　Pub. L. No. 115-135 (2017) (nullifying Savings Arrangements Established by States for Non-Governmental Employees, 81 Fed. Reg. 59, 464 (Aug. 30, 2016)); Pub. L. No. 115-123 (2017) (nullifying Savings Arrangements Established by Qualified State Political Subdivisions for Non-Governmental Employees, 81 Fed. Reg. 92, 639 (Dec. 20, 2016)).

15　See Noah Weiland, Senate Narrowly Passes Rollback of Obama-Era "Auto-I.R.A." Rule, N.Y. Times (Mar. 30, 2017), https://www.nytimes.com/2017/03/30/business/labor-department-retirement-savings-account.html.

16　Firestone Tire & Rubber v. Bruch, 489 U.S. 101, 110 (1989).

17　Tibble v. Ediosn Int'l, 135 S. Ct. 1823, 1828 (2015) (投資の選択に関連する信託法の義務を考慮); see also Varity Corp. v. Howe, 516 U.S. 489, 502 (1996) (「受認者による信託の管理における通常の信託法の理解」を考慮).　信託の信認法については、本書第3章参照。

な性質と目的を有することを踏まえたうえで、連邦最高裁が解釈を行うことを期待する』」とも述べている。[18]

Ⅲ　受認者の発生の契機

Ⅲでは、年金に関する法における受認者を明確にし、それに境界線を引くための様々な方法について論ずる。

A.　指名受認者および機能上の受認者

エリサ法では、年金プランの枠組みに合うように、信託法の受認者となる契機を明確に修正している。[19] 伝統的な財産拠出に基づく信託では、単独または限定的な数の受託者が信託行為により信託財産を有することによって受認者の地位を生じさせることになるが、[20] 年金プランにおける受認者の地位は、指名により生ずるか、受認者の地位を生じさせるとされた行為により生ずることになる。[21]

年金プランの受認者の地位を生じさせる最も明確な方法は、信託を有しているかどうかにかかわらず、各年金制度は制度管理者を指名しなければならないという制定法上の要件を満たすことであり、[22] 指名された者は自動的に「指名受認者」となる。[23] さらに、個人または団体が受認者となるのは、それらが年金プランの資産、運用または管理について裁量権を有するか、報酬を受領して年金プランに対し投資のアドバイスを行う場合であり、そのような場合はいつでも、そしてその裁量権の範囲において受認者となる。[24] この地位は「機能上の受認者」として知られている。[25] このように受認者の発生の契機が二重に存在することの帰結として、多くの年金プランは複数の受認者を有している。

---

18 | Varity Corp., 516 U.S. at 497（引用省略）.
19 | See, e.g., Conkright v. Frommert, 599 U.S. 506, 516（2011）（「信託法は全てを語るわけではない」）（引用省略）.
20 | Restatement（Third）of Trusts §3（3）（Am. Law Inst. 2007）
21 | 公的年金制度法は、年金資産を運用する者を受認者とする傾向がある。See Anenson, supra note 10, at 258.
22 | 従業員給付制度の資産は法令上の例外に該当しない限りは信託財産としなければならない。ERISA §403（a）, 29 U.S.C. §1103（a）.
23 | 29 C.F.R. §2509.75-8, Q & A FR-12（1976）.
24 | ERISA §2（b）, 29 U.S.C. §1001（b）.
25 | See Dana M. Muir & Cindy A. Schipani, New Standards of Director Loyalty and Care in the Post-Enron Era; Are Some Shareholders More Equal than Others?, 8 N.Y.U.J. Legis. & Pub. Pol'y 279, 315（2004）.

Ⅲ C で論ずる共同受認者の責任と併せて、年金プランに複数の受認者が存在することにより、エリサ法の制定前に存在していた問題が多少解決されている。その問題とは、年金プランに関わるそれぞれのプレーヤーが、積立て不足といった問題の責任をとることを否定したというものである。[26]一方で、機能上の受認者にあたるかどうかの適用は、時に、言うは易し、行うは難しである。例えば、裁判所は、機能上の受認者の地位を生じさせない純粋に補助的で事務的な行為を、機能上の受認者の地位を生じさせることとなる裁量権のある管理行為から区別しているに違いない。[27]連邦最高裁は、年金プランの条件や選択肢を加入者や受給権者に説明するような行為も、受認者の地位を生じさせる前記管理行為に含めるとしている。[28]

B. DC における投資顧問と受認者の地位

DC が DB に代わって年金プランの主流となる中、報酬を得て投資顧問を提供することが受認者の地位を生じさせるとする制定法の条項が特に問題になってきている。年金プランの大多数が DB であった 1975 年に、労働省は、投資顧問の提供者が受認者となるとすることで、〔受認者の地位を生じさせる〕行為を規則で制限していた。[29]DC では、通常は様々な投資の選択肢が用意され、加入者はそれらの選択肢の中から年金プランの資産をどう配分するのか決定しなければならない。[30]どのような投資の選択肢が提供され、そしてどのような資産配分をすべきなのかについての判断は、加入者の最終的な口座残高に対して決定的に重要となるが、1975 年の規則を適用しても、それらの決定に関してアドバイスを提供する多くの者は受認者ではない。[31]「投資顧問における信認原則」の章では、投資顧問の提供がエリサ法のもとで受認者の地位を生じさせるべきなのはどのような場合かに関する議論を紹介している。[32]

---

26 | See Dana M. Muir et al. (moderators), Panel 4: ERISA and the Fiduciary, 6 Drexel L. Rev. 359, 378 (2014).

27 | Deschamps v. Bridgestone Arms., Inc., 840 F.3d 267, 277-278 (6th Cir. 2016).

28 | Verity Corp v. Howe, 516 U.S. 489, 502-503 (1996).

29 | 29 C.F.R. §2510. 3-21 に定める「受認者」の定義。

30 | Dana M. Muir, Choice Architecture and Locus of Fiduciary Obligation in Defined Contribution Plans, 99 Iowa L. Rev. 1, 15-19 (2013).

31 | Id. at 32.

32 | 本書第 8 章、本書第 45 章（未訳）Fiduciary Law and Financial Regulation 参照。

C. 共同受認者の責任

　エリサ法のもとでは共同受認者の責任というものが存在する。このため、単独の行動に基づく義務違反に対する責任を複数の受認者が課せられる可能性がある。[33] 受認者は、他の受認者による違反行為について、それを知りながら関係した場合やそれを隠蔽をした場合、共同受認者として責任を負う可能性がある。[34] ある受認者が他の受認者による義務違反を知った場合、当該違反行為を是正するための合理的な努力を行わなければならない。[35] 受認者は他の受認者の違反を可能にしたことについて責任を負うことがある。[36] この場合、当該受認者が〔他の受認者による〕違反を知っていたという必要はない。その結果、他の受認者の違法行為を監視することを怠った受認者は、当該他の受認者が義務に違反した場合に責任を問われることがある。[37]

D. 機能上の受認者の義務の境界

　エリサ法では、受認者の地位を生じさせる行為を幅広く捉えている一方で、各受認者が負う義務の範囲については境界を定めている。エリサ法における「受認者」の機能的な定義は、受認者の地位を生じさせることになる行為に対してのみ信認義務の適用範囲を拡大している。[38]

E. 受認者としてのプラン提供者（スポンサー）：「2つの帽子〔兼務〕」問題

　エリサ法における機能上の受認者の定義では、プランの設計に影響を与える裁量権を有す行為に関する定めがないため、プラン設計に関する意思決定は、受認者としての行為に該当しない。[39] プラン設計に関する意思決定が受認者の地位で行

---

33 | ERISA §405(a), 29 U.S.C. §1005(a).
34 | Id.
35 | Id.
36 | Id.
37 | Free v. Briody, 732 F.2d 1331, 1335-1336 (7th Cir. 1984)（受認者が利益分配制度に基づく資産の保全に失敗）.
38 | Dana M. Muir, Fiduciary Status as an Employer's Shield: The Perversity of ERISA Fiduciary Law, 2 U. Pa. J. Lab. & Emp. Law 391, 395-396 (2000). 利益相反は、公的な年金制度にも存在する。例えば、政治的な競争が存在する地区では、政治家は自らの人気を高めるために、自らの地区の労働者の年金給付を増加させるかもしれないし、税金を少なくするために自らの地区の年金を積立て不足にするかもしれない。See Sutirtha Bagchi, The Effects of Political Competition on the Funding and Generosity of Public-Sector Pension Plans 35（Jan. 27, 2016）（未出版の論文。以下で入手可能。https://docs.google.com/viewer?a=v&pid=sites&srcid=ZGVmYXVsdGRvbWFpbnxxdXRpcnRoYWJhZaNoaXxneDoyNTNkOGExN2EyNjI1).
39 | Lockheed Corp. v. Spink, 517 U.S. 882-891 (1996).

う行為から除外された結果、特にプラン提供者への法の適用は複雑なものとなった。プラン提供者は、通常はプラン設計の意思決定を行うが、プラン管理に関する裁量のある意思決定など、他の意思決定も行い、このことは制定法上、受認者による意思決定と位置づけられる。いわゆるプラン委託者の法理（plan settlor doctrine）として知られている法理のもとでは、プラン提供者はしばしば、委託者と受認者の「2つの帽子」をかぶっているといわれている。委託者の帽子とは、プランの委託者として行動する場合で、資産が信託されていない場合でもこれに該当する。受認者の帽子とは、受認者として行動する場合に該当する。

当該プラン委託者の法理に基づくと、プランの設定、プランの条件の決定または変更、またはプランの終了の場合、プラン提供者は受認者ではない[40]。プランまたはプランが提供する年金に影響を与えるようなビジネス上の意思決定を行う場合も、プラン提供者は受認者の地位を有しない[41]。

プラン委託者の法理は、受認者の地位を苦心して取り除くことで、エリサ法に基づくプラン加入者と受給権者の保護を限定している。プラン提供者は、自らの信認義務を軽減させるような制度の条件を採用することも許されている[42]。プラン提供者は、加入者に対し制度上の受給にあたって、雇用関係に基づく全ての請求を放棄することを条件づけることもできる[43]。プラン変更は、従業員が得られると期待していた受給を損なうことになるかもしれない[44]。本章の共著者と私が他でも述べているように、プラン委託者の法理は「行きすぎに対する明白なブレーキも速度調整機能も有さず、受給権者に厳しい結果（sharp practices）を生じさせないまでも、容認してしまうことになる」[45]。

IV　受認者の負う忠実義務と注意義務

エリサ法には、信託法の忠実であることおよび注意を払うことの原則に相当するものが明確に含まれている。IVでは、まずエリサ法と連邦規則における義務について述べる。年金プランにおけるこれらの義務の最も重要で挑戦的な適用は、

---

40 | Muir & Stein, supra note 4, at 463.
41 | Id. at 493.
42 | Id. at 538–543.
43 | See Lockheed Corp., 517 U.S. at 888.
44 | Muir & Stein, supra note 4, at 521.
45 | Id. at 536.

これら両方にたびたび関係する。そのため、Ⅳの後半では、忠実義務と注意義務の両方が典型的に適用される、決着していない法領域を検討する。これらの領域は、年金プランでの投資に関係する。具体的には、投資の選択肢やサービス提供者の選定、雇用主の株式の利用、そして社会的責任投資が挙げられる。そして、最後に、信認義務と開示義務の交差について頁を割いて論ずる。

A. 制定法上の義務

1. 忠実義務

エリサ法において、受認者は「専ら加入者と受給権者の利益のために、および……加入者と受給権者への給付という……排他的な目的のために」行動することを求めていることは[46]、信託法の忠実義務に対応する部分である[47]。

これは、エリサ法における排他的給付ルール（exclusive benefit rule）として知られるようになった[48]。プラン提供者は、受認者の帽子を被り地位を兼任しながら、自らの意思決定から利益を得ることができるとき、この義務の適用の能力が試されうる。例えば、プラン提供者が、敵対的買収を阻止するために、自らの年金プランで会社の株式を追加購入するよう手筈を整えることは忠実義務違反となる[49]。しかし、プラン提供者が加入者の利益のために意思決定を行った場合、その意思決定は、たとえプラン提供者が偶発的な利益を得たとしても、プラン提供者の忠実義務には違反しない[50]。

プラン加入者と受給権者のいくつかのグループの間の利益がそれぞれ対立している場合、受認者は、それぞれのグループへの忠実義務に関して、どのようにバランスをとればよいのかという疑問に直面する。例えば、財政的に厳しいプラン提供者が、年金プランを財政的に存続可能にして現在の給付を継続できるように、現役の従業員のDB給付を先を見越して引き下げることは、現在の退職者にとっては最善の利益になるだろう。従業員にとっても、年金プラン廃止よりは給付削

---

46 | ERISA §404(a)(1)(A)(i), 29 U.S.C. §1104(a)(1)(A)(i); cf. Daniel Fischel & John H. Langbein, REISA's Fundamental Contradiction: The Exclusive Benefit Rule, 55 U. Chi. L. Rev. 1105, 1108 (1988)（エリサ法の排他的給付ルール（exclusive benefit rule）は、信託法の忠実義務における最も基礎的で独特の原則の1つを年金法に取り入れたもの）.

47 | 前掲注17（本書第3章）（信託法の受益者の利益のみに忠実であることを求めるルール（sole interest rule）を議論）参照。

48 | Fischel & Langbein, supra note 46 at 1107.

49 | Donovan v. Bierwirth, 680 F.2d 263, 271 (2d Cir. 1982).

50 | Colleen E. Medill, Stock Market Volatility and 401(k) Plans, 34 U. Mich. J.L. Reform, 469, 500-501 (2001).

減の方がよいかもしれないが、それは、従業員が期待する給付水準を含めた様々な要素次第であろう。受給権者と加入者の間の利益対立による緊張状態を緩和する1つの方法は、信託法の公平義務を適用することである。[51]

2. 注意義務

信託法の注意義務に対応するものして、制定法は年金プランの受認者に対して「ある状況下で、同等の立場で行為し、かつ事情に精通している慎重な人が、同様の性質や目的を有する事業を行うにあたって一般的に使うであろう、注意力、技量、慎重さ（prudence）と勤勉さをもって」行動することを求めている。[52] 裁判所は、エリサ法に基づく受認者の行動の慎重さを評価する際に、信託法の合理的な投資家（prudent investor）の基準を引用している。[53] エリサ法に関する判例で「慎重な専門家（prudent expert）」という語を使っている裁判所も少しあるが、[54] それ以外の裁判所はその基準をあまり高く設定することを拒んでいる。[56] 私の見解では、制定法上の文言と最も整合性を保つより良い1つの方法は、「慎重な専門家」の基準を使うことではない。その代わりに、信認義務の範囲を決めるとき、当該基準は文脈によって、および事業の性質や制度の規模といった要素に拠っている。[57] 信託法第3次リステイトメントのコメントでは、エリサ法の文言は「投資管理に関する技量について、一般的な信託法により課されるものとは違う基準」を設定していると認めている。[58]

典型的には、裁判所は、受認者の行動につき、慎重さの要件（prudence requirement）を遵守しているかどうか審理する場合、客観的な手続基準を利用する。この基準では、受認者が適切に情報を得ていたのか、そして自らの意思決定の理由を立証したかどうかを考慮する。[59] 受認者がこの手続上の慎重さを求める基準を満たす限りは、結果的に損失を生じさせた投資判断について、受認者が注意

51　Fischel & Langbein, supra note 46, at 1122.　信託法の公平義務の議論については、前掲注17（本書第3章）参照。

52　ERISA §404(a)(1)(B), 29 U.S.C. §1104(a)(1)(B).

53　Tibble v. Edison Int'l, 135 S. Ct. 1823, 1828 (2015).

54　Restatement (Third) of Trusts §90 (Am. Law Inst. 2007); 前掲注17（本書第3章）（信託法の合理的な投資家の準則を議論）参照。

55　See, e.g., Ortiz v. Am. Airlines, No. 436-CV-151-A, 2006 U.S. Dist. LEXIS 160588, at *32 (N.D. Tex. Nov. 18, 2016).

56　See, e.g., Donovan v. Cunningham, 716 F. 2d 1455, 1467 n.26 (5th Cir. 1983).

57　See Muir et al., supra note 26 at 381（Henry Rose を引用「連邦議会が、受認者に課される制約を専門家だけに限定しようという意図はなかったことは明確。なぜなら、例えば、明らかに専門家ではない受託者の取締役を、彼らは明確に対象と定めていた」）.

58　Restatement (Third) of Trusts §90 (Am. Law. Inst. 2007) (Reporter's Notes).

59　See Donovan v. Mazzola, 716 F.2d 1226, 1232 (9th Cir. 1983).

義務に違反したと後知恵的に述べることを裁判所は拒否している。[60]

3. 分散投資義務

　エリサ法では、年金プランの資産を投資する場合、受認者は、「そうしないことが明らかに慎重であるという状況でない限りは、大きな損失が生ずるリスクを最小化するために、年金プランの資産の投資を」分散しなければならいことを明確にしている。[61]労働省の規則では、年金プランの受認者は、「分散投資に関するポートフォリオの構成」といった要素を考慮に入れることを要求している。[62]規則の前文では、個別の投資が慎重であるかどうかは、プラン全体のポートフォリオとの関係性の中で判断されるべきであることを明確化している。[63]裁判所は、一般的に、これらの規則が要求しているのは、年金プランの投資判断を評価する際における、現代ポートフォリオ理論（MPT）の基本的な考え方の採用と解釈している。[64]多くの州は、公的年金の資産の投資について統一ブルーデント・インベスター法（Uniform Prudent Investor Act）の原則を採用しているため、公的年金の基準は似たようなものになる傾向がある。[65]

B. 投資の選択肢とサービス提供者の選定

　プラン提供者またはプランのサービス提供者が、不合理的に高い手数料を取る不適切な投資の選択肢を提供したことや、資産運用会社との収益分配や不適切な費用配分を通じて自己取引を行ったことによって、忠実義務または注意義務違反したという主張に基づいて、数多くの信認義務違反の訴訟が提起されている。忠実義務違反の主張では、プラン提供者が管理する資産残高の増大など自己の利益のために、プランの投資メニューとして関連するファンドを選択したと論じられている。[66]また、例えば、プラン提供者が、サービス提供者に対し、自らの他の業

---

60 | See Jenkins v. Yager, 444 F.3d 916, 925-926 (7th Cir. 2006); Busslan v. RJR Nabisco, Inc., 223 F. 3d 286, 296-303 (5th Cir. 2000).

61 | ERISA §404 (a)(1)(C), 29 U.S.C. §1104 (a)(1)(C). 雇用主の有価証券を保有する目的で設立された制度については、分散投資と慎重な投資義務から除外されている。ERISA §404 (b), 29 U.S.C. §1104 (b).

62 | 29 C.F.R. §2550. 404a-1 (b)(2)(iii)(A) (2006).

63 | Rules and Regulations for Fiduciary Responsibility: Investment of Plan Assets Under the "Prudence" Rule, 44 Fed. Reg. 37, 221, 37, 222 (June 26, 1979).

64 | Pfeil v. State St. Bank & Trust Co., 806 F3d 377, 386 (6th Cir. 2016); 前掲注 17 (本書第 3 章) (信託法における現代ポートフォリオ理論とプルーデント・インベスター・ルールについて議論) 参照。

65 | Surbhi Sarang, Combating Climate Change Through a Duty to Divest, 49 Colum. J.L. & Soc. Probs, 295, 306 (2015).

66 | See Leber v. Citigroup 401 (k) Plan Inv. Comm., 129 F. Supp. 3d 4, 12-13 (S.D.N.Y. 2015).

務の手数料を低くする見返りに、加入者向けに不合理的に高い手数料を課すことを許容するという動機づけがあるかもしれない[67]。サービス提供者が、受領する手数料の増加という自己の利益のために、収益分配が自らになされる投資ファンドを推奨する可能性もある[68]。

信認義務違反の主張は、プランの投資メニューの選択とモニタリングの点で慎重さを欠いていたという議論に基づいていることもある。例えば、プラン提供者は、高コストのリテール向けファンドを低コストの機関投資家向けファンドに変更することを、管理している年金資産が一旦当該低コストファンドを対象とすることが可能となったときに、怠ってしまったような場合がある[69]。また、受認者は、サービス提供者から受け取る、または課される収益分配やその他の手数料について、モニタリングや開示を怠ってしまう場合がある[70]。他の議論としては、受認者がアクティブファンドを提供することに慎重さを欠いているというものがある。なぜなら、そういったファンドは、年金プランの投資メニューに含まれているよりコストが低いパッシブファンドに置き換えることが可能であろうからである[71]。

C.　DC の投資としての雇用主の株式

かつては、多くの DC で、雇用主の株式は人気のある投資の選択肢であった。彼らの生計と年金貯蓄を 1 つの企業の成功に賭けることになるので、従業員のリスクは増加することにはなるが、利点もあった。例えば、プラン提供者は、現金よりも雇用主の株式を積み立てることで、自らの流動性資産を増やすことができた。従業員は、雇用主が有する企業を所有する権利を獲得し、結果として従業員と企業双方の利益を合致させることができた。

しかし、破綻に向けた死のスパイラルが始まった時、DC の一種である 401(k) プランの資産の約 60% が自社株に投資されていた、Enron のような企業で、リスクが特別に高いのは明らかだった[72]。エリサ法は、DB では自社株を資産の 10% 以上保有することを禁止していたが、DC ではそのような制限はなかった[73]。実の

---

67 | Dana M. Muir, Revenue Sharing in 401(k) Plans: Employers as Monitors?, 20 Conn. Ins. L.J. 485, 505 (2014).

68 | Rosen v. Prudential Ret. Ins. & Annuity, No. 3:15-cv-1839 (VAB), 2016 U.S. Dist. LEXIS 180567, at *7-8 (D. Conn. Dec. 30, 2016).

69 | Tibble v. Edison Int'l, 135 S. Ct. 1823, 1826 (2015).

70 | Tussey v. ABB, Inc., 850 F.3d 951, 957 (2017).

71 | Rosen, 2016 U.S. Dist. Lexis 180567, at *47-48.

72 | Dana M. Muir, Decentralized Enforcement to Combat Financial Wrongdoing in Pensions, 53 Am. Bus. L.J. 33, 87 (2016).

ところ、DC の 1 つのタイプである従業員株式給付制度（ESOP）では、主に制度提供者である企業の株式に投資を行わなければならないこととなっており、そのため ESOP の受認者は、エリサ法の分散投資義務の対象外とされている[74]。Enron や他の企業で破綻したり、自社株の評価額の大幅減が生じたことを受け、その後、連邦議会は ESOP に対し加入者や受給権者に対し投資を分散化させる権利を与えることを要求した[75]。

　DC で雇用主の株式が投資の選択肢に入っている場合や、プラン提供者が、ESOP を通じたものも含め、年金プランから自社株に資金を拠出している場合、信認義務違反となるという主張がなされ続けている。ESOP において、その資産を主に雇用主の株式に投資することを確保するという受認者の義務と、受認者の慎重義務とのバランスをどのようにとればよいのかということが、裁判所に課された難しい問いであった。下級裁判所では、ESOP の受認者側が有利となるように慎重さに関する推定をすることで、この問題の解決を図った[76]。連邦最高裁は、その基準を拒否し、ESOP の受認者は、分散投資義務を除き、他のエリサ法上の受認者に適用される慎重義務と同じものが課されるとの考えを示した[77]。

D.　経済的目的投資

　年金基金における経済的目的投資（ETI）と株主アクティビズムの役割に関する論争は数年もの間渦巻いている。労働省が出したガイダンスに従い、本章では ETI の用語を、環境、社会およびガバナンスその他類似の要素を考慮に入れた投資を含むものとして扱う。別の文脈では、環境、社会およびガバナンス（ESG）要素という語が使われている。受認者については、議決権代理行使と投資の選定に関することが問題になる傾向がある。

　年金資産で保有する株式の議決権代理行使は、受認者としての活動に該当する。議決権代理行使の有無、そしてどのように行使するのかを決定するプロセスについての労働省のガイダンスは時とともに変遷してきている。ほとんどの議決権行使と株主としてのエンゲージメントは、年金プランの受認者として指名された機関投資家の運用者によって実施されることから、労働省はそういった活動は、年

---

73 | ERISA §407(a), 29 U.S.C. §1107(a).
74 | ERISA §407(d)(6)(A), 29 U.S.C. §1107(d)(6)(A).
75 | IRC §401(a)(28)(C).
76 | See, e.g. Moench v. Robertson, 62 F.3d 553, 568-571 (3d Cir. 1995).
77 | Fifth Third Bancorp v. Dudenhoeffer, 234 S. Ct. 2459, 2463 (2014).

金プランの資産からの大きな支出を通常伴うものではないものであることを期待している[78]。もし、受認者の単独の行為に基づいて、または他の株主による行為に照らして、年金プランの投資価値を増加させるという合理的な期待がある場合は、受認者は、議決権行使とエンゲージメントを実施することができよう[79]。しかし、受認者は、付随的な目標の追求のために、年金プランの資産を支出してはならないし、年金プランの投資リターンを犠牲にしても、またはリスクを増加させてもならない[80]。

　労働省は、4つの解釈通知を発行し、年金プランの資産をETIに投資する際のガイダンスを提供している。そこの基礎にある疑問点は、ETIの要素を考慮に入れることは、エリサ法の排他的給付ルールと調和させることが可能なのかどうかという点である[81]。それぞれの通知は微妙に異なる言葉を使用し、そして、少なくとも、過去のガイダンスを明確化または撤回していると主張している[82]。それぞれの通知の伝達内容は異なっているかもしれないものの、当該ガイダンスは一貫して、エリサ法の受認者に対し、リスクとリターンの投資プロファイルを評価する際に、それらの目標が制度加入者と受給権者の経済的価値の最大化である場合に限り、ETIの要素を考慮に入れることを許容している[83]。歴史的に、当該ガイダンスは、もし2つの投資につきリスクとリターンのプロファイルが同一であ

78 DOL Field Asst. Bull. 2018-2001, at 4 (2018), https://www.dol.gov/agencies/ebsa/employers-and-advisers/guidance/field-assistance-bulletines/2018-01 (hereinafter DOL FAB 2018-01) (労働省の解釈通知 DOL. Interp. Bull. 16-1, 81 Fed. Reg. 95,879 (2016) を解釈したもの。そこでは DOL. Interp. Bull. 08-2, 73 Fed. Reg. 61,731 (2008) を引用し、DOL. Interp. Bull. 94-92, 59 Fed. Reg. 38,860 (1994) を復活させ更新している).

79 DOL FAB 2018-01, at 4.

80 Id.

81 ERISA §404(a)(1), 29 U.S.C. §1104(a)(1); see Edward Zelinsky, 2016 Cardozo L. Rev. De Novo 161, 162 (2016) (「ETIに投資する受託者は、制度加入者以外の人の付随的な経済的利益を追求することで、法令上の義務を違反している」).

82 DOL FAB 2018-01, at 2 (「受認者は ESG の要素を経済的に関連性があるものと簡単に扱ってはならない」と注意); DOL Interp. Bull 15-01, 80 Fed. Reg. 65,135, 65,136 (2015) (「受認者が ETI 投資の要素を考慮することを過度に抑制してきた」と言っていた 2008 年のガイダンスを撤回); DOL Interp. Bull. 08-1, 73 Fed. Reg. 61,734, 61,735 (2008) (1994 年のガイダンスを更新し、受認者に対し彼らが ETI の要素を検討できるのは「非常に限られた環境」のみであると助言する); DOL Interp. Bull. 94-91, 59 Fed. Reg. 32,606, 32,606 (1994) (受認者は自らの投資判断のプロセスにおいて、第三者への経済的便益を考慮することができると述べている).

83 DOL FAB 2018-01, at 2 (「エリサ法の受認者は退職給付が提供できるよう常に制度の経済的な価値を最優先しなければならない」); DOL Interp. Bull. 15-01, 80 Fed. Reg. 65,135, 65,135 (2015) (「制度の受認者が制度の受給権者に対する金銭的なリターンとリスクにフォーカスすることは最優先事項となる」); DOL Interp. Bull. 08-1, 73 Fed. Reg. 61,734, 61,735 (2008) (「受認者は制度の加入者と受給権者の経済的利益を、関係のない目的よりも決して劣後させてはならない」); DOL Interp. Bull. 94-91, 59 Fed. Reg. 32,606, 32,607 (1994) (「付随的な便益を得るためにリターンを減らしまたはリスクを増大させる可能性を受け容れた受認者はエリサ法違反となる」).

る場合は、第三者への ETI の便益を考慮に入れることを「タイブレーカー〔同点の場合に勝敗を決するもの〕として、受認者に一貫して許容している。[84] タイブレーカーとして ETI の便益を選択する場合、受認者は加入者や受給権者の利益以外の利益は一切考慮してはならないという信託法の「専ら受給権者の利益を最優先にする」基準から離れることになる。[85] 2018 年のガイダンスでは、リスクまたはリターンに影響を与えるかもしれない、他の点では付随的な環境、社会そしてガバナンスを考慮に入れることはタイブレーカーではないこと、もしその影響が重要である場合、それらは、投資方法を評価する際に経済的要素として考慮に入れることになることを受認者に思い出させている。[86]

E. 受認者と開示義務の交差

エリサ法は定期的開示および臨時の〔何かが起きた場合の〕開示の義務を課しており、それは信認義務と交差する。年金プランの管理者は、制度加入者と受給権者、連邦当局と年金給付保障公社に対し、それぞれ特定された開示を行わなければならない。[87] 連邦最高裁は、もし開示が正確でない場合は、受認者は自らの義務に違反することになるとの考えをとってきた。そのため、プラン提供者が自身の利益のために、意図的に年金プランに関連する多くの虚偽表示をした場合は、排他的受給ルール違反となった。[88]

より難しい問題は、年金プランの受認者が当該制定法が具体的に求めるよりも多くの情報を開示しなければならない程度・範囲である。コストと便益のバランスをどうとるかという点で、年金プランの複雑さと加入者の個々の環境を踏まえると、開示の要求は無限に近いものになりかねない。一方で、高い水準で求められる開示は、加入者を情報の洪水に巻き込むことになりかねない。開示された情報の中にはその価値に疑問が生ずるものもありうるし、プラン提供者と年金プランは劇的な開示コストの増加に見舞われることになるかもしれない。他方、プラン提供者と受認者が保有する情報は、加入者が年金プランの受給に関する意思決定をする際に決定的な価値をもちうる。

裁判所は、エリサ法の受認者にそれらの負う義務を述べるにあたって、伝統的

---

84 | DOL Interp. Bull. 15-01, 80 Fed. Reg. 65,135, 65,136 (2015); DOL Interp. Bull. 08-1, 73 Fed. Reg. 61,734, 61,734 (2008); DOL Interp. Bull. 94-91, 59 Fed. Reg. 32,606, 32,607 (1994).
85 | 前掲注 17（本書第 3 章）（信託法の専ら受益者の利益を最優先にする基準を議論）参照。
86 | DOL. FAB 2018-01, at 2.
87 | See, e.g., ERISA §§101-105, 29 U.S.C. §§1021-1025.
88 | Varity Corp v. Howe, 516 U.S. 489, 506 (1996).

な信託法の原則を参照してきた。受託者は通常、受給権者が自らの利益を守るために必要かつ重要な情報を受給権者に提供しなければならない[89]。そのため、もし加入者が年金プランから提供された資料では明確になっていない受給資格についての情報を求めた場合、受認者は加入者の状況に関連する全ての重要な情報を開示しなければならない。このことは、たとえ加入者が関連する年金プランの詳細について具体的に問い合わせをしなかった場合であっても、あてはまる[90]。

受認者は通常、年金プランの条件変更を検討していることを開示する義務はない[91]。しかし、将来のプランの条件について明らかにしている受認者は、後にその変更を行うことを決定し、それによってそれ以前に明らかにしたことが誤導的になるような場合には、開示義務が生ずる場合がある[92]。

DC で雇用主の株式が保有されるか、そのマッチング拠出を通じて雇用主の株式が提供されることについて、受認者が負う情報開示義務は、連邦証券諸法で課される義務と交差しうるものである。よく問題となるのは、企業が株価の下落を引き起こしそうなネガティブなビジネス関連の情報を有していたとされるときに生ずる。連邦最高裁は、受認者である発行会社が、そういった情報の開示義務に違反するかどうかを決定するにあたっては、裁判所は当該開示が必然的に受認者に課される証券法上の義務に違反するものであるかどうかを検討しなければならない、と論じた[93]。エリサ法は証券法より優先されるわけではない[94]。しかし、通常は、会社の有価証券の取引を延期したり、市場に開示したり、DC でマッチング拠出する株式を現金に換えるといった対応をとることで、受認者はエリサ法での受認者の開示義務と連邦証券法の両方を遵守することができる[95]。

89 ｜ 前掲注 17（本書第 3 章）参照。
90 ｜ Eddy v. Colonial Life Ins. Co., 919 F.2d 747, 751（D.C. Cir 1990）（加入者が健康保険を継続する権利の有無を問い合わせた場合であっても、受認者は、加入者が保険のカバー対象を変更する権利を有する旨助言を行う義務を有すると判示）。
91 ｜ Soland v. George Washington Univ., 60 F. Supp. 3d 60, 65（D.D.C. 2014）.
92 ｜ Id.
93 ｜ Fifth Third Bancorp v. Dudenhoeffer, 134 S. Ct. 2459, 2473（2014）. 原告は「慎重な受認者が、ネガティブな情報を公に開示することで、株価の下落を生じさせ、ファンドで既に保有している株式の評価減を同時に引き起こすことで、むしろ害になるかもしれないということにはならない旨を、もっともらしく主張」しなければならない。Id.
94 ｜ Id.
95 ｜ See Brief of the Secretary of Labor as Amicus Curiae in Support of Plaintiff-Appellees at 14-20, Whitley v. RP. PLC, 838 F.3d 523（5th Cir. 2016）（No. 430-CV-4214）; Brief for the Securities and Exchange Commission as Amicus Curiae in Support of Plaintiff-Appellees at 17-20, Whitley v. BP, PLC, 838 F.3d 523（5th Cir. 2016）（No. 430-CV-4214）. The Fifth Circuit dismissed the Whitley case on the basis that the plaintiff did not meet the pleading burden. Whitley v. BP, PLC, 838 F.3d 523, 528-529（5th Cir. 2016）.

F.　まとめ

　要約すると、年金プランの受認者が負う基本的な義務は、受託者に課される伝統的な義務に由来する。忠実義務は、受認者に従業員と受給権者の利益のために専心して（an eye single）[96]行為することを求める。注意義務は、受認者に慎重であることを要求する。これらの義務とエリサ法に定める他の信認義務は、年金プランが信託で保有されている資産を含むか否かにかかわらず、また、当の受認者が年金プランの資産と取引を行っているかどうかにかかわらず、全ての年金プランの受認者に適用される。しかし、エリサ法は行為者が信認義務を負うことの説明において、信託法よりももっと微妙な差異を含んでおり、〔具体的には〕年金プランに関して引き受けた役割に基づく機能面での説明に主に依拠している。この方法で、エリサ法は信託法の要求の厳しい信認義務を機能させ、エリサ法の起草者達が、加入者と受給権者が最も保護を必要としていると信じた状況――つまり、個人または団体が年金プランの財産や運用、管理に裁量を有する場合や、年金プランの資産に関し投資顧問を有償で提供する場合――にその範囲を限定した。

V　その他の法律上の義務

　エリサ法の確定的な明文規定で定められる信認基準は、年金プランの書類がエリサ法を遵守している限り、年金プランの受認者に、同書類に従って行動することを求めている。[97]受認者に関する当該規定に加え、エリサ法は従業員給付制度と年金プランと以前から関係を有している行為者である利害関係者との間で絶対的に禁止される取引――禁止取引として知られる――のリストが定められている。[98]この利害関係者の定義には受認者が含まれている。[99]明確な除外規定が適用されない限り、[100]意図的に年金プランに禁止取引を行わせた年金プランの受認者は、その行動が慎重で加入者の最善の利益のためだけになされたものであるか否かにかかわらず、当該年金プランに生じた全ての損害に対し責任を負う。[101]この制定法の枠

---

96 | Pegram v. Herdrich, 530 U.S. 211, 235（2000）(quoting Donovan v. Bierwirth, 680 F.2d 263, 271 (2d Cir. 1982)).
97 | See ERISA §404(a)(1)(D), 29 U.S.C. §1104(a)(1)(D).
98 | ERISA §406, 29 U.S.C. §1106.
99 | ERISA §3(14), 29 U.S.C. §1002(14).
100 | ERISA §408, 29 U.S.C. §1108.
101 | See Ryan P. Barry, Comment, ERISA's Purpose: The Conveyance of Information from Trustee to Beneficiary, 31 Conn. L. Rev. 735, 748-749 (1999).

組みは、利益相反の中にはあまりに問題が大きいものがあるため、その時の状況にかかわらず、当該受認者に責任を負わせるべきであるという連邦議会の信念を反映したものと思われる。信託法の不探求の原則とパラレルに、たとえ当該年金プランがその禁止取引から利益を得ている場合でも、当該受認者は年金プランに対し責任を負う可能性がある[103]。

この禁止取引ルールが例外なく適用されてしまうと、多くの必要な取引——例えば加入者への給付の支払——も妨げてしまうことになろう。連邦議会は、十分な約因を伴う取引は全て適用除外とすることを検討したが[104]、最終的には禁止取引ルールから除外されるものを具体的に数多く列挙した規定を当該制定法〔エリサ法〕に含めた。さらに、連邦議会は、もし制定法上の手続を満たす場合は、個人および集団（class）の適用除外を承認する権限を労働省に与えた[105]。

連邦法が年金プランの運営に課す他の要件と制限の全てについて述べることは、本章の範囲を超えている。しかし、とりわけ DB にとって特に重要なものがいくつかある。受給権付与と給付額確定の最低基準は、加入者の受給が撤回不可能になるときに決まる[106]。複雑な年金プランの積立ルールは、約束された給付を行うのに十分な拠出を DB に行うよう、雇用主に対して求めることを意図している[107]。内国歳入法典は、これらや、年金プランが税制上の優遇措置を受けるために満たさなければならない他の要件を重ねて規定している[108]。内国歳入法典の税制適格要件の執行には私的訴権は認められていない[109]。非差別条項として知られているが、内国歳入法典は、より高い給料が支払われる従業員にだけ給付が行われることを、年金プランではできないようにしている[110]。年金プランによる税の支出を制限するため、内国歳入法典の他の条項では拠出と給付に上限をかけている[111]。最後に、エリサ法では、雇用主その他の者が、加入者に給付を得る能力を否定する目的で、

---

102 | 前掲注 17（本書第 3 章）参照。

103 | See, e.g., Amalgamated Clothing & Textile Workers Union v. Murdock, 861 F. 2d 1406, 1418-1419 (9th Cir. 1988)（違反をした受認者は、給付が全額支払われた場合でも、不正手段で得た利益を保持することはできないと判断）.

104 | Muir et al., supra note 26, at 365-366.

105 | ERISA §408(a), 29 U.S.C. §1108(a).

106 | ERISA §§203-204, 29 U.S.C. §§1053-1054.

107 | See ERISA §§301-305, 29 U.S.C. §§1081-1085.

108 | See IRC §401(a).

109 | Muir, supra note 72, at 76-77.

110 | See Regina T. Jefferson, Increasing Coverage in Today's Private Retirement System, 6 Drexel L. Rev. 463, 471-475（2014）.

111 | See id.

または給付の利用について加入者を不当に取り扱う目的で、行動をとることを禁止している[112]。

VI 強行規定と任意規定

エリサ法では、契約や年金プランの規約で年金プランの受認者の義務を修正したり免除したりすることを、公の政策に反するものとして禁じている[113]。これは、機能上の受認者が受認者の行為として明確にされた行為をする範囲で信認義務を負うとする原則をより強固にしている[114]。しかしながら、受認者が自らの権限を部分的に委任したり、自ら負う責任を制限したりする方法はいくつかある。

年金プランの資産の運用とコントロールについて権限を任された受認者は、単独または複数のファンド・マネージャーに権限を委任することができる[115]。年金プランで、受認者による違反行為があった場合に保険会社が受認者に対し償還請求することが認められていない限り、年金プランが自らの受認者達に保険を掛けることはできないのだが、受認者または制度提供者は、受認者による違反行為の保険に加入できる[116]。加入者や受給権者が受認者による違反行為の請求を放棄できるのかどうかについては、裁判所の判断は分かれている[117]。

一般的な事項として、制定法は、受認者になる前または受認者としての地位が終了した後に生じた義務違反について、当該受認者は責任を負わないとしている[118]。しかし、年金プランの受認者が形式的に辞任した場合であっても、結果的にその者が機能上の受認者としての地位を生じさせる行為に従事し続けている場合は、信認義務が有効に終了することにはならないであろう[119]。年金プランの資産に責任がある受認者は、それらの資産を適切に管理するよう対処しなければ、辞任によって「進行する時限爆弾」の責任から抜け出すことができない[120]。

---

112 | ERISA §510, 29 U.S.C. §1140.
113 | ERISA §410(a), 29 U.S.C. §1110(a).
114 | 前掲注 24～28 の本文を参照（機能上の受認者の定義について議論）。
115 | ERISA §403(a)(2), 29 U.S.C. §1103(a)(2).
116 | See ERISA §410(b), 29 U.S.C. §1110(b).
117 | Compare Sharkey v. Ultramar Energy Ltd. 70 F. 3d 226, 231（2d Cir. 1995）（免責は契約での免責に比べ「厳重な精査の対象」となると判示）, with In re: Schering Plough Corp. ERISA Litig., 589 F.3d 585, 594（3d Cir. 2009）（各個人が放棄しても、制度が信認義務違反を追求する権利を放棄したことにはならないことを判示）.
118 | ERISA §409(b), 29 U.S.C. §1109(b).
119 | See L.I. Head Start Dev. Servs. v. Econ. Opportunity Council of Suffolk, 710 F. 3d 57, 70（2d Cir. 2013）.
120 | Allison v. Bank One-Denver, 289 F.3d 1223, 1239（10th Cir. 2002）.

Ⅶ　救　　済

エリサ法のもとの救済は、提起される請求の種類と原告と年金プランとの関係により異なっている。利用可能な救済の範囲は、エリサ法学の最も議論がなされる分野の1つである。Ⅶでは、まず制定法上の主要な救済に関する条項——年金プランの受認者によって使われることが可能なものも含めて——の概要の説明から始める。それから、受認者による違反行為の請求の基礎として最も頻繁に使われる2つの規定について検討を行う。

A.　エリサ法の救済スキームの概要

エリサ法で最も頻繁に使われる救済条項は、以下の請求を可能にするものである。(1)給付の回復請求、年金プランの規約で定められる諸権利の執行もしくは明確化の請求[121]、(2)年金プランを代理しての回復請求[122]、そして(3)包括的な救済の請求である[123]。プランの加入者または受給権者は、これらの条項のいずれに基づいても、訴訟を提起することができ、受認者と労働省長官は後二者（(2)(3)）のカテゴリーに入る請求を行うことができる。エリサ法による、年金法の分野の連邦化の別の例として、各州の裁判所が給付の回復、年金プランの規約で定められる諸権利の執行もしくは明確化のために提起される訴訟について競合管轄権を有する場合を除き、連邦裁判所はこれに関連する全ての救済的訴訟について専属管轄権を有している[124]。全ての訴訟で、裁判所は自らの裁量で、弁護士費用や訴訟費用を与えることができる[125]。エリサ法は意図的な同制定法違反に対し刑事罰を規定しており[126]、受認者はこれらの罰則の対象となりうる[127]。

エリサ法は、年金プランを代理して回復を請求できるようにするものとして、2つの連動した条項を用意している。これに関係する救済条項は、エリサ法502条(a)(2)と409条である。前者では、請求は「(2)労働長官または409条のもと適

---

121 ｜ ERISA §502(a)(1), 29 U.S.C. §1132(a)(1).
122 ｜ ERISA §502(a)(2), 29 U.S.C. §1132(a)(2).
123 ｜ ERISA §502(a)(3), 29 U.S.C. §1132(a)(3). 労働省長官、州、雇用主またはその他の者による活動が認められている他の条項は、一般的には信認義務違反の申立ての事例には関係しない。
124 ｜ ERISA §502(e)(1), 29 U.S.C. §1132(e)(1).
125 ｜ ERISA §502(g)(1), 29 U.S.C. §1132(g)(1).
126 ｜ ERISA §501, 29 U.S.C. §1131; ERISA §510, 29 U.S.C. §1141.
127 ｜ See Solis v. J.P. Maguire CO., No. 11-CV-2904, 2012 U.S. Dist. LEXIS 131, 686, at *2 (E.D.N.Y. July 24, 2012).

切な救済を求めることができる加入者、受給権者もしくは受認者」によってなされうると規定している。[128] 409 条はエリサ法の受認者に関する規定違反に対する具体的な責任を規定しており、すなわち、違反した受認者に対し、当該違反で生じた全ての損害を年金プランに賠償し、違法に受領した全ての利益を返還し、そして「裁判所が適切と認める可能性のある他のエクイティ上または〔広い〕救済法上の救済措置」を提供することを求めている。[129] 502 条(a)(2)と 409 条は一緒に機能するので、本章ではこれらの条項を「年金プラン回復条項」という。

年金プラン回復条項で利用できる年金プランへの賠償だけでは、受認者による違反行為や受認者に損失が生じている場合に、適切な救済にならない事案も中にはあるかもしれない。エリサ法では、以下の訴訟を認めることで、少なくとも部分的に、こういった状況に対処している。「(3)加入者、受給権者または受認者によって提起される、(A)〔エリサ法の〕この編の全ての条項もしくは年金プランの規約に違反するあらゆる行為もしくは慣行を禁止するための訴訟、または(B)その他適切なエクイティ上の救済を得るための訴訟で、(i)当該違反を除去するため、もしくは(ii)〔エリサ法の〕この編の全ての条項または年金プランの規約を執行するためのもの」である。[130] 本章では、これを包括条項という。Ⅶ C で論ずるが、「適切なエクイティ上の救済」という用語の解釈は固まっていない。

B. 年金プラン回復条項

連邦最高裁がエリサ法の救済の範囲を最初に検討したのは、1985 年の *Massachusetts Mutual Life Insurance v. Russell* で、受認者による違反行為の主張を含む事件だった。それに対する学者の反応は、そこでの裁判所のアプローチに理解を示すものではなかった。[131] 2003 年に公表された影響力のある論考で、John Langbein 教授は「連邦最高裁のエリサ法に関する救済法への取組みは 1985 年に悪いスタートを切った」と記している。[132] Langbein の議論の要旨は、連邦最高裁はその給付制度の救済法学について否認してやり直すべきであるというものであった。

Russell 事件で、原告は、雇用主が原告の障害給付を 132 日間不当に停止した

---

128 ERISA §502(a)(2), 29 U.S.C. §1132(a)(2).
129 ERISA §409(a), 29 U.S.C. §1109(a).
130 ERISA §502(a)(3), 29 U.S.C. §1132(a)(3)(傍点は筆者による).
131 473 U.S. 134, 136 (1985).
132 John H. Langbein, What ERISA Means by "Equitable": The Supreme Court's Trail of Error in Russell, Mertens, and Great-West, 103 Colum. L. Rev. 1317, 1338 (2003).

ことは信認義務違反であると主張した[133]。原告は、家計が逼迫して夫の退職給付金から現金を引き出さざるをえなかったこと、そして原告の、もともとの身体的障害を負うことになった精神疾患を悪化させたことから、補塡損害賠償と懲罰的損害賠償を求めた[134]。原告はこれらの請求を、エクイティ上の包括条項ではなく年金プラン回復条項を基礎にした[135]。連邦最高裁裁判官の過半数5名が、年金プラン回復条項は給付プランそのものへの回復のみ認め、直接 Russell に支払われることになる回復は認めていないとしたため、原告の訴訟戦略上の失敗は明らかになった[136]。連邦最高裁の文言はあまりに幅広かったため、2008年になるまで、年金プラン回復条項が、受認者による違反行為によってある DC 口座に損失が生じた場合に同口座に流れ込むことになる救済を認めるのか、明確ではなかった[137]。

C. 包括条項

連邦最高裁は、包括条項について多くの判例で解釈を示してきているが、受認者または受認者による違反行為に関する判例において、どの範囲まで権利の回復が認められるのかについては、嘆かわしいほどに定まっていないままである。争いは「適切なエクイティ上の救済」の3つの単語をめぐって繰り広げられている。この論争を理解するにはいくつかの歴史を知る必要がある。

最初の判例である *Mertens v. Hewitt Associates* では、加入者と受給権者が受認者ではない年金プランサービス提供者に対して金銭的損害の賠償を含む請求をした[138]。5人の過半数の裁判官は、制定法の文言はエクイティ裁判所が歴史的に与えることができてきた、あらゆる救済を認めるほどに幅広く解釈されるべきではないという理由で、請求を退けた[139]。同裁判所は、制定法の文脈から考えて、「適切なエクイティ上の救済」は「典型的にエクイティで利用可能な救済に分類されるもの（差止命令（injunction）、職務執行令状そして原状回復は入るが、補塡損害賠償は入らない）」のみが訴訟原因に与えられると述べた[140]。

133	473 U.S. at 136-137.
134	Id. at 137.
135	原告は明確に包括条項の適用を放棄していた。Massachusetts Mutual は、Russell 氏が訴訟を提起する前に彼女の障害給付の全額を遡及して支払っていたため、彼女は、制度回復条項を用いての制度規約にあった追加給付の主張は行わなかった。See Id. at 139 n.5.
136	裁判所は明確に制度が契約外または懲罰的な損害から回復できるのかという問題を避けた。473 U.S. at 144 n.12.
137	LaRue v. DeWolff, Boberg & Assoc., 552 U.S. 248, 256 (2008).
138	508 U.S. 248, 250 (1993).
139	Id. at 256-257.
140	Id. at 256 (傍点は原文のまま).

包括条項に関して影響力のある次の〔2つの〕判例は、両方ともエリサ法の規制下にある医療保障プランに加入していた個人に対する代位請求を含むものだった。それぞれの判例で、プラン加入者の個人は事故で負傷しており、医療保障プランの管理者が、当該負傷により第三者から補償金を受領したこれら個人に対し、同プランによって支払われた医療費の回復を求めて訴訟を提起した。Mertens 判決で述べられたことを先例として、裁判所は、包括条項のもとで救済が利用可能かどうかを判断するために、エクイティ上の原状回復と合意によるエクイティ上の先取特権の歴史的な定義に目を向けた[141]。

　Mertens 判決の約 20 年後になる 2011 年に、Cigna Corp. v. Amara[142] で、連邦最高裁は年金プランの受認者に対する加入者による請求で利用可能な救済の範囲についてようやく取り上げた。Amara 判決で連邦最高裁は、受認者に対する加入者の請求と受託者に対する信託受益者の請求との間の類似点に着目した、微妙なアプローチを採用した。同判決では、そのような状況にある加入者が請求できないままにされるべきではないと懸念を表明し、「エクイティは不正を救済なしのままにしておかない」と述べた[143]。判決文が示しているのは、包括条項は、加入者または受給権者が、仮に受認者による不正行為がなかった場合にいたであろう地位を考慮して、あるべき状態に回復させる救済を与えるということだった[144]。連邦最高裁は、地裁がこの条項に基づく救済の利用可能性を判断していなかったとして、差し戻した[145]。

　しかし、Amara 判決は、加入者によるプランの受認者に対する請求において、包括条項のもと、利用可能な救済の範囲はどこまでかという論争については解決しなかった。Scalia 判事と Thomas 判事は、共に、多数意見のエクイティ上の救済の議論は「わざとらしい叙述」であるとした[146]。彼らは、この判決の事実を考慮し、当該加入者がエクイティ裁判所の歴史の中で救済を受けることができたのかどうかについて、強い懐疑を示した[147]。しかし、興味深いことに、彼らの分析はエクイティ裁判所で利用可能な救済の様々なカテゴリーについての法的要件に焦点

---

141 Sereboff v. Mid. Atl. Med. Servs., 547 U.S. 356, 364-365 (2006); Great-West Life Ins. v. Knudson, 534 U.S. 204, 214-216 (2002).

142 536 U.S. 421 (2011).

143 Id. at 440.

144 Id. at 441.

145 Id at 445.

146 Id. at 448.

147 Id. at 449-451.

を当てたものだった[148]。彼らは、エリサ法の受認者に対する請求が受託者に対する信託の受益者によるエクイティ上で提起された事案と類似したものであり、エクイティ上の救済の範囲はそれに沿って解釈されるべきであるという多数意見の合理性には異論を差し挟んでいなかった。その後、受認者による違反行為を含まない判決において、*Amara* 判決は *Mertens* 判決と〔前記の〕代位請求の事案を破棄したも同然であるという議論を、連邦最高裁は否認している[149]。

D.　行政執行

　本章の最初の方で記載した通り、労働省長官は受認者による違反行為につき訴訟を提起する権限を有している。さらに、内国歳入庁も、税制適格制度における禁止取引の違反に対し物品税を課す権限を有している[150]。労働省長官は、非税制適格制度における違反に対する制裁を求める類似の権限を有している[151]。物品税または制裁は相当のものになりうる。例えば、もし当該取引が適時に是正されない場合、それらは「関連取引金額」の 15% から 100% まで増加する[152]。

　政府による執行がない私的に設定された信託の通常の状況より、労働省がエリサ法の受認者に関する条文を執行する権限を有していることには利点がある。労働省は年金プランの健全性に脅威を与える動向を各プラン横断的に確認することができ、および執行訴訟を提起したり適切な規制を公表したりすることができる。例えば、1980 年代に、労働省は、年金プランの資産に対する会社の支配権取引のマイナスの影響を軽減するために権限を行使した[153]。また、労働省はルール制定により、いくつかの不適切な行動を抑制することもできる[154]。

　労働省や内国歳入庁による執行があったとしても、加入者、受給権者そして受認者が執行訴訟を提起する権限を有することは重要なままである[155]。労働省も内国歳入庁も、潜在的に起きうる、受認者による違反行為全てを訴える資源を持ち合わせていない。全く新しい請求をしたり、大企業相手に訴訟を提起することには

---

148 | Id.
149 | Montanil v. Board of Trustee of the National Elevator Industry Health Benefit Plan, 136 S. Ct. 651, 660 n. 3 (2016).
150 | Internal Revenue Code §4975. 税制適格制度とは、税制上の優遇措置の適用を受けるための厳しいルールに適合した制度。Ryan Bubb et al., A Behavioral Contract Theory Perspective on Retirement Savings, 47 Conn. L. Rev. 1317, 1334 (2015).
151 | ERISA §502(i), 29 U.S.C. §1132(i).
152 | IRC §4975; ERISA §502(i), 29 U.S.C. §1132(i).
153 | Muir, supra note 72, at 69.
154 | Id. at 74.
155 | Id. at 70.

政治的なリスクがあるため、政府の執行者が積極的に提起しようという訴訟の種類は制限されるかもしれない。最終的に、理論的なモデルは、信認基準の主観的で柔軟な性質が、規制の虜〔規制機関が被規制側の勢力に実質的に支配されてしまうこと〕を生じさせる可能性を高めるかもしれず、それによって先進的で十分な積立てがなされている年金プランの提供者や金融機関に対する執行訴訟が提起される可能性は低くなるかもしれないということを示唆している。[156]

E.　救済の十分性

　年金プランの加入者に利用可能な救済の性質が定まっていないため、救済は、受認者による日和見主義や責任回避に対処するには十分ではない。損害の範囲にかかわらず、加入者または受給権者は、エリサ法に基づく年金プラン回復条項のもとでは、プランにより約された給付総額よりも多く回復することができない。[158]もし、年金プランまたは加入者の口座がもはや存在しなければ、年金プラン回復条項に基づく請求はできなくなる。そして、当該条項は、プラン給付の不払いから生じた損害の回復を認めない。[159]

　損害を受けた加入者が、約された給付金の支払や年金プランへの賠償によっても救済されない場合、1つの代替策があり、すなわち包括条項のもと、救済を求めることができる。未解決の問題は、当該条項があるべき状態に回復させる救済を認めるのか否か、また、下級審は当該部分の *Amara* 判決で述べられた裁判所の文言を傍論として扱い、「適切なエクイティ上の救済」について狭い解釈を継続するのか否かである。[160]同様に、日和見主義的なプラン加入者が、代位請求条項などのプランが要求することに従わなかった場合、給付プランは狭い解釈の困難性を感ずることになるのかもしれない。[161]

156	Id. at 70-71.
157	Id. at 73.
158	Ⅶ A で述べた通り、裁判所は弁護士費用とコストの負担を認める裁量権を有する。前掲注 125 に対応する本文。
159	See, e.g., Andrew-Clarke v. Travelers Ins. Co., 984 F. Supp. 49, 60 (D. Mass. 1997).
160	Compare Rochow v. Life Ins. Co., 780 F.3d 364, 375 n.2 (6th Cir. 2015) (「*Amara* 訴訟での連邦最高裁の判決文で〔包括条項〕に基づくエクイティ上の救済に関する部分は単に傍論」), with Gearlds v. Entergy Servs., 709 F.3d 448, 452 (5th Cir. 2013) (「連邦〔最高〕裁判所におけるこの問題の取扱いの深層を踏まえると、我々は、連邦第 4 巡回区高裁が、*Amara* 訴訟での〔包括条項〕に基づく潜在的な救済としての追加請求に係る判決を引き継ぐべきとの結論に同調することに納得する」).
161	See Montanile v. Board of Trustees of the National Elevator Industry Health Benefit Plan, 136 S. Ct. 651, 661 (2016).

Ⅷ　結　　論

　公的制度と私的制度を規制する年金法は、かなりの部分を伝統的な信認原則から引用している。その最高の姿として、年金法は、退職後の金銭的安全に極めて重要な、従業員によって取得された受給権を守るために、忠実義務と注意義務を組み入れている。しかし、年金プランは伝統的な贈与に基づく信託モデルを正確に反映したものではない。そのため、年金プランの法は、新しい形の年金プランに順応してきたし、順応し続け、従業員がプラン提供者のために働くことで年金プランの資産を取得することを実現し、そして、金融サービスと投資を進化させた。裁判所と立法者が、信認原則の中核的な性質を犠牲にすることなく、信認法の順応的な性質を容認している限り、年金法の受認者概念への信頼は十分機能し続けるに違いない。

第10章 | 雇用法における信認原則

ADITI BAGCHI

　従業員は雇用主の代理人であるが、雇用主が十分な防止策や契約による自衛策を講ずることができないような方法で、従業員が雇用主の利益を害する立場に立つことがありうる。これまでは、大半の州が全ての従業員を雇用主に対するフィデューシャリーとして扱ってきたが、今日では、従業員全てを雇用主のフィデューシャリーとみる州は少数である。「信頼と信用（trust and confidence）」の関係にある上級職の従業員のみをフィデューシャリーとして扱い、それ以外の従業員は、比較的軽い忠実義務を負う程度であるとする州の数が増えつつある。また雇用主を従業員に対するフィデューシャリーとみなすことを支持する学説もあるが、今のところ、雇用主が従業員に対して信認義務またはそれより少し軽い忠実義務であったとしても負うことはない。唯一あるのは従業員退職所得保障法（ERISA）で、同法の年金基金や従業員ストックオプション制度等の雇用主が関与する組織のみが従業員に対して信認義務を負っている。本章は、Ⅰで従業員の信認義務を考察し、Ⅱでエリサ法の信認義務に焦点を当てる。Ⅲでは雇用主が信認義務を負う可能性について言及したい。

Ⅰ　フィデューシャリーとしての従業員

　従業員の信認義務は近年、大幅に縮小されてきた。従業員は全て信認義務を負うとする州が依然として多いものの、「信頼と信用」の関係にある上級職の従業員のみが信認義務を負い、その場合においても、労働市場の流動性が制約されることのないよう信認義務を限定するという（より望ましい）見方が登場している。それ以外の従業員は、忠実義務として残された部分に服することになるが、このような義務と完全な忠実義務との間には重大な相違点がある。幹部従業員が負うフィデューシャリーとしての忠実義務は、雇用契約に効率的な制約を詳細に盛り込もうとするとコストがかかるため、契約による制約は十分ではないという理論に基づき、市場による調整という形で雇用契約の中に盛り込まれているように思

われる。（これに対し）「一般」の従業員は、雇用主から割り当てられる実質的な裁量権やコントロールに制約を受けるため、雇用主に対する忠実義務は契約で示された範囲の義務にすぎない。注意義務など、それ以外の義務は、「信頼と信用」の関係にある上位従業員に対しても、また「一般」の従業員に対しても、その雇用に関連して発生することはないが、取締役と役員に関しては、これらの義務も発生する（この点に関しては別の章〔本書第4章〕で取り上げる[1]）。

「信頼と信用」の関係にある上位の従業員にのみフィデューシャリーの忠実義務を適用するという新しい考え方は、近年、雇用法リステイトメントにおいて重視されたものであり、以下の2つの重要な留意点のバランスをとったものとなっている。1つは、雇用主は雇用契約によって、または契約の解除をちらつかせることを通じて、従業員に対し、通常要求できるレベルより、高いレベルの忠実義務を期待することができる。しかし雇用主は、特定の行動であれば従業員の行動をルールで縛ることができるかもしれないが、従業員の中には、雇用主にとって極めて重要な業務に携わっている者がいて、彼らの権限は雇用主の事業において大変重大なので、そのような従業員が雇用者の信頼を裏切る可能性の全てを、契約に詳細に定めておくことはできないであろう。例えば、従業員が第三者に開示することを許さない秘密情報を類型化して示すことはできるが、従業員がその職務や事業範囲の拡大に伴い、雇用され始めた時には特定されていなかった秘密情報に接する可能性がある。また、雇用主が従業員の義務を（そのために膨大なコストをかけて）契約で明確に特定、規定することはできたとしても、（実際に）契約違反があった場合に、雇用主が原告として損害賠償を請求するために契約法上必要とされる程度にまで明確に損害を立証できない事態に遭遇するであろう。例えば、従業員の転職先である競合他社が秘密情報を使用したとしても、その使用がなければ失うことがなかった顧客や新たに獲得できていたはずの顧客の数を雇用主が立証することは難しい。上級職の従業員は通常、より大きな裁量権を付与され、直接的に監督を受けることは少ない。彼らを交代させることは、容易ではないから、雇用主との交渉力もより強くなる[2]。彼らは、労働市場において比較的有利な立場にいるため、収入とのギャップを埋めて持ち堪えるだけの蓄えがない、

1　取締役および役員の信認義務については、本書第4章参照。
2　See E. Gary Spitko, Exempting High-Level Employees and Small Employers from Legislation Invalidating Predispute Employment Arbitration Agreements, 43 U.C. Davis L. Rev. 591, 628 (2009)（上位の従業員が契約上の保護の強化を求めて交渉する権限に関する記載）; Alan Hyde, Working in Silicon Valley: Economic and Legal Analysis of a High-Velocity Labor Market 44 (2003)（1つのクラスとしての上位従業員の労働移動に関し述べている）.

取替えの利く下位の従業員のように、契約解除を恐れることもない。雇用主は、このように全ての、あるいは多数の従業員に対して弱い立場にあるわけではないが、雇用契約によって実質的に行動を抑制することができない特権的な立場にいる従業員が存在することもまた事実なのである。

もう1つの重要な留意点は、従業員は通常、雇用関係において弱い立場にあり、社会全体が転職の自由という利益を享受しているということである[3]。信認義務は通常、ある関係においてより強い権限を有する側に課されるが、そのような立場に立つのは、通常、雇用主である[4]。したがって、従業員の負う、フィデューシャリーとしての忠実義務の受益者を雇用主とすることは一見奇妙である。退職した従業員が起業することや新しい会社に勤務することを難しくすれば、従業員に行きすぎた忠実義務を課すこととなって参入障壁が高くなるばかりでなく、消費者物価を上昇させる可能性もある。転職や起業に伴うリスクやコストを増大させるような考え方は、労働者や消費者を犠牲にし、資本に対する利益を増大させることになる。

さらに、従業員に忠実義務を課すという考え方には濫用の危険がある。訴訟提起の脅しだけでも強圧的になるかもしれず、他の雇用法の執行と労働の競争力を損なってしまう。実際、従業員の義務に関する法律がしっかりと定まっていないため、従業員の忠実義務違反を理由とする訴訟提起は、差別禁止違反や最低賃金法（wage-hour laws）違反を訴える下位の従業員に対する防御手段としてしばしば利用されている[5]。裁判所も、忠実義務の範囲を超えているとされる可能性のある行動（例えば競合他社に勤務すること）が従業員にとって経済的に必要な場合があることは考慮に入れて判断している[6]。

しかし、この問題における1つの見方として、「忠実義務は、雇用主が従業員の転職等を制限しようとする多くの手法の中では2次的性格なものにすぎず、正式な競業禁止の合意や営業秘密の保護の代わりに用いられたことは一度もない[7]」といわれている。残念なことに、裁判所が従業員の忠実義務違反を認めることに

3　See Graphic Directions, Inc. v. Bush, 862 P.2d 1020, 1023 (1993)（熾烈な競争と従業員の誠実公正義務との間で利益を均衡させる必要があるとされた事例）.

4　See Tamar Frankel, Fiduciary Law, 71 Cal. L. Rev. 795, 804 (1983)（ある者が委任された権限を濫用する可能性がある場合に通常発生する信認義務について記述している）.

5　Charles Sullivan, Mastering the Faithless Servant? Reconciling Employment Law, Contract Law and Fiduciary Duty, 2011 Wis. L. Rev. 777, 779 (2011).

6　Cameco, Inc. v. Gedicke, 724 A.2d 783, 789 (N.J. 1999).

7　Michael Selmi, The Restatement's Supersized Duty of Loyalty Provision, 16 Emp. Rts. & Emp't Pol'y J. 395, 398 (2012).

は慎重で、雇用主が多額の支払を受けることはまれだとしても、拡張傾向のある信認義務を従業員にも適用しようとすることを含意する開かれた基準（open-ended standards）は、雇用主が勝訴することもあるという現状と併せて考えると、雇用を守るための法律や労働の流動性をいつの間にか損なうおそれがある。このように、従業員の忠実義務の位置づけが明確でないことは極めて重要な問題である[8]。従業員に適用されるフィデューシャリーの忠実義務の境界を明確にし、フィデューシャリーではない部分との関係を概念上明確にすることがこの領域にとって有益となろう。

　現状を混乱させているのは、雇用関係を、重複する3つの法的観点からみていることに原因の一端がある。その第1は、コモン・ローにおける地位に基づく法的枠組みである。マスターとサーバントという地位に基づく基本的な関係にあることは否定されても、代理法に基づき雇用関係を包含する法規範がこれまで適用されており、従業員には従業員としての義務が引き続き課されている[9]。その最も顕著な例が、一定の従業員が雇用主に対して負っている信認義務なのである。

　周知の通り、雇用に関するコモン・ローの枠組みは契約に取って代わられたということ、これが第2の観点である。しかしそれは法律による規制が雇用関係のデフォルトの枠組みとして完全に契約に置き換えられたということでは決してなく、その点は随意契約の従業員の場合であっても同様である。したがって、雇用主に対する従業員の義務に関する説明が首尾一貫したものとなるためには、契約の原則からの逸脱についても説明していなければならない。

　最後の観点として、今の雇用関係は、制定法と様々な行政機関の管轄下にある高度な法規制の産物である。したがって雇用主に対する従業員の義務も、この枠組みの中で理解しなければならない。政策的観点からみると、従業員の信認義務の範囲および内容に関する選択は、他の法的目的を害することなく、むしろそれらを強化するものでなければならない[10]。特に、規制の枠組みの大半が雇用主に従業員に対する義務を課すものとなっていることに留意する必要がある。このことによって全ての従業員に信認義務を課すことを狭めることになるか否かが議論のポイントとなる。

---

8 | Sullivan, supra note 5, at 784.
9 | 一般に、本書第2章参照。
10 | See Marian Riedy & Kim Sperduto, At-Will Fiduciaries? The Anomalies of a "Duty of Loyalty" in the Twenty-First Century, 93 Neb. L. Rev. 267, 270 (2014)（「退職および解雇の自由がある雇用関係については、法律上、その利益を最大化し、かつ潜在的な有害性を最小化する形で明確化する必要がある」）。

A. どの従業員がフィデューシャリーか

　前記３つの異なる法的観点（それぞれが異なる法分野で学術的に検討されている）に共通するのは、従業員の信認義務に関する概念的基礎が依然として不明確だということである。代理、契約および規制という３つの枠組み間の緊張関係に加え、裁判所や学説がそれぞれにいずれかの枠組みを優先させた結果、どのような従業員が雇用主に対して信認義務を負うか、またその義務はどのようなものか、について、法域間で一致をみていないのである。全ての従業員が信認義務を負うという見方[11]もあれば、一部の従業員のみが例外的に信認義務を負うという見方もある。

　一部の裁判所や識者は、従業員の忠実義務は代理法からきているとみなしている[12]。すなわち、従業員は代理人であり、代理人は本人に対して信認義務を負うという考え方である。実際、第３次代理法リステイトメントは、以下のように規定している。「コモン・ロー上、代理の要素は、雇用主と従業員との関係に存在する。……代理に関する法（common law）には雇用関係も含まれ、それは雇用主が自らを代理して契約する権限を与えていない従業員であったり、それ以外でも組織の外の当事者と交渉する権限を与えていない従業員であったとしても同様である[13]」またリステイトメント同条のコメントｄには、「信認義務は画一的に適用されるものではないが[14]」と明記されるが、信認義務により要求される内容は文脈によって異なるとはいえ、信認義務は全ての従業員に適用される。これを従業員の信認義務に関する「代理法説（agency view）」と呼ぶことにする。かつてはこの見解が主流であったが、より制限的な見解に取って代わられつつある。

　より制限的な見解では、従業員の信認義務を例外的なものと扱っている[15]。すな

11　See, e.g., Williams v. Dominion Tech. Partners, LLC, 576 S.E.2d 752, 757 (Va. 2003)（「コモン・ロー上、従業員（雇用主が自由に採用・解雇できる従業員を含む）はその雇用期間中、雇用主に対して忠実義務を負う」）; St. Paul Fire & Marine Ins. Co. v. Hoskins, 2012 U.S. Dist. LEXIS 30770 *11（従業員の信認義務は代理関係から派生し、その義務により「従業員は、雇用主の利益に反する行為を禁止される」）; National R. Passenger Corp. v. Veolia Transp. Serv., Inc., 491 F. Supp. 2d 33, 47 (D.D.C. 2011)（代理関係の分析に基づき「従業員に信認原則が適用される」と結論）. ただし、裁判所は、被告である従業員はいずれも管理職にあり、「それら３名の従業員の職責」を理由として、それらの従業員はいずれも「一般的な忠実義務」を負うと判示している. Id. at 47-48.

12　See Selmi, supra note 7, at 400; Riedy & Sperduto, supra note 10, at 272.

13　Restatement (Third) of Agency §1.01 cmt. c (Am. Law Inst. 2006).

14　Id. §1.01 cmt. d.

15　See Se. Consultants, Inc. v. McCrary Eng'g Corp., 273 S.E.2d 112 (Ga. 1980)（第三者との関係で雇用主の代理人として行為しておらず、秘密の記録へのアクセス権ももたない下位の従業員は、代理人でもフィデューシャリーでもない）; Graphic Directions, Inc. v. Bush, 862 P.2d 1020, 1023 (1993)（従業員の忠実義務は代理法から派生するものであり、雇用主を代理する権限または秘密情報へのアクセス権を有する従業員についてのみ、より厳格な義務が適用される）; Cameco, Inc. v. Gedicke, 724 A.2d 783, 789 (N.J. 1999)（「従業員の雇用主に対する忠実義務の範囲は、その関係

わち、「雇用主と信頼と信用の関係に立つ」従業員に対してのみ、信認義務が適用されるという。[16]（現在）多数意見となっているこの見解は、雇用法リステイトメントに表れており、従業員が信認義務を負うのは、雇用主が契約により自らの保護を図るには過大なコストを要する、またはそのような保護の実現が難しい場合で、かつ雇用主が被った損害の立証および数値化が極めて困難であるために契約上の通常の損害賠償では不十分と考えられる場合のように、雇用主の立場が弱い特殊な状況に事実上限定されている。その結果、事実関係の詳細な調査（fact-intensive inquiry）に基づきフィデューシャリーと認定するルールに、（代理人という）地位に基づき認定するルールから置き換わっている。[17]

　雇用法リステイトメントは、当初草案の段階では代理法説が採用されていたようであるが、厳しい批判を受け、最終的にはこれを明確に否定している。8.01条のコメントaでは、「一般的な事項として、経営管理に携わらない『一般』の従業員（雇用主により厳しく監視・監督される従業員、または職務の遂行上、実質的な裁量権を付与されていない従業員）に本項の忠実義務が実際に適用される例はほとんどない」[18]と述べられている。同コメントは、雇用主に対して忠実義務を負う従業員を2種類に特定している。すなわち、「経営や監督、専門的または高度な技能を要求される職務を遂行し、厳しく監督されることなく実質的な裁量権を行使できる従業員」と、「雇用主の営業秘密を任され、あるいは保有することとなる従業員」である。[19]そのうえでコメントaは、「そのいずれにも該当しない従業員は、雇用主に対するフィデューシャリーの忠実義務を負わない」と明確に記載しているのである。[20]ただし、それらの従業員も、「例えば立場上、雇用主の財産を横領する機会あるいは自己取引を行う機会がある場合には、黙示の契約に基づき忠実義務を負う」[21]可能性があるとする。コメントbは、多くの裁判所の見解

の性質によって異なる。信頼・信用関係を維持する義務を負う立場にある従業員は、立場の低い従業員よりも高度な義務を負う」）; Bret Grebe, Fidelity at the Workplace: The Two-Faced Nature of the Duty of Loyalty Under Dalton v. Camp, 80 N.C. L. Rev. 1815（2002）（信認義務の立証を困難にする代理原則の適用を認めず、大半の従業員について比較的軽度な契約上の信認義務を取り入れたノースカロライナ州の判決について述べている）.

16　See, e.g., Lawrence v. Hardin Hills Health Ctr., 992 N.E.2d 1160, 1169（Ohio Ct. App. 3d, 2013）（「信認関係には、雇用主と従業員との通常の関係よりも高レベルな信頼・信用関係が伴う」）; Alder Food Distributors, Inc. v. Keating, No. 0000748, 2000 WL 33170823, at *6（Mass. Super. June 6, 2000）（「上位の従業員は雇用主に対して信認義務を負う」）. See also Restatement of Employment Law §8.01.

17　本書第19章参照。

18　Restatement of Employment Law §8.01 cmt. a（Am. Law Inst. 2010）.

19　Id.

20　Id.

に同調し、信認義務を適用すべきか否かの判断には「事実関係の詳細な調査」が必要としている。[22]

　従業員のフィデューシャリーとしての忠実義務の内容がどのような状況であったかによって決まり、違反があったかどうかが事実関係の詳細な調査により判断されるのは信認法にとっては当たり前のことかもしれないが、従業員がフィデューシャリーの立場に立つかどうかということ自体もまた状況や詳細な事実関係の調査に依存するというのは、少し不自然ではないだろうか。確かに大半の信認関係は「立場（status）と慣行（convention）の問題として扱われている[23]」。しかしDeborah DeMott は、このアプローチから脱却するにはコストを要するという。彼女は、「明確に定義された関係である雇用に、信認義務を課すために個々の事実に基づく根拠が必要とされるとすれば、既に複雑化している概念がさらに混乱する[24]」と指摘する。

　代理人という立場がもはや判断の根拠にならないとすれば、どこまで事実関係の調査をしなければならないかは、従業員がフィデューシャリーとされる理由によって判断されるべきである。（そうなると）従業員をフィデューシャリーとみる代理法説に取って代わるのはどのような見解になるのだろうか。最近の考え方としては、雇用主に対する従業員の信認義務を雇用契約の設計および範囲に対する一定の制限に対応するものと捉えているが、この見解は破綻しており、従業員の信認義務を一般化することが困難であることをはっきりと物語っている。

　本章で取り上げる従業員の信認義務に関する契約に基づく考え方は、いずれも、義務を契約の中に内在しているものではなく、契約に付加されるものとみなしている。信認義務は、有効な自己防衛ができないリスクから雇用主が自分の身を守るための義務を従業員に課すことによって、市場の失敗を修正している。従業員の機会主義的な背信行為等の契約の不誠実な履行は決して許されるものではない。しかし、そのような行為が行われるリスクが極めて高く、かつ損害の立証および回復が極めて困難な場合、「予防的」ルールとして、より高度な基準が適用され、

---

21 Restatement of Employment Law §8.01 cmt. b（Am. Law Inst. 2010）.

22 See Cameco, Inc. V. Gedicke, 724 A.2d 783, 788-789（N.J. 1999）（忠実義務違反の主張がなされる事案は事実に影響されやすいとされた事例）; see also Leslie Larkin Cooney, Employee Fiduciary Duties: One Size Does Not Fit All, 79 Mississippi L.J. 854（2010）.

23 Andrew S. Gold & Paul B. Miller, Introduction to Philosophical Foundations of Fiduciary Law 1, 2（Andrew S. Gold & Paul B. Miller eds., 2014）.

24 Deborah A. DeMott, Relationships of Trust and Confidence in the Workplace, 100 Cornell L. Rev. 1255, 1278（2015）.

特殊な形態の不正行為を当事者が予見し保護することができない事態を回避するために、原則の適用範囲を大幅に広げられるのである。従業員が行う可能性のある機会主義的行動のあらゆる形態を推測し、詳細に規定するために要するコストに加え、背信の前兆を過度に恐れることでは、経営管理における競争が熾烈化している最上級層の労働市場の中で、雇用主を十分守ることができない可能性がある。

　信認義務を全ての雇用契約を適切なものに補完するものとみる向きもある。雇用契約は、当事者間の関係に基づく極めて不完全な契約である。当事者は、契約によっては十分保護されない関係に長期的に投資することになる。当事者は、契約の合意事項に十分反映されていないような関係に期待をし、その期待は雇用契約の法的条件が更新されないまま膨らんでいく。このようなギャップを制定法で埋めようとしても不十分なものとならざるをえず、そこで信認義務が、従業員と雇用主との間の微妙な個別的理解をより正確に捉えられるかもしれない。これが契約に基づく見解の１つ目であり、信認義務を正当化する根拠を雇用契約、ひいては契約全般の一般的特徴に求めるものであるため、以下「一般契約説（general contract view）」と呼ぶことにする。

　一般契約説によれば、機会主義的行動の危険性や契約が失敗に終わる危険性から保護するために、全ての従業員に信認義務が課される。しかし、大半の雇用契約では、雇用主は自力で身を守ることができるため、従業員の機会主義的行動をコントロールすることが可能で、従業員の忠実義務が果たす役割は限定的となる。したがって通常の場合、忠実義務は雇用契約を補完するものではなく、その一要素にすぎない。いうなれば、忠実義務は誠実義務を具体化したものである。しかし、このような契約を雇用のためにわざわざ誂えたものとみる考え方（tailored contract）では、上位の従業員が負う忠実義務と一般の従業員が負う忠実義務とでは重大な違いがあって、前者のみがフィデューシャリーと位置づけられる。実際、裁判所がこれらを法的に区別するのは、ほとんどの場合、当該従業員の職務上の責任であって、雇用契約に基づく従業員の権利ではない。[25]

　代理法説と一般契約説は信認義務ありと認められる状況の範囲がより広いが、個別契約説（tailored contract view）はこの範囲が狭い。それぞれの見解によって正当化の基準が異なり、基準が適用されるもととなる事実関係も異なる。代理法説は、代理権限が行使される時点での本人の期待を重視し、一般契約説は、雇用

25 ｜ See supra note 11.

契約成立時の当事者相互の期待に注目する。個別契約説は、職責、報酬および退職条件を含む雇用関係のその他の条件にも注目するから、最も事実を重視することになる。契約を超越することなく、信認義務を強行的なものとして扱うことができるのは代理法説である。これに対し、一般契約説と個別契約説は、雇用主が従業員の信認義務による保護を手放すことができない理由を説明しようとするが、このような弱い忠実義務を根拠として誠実義務が強行的に適用されるということは、契約を一貫して否定し続けることはできないという最低限の行動規範を正当化するにすぎない。最も重要と思われるのは、以下 D で述べる通り、これらの見解がそれぞれ独自の救済策とつながっていることである。従業員の信認義務に関する概念上の根拠が異なるということは、各々の見解の適用範囲、強さと違反があった場合の結果の教義上の違いを説明することに役立つ。

B.　従業員の忠実義務が求めるもの

　会社の役員（オフィサー）と取締役以外で、従業員が負う唯一の信認義務は忠実義務である。また、裁判所は雇用に関連して忠実義務を論ずる場合、従業員が調子に乗らないよう慎重を期しつつ、「従業員は、雇用主に対して絶対的な忠実義務を負うものではない。……雇用主が忠実であるよう求め、享受することのできる権利は、競争を奨励する社会の正当な利益によって抑制されなければならない[26]」としている。他方、ニューヨーク州裁判所は、従業員の忠実義務の根拠を代理法に置き、「代理人は、その代理権限または信頼に反する行為を禁止され、常に最大限の誠実義務および忠実義務を尽くして職務を遂行しなければならない[27]」と慎重に述べている。

　信認義務の忠実義務違反の事例の中で最も重要なものとして、雇用期間中の雇用主との競業を含むことが多く、これに関連して、営業秘密の不正流用またはそれ以外の財産（事業機会を含む）の横領のいずれかを含む傾向がある。理屈の上では、雇用主を誹謗することも忠実でないとされる可能性がある。しかし、雇用主の誠実性を訴えようとする従業員の試みは、多くの場合、それらが労働紛争の一部なら全国労働関係法に基づき保護されるか、あるいはそれらが公益に関係するなら公益通報制度によるものとして保護されることが多い[28]。

26 | Johnson v. Brewer & Pritchard, PC, 73 S.W.3d 193, 201（Tex. 2002）.
27 | Pure Power Boot Camp, Inc. v. Warrior Fitness Boot Camp, LLC, 813 F. Supp. 2d 489, 521（S.D.N.Y. 2011）（引用省略）.
28 | Benjamin Aaron & Matthew Finkin, The Law of Employee Loyalty in the United States, 20 Comp.

雇用期間中の従業員の競業に関する主張で最も多いのは、従業員が忠実ではなかったという主張である。これらの事例は通常、従業員は退職後に雇用主と競業するための準備を雇用期間中にしていただけなのか、それとも時期尚早に一線を越えて実際に競業していたのかということが問題となる[29]。裁判所は一貫して「いうまでもなく、従業員は雇用期間中に雇用主との競業に向けて準備をするものである」との認識を示している[30]。ただし、*Pure Power Boot Camp, Inc. v. Warrior Fitness Boot Camp, LLC* において、ニューヨーク州地方裁判所は、従業員は（競業の準備を）「雇用主の費用で行ってはならず、またそのために雇用主の資源、時間、設備または秘密情報を使用してはならない。特に、従業員は、競業禁止の合意書に署名をしたか否かにかかわらず、雇用期間中に雇用主の顧客を勧誘したり、雇用主の業務上の記録を個人的に使用する目的でコピーしたり、自らの利益のために行った行為の費用を雇用主に請求したり、雇用主の事業を自らの個人的利益または第三者の利益のために転用したりしてはならない」と詳細に述べている[31]。前記 *Pure Power* 事件で裁判所は、従業員が競合先の創業と同時に「Pure Power が人員不足となるような計画的措置」を講じたことも問題としている[32]。また、*National Railroad* 事件においてコロンビア特別区地方裁判所は、銀行口座の開設、オフィススペースの確保または事業の買収などは準備にすぎないが、顧客の勧誘、雇用主との間での顧客や従業員の奪い合い、雇用主の従業員の大量退職につながる行為、競合他社の入札への参加などは、一線を越えて実際に競業したとみなされる可能性があると判示している[33]。これらの行為について、*National Railroad* 事件の裁判所はさらに、雇用主に事前に通知していた場合は忠実義務違反とみなされる可能性は低いと述べている[34]。

　これらの指針があるにもかかわらず、従業員の信認義務を最も悩ます不確実性は、細部に表れている。「競合事業を立ち上げようという意図を顧客に伝えることは許されない勧誘とされるか否か、従業員の競合先への大量転職は許されるか

	Lab. L. & Pol'y J. 321, 330-331 (1999).
29	競業禁止は、それより一般的に代理に適用されるその他の禁止事項と概ね矛盾しない。ただし、従業員の忠実義務を単に従業員の代理人としての立場から派生するものとみなすことを否定する動きに合致して、従業員の競業に関する判例法は自己参照型であり、通常、代理法を直接援用することはない。
30	Pure Power, 813 F. Supp. 2d at 521.
31	Id. at 521-522.
32	Id. at 522.
33	National Railroad, 491 F. Supp. 2d at 49.
34	Id. at 50.

否か、今の同僚を将来の競合先に勧誘することは認められるか否か、また従業員はいずれかの時点で、自らの意思や活動について雇用主に通知する義務を負うか否か」などはどの州においても不明確であり、一致をみていない。「事前準備の原則」では、許される準備行為と許されない実際の競業行為との間に明確な一線を引くことができない[36]。

　従業員が競合する事業を立ち上げようとしている場合、または競合他社に転職しようとしている場合、退職前に雇用主の業務に関する秘密情報をコピーしたいという誘惑にかられることが考えられる。そのような行為も忠実義務違反に該当し、これにより従業員は、「営業秘密の不正流用または秘密情報を悪用してはならず、また雇用の終了前に雇用主の顧客または他の従業員を勧誘してはならない[37]」ということが求められる。

　同様に、従業員が計画中の新規事業を進めるため、または潜在的な事業機会をその新規事業に転用するために、雇用主の財産を使用する可能性がある。あるいは、従業員が退職の意思は全くなく、雇用主を通じて得た契約または情報から利益を得て、または実際に雇用主との間で取引することにより、副業をし続けることを計画しているケースもある。そのような場合には、「従業員は原則として、雇用主の事業と競合する可能性のある事業を独自に立ち上げる前に雇用主に計画を通知しなければならない[38]」。例えば、Cameco 事件や Rash 事件でも、従業員は別会社を所有していたが、それを雇用主に開示することなく、雇用主の代理として自らの別会社との間で取引を行っていた。そのような利益相反行為は忠実義務違反とみなされる可能性が高い。

C.　任意規定か強行規定か

　代理法の観点から従業員の信認義務をみると、信認義務が強行規定であり、よって雇用主が放棄する類のものではないというのは、もっともなことである。しかし、裁判所が従業員の忠実義務をこのように扱う可能性を示す判例等はほとんどない。もちろんこれは、通常、雇用主が当該義務を自発的に放棄することはなく、従業員も、雇用主にその放棄を要求するような否定的な意思表示をすること

---

35 | Aaron & Finkin, supra note 28, at 323.
36 | See Scott Fielding, Free Competition or Corporate Theft? The Need for Courts to Consider the Employment Relationship in Preliminary Steps Disputes, 52 Vand. L. Rev. 201, 203-204 (1999).
37 | Williams, 576 S.E.2d at 758.
38 | Cameco, 744 A.2d at 789.

は望まないであろうし、大半の従業員は、労働市場でそのような譲歩を引き出す手段などもっていないという事実を反映しているのかもしれない（これに対し、会社の取締役や役員はこれらの義務を放棄できないが、彼らは通常、意図的でない違反に対する責任はいつも免責されている）。雇用主の側に従業員が負う信認義務を放棄する利益がないのだから、あえて放棄することを期待できる体系的な理由などない。

とはいえ、雇用に関する事件において、裁判所が信認義務を強行規定的なものと扱うことはないだろうと判断できる理由はある。雇用以外の場合は、フィデューシャリーの行動をモニタリングしたり、契約によって身を守るということについて、信認義務の受益者の多くは弱い立場に置かれている。これに対し雇用の事例では、従業員の機会主義的行動に対して雇用主は弱い立場にあって無数に存在する機会主義的行動を予め想定して身を守ろうとすることができないといった場合や、また雇用主の立場が相当弱くて最も信頼する従業員には信認義務を課すことが正当であるにもかかわらずそれができる可能性が極めて限られているといった場合であったとしても、雇用主は複数の代理人を用い、それらに互いの行動を監視させることができるし、他方、大半の従業員にとって失職のおそれは大変な脅威なのである。

裁判所は、従業員の信認義務を強行規定的なものとみなすどころか、個別契約説に立つかのように、従業員の忠実義務をうまく調整するために雇用契約の条項をみる傾向がある。雇用主が自らを保護する努力をしていれば、裁判所は、契約の文言が不十分な点について積極的に忠実義務を用い、雇用主を保護しようとする。その一方で、特定の行為を制限する文言が契約に含まれていなければ、その行動に関して忠実義務を課すことに対し裁判所は、否定的である。[39]

DeMott は、裁判所が雇用関係における信認義務を認めようとしない状況で信認義務を成立させるためには、「雇用主は、信頼と信用の関係にあることを雇用主と従業員が望んでいる旨を明確に述べている個別的雇用契約を用いることに魅力を感ずるかもしれない」といったややストレートな形で問題を提起している。[40]しかし、裁判所がこのような自分で自分を特徴づけるような説明に従うかどうかは不明である。この種の一般的な契約上の文言を引用して、信認義務を課す根拠

---

39 | See Omega Optical, Inc. v. Chroma Tech. Corp., 800 A.2d 1064 (Vt. 2002); Williams, 576 S.E.2d at 758, Johnson, 73 S.W.3d at 201-202.

40 | DeMott, supra note 24, at 1275.

とした判例が少なくとも1件あるが[41]、裁判所はこれを引用することに重きを置くべきではない。従業員に信認義務に関する個別契約説によれば、従業員に信認義務を課すことを正当化する根拠は、契約を設計する際の限界に存する、すなわち、当事者間で合意される禁止行為の種類を効率よく詳細に規定することはできないという点にある。契約の当事者は、自らが直面する特定種類のリスクに関する情報を十分に入手しているため、特定のリスクに関する契約条項は、最終的に両当事者が望むように思われるリスクを完全に網羅するものではないとしても、従業員がそれらに関連することを行う権利を失ったことを適切に示すものとなっている。そのような契約上の合意があれば、裁判所が従業員に課そうとする義務は、従業員が雇用主に対して負うと理解している義務と合致するものであり、従業員にとっての意外性はない、と裁判所を納得させることができる。例えば、従業員は雇用主の物的財産を雇用主本人の目的以外に使用してはならないと規定していれば、従業員が雇用主のサービスを外部の目的に使用した場合、忠実義務違反にあたると判示しやすくなる。

　そもそも二者間の関係に信認義務を課すことが正当化できる類のものであるかどうかは、例えば解釈や救済等、契約の執行という他のメタ事項の判断が司法権に属しているのと同じように、当事者による予めの指示によってはどうすることもできない司法判断の問題なのである。また、信認義務を認めるべきか否かは、特定の事実について契約に規定されているとしても、制度上、契約の限界に関わる問題であり、互いの主要な義務に関する当事者間の理解の問題ではない。当事者が自ら適切に管理できるのは、後者の（互いが、信認義務以外について、主にどのような義務を負っているかについての理解の）問題だけである。

D.　救済手段

　通常の契約違反の場合は、期待利益または信頼利益を賠償することになるか、ときには差止命令による救済へのつながることもあるが、従業員が受認者として忠実義務違反を犯した場合は、補填損害賠償や利益の吐出し、場合によっては懲罰的賠償をしなければならなくなる[42]。また損害賠償に関する因果関係の基準が契約違反の場合より低く、「損害を被った本人がその損害と代理人の不正行為との

41　Rash v. J.V. Intermediate, LTD, 498 F.3d 1201, 1209 (10th Cir. 2007) （従業員が「自らの就業時間および就労中の作業の全てを［雇用主の］業務に費やす」ことに同意している場合は契約上、代理人（すなわちフィデューシャリー）となることに同意したとみなされると判示).

42　Selmi, supra note 7, at 401-402.

間に、『その行為なかりせば（but-for）』損害の発生することはなかったという因果関係まで立証する必要はなく、その不正行為が本人に不利益が生じた重大な要因であれば足りる[43]」とされている。また、従業員は、「詐欺その他の行為により本人が現実に損害を被ったようにはみえないとしても、本人に十分な情報開示をすることなく、本人と利害が対立する形で利益を得た場合、その利益に対し」計算・清算する義務（account）を負う[44]」可能性がある。言い換えれば、雇用以外の場合と同様に、信認義務を負う者は、受益者たる雇用主に被害が及んでいない場合であっても（信認義務に）縛られているのである。

その結果、雇用契約違反と従業員の受認者としての忠実義務違反の両方に該当する行為は、単なる契約違反のみの場合に比べて著しく多額の賠償となる。*Pure Power* 事件では、秘密保持契約違反により得られなかった利益を損害とする際、「利益は契約締結時において当事者間の想定の範囲であった」部分についてのみ認められており、違反によって生じた損害が「合理的な確実性をもって立証できる」範囲であった[45]。

しかしながらニューヨーク州法では、「雇用主は、従業員のコモン・ロー上の忠実義務違反を主張する場合、損害賠償を請求するために、⑴忠実でなかった従業員が得た利益を計算・清算する（利益の吐出し）か、⑵従業員の忠実義務違反がなかったと仮定した場合に雇用主が得ていたはずの利益を計算するか、いずれかを選択することができる[46]」とされている。ただし、2つ目の方法による賠償では、「代理人が取引のいずれかの部分において雇用主に不利となる行為をしたこと、または雇用の中で行われる行為に当然影響を与えるであろう利益を開示しなかった場合にのみ要求することができる[47]」。いずれの場合においても、雇用主は、忠実義務違反が重要な要因であることを示しさえすればよい[48]。忠実でなかったということは、1つの行為だけではないあらゆる場合において、「重大」とされる[49]。

忠実でなかったとされた場合、大半の州では賃金の没収が認められるが、吐出しをさせられる額の算定方法は州によって異なる。例えば、ニューヨーク州では、

---

43 | Deborah DeMott, Disloyal Agents, 58 Ala. L. Rev. 1049, 1056 (2007).
44 | Cenla Physical Therapy & Rehabilitation Agency Inc. v. Lavergne, 657 So.2d 175, 177 (La. App. 3 Cir. 1995).
45 | Pure Power, 813 F. Supp. 2d at 519 (引用省略).
46 | Id. at 523.
47 | Id. at 525 (引用省略).
48 | Id. at 523.
49 | Id. at 525.

忠実義務違反が発生していた期間全体の報酬の返還が義務づけられ、違反した従業員の役務の価値との相殺は認められないが、マサチューセッツ州では、個々の業務内容により没収額が決定される。[50]

Ⅱ　受益者としての従業員

雇用主は、従業員の受認者ではない。[51]雇用主が従業員に対して信認義務を負うことはないが、雇用主の年金プランや従業員持株制度（ESOP）および福祉給付制度など雇用主が関与する組織の代理人が、エリサ法の定める信認義務を負うことはある。[52]公務員の年金制度を管轄する州法もまた、エリサ法の要件を踏襲する傾向にある。[53]

エリサ法は次のような規定をしている。

> 以下に該当する者はプランに関し、受認者である。(i)プランの運営に関し、裁量権または裁量的支配権を行使する者、または資産の運用・処分について、何らかの権限を行使または支配している者、(ii)直接・間接を問わず、プランの金銭その他の財産に関し、手数料その他の報酬を得て、投資顧問を行う者、またはそうする権限もしくは責任を有する者、または(iii)プランの管理に関し、裁量的権限または裁量的責任を有する者。[54]

受認者となるか否かは、年金プランの統治構造におけるその職務によって決まり、プランのスポンサー企業、オフィサー、取締役、管理するよう指図を受けた受託者または給付・財務委員会の委員などが含まれることになる。[55]また、年金プ

50　Astra USA, Inc. v. Bildman, 914 N.E.2d 36, 50 (Mass. 2009). See also Rash, 498 F.3d at 1212（明白かつ重大な信認義務違反について一括の没収を認めた事例）.

51　See, e.g., Rather v. CBS Corp., 68 A.D.3d 49, 55, 886 N.Y.S.2d 121, 125 (2009)（「当第 1 部の規範によれば、上訴部レベルの報告事例で明確に判示されている通り、雇用関係は信認義務を発生させるものではない。端的にいえば、［雇用主は］従業員である原告に対し、信認義務を負っていなかった」）.

52　これらの組織は、（特にその創設時に）ある程度、雇用主の支配下にあることを一因として、雇用主の関連組織とされる。例えば、制度の担当者は多くの場合、スポンサーである雇用主のもとで多大な責任を負っている。See Myriam Gilles, Opting Out of Liability: The Forthcoming, Near-Total Demise of the Modern Class Action, 104 Mich. L. Rev. 373, 430 n.241 (2005)（「制度フィデューシャリー」は「通常、取締役会とメンバーが重複する委員会」であると記載されている）.

53　Ethan G. Stone, Note, Must We Teach Abstinence? Pensions' Relationship Investments and the Lessons of Fiduciary Duty, 94 Colum. L. Rev. 222 (1994).

54　29 U.S.C. §1002(21)(A).

55　Craig C. Martin et al., What's Up on Stock-Drops? Moench Revisited, 39 J. Marshall L. Rev. 605, 607 (2006).

ランはプランを管理する者を指名し、その者が「指名受認者」となる[56]。各々が「様々な帽子」を被って職務をこなしているので、コモン・ローの（伝統的）信託法理からは離れて、1つの制度に多数の受認者が存在するが、受益者に影響を与えるこれら受認者の行為全てに信認義務が適用されるわけではない。エリサ法に基づく受認者各人の多くが、雇用主に役務を提供する役割も兼ねていることを前提とすれば、それらの者が制度の受益者にとって不利益となる財務上の利益を有する可能性がある。そのような者が受認者とされるのは、「制度の受認者として行動する範囲」に限定されているのである[57]。

A. エリサ法の信認義務が求めるもの

エリサ法の信認義務は、信託における一般的信認原則を法典化し、若干の調整を加えたものである[58]。制定法の条文が不明確な場合、裁判所は、エリサ法の信認義務を解釈するにあたり、信託に関するコモン・ローを参照する[59]。とはいっても、大半の事例では、制定法そのものに規定されている義務の目録に基づいて判断される。

エリサ法404条は、受認者に課す4つの一般的義務を規定している[60]。第1に、エリサ法の受認者は、プランの規約とエリサ法との間に不一致または矛盾がある場合を除き、プランの規約に従って義務を履行することが求められる[61]。第2に、エリサ法の受認者は、制度の受益者に対して忠実義務を負う。この忠実義務は、受認者に対し、「専ら加入者および受給権者の利益のためにのみ、……加入者および受給権者に給付するという目的を第一として」義務を履行することを求めている[62]。第3に、エリサ法の受認者は、「同様の地位にあり、かつその事情に精通している慎重な者であれば、当該状況下で、同様の性質および目的の事業遂行に当然発揮するであろう注意力、技能、慎重さおよび勤勉さをもって」行動しなければならないという注意義務（慎重義務（duty of prudence）ともいう）を負う[63]。

---

56 | 29 U.S.C. §1002(21)(A).
57 | In re Enron Corp. Sec., Derivative & ERISA Litig., 284 F. Supp. 2d 511, 550-551 (S.D. Tex. 2003).
58 | Varity Corp. v. Howe, 56 U.S. 489, 496 (1996)（エリサ法に基づく「信認義務はその大部分が信託に関するコモン・ロー、すなわちエリサ法制定前に大半の給付制度を規制していた法律に基づいている」）; Firestone Tire & Rubber Co. v. Buch, 489 U.S. 101, 110 (1989).
59 | Cent. States, Se. & Sw. Areas Pension Fund, 472 U.S. 559, 570 n.10 (1985).
60 | See 29 U.S.C. §1104 (2000); see also Wright v. Or. Metallurgical Corp., 360 F. 3d 1090, 1093-1094 (9th Cir. 2004).
61 | 29 U.S.C. §1107(a)(3)(A).
62 | 29 U.S.C. §1104(a)(1).

エリサ法の注意義務は、「通常の慎重な投資家」より高い技能が要求されるように思われる「同様の地位にあり、かつその事情に精通している慎重な者」を基準としていることから、信託法理でデフォルトで適用される注意義務よりやや重いかもしれない[64]。この違いは、プランの管理者が法人の一員であるか、それとも制度管理の専門家であることを適切に反映したものとなっている。ただし、裁判所間では、制定法の条文が最終的に通常の信託法上の基準より高度な基準を課すものであるか否かについて、一致をみていない[65]。

エリサ法の受認者は、「プランが行う投資を分散させない方が明らかに慎重であるという状況でない限り、巨額の損失が生ずるリスクを最小限にするために」プランが行う投資を分散させる最終的かつ一般的な分散投資義務を負う[66]。制度の受認者はそのほか、自己取引や利益相反を回避する義務や、制度の資産を雇用主の資産と分離して管理する義務も負っており、この規定は「判例によって形成された伝統的な信託法に、従業員給付制度という特別な文脈で機能する受認者の活動に適合するよう調整を加えようとする」[68]制定法における努力を反映しているように思われる。

エリサ法の信認原則が一般的な信認原則を従業員給付の分野に適合させるために多少の調整を加えたものだとすれば、特殊な種類の給付制度にさらにルールを適合させるための努力に一部矛盾が生じている。最も注目すべきは、従業員株式給付制度のルールであって、この制度は、原則として従業員が雇用主の成果に直接参加できるようにすることを基本的な目的とするもので、分散義務が緩和されている。通常であれば、確定給付制度の総資産を構成する雇用主の有価証券の価値は、その総資産の市場における公正価値の10%を超えてはならない[69]。原則と

---

63 | 29 U.S.C. §1104 (a)(1)(B). See Wright v. Or. Metallurgical Corp., 360 F.3d 1090, 1101 (9th Cir. 2004)(慎重義務としての義務に言及); Moench v. Robertson, 62 F.3d 553, 569 (3d Cir. 1995)(注意義務としての義務に言及).

64 | Elliott J. Weiss & John S. Beckerman, Let the Money Do the Monitoring: How Institutional Investors Can Reduce Agency Costs in Securities Class Actions, 104 Yale L.J. 2053, 2115 (1995).

65 | See Dana M. Muir & Cindy A. Schipani, Fiduciary Constraints: Correlating Obligation with Liability, 42 Wake Forest L. Rev. 697, 747 nn.48-49 (2007)(「慎重な一般人」または「慎重な専門家」のいずれの基準を適用するかに関する学術的・司法的見解の相違に関する考察). 本書第1章も参照。

66 | 29 U.S.C. §1104 (a)(1)(C). この分散義務は、雇用主が自社の有価証券に過剰に投資しがちな傾向に対応するために、注意義務または慎重義務を文脈化して規定したものと理解することができる。See Martin v. Feilen, 965 F.2d 660, 670-671 (8th Cir. 1992)(「忠実義務に反する自己取引が行われる可能性や非分散投資によって受益者に生ずるリスクは、本質的に大きい」とされた事例).

67 | See generally 29 U.S.C. §§1106-1107.

68 | Donovan v. Cunningham, 716 F.2d 1455, 1464-1465 (5th Cir. 1983).

69 | 29 U.S.C. §1107 (a)(3)(A).

して、制度は、雇用主等の利害関係者および制度の双方が関与する取引を行うことが禁止されている[70]。ESOP はこれらルールの対象外となっている[71]。ESOP が分散義務の適用外とされているのは、雇用主の株式をある程度所有することこそが受益者の利益となるからである[72]。ESOP の受認者は、投資に関し、他の年金制度にはあって、それゆえに分散投資が正当化される、投資を分散することについての広範な裁量権が与えられていないため、分散しなくてもよい。

ESOP の受認者に課される義務は、エリサ法に基づく一般的な義務と明確に区別されているが、福祉給付制度はうまく区別することができないとする者がいる。特に、例えば健康管理ファンドの受益者は、制度管理者に信認義務違反があれば金銭以外の損失を被るおそれがあるが、裁判所は、そのような原告のために、金銭的損失のみを賠償の対象とするエリサ法の一般的な救済制度を変更したり、拡張することに消極的である[73]。

現在のエリサ法の枠組みに対しては、受認者の枠組みがこの領域特有の課題に十分に対応できていない可能性があるとして、別の方法を示唆する数多くの訴えがこれまで寄せられている。潜在的問題として 2 つ、注意義務に関して指摘されている。第 1 に、エリサ法に基づく年金プランは多くの場合、著しく長期にわたり多数の従業員を対象とすることから、リターンを増大させるために多少リスクを負うことが望ましいことがある。しかし、受認者は、低リスクの戦略を追求する強い動機に直面する。なぜなら、リスクを負うことによっていかなる報酬も得られない反面、プランが多額の損失を被った場合には個人的責任を負う対象となるからである[74]。同様に、年金プランは現在、アメリカにおける株式保有のかなり

70 | 29 U.S.C. §1106 (a)(1)(A).

71 | Moench v. Robertson, 62 F.3d 553, 568 (3d Cir. 1995); see also In re McKesson HBOC, Inc. ERISA Litig., 391 F. Supp. 2d 812, 825–827 (N.D. Cal. 2005); Eaves v. Penn, 587 F.2d 453, 460 (10th Cir. 1978); Donovan v. Cunningham, 716 F.2d 1455, 1467 & n.25 (5th Cir. 1983); Martin v. Feilin, 965 F.2d 660, 665 (8th Cir. 1992); and Fink v. Nat'l Sav. & Trust Co., 772 F.2d 951, 955 (D.C. Cir. 1985).

72 | Stein v. Smith, 270 F. Supp. 2d 157, 172 (D. Mass. 2003).

73 | See Corcoran v. United Healthcare, Inc., 965 F.2d 1321, 1324 (5th Cir. 1992), cert. denied, 506 U.S. 1033 (1992)（入院治療を不当に拒否したために被った結果的傷害は救済の対象外であるとされた事例）; Andrews-Clarke v. Travelers Inc. Co., 984 F. Supp. 49, 50–52, 55–56 (D. Mass. 1997)（アルコール依存症のリハビリ治療を不当に拒否し、死亡した入院患者の遺族は賠償請求ができないとされた事例）; Bast v. Prudential Ins. Co. of Am., 150 F.3d 1003, 1006, 1009 (9th Cir. 1998)（がん治療への承諾を不当に拒否したがん患者の遺族は賠償請求ができないとされた事例）; see also John H. Langbein, What ERISA Means by "Equitable": The Supreme Court's Trail of Error in Russel, Mertens, and Great-West, 103 Colum. L. Rev. 1317, 1330–1331 (2003).

74 | Martin Lipton, Corporate Governance in the Age of Finance Corporatism, 136 U. Pa. L. Rev. 1, 72 (1987).

の割合を占めているが、ファンドの管理下にある場合、それらの株式の管理者は
受認者の役割として、コーポレート・ガバナンスに積極的に参加する意欲に乏し
い。かかる受認者の受動的な役割は、会社法が経営規律について株主の承認また
は介入に依存している状況では、ガバナンスを歪めるおそれがある[75]。通常の信託
であれば、このような外部性を発生させることはあまりない。異論があるかもし
れないが、複数の年金制度管理者が共同でアメリカの資本の相当部分を管理する
場合に適切とされる注意義務と、個人またはわずか数名の受益者のために資産を
管理する者が負う注意義務とでは異なるのである。

　エリサ法に基づく受認者という枠組みの最も根本的な欠点は、忠実義務の領域
にあるかもしれない。エリサ法の受認者と雇用主とは緊密な関係にあるため、
（利害が）衝突した判断を把握することが極めて難しい。ESOP は、企業の資金
調達と税務の目的で利用されているというのが大方の見方である[76]。しかし、裁判
所は、雇用主の利益を促進することが忠実義務違反に該当すると推定することは
できず、少なくともそのような推定をすることに消極的である。ESOP の場合、
そのような推定は矛盾したものとなってしまう。なぜなら、従業員に自社株を保
有させる目的の1つは雇用主の利益と従業員の利益を合致させることだからであ
る。このような関係の忖度が行われる結果、エリサ法における信認義務の履行を
難しくしている。

　例えば、アメリカ労働省は何十年も前に、プラン受認者に雇用主の指図に基づ
いて株式の議決権行使をさせないキャンペーンを張ったが、受益者の利益となる
判断をしたかどうかを把握することはできない[77]。雇用主とプラン受認者との間の
利益相反は、プランが終了すると、資産が再び雇用主に帰属することになるから、
より明らかとなる。プラン終了の決定は雇用主の事業活動の一環とみなされるた

---

75 | Bernard S. Black, Shareholder Passivity Reexamined, 89 Mich. L. Rev. 520, 598 (1990).

76 | See John H. Langbein et al., Pension and Employee Benefit Law 52-54 (4th ed., Foundation Press 2006)（コーポレート・ファイナンスに使用される ESOP）; Norman P. Stein, An Alphabet Soup Agenda for Reform of the Internal Revenue Code and ERISA Provisions Applicable to Qualified Deferred Compensation Plans, 56 SMU L. Rev. 627, 646-647 (2003)（法人税の優遇措置のために使用される ESOP）.

77 | See Avon Products Letters, U.S. Dep't of Labor Letter on Proxy Voting by Plan Fiduciaries (Feb. 23, 1988)（制度のスポンサーがファンド・マネージャーに議決権を代理行使させるために明示的な指図をしたことがエリサ法違反であるとされた事例）; Press Briefing on ERISA and Takeovers, in 6 Pension & Profit Sharing (Prentice-Hall) ¶135,649 at 136,971 (1989). See also Roberta Romano, Public Pension Fund Activism in Corporate Governance Reconsidered, 93 Colum. L. Rev. 795, 853 (1993)（Avon Letter は実施不能との記載）; Edward B. Rock, The Logic and (Uncertain) Significance of Institutional Shareholder Activism, 79 Geo. L.J. 445, 476-478 (1991).

め、エリサ法の受認者基準は免除される。[78]しかし、受益者にとってこれ以上重要な結果をもたらす決定があるとは考えにくい。エリサ法の受認者の枠組みは、「現代の年金および従業員給付信託に内在する利益の多様性」[79]に十分に対処するため、今以上にコモン・ロー上の信託原則から逸脱する必要があるといえるだろう。

B.　救済手段

義務違反を犯したエリサ法の受認者は、生じた損害に対し個人的な賠償責任を負い、解任を含むエクイティ上の救済または矯正的救済に服することになる。[80]サーベンス・オクスリー法は、一定の状況に適用される罰則を著しく拡大した。[81]ただし、損害賠償の対象は金銭的損失に限定され、懲罰的損害賠償は活用できない。[83][82]

C.　強行規定か任意規定か

エリサ法の信認義務は強行規定である。[84]同法は、限られた例外はあるが、「本章に定める責任、職務または義務について、受認者の責任または債務の免除を意図する合意または法的文書の規定はいずれも、公序良俗に反するため無効とする」と規定している。[85]また連邦最高裁判所も、「信託証書によりエリサ法の受認者の義務を免除することはできない」ことを認めている。[86]プランが意図的にエリサ法の信認義務を適用除外とすることはできないだけでなく、プランの特定要件とエリサ法の制定法による要件との間に矛盾が生じた場合には、受認者は、その

---

78 | Opinion Letter of Dennis M. Kass, Assistant Secretary, U.S. Dept. of Labor, March 13, 1986, reprinted as Labor Department Letter on Fiduciary Responsibility and Plan Terminations, 13 Pension Rptr. (BNA) 472 (1986) (「年金制度を終了する決定は委託者により、または事業活動として行われるため、フィデューシャリーの義務に関するエリサ法の要件は適用されない」); District 65, UAW v. Harper & Row, Publishers, Inc., 576 F. Supp. 1468, 1477 (S.D.N.Y. 1983).

79 | Daniel Fischel & John H. Langbein, ERISA's Fundamental Contradiction: The Exclusive Benefit Rule, 55 U. Chi. L. Rev. 1105, 1107 (1988).

80 | 29 U.S.C. §§1109, 1132: Leigh v. Engle, 858 F.2d 361 (7th Cir. 1988). See also Great-West Life & Annuity Ins. Co. v. Knudson, 534 U.S. 204, 209 (2002) (限られた個人の救済).

81 | Sarbanes-Oxley Act §904 (amending 29 U.S.C. §1131).

82 | Mass. Mut. Life Ins. Co. v. Russel, 473 U.S. 134 (1985) (エリサ法は明示的にも黙示的にも契約外の損害賠償を認めていないとされた事例).

83 | Kleinhans v. Lisle Sav. Profit Sharing Trust, 810 F.2d 618, 627 (7th Cir. 1987). エリサ法に基づく救済手段に関するさらに詳細な議論については、本書第9章参照。

84 | Thomas W. Merrill & Henry E. Smith, The Property Contract Interface, 101 Colum. L. Rev. 773, 845 (2001).

85 | 29 U.S.C. §1110(a).

86 | Cent. States, Se. & Sw. Areas Pension Fund v. Central Transp., Inc., 472 U.S. 559, 568 (1985).

制度の規約を遵守しないという積極的義務を負うこととなる。[87]

John Langbein は、「通常の信託法とエリサ法の信認法との明白な目的の相違」[88]を示しつつ、エリサ法の規則の強行規定的性質を説明している。通常の信託は一種の贈与であるため、コモン・ローは、譲渡人の意思を大いに尊重する。これに対し、エリサ法の目的は規制であり、それゆえ制定法は雇用主の選択を促進することより、むしろ制限することを目的としている。[89]

Ⅲ　雇用主は信認義務を負うか

今の制度に対する不満から、雇用主は従業員に対して直接信認義務を負うとする学説もある。このような立場に立つ Matt Bodie は、雇用主と従業員の双方が互いに信認義務を負っているとみるべきであると主張している。結局、不完全な契約という脆弱性の問題は双方にある。Matt は、「これまでより微妙な関係にあるとみると、従業員の信認義務はそれほど脅威ではなくなり、より理解しやすいものとなる」と述べている。[90]また、Terry O'Neil も、会社法における「株主以外のステークホルダー」の法によって、従業員に対する信認義務は有効に成立すると述べている。[91]ただし、ステークホルダーの利益を重視することに根拠があるということは、それが法的根拠であるとしても、ある者を受認者とする根拠としては不十分である。雇用主が従業員に対して負っている様々な制定法上の義務は、報酬および給付に関するものか、あるいは意思決定に制約を課すものかのいずれかである。その他のあらゆる事項について、雇用主は、会社の経営陣が考えるように企業利益を追求することができる。そのような企業利益が従業員の利益と同一視されることはない。従業員は、ステークホルダーの中で、次順位に挙げられる者の１人にすぎない。

これに対し、受認者は、受益者の利益を促進するよう裁量権を行使することを期待されている。この義務は、伝統的に単に受益者の利益を害しないということ以上のものが求められるとされている。従業員の信認義務違反をめぐる訴訟は、

87　29 U.S.C. §1104 (a)(1)(D) (2006).

88　John H. Langbein, Trust Law as Regulatory Law: The Unum/Provident Scandal and Judicial Review of Benefit Denials Under ERISA, 101 Nw. U. L. Rev. 1315, 1317 (2007).

89　Id. at 1338.

90　Matthew Bodie, Employment as Fiduciary Relationship, 105 Geo. L.J. 819, 821 (2017).

91　Terry O'Neil, Employees' Duty of Loyalty and the Corporate Constituency Debate, 25 Conn. L. Rev. 681 (1993).

従業員が不正な行為を行ったと主張する形式をとるが、不正な行為をしてはならないという義務は、雇用主の利益追求を積極的に追求するという広範かつ明確な義務から派生するものである。従業員に対し、雇用主にそのような義務を認めることは、コモン・ローの世界における雇用とは全く相容れない話である。実際、雇用主の信認義務を認めるべきという提案は、アメリカにおけるコーポレート・ガバナンスを劇的に変える提案となる。この点に関する考察は、本章の対象範囲を超える。

IV 結 論

　目下のところ、少なくとも、雇用における信認義務は相互に義務を負っているというものではない。そのため、不完全な契約という一般的現象を参照しながら従業員が信認義務を負っていることを正当化するのはことのほか難しい。結局のところ、契約というのは全て不完全なのである。雇用契約は、特にそうであるが、それは当事者双方にとって不完全なのである。契約を設計するのにコストがかかる結果、同様に、当事者間の理解全てを網羅していない法的合意となる契約の種類がほかにもある（関係性理論が詳しく取り上げている[92]）。アメリカの裁判所は、これらの不完全な契約を補うために義務的な要素を契約に体系的に追加するのではなく、また信認義務によってこれを補完しようとしたわけでもない。信認義務によって補完するなら、裁判所によって課される条項の違反が契約に明示された条項の違反に比べて、より重大な帰結をもたらすことになるだろう。従業員の信認義務は、これを、比較的少人数の恵まれた従業員についてのみ発生する契約の不備に対処するものと捉えれば、その意味をより理解しやすい。

　従業員の処遇は、アメリカ各州の法律によって多くの点で異なる。例えば、ある法域において、従業員の信認義務の広さや厳格さは、従業員を犠牲にして示される雇用主への心配の程度と一致するものと考えられるかもしれない。しかし、従業員という地位に基づく厳格な義務から、特定の従業員にのみ課される比較的軽度な制限へと移行する一般的な傾向は、制定法による雇用規制が含意する規範的枠組みに対応して、コモン・ローの概念に重要な変化も生じさせていることを

92　Ian Macneil, Contracts: Adjustment of Long-Term Economic Relations Under Classical, Neoclassical, and Relational Contract Law, 72 Nw. Univ. L. Rev. 854（1978）; Ian Macneil, The Many Futures of Contract, 47 S. Ca. L. Rev. 691（1974）.

意味する。そのような法の進化速度に影響のある組織的な考察を行うことは、この分野における法理の状況を説明するうえで、実体法の諸規則の基となる政策的価値と同じくらいに重要かもしれない。

第11章 | 破産・倒産法における信認原則

JOHN A. E. POTTOW

I はじめに

　アメリカ連邦破産法に明記されてはいないが、破産した債務者の資産管理がいかになされるべきかを導くうえで中心的な役割を果たすのが「信認義務」である。資産管理において主たる役割を担う破産管財人が負う義務は多岐にわたり、それらの義務の一部は紛れもなく受認者の負うものである。破産管財人が自ら負う義務のうち信認義務にあたる義務を履行する際に直面する最も困難な問題の１つは、多種多様な債権者の利害が著しく異なることである。かかる困難さに関し、信認法は、破産管財人が厄介な仕事を行うに際しての助けを提供してはいるものの、どの程度助けになるかというとそれは様々である。利害対立の解決に際し信認法が登場する場合でも、その適用に関する判例法は一致しておらず、裁判所はごく一般的な決まり文句を用いることが多い[1]。しかし、このように混乱した状況であっても、利害対立は破産法の世界に蔓延しておりいかんともし難いものである、という現実的な受け止め方がほぼ暗黙のうちになされており、そのような諦めのあるおかげで、現行システムがかろうじて機能しているようにみえる。

　本章では、事件において選任されることにより発生する破産管財人の義務について詳述する。破産法においては不可避である利害の対立を前提として、フィデューシャリーの負う注意義務および特に忠実義務に重点を置き、以下の順で論ずる。まず、信認義務に関する後の論述を理解しやすくするため、初めに管財人と占有継続債務者（DIP（debtor-in-possession）モデル）の役割に関する破産法の基本的な解説をする。続いて、管財人の多様な義務に関し、それぞれの義務が受認者の負うものとみなされる可能性の程度をまず論じ、次に注意義務および忠実義務の具体的な内容についてみていく。忠実義務をめぐり管財人が直面するどうしようもなく難しい問題についても、破産財団全般に対する「対外的」な義務と、種別化された債権者に対する「対内的」な義務に分類することにより、ある程度ま

1　See, e.g., In re AFI Holding, Inc., 530 F.3d 832, 844 (9th Cir. 2008)（「管財人は、特定の債権者を代表するのではなく、全員を代表しなければならない」と判示）.

で掘り下げて取り扱う（その際、債権者の種別間の利害対立についてはさらに詳述する）。このような分析によってわかるのは、信認法が問題解決のために提供することのできる支援策の内容が様々であることである。次に、管財人が訴訟に巻き込まれた場合における、管財人保護のための複雑な法理について説明する。これらの救済法理は、利害対立が所与のものである中で仕事をする管財人の任務が困難を伴うことを暗黙のうちに認めたものといえる。最後に、管財人のその他の様々な義務に触れるとともに、占有継続債務者が自らの忠実義務に関連して直面する特有の問題について考察する。かかる考察に基づき示唆されるのは、破産制度が実用的かつ構造的なセーフガードを備えており、そのようなセーフガードが破産制度における緊張関係を緩和するだけでなく、利益相反問題が山積するその他の分野における受認者にとって手本となりうることである。

II　破産法入門

破産処理におけるフィデューシャリーの責任に影響する様々な原則および規則等を理解するためには、破産の分野全体を簡単に概観する必要がある。まず初めに包括的に考察すべき点の1つは、破産法が総体的な解決を図るメカニズムとして設計されていることである。すなわち、破産制度は、債務者の財産に対して権利を有する多数の債権者を一括して強制的な手続の対象とするものであり、また、身勝手な債権者（および債務者）を集中的に管理することに重点を置いている[2]。

破産申立てが行われると、いくつかの法的効果が生じ、これにより複数の紛争が集中的に管理される。第1に、債権の回収は法的な手段または法によらない手段のいずれによるものであれオートマティックステイの対象となる[3]。第2に、債務者の全財産から成る「破産財団」が構成され、それらの財産の所有権は引き続き債務者に帰属するが、債務者はそれらの財産に対する管理権限を失う[4]。第3に、破産財団の管理権限は「管財人」に移転され、管財人は、連邦破産法の様々な規定に基づき破産財団を管理する権限を有する[5]。本章における信認義務の分析において、焦点となるのがこの管財人である。

連邦破産法には、特殊な手続を定める多様な条文も含まれている。そのうち関

2　｜　See generally Thomas Jackson, The Logic and Limits of Bankruptcy Law（1986）.
3　｜　See 11 U.S.C. §362.
4　｜　Id. §541.
5　｜　See id. §§702, 704, 1104, 1106, 1302.

連性が最も高いのは、チャプター 7、チャプター 11 およびチャプター 13 である。

　チャプター 7 は債務者の資産を処分するための「昔ながらの」手続を規定しており、管財人は、資産目録を作成し、破産財団に対する債権者の請求を精査し、債務者に返還すべき免除財産（exempt properties）を区別したうえで、責任財産を清算して無担保債権者への配当を行う[6]。連邦破産法には債権者の請求権の順位が規定されており、一般的に、担保付債権、優先無担保債権、一般無担保債権および劣後債権の 4 つに大別される[7]。

　チャプター 11 は主に事業者を対象とする更生手続を規定しており、この手続では、種別化された債権者に対して債務者が自発的な債務の履行を提案し、債権者による更生計画の承認（または拒絶）には（単純多数決ではない）特別の多数を要する決議要件が適用される[8]（なおチャプター 11 の要件の 1 つとして、配当額は、チャプター 7 によった場合の配当額を下回ってはならない[9]）。

　チャプター 13 は個人債務者を対象とする特別な再建手続を規定しており、3 年から 5 年にわたる返済計画を債務者が自ら提案することができ、かかる計画のもとで債務者は、純収益を債権者に支払い、また、チャプター 7 に基づく場合には本来清算される責任財産を含む全財産を保持することが許されるが、その代わりに計画の完了時には債務を完済する[10]。管財人は主にチャプター 7 による規制を受けるが、連邦破産法はチャプター 11 およびチャプター 13 につき管財人に関する特別な規則を規定している[11]。

　管財人の選定のあり方は債務者がどの条文に基づいて申請を行うかによって異なる。チャプター 7 の手続上、管財人は当初、厳密にいえば「仮管財人」であるが、通常は連邦管財人事務局（U.S. Trustee's Office）が破産弁護士を中心に編成する管財人名簿をもとに無作為に選任される[12]（連邦管財人は、連邦検事と同様に連邦司法省に所属し、担当地区の破産手続を監督する公職者であり、ワシントン D.C. に本部を置く「連邦管財部局（Executive Office of the United States Trustee; EOUST）」の監督下にある[13]）。債権者が投票により管財人を選任できることとされてはいるも

6　｜　See id. §§701 et seq.
7　｜　Id. §§506, 507, 510.
8　｜　Id. §§1124, 1129.
9　｜　Id. §1129 (a) (7).
10　｜　Id. §§1325, 1328.
11　｜　See id. §§704, 1106, 1302.
12　｜　Id. §§322 (b) (1), 701.
13　｜　See 28 U.S.C. §§581, 586; 28 C.F.R. §§58. 1 et seq.

のの、実際には、債権者の投票によらずに就任する仮管財人が管財人となる。[14]

　チャプター 13 は、債務者が 3 年から 5 年にわたり破産状態に置かれることを理由として、財産の管理権限を債務者に与えており、債務者は返済計画の完了時に破産財団を構成する財産についての権利を取り戻すことができる。[15]連邦管財人は地区ごとに「常置管財人（Standing Trustee）」も任命する。[16]資金の流れに関し、債務者の毎月の支払は常置管財人の事務所を通じて行われるが、一部の担保権者（抵当権者等）に対しては、返済計画の「範囲外」で債務者から直接支払われることが多い。[17]

　チャプター 11 において、アメリカ法は、注目に値するビジョン、すなわち占有継続債務者（DIP モデル）という概念を打ち出し、[18]諸外国も徐々にこれを導入し始めている。DIP モデルのもとでは管財人が任命されることはなく、債務者はその財産および破産財団を管理する権限を維持し、管財人の責任範囲である手続の大半（全部ではない点が重要）を自ら行う。[19]破産法の条文をめぐり、DIP を債務者とは別個の存在とみるべきか、それとも債務者に付加的な責任および権限が付与されるにすぎないかという議論はあるが、DIP が主導権を握るという点が重要であることには変わりがない。[20]一定の状況では、DIP に代わる外部の管財人を任命できるが（このような場合を通常「管理権を失った債務者」という）、実際に外部の管財人が任命されるケースはまれである。[21]このようなアメリカの制度は、イギリスの「アドミニストレーション（administration）」をはじめとするその他多くの倒産処理制度とは著しく異なっており、イギリスの破産手続のもとでは、破産申請がなされるとまず、債務者は管理権限を剥奪され、アメリカの管財人に相当する役職の者が任命される。[22]

　破産法の基本的解説の中で最後に指摘しておきたい点が、管財人（およびチャプター 11 の DIP）が、連邦破産法上、「否認権」と通常呼ばれる特別な権限を享受することである。一般的に、州法上の財産権および契約上の権利は、連邦破産

14 | 11 U.S.C. §§701, 702.
15 | Id. §1327(b).
16 | 28 U.S.C. §586(b); 11 U.S.C. §1302.
17 | See, e.g., In re Clay, 339 B.R. 784, 789 (Bankr. D. Utah 2006)（手続の説明をしている）.
18 | 11 U.S.C. §1107.
19 | Id. §1106.
20 | See Thomas G. Kelch, The Phantom Fiduciary; The Debtor in Possession in Chapter 11, 38 Wayne L. Rev. 1323, 1331 (1992)（新たな存在とみるべきという説に対する「抵抗」が強まっていることにつき時系列的に記載するもの）.
21 | 11 U.S.C. §1104（幅広く公益に配慮するのではなく、破産財団の利益を特に重視している）.
22 | Insolvency Act 1986 c. 45, Schedule B1, ¶¶1, 10, 59(1), 61 and 64 (U.K.).

法の目的を減殺しない限りという重要な条件付きではあるものの、連邦破産法のもとでもそのまま適用される[23]。とはいっても、連邦破産法は、管財人に一定の取引の効力を取り消して利益を再配分することのできる多様な権限を付与している。例えば、無担保債権者が破産の直前（通常90日以内）に債務者の財産を譲り受け、比例的な配分により実現される金額を上回る支払を受けた場合、「否認の対象となる偏頗行為」を受けたものとみなし、管財人は、破産財団の利益となるようにこれを無効とすることができる[24]。したがって、DIPは、チャプター11の手続開始後に突然に債権者との間でした取引を無効にする権限を付与されることがあるが、かかる法定の否認権は連邦破産法の適用される事件に限って認められる。

これらの権限のうち支払状況に関連して最も重要なものの1つが、ストロングアーム条項（strong-arm clause）と呼ばれるものであり、これにより管財人は、担保不動産上の対抗要件を具備していない担保権を無効とすることができる[25]。不備のある担保権がストロングアーム条項に基づく権限により無効とされた場合、担保権の価値が破産財団に移転した結果、担保権者であった者は、一般的な無担保債権者となってしまい、一般債権者が受け取れるごくわずかな配当だけしか受領できないことになる[26]。ストロングアーム条項は、古くからある忠実義務をめぐる緊張関係の問題と関連しており、この問題については後述する。

Ⅲ　管財人の義務

A.　分類：信認義務、非信認義務および反信認義務

管財人は、連邦破産法に基づく多様な義務を負い、これには、長大すぎてここでは引用できない704条にこれでもかというほど列挙されている義務が含まれる[27]。これらの義務はいずれも「受認者」の負うものであると明示されているわけではないが、少なくとも一部は「受認者」の負うものであるとの議論が従来からある。例えば、元破産裁判所の判事であり著書も多いSteven Rhodesは、管財人の義務を「破産裁判所および管財人が任命されている事件の当事者」に対する「信認義務」と、「破産手続そのもの」に対する「制度上の義務」に大別している。し

---

23 ｜ See Butner v. United States, 440 U.S. 48, 54 (1979).
24 ｜ 11 U.S.C. §547.
25 ｜ Id. §544.
26 ｜ Id. §550.
27 ｜ 11 U.S.C. §704.　704条は網羅的な規定ではない。管財人は、ほかにも連邦破産法の様々な条文に規定されている多種多様な義務を負う。See, e.g., Id. §341.

かし、このような分類は、有用であるものの、おおざっぱにすぎるきらいもある。[28]
私は、一部の義務のみを受認者の負うものとみなす点では Rhodes の説に同意す
るが、単に（信認義務を負う相手方である受益者との関係上）**中立的**とはいえず、
管財人を自らが忠実義務を負う相手方である本来の受益者と**敵対する**立場に置く
こととなる義務もあるため、信認義務以外の義務について分析することも同等に
重要であると考えている。したがって、私が適切と考える分類によれば、連邦破
産法において、管財人は、信認義務、非信認義務および（批判の可能性も承知の
うえでいうと）「反信認（anti-fiduciary）義務」を負うというべきである。

1. 非信認義務

　非信認義務から始めよう。どのような性格づけや分類をするのが正しいかとい
う議論はありうるが、重要な義務の一部が信認義務に該当しないことは明らかで
ある。例えば、家族関係に基づく扶養請求権を有する債権者への通知や医療施設
への患者の搬送などは、裁量性のない、あるいは単に事務的な性格の義務にすぎ
ず、これらの義務は、信認義務そのものではなく、信認義務に連なる、その一歩
手前の義務にすぎない。[29]

2. 信認義務

　私が信認義務と考えるものに関していえば、例えば「受領した全ての財産につ
き清算計算を行う義務」のように、「受認者」と明示がなかったとしても、連邦
破産法上の文言の意味に鑑みれば明らかに信認義務を生じさせるものであると容
易に解釈できることがある。[30]「管財人が管理する破産財団に属する財産の回収お
よび換金」をしなければならないとの基本的な命令のように中立的な印象を与え
る任務でさえ、管財人が受認者としてかかる役割を果たすべきと解釈される可能
性があり、実際に裁判所がこのような解釈を示した事例もある。[31]

　前記の内容の論理的帰結として、漠然とみたときに受認者のような印象を与え
る義務でも、破産財団の管理という管財人の基本的義務に照らしてより詳しく調
べれば、信認義務には該当しないことがある。債務者の観点からみて、おそらく

28　Steven W. Rhodes, The Fiduciary and Institutional Obligations of a Chapter 7 Bankruptcy Trustee, 80
　　Am. Bankr. L.J. 147, 147-148（2006）. 異なる分類もある。Elizabeth H. McCullough, Bankruptcy
　　Trustee Liability: Is There a Method in the Madness?, 15 Lewis & Clark L. Rev. 153, 162（2011）（「機
　　能」別の分類をするもの）.
29　11 U.S.C. §704(a)(10), (12).
30　Id. §(a)(2).
31　Id. §(a)(1). Hartford Underwriters Inc. Co. v. Union Planters Bank, 530 U.S. 1, 12（2000）; cf. Unif. Trust
　　Code §809（Unif. Law Comm'n 2000）（信託財産の管理義務について）.

最も鮮明に映るであろう「妥当と判断した場合、債務者の免責に反対する義務」[32]について考察してみよう。この義務が債権者を手助けする管財人の義務の1つであり、回収を求める債権者との関係における管財人の受認者としての役割に完全に一致すると考える向きもあるだろう。しかし、この分析は短絡的と言わざるをえない。なぜなら、管財人は、債権者の一般的な福利を図る義務を負わないし（それは管財人の一般的な任務ではない）、連邦法の適用の結果として債権者に対して免責されるのに自発的に当該債権者への返済を行うよう債務者を丸め込む義務も負わないからである。

　管財人は、むしろ破産財団に属する財産についてのみ債権者に対する信認義務を負い、「破産後」の世界において債務者が何をしようと管財人には関係ない。これに対し、債権者は、破産後の債務者に関心を払うだろう。なぜかというと、債務者の免責が不許可となった場合、債権者が破産財団に属する財産の増加という利益を受けるだけでなく、債務者は、破産後にも法律上の支払義務を引き続き負うことになるからである。一方、回収不能の債務者に対する債権しか有していない債権者は、管財人が公共心から（しかし、破産財団から報酬を受け取ったうえで）免責に反対しても、その結果として債権者が受け取る金額が多くならない場合、管財人のそのような行為により債権者への配当額が減少する結果となることを望まない。したがって、管財人は、免責に反対することが「妥当」であるか否かを判断する裁量権を与えられており、〔調査の中止について〕債権者に異議がない（または債権者と債務者との間で解決金の支払による和解が成立している）場合、管財人は免責に関する調査を中止することができるとの解釈を裁判所が示した事例がある。その一方で、債権者がいわば買収されたために異議を述べていない状況では、管財人が免責に反対する旨の意見を撤回することは認められない（少なくとも連邦管財人事務局への報告を要する）と判示された事例もある。[33]（債権者が同意していても）反対意見の撤回を認めない裁判所は明らかに、管財人の債権者に対する信認義務を超える何かを根拠とし、704条のもとで管財人が債権者との関係で受認者と非受認者の地位を併有するものとして取り扱っている。[34] このように、

32 ｜ 11 U.S.C. §704(a)(6).

33 ｜ Compare In re Dalen, 259 B.R. 586, 591 (Bankr. W.D. Mich. 2001)（承認）and In re Levine, 287 B.R. 683, 701 (Bankr. E.D. Mich. 2002)（不承認）. See generally U.S. Dept of Justice, Executive Office for U.S. Trustees, Handbook for Chapter 7 Trustees §4.G, 29 (2002), http://www.usdoj.gov/ust/eo/priva te_trustee/library/chapter07/docs/forms/Ch7h0702-2005.pdf（以下、「Handbook」という。管財人に〔意見の撤回につき〕連邦管財人事務局への情報提供を指示する内容）.

34 ｜ See Rhodes, supra note 28, at 202-209（管財人は「破産手続の完全性を保護」しなければならないとの見解）.

管財人の義務の一部を「見せかけの信認義務」と考えることもできるかもしれない。

3.　反信認義務

とはいえ、信認義務とは別の義務としての非信認義務または見せかけの信認義務を考察すれば問題が終わりということにはならない。というのも、一部の義務は明らかに、管財人の負う信認義務について表向きはその受益者と考えられている債権者等と対峙することを管財人に求めるからである。これらを「反信認義務」ということにする。704条(a)(4)が管財人に命じている「目的に適合する場合、債権届出および不適切な債権認否への異議申立を検討すること」[35]について考えてみよう。管財人が債権に対する異議を述べる場合はもちろんであるが、管財人が債権の正当性を吟味する可能性がある場合でも、債権者は、通常なら債権者を支援してくれるはずの管財人と敵対関係に置かれることになるため、そのような事態を好む債権者はまずいない。この必然的なぎこちなさが明らかに示している通り、複数の当事者が関わり合う破産事件は利益相反関係を内在する。すなわち、債務者が支払不能に陥った状況が集団的に解決されるとき、奇妙なまでに異種混成の債権者が現れる。債権者は、自らの債権に対する異議が認められれば回収額が減少し、その減額分が他の債権者への配分に回る。このように、管財人は、通常であればその利益を代弁して戦ってあげる債権者に**敵対する**ことがある[36]。

管財人の任務がこのように複雑であって、その義務の中には私の分類では紛れもない反信認義務が含まれうることを考慮したとしてもなお、破産裁判所は、一般的に、管財人が負う様々な任務について、これらを総体的にみれば信認義務を生じさせるものと解釈する傾向があるだろうか。これは間違いなくそうである。裁判所は、管財人（およびチャプター11のDIP）は破産財団およびその債権者に対し、伝統的な注意義務および忠実義務を負う「受認者」に該当すると繰り返し述べている[37]。〔管財人に適用される〕倫理規程も管財人の義務の多くが信認義務に

---

35 | 11 U.S.C. §704(a)(4).

36 | 対立が生ずるのは、無担保の分配がある「中間的」事例に限られている。債務者の財産（財団）に十分な支払能力があり、全債権者に全額弁済できる場合、債権者が主張する債権額が膨らむことを懸念するのは管財人ではなく、債務者本人のみである。破産財団に資産が全くない場合でも、債務はいずれにせよ支払がなされなくても免責されるので、管財人は債権の金額を正しく計算しようと気にかける必要はない（資産が全くない状況で債権を精査する必要があるとすれば、管財人の報酬を捻出するためである。In re Riverside-Linden Investors, 925 F.2d 320, 322（9th Cir. 1991））。裁判所は、実利的な「一応の確からしさ」の基準により解決を図る傾向にあり、債権の適切さが一応確からしいと判断された場合、当事者による異議申立てがない限り、それ以上の調査は不要とされる。E.g., In re Atcall, 284 B.R. 791, 799（Bankr. E.D. Va. 2002）.

37 | E.g., Stalnaker v. DLC, Ltd., 376 F.3d 819, 825（8th Cir. 2004）.

該当することを認めている[38]。したがって、このような管財人の義務の複雑なニュアンスに留意しつつ、受益者の利害が対立する状況でどのように管財人の信認義務と反信認義務との構造的な緊張関係が表れるかに特に注目したうえで、基本的な義務である注意義務および忠実義務を考察するとともに、これらの義務がどのように管財人を制約するかを考察すべきであろう[39]。

B.　注意義務の内容：相対的明瞭性

前記のとおり、管財人の義務を「信認義務」と位置づける明示的な規定が連邦破産法には存在しないため、制定法が注意義務の内容を具体的に定めていないことも驚くにあたらない。実際、破産裁判所は再三、連邦破産法ではなく信認法の「一般」規定を参照し、管財人に連邦裁判所の判例により形成されたコモン・ローが適用されることを示唆している。最高裁判所は、「コモン・ローにより、破産財団の管財人は各々受認者として管理責任を負う破産財団の管理にあたり合理的な注意を払う義務を負う」と判示している[40]。コモン・ローに基づくこの基準は信託法から導かれたものであり、「通常の慎重な者」に要求される基準とされている[41]。

コモン・ロー上の受認者の注意義務は連邦破産法によって課される制定法上の義務を補うものである。裁判所は、704条が、受認者たる破産管財人の適正な義務の履行に関する最高限度ではなく最低限度の基準を定めていると強調している。「制定法上の義務を超えて、破産管財人は破産財団の受益者に対し、コモン・ローに基づく通常の信託の受託者としての義務を負う」[42]。注意義務の内容が連邦裁判所の判例により形成されたコモン・ローにより定まるために、裁判所は、信託法リステイトメントのような一般原則をもとに注意義務の具体的内容を確定している[43]（ただし、反対意見もある[44]）。最後に、注意義務の問題は、連邦破産法に基づ

38　See NABT Canon of Ethics, Canon 2 (2005).

39　法人である DIP について、経営判断の原則に基づく注意義務にのみ服するとした判例もある。E. g., In re Mirant Corp., 348 B.R. 725, 744 (Bankr. N.D. Tex. 2006).　しかし、かかる判決は批判されている。See Kelch, supra note 20, at 1342 n.88.

40　United States ex rel. Willoughby v. Howard, 302 U.S. 445, 450 (1938).　信託法上の合理性（prudence）については、本書第 3 章参照。

41　In re Ebel, 338 B.R. 862, 875 (Bankr. D. Colo. 2005).

42　In re Markos Gurnee P'shop, 182 B.R. 211, 219 (Bankr. N.D. Ill. 1995).

43　See, e.g., In re Ferrante, 51 F.3d 1473, 1479-1480 (9th Cir. 1995).

44　See In re Schipper, 933 F.2d 513, 516 (7th Cir. 1991)（連邦破産法の条文を補足することに反対したもの）。

く管財人の「能力」に関する法的要件により機能的に規制されていることに留意を要する[45]。したがって、信託法の分野では注意義務をめぐる訴訟により注意義務の具体的内容が確定されるのが通常だが、破産事件ではおそらく、連邦管財人事務局による管財人の選定および管財人の解任手続等[46]（これらは管財人の適性確認を目的とする手続である[47]）という、法廷以外で行われる手続により注意義務の具体的な内容が確定される。そのため、倒産法においては、注意義務に関する裁判例で注目すべき論点が取り扱われることがほとんどない[48]。

C. 忠実義務の内容（および受益者）：相対的混乱

　忠実義務は、破産の分野でははるかに複雑（かつ解決困難）な問題を提起する。前記の通り、権利を主張する者の間には破産に特有の対立が生じ、表向きはこれら全ての者のために管財人は仕事をする。対立が深刻化すればするほど、受認者の忠実義務（あるいは公平義務）の概念を確実な手掛かりとして裁判所が判断をすることがより難しくなる。管財人の忠実義務に伴うこれらの困難を踏まえ、まず、管財人の忠実義務をめぐる「対外的」対立と「対内的」対立とを区別した方がよさそうである。

1. 対外的対立：（大抵の場合）明確な信認義務

　「対外的」対立という位置づけは、管財人自身と破産財団の利害関係者との対立を意味する。例えば、管財人が自己取引により自ら利益を得た場合、受益者に対して負う忠実義務違反となる[49]。このような誘惑への対策として、連邦破産法は、管財人の資格要件として「利害関係がないこと」を明示的に義務づけている[50]。この制定法上の資格要件は、信託に関するコモン・ローの規定を踏襲したものであり[51]、連邦議会は、「利害関係がないこと」の定義について広範な（かつかなり厳正

---

45 | 11 U.S.C. §321(a).
46 | See 28 C.F.R. §58.6; Case No. 05-0004, Decision by Acting Director Clifford J. White III, 6 (Nov. 1, 2005), http://www.usdoj.gov/ust/eo/rules_regulations/admin_descisions/docs/case050004.htm（債務者の調査が不十分であることを理由として4か月〔職務執行〕停止としたもの）.
47 | See In re Lowery, 215 B.R. 140, 141-142 (Bankr. N.D. Ohio 1997)（管財人が連邦管財人事務局の名簿に掲載されていることを理由として、その適性は「明白」であると判示）.
48 | Cf. Kelch, supra note 20, at 1340（「占有継続債務者の信認義務の内容を定義するうえで、統一概念が欠けていることは明らかである」）.
49 | See In re San Juan Hotel Corp., 71 B.R. 413, 423 (D.P.R. 1987), aff'd in part and rev'd in part on other grounds, 847, F.2d 931 950 (1st Cir. 1988)（管財人の親族が破産財団に属する不動産を無償で結婚披露宴に使用したことが「自己取引」および「利益相反」に該当すると判示）.
50 | 11 U.S.C. §701 (a)(1).
51 | In re Palm Coast, Matanza Shores Ltd. P'ship, 101 F.3d 253, 258 (2d Cir. 1996).

な）解釈上の指針を提供している[52]。また、自己取引に関しては刑罰が科されることもある[53]。

しかし、判例法は、この法律上の用語の定義をこじつけにより緩和してきた。例えば、一定の状況で、管財人は、交差請求の可能性（という複数の財団間の利益相反）があるとしても、関連性のある複数の破産財団の管財人を務めることができる[54]。また、管財人は、自ら破産財団の弁護士となることができ、しばしば実際にそうしている[55]（なお、利害関係がないことという要件は、〔管財人のみならず〕破産財団のために仕事をしようとする弁護士にも適用され、これは他の弁護士倫理に係る規範とは別のものとして適用される[56]）。言うまでもなく、DIP は利害関係がないことという要件のテストを満たすことが当然のことながらできないため、〔財産管理権を認められるために〕かかる要件が DIP に課されることはない[57]。要するに、管財人が直面する「対外的」な誘惑についての忠実義務の内容は、概ね予想される通りのもので、過度に精緻といってよいくらい連邦破産法により制定法上の規律がなされている。信託法についての信認法は、連邦破産法の条文による規律を補充する役割を強力に果たしており、連邦管財事務局（EOUST）による行政的規律も同様の補充的な役割を果たしている。

2. 対内的対立：不明確な信認義務による判例法の分裂

「対内的」な忠実義務の問題は、前記とは異なり、倒産に特有とまではいえないとしても多少なりとも内在している懸念を提起する。すなわち、管財人が受益者間の利害対立にどのように対応するかという点である。①担保権者と無担保債権者、②複数の無担保債権者相互間および③債権者全体と債務者という 3 通りの対立構造から、管財人が多種多様な受益者に関連して負う忠実義務および公平義務を効果的に活用するうえで裁判所の直面する難しい問題が明らかとなる。

まず初めに、管財人は、信託法の用語でいう「公平」義務を負うと考えられている。

---

52 | 11 U.S.C. §101 (14).

53 | 18 U.S.C. §154.

54 | See, e.g., In re Petters Co., Inc., 401 B.R. 391, 412 (Bankr. D. Minn. 2009) (Fed. R. Bankr. PP. 2009 (c) (2) を引用)．信託法にはこれに類似する柔軟な規定がある．See Restatement (Third) of Trusts §78 cmt. (c)(7) (Am. Law Inst. 2003).

55 | 11 U.S.C. §327 (d); see also Rhodes, supra note 28, at 161 n.67 (アンケート調査の結果、管財人の 78% が §327 (d) に基づき自ら弁護士を務めたことがあると回答); Restatement (Third) of Trusts §78 cmt. (c)(5) (Am. Law Inst. 2003) (自ら弁護士となることを容認).

56 | 11 U.S.C. §327 (a).

57 | Cf. id. §1104 (b) (債務者の代理人を務めたことがある者でも DIP の担当専門家〔trustee〕となることを認められる).

チャプター 7 の管財人は特殊な立場にある。担当する破産財団を公平に管理する責任を負い、全債権者を代表する。……時に管財人は、特定の債権者にとって不利となるかもしれない手続等を提案せざるを得ず、もしくは他の債権者にとっては有利であるかもしれない要請に反対しなければならない。[58]

　このように、破産裁判所の裁判官は、忠実義務が管財人に要請する内容が相互に対立する場合があることに理解を示している。しかし、このような理解にもかかわらず、判例法において管財人の義務内容が詳細に定まってはおらず、管財人が公平義務を負う旨の曖昧な説明が呪文のように繰り返されているにすぎない。また、信託法では、公平義務の内容について、公平さを求めるものではなく、むしろ受益者の相反する利害への「適正な配慮」を義務づけるものであるとの解釈が事実上なされるに至っているが、このような解釈が破産の分野では踏襲されていない（もっとも、このような解釈が破産の分野で踏襲されたとしてもさほど有益とは思えない[59]）。というより、管財人の苦境に対する司法の配慮は、管財人が「破産財団」に対し信認義務を負うという一般論を広範な事件において述べるという単純な形でしか表れていない。[60]最高裁判所は、破産事件において、法人であるDIP の信認義務が当該「法人」のみならず、その株主や債権者にも幅広く及ぶことを認めている。[61]ある識者は、「占有継続債務者のこの役割に特有の信認義務は、受益者が多数存在する場合、広範なものとなる。受益者の数と多様性ゆえに、信認義務が行動分析に役立つ概念として成り立っていない」との悲観的な考えを

---

58 | In re Computer Learning Ctrs., Inc., 268 B.R. 468, 473 (Bankr. E.D. Va. 2001)（連邦破産法は「バランス」を要求していると判示）.
59 | See Robert H. Sitkoff & Jesse Dukeminier, Wills, Trusts, and Estates 667 (10th ed. 2005). 信託法上の公平義務は、多くの場合、元本受益者と収益受益者との緊張関係に関わる問題である。前掲注40（本書第 3 章）参照。破産の事例におけるその有益性に対して私が懐疑的なのは、信託法では、(1)一般的に利害関係者が少数であるうえ、(2)義務の衝突を解決／解消するための明示規定を信託文書そのものに置くという回避策が用いられることが多いという理由による。See also, Unif. Trust Code §803 (Unif. Law Comm'n 2010) ("Duty of Impartiality"（公平義務）); Scott and Asher on Trusts §17.15 (5th ed. 1995) ("Duty of Impartiality"（公平義務）).
60 | See, e.g., In re JMW Auto Sales, 494 B.R. 877, 893 (Bankr. S.D. Tex. 2013).
61 | CFTC v. Weintraub, 471 U.S. 343, 355 (1983)（「管財人の信認義務は、株主および債権者にも及ぶ。……破産に伴う悲痛な事実の 1 つは、株主の利益が債権者の利益に劣後することである」）. 債権者のみにしわ寄せがいく場合と、株主に加えて債権者にも拡散的にしわ寄せがいく場合とで、最高裁判所に動揺がみられる点にも留意を要する。ある破産弁護士である経験豊かな政治家が述べている通り、チャプター 11 に基づく管財人が任命されたとしても、管財人の任務の範囲外にあるその他の義務は引き続き取締役会が負う。Martin J. Bienenstock, Conflicts Between Management and the Debtor in Possession's Fiduciary Duties, 61 U. Cin. L. Rev. 543, 547 (1922).

述べている。[62]

(1) 担保権者

　建前のうえでは全員の利益を最大化するという広範な義務が管財人には課されているにもかかわらず、関係当事者の種別ごとにその利害が対立するという状況が繰り返される中で、破産法は、信認義務についてその対象となる「勝者」を決定しようとして奮闘してきた。ストロング・アーム条項に内在する緊張関係と管財人の忠実義務へのその影響について考えてみよう。ストロング・アーム条項に基づく否認権により、担保権者は、無担保債権者との関係で対立する状況に置かれるものの、いずれも明らかに管財人の忠実義務の受益者ではある。また、無担保債権者は、一般的に否認訴訟を提起する当事者適格を欠く。したがって、管財人が行動を起こさない限り、担保権者にリスクが生ずることはない。管財人がわざわざ時間と手間をかけて、特定の受益者を相手方として、別の受益者（多くの場合、複数の受益者）のために訴訟を提起しなければならない理由があるだろうか。[63]

　連邦破産法には、債権調査（担保付債権については、対抗要件を具備しているかを調査する義務も含まれると考えられる）を行うべき旨の一般的な指示があるのみで、訴訟提起の義務は明示されていない。[64]しかし、判例法がまさにこの義務を（緩和されてはいるが）成立させてきた。実際、この義務について検討した判例の大半は、担保権者と無担保債権者を管財人が保護すべき対象として同等のものとはみなしてはいない。それどころか、担保権者は自分で自分の利益を守ることができるため、管財人の「最も重要な」義務は無担保債権者を保護することであるとまで述べている。[65]ただし、このアプローチは有望性の基準によって緩和されており、管財人の負う義務の内容は、破産財団を構成する財産を目的とする抵当権の1つ1つを吟味することを通じ管財人の報酬を増やすことではなく、訴訟提起が可能である〔＝担保権の調査結果が有望である〕との兆候が表れたときにのみ対応を要するものとされている。破産に関する様々な規則もこの考え方を反映している[66]（言うまでもなく、このように管財人の義務が緩和されている一方で、連邦破産

62　Kelch supra note 20, at 1336.
63　Cf. 11 U.S.C. §726 (a)（管財人の報酬と回収額を結びつけるもの）.
64　Id. §704 (a)(5).
65　In re Dinh, 80 B.R. 819, 822 (Bankr. S.D. Miss. 1987)（「破産における根本的な概念として、管財人の最も重要な義務の対象は、担保権者ではなく無担保権者である。担保権者は、担保により債権を回収できるはずである」）; In re Schwen's Inc., 19 B.R. 681, 694 (Bankr. D. Minn. 1981)（「担保権者は、破産手続の進行状況を把握し、自らが権利を主張する財産を対象とする措置に関する情報収集を怠らない義務および責任を負う」）.
66　See Fed. R. Bankr. P. 3001 (f).

法チャプター11に定める無担保債権者委員会が「管財人」の機能を担うDIPの行動を規制する監視役として、より広範な役割を担うこととされている[67]）。その結果、必然的に、担保権者が対抗要件を有効に具備しているか疑わしい場合、管財人は、無担保債権者のために異議を申し立てなければならない。

　ストロング・アーム条項が適用されるのはおそらく特殊な事例である。管財人がストロング・アーム条項に基づいて担保権を無効化することにつき信認義務を負わないとすれば、管財人のみが行使できるストロング・アーム条項に基づいて無効化する権利の定めを置くことにどのような意味があるというのか[68]。しかし、管財人の「最も重要」な義務は担保権者ではなく無担保債権者に対して負うものであるという見解を示す判例は、ストロング・アーム条項に関する事件に限定されていない。担保の維持管理および保全についても、担保権者に対する管財人の義務が発生する[69]。破産財団は、約定担保権が設定されており担保権者がその価値の全てを把握する物件さえも含む債務者の全財産で構成されることを想起してほしい。管財人がそれらの財産全てを手放すまいと思うだろうか。まして維持費用を負担する気になるだろうか。簡単にいってしまえば答えはノーであり、実際、（担保権者が〔オートマティック・ステイの〕停止解除の申立てにより先手を打たない場合）担保物件を破産財団から放棄して担保権者に引き渡すことが多い[70]。しかし、この引渡しがない限り、それまでの間、担保権者は、オートマティック・ステイに違反することなく財産を取り戻すことができない[71]。

　では、それまでの間に物件の維持費がかかる場合はどうなるか。例えば損害保険料だが、管財人がこれを支払うべきだろうか。破産財団の支払能力が著しく乏しく、おそらくは管財人が自らの報酬を回収できるかどうかも疑わしい程度の場合、破産財団に何の見返りも生じない担保のためにごくわずかにしかない資金を無駄に消費する理由はない（管財人の報酬も破産財団から支払われることを忘れてはならない）。連邦議会は、まさにこの経済的な阻害要因への対策として、506条(c)に、管財人が担保の維持費を「追加徴収」することを認める規定を加えた[72]。しか

---

67 | 11 U.S.C. §§1102, 1103.
68 | Cf. In re Pearson Indus., 178 B.R. 753, 767 (Bankr. C.D. III. 1995)（破産財団の利益となる場合を除き、無効となる可能性がある優先権を追求する義務はない）; see generally In re Nettel Corp., 364 B.R. 433, 441-442 (Bankr. D.D.C. 2006)（「破産財団」に担保権者が含まれるように広義の定義を採用）.
69 | 11 U.S.C. §704(a)(2).
70 | Id. §§362(d), 554.
71 | See, e.g., In re Burns, 503 B.R. 666, 673-675, 680 (Bankr. S.D. Miss. 2013)（冷蔵庫に対する担保権の実行をオートマティック・ステイへの故意による違反と判示）.
72 | 11 U.S.C. §506(c)（「利益」を受ける担保権者の費用負担）.

し、506 条は、信認義務の問題に答えるものではない。前記の問題は**「管財人は X を行う必要があるか」**という注意義務の問題のようにみえるかもしれないが、実際は**「管財人は Y のために X を行う必要があるか」**という忠実義務の問題である[73]。506 条は単に、管財人が保険料を負担する場合、どうすべきかを規定しているにすぎない。管財人は担保権者に信認義務を負うという理由で行動を**要求されるか**という、フィデューシャリーの問題に答えてはいない[74]。

そのような判示をした裁判所もある。「保険を掛けることは通常、管財人の〔担保権者に対する〕義務の不可欠な一部である」[75]。これらの判示により、「信認義務は、無担保債権者のみならず、全ての債権者に〔対して負う〕」という一般原則が構築されている[76]。一方、信認義務は全債権者に対して負うものであるものの、「最も重要な」義務は、担保権者ではなく「無担保債権者」のために戦うことである、と一方の債権者を優先すべきと判断した事例もある[77]。そのため、破産財団にいかなる価値も生じない場合、（担保権者は担保による利益を全て享受できるため）管財人は破産財団に属する資金で保険を掛ける義務を負わない、と〔この段落の初めに述べたところとは〕全く逆の判示もなされている。また、「担保権者は、担保の目的物件の価値を保全するために合理的努力を尽くさなければならない。管財人もまた、破産財団の資産を保全するために努力しなければならないが、担保権者のためばかりにかかり切りとなって『子守』をする役割に格下げされるわけではない」との判示もある[78]。これらの裁判所は、担保権者は担保の目的となる財産に保険を掛けたいと思えば、ごく容易に、実際は（管財人がするよりも）より容易に、保険料を支払うことができると考えている[79]。要するに、管財人の「全

73 　多数の判例法により、管財人は特定の債権者のみの代表ではなく、債権者全体を代表することを想定していると判示されている。See, e.g., In re DigitalBridge Holdings Inc., No. 10-34499, 2015 WL 5766761 at *4（Bankr. D. Utah Sept. 30, 2015）（管財人は、対審手続をとる場合、全債権者を代表するか、またはどの債権者も代表しないかのいずれかでなければならず、一部の債権者のみを代表することはできないと判示）。これに関連して、管財人は、個々の債権者を「救う」義務を負わず、実際、期限に遅れて届出がなされた債権については異議申立てをしなければならない。See, e.g., In re Lyon, No. 11-50343, 2011 WL 5299229 at *2（Bankr. W.D.N.C. No. 2, 2011）。

74 　Cf. Sitkoff & Dukeminierr supra note 59, at 595（「権限と義務の違い」）。

75 　In re Kinross Mfg. Corp., 174 B.R. 702, 706（Bankr. W.D. Mich. 1994）。

76 　In re Troy Dodson Constr. Co., 993 F.2d 1211, 1216（5th Cir. 1993）。

77 　担保権者に対する義務を放棄するとまで述べている事例もある。See, e.g., In re NETtel Corp., Inc., 364 B.R. 433, 441（Bankr. D.C. 2006）（管財人の信認義務は「債務者の無担保債権者にのみ及ぶ」と判示）。

78 　In re Dinh, 80 B.R. 819, 823（Bankr. S.D. Miss. 1987）。

79 　See In re Peckinpaugh, 50 B.R. 865, 869（Bankr. N.D. Ohio 1985）（このように考えないと、「管財人の役割をカストディアンから投資マネージャーに変えることとなり、これによって担保権者に自らの投資に対する責任を回避するよう奨励することになる」と判示）。

債権者」に対する信認義務に関する法理学上の決まり文句がどうであれ、担保権者と無担保債権の対立という忠実義務を全うすべき相手方の判断に迷うような問題が生ずる場合、多くの裁判所が管財人は無担保債権に対して「最も重要な」義務を負うと躊躇なく力説しているため、信認義務をめぐる対立は、担保権者を差し置いて無担保債権者に有利となる形で解決される場合があるように見受けられる。担保権者を連邦破産法における「管財人の敵対者」と表現した裁判所さえある。[80]

　残念なことに規範的な議論（normative theory）は本章の範囲外であるが、受益者の階層化に関する学説については、いくつかのごく簡単な説明が自明のものとしてある。管財人による再配分を誘発するレベルがどのようなものかに関して説明をするなら次の通りである。破産裁判官は一般的に、連邦破産法の規定の多くが担保権者を優先していることを踏まえ、「弱者」たる無担保債権者に有利な判断をしている。[81]すなわち、破産裁判官は、さもなければ気の毒な立場に置かれる無担保債権者こそが最大限の支援を必要としていると考えている（あるいは、より正確にいえば、ゼロサムに近い配分が行われる破産の世界では、担保権者は、管財人からの熱心な受認者というほどの支援までを必要としていないと考えている）。別の言い方をするなら、理論的な、実証的仮説として、支払能力のない破産財団の無担保債権者は、多くの場合「残余財産の請求権者」であり、それゆえ無担保債権者というクラスが、債権者間に利害対立がある場合に管財人が義務を負う対象の中心となる。この仮説は当然ながら疑問視されている。[82]例えば、不確実な企業価値評価の場合より、消費者関連の事例の方がこの仮説があてはまる可能性が高い。正当化の理由は様々であるものの、管財人は担保権者より無担保債権者にとって「より有益」な存在であるべきであるという信認法のルールが連鎖のごとく形成されつつあるともいえそうである。[83]ただし、反対意見もある。

80 ｜ In re J.F.D. Enterprises, 223 B.R. 610, 628（Bankr. D. Mass. 1998）.
81 ｜ See, e.g., 11 U.S.C. §§506, 1129(b)(1).
82 ｜ See Henry T.C. Hu & Jay Lawrence Westbrook, Abolition of the Corporate Duty to Creditors, 107 Colum. L. Rev. 1321, 1390（2007）（「サブプライム利用者が高リスクの新規事業を立ち上げたり、スカイダイビングを始めたりしたからといって、VISA が信認義務違反を主張したと聞いたら驚くだろう」と判示）．Hu & Westbrook は、法人債権者は、株主よりも低リスクな投資決定を選ぶ傾向にあるという明確な根拠に基づかない仮定についても争っている。Id. at 1351.
83 ｜ 704 条に列挙されている義務には、配分額の最大化という表向きの「義務」は含まれていない。最高裁判所は Weintraub の事例（CFTC v. Weintraub, 471 U.S. 343, 353（1985））において、管財人が「破産財団の価値の最大化を図る」ことに触れたが、第 7 巡回区裁判所はこれを回収費用考慮後の「純資産額」の最大化であると経済的な解釈をしている。In re Taxman Clothing Co., 49 F.3d 310, 315（7th Cir. 1995）．この点は、管財人のハンドブックにも記載されている（Rhodes, supra note 28, at 168 n.92）。

(2) 優先無担保債権者

　明確化にこだわるようだが、無担保債権者の間で利害が対立する場合はどうな
るだろうか。507 条は、一部の無担保債権者の債権に特別な優先権を与えている[84]。
管財人には、優先権があるとの主張自体が虚偽のものでないかを明らかにするた
めに、これらの債権をも調査する義務があるだろうか。あるいは、誰かが声高に
主張をしない限り、管財人は受動的役割に甘んじてよいのだろうか。この点につ
いては判例法が乏しいため、何人かの破産裁判官、管財人および弁護士に実際の
事例について聞いてみた。その結果、この点が問題となることは少なく、管財人
の多くは、忙しく、特に誰からも不平がなければ債権をあるがままに受け容れる
のが通常であって、自分には優先権があると主張する強気の債権者に腰を据えて
対応することは時折あるにとどまる、旨の回答を得た。また、数十年にわたり複
雑な事例で管財人を務めてきた見識ある同僚は、次のように語ってくれた。

> 　優先債権について、私は〔管財人として〕、債権者側が優先権を主張する
> 多くの債権に対して異議を申し立てなければならない。無担保債権者も、
> 優先権がないことを管財人が見落とすかもしれないと期待し、優先債権と
> して届出をしてくることが多い。賃金請求でいえば、優先期間は原則とし
> て届出前の 90 日間に制限されているにもかかわらず、請求権者がこの制
> 限を超えて自分の優先権を申告してくることも頻繁にある。大抵の場合、
> 優先権の主張が適切ではない、もしくは〔優先権のない〕事務処理費用を
> 請求するものである、と異議を申し立てるのは管財人である自分だ[85]。

　なぜ、管財人は、担保権者の権利を争う場合と同じくらいに強い熱意をもって、
優先債権者の主張する権利を争おうとしないのだろうか。「担保権者よりも無担
保債権者が管財人の負う忠実義務の恩恵を主に得るというルール」の理論的根拠
が、残余財産の請求権者の中核となるクラスが無担保債権者であることだと仮定
しよう。そうであれば、一般無担保債権者と優先無担保債権者との間に対立が生
じた場合、同様のルールの適用により一般無担保債権者が管財人の忠実義務の恩
恵を得ることになるという結果が想定される。そのため管財人は残余財産の請求

84　11 U.S.C. §507.
85　Husch Blackwell のパートナーである Christopher Redmond 弁護士から著者への電子メール
　　（2017 年 6 月 14 日 8 時 45 分：東部標準時）（著者のファイルに記録がある）。同弁護士によ
　　ると、債権に対する異議申立ての 95% は管財人、4% は債務者、残り 1% が他の当事者（別の債
　　権者等）によるものだという（同電子メール）。このような受益者に対する点検作業を行う義務
　　は、信託に詳しい弁護士には驚きかもしれないが、破産事例における比例配分の基準に深く根ざ
　　している。

権者の利益に関心を払い、優先債権の主張を争わなければならないということになりそうである。しかし、かかる取扱いが一律になされているわけではない。少なくとも私が実例について聴き取り調査した結果はそうであり、このような実務の取扱いは、司法の嗜好に合う形で再配分がされるものであるとの仮説の証拠となるかもしれない。優先無担保債権者の多くが、気の毒にも力を奪われた者たちの集団（破産者との家族関係に基づく扶養等請求権者や従業員等）に属する[86]。あるいは、管財人はおそらく、管財人自身が優先的に弁済を受けていることを忘れられない（そのため他の優先債権を主張する者の主張を厳しく吟味したがらない[87]）。要するに、繰り返しになるが、これらの利害対立の解決法を示す統一された判例法が存在しないこともあり、信認法が果たす役割は限定されている。

(3) 債務者

　最後に、債権者と債務者との対立は逆方向に向いているようにみえる。この点について裁判所は、再三、管財人の受認者としての忠実義務は債務者に対してのものではないと判断している。厳密にいえば、債務者が破産財団の最終的な残余財産の請求権者であるにもかかわらず、である[88]。例えば、704条に列挙されている管財人の義務に含まれていないにもかかわらず、裁判所は管財人に対し、債務者の免責について精査する（違法と認められた場合に異議申立てを行う）義務を課している[89]。このような義務は、債務者の免責に異議を申し立てた方が望ましいときは、管財人はそのようにしなければならないとする連邦破産法の規定で、十分には説明できない[90]。なぜなら、管財人は、同等の、もしくは、より明示的であるともいえる制定法上の義務として、債権者の債権を調査しなければならないからである[91]。このような債務者の免責への異議を申し立てる等の義務を支持する裁判所は、かかる義務が連邦破産法上の解釈によって初めて認められる間接的な義務であることを率直に認め、大胆にも様々な条文上の根拠への関連づけを試みている[92]。制定法の条文上の根拠が弱いため、裁判所は、無担保権者と債務者との利

---

86 | 11 U.S.C. §§507(a)(1), (a)(3).

87 | Id. §507(a)(2). 留意点として、管財人の報酬体系は、優先権への特別な対応をすることなく、無担保権者のために回収を行う動機となる。See id. §326(a); cf. id. §507(a)(1)(C)（家庭内の扶養請求権を有する債権者を対象とする管財人の特別な優先的取扱い）.

88 | Id. §726.

89 | In re Dreibelbis, No. 14-61483, 2015 WL 3536102, at *4 n.5 (Bankr. N.D. Ohio 2015)（義務を「当然のもの」とみなした事例）.

90 | 11 U.S.C. §704(a)(6).

91 | Id. §704(a)(5).

92 | In re Bell, 225 F.3d 203, 221（「債務免除の主張があった場合に検討し、必要に応じて異議を申し立てる義務は、明示的には規定されていないが、『債務者の財務を調査する』という一般的な義務

害が一致しないときに管財人は無担保債権者に有利となるように行動する義務を負うべきとの考え方を指導原理として判断している。したがって、少なくとも、管財人の忠実義務の要求内容が相互に対立していても、その解決がそれほど困難ではないこともあり、そのような場合、債務者に不利な結果となる[93]。信認義務は、このような対立を解決するための指針を示しているとはいえず、このような対立の解決のためにとられた措置を事後的に正当化する理由づけを提供するにとどまっている。

3. 占有継続債務者、再び：実務的な再注目？

忠実義務に関する前記の議論は、連邦破産法チャプター7に基づき管財人が任命されている典型的な事例について考察したものである。一方、チャプター11のDIPの文脈では著しく対照的であり、信認法は、形式的な決まり文句として言及されるばかりであり、忠実義務をめぐる対立の実利的な緩和を意図している、連邦破産法制において整然と構成された条文に比べて出番が少ない。

DIPとしての規律に服する債務者が名目上、いくつかの例外はあるとしても、債権者に対して同様に信認義務を負うとしよう。第1に、DIPが嫌々そうするという場合を除いて、債務者に不利となる措置を積極的に講ずる可能性は低い。幸い、法人の破産者が免責されることはないため、法人のチャプター11のもとでは消費者破産をめぐっての管財人と債務者との間でよく起きる免責の可否をめぐる紛争は発生しない。とはいえ、正反対の立場に置かれることが多い利害関係者のためにDIPが受認者となることが法政策的に緊張関係をはらむことを否定するのは賢明ではなかろう。すなわち、チャプター11に基づき破産申請をするに至ってもなお債権者との間で円満な関係にあるような債務者はほとんどいない[94]。連邦破産法では、この構造的緊張関係に対応すべく、いくつかの安全弁が内蔵されている。まず、同法は、不適格および不正行為その他の「正当な理由」がある場合、DIPの解任を認めている[95]。不適格さといった場合に問題とされるのはど

に含まれる」（§707(a)(4)を引用)); See also In re Edmonston, 107 F.3d 74, 76–77 (1st Cir. 1997)（義務の「黙示的」根拠として §707(a)(1)の義務に言及).

[93] いずれの裁判所も、管財人は債務者に対する忠実義務を一切負わないとまでは述べようとしない。Cf. CFTC v. Weintraub, 471 U.S. 343, 353 (1985)（法人である債務者の忠実義務はその「法人」に対する義務であると判示). また、裁判所が真摯に、債務者を忠実義務の共同受益者とみなした事例もある。See In re Central Ice Cream Co., 836 F.2d 1068, 1072 (7th Cir. 1987)（判決に対する上訴後に安易な和解に応じたことを管財人の責任とし、管財人は債務者の株主の残余持分ではなく債権者のリスク回避志向を不当に重視したと苦言).

[94] 緊張関係が強すぎて信認義務に疑問の余地が生じているとの説もある。See Kelch, supra note 20, at 1351–1352, 1352 n.131.

[95] 11 U.S.C. §1104(a)(1).

ちらかといえば受認者の注意義務であるが、忠実義務が問題となることもある。例えば、貸付証書の期限切れなど、特定の担保権者につき明らかに不完全な点があるのに DIP が対応しないとすれば、間違いなく、担保権者に対する説明し難い便宜を図る行為であるとして管財人の任命を申し立てる根拠となるであろう[96]。

さて、このような対応をするよう DIP を説得するのは誰の役目だろうか[97]。この問いをきっかけとして、チャプター 11 に基づく 2 つ目の保護策、すなわち無担保債権者委員会の話題に移ろう。その名称からわかる通り、無担保債権者委員会は、正式に手続に参加し、DIP の記録等にアクセスすることができる[98]。また、係争中の訴訟に当事者として参加できるのみならず、再建計画の承認／不承認を勧告（し、排他期間の終了後に自らの計画を提案）することさえできる[99]。最も重要と思われるのは、無担保債権者委員会が、DIP による行為を精査する目的で弁護士を選任する費用を破産財団から調達できる点であり、狐に鶏小屋の番をさせるようなものである[100]。DIP が訴訟の提起を不当に拒否する場合、無担保債権者委員会がこれを DIP に代わり提起できると明示的に判示した事例がいくつかある[101]。

最後の構造的チェックの提供主体は破産裁判所そのものであり、法律により、破産していないときには精査が不要な一定の取引について裁判所の許可が必要とされる。例えば、破産財団に属する不動産を通常事業の範囲外で売却／使用することや現金担保（cash collateral）の使用には、裁判所の許可を要する[102]。このように、連邦破産法の規定の多くは、DIP モデルにおける、かつて対立していた相手方に対し負う信認義務という、忠実義務に内在する「対外的」緊張関係を受け容れることを意図しているようにみえる。これらのチェックは逆方向にも作用し、忠実義務に内在する「対内的」対立への対処策として裁判官に仲裁人的な役割を担わせ、かかる裁判所の関与が（受認者の忠実義務の範囲を特定する手段として訴訟に頼るアプローチとは対照的に）DIP をめぐっての管財人が利益の相反する複数の関係者の誰に対し忠実であるべきかという問題への実務的対処策として機能し

---

96 Cf. In re Biolitec, Inc., No. 13-1157, 2013 WL 1352302, at *9 (Bankr. D.N.J. Apr. 3, 2013)（DIP が担保権者の優先権が明白であるのに対応を怠った場合に管財人を任命したもの）.

97 チャプター 13 のもとでは、管財人の権限の多くが同チャプターに基づき債務者に帰属することを前提として、債務者または常置管財人のいずれに抵当権の無効化を求める資格があるかという争点があることに留意を要する。In re Cohen, 305 B.R. 886, 900 (B.A.P. 9th Cir. 2004)（債務者）と In re Binghi, 299 B.R. 300, 306 (Bankr. S.D.N.Y. 2003)（常置管財人）を比較されたい。

98 11 U.S.C. §1103.

99 Id. §1121(c).

100 Id. §§330, 1103.

101 See, e.g., In re Enron Corp., 319 B.R. 128, 132 (Bankr. S.D. Tex. 2004).

102 11 U.S.C. §§363(b)(1), (c)(2).

ている。[103]

Ⅳ　救済手段

　破産におけるさらに複雑なトピックの1つは、管財人が信認義務その他の義務違反を理由に訴えられてしまう状況に関するルールである。判例法には相反も多いが、一致する点もあり、管財人が多種多様な当事者の全てを満足させることは不可能であるという認識を反映してか、管財人への配慮が繰り返しテーマとされている。

　しかし、ここで一旦立ち止まり、訴訟によらない制裁について考えてみよう。連邦管財人事務局は管財人の登録を抹消することができ、その場合、活動を制限され、評判に傷が付く結果、厳しい行政処分を受けたも同然となる。[104] 管財人は、「忠実」な義務遂行を担保する保証金の供託を義務づけられており、この保証金は適切な立証により没収されることもある。[105] このように、判例法を別にしても、管財人の受認者としての行動は訴訟以外によっても制約されている。にもかかわらず、多くの訴訟が提起される。おそらくは管財人が構造的に直面する対立をめぐる問題（および破産においては基本的に債権者が恵まれないこと）を踏まえ、管財人を保護しようとする法理も多数存在するため、管財人が義務違反で訴えられる根拠について考察する前に、これらの法理を理解する必要がある。

A.　管財人の責任を否定しうる根拠：免責および制限

　管財人の訴訟における重要な問題は、管財人の個人的責任である。ただし、管財人は、その職務上、破産財団の代表として原告適格も被告適格も有する。[106] この点を手短に説明しよう。

1.　管財人の地位による責任追及の制限：*Barton* 法理

　管財人が職務上遂行する訴訟は2種類ある。管財人を原告とする債務者の訴訟と、詐欺的譲渡をめぐる訴訟のように全債権者の集合的利益のための訴訟である。[107]

---

103 ｜ See generally Bienenstock, supra note 61（DIP の忠実義務に関するその他のチェック事項を類型化）.
104 ｜ 28 C.F.R. §58.6（任命の停止および終了について定める規定）.
105 ｜ 11 U.S.C. §322. 管財人（およびその保証人）は実際に大やけどを負うことがある。See In re Schooler, 449 B.R. 502, 517（Bankr. N. D. Tex. 2010）.
106 ｜ 11 U.S.C. §323; see also id. §322(c)（債務者の不正行為についての管財人の免責）.
107 ｜ Id. §§541, 548.

管財人の職務上の行為に係る訴訟には、コモン・ロー上「*Barton* 法理」と呼ばれる管轄制限がある。*Barton v. Barbour* において、連邦最高裁判所は、破産財団の管理に関連して管財人を訴えるためには、当該管財人を任命した裁判所の許可を得なければならないという規範を確立した。[108] 例えば、管財人の職務上の不法行為をめぐり州裁判所に訴訟を提起したとしても、当該管財人を任命した裁判所の許可がなければ訴えが却下される。[109] したがって、プリーディング（訴答）の段階で、原告となろうとする者の大半が管財人を個人的に訴えることとなる。[110]

2. 個人的地位による責任追及の制限：派生的免責の法理

管財人は、個人的に訴えられたとしても常に免責を主張することができ、これも *Barton* 法理に基づく許可をしない根拠となる。この「絶対的な準司法免責」または管財人を任命した裁判所に認められる免責から「派生」する免責により、管財人は、職務上した行為の範囲において訴訟により責任を負わされないこととなる。[111] 裁判所は、破産裁判所の裁判官の免責特権を管財人にも一様に拡張しており、その根拠とされているのは、裁判官に与えられる免責特権についての複数の最高裁判例であり、[112] かかる判例法理は、公的な地位にある者が訴訟の心配をせずに、自由に裁量権を行使できることを保障している。[113] 例えば、管財人は、疑わしいと判断した行為を検察当局に報告する義務（信認義務ではなく、明らかに制度上の義務）を負い、そのため、悪意による訴追を理由とする訴訟の被告とされた場合でも絶対的な免責を得られる。[114]

管財人による権限の行使の全てに派生的免責が適用されるわけではない。どのような権限行使が免責対象となるかは「事務的／機能的」から「司法上／裁量

---

108 | 104 U.S. 226, 136-137（1881）.
109 | See Villegas v. Schmidt, 788 F.3d 156, 159（5th Cir. 2015）(*Barton* 法理を適用).
110 | 連邦議会は、これに重ね合わせる規定として、28 U.S.C. §959（a）を置き、管財人／DIP が「事業運営」を理由として訴えられる可能性があることを明確にした。これは、（例えば、DIP が商品供給契約を締結し、違反した場合等の）民事訴訟に通常の管轄を与えるにすぎないため、バートン法理を破棄したものではなく、むしろ改良したものである。See In re Crown Vantage, 421 F. 3d 963, 971（9th Cir. 2005）(「[§959 の] 限定的例外は、管財人その他の役職者が実際に事業を運営している場合にのみ適用される」と判示).
111 | Mullis v. U.S. Bankr. Ct., 828 F.2d 1385, 1390（9th Cir. 1987）.
112 | See, e.g., Boullion v. McClanahan, 639 F.2d 213, 214（5th Cir. 1981）; Howard v. Leonard, 101 B.R. 421, 423（D. N.J. 1989）(「管財人の免責は、破産裁判官に与えられる免責から派生する」); Gonzalez v. Musso, No. 08-CV-3026, 2008 WL 3194179, at *2（E.D.N.Y. Aug. 6, 2008）(「管財人は、何らの管轄権も及ばない状態で活動しているものではない場合、もしくは少なくとも破産裁判官の監督下で活動している限り、絶対的な免責を享受する」)（引用・引用符省略）.
113 | See Forrester v. White 484 U.S. 219, 223（1988）(「責任を問われるおそれがある場合、そのおそれは適正な義務の履行を妨げる屈折した動因となる可能性がある」)（引用符省略）.
114 | 18 U.S.C. §3057（a）.

的」へと続く分類によって決定される。この分類は *Forrester v. White* における裁判所の決定に由来し[115]、これをより細かに分類した、*Antoine v. Byers & Anderson* における歴史的な２段階テストにより改良されたものである[116]。また、この分類は管財人の免責という概念の原点である司法免責から生じたものであり、裁判官の全ての行為に絶対的な司法免責が適用されるわけではないことに由来する（*Forrester* 事件は裁判官が保護観察官を降格させたものであり、これは、免責による保護が必要な司法権限の行使ではなかった[117]）。破産管財人は、裁判官と同様に司法的裁量権を行使する一方、事務作業も多い「ハイブリッドな役職」であるため、その免責についてはケースバイケースで分析する必要がある[118]。

3. 義務の範囲による制限：*McNulta* 法理（および裁判所の指示に従った場合の制限）

前記に加え、管財人の権限が前記 *Forrester-Antoine* の各事件の分類上、司法上の権限にあたらないとされた結果、派生的免責による保護がない場合でも、管財人は代わりに、*McNulta* 法理に基づき個人的な責任追及から免責される。*McNulta v. Lochridge* の最高裁判所判決に遡ると[119]、この付加的免責の効果は原告次第で異なり、第三者が管財人を訴えた場合、（管財人が信認義務を負う）債権者による訴えに比べてその請求がより棄却されやすいという取扱いを受ける[120]。第三者が個人としての管財人を訴えた場合、管財人は、その義務の範囲内でした行為については免責されるという *McNulta* 法理を主張することができる[121]。越権行為、すなわち管財人の義務の範囲外でしてしまった行為は唯一の例外である。そのような事例はめったにないが、興味深い事例ばかりである[122]。

最後に、管財人の行為が前記の各法理によって免責されないとしてもなお、最後のチャンスが１つだけ残されている。すなわち、裁判所の承認による免責である。この法理についてまず想起されるのは、影響力の大きい *Morris v. Darrow* である。この事件において連邦最高裁判所は、管財人が信認義務に違反したと判

---

115 | 484 U.S. 219, 227-228 (1988).
116 | 508 U.S. 429, 432, 436 (1983)（「該当する役職者に従来から与えられてきた免責」および役職者の裁量による判断が「機能的に裁判官の判断に匹敵」するかを判断）（引用符省略）.
117 | 484 U.S. at 230（裁判官に限定的免責が適用される可能性があると注釈）.
118 | In re Castillo, 297 F.3d 940, 951 (9th Cir. 2002).
119 | 141 U.S. 327 (1891).
120 | See Id. at 332.
121 | See, e.g., In re Markos Gurnee P'ship, 182 B.R. 211, 216-217 (Bankr. N.D. Ill. 1995).
122 | See, e.g., In re United Eng'g. & Contracting Co., 151 N.Y.S. 120 (N.Y. App. Div. 1915)（営業許可がない状況で馬が暴れた事例で、管財人は、マクナルタ法理による免責の適用なく個人的責任を負うとされた）.

断する理由中で、「判断の難しい事項については、債権者その他の利害関係者に通知をしたうえで裁判所の指示を仰ぐ」という信託法上「確立されている」慣例に管財人が従わなかったことをたしなめた。[123]この理論的根拠に基づき、比較的近年の複数の裁判例は、管財人が「債権者および裁判所に対して完全かつ偽りのない開示がなされている限りで……破産裁判所の明示的許可を得て」行為するという条件で、管財人の免責を認めている。[124]

B.　管財人が有責とされる根拠：注意義務違反の基準

　管財人が個人的に訴えられる根拠が他にもまだあるとすれば何か。信認義務違反である。これは、「第2の当事者」、すなわち破産管財人が信認義務を負う債権者等が原告である場合にのみあてはまる。しかし、繰り返しになるが管財人の義務の範囲は複雑な判例のせいで不明確である。その原因は不可解な Mosser 事件にあり、連邦高等裁判所の判断が分かれる「サーキット・スプリット（circuit split）」と呼ばれる状況が生じ、判断が3通りに分かれた。Mosser 判決では、鉄道会社の会社更生管財人による従業員の監督に不備があり、複数の従業員が有価証券の取引を行い続け、当該有価証券が財団に対し売却された。この事件が興味深いのは、管財人が何ら個人的利益を得ておらず、管財人に有価証券を売却する取引により利益を得たのは不誠実な代理人〔従業員〕であり、管財人はただ運が悪かっただけのようにみえる点である。破産財団が実際に金銭的損害を被ったかどうかは明らかではない（代理人が単に利益を得ただけであったが、その一方で連邦最高裁判所は破産財団が利益を得る機会を逃がしたことは認めている）。[125]

　管財人を有責とする判示に際し、連邦最高裁判所は次のように述べ、それがその後に Mosser 事件を検討した者たちを当惑させることとなった。「意識的に権限が付与された行為の事例では、過失の原則を運用する余地が認められない」。[126]裁判所の見解によれば Mosser 事件は管財人に個人的責任を付加的に課すことが容易な事例であった。なぜかというと、代理人は管財人にみえないように不正行為を働いたのではなく、管財人自身が悪気なしに、しかし愚かにも承認してしまった有価証券取引の計画に従って取引を行ったにすぎないからである。しかし、「過失の原則の余地はない」という判示は、過失がこのような事例に適用される

---

123 ｜ 341 U.S. 267, 274 (1951).
124 ｜ In re Mailman Steam Carpet Cleaning Corp., 196 F.3d 1, 8 (1st Cir. 1999).
125 ｜ See Mosser v. Darrow, 341 U.S. 267, 272 (1951).
126 ｜ Id.

べき基準ではなく、もっと高度な基準が満たされないと管財人の個人責任は問われるべきではないという意味にも読める。あるいは、かかる判示について、「裁判所は、利害関係がない状況で経営判断を誤った場合については、管財人に重い責任を負わせることなく、結果だけをみて騒ぐ債権者から保護する可能性が極めて高い[127]」などとコメントすることにより、管財人への配慮を示し、注意義務違反を立証するためには、どの程度の有責性の基準が必要とされるかという問題についての判断を保留したとも解釈できる。あるいは他の解釈もありうる。

　3通りのサーキット・スプリットは、管財人の責任に関する基準を探求する過程で生じたもので、*Mosser* 事件の裁判所の意見がごく簡潔であったために、各連邦高等裁判所がそれぞれの自説が *Mosser* 事件の意見により裏づけられると主張している。*Mosser* 事件の理解の仕方はそれぞれ異なっており、信認義務違反に対する管財人の個人的責任を認定するために故意／意図的な不正行為が要件とされたとみなす裁判所[128]、義務の履行に際しての過失さえあれば足りるとする裁判所（*Mosser* 事件ではフィデューシャリーの義務違反につき問題となる「追徴金（Surcharge）」との表現が用いられた[129]）、および（1997年の国家破産審査委員会（National Bankruptcy Review Commission）による勧告が無視された後）重過失という中間的な根拠を採用した裁判所に分かれている[130]。いつの日か、おそらくかなり先になるだろうが、連邦最高裁判所がこの問題を解決してくれるだろう。

V　破産における信認義務をめぐる様々な問題

　前記の通り、連邦破産法704条は詳しく説明するにはあまりに長大なのだが、注目度の低い義務のうち、状況により信認義務とみなされるものについて簡単に触れておこう。具体的にいえば、連邦破産法は、計算・精算を行う[131]、資産の回収・保全義務[132]、記録作成義務[133]および一般的な情報提供・回答義務[134]を明示的に規

---

127 | Id. at 274.
128 | See, e.g., In re Chicago Pac. Corp, 773 F.2d 909 (7th Cir. 1985). これら一連の判決は、管財人の個人的責任に関する基準（故意／意図的な基準を必要とする）と、通常の場合とは異なり責任が認められた場合には破産財団から回収可能とされる管財人の公的な責務に関しての管財人の責任の基準とを混同していると批判されている。See, e.g., McCullough, supra note 28, at 177-179 (E. Allan Tiller, Personal Liability of Trustees and Receivers in Bankruptcy, 53 Am. Bankr. L.J. 75, 100 (1979) を引用).
129 | See, e.g., In re Cochise College Park, Inc., 703 F.3d 1339, 1357 (9th Cir. 1983).
130 | See, e.g., In re Smyth, 207 F.3d 758, 762 (5th Cir. 2000).
131 | 11 U.S.C. §§704(a)(2), (9).
132 | Id. §704(a)(1).

定している。破産には公開裁判のような側面があるため、信認法により自由な情報の流れを強制する必要性は低く、実際、この公開裁判のような性質により、弁護士を立てている訴訟当事者のニーズについて〔信託の受託者が受益者に対し負うような〕「照会する義務」を管財人に負わせることは妥当ではなくなっている[136]。管財人は、法令に従い破産財団の運営を専門家に委託できるものの、管財人の辞任には、連邦管財人事務局への書面による辞任届の提出を要する[138]。判例法は一般的に、運営上の「重要な意思決定責任」を委譲することはできないとしている[139]。

　最後に、本章の結論を述べる前に、法人の債務者という（共通の）文脈でDIPの信認義務について再考しておくことが妥当であろう。通常の会社法には、エージェンシー問題および株主のために信認義務を履行する会社経営陣にとっての誘惑という独自の懸念事項がある[140]。しかし、影響力の大きいデラウェア州法のもとでは、法人が倒産に近接した状態に陥った場合、この株主に対する義務の相手方に債権者も含むようになる[141]。法人である受認者は、様々な制度により類似する多様な義務を課されている[142]。最近の事例では、この規則が若干変更（および縮小）されているが、「倒産に近接した状態」に陥った時点で（今は端的な「倒産」に限定されているようである）、株主が排他的受益者としての立場を失うという立場が依然として存在している[143]。

　会社法の分野では、多数の識者が、この（取締役の）義務の相手方が変更になるというルールへの攻撃および防御を試み[144]、破産法の専門家の間でも独自の見解

---

133 | Id. §704(a)(8).
134 | Id. §704(a)(7).
135 | Id. §704(a)(10)
136 | See, e.g., Marsman v. Nasca, 573 N.E.2d 1025, 1027 (Mass. App. 1991).
137 | 11 U.S.C. §327.
138 | See Handbook, supra note 33 at §2.J, 6.
139 | In re Computer Learning Ctrs. Inc., 285 B.R. 191, 207 (Bankr. E.D. Va. 2002).
140 | See generally Adolph A. Berle, Jr. & Gardiner C. Means, The Modern Corporation and Private Property (1932). 会社法の現状については、本書第4章参照。
141 | See Hu & Westbrook, supra note 82, at 1338 n.55. 歴史的にみると、法的規制の制定前には、倒産した債務者企業からの不適切な配当は信託ファンドに関する規則によって規制されており、この原則は同規則に由来する。Id. at 1332-1333.
142 | Id. at 1383 n.226, 1400 n.299.
143 | See Id. at 1344（影響力の大きい Gheewalla 事件と、派生的債権〔本来は株主が会社のために行使できる役員に対する損害賠償請求権〕に関しての〔いつ信認義務の相手方が変更されるかについての〕わずかな相違点について解説）.
144 | See, e.g., Neil Ruden, Note, Duty to Creditors in Insolvency and the Zone of Insolvency: Delaware and the Alternatives, 7 N.Y.U.J.L. & Bus. 333, 351-357 (2010)（債権者が利害関係人の代表者として申立適格を有することに対する賛否の議論を解説）.

がみられるが[145]、Hu 教授や Westbrook 教授もこの問題を取り扱っている。両教授は、州法の解釈として信認義務の対象を複数のステークホルダーにまで拡大することは適切ではないと指摘し、敵対し合う多数の受益者を対象とする義務を取り扱うには州法に制度上の不備があると主張している。それどころか、両教授は、法人が倒産に陥った場合に（実際の倒産であれ「倒産に近接した状態」であれ）信認義務の相手方を債権者にまで拡大するという考え方を破棄すべきであると述べている。債務者が破産申立てをしない限り、それまでの間、債権者に対する義務は発生すべきではない[146]。このような提言の根拠となっているのは、〔会社法制ではなく〕破産制度の方が、会社が資金を提供する債権者委員会があること、受認者が不適格である場合は解任し、代わりに外部の管財人を任命できること、および（最も重要な点として）破産裁判官による監督があること（債権者のあらゆる行為を中止させ、法廷に持ち込むオートマティックステイがこれを支援する）等の前記の様々な仕組みを通じて法人の様々な利害関係人の間の利害の対立を処理することに、より適しているという考え方である[147]。

Ⅵ　結　　論

Hu 教授／Westbrook 教授によるチャプター 11 の範囲を超えた提言をどの程度一般的なものとできるかにかかわらず、連邦破産法が実際、倒産をめぐる混乱した状況において、DIP との対立および債権者同士の対立の双方に対応することを意図した多くのセーフガードを備えていることは明白な事実である。破産裁判所は完全ではないが、少なくとも日々の事件を通じて忠誠関係や利害の対立を処理することに慣れている。また、連邦破産法は、手続を透明化し、監視役としての委員会を備えているうえに、債務者が支払不能に陥ったという緊張をはらんだ状況における「対内的」忠実義務という遵守が難しい信認義務を管理する試みとして、「対内的」忠実義務を負う DIP の受認者の代わりに外部の管財人を任命

---

[145] See Kelch, supra note 20, at 1350-1363（内在的対立に関する論述）. Kelch は、「グループに対するえこひいき」（特定の集団を抽出）および「拡散する忠実義務」（法人を通じて全当事者を支援）のみならず「利害関係人一調停」（争いに際しては中立および透明性を維持）をも含む規範的な分類法を提案している。Kelch 自身は、DIP が法人としての信認義務を履行することは不可能であると主張する当事者主義（Adversarial Model）を支持している。

[146] See Hu & Westbrook, supra note 82, passim.

[147] 11 U.S.C. §§362, 554. 両教授は実際、法人の義務はそもそも意味のある規律に繋がるものかを疑問視している。See Hu & Westbrook, supra note 82, at 1391 n.260.

することを認めている。このような連邦破産法は、(結果論〔による攻撃〕から管財人を保護する規定により) 受認者の忠実義務および公平義務に明示的に依拠する訴訟よりも、有効に前記のような信認義務の管理を行っているとさえいえる。おそらく、利害対立の激しい分野における信認義務に詳しい学者も、破産の実利的アプローチから学ぶところがあるだろう。

謝　辞

　ミシガン大学法律学 John Philip Dawson 教授、Jason Levin (ミシガン大学 2017 年度 JD クラス) および Conor McNamara (ミシガン大学 2018 年度 JD クラス) は、リサーチ活動をしてくれた。文書でコメントを寄せてくれた Mark Ramseyer および Rob Sitkoff ならびにハーバード大学での信認法コンファレンスにおいて著者との討論に参加してくれた方々およびその他全てのコンファレンス参加者からのフィードバックに感謝している。

第12章　家族法における信認原則

ELIZABETH S. SCOTT AND BEN CHEN

I　はじめに

　私たちの社会において家族のメンバーは、扶養が必要な者や弱い立場の者に対して、基本的に責任を負っている。したがって家族関係では、信認関係が形成されることが多くなる。最も重要なことは、親と未成年の子との法律関係が、親が子を扶養し、子を守る義務によって規律されるということが最もよく理解できるということである。夫と妻の関係も、現代の法のもとでは互いに対等な関係であるものの、どちらか一方が相手に頼らざるをえなくなると、この関係も同様に注意義務と忠実義務に服することになる。さらに成人であっても、認知能力が著しく減退または喪失したり、後見が必要となった場合には、家族の誰かがこの役割を果たすことが求められるようになることはよくあることである。家族をつなぐ深い関係の絆は、生物学や愛情によって、また法律によって根拠づけられるが、この絆が、誰かに依存せざるえなくなったときの義務の根拠となる。

　本章は、親密な家族関係にフィデューシャリーの原則と法理を適用することにつき考察するものである。本章では、親と子や配偶者同士の関係は信認原則と信認義務が規律するが、そこでの信認義務は（少なくとも両親共に揃った家庭関係の場合においては）、多くの場合、非公式な紐帯と監視メカニズムによって達成される。これに対し、家族が成人家族の後見人となる場合には、家族の紐帯を少しは認識しておくべきとして信認法が適用され、その義務を果たすことが公式に求められるようになる。本章は、このように制度間の比較をすることが合理的かどうかと、何か修正が必要かどうか、という問題について考察する。

　はじめに、両親共に揃った家庭関係にどのような規制がかけられているかに焦点を当てる。親と未成年の子との関係は、フィデューシャリーの枠組みに本質的に適合している[1]。親は子供が未成年で、独立した大人になるまでの間、扶養し続けるという骨の折れる義務がある。社会は、親が、その役割として求められる

1　親子関係の分析に関して、Elizabeth S. Scott & Robert E. Scott, Parents as Fiduciaries, 81 Va. L. Rev. 2401 (1995).

諸々の事をうまく達成するかを注視しており、子供の利益を促進するよう行動したときにのみ、成功とされる。しかし、法は通常の場合、親と子供の利害が一致しているものと推定し、非公式な形で規制が守られるようにしておいて、監視を行うものの、公式にはあまり家族に対し法を執行することのないようにしている。一般に、親子関係が公式に法の執行対象になるのは、親としての義務を全く果たさなくなったときや家族が分裂して崩壊したような場合のみである。このようなアプローチは、親が自己の利益を追求するのを抑えつつ、家族のプライバシーを保護し、子が必要とする扶養を提供するよう、親に動機づけようとするもので、比較的成功している。配偶者もまた互いに信認義務を負っているが、この義務は現代の進歩的婚姻モデル（the liberal model of marriage）と緊張関係をきたす場合がある。配偶者の忠実義務と注意義務は、親の義務にも増して、婚姻期間中は非公式な形で履行が求められ、法律により公式に強制されるのは、離婚したときと死別したときに限られる。親子関係の場合と同様、婚姻期間中に、公式に信認義務を執行する機会を増やしたとしても、婚姻関係がより良いものとなるとは思われないからである。

　一方、成人の家族が能力を喪失したり、介助が必要となった場合には、法のアプローチは大きく変わってくる。家族の後見人として指名されるのは、典型的には親（成人が知的障碍者となった場合）または成人した子、あるいは配偶者（歳をとってから能力を喪失した場合）である。このような場合、親密な家族は利害が一致している、という法の推定は弱くなる。規制者が後見の根拠となる家族の絆を一定程度は認めるものの、利益相反禁止のルールや報告の要求といった形で、公式の紐帯と監視メカニズムを採用することがしばしばある。ここでの制約の目的は、後見人に能力を喪失した成人の利益に反する行動を一般的にとらせないことである。当該成人と後見人との親密な関係が続いている場合、この制約は時にコストがかかる。本章は、結論として、このような場合に公式の信認義務を少し緩和すると、家族後見人と当該成人との関係を支援することとなり、当該成人の利益に時に寄与することがあるということを提示したい。

Ⅱ　フィデューシャリーとしての親

　一見したところ、親をフィデューシャリーであると説明することは、アメリカ法において親権に配慮するという考えが根強くあるため、あまり適切な説明とは

なっていないように見受けられる[2]。ここ数十年、子供の福祉に、より直接フォーカスを当てた制度へと向かってはいるものの、親権を守るという考え方は引き続き強い。今日の批評家の中には、親の権利と子の利益は本質的に対立しており、州による家族の監視を強化することと、親の権限をより強く制限することが子の利益になるとする者がいる[3]。しかし、この明らかな対立は、子を扶養するという親の義務を中心としたフィデューシャリーの枠組みの中で、この法的関係を、親の権限は本質的に親の義務を充足するためにあると分析するとき、とても小さくなる。この枠組みで親権を適切に制限すれば、親の適切な行動を促して子の福祉を促進するという法の利益に資することになる。

実際、親子の関係は、後見制度[4]や信託[5]、会社取締役と株主との関係[6]など、他の信認関係と多くの点で共通している。親は、他の受認者と同様に、本人の利益となることが目的の一定の関係において、非対称的な権限をもち、大変大きな裁量権を行使できる代理人なのである。また子も、他の場合の本人と同様弱い立場にあって、親の行動を監督したり、コントロールする立場にはない。そこで、法規制が目指すところも、他の受認者の場合と同様、親が子の利益のために尽くすようにし、監視が難しい状況の中でそれを遂行させることとなる[7]。

他方、親子関係には、他の信認関係とは違う特徴がいくつかあり、法規制にあたって特有の問題を提起している[8]。まず第1に、この家族の関係は、他の大半の受認者よりつながりの範囲が広い。親は自分と子の全人生にわたる様々な局面で広範囲のことを行わなければならないという特徴が挙げられる。さらに親密な家族関係では、他の信認関係等に比べ、ずっと広い範囲でプライバシーが保たれる必要がある。したがって、親の行動を正式に監視すると、コストが高くつく。そのうえ、他の受認者とは異なり、親は義務の履行に対する報酬を受け取っていない。彼らの報酬は、役割を果たしたという、非金銭的な満足感からきているところに特徴がある。最後に、親子関係は、一旦築かれると子にとっては固有の価値

---

2 | See Meyer v. Nebraska, 262 U.S. 390 (1923); Troxel v. Granville, 530 U.S. 57 (2000); Yoder v. Wisconsin, 406 U.S. 205 (1972).

3 | See, e.g., Barbara Bennett Woodhouse, Hatching the Egg: A Child-Centered Perspective on Parents' Rights, 14 Cardozo L. Rev. 1747 (1993).

4 | 本書第13章参照。

5 | 本書第3章参照。

6 | 本書第4章参照。

7 | See Robert C. Clark, Agency Costs versus Fiduciary Duties, in Principals and Agents: The Structure of Business 55, 56-59, 77 (John W. Pratt & Richard J. Zeckhauser eds., 1985).

8 | See discussion in, Scott & Scott, supra note 1, at 2402-2403, 2430.

をもち、たとえ親の行動が最適なものでなかったとしても、簡単には置き換えることができないものとなる。

　親の行動を満足のいくものとなるようにする法の努力は、このような独特な特徴をもった中で行われるが、他の受認者と同様の仕組みを通じて行われる。代理理論が説明しているように、法は本人と代理人との間にある利益相反を減らす手段を２つ採用している。すなわち、絆を深めることによって、代理人の利益を本人の利益と一致させるメカニズムと、行動を監視することによって代理人の利己的で子を食いものにするような行為を見つけ出すためのメカニズムがそれである。[9]フィデューシャリーの枠組みにおける親子関係の規制の多くは、この絆の促進か監視のメカニズムに寄与すると理解でき、法を超えたところにおいても、正式な法の中においても、規制の目標を達成するため、様々な形で組み合わされながら使われている。しかし家族の規制においては、法を超えたところの仕組みが優勢である。よりコストがかかる介入的な法規制は、親が親としての義務を全く果たさない場合や、親の裁量を差し控えさせて強行規定を発動すべしと社会的コンセンスが得られるような場合に限られる。しかし、家族が崩壊してしまうと、親は子の利益のために行動するという推定が弱くなり、正式な法的制約が非公式なメカニズムに取って代わることとなる。

A.　両親共に揃った家庭の親を規制する

　生物学上の親が子と一緒に暮らす場合の信認義務は、公から任命されるものではなく、また（通常の場合）親の役割という広範な義務を果たすことのできる後見人に相応しい人間であるかどうか評価されることもなく、子の誕生とともに始まる。これに対し、養子縁組の場合は、厳格なプロセスを経て親に相応しいかどうかが決定される。一般的にいって法は、法律上の親は子の利益が最善のものとなるよう行動し、親の役割として求められる諸々の義務を適切に果たすであろうと推定する。しかし伝統的に親権が強く認められていることと親子関係の非対称性を考慮すると、このような推定をすることには疑問があるように思われる。それでは、親はなぜ、州による監督が他の受認者よりずっと緩いのに、自己の利益より子に対する義務の方を優先すると信頼されているのであろうか。

---

9 | See Michael C. Jensen & William H. Meckling, Theory of the Firm: Managerial Behavior, Agency Costs and Ownership Structure, 3 J. Fin. Econ. 305, 308 (1976).

1. 法を超えたところで利益相反を抑える

　大半の親は、親子関係における2つのユニークな側面から、他の受認者の場合よりもずっと強力な法を超えたメカニズムによって、子の利益のために尽くすよう効果的に動機づけされている。まず第1に、他の受認者と異なり、大部分の親は、子を愛しており、子の福祉が促進されることを望んでいる。多くの親にとって親の役割は社会的および個人的アイデンティティの中心にくる。このような愛情の強い絆によって親は注意義務と忠実義務を果たすこととなる。第2に、強い非公式の社会規範が他の受認者で起こりうる場合よりずっと効果的に親の行動を規制している。裁判所は、受認者の役割を一般の商事で用いられる代理人とは区別し、道徳的義務とでも呼ぶべきものを負っていると考えることが多い[10]。この規範は別の文脈では主に法解釈の問題とされるが、親の規範としては法とは無関係に作用し、社会において広く執行されている。親は、家族や友人たち、さらにはコミュニティ内において、良き親であると認められることを期待しており、それができない場合には（ゴシップや社会的排除の形で）非公式な制裁を受ける。良い親であるという規範は、親の中で内製化されており、子を食いものにするような利己的な行動をとった場合に罪の意識に苛まれることがわかっている[11]。かくして、親子関係を定義づける愛情の絆は、非公式な社会規範と併せて、親と子供の利害を一致させる、法を超えた絆と監視メカニズムに寄与することになる。これらのメカニズムは比較的効果的であるとともに、法規制として行うより、ずっと執行にコストがかからない。

　また非公式な監視と絆のメカニズムは、ここで法を執行しようとすると大変負担が重くなるコストを回避することができる。親の裁量権と家族のプライバシーは、家族の関係を豊かなものにするうえで非常に重要なのである。財務上の判断という狭い範囲に焦点が注がれる他の多くの受認者とは異なり、親は子の生活全てにわたって影響を与える広範で複雑な判断をする。さらに、親と子の利害が絡み合うことは避けられず、多くの判断が子のみならず、親にも影響を与える。したがって、親に自己の利益を図る選択を禁止する利益相反ルールを厳格にあてはめ、コントロールすることは難しい。法は、親が役割を果たすためにある程度の裁量を必要としていることを認め、大半の両親共に揃った家庭の親は、誠実かつ適切な行動をとるだろうと事実上推定しているのである[12]。また法は、両親が、子

---

10 ｜ Clark, supra note 7, at 75-76.
11 ｜ 親になる規範について論ずる文献として、Scott & Scott, supra note 1.

に影響を与える判断に関し、協力し合い、争うことがあっても州政府の関与を待たずに解決できるということも推定している。このような介入することを差し控えるアプローチは、会社の取締役や経営者に適用される経営判断原則と類似している。取締役等も、同様に、広い範囲で仕事をこなし、信認義務を果たすために相当程度の裁量を必要としている[13]。したがって、会社の場合と同様、「親の判断」原則といえるかもしれない。

　親の判断を尊重することは、別の理由からも重要である。親は、サービスに対する対価を受け取っておらず、彼らに対する報酬は、役割を果たしたという非金銭的な満足感によってもたらされるのである。この満足の大部分は、本来、その関係そのものの報いとなる性質からくるものであるが、親が果たす重要な機能に対する法的および社会的尊重や敬意もまた満足につながる。詳細な報告を求める、面倒な負担や州政府に監視の介入を認めることは、多大な献身を必要とする役割からもたらされる親の満足を損なってしまうように思われる。このような厳格な監督は、通常の場合、満足のいく行動をしてもらうためには必要ではないとの推定によって、親には、子の福祉が脅かされない限りは、自分の価値観に従って子を育てていくかなりの自由が与えられているのである。

2.　親の信認義務に基づいて法を執行する

　当然のことながら、法を超えたメカニズムには、子の利益を促進する行動を親にとってもらううえで、十分でない場合が常にありうる。そこで利益相反を緩和するため、親の裁量を制限する法的メカニズムが発動される場合が2つある。1つは、親が子を扶養するという義務を全く果たさず、虐待または育児放棄として州政府が介入する場合である。もう1つは、ルール違反によって子に害が及ぶおそれがあり、社会の福祉が損なわれるおそれがあるという社会合意が得られるような場合には、親権を制限する法が優先するというルールが発動される場合である。いずれの場合においても、禁止された親の行為または判断は非合理的なもの

12　本章の読者は、非公式の強制の仕組みと親の判断の尊重は、社会の全ての階層で等しく適用されているわけではないことを（正しく）指摘している。貧しい家庭は、それ以外の家庭より州の監視と介入に服することが多いし、親の判断が尊重されないこともしばしばみられる。と同時に、子供の福祉を促進するために必要な支援をこれらの家庭に州政府は提供できていないという批判もある。See Clare Huntington, Failure to Flourish: How Law Undermines Family Relationships (2014).

　さらに、十分な財産がないために、貧しい家庭には専門家による保護サービスを受けるために声をあげることもそのための手段もない。そこで家族の誰かが、保護サービスを提供する役割を担っている。彼らは金銭的報酬を受けることなく、正式な信認義務を負っているのである。後述 **Ⅳ C・D**参照。

13　Scott & Scott, supra note 1, at 2437-2438. 前掲注6（本書第4章）も参照。

とみなされ、親の判断原則で認められていた広範な権限の範囲外とされるのである。

　親の育児放棄と虐待は、親に子の利益を優先させようとする非公式のコントロールが失敗したことを表している。この段階で州は、親を公的監督下に置き、その権限を制限する。家族関係にはプライバシーがあることから、親による育児放棄と虐待の発覚と監視は問題を生じさせる[14]。全ての州にある児童虐待通報法が、医師や教師、育児ワーカー、療法士など子供と接する専門家に、子供の虐待が疑われる場合に通報義務を負わせることによって、家族を監視し、発覚することとなる[15]。また専門家でない者からの通報も同様に促進され、近所やコミュニティのメンバーは、州の社会福祉事務所に虐待の疑いありと通報することができ、そのことが調査を開始させる。そして育児放棄や虐待が実際にあったということになると、親権は制限され、親は州政府の監督と監視下に置かれ、良き親となるためのプログラムに参加するよう指示が下されることもある。

　狭い範囲の立法措置ではあるが、州政府の福祉権能（state's police power）に基づき、親権に優先する場合がそれ以外にもある。すなわち、州は、子の健康と安全を守るため、および彼らが生活力のある大人となるために十分な教育を受けられるよう、親の行動をいくつかの領域で規制しているのである。親権を類型的に制限するものとしては、学校への出席強制法、門限法、児童労働の禁止、ワクチンの接種、運転と飲酒の年齢制限などがある。これらのルールは、子の福祉から、定められたものとして、従うことが社会から要請されているものであり、親がこれと異なる選択をすると、裁量権の非合理的行使として親の義務に反したとされる。このようにして優先適用されるルールは、親の合理的な裁量の範囲と子の健全な成長にとって必要な条件を法的に判断したものとなっている。

3.　親権の機能

　このように家族法において親権が強く保護されていることは、フィデューシャリーの枠組みの中にかなり組み込まれているといえるかもしれない。親権は、親の責任を果たしても何の経済的報酬が得られないという制度の中で、子供を扶養する義務を引き受けたことを満足のいく形で履行するための報酬と理解することができる。実際、親の法的役割は、互恵主義の原則によって定義されている。親

14　貧しい家族は、貧困者コミュニティに対する州の介入を推進する州政府部局の関与が大きいため、プライバシーが低い。

15　See, e.g., Cal. Pen. Code §11,166 (West 2017).

権は、親に裁量の権限が与えられ、誠実であることと適正に履行されるとの推定のもと、所与のものとされている。しかし、この権利は親の権限より優先するというルールの制限を受け、親が義務を全く果たさない場合などには、親権が後退する。一定の状況のもとということにはなるが、親権は子供の利益を追求するために親が最善の努力をしようという気にさせることが意図される制度の中で必要なものとなっている。

しかし、親権を親子関係の支柱として過度に強調するとコストがかかる。「権利を語る」ことは親の責任に伴う規範からのシグナルを弱めてしまい、法が目指しているものを損なうおそれがある。[16]また親権という表現は、親に、子供の利益より自己の利益を考慮することを助長しかねず、その結果利益相反の可能性が増す。加えて、子の福祉と親権を比較考量する傾向は、親の利益を子の利益と一致させるという狙いを損なうこととなる。近年の法律用語の表現方法の改革は、むしろ、親の義務に焦点を当てることによって、また親の権利と責任の重要な関係を強調することを通じて、これらの否定的効果を改良しようとしてきたのである。親権の正しい理解としては、親が社会的に重要な役割を果たすために必要な敬意と裁量を伴ったもの、ということになる。

(1) 両親共に揃った家庭以外の親を規制する

子を監護していない親（noncustodial parents）とその子に関して規制をすることで、多様な家族関係の集合にも規制が拡がっている。これには、離婚または別居した親、虐待または育児放棄によって子の監護権を失った親、子供と一緒に暮らしたことのない親（未婚の父親が一般的）などが含まれる。このような親を受認者と分類することは全くもって奇異に映るかもしれない。子を監護しない親は、一般に扶養の役割が限定されており、また州に監護権を奪われた親は、その義務を果たすことが著しく不適切というレッテルを貼られた者なのである。しかし、親と子の絆が一度形成されると、その関係は、子にとって非常に本質的な価値をもつようになるから、これを法的に保護することが保証されている。したがって、子を監護しない親は、ほとんど義務を負うことがないし、裁量も限定されているが、法がこれらの親に対し、義務を果たして子の利益となる行動をとるよう求めることには一定の利益がある。

この目標に到達するため、正式の法に基づいた監視と絆のメカニズムが、両親共に揃った家庭における親を規制する際には優先されていた法を超えたメカニズ

---

16 | See Mary Ann Glendon, Rights Talk: The Impoverishment of Political Discourse 76-101 (1991).

ムに取って代わることがしばしばある。子を監護しない親は、両親共に揃った家庭における親子と比べて、子との絆が弱いかもしれず、それゆえ、子の福祉を優先しようとする動機づけが弱くなるかもしれない。関係から生ずる報酬は、親の法的権限と共にしばしば減少する。そのうえ、子を監護しない親は、子の属するコミュニティの構成員でないかもしれず、そのため親の行動を規制する非公式な社会規範が有効に働かないかもしれない。また、両親が互いに協力したり、紛争を非公式に解決する能力も、もはや推定されなくなる。かかる条件のもと、子を監護していない親は、子の利益に反する利己的な目的を追求しがちになるかもしれず、法によって執行するメカニズムが、親の義務を確実に果たさせるために、愛情の絆と非公式（法に訴えない）な社会規範に取って代わる可能性がある。

　ある例がこのことを示している。全ての親に、子が必要とする経済的支援を果たす義務がある。両親共に揃った家庭であれば、その義務は法により執行されることはない。それは、親と子の利害が一致し、非公式の規範が親にその義務を果たすように仕向けるということが推定されているからである。しかし、離婚する（あるいは、未婚の父親で、子と一緒に暮らしたことがない）と、子を監護していない親は、法的制裁を通じて、正式に子を支援するよう命じられ、強制される[17]。このような親に関しては、自発的に経済的支援をしようという非公式の社会規範の効果的な影響をより受け難くなることを示す重要な証拠があるとして、正式な形で法を強制する必要があることは支持されている。

　子を監護しない親にその信認義務を果たさせようとするための法の努力には、飴と鞭の組み合わせが用意されている。満足のいく行動をしてもらうために、離婚した親と州が監護することになった子の親は、両親揃った家庭の親よりも、より広範な州の監督と監視を受けることになる。両親が離婚するとき、裁判所は、子と過ごす時間や、経済的支援、子が必要とするサービス（例えば、学校の授業料など）を提供する特定の義務について配分し、監護の取決めをするよう命ずる。子が州の監護下に置かれた親は、強力な監督のもと行動を改めることが求められ、その間、子の監護から引き離すことが条件づけられる。児童保護サービス局は、親と子の接触を監視し、児童保護制度の要請が遵守されているかを監視する[18]。その間、定期的に裁判所のチェックを受け、矯正が失敗したとなると親権を停止す

---

17 ｜ See, e.g., Mass. Gen. Laws Ann. ch. 119A §16 (West 2017)（子育て支援の支払ができない場合に免許等を剥奪できる）.
18 ｜ See, e.g., Cal. Pen. Code §11,166(k) (West 2017).

ることもできる。

　また子を監護していない親は、前記の法の努力に報いてほしい、役割を果たすことから得られる満足感を積極的に感じてほしい、という法の要請に対応することを通じて親の義務を果たすよう求められている。この点に関し、例を3つ挙げる。第1に、多くの州において、離婚または別居した親は、法的に共同監護を行うと取り決めることが望ましいとされている。共同監護は、子と共にいる権利と責任という親としての完全な地位を両親が享受するとともに、それに価するということを示すことになる[19]。この取決めは、子を監護しない親の公民権のはく奪を回避し、伝統的監護法のもとではしばしば離婚の結果として起こった親子関係からの親の離脱を回避することにおそらくなる。第2に、州に監護権を奪われた親も、児童保護制度において子と引き続き接触でき、矯正の努力に効果がみられれば監護権を取り戻すことができる。第3に、子を監護していない親であっても、親の義務を果たし、子との関係が続いている限り、親権を失わせることはできない。子と一緒に暮らしたことのない未婚の親であっても、一定の関係と親としての責任を引き受ける努力をすれば、親の地位を維持することができる[20]。したがって、親が義務を果たすなら監護権が認められるという互恵的な親権の法の考え方は、両親共に揃った家庭においてだけでなく、子を監護していない親に対する規制においても有効なのである。

(2)　親権の終了

　注意義務または忠実義務に重大な違反があると、大抵の場合、受認者は解任され、新しく利益相反のない受認者と交代させられることとなる。しかし、家族の中にあっては、親との関係は子にとって本質的価値をもつと推定されている。養子縁組の場合を除き、親はその責任を放棄することは簡単にできないし、州もまたその絆を断ち切ったり、新しい親と交代させたりすることは簡単にはできない。親は代替することができないため、親が義務を果たさない場合であっても、親権の終了は、最終的な手段と考えられている[21]。したがって、終了を判断する際には、親と子の両方にその関係の重要性を認識する実体面ならびに手続面での要請を満たす必要がある。この対応は、親が親としての責任を合理的期間内に引き受ける見込みのある場合や不適格な親であっても、子にとっては関係を維持する価値が

---

19 | See, e.g., Cal. Fam. Code §3020(b)（West 2017）.
20 | この原則は、未婚の父親の権利を扱ったいくつかの州の最高裁判所の意見で確立した。Lehr v. Robertson, 463 U.S. 248, 262（1983）; Caban v. Mohammed, 441 U.S. 380, 392（1979）.
21 | Santosky v. Kramer, 455 U.S. 745, 768-770（1982）.

あるという場合に適切である。しかし、親権の終了の障害は、主に親権の厳格な尊重によってのみ、もたらされるべきではない。親が再び責任を引き受ける可能性が低い場合には、子の扶養を適切にみてくれる第三者の大人が親の義務を引き受けることによって、親権を終了させても子の利益が促進されることになるかもしれない。

Ⅲ　配偶者と親密なパートナー

　信認義務は、親子以外の家族関係の規制にも非公式な形で適用されることがあるが、それはずっと限定された形となる。すなわち、配偶者間の注意義務と忠実義務は、非公式の社会規範に基づいて成立し、相手の利益を優先するよう互いに動機づけをさせることが期待できようが、相手に依存する側の配偶者を扶養する義務や自己取引を回避する義務などを法で執行することは、離婚したときか死別したときに限られる。現代の進歩的婚姻モデルは、ある程度、信認原則をむしばんでおり、配偶者は互いにほとんど責任を負うことはないと主張されてきた。今の法のもとでは、衰えたり、相手を頼りにせざるをえなくなった配偶者の法的な保護は、配偶者支援、離婚の際の夫婦財産の分配、死別の際の残された配偶者の選択的相続分（elective forced share）に対する権利に関する規制、という形で行われる。またコモン・ローにおける生活必需品の法理（necessaries doctrine）と遺言における婚姻関係に基づく特権も、忠実義務の根拠となりうる[22]。しかし、有責でない離婚が当たり前となった現代においては、婚姻の義務違反に対し、これ以外の制裁はほとんどない。親密な未婚のカップルは互いに契約上の義務を引き受けることがあるかもしれないが、それがないと相手に頼る必要が生じたときに扶養する義務は何もないのである。

A.　進歩的婚姻関係と信認義務

　婚姻の誓いを交わすことを通じて、配偶者は互いに忠実で、「病めるときも健やかなるときも」相手を扶養することを約束し、理想の姿としては、自分のことよりも相手の利益を優先することとなる。さらに、子が産まれたり、病気になったり、また年老いたりして相手を頼りにしなければならなくなったときには、強

---

22 │ In re Grand Jury investigation, 603 F.2d 786, 789（9th Cir. 1979）（婚姻の特権を主張する証人は「偽証と侮蔑も配偶者に対する裏切りの選択を強いられるべきではない」とされた).

固な社会規範によって、互いに扶養し合うよう動機づけられている。特に驚くことではないが、年老いて能力を喪失し、後見を必要とするようになったとき、能力のある相手方の配偶者がその任にあたるよう指名されることが多い。実際、頼る必要性の生じた相手を扶養することによって社会の負担を軽減するときの配偶者の役割は、婚姻関係という特権を付与された法的地位を正当化する１つの根拠となる[23]。しかし、現行法のもとでは、配偶者は自己都合で自由に離婚でき、注意義務や忠実義務に反したとしても直接罰せられることはない。

　フィデューシャリーの枠組みの中で、これまでより快適な形で適合するとみられてきた伝統的なモデルから進歩的婚姻関係へと置き換わった。例えば、伝統的な法のもとでは、忠実義務違反（不倫、虐待）と注意義務違反（遺棄）は、離婚の原因であった。また妻は、信認関係における本人と同様に、相手を頼りとし、社会的に弱い立場にあるので、自分の利益を促進するよう行為することができないと推定され、夫は、妻を経済的に扶養する責任があり、妻の福祉に影響を与える判断をすることが認められていた。しかし、夫は、自分の利益より妻の利益を優先することまでは求められてはいない。それどころか、妻の存在と利益は、結婚に伴い夫のものとなり、妻の法的地位は夫の地位に服することとなったのである。「夫妻は１つ、夫がその１つ」ということわざがあるくらいである[24]。

　現代における法の枠組みは、このような階層構造を全面的に拒否し、配偶者の完全なる平等を原則とする法原理に改められた。さらに妻をこれまでの従属的立場から引き上げ、現代的な改革によって、配偶関係の定義を完全な自律を中核に置いた原則にしようとしたのである。このモデルは、それ以前のものより、現代的価値観とずっとより良く両立するが、個人の自律を中核的原則の第一とすることは、婚姻に係る規制において全く十分ではない。信認原則は、結婚生活の規制の中で一定の役割を果たしているが、現代のモデルは、互いの責任を強調するのではなく、ただ配偶者の扶養と忠実という緩やかな社会規範として補強をしているだけなのである。したがって、離婚時の財産分与と配偶者支援は、依存関係にある配偶者に一定の保護を与えてはいるが、婚姻に基づく依存関係は、配偶者に対する限定的義務のみが生ずると推定されるだけなのである。

---

23 ｜ Elizabeth S. Scott, Marriage, Cohabitation and Collective Responsibility for Dependency, 2004 U. Chi. Legal F. 225, 229-230.

24 ｜ See William Blackstone, Commentaries on the Law of England 442-445 (1765).

B. 生活必需品の法理と利益相反禁止ルール

コモン・ロー上の生活必需品の法理に関する最近の法改革をみると、立法担当者は、婚姻法の現代化に際して、現代的価値観に合致させるため、課題に直面しているようにみえる。コモン・ローでは、夫は、妻に生じた生活必需品に必要な費用につき第三者に対して責任を負うとされ、これには食料や衣服、医療、住居などが含まれる。責任の根拠は、妻を経済的にサポートする夫の義務だというわけである。現代の裁判所は、平等原則を適用して、この法理を廃止して、配偶者双方のこの責任をなくすか、配偶者双方に生活必需品に関する責任を負わせて拡大するかの決断を迫られてきた。廃止を考えている裁判所は、夫婦は互いに特別な義務をほとんど負わない独立した代理人とみて、進歩的婚姻モデルを念頭に置いている。妻に生活必需品に関する責任を拡大しようとする裁判所は、結婚を、相手を扶養して生活に必要なものは提供する義務を互いに負う関係とみている[26]。この選択は、信認原則を婚姻関係にどこまで適用するかについての判断につながってくる。

C. 夫婦財産制と配偶者のサポート

信認原則は、婚姻期間中の財産所有権に関し、いくつかの州に影響を与えるとともに、離婚時の財産分与に関しては大半の州に影響を与えている。夫婦共有財産制（community property）を認めている州において婚姻は、家事を担当する配偶者（homemaker）と稼得を担当する配偶者が共に等しく貢献していると推定されるパートナーの関係となる。したがって婚姻期間中に得た財産は全て夫婦共有財産となり、共有財産を管理する個々の配偶者は、自己の利益のためでなく、夫婦のための受認者として行動する。カップルを解消することになると、共有財産が2人の間で分配される[27]。これに対し、従前のコモン・ローで認められてきた財産制をとっている州では、夫婦は婚姻期間中も個人として財産の権原をもち、管理・移転できるが、離婚すると、婚姻期間中に得た財産は配偶者間で衡平に配分されるべき（必ずしも均等となるわけではないが）夫婦財産となる[28]。両方の制度とも、経済的に依存する配偶者の脆弱性を認め、保護を与えており、婚姻に対する非金銭的貢献を評価するものとなっている。

---

25 | N. Ottawa Cmty. Hosp. v. Kieft, 578 N.W.2d 267 (Mich. 1998).
26 | North Carolina Baptist Hosps., Inc. V. Harris, 354 S.E.2d 471, 472-474 (N.C. 1987).
27 | See, e.g., Cal. Fam. Code §2550 (West 2017).
28 | See, e.g., Pa. Stat. and Cons. Stat. Ann. §3502 (West 2017).

離婚法は、婚姻関係が解消され、互いの利害がもはや一致しなくなると、婚姻期間中における扶養と忠実性および互いの協力を促進する社会規範が侵食されることを認めている。利益相反禁止のルールが利己的な行動を控えるよう求めるのである。伝統的なコモン・ローの州であっても、夫婦は、裁判所が公平な財産分与を正しく判断できるよう離婚に先立ち、全ての財産を開示する義務を負う。さらに、夫婦は、婚姻期間中、原則として自由に財産を費消し、譲渡することができるが、一方の配偶者が離婚を考えるようになって財産を費消したとなると、財産分与の際に裁判所から制裁を受けることとなる[29]。興味深いことに、離婚しようとする夫婦は、自己の利益を図るインセンティブが通常あり、互いに利益相反関係にあることを知っているという現実にもかかわらず、婚姻により発生した忠実義務を負っていると推定される。これに対し、婚前契約を結び履行するカップルに対して裁判所は、互いに信認義務を負わないとする[30]。州によっては、この状況について、立法で手続的な保護を与えているところもあるが、それ以外の州は、一方の配偶者がしばしば弁護士によって代理されることもなく、相手が自分の利益を守る目的でいるとは知らずにいるにもかかわらず、独立した当事者としてカップルが交渉していると考えるのである[31]。

　多くの婚姻関係において、夫婦は役割分担をしており、それによって、離婚時に、家事を担当していた配偶者が経済的に弱い立場に置き去りにされてしまう。このような状況にある場合、稼得担当の配偶者に対し、依存する配偶者が経済的に自活できるまで離婚後の配偶者支援を法的に命ずることができる。この命令によって、稼得担当の配偶者が互いの利益が合致していた婚姻期間中に自ら進んで引き受けたことが推定される義務が正式な（法的な）ものとなる。離婚後は、法による強制により、義務を履行することを確実にし、利己的な行動をしないことが求められるのである。配偶者を支援する期間と支援額は、支払う側の配偶者の収入と婚姻期間の長さ、頼る側の配偶者が自活できる見込みによって決まる。頼る側の配偶者が婚姻期間中に障碍を負ったり、婚姻期間が長く高齢のため雇用が難しいような場合には、義務の期間は無期限となる。この義務は、婚姻関係を根拠とするフィデューシャリーの注意義務に基づいている。しかし、20世紀後半

---

29 ｜ Restatement (Second) of Property: Donative Transfers §34.1 (Am. Law Inst. 1992).
30 ｜ In re Marriage of Bonds, 5 P.3d 815, 831 (Cal. 2000); Mallen v. Mallen, 622 S.E.2d 812, 815 (Ga. 2005); Blige v. Blige, 656 S.E.2d 822, 827 (Ga. 2008).
31 ｜ 多くの州が採用している統一婚前合意法では、合意は開示の要件が満たされない限り無効とされている。Unif. Premarital Agreement §6.

あたりから、このようなケースは稀になってきた。進歩的婚姻モデルのもとでの離婚は、夫婦が互いに個人的目標を追求する自由を約束する決別（clean break）と表現された。したがって、今日の裁判所は、過去の婚姻における役割に基づく離婚後の義務を引き続き認めることには消極的である。頼る側の配偶者が比較的すぐに自活できるようになるだろうという期待を込めて、比較的短期間の扶助料給付が一般的になりつつある。[32]多くの学者が認めているように、このようなやり方は、婚姻期間の長い、家事担当の配偶者を不利にする仕組みとなっている。[33]夫婦が結婚生活における役割分担を引き受けたときに経済的な支援をするという暗黙の約束を法に基づき履行させることは、限定的なものにとどまっている。

D.　未婚のパートナー

　未婚の同居カップルは、関係が終了した後、弱い立場のパートナーを経済的に保護するため、相互に義務を負うことを引き受ける契約を結ぶことができる。[34]このような契約を結ぶことにより、財産を共有し、頼る側のパートナーのために引き続き経済的支援ができる。行動を約束で決めることは難しい場合が多いが、多くの州で、明示の契約と黙示の契約によって事実上これを拘束させることができるのである。[35]しかし、未婚のパートナーには、いくら長い期間であっても、親密な関係から信認義務が発生するということはない。契約を結ばない限り、相手の利益のために一方のパートナーに信認義務を課す法的根拠はない。実際、結婚しないと選択したことによって、いくら長い期間、結婚に相当する結びつきがあったとしても、法的に強制可能な関係に基づく義務には拘束されない選択をしたと受け取られるのである。[36]

Ⅳ　家族の後見：信認義務の公式化

　成人が、自分で自分のことができなくなったり、認知能力を喪失する等によって自分のための判断が難しくなったとき、裁判所は、他にもっと制限を加えるこ

---

32 | See, e.g., Hughes v. Hughes, 869 P.2d 198, 199–200 (Ariz. Ct. App. 1993)（引用省略）.

33 | Emily Stolzenberg, The New Family Freedom, 59 B.C. L. Rev.（2018）.

34 | Marvin V. Marvin, 557 P.2d 106, 110–116 (Cal. 1976).

35 | See Scott, supra note 23.　最近の論文としては、Lawrence W. Waggoner, Marriage is on the Decline and Cohabitation Is on The Rise: At What Point, If Ever, Should Unmarried Partners Acquire Marital Rights?, 50 Fam. L.Q. 214（2016）参照。

36 | See, e.g., Friedman v. Friedman, 24 Cal. Rptr. 2d 892, 894, 898–899 (Cal. Ct. App. 1993).

ととならない選択肢がなければ、その人と財産を管理するために、法定後見人
（legal guardian）を指名することができる[37]。このとき後見に服する成人と後見人
の関係は、原則として信認関係である。ここでの法による規制は、自分の利益を、
後見人の詐欺的行為や自己取引から擁護できないと推定される弱い立場にあって
人に頼らざるをえない個人を、守ることが目的となる。この目的を達成し、注意
義務と忠実義務を履行させるため、後見人は、他の受認者と同様、一般に、詳細
な報告と説明責任（accounting obligations）という形で、州の監督に服すこととな
る[38]。また裁判所は、後見人を規制するため、厳格な利益相反禁止ルールを適用す
ることがしばしばある。特に財産管理をする後見人の場合にそうなる。Ⅳでは、
家族が後見人となる場合の規制について、特に、法の対応の仕方が他の家族関係
の場合とは全く異なる扱いとなっている判断の代行に関する法（surrogacy law）
に焦点を当てながら、考察する。

A.　公式の信認関係として特別に保護する必要性

　判断の代行に関する法では、後見人を指名するに際し、親密な家族の絆が考慮
され、その人と親密な家族関係を共有していると推定される配偶者か、あるいは
年老いた親の場合は成人した子が、後見人として好まれることが多い[39]。しかし、
家族による後見は、親と未成年の子との間の関係および能力のある配偶者との間
の関係で働く利害の一致の推定が働かない。そこで、判断の代行に関する法のも
と関係性の絆がいくぶん考慮されるものの、家族の後見人は、多くの場合、他の
後見人と同様、制約の多い規制枠組みの中に置かれる。典型的な未成年の子の親
とは異なり、家族の後見人は、広範な説明義務および報告義務、そして重大な利
益相反を回避する義務など、法に基づいて執行されうる信認義務を負わされる[40]。
多くの州では、家族関係に一部便宜を図る方策として、後見人の利益となる取引
であっても、裁判所から事前に承認を得れば可能となる手続が用意されているが、

37　シンプルにするため、人または財産の守護者としての役割を果たす者を「後見人」と呼ぶことと
　　する。州によっては財産の守護者は「管理人（conservator）」と呼ばれることがある。前掲注4
　　（本書第13章）参照。

38　Id.

39　See, e.g., Admin. Conf. U.S., SSA Representative Payee: Survey of State Guardianship Laws and Court
　　Practices 16（Dec. 24, 2014）, https://www.acus.gov/report/ssa-representative-payee-survey-state-
　　guardianship-laws-and-court-practices.

40　See, e.g., Unif. Guardianship, Coservatorship, and Other Protective Arrangements Acts §425（Unif.
　　Law Comm'n 2017）（「保護人の信認義務と個人の利益との間に重大な利益相反」のある未承認
　　の取引は「無効」である）. 全般的説明として、後述Ⅳ D2参照。

このような手続にうまく対応できない家族の後見人は、自分自身と自分を頼りにする者との関係に多大なコストを払ったうえで、信認義務違反とされることがある。

　親と子は、多くの場合、互いの人生に対して強い感情的絆をもっているが、成人のための後見人を引き受けると、その家族（子の場合も含む）は、地位に基づくフィデューシャリー（status-based fiduciary）となる。このような状況になると、利己的な行動を差し控えるといった程度の法の枠の外にあるメカニズムでは適当でないとみなされる。そうした事態となるのは、能力を喪失した成人と未成年の子とは状況が異なるとともに、これらの家族関係は、親と未成年の子との関係とは異なると考えられているところからきている。成人した子は、通常であれば親とは同居しないし、核家族となるなど独自の利益と関心事を有している。また典型的な未成年の子の親と違って、後見人には、能力を喪失した家族が亡くなると経済的な利益を得ることができるという期待をもつかもしれず、そこから潜在的に、後見財産の費消に際し、利益相反が発生することになる。このような場合、保護の対象となる成人は、未成年の子の場合に比べて専門家に接する機会が少ないかもしれないため、後見人がどのようにその子を扶養しているかについて、非公式に監視することは難しいであろう。さらに、親の扶養に関し成人した兄弟の間で対立するような場合は、両親共に揃った家庭の親や配偶者の間で意見が一致しない場合よりも、さらに非公式な方法による解決は難しいであろう。

　また成人の後見人に広範な裁量権を与えてしまうことには、別の考慮が必要となる。子供とは異なり、年長者であれば、それなりの価値観や好みをもって生活を送っているのが普通である。その人には、自分では実現できないことを自己決定する利益がある。したがって、後見人の役割は、その年長者が自分で決めた利益とできる限り合致するような判断をすることとなり、後見人の権限を然るべく制限することになる。これに関連して、後見に服する成人には、新生児の時にのみ存在する個性に関する尊厳の利益がある。この利益は尊重されるが、その人の人生の重要な局面において、第三者が判断権限をもつこととなったとき、脅かされる。要するに、家族の後見人の利己的な行動を差し控えさせることに関する州の関心は相当なものになり、このような関係は、親と（未成年の）子の関係の場合に比して、法を超えた絆と監視メカニズムを通じて規制することには、より馴染まないことのように思われる。

　このような考慮は、多くのケースで、後見人による利益相反をより一層回避し

ようということになるが、場合によっては、家族の後見人に不当な負担を強いることになるかもしれない。能力を喪失した人の多くは、家族の後見人と親しい関係にあり、被後見人の扶養を長年し続け、利害も絡み合いながら、資源を共有している。このようなところに、厳格な利益相反禁止ルールを適用しようとすると、保護されるべき成人が過去に選択したことに基づき行われてきた関心事や嗜好を壊すことになりかねない。したがって、このような場合には、外見的に利益相反が明らかな局面では慎重に判断代行基準を適用しつつ、原則としては誠実さと適正さを推定するのが適切なのかもしれない。

B.　指名

　大半の州において、親密な家族構成員は、他の候補者より後見人の候補として好まれる[41]。州によっては、配偶者と子が、それ以外の親類より好まれる[42]。これは、家族の絆が重要であるとの認識と、これらの絆によって、後見人となったとしても利己的な行動はしないだろうという推定を反映している。しかし、裁判所は後見人の指名に広い裁量をもっており、家族の構成員を優先するという推定に全く制約されることなく判断することがよくみられる[43]。裁判所はいくつかの状況において、家族でない者を後見人に選ぶ。後見を申し立てられた人自身が後見申請者を拒否したり、家族が強力にその指名に反対した場合、中立的な外部の者が指名されることがある[44]。後者の家族が反対する場合とは、時に、年長者の子供が兄弟または配偶者の指名に反対するときに生ずる。別の場合として、後見申請者に大きな財産や複雑な財産を管理する専門性がない可能性がある場合は、後見の専門職が指名される[45]。家族からの後見申請者が能力を喪失した当該成人と密接な絆を有しない縁の遠い親類である場合があり、その場合、特別な候補者としての優遇は保証されないように思われる。

　これらは、家族の申請者を拒絶する理由として穏当のようにみえるが、時に裁判所は、親密な家族の構成員であっても、単に、遺産の相続が予想される（特に、

---

41 | Admin. Conf. U.S., supra note 39, at 16（「被告は、［州全域の調査で］家族と友人は人および財産の後見の4分の3を占めていると推定した」）. See, e.g., Matter of Gollaher, 724 S.W.2d 597, 601 (Mo. Ct. Spp. 1986).

42 | See, e.g., Unif. Guardianship, Conservatorship, and Other Protective Arrangements Act §§309, 410 (Unif. Law Comm'n 2017).

43 | See, e.g., In re Tammy J., 270 P.3d 805, 809–811 (Alaska 2012).

44 | Id. at 808–811.

45 | See, e.g., In re Guardianship of R.G., 879 N.W.2d 416（N.D. 2016）. See generally Alison Barnes, The Virtues of Corporate and Professional Guardians, 31 Stetson L. Rev. 941, 949–950（2002）.

他の推定相続人が反対している）場合、このことが利益相反の可能性を生じさせるとして、指名しないことがある。[46]さらに州によっては、後見財産に有していた既得権を放棄しない親戚は全て資格なしとされることもある。[47]このような対応は、保護を受ける成人に対する、後見人との親密な家族関係ともいえる価値となろうものを減殺し、能力喪失前に表わしていた嗜好を無視することになる。配偶者や兄弟、親子の関係の絆は無視され、愛情の絆はないが適切な行動と成年被後見人の利益に立って行動する中立的な後見人が、最適とはいえないものの、適当と判断され、最終的に指名されることがあるのである。[48]

　後見人を指名すると、個人の自律がバッサリと切り捨てられ、自由の利益が直接関係してくる。それゆえ、指名手続には、厳格な適正手続が求められる。[49]したがって、後見申請者が配偶者や能力を喪失した者を扶養する（さらに同居もする）子（成人）であったとしても、適正手続の保護が適用され、その者が本当に能力を喪失し、後見を必要としているかどうか、そうだとして、能力を喪失した範囲はどこまでかが判断されることとなる。その代わり、一旦、決定が下されると、能力を喪失した成人がこれを受け容れる限り、親密な家族構成員が後見人に相応しいとの推定が働き、被後見人の利益とみなされることが多いように思われる。

C.　報酬

　後見に関する制定法は、基本的に、他の後見人の場合と同じように、家族の後見人に、サービスに対する合理的対価を後見財産から収受することを認めている。[50]家族の後見人に報酬の収受を（後見財産の価値の範囲でのみ認められるのであるが）認めることで後見の関係が公式に法的なものとなる。このことは、立法者が、親子関係では効果的に機能している関係性から生ずる報酬と法を超えたところでの

46　See, e.g., In re Caryl S.S., 15 N.Y.S.3d 710 (N.Y. Super. Ct. Mar. 23, 2015) (unreported).

47　例えば、Moore v. Self (473 S.E.2d 507, 508 (Ga. Ct. App. 1996)) において裁判所は、年老いた母の後見人となった娘に対し、生存権付き合有として財産を得た後に、後見を申請して、受任したとして信認義務違反とした。後見人を務めた娘に不法な行為はなかったが、故人の息子がその財産を故人の遺産に返すよう訴えを起こし、息子のためにかかる判断が下された。

48　例えば、ニューヨークのある事件では、申立人は、成年後見となった L.M. の唯一の兄弟で、L.M. を受益者とする 2 つの信託の受託者であった。申立人の子供がその信託において L.M. が亡くなった後の残余財産権者となっていたため、この信託は相続財産とみなされた、申立人には、L.M. のためというより子供のためにこの信託を保持しようというインセンティブが働くとされ、裁判所は、中立的な弁護士を後見人に指名した。In re A.M., 930 N.Y.S.2d 173 (N.Y. Sup. Ct. 2011) (unreported).

49　前掲注 4 (本書第 13 章) 参照。

50　See, e.g., Unif. Guardianship, Conservatorship, and Other Protective Arrangements Act §120 (Unif. Law Comm'n 2017).

執行メカニズムでは、後見人に適切な形で義務を誠実に履行してもらうには不十分であると考えていることを意味している。すなわち、それ以外の公式に認められた受認者のように経済的報酬が、勤勉に行動させ、役割に伴う責任の重大さを知ってもらうのに必要とみているのである。[51] しかし、後見の専門職とは異なり、家族の後見人は、報酬を要求したり受け取ったりすることはあまりなく、このことは彼らがこの関係を家族の絆に基づくものと理解していることを示している。[52]

D. 権限の範囲と制限

後見人は、一旦、指名されると、家族の構成員の場合も含め、全て、利己的な行動や手抜き行為をしないようにさせ、適切な行動を促すことを目的とした公式の結びつきと監視メカニズムからなる複雑な法規制に服することとなる。家族の後見人であっても、公式に法的な受認者としての忠実義務と注意義務を負い、[53] 全ての後見人に求められている説明義務および報告義務も負うことになる。そのうえ、義務違反の場合には、他の後見人と同様の制裁に服し、義務違反により得た財産や資金を返却させられたり、[54] 職務から解任されたりすることになる。[55]

1. 監視

家族の後見人は、親としての義務を全く果たさない親から子を守る制度と類似の州の監督制度に服することになる。多くの州には、成人保護サービス法があり、（公式に法的な後見とされているかどうかにかかわらず）弱った年寄りと能力を喪失した個人を虐待（abuse）や監護放棄（neglect）から守るよう設計された通報制度や調査制度、介入制度が確立している。[56] これらの法律では、医師のような専門職に対し、虐待や監護放棄の疑いのある後見人を通報することをしばしば求めている。[57] 不正行為の兆しがなかったとしても、親密な家族の後見人も含め、後見人の監視は親の場合と比べてずっと徹底したものとなっている。典型的な後見に関する制定法によると、指名の直後および後見期間中は定期的に、さらに終了時に

---

51 | Paul S. Appelbaum & Thomas G. Gutheil, Clinical Handbook of Psychiatry & the Law 206 (4th ed. 2007).

52 | Barnes, supra note 45, at 954.

53 | See, e.g., Unif. Guardianship, Conservatorship, and Other Protective Arrangements Act §§313(c), 418(a) (Unif. Law Comm'n 2017).

54 | See, e.g., Smallwood v. Lupoli, 968 N.Y.S.2d 515, 517-518 (N.Y. App. Div. 2013).

55 | See, e.g., In re Helen S., 13 N.Y.S.3d 516, 517 (N.Y. App. Div. 2015).

56 | Lawrence A. Frolik & Alison Barnes, Elder Law: Cases and Materials 516 (6th ed. 2015).

57 | Id. at 525-526; Lori Stiegel & Ellen Klem, Am. Bar Ass'n Comm'n Law & Aging, Reporting Comments: Provisions and Citations in Adult Protective Services Laws, by State, https://www.americanbar.org/content/dam/aba/administrative/law_aging/MandatoryReporting (最終閲覧日 2018 年 12 月 20 日).

も、それぞれ詳細な報告書の提出が求められている[58]。これらの要請に応えるのは専門職後見人であれば容易かもしれないが、家族の後見人にとっては、法を遵守するための時間と費用がかかるとの不満が多く聞かれる[59]。州が広範なモニタリングを求めるのは、保護される個人の自律が守られているかどうかに関心があることに一部由来している[60]。しかし、これらの要請は、利己的な行動や手抜き行為を防ぐために、後見人に対する広範な監視が求められているのであり、この関心は家族の後見人であっても他の場合同様、突出している、ということも意味している。過酷なまでの報告が要請されているのは、親子関係を規制するあまりコストのかからない法の外のメカニズムでは、後見人に根強く残っているインセンティブを削減するには十分でないと考えられていることを暗に示している。

2. 利益相反禁止ルール

　裁判所は、厳格な利益相反禁止ルールを適用し、後見人が成年被後見人の利益だけでなく、それ以外の者の利益のために行動することを禁止することがよくある。多くの州のコモン・ローも、後見人と能力を喪失した者との間で行われる自己取引は後見人による不当威圧の結果と推定される[61]。これらのルールは、通常であれば、利己的な行動をうまく抑止するよう機能するが、親密な家族関係にある場合、厳格にこれを執行しようとすると、複雑に絡み合った経済的利益を無視したり、能力喪失前の行動と判断によって示された成年被後見人の意思と選択に反することが起こりうる。このようなとき、裁判所は能力喪失によって以前の理解と変わったかどうかを考慮してきた。これらのルールを緩和して指名前の本人の理解や家族間で実際に行われてきたことに合わせた裁判所もあるが、能力を喪失した当該個人が取引を認めたであろうという証拠があるにもかかわらず、後見人による自己取引の禁止に抵触するとした裁判所もある。

　この2つのケースを比較すると、家族の問題に利益相反禁止ルールを柔軟に適用できるかどうかについては、議論の分かれるところであることがわかる。*Fielder v. Howell*[62]では、後見人が、後見関係に入るずっと以前に取得された、後見

---

58 | Am. Bar Ass'n Comm'n Law & Aging, Monitoring Following Guardianship Proceedings, http://www.americanbar.org/content/dam/aba/administrative/law_aging/chartmonitoring.authcheckdam.pdf（最終閲覧日2018年12月20日）。前掲注4（本書第13章）も参照。

59 | Brenda K. Uekert, Adult Guardianship Court Data and Issues: Results from an Online Survey 18 (2010).

60 | In re Mark C.H., 906 N.Y.S.2d 419, 429-440 (N.Y. Surr. Ct. 2010).

61 | Restatement (Third) of Prop.: Wills and Donative Transfer §8.3 cmt. f (Am. Law Inst. 1999); Robert H. Sitkoff & Jesse Dukeminier, Wills, Trusts, and Estates 289-290 (10th ed. 2017).

62 | Fielder v. Howell, 631 P.2d 249 (Kan. Ct. App. 1981). See also In re Estate of Ross, 131 A.3d 158 (R.I.

人の夫と能力を喪失した母親との合有の譲渡性預金を現金化した。これについて
カンザス州裁判所は、義務違反は認められないとして、母親の財産に戻すよう求
める後見人の兄弟からの訴えを棄却した。利益相反の主張を退けるにあたり、裁
判所は、後見人（とその夫）は後見人に指名される前からこの資金に対して生存
者財産権を有していたこと、その資金を母親のために費やしたこと、およびそれ
以外の母親の財産はそのままにしていたことを指摘した。これに対し、ネブラス
カ州の事件では、利益相反禁止ルールが厳然として適用されることが示された。[63]
すなわち、*Coservatorship of Hanson* 事件では、保護を受ける成人とその妻（と
もに再婚）は、後見に入る以前に妻の家に住むための追加費用として毎月妻に支
払うという合意をしていた。夫が能力を喪失した後も、妻（今の後見人）は夫が
亡くなるまで支払を受け続けたが、事前の裁判所による承認はなかった。[64]夫が亡
くなった後、夫の初婚の時に設けた子たちが、後見期間中に（妻が）受けていた
資金の回復を求めた。[65]そこで裁判所は、後見人である妻は自己取引に基づく責任
があるとし、彼女に資金の吐出しを命じた。[66]判決に際し、裁判所は、「家族が慣
れ親しんできた方法による家族の財産管理」であるとか、後見人である妻の側に
悪意の動機がなかったことには何の関心も示さなかったのである。[67]

　代行判断の法理と制定法による現代的変容は、能力を喪失した成人と後見人と
の間におけるこれまでの理解に、能力のあった時代に当該成人が選んだであろう
ことを有効としようとすることにより、若干便宜を図っている。[68]この法理に基づ
き、後見人は、利益相反の禁止には抵触するが、能力を喪失した人の願いや過去
の習慣を示す取引につき裁判所から事前に承認を得るよう請求することができる。[69]
なお、過去の習慣の例としては、例えば家族の後見人や他の親戚への贈り物、あ
るいは被後見人と後見人の双方にとって利益となることに後見財産を使うことな
どが挙げられる。[70]代行判断の法理は、家族の後見人が、事前に取引を合法化する

　　　2016)（前者を受け、姉妹の後見人が能力を喪失した人の投資口座を共有していることを開示し
　　　なかったが、信認義務違反ではないとされた）。
63　In re Conservatorship of Hanson, 682 N.W. 2d 207 (Neb. 2004).
64　Id. at 209.
65　Id.
66　Id. at 211-212.
67　Id. at 211.
68　前掲注4（本書第13章）参照。
69　See, e.g., Unif. Guardianship, Conservatorship, and Other Protective Arrangements Act §§414, 425
　　　(Unif. Law Comm'n 2017).
70　See generally Lawrence A. Frolik, Is a Guardian the Alter Ego of the Ward?, 37 Stetson L. Rev. 53,
　　　77-83 (2007).

手続を提供しており、裁判所が、過去の習慣の証拠や嗜好に関する表現を当該取引の与える影響と一緒に評価する手続を用意している[71]。しかし、事前の承認に関する制定法の要件は、（Hanson夫人のような[72]）家族の後見人が、これまで日常的にやってきた取引と思われるものに裁判所の承認を得ることが義務となっていることを知らない可能性があるにもかかわらず、承認のない取引を無効にしてしまうかもしれない。おそらく、このため、いくつかの州裁判所では、未承認取引を事後的に正当と主張することを後見人に認めている[73]。

　負担の重い報告の要件や厳格な利益相反禁止ルールを家族の後見人に課すのは、親と子の関係とは異なるという後見における信認関係の特徴として正当化されることが多い。しかし、親密と調和の歴史が家族関係の特徴であるとき、厳格に法を執行することや、家族の後見人が指名される前の習慣または理解に基づいて行動したり、能力を喪失した人の資源をシェアしようとすることをなかなか認めようとしないのは、当該個人の自律と福祉を損ない、後見のサービスを提供しようと準備していた家族構成員の意欲を削ぐことになりかねない。さらに、利益相反取引を事前の承認によってのみ行えるようにすると固執することは、後見制度についてあまり知らない家族の後見人は、訴えられるまで法的支援がないというしばしば起きる現実を無視している。したがって、親密な家族による後見関係には、信認法を柔軟に適用しないと、信認法が介入し過ぎてしまい、意欲を挫くものとなってしまう。

E.　後見関係の終了

　後見人がその義務を怠ると、職を解任されることがある[74]。ここでもまた、家族の後見人は、訴えられた不法行為に基づき、家族関係に関し特別な考慮を受けることも全くなく解任手続がとられ、虐待・監護放棄や自己取引[75]または通報義務の[76]懈怠[77]に基づいて解任されている。例えば、イリノイ州裁判所は、良い意図でもって母親の後見を引き受け、長年にわたり能力を喪失した成人を介護してきた後見人に対し、きちんと報告しなかったことおよび利益相反禁止義務を十分遵守して

71　単純に成人の最善の利益かどうかを評価している州もある。Id.
72　In re Conservatorship of Hanson, 682 N.W.2d 207 (Neb. 2004).
73　See, e.g., In re Mullins v. Ratcliff, 515 So.2d 1183, 1192-1194 (Miss. 1987).
74　前掲注4（本書第13章）参照。
75　See, e.g., In re Helens.,13 N.Y.S.3d 516 (N.Y. App. 2015).
76　See, e.g., In re Gradstone, 2017 WL 1013602 (Ga. Ct. App. Mar. 14, 2017).
77　See, e.g., In re Estate of O'Hare, 34 N.E.3d 1126, 1128-1129 (Ill. Ct. App. 2015).

いなかったことを理由に解任した。[78] しかし、その成人と後見人との関係の重要性
も、判決において考慮することもできたはずである。したがって、裁判所が、後
見人の解任が成年の被後見人にとって有害であると認めた場合、緊密な家族の絆
は、解任を認めない判断を下す考慮要素となりうる。[79]

V　知的障碍をもった成人の家族の後見

　知的障碍を抱えた子が成年（通常は18歳）に達すると、親権は終了する。その
人は、後見が付かない限り、法的には成人としての能力があると推定される。親
が判断権限を引き続き保持し、（当該子の）健康の維持等に携わり続けるため、
重度障碍者の後見人となるよう申請することが多い。[80] この場合の後見は、以下の
ように、年配者等を家族が後見する場合とはいくつかの点で違いがある。第1に、
成人として機能することができない個人のため、指名される前からの親と未成年
の子の関係の継続を認めてもらうために、後見関係を開始するのが通常である。
第2に、後見による年長者の保護の場合は必ずしもそうではないが、当該個人は
後見人と同居していることが多い。第3に、通常の場合であれば後見人の選択を
導くことになる嗜好とか価値観を有しているが、このような人の場合は、これま
での人生のほとんどで独立して役割を果たしてきた年長者の場合とは異なり、個
人の自律に関する嗜好や価値観が発達していない。最後に、知的障碍者は、（不
法行為の判決を受けることがない限り）個人的財産をもっていないことが通常であ
る。このような違いがあるにもかかわらず、多くの州は、この関係を他の後見と
区別していないし、指名に際しても、親がこれまで介護（care）してきたことを
重くみるといったことは特にない。[81] しかし、わずかではあるが、この後見関係に
ついて、簡素化された指名手続を行い、報告の要件を緩くしている州がある。こ
のような調整により、知的障碍者の後見は、親と未成年の子の間の信認の絆と能
力を喪失した成人の家族後見人との間に入る中間的類型と扱われている。[82]

---

78 ｜ Id.
79 ｜ 裁判所は、どの後見人候補がその成人と良い関係にあるかを考慮してきた。See, e.g., In re Garett
　　YY, 684 N.Y.S.2d 700, 702-703 (N.Y. App. Div. 1999).
80 ｜ Nina A. Kohn, Jeremy A. Blumenthal & Amy T. Campbell, Supported Decision-Making: A Viable
　　Alternative to Guardianship?, 11 Penn. St. L. Rev. 1111, 1118-1119 (2013)（引用省略）.
81 ｜ In re Guardianship of Cornelius, 326 P.2d 718 (Wash. Ct. App. 2014); In re Tammy J., 270 P.3d 805,
　　809-811 (Alaska 2012).
82 ｜ この最新の制度の1つは、憲法上問題となっているものである。Disability Rights New York v.
　　State of New York, Case 1:16-cv-07363-AKH (S.D.N.Y. Aug. 16, 2017)（知的障碍を抱えた成人のた

A.　指名

　知的障碍者の場合、親が後見人となるのが典型的ではあるが、大半の州は、親を指名するにあたり、これを有利に扱う推定はしないし[83]、指名手続はそれ以外の後見人と同じ適正手続のもとで行われる。これに対し、ニューヨーク州は、よりシンプルであるがよりコストがかからない特別な制度によってこの後見関係を規律しており[84]、その制度の明白な目的は、知的障碍者の親は子が成年に達したときも引き続き介護をし、本人に代わる判断をする役割を続けられる効果的な手段を提供するというものである[85]。健康管理の専門家による診断が能力を喪失したという十分な証拠になり、ヒアリングが行われることは滅多になく、その結果、後見の活動も広範で、かつ無制限である[86]。いくつかの信認義務と報告義務はあるものの、それ以外は概ね親と障碍を抱えた未成年の子の関係が維持されている[87]。

B.　信認義務の適用

　成人の知的障碍者の場合を含め、家族が後見人を務める場合もそれ以外の場合と同様の信認義務に服することになるが、この後見に特別なことを限定的に認めている州がいくつかある。報告の要求につき多少便宜を図ることは多くの州で行われているが、その理由の1つとして、成人の知的障碍者は資産をほとんどもっていないことが挙げられる。年次報告をしなくてよいとしている州がわずかにあるが、特に、その人の収入が社会保障の給付金だけの場合はそうである[88]。また後見人の報告義務が、その財産の規模または取引の頻度によって負担を調整する制定法のもと、軽減されることもある。例えば、ケンタッキー州の制定法によると、後見財産に少額の動産しかなく、不動産がない場合は、その財産の後見人は略式の報告書を2年に1回提出すればよいとされている[89]。

　しかし、成人の知的障碍者の財産がかなりのものになると、裁判所は、親の後

めのニューヨーク州独自の後見制度に対する憲法違反の訴えは却下されている）．原告が控訴している旨を原告側弁護士が著者の1人に情報提供してくれた。

83　See, e.g., In re Tammy J., 270 P.3d 805, 809-811 (Alaska 2012).

84　N.Y. Surr. Ct. Proc. Act art. 17-A (McKinney 2017)．それ以外の大部分の成人の後見制度は、ニューヨーク州精神衛生法81条（McKinney 2017）を参照。

85　Rose Mary Baily & Charis B. Nick-Torok, Should We Be Talking? Beginning a Dialogue on Guardianship for the Developmentally Disabled in New York, 75 Alb. L. Rev. 807, 818 (2011-12).

86　Revisiting S.C.P.A. 17-A: Guardianship for People with Intellectual and Developmental Disabilities, 18 CUNY L. Rev. 287, 305 (2015).

87　In re Timothy R.R., 977 N.Y.S.2d 877, 883 (N.Y. Surr. Ct. 2013).

88　See, e.g., Fla. Stat. §393.12 (2016).

89　Ky. Rev. Stat. Ann. §387.710(c) (West 2016).

見人に対し、自己取引禁止ルールを厳格に適用することが多い。例えば、イリノイ州裁判所は、生まれた時に被った損傷についての医療過誤の和解によって、当該成人がまとまった資産をもつこととなった事案を審理することになった。彼女は、母親と一緒に暮らし、母親が主に介護してきたため、彼女が成年に達したとき、母親が後見人となった。後見人となった母親は、事前の承認なく、また適切な記録を残すこともせずに、後見財産を使って、頭金を支払い、抵当ローンの返済をしたうえ、ファミリー・カーの購入代金や自分の介護報酬まで支払っていた。その母親は、全生涯をかけて娘に提供した「とても良い介護」だったということは全く考慮されることなく解任された。裁判所は、母親がその娘の利益のためだけでなく、家族全体の利益のために後見財産を使っているとして信認義務違反としたのである[90]。

　この判決は、知的障碍を抱えた成人の利益は、未成年のときと同様、引き続き介護してくれている親の利益と密接に絡み合っているという現実を無視しているように思われる。確かに、障碍を抱えた子を介護し続ける親は、後見人として引き受けた信認義務が高められているということをよく知らなかったのかもしれない。障碍を抱えた若者が自分で決定できるようになることを恐れたという全うな理由を挙げている者もいるが[91]、長年にわたる家族の絆という価値観を無視しないことも重要である。この場合、非公式の法によらない社会規範が、親に対する強力な規制となりえ、介護の負担は、時に幼い子を介護するときより大変である。このような理由から、後見人の負担を減らし、関係性から生ずる報酬を大きくすることは、後見に服する成人（＝被後見人のこと）にとっても利益となることが多い。

VI　結　　論

　家族法の目指すところは、家族の構成員が互いに慈しみ合うようにすることであり、特に、親が子供を扶養し、子供の立場に立って行動するようにすることである。判断の代行に関する法が目指すところも、同様に、後見人が保護すべき者の利益となるよう行動し、自己の利益を図らないようにすることである。共にフ

---

90 | In re Estate of O'Hare, 34 N.E.3d 1126, 1128-1129, 1131 (Ill. Ct. App. 2015).
91 | Kohn et al., supra note 80, at 1119-1120 （知的障碍を抱えた個人の後見に関する自律と差別反対を根拠とする批判が述べられている）.

ィデューシャリーとして、絆と監視メカニズムが機能することによって、代理人と本人の利益を一致させる。本章でみてきたように、家族法はたいていの両親共に揃った家庭における非公式な強制メカニズムに非常に依存しているが、愛情の絆と非公式な社会規範が有効に機能しないこともある。特に家庭が崩壊したような場合はそうである。これに対し、判断の代行に関する法は、法によって報告を求めることによる監視メカニズムと、利益相反禁止のルールに代表される絆のメカニズムを通じて、後見人の行動を満足のいくものとなるようにしている。このような規制の仕方は、一般に、後見される成人の利益となり、後見人による利己的な行動を抑止するものである一方で、親密な家族関係においては、保護を必要とする成人にとって最終的に利益となるよう、公式な法規制をもっと柔軟に適用すべきであるということを本章は提言する。

第13章 | 意思決定代行における信認原則

NINA A. KOHN

I はじめに

　成人は、健康、ライフスタイルおよび資金管理について自ら意思決定を行う法的能力を有するとみなされている。しかしながら、急性疾患または認知障害により、その権利を行使することが非現実的または不可能になることがある。このような場合、成人は、こうした権利行使を代行する権限を意思決定代行者に与えることができ、裁判所または当局は、そのために意思決定代行者を任命することができる。その結果、特に人生の終わりにおいては、人の最も個人的で重要な意思決定が他者によって行われる可能性がある。実際、入院している高齢者のほぼ半数は、少なくとも一部の治療に関する決定を意思決定代行者に委ねている[1]。

　意思決定の代行関係は、2つの重要な次元で分類できる。第1に、それは誰が代行者を任命するかによって異なる。任命は、意思決定の対象となる個人によってなされる場合と、第三者（裁判所や、個人に給付を行う連邦機関を含む）によってなされる場合がある。前者は、オプトイン方式として、後者はデフォルト方式として、大まかに分類することができる[2]。第2に、意思決定の代行関係は、代行者がどのような種類の意思決定を行う権限を有しているかによって異なる。身上的な問題に関する意思決定を扱う者もいれば、金銭的な事項に関する意思決定を扱う者もおり、両方を扱う者もいる[3]。

---

1 | See A. M. Torte et al, Scope and Outcomes of Surrogate Decision Making Among Hospitalized Older Adults, 174 JAMA Intern. Med. 370 (2014)（48時間以上入院している高齢者のための意思決定代行の頻度について報告している）.

2 | しかしながら、これはいくつかの理由から、やや一般化しすぎでもある。第1に、代理受取人および退役軍人管理局の受認者（VA受認者）の任命が適切かどうかは、本人が事前に代行者を任命したかどうかに影響を受けるものではない（ただし、本人が事前に任命した代理人は、代理受取人またはVA受認者としての優先的に任命される場合がある）。第2に、多くの場合、第三者を任命しておかなくても個人の必要性を満たすことができるため、予め任命しておくこと（default appointment）は不必要となる。第3に、個人は、自己のために後見人（guardian）もしくは財産管理人（conservator）の任命の申立てをし、または自己のために代理受取人もしくはVA受認者の任命を依頼する場合がある。

3 | この区別は単なる歴史的・構造的な産物ではない。それはまた、人がある種の決定に関する能力を有している一方で、別の種類の決定に関する能力は有していない可能性があるという理解を反映している。さらにこの区別は、代行者が行う決定の種類に応じて代行者に望ましいスキルおよ

本章では、意思決定の代行関係における信認原則を検討する。具体的には、代行者の3類型（後見人と財産管理人、資金管理または医療に関する委任状に基づいて行為する代理人（agent）、および代理受取人（representative payees）その他の政府が任命した受認者）において、どのように信認義務が生ずるか、その結果生ずる義務、および義務違反に対する救済手段を扱う。[4]

Ⅱ　信認義務の発生の契機

意思決定の代行関係は、ある人が別の人のために意思決定を行うことを目的として任命された場合に生ずる。一般に、意思決定代行者の信認義務は、代行者の任命およびその受諾によって発生する。したがって、意思決定代行者の一部（本人によって任命された者）だけが本人と真の代理関係にあるにもかかわらず、このような代行者の義務は代理人の義務とほぼ同じように生ずることになる。[5] しかしながら、代行者の場合、代行者の行為にかかわらず、被任命者の地位であることにより、信認関係を生じさせるのに十分となる。Ⅱで述べるように、任命および受諾の要件は代行者の種類によって異なる。

A.　後見人および財産管理人

成人のための後見人および財産管理人[6]の信認義務は、裁判所が後見人または財

び資質が異なる可能性があるため、決定の種類に応じて異なる者を意思決定代行者としての役割を果たすために選任することが賢明な判断となる場合があることを反映している。

4　本章では、遺言代用として検討を免れることに加えて、財産管理を不要にするための事前計画においても一般的に使用されている資金拠出済みの撤回可能信託（funded revocable trust）は対象外とする。See David J. Feder & Robert H. Sitkoff, Revocable Trusts and Incapacity Planning: More Than Just a Will Substitute, 24 Elder L. J. 1 (2016)（この利用法について議論している）. 資金管理に関する委任状のように、このような信託は財産管理を支援するものであり、したがって財産管理制度の必要性を生じさせないことができる。しかしながら、本章で議論している忠実義務および注意義務が本人に対するものとなる意思決定代行者とは異なり、資金拠出済みの撤回可能信託の受託者の義務は受益者に対するものになる可能性がある。See id.（委託者が無能力である場合の受益者に対する受託者の義務について議論し、受益者は「委託者が無能力である場合に信託を実行する推定上の地位を有すべきである」と主張している）.

5　本書第2章参照。

6　統一後見・財産管理およびその他の保護措置法（Uniform Guardianship, Conservatorship, and Other Protective Arrangements Act; UGCOPAA）ならびに多くの州は、「財産管理人」という用語を、資金管理に関する意思決定を他者のために行うことを目的として裁判所によって任命された者を指すものとして使用しており、「後見人」という用語を身上に関する意思決定を他者のために行うことを目的として裁判所によって任命された者を指すものとして使用している。後見人という用語が両方の種類の任命を指すものとして使用される場合もある。また、いくつかの州は、「財産管理人」という用語を資金管理に関する意思決定および身上に関する意思決定の両方を行

産管理人として任命し、被任命者が任命に対する承諾書を提出することによって発生する。その任命および受諾のときに、後見人または財産管理人は、後見または財産管理の対象となる個人[7]と直ちに信認関係に入ることになる。この関係の性質とそれに対応する信認義務は、州法を反映しており、私人間の合意によって変更することはできない。

　成人のために後見人または財産管理人を任命することは、通常、裁判所の相当な関与を必要とする非常に時間がかかる手続である。裁判所の手続は、手続の開始を申し立てることによって開始され、これは一般的には、成人の福利厚生、または（財産管理の場合には）成人の資金管理に利害関係を有する者であれば誰でも申請することができる。成人のための後見人および財産管理人は、一定の例外を除き、通知および裁判所での審問の後にのみ任命される[8]。こうした実質的な手続の要件は、個人や資産への支配を得るために不適切に後見制度を利用する可能性のある者による後見制度の濫用を防止することに関する懸念を反映している。この要件はまた、後見または財産管理の実施によって引き起こされる深刻な自由の侵害に関する認識を反映している。

　歴史的に、裁判所は、成人のための後見人または財産管理人の任命申請を認めるかどうかを決定するために、医学的モデルを用いてきた。裁判所は、成人が自ら意思決定を行うことができることと矛盾すると考えられる疾病または障碍を有していることが認められた場合には、後見または財産管理を設定する。

　対照的に、現代的アプローチでは、個人の障碍や診断ではなく、成人の機能的能力と必要性に焦点を当てる。このアプローチにおいては、成人が自ら意思決定を行うことができず、意思決定をできないことが、より制限の少ない手段では満たされない必要性を生じさせる場合に限り任命が適切とされる。統一法会議によ

うために任命された者を指すものとして使用しており、ルイジアナ州は「保佐人（curator）」および「後見人（tutor）」という語を使用している。

7　歴史的には、この個人は「被後見人」と呼ばれ、この用語は徐々に「軽蔑的」とみなされるようになった。現代では、侮蔑を軽減し、客観性をもたせるために、代わりの語を用いる傾向がある。ここで使用する語は、UGCOPAA で採用されている用語である。See UGCOPAA §102 (Unif. Law Comm'n 2017).

8　通知および審問の要請にはいくつかの例外が存在する。最もよく利用されるものとして、申立てが係属している間、被申立人を保護するために緊急の処理が必要な場合は、緊急時の後見人または財産管理人を一時的に任命することができる。第 2 に、一部の州では、障碍のある成人の配偶者または親による後見人の任命を認める昔からの規定がある。例えば、N.M. Stat. Ann. §45-5-301 (2017) 参照。この手続は統一遺産管理法のもとで正式に認められている。しかしながら、この手続は障碍者の権利をめぐる法の適正手続により保障されている諸権利や現代的な感覚に合わず、したがって 1997 年統一後見保護手続法の改正において統一法会議によって拒絶されたため、UGCOPAA には含まれていない。

り 2017 年に採択された統一後見・財産管理およびその他の保護措置法（UGCO-PAA）における規定は、現代的アプローチの典型例である。UGCOPAA では、「情報を受領および評価し、または意思決定を行い、決定を伝達すること」ができないために「身体の健康、安全、または自己管理のために必要不可欠な条件を満たすための能力を欠く」と裁判所が判断した個人に対してのみ、後見人を任命することができる。その場合でも、後見人は、技術的支援や支援サービスなど、より制限の少ない選択肢では個人の必要性を満たすことができない場合に限り任命することができる。この高いハードルは、後見人が個人の自由に対し、通常では認められない介入を行うことを反映している。すなわち、後見人が任命された個人は、意思決定の全部または一部を自ら行う権利を剥奪されることになる。これには、どこに住むか、誰と付き合うか、どのような治療を受けるかなど、非常に個人的な決定を行う権利が含まれる。

　現代的アプローチにおいては、財産管理人の任命についても同様に、個人の制限が介入の機能的な必要性を生じさせる場合にのみ適切とされる。したがって、UGCOPAA では、成人が行方不明になるか、拘束されるか、その他アメリカに戻ることができない場合を除いて、成人が財産と資金に関する事項を管理できない場合に限り、財産管理人を任命することができる。後見の場合と同様、このように管理ができないことは、援助および支援サービスがあっても「情報を受領および評価し、または意思決定を行い、あるいは決定を伝達する能力が限定されている」ことを理由としていなければならない。さらに、それは機能的な必要性に繋がっていなければならない。特に、裁判所は、「成人が、管理が行われなければ無駄になるか、浪費されるおそれのある財産を有しているか、または成人の支援、監護、教育、健康および福利厚生のために資金が必要であるか、または成人による支援や保護を受ける権利を有する個人がそのような目的のために資金を得たり、資金を提供することを必要としているか、または望ましい状態であり」、「被申立人の特定された必要性は、より制限の少ない選択肢では満たすことができない」と判断することが必要となる。

　後見人および財産管理人は、児童についても任命される場合がある。未成年後

9　著者はこの統一法の起草者を務めた。
10　See UGCOPAA §301.
11　See id.
12　See id. at §401.
13　See id.
14　See id.

見は、未成年者の親が親権を行使することができない場合、またはその意思がない場合において、親権者の代行者として代わりの意思決定者が必要となる場合に利用される。未成年被後見人は孤児であると思われることが多いが、多くの未成年被後見人には何らかの理由（懲役、精神疾患、薬物乱用等）で親権を十分に行使することができない存命している親がいる。実際、未成年後見は「民間の児童保護」の一形態となっている[15]。

　未成年後見人が裁判所の承認なしに任命されるかどうかは、州によって異なる。いくつかの州では、裁判所の許可を要することなく、遺言書またはその他の親権者の書面によって後見人を任命することができる[16]。他の州では、遺言書またはその他の親権者の書面によってはただ後見人を指名することができるだけで、裁判所の承認が必要となる[17]。このような状況で裁判所が親による任命をどれだけ尊重しなければならないかという点は、州によって大きな違いがある[18]。

B.　資金管理および医療に関する委任状

　後見人または財産管理人と同様に、資金管理または医療に関する委任状に基づいて任命された代理人の信認義務は、代理人が任命され、かつ、受諾することの両方が行われるまで発生しない[19]。

　資金管理に関する委任状における代理人の任命は、私的かつ任意の行為である。任命を行うために、個人は、自らの資金管理および支援に関連する特定の業務に関して、他者が代理として行為することを承認する文書を作成する。文書は、持続的代理権を授権する州制定法に適合しなければならない一方で、本人は、広範な裁量権を有する。個人は、事実上、代理として行為する者を自分自身の選択で誰でも選ぶことができ、権限を広く与えることも権限を狭く制限することもでき、また、ほとんどの州において、文書を即時に有効にすることも、あるいは将来に

---

15 | See Maine Family Law Advisory Commission, Report on Maine Probate Code Parental Rights Provisions 6 (Jan. 2017), http://www.state.me.us/legis/opla/FLACReportLegislatureJan152017.pdf（この方法で未成年後見制度を利用する際の利点と問題点を検討している）.

16 | See Alyssa A. Dirusso & S. Kristen Peters, Parental Testamentary Appointments of Guardians for Children, 25 Quinnipiac Prob. L.J. 369 (2012).

17 | Id. 特にUGCOPAAは、この後者のアプローチを採用している。See UGCOPAA §201.

18 | Id.

19 | See Karen E. Boxx, The Durable Power of Attorney's Place in the Family of Fiduciary Relationships, 36 Ga. L. Rev. 1, 41 (2001)（「委任状による代行者がその役割を知っており、責任を受け容れることができ、肯定的に受諾している場合に限り信認義務を課すべきである」との主張に対するコメントで引用されている）.

おいて一定の事象が発生した場合にのみ有効にすることもできる[20]。この柔軟性と私的な実行に伴うコストの低廉さにより、委任状は、将来の障害に備える高齢者にとって非常に魅力的なものになっている。委任状を作成することにより、高齢者は、将来、能力に制限がある状態となった場合に支援を得るための仕組みを用意することができ、裁判所によって任命される後見人や財産管理人が必要となる可能性を低くすることができる。それは容易に取り消すことができ、本人が自ら行為をする権限を制限しないという利点もある。また、資金管理に関する委任状は、その他の財産管理の方策を補完することができる。例えば、委任状は、資金拠出済みの撤回可能信託と一緒に日常的に使用されており、委任状は、信託に含まれていない財産に対する権限を確保するための「包括的な」仕組みとして機能する[21]。

医療に関する委任状（「医療委任状」ともいう）に基づく代理人の任命もまた、私的かつ任意の行為であるが、連邦法では、医療機関が患者に事前指示書についての情報を提供することを義務づけており[22]、医療提供者は、生命の危険を伴う治療を受ける個人および病弱とみられる個人に、いつも決まって事前指示書を作成することを要請する。任命を行うために、成人は、治療に関する意思決定を自ら行うことができない場合に、治療に関する意思決定を行う権限を他人に付与する旨の文書を作成する。文書は、州の関連する授権制定法に適合しなければならないが、成人は、代理人を選び、本人の意思決定を代行する際にどのように行為するかについて代理人に指示する広範な裁量を有する[23]。

資金管理または医療のいずれかに関する委任状に基づいて任命された代理人は、

---

20 | 将来における一定の事象が発生した場合にのみ効力が生ずる任命は「発生的（springing）」といわれている。現在、発生的な資金管理に関する委任状の適否については、議論がある。エステートプランニングの専門家は、通常、発生的な権限を嫌う。See Nina A. Kohn, Elder Empowerment as a Strategy for Curbing the Hidden Abuses of Durable Powers of Attorney, 59 Rutgers L. Rev. 1, 5 (2006). しかしながら、それは搾取を減らすためのツールとしても推奨されている。See, e.g., John C. Craft, Preventing Exploitation and Preserving Autonomy: Making Springing Powers of Attorney the Standard, 44 U. Balt. L. Rev. 407 (2015)（発生的な権限を既定の選択肢とみなすよう勧告している）.

21 | See Feder & Sitkoff, supra note 4, at 28-33.

22 | See 42 C.F.R. §489.102 (a)(1) (2017).

23 | 半数近くの州が、「精神科の事前指示書」を認める法律を制定している。See A. Kimberley Dayton et al., Advance Directives for Mental Health Treatment, 3 Advising the Elderly Client §33:18 (2018). この種の医療に関する委任状により、個人は、急性の精神疾患が発生した場合に精神保険治療の希望を述べ、そのような意思決定を行う代理人を任命することができる。このような指示書は、精神保健上の問題（例えば、統合失調症）がある個人が、治療を選択するために使用されるのが一般的であり、これは、能力を有し、急性の症状が現れていないときは非自発的なものとみなされる。本章の目的上、精神科の事前指示書は、そのような委任状の変形であるため、医療に関する委任状に分類される。

積極的にその任命を受諾しなければ、信認義務を負わない。代理人は、いつでもその任命を自由に受諾する（または受諾しない）ことができ、一般に、受諾を誰か（裁判所および本人も含む）に通知する必要はない。受諾は、明示的でも黙示的でもよく、積極的な意思表示、またはより一般的には代理人が単に履行を開始することで示される[24]。したがって、本人と代理人が別段の合意をせず、または代理人が別段の義務を負わない限り、代理人は、いかなる信認義務にも違反することなく行為しないことを選択することができる。これは、たとえ不履行が個人または個人の利益に損害を生じさせることになる場合でもあてはまる。

　受諾の要件は、いくつかの考慮すべき問題を反映している。第1に、本人は、他人をその人の同意なしに自由に任命することができる。本人がこのような方法で一方的に代理人を拘束できるようにすることは不公平であり、異常である。第2に、代理人は任命に気がつかない可能性がある。これは、本人が伝え忘れた場合と、本人が意図的に代理人に選任を伝えなかった場合と、いずれもありうる。選任を伝えてしまうと、まだ代理人が行為することを希望していないのに、代理人が行為してしまうことを本人が懸念することもありうる。これは、即時に効力を有する資金管理に関する委任状を作成したが、将来支援の必要性が生じた場合にのみ文書を使用することを意図する者にとって、特にあてはまる懸念である。

C.　代理受取人および他の政府の受認者

　代理受取人の任命するための要件は、非常に容易に満たせるようになっている。授権制定法は、任命が受益者の利益に資するという社会保障局長（Commissioner of Social Security Administration）の決定に基づく場合のみ任命を認めている[25]。制定法は、そのような任命を、受益者に法的能力があるか否かを問わず行うことができると明確に述べており[26]、この点は、実施規則にも同様の規定がある[27]。受益者が、アルコール依存症や薬物使用が一因となっている障害のみを理由に給付資格を有する場合には、任命は強制的である[28]。

---

24 | See Unif. Power of Attorney Act §113 cmt. (Unif. Law Comm'n. 2006)（州が歴史的に受諾を義務づけてきた理由について述べている）.
25 | See 42 U.S.C. §405(j)(1)(A)(2017). 他の受益者プログラムにも同様の規定がある。See 42 U.S.C. §1007(a)(2017)（特定の第2次世界大戦の退役軍人に適用される）.
26 | See 42 U.S.C. §1007(a)(2017). 未成年者の受益者についても、未成年者としての受益者の地位に基づき、代理受取人を任命することができる。
27 | See 20 C.F.R. §416.60(2017).
28 | See id.

退役軍人管理局（Veteran's Administration）の受認者（VA受認者）の任命も、容易に要件が満たされる。退役軍人管理局は、「それが受益者の利益となるとみられる場合に」給付を受領する受認者を任命する権限を有している。[29] 次に、退役軍人管理局の規制は、受益者が未成年者であるか、裁判所によって（おそらく後見人または財産管理者の任命手続の過程で）無能力であると判断を下されたことにより「精神的に無能力」であるか、法的に無能力である受益者のために、退役軍人管理局が受認者を任命すると規定している。[30] その次に、精神的に無能力の受益者は、「傷害もしくは疾病のために契約を締結し、または自己の問題（資金の支出を含むが、これに限らない）を管理する知的能力を欠く者」と定義されている。[31] 受益者は能力があると推定されるが、この推定を覆す負担はそれほど大きくない。必要な証拠は医学的見解だけであり、「その人の無能力について明確で説得力があり、疑いの余地がない他の医学的証拠」がある場合には、この要件は免除される。[32] さらに、受益者は通常、決定前の審問を要求する権利があることを通知されることになっているが、決定が行われる前に審問を行うことは必要とされていない。[33]

　注目すべきことに、委任状に基づいて任命された代理人または後見人もしくは財産管理人として任命された者とは異なり、代理受取人およびVA受認者の義務は、受諾時ではなく任命時に開始する。任命される前に、代理受取人またはVA受認者は、任命に対する同意を示さなければならない。その後、この同意は、受諾の機能を果たす。

　この議論が示すように、政府機関による代行者の任命は、最小限の立証と最低限の手続上の要件をもって可能とされている。これらの比較的緩やかな基準と限られた手続上の保障は、そのような受認者が単に個人の利益のためだけでなく、政府とその効率的な管理のためにも設定されるということを反映している。

Ⅲ　忠実義務

　意思決定代行者は、その類型にかかわらず、本人に対して忠実義務を負う。Ⅱ

---

29 | See U.S.C. §5502(a)(1) (2017).
30 | 38 C.F.R. §13.55 (2017).
31 | 38 C.F.R. §3.353 (2017).
32 | Id.
33 | Id.

で論じた通り、この義務は、法定の意思決定基準の現代的傾向と一致して、代行者が本人の指示、価値観および希望と一致した行為を優先することを求める。実際、本人の希望を積極的に調査する旨の法令上の要請がない場合であっても、代理人はこれを行う義務を負う可能性がある[34]。

　制定法は忠実義務の一般的要件を設けているが、オプトイン文書を通じて代理人を任命する本人は、当該義務の境界を設定する。この義務を設定する能力は、制定法によって明示的に認められていなかったとしても存在する[35]。これは、資金管理に関する委任状を作成した本人が、自己取引を認める権限を拡大または制限することによって、当該義務を形作ることができるためである。例えば、本人は、贈与を行う権限を付与し、または拒否すること、あるいは贈与を行う権限を付与しつつ、代理人の権限のうち、代理人または代理人の受益者に贈与を行う権限を制限することができる。同様に、医療に関する委任状を作成した本人は、代理人に対し、医療に関する決定を行う際に代理人自身の意向を考慮することを認める指示を行うことによって、忠実義務を形作ることができる。例えば、本人は、代理人に対し、家族（潜在的に代理人を含む）が本人に「さようならを言う」機会を得るか、または「お別れをする」準備ができるまで、延命治療の中止を待つよう指示する可能性がある。

　意思決定の代行に関連するもう１つの忠実義務の顕著な特徴は、実質的に自己取引と必ずしも矛盾するわけではない点である。意思決定の代行関係における忠実は、必ずしも意思決定代行者が自らに利する方法で行為することを禁ずるとは限らない。つまり、この文脈における「公正な取引」は、一般的に「自己取引」とみなされる行為を含みうるものである。

　統一任意後見法（Uniform Power of Attorney Act; UPAA）は、このアプローチと一致しており、代理人に対し、利益相反を有する状態となること、および当該代理人に利する行為を行うために本人によって付与される権限を行使することを明示的に許容する[36]。その解説では、かかる行為を許容する UPAA の規定は、「本

34　代理人が本人の希望を考慮する旨およびかかる希望と一致した方法で行為する旨の法令上の指示がない場合、これらを行う義務を負うかについて、未解決の問題が存在することは間違いない。著者は、過去に、委任状に基づく代理人の義務を論ずる際に、当該関係に関する信認の性質自体が当該希望を考慮する義務を生じさせると主張した。See Kohn, supra note 20. これに反する法令上の指示がない場合、このことは、信認関係の成立による自然な結果と思われる。

35　もちろん、州は、アラスカ州が行っているように、明示的にこの能力を認めることができる。See Alaska Stat. §13.26.610 (2017)（持続的代理権を可能にする州制定法に規定される忠実義務は任意的な規定であり、本人はそれを契約で変更できると明示的に認める）.

36　Unif. Power of Attorney Act, supra note 24, at §114(d).

人に対する忠実さは代理人の副次的な利益と両立できると規定する州の制定法[37]」をモデルとしたものと記述されている。

したがって、重要となるのは、代行者が自己取引を行うことができるか否かではなく、自己取引を行うために特別な承認を必要とするか、どういう場合に必要となるかという問題である。一般に、代行者は、明示的に許可を受けなくとも付随的な利益を受けることができる。より重大な自己取引においては、明示的な承認が必要とされる可能性がある。例えば、資金管理に関する委任状に基づく代理人は、州法に基づき特別な承認が必要とされる可能性があるが、代理人または代理人の被扶養者に対して贈与を行うことが認められる場合もある。また、一定の状況において、裁判所は、財産管理人に対し、当該財産管理人に贈与を行うことを認める場合がある。[38] 同様に、医療に関する委任状に基づき行為する代理人が延命治療の中止に同意できるか否かは、当該代理人が本人の遺産の受益者であるか否かによって影響されない。

このように代行者を利する行為が認められることは、代行判断基準（substituted judgement standard）（IVで詳述する）と矛盾しない。当該基準に基づき、代行者は、本人の希望または指示に従って行為することとされており、本人が代行者に利益を与えることを希望する場合もある。また、このことは、本人と代行者の関係が置かれた状況を反映している。ほとんどの代行者は家族である。これは、個人が、代行者を任命する際に、一般的に近親者を選択する[39]だけでなく、近親者の側も通常、後見人、財産管理人、代理受取人またはVA受認者としての任命に関して優先的に扱われるためである。かかる個人は、通常、相続の期待[40]、財産の共有、さらには子の責任に関する法律により、固有の利益相反関係を有する。

このように代行者が代行者自身の利益となる行為を行うことが認められる一方で、これを行う代行者の権限は無制限ではない。代行判断基準と矛盾する行為は

---

37 | Id.
38 | このような承認は、例えば、個人、個人の配偶者または個人の他の受益者のために資産を維持しながら、長期介護をカバーする給付の受給資格を得るため家計を再編する「メディケイド・プランニング」を行うために、財産管理人に対し付与されることがある。裁判所が贈与を承認する可能性があるもう1つの例は、贈与を行うことが、策定済みの贈与計画（免税範囲内で贈与を毎年行う計画が既に策定されている場合）を継続させる場合である。
39 | このパターンは、医療に関する委任状に関して広く実証されている。See Nina A. Kohn, Matched Values & Preferences: A New Approach to Selecting Legal Surrogates, 22 San Diego L. Rev. 399, 404 (2015)（「調査によると、おそらく10人中9人程度の大多数が、医療代理人として配偶者または成年の子を選択する」）.
40 | 本書第12章292頁（「潜在的な」利益相反が生ずる際の、後見人と考えられる人の相続遺産について論じている）参照。

認められない。さらに、法令上の制限により、特定の形式の自己利益となる行為が禁止される場合がある。自己利益となる行為に関する明確なルールは、特に、政府機関によって任命される代行者に適用される場合が多い。例えば、退役軍人管理局は、VA受認者に対し、彼らは「受益者に帰属する資金の借入、貸付または贈与[41]」を禁止されていると警告する。とりわけ、連邦法制度における自己取引に対するより厳格な制限は、時代遅れのアプローチが残存しているというだけでなく、公益を提供する責任を負う機関によって規則が制定されるという事実を反映するとも考えられることは、指摘しておく必要があるかもしれない。代理人が、本人の日常的な必要性を満たすこと以外の目的で資金を使用すると、本人が必要性に基づく給付適格性を満たしやすくなり、最終的に政府の資源の無駄に繋がる可能性がある。自己利益を図る行為の一部が代行者による（潜在的に、代行者または代行者の家族の利益のための）メディケイド・プランニングに関係する場合に、特にこのことがあてはまる。

Ⅳ　注意義務

意思決定の代行関係それぞれに関して、代理人の一般的な義務は、制定法によって定められる[42]。代行者に付与される権限を修正することによって有効に変更されうる忠実義務と異なり、注意義務は、一般に制定法によって強制されるものであり、行為者によって修正することはできない。強行的に適用されることに関する例外は、稀であるが、存在する[43]。

---

41 | See Veterans Administration, Responsibilities of a VA Fiduciary, https://www.benefits.va.gov/fiduciary/responsibilities.asp（最終閲覧2018年3月5日）.

42 | これは、判例法が、根本的な義務の設定において重要な役割を果たしていないということを意味するものではない。代理に関する判例法は、基礎となる制定法によって明示的に参照される可能性がある。また、これは、法令上の枠組みを包摂するものであり、曖昧さが生じた場合にこれを明確にする。

43 | 例えば、いくつかの州は、既定の注意基準を修正するために本人が資金管理に関する委任状を作成することを認める。See Alaska Stat. §13.26.610 (West 2017)（「別途委任状で規定される場合を除き、代理人は、類似の状況にある代理人によって通常行使される注意、能力および精励さをもって行為するものとする」と述べる）; Mo. Rev. Stat. §404.714 (West 2017)（「委任状において、または本人と委任状による代行者の間の別個の契約において別途規定される場合を除き、行為に関して選任される委任状による代行者は、財産の取扱いおよび他者の事務を行う思慮深い者によって遵守される程度の注意をもって、委任状で付与される権限を行使するものとする」と述べることで、この可能性を明示的に認識する）; N.C. Gen. Stat. Ann. §32A-12 (West 2017)（「本条に基づき締結される委任状は、違法なものでない限り、委任状による代行者の権利、権限、義務および責任に関連するいかなる規定も含む可能性がある」と規定することによって、修正の可能性を黙示的に示す）.

後見、財産管理および委任状による代理（資金管理に関するか医療に関するかを問わない）について、注意義務は、強行的であれ任意的であれ、州の制定法によって定められ、義務の具体的規定は、議会における政治勢力の差や起草過程の個別事情を反映する。一方で、代理受取人の義務は、連邦の制定法によって定められる。多くの義務が法令によって列挙されている（特に後見人および財産管理人の場合）が、代行者の根本的な注意義務は、その状況下において合理的な注意を用いる義務と説明することができる。

　信認関係の文脈において、合理的な注意は、しばしば本人の最善の利益のために行為することと同視される。しかしながら、現代の傾向として、代行者に関する注意の基準は、この規範から逸脱する。特に、現代の傾向は、成人に関する意思決定代行者が、当該成人がもし可能であれば行ったであろう決定を行うことを要求する。したがって、成人に代わってどのような行為をするかを決定する際に代行者が第1に考慮すべきことは、当該成人自身の好み、希望および指示である。代行者が成人の最善の利益のために決定を行うこととされるのは、例外が適用される場合である。このアプローチは2つの例外があり、(1)代行者が成人の好みを合理的に確認できない場合、および(2)成人が行っていたであろう意思決定が害を及ぼす場合である。

　それゆえに、UPAA は、代理人に対して、「代理人が実際に知る範囲において、本人の合理的な期待に従って行為する[44]」ことを指示する。同様に、UGCOPAA は、成人に関する後見人および財産管理人は、一般的に、当該個人がもし可能であれば行っていたであろう決定を行うべきだという立場をとる。個人の希望が合理的に確認できない場合、または当該アプローチが害を及ぼす場合に限り、例外が認められる。UGCOPAA に基づき、未成年者に関する後見人であっても、未成年者の最善の利益を判断する際に「後見人が実際に知る範囲または合理的に確認できる範囲において、未成年者の好みを考慮する」ことが要求される。同様に、統一医療意思決定法は、代理人に対して、「本人の個別の指示（もしあれば）および代理人が知る範囲でその他の希望に従って[45]」決定を行うことを要求する。さらに、同法は、かかる希望が不明である場合、代理人は本人の最善の利益のために行為しなければならないが、その個人の最善の利益を判断する際に、その個人の「代理人が知る範囲における個人的価値観」を考慮しなければならないと規定す

---

44 ｜ See Unif. Power of Attorney Act, supra note 24, at §113 (a)(1).
45 ｜ See Unif. Health Care Decisions Act, §2 (e) (Unif. Law Comm'n. 1994).

る。[46]

現代的アプローチは、州法に準拠する代行者（すなわち、後見人および財産管理人ならびに資金管理および医療に関する委任状に基づき行為する代理人）の任命について採用されることが増えてきている。しかしながら、それは普遍的に受け容れられているわけではない。州によっては、最善の利益アプローチを維持するものもあり、基準内部に矛盾のある州や、どの基準が適用されるかについて明確に示していない州もある。[47]

対照的に、現代的アプローチは、連邦制定法の大勢にはまだ影響を及ぼすに至っていない。それゆえ、代理受取人の義務は、現代的アプローチの例外となっている。代理受取人は、「［受益者の］最善の利益となると自らが判断する方法および目的で」給付を使用する義務を負う。[48]授権法および実施規則はいずれも、代理受取人に対して、個人の希望または好みを考慮するよう求めていない。同様に、制定法は、単に個人の満足のためだけに資金を使用することを認める文言を含んでいない。確かに、休暇または娯楽等の体験のための支払は想定されていない。むしろ、適用規則は、支払が受益者の用益および利益に関して使用されたと社会保障局長が認めるのは、支払が受益者の現在の生活費（「衣食住、医療および個人的な娯楽品[49]」に関する支払を含む）のために使用された場合であると定める。また、代行判断基準に基づき使用を適切と認める規定は設けられていない。

同様に、VA 受認者は、代行判断基準を用いることを義務づけられていない。反対に、代理受取人のように、VA 受認者は、本人の最善の利益のために行為することを義務づけられる。VA 受認者は、受益者の「用益および利益」に関してのみ、資金を使用することを要求される。[50]例外として、給付の最大４％を、受認者の支払のために留保することが認められる。[51]退役軍人管理局により定義される「用益および利益」とは、「受益者または受益者の被扶養者の世話、援助また

---

46 | See id.
47 | Cf. Kohn, supra note 39（持続的代理権を可能にする、州法における意思決定基準を調査し、共通の内部的な矛盾について議論する）．障碍者に対する過度のパターナリズムが保護的で道義的に正しいと広く評価され、認知障碍のある個人が主として意思決定ができないと考えられていた時期に根本的な法的制度が採用されたため、紛らわしく、曖昧な基準は、部分的に、歴史的な人工遺物である。このように、代行者は本人の希望を考慮すべきか否か、またはどのような場合に考慮すべきかについて、現在よりも注意が払われていなかった。
48 | 20 C.F.R. §404.2035 (2017).
49 | 42 U.S.C. §4020 (2017).
50 | 38 U.S.C. §6106 (2017).
51 | See U.S.C. §5502 (a)(2) (2017).

は扶養に関して合理的に予定される支出[52]」をいう。しかしながら、退役軍人管理局は、「不当な使用」を「受認者の浅はかな支出、または受益者の最善の利益に適合しないが受益者が利益を得る方法における退役軍人給付の使用」と分類することによって、受認者に対し、受益者の「最善の利益」のために行為することを強制する[53]。

このように合理的な注意を構成するものは、代行者の種類および管轄によって異なるが、3種類全ての代行者に関して、通常、本人または意思決定代行者は、合理的な注意の水準を引き上げたり引き下げたりする自由を有しない[54]。しかしながら、オプトイン文書において、本人は、州法に基づき認められる権限の全ては付与しないことによって代理人の権限を制限することができる。さらに、代行者が、本人が行っていたであろう決定を行うよう要求される場合、これは、本人の価値観および好みに基づき義務の境界を修正する効果を有する。この主観的な基準は、代行者はどの程度の注意を用いなければならないかという問題が、本人がどの程度注意深い人物であるかということに部分的に影響を受けることになるという効果を有する。慎重な本人は、衝動的に行動する本人と比較して、注意の水準を有効に引き上げる。さらに、医療に関する委任状に基づく医療代理人を任命する本人は、代理人が行うべき一定の決定を記載した、またはどのように意思決定するかについて代行者に指示する旨の、代理人に対する指示を含めることによって、何が一定の状況における合理的な注意を構成するかを定義することが認められる。例えば、本人は、代理人に対し、一定の状況下で延命治療を中止すること、または治療の判断を行う際に一定の人物と相談することを指示できる。

V　その他の法的義務

信認義務に加えて、政府の手続に従って任命された意思決定代行者は、政府に対して報告義務を負っており、政府が指定する他者に対しても報告義務を負う場合がある。裁判所または政府機関が任命した代行者は、一般的に、その任命機関に年次報告書を提出するよう要求される。また、例えば、代行者が不適切な行為

52　VA Program Fiduciary Manual 5.A.1.b (2017), http://www.knowva.ebenefits.va.gov (さらに、「不当な使用は、通常浅はかな判断の結果である」と述べる).
53　Id. at 5.A.1.e.
54　おそらく、授権法が注意の水準について定めていない場合、一定の自由が認められる可能性がある。かかる状況において、代行者に関する判例法は沈黙を破り、注意の水準の私的な修正を認める可能性がある。

を行っていると信ずるに足る根拠がある場合などには、任命機関は追加報告を求める権限を有している。[55]

VI 救 済

代行者による信認義務違反に対して適用される救済手段は、部分的に、被った損害の内容に左右される。本人が代行者の信認義務違反により損害を受けた場合は、違反そのものを根拠に訴えを提起することができる。また、本人は、被った特定の損害について、判例法上の訴えを提起できる場合もある。例えば、身体的な損害を被った本人は、過失不法行為を根拠に訴えることができる可能性がある。さらに、代理人が本人の資金を持って失踪したり、許可を得ずに代理人自身の利益のために本人の資金を使用したりした場合、横領として損害賠償責任を負う可能性がある。

代行者が政府機関によって任命された場合には、制定法上の救済手段も適用される。社会保障局長の過失により代理受取人の調査または監督を怠った結果として資金の不正使用が生じた場合は、不正使用された利益に相当する金額の賠償義務が生ずる。[56]授権制定法は、「不正使用」に関して代理受取人に個人的にも責任を負わせる。[57]同様に、退役軍人管理局制度は、資金を不正使用した VA 受認者に制裁金を課している。具体的には、不正使用が発覚した場合、VA 受認者は不正使用された利益の金額の債務を退役軍人管理局に負うものとされ、以後 VA 受認者として行為することを禁じられる。[58]さらに、VA 受認者が 10 人以上の受益者にサービスを提供する個人または法人であった場合、退役軍人管理局は常に給付の再支給により損失補塡を行うことになる。[59]他方、利益を不正使用した受認者が 10 人未満の受益者にサービスを提供する個人であった場合は、退役軍人管理局は常に損失補塡を求められるわけではない。[60]

55　例えば、代理受取人は年次報告書を要求されており、社会保障局長は、その代理人が資金を不正使用していると判断した場合に、追加の特別報告書を要求する裁量権を有している。See 42 U.S.C §1007(h) (2017).

56　See 42 U.S.C. §1007(j) (2017).

57　Id. at §1007(l).

58　VA Program Fiduciary Manual, supra note 52, at 5.D.1.

59　Id. at 5.G.1.b.

60　この場合、退役軍人管理局に過失があった場合にのみ、退役軍人管理局は利益を返還する必要がある。具体的には、退役軍人管理局が会計監査を迅速に行わなかった場合、不正使用の申立て後に受認者を交代しなかった場合、またはその他、適切な監督を行わなかった場合に返還が行われる。Id. at 5.G.1.C.

実務上の問題として、最も効果的な「救済手段」は、大抵の場合、代行者を解任することである。本人が任命した代行者は、本人が解任する権限を有している場合、いつでも本人による解任が可能である。他方、裁判官または政府機関が任命した代行者は、任命機関の権限によってのみ解任が可能である。

　しかしながら、これらの義務をエンフォースするにあたっては、それが賠償を伴わない代行者の解任に限定されるとしても、意思決定の代行関係の3類型全てについて障害が存在する。何よりもまず、違反に気づかない可能性がある。オプトイン方式では、本人が必要な監視を実施することが一般的な前提である。しかしながら、特に本人の認知能力が限定されているために、代理人の行為が必要とされ、引き起こされた可能性がある場合には、代理人による履行を監視する能力が本人にない可能性がある。さらに、代行者は、本人に代行者の行動を監視させないことができる独特の立場にある。後見人や財産管理人あるいは委任状に基づいて行為する代理人は、一般に、本人の生命、健康や資金管理に関する郵便物やその他の通信を代行者に転送する法律上の権限を有することがある。そのため、本人は、代理人が本人の銀行口座から全額を引き出したり、本人の家を売却した場合であっても、通知を一切受領しない可能性がある。

　本人が特段の定めをしない方式では、任命機関（すなわち、裁判所または連邦機関）が監視役を務めている。しかしながら、実務上の問題として、主に監視に費やされるリソースが限られているという理由で、このような監視は一般的には無力である。社会保障局長が代理受取人を効果的に監視できなかったこと[61]、また、退役軍人管理局がVA受認者を監視することができなかったことは、よく実証されている[62]。同様に、裁判所は、後見や財産管理の監督不備について、広く批判

---

61 ｜ See, e.g., U.S. Government Accountability Office, SSA Representative Payee Program: Addressing Long-Term Challenges Requires a More Strategic Approach (2013), https://www.gao.gov/products/GAO-13-473 (制度の不適切な運用について述べており、代理受取人の適切な監視を行い、重大な不正使用を防止するためには、大幅にリソースを増加する必要があると結論づけている); Reid K. Weisbord, Social Security Representative Payee Misuse, 117 Penn. St. L. Rev. 1257, 1260 (2013) (「代理受取人に対して適切に監視を行わないことにより、受益者を代理するために任命された受取人による詐欺や窃盗の機会が創出される」と結論づけている).

62 ｜ See, e.g., Government Accountability Office, VA's Fiduciary Program: Improved Compliance and Policies Could Better Safeguard Veterans Benefits (2010), http://www.gao.gov/assets/310/301237.pdf (様々な類型の第三者による任命に関する監視の不備について述べている); Brenda K. Uekert, National Center for State Courts, Adult Guardianship Court Data and Issues: Results from a National Online Survey (2010), http://aja.ncsc.dni.us/pdfs/GuardianshipSurveyReport_FINAL.pdf (「裁判所による後見に関する監視の取組みは一般的に不十分である」と結論づけている); Naomi Karp & Erica Wood, Guardianship Monitoring: A National Survey of Court Practices, 37 Stet. L. Rev. 143 (2007-2008) (裁判所に基づく監視のためのリソース不足などの問題について述べている).

されてきた。[63]

　第2に、本人が代行者の違反に気づいた場合でも、本人は、権利を主張して、賠償を求めることに対する手続上の高い障壁に直面することがある。本人は、法的措置をとることを困難にするような重大な認知的または身体的障碍を抱えている場合がある。例えば、本人に弁護士に指示を出す能力がなければ、本人は訴訟弁護士に依頼することができない可能性がある。また、本人が支援を得るための原資へのアクセスが制限されている可能性もある。例えば、代理人が訴訟弁護士への支払に必要な資金を管理していたり、本人が外出することや外部の援助を求めることが困難な環境（例えば、介護施設）に居住している可能性がある。さらに、能力が欠如していると裁定されたことにより、本人が訴訟弁護士に依頼することができないと裁判所と弁護士の両方が誤信してしまい、これによって訴訟弁護士がその者の代理を拒否することになる可能性がある。[64]

　結果的に、義務の強制が行われるとしても、これは間接的に行われるのが一般的であり、本人が死亡した後の相続紛争の場面で行われるものである。代行者が自己取引を行っていた場合に、死亡した本人の遺産管理人が遺産を代理して、その代行者に対して請求を行う可能性がある。同様に、遺産は、その過失が自己取引や詐害的行為の水準に達しない場合であっても、財源管理の懈怠に関する訴訟を提起する可能性がある。このような訴訟は、ある程度、信認義務の遵守を促進することになるかもしれないが、不正使用の効果的な救済手段となるには不十分である。何よりもまず、このような訴訟が提起されるまでに、本人が「救済手段」によって直接的に利益を享受することはできない。また、このような訴訟は一般に、遺産の価値を減少させたもの以外の損害には対処することができない。したがって、死亡した本人の公民権、健康または安全を損なう不適切な行為は、一般的には、訴訟の対象に含まれない。さらに、被相続人の必要性や希望が犠牲になったとしても、受認者が遺産を保護している状況では、遺産への損害は認識されないであろう。不法行為死亡訴訟や死後存続訴訟のような不法行為に基づく訴えは、十分な損害と（不法行為死亡訴訟においては）原告適格を有する当事者の

---

63 | See, e.g., U.S. Government Accountability Office, Oversight of Federal Fiduciaries and Court-Appointed Guardians Needs Improvement (2011), http://www.gao.gov/products/GAO-11-678.

64 | See Nina A. Kohn, Whom Do You Represent?: The Role of Attorneys Representing Individuals with Surrogate Decision-Makers, 53 Court Rev. 64 (2017)（訴訟弁護士を雇用し、指示を出すことについての、代行者を有する個人の権利の概要について述べている）; Nina A. Kohn & Catheryn Koss, Lawyers for Legal Ghosts: The Ethics and Legality of Representing Persons Subject to Guardianship, 91 Wash. L. Rev. 581 (2016).

両方が揃ったごく一部の事件においてのみ実現可能である。

　代理人が責任を回避しつつ、不適切な行為を行う機会が相応に存在することを考慮すると、より実効性の高い監視メカニズムが不可欠である。しかしながら、裁判所も政府機関も、代行者の監視のためのリソースを大幅に増加することは想定し難い。幸いにも、民間団体を利用して監視する創造的な代替アプローチが、公共の監視メカニズムの欠陥を補う可能性がある。例えば、UPAA により、代理人の行動を監視するために第三者を指名する選択肢が本人に与えられている。UGCOPAA は、民間の監視機能を提供できる者であって、裁判所が指定する第三者（一般には配偶者や成人した子）に対して主要な行動を通知するよう後見人や財産管理人に命令することを裁判所に奨励することによって、より強力なアプローチを導き出す役割を果たすであろう。[65]

Ⅶ　結　　論

　意思決定代行者と、この意思決定代行者が任命された本人との間の信認関係に関する多くの解釈は、十分に確立されている。信認関係を発生させる契機は単純であることが多いため、信認関係の有無について紛争が生ずることは稀である。同様に、代理人による履行を監視するための現行のメカニズムが不十分であることもよく認識されている。さらに、Ⅲ・Ⅳで述べたように、注意義務と忠実義務は明らかに互いに独立して機能するのではなく、むしろ相互に補完し合っていることは明確である。

　一方で、注意義務と忠実義務により実際に代行者に何が要求されているかは明らかでないことが多い。これらの義務を、代行者が本人に代わって意思決定を行う際に、本人の希望を考慮することを要求するものと捉える傾向が強まっているが、まだ普遍的なアプローチはない。さらに、法令上の要件が明示的に規定されていても、本質的には曖昧さが残るであろう。これは代行者と本人の関係の性質上やむをえない結果である。能力が欠如した者の意思決定代行者は、少なくとも２人の主人、すなわち、能力が欠如する前の個人と、能力が欠如した個人に仕えることになる。[66]一方に対して忠実に行動することは、他方の指示には従わないことになる場合があるのである。

65　｜　See UGCOPAA §§310(e) & 411(e)（成人した子および配偶者に対する不履行の通知）.
66　｜　能力が悪化したり改善したりする可能性があるため、より多くの「本人」が存在し、代行者にとってのより多くの「主人」が存在する場合がある。

第14章	代理人弁護士の信認原則

RICHARD W. PAINTER

I 序論：専門家の信認義務

専門家——弁護士・医師・教師・聖職者その他の者——は専門家としての一般的な行為義務に服する。専門家は通常、特定の受益者のために受認者として務め、受益者に対する特別な義務として忠実義務と注意義務を負う。専門家の職業上の関係を規律する法は、専門家の信認義務と専門家のその他の責任の相互作用によって形成される。

専門家は依頼者の利益の増進を期待されているが、どのような方法をとるかは専門家の役割の性質により決まる。医師は、患者の健康を増進し余命を伸ばす義務がある。聖職者は、信者の心が必要とするものに奉仕することが期待され、その中には特に信頼された葡萄畑の小作人の譬え〔the Parable of the Tenants：福音書の説話。領主（神の譬え）が葡萄畑を整備して小作人（司祭）に葡萄を作らせたが、小作人は収穫を受け取りに遣わされた者に暴力をふるい、殺し、最後には葡萄畑を自らのものにしようとして、遣わされてきた領主の息子（キリストの譬え）も殺した。自らの子供が犠牲になるかもしれないとしても民を信頼しようとする神についての教えである〕を教え、譬えの通りに行動することも含まれる。弁護士は、依頼者に対し、法に従うことを助ける義務と、争われている事案について、事実および法律に基づいて、依頼者の立場を守るために、できる限り最善の法的主張をする義務を負う。

専門家とは、依頼者の利益のために働くことが期待されているものだが、聖職者、教育者のようなカテゴリーの専門家は、法的には、地位に基づいて受認者になるとはされていない[1]。これらの専門家に信認義務が適用されるのは、専門家が、地位に基づく受認者（例えば受託者、役員）の役割を引き受けるか、当事者間に特別な信頼と信用の関係が形成されることによって信認義務が発生したと認めら

---

1 See, e.g., Zumbrun v. USC, 25 Cal. App. 3d 1, 13 (Cal. App. 1972); Ho v. Univ. of Texas at Arlington, 984 S.W.2d 672, 693 (Tex. App. 1998); Knelman v. Middlebury College, 570 Fed. Appx. 66 (2d Cir. 2014).

れる事情がある場合に限られる[2]。したがって、聖職者の地位にある者は、告解の秘密を守ることに倫理的義務を負うのが普通であるが、法的義務を常に負うわけではない[3]。他方で、弁護士のような専門家は、常に依頼者の受認者であると認識され、受認者の守秘義務違反で訴えられることがある[4]。

専門家が特定の依頼者に負う信認義務と、それ以外の専門家の義務の関係をみる際には2種類の方法がある。第1に、複数の義務が同時に存在し、時には競合することをカント哲学の視点でみるということがある。すなわち、専門家である受認者の職務に対する義務と、その専門家を信頼した個人に対する信認義務は同時に存在する。例えば、医師は患者に対する受認者となるが、患者以外の人や組織（例えば、病院、同僚、より広くは公衆衛生体制）にも専門家としての責任を負う。医師の専門家としての責任は重要なものであろうが、法律上は患者の権利と利益が最優先されるのが一般的である。弁護士も、依頼者の代理人としての責任と、法廷における職責者として法を維持する責任という、競合する責任を調和させなければならない。これらの責務を調和させるためには、状況に応ずることが重要である。

この問題をみる第2の方法は、義務の競合に焦点を当てるのではなく、専門家として従事する者に対する合理的な期待に焦点を当てるというものである。現在の状況に照らして、合理的に期待されることは何か。教区民は、正統派のラビがハムサンドイッチを牛乳と一緒に食べてくれると期待するのは合理的でない〔ユダヤ教徒は肉と乳製品を分けて食べるとされる〕。一方、患者は、医師が煙草を吸うことを手伝ってくれると期待するのは合理的でないし、弁護士が法律違反を手伝ってくれると期待することも合理的でない。専門家である受認者の受益者に対する忠実義務は重要なものであるが、受益者は、それが、受認者が専門家としての職務の本質を放棄するほどの絶対的な忠実であると期待することは合理的とはいえない。

本章では、このような相互に作用する関係が専門家を規律する法律にはあるということを研究するために、弁護士の信認義務と専門家としてのそれ以外の義務

---

2 | 例えば、聖職者の一員がその教会や宗教組織の受託者や役員になった場合には教会や宗教組織の受認者となりうるが、聖職者の一員であるからといって教会や教区民に信認義務を常に負うということではない。

3 | See Lightman v. Flaum, 97 N.Y.2d 128 (2001)（聖職者に属する者が法律上受認者としての守秘義務を負わないと判示）.

4 | See Charles W. Wolfram, A Cautionary Tale: Fiduciary Breach as Legal Malpractice, 34 Hofstra L. Rev. 689, 692 (2006).

が、相互に影響して形成されていることを調べる。まず、弁護士の信認義務の法源、弁護士と依頼者の信認関係の発生の契機となる状況から議論を始める。次に、伝統的な信認義務である忠実義務と注意義務、この分野における強行規定と任意規定の関係、弁護士の信認義務違反に対する救済、および弁護士がその依頼者または第三者のために受託者にもなる場合の特殊な課題について検討する。

Ⅱ　弁護士の信認義務の法律上の基礎と発生の契機

　「生活におけるビジネスの関係のうち、弁護士と依頼者の関係よりも高い信頼と信用の関係にあるものは少ない」との認識のもと、アメリカ合衆国の裁判所は法律に関する助言をし、代理人になることが信認義務をもたらすことを認めている。当初は、裁判所が主導的に弁護士の信認義務の範囲と内容を定義したが、その後は、弁護士と学会が、弁護士の信認義務の明確化を主導的に担い、アメリカ法律家協会（the American Bar Association; ABA）の弁護士行動準則模範規程（以下、「模範規程」という）やアメリカ法律協会の第3次弁護士法リステイトメント（以下、「リステイトメント」という）などに取り組んできた。これらの取組みは、弁護士の信認義務を、弁護士の職務を規律する包括的な制度に組み込むものである。諸州の議会と州弁護士会は、模範規程とリステイトメントに基づいて自由に起草して、それぞれに専門家責任に関する規程を発展させ、弁護士の信認義務を法律上拘束力のある職務規程に組み込んだ。その結果、模範規程とリステイトメントは、アメリカ法における弁護士の信認義務の範囲と、信認義務とそれ以外の専門家としての弁護士の義務との関係について、貴重な指針を提供している。

　一般に、弁護士の信認義務は、弁護士と依頼者という関係が始まったときに成立し、関係が終了するまで続く。それゆえ、弁護士と依頼者の関係の成立は、弁護士の信認義務のほとんどを引き起こす重大な事由である。弁護士と依頼者の関係は、通常、「ある者が弁護士に自己のために法律事務を行わせる意思を表示した場合であって、(a)弁護士がこれに同意したとき、または(b)弁護士がこれに同意しない旨の意思表示をしなかった場合であって、その者が弁護士の法律事務に依拠することが合理的であると知り、または合理的には知るべきであるときに、弁

---

5 | Stockton v. Ford, 52 U.S. (11 How.) 232, 247 (1850).
6 | Model Rules of Prof'l Conduct (Am. Bar Ass'n 2017).
7 | Restatement (Third) of the Law Governing Lawyers §14 (Am. L. Inst. 2000).

護士と依頼者の関係が生ずる」[8]。また、裁判所が、ある者のために法律事務を行う弁護士を選任する場合においても、弁護士と依頼者の関係が生ずる[9]。

守秘義務[10]、利益相反回避義務[11]など、いくつかの信認義務は、弁護士と依頼者の関係の開始前でも発生することがあり、通常は弁護士と依頼者の関係の終了後も続く。依頼者が弁護士を「買い物をするように探し回る」ときは、複数の弁護士に問い合わせるかもしれないが、委任するのは1人だけである。弁護士と依頼者の関係が成立するまで信認関係が生じないとしても、依頼者となるかもしれない者に正式なものでなくても相談に応じていれば、守秘義務を負うのであって、弁護士への委任や支払の有無は関係ない[12]。依頼者となるかもしれない者から弁護士に対する情報は、弁護士・依頼者間の秘匿特権により保護され（弁護士または依頼者となるかもしれない者に開示を強制できない）、弁護士は、依頼者となるかもしれない者の同意がなければ、これらの情報を開示することを法律上に禁止されている[13]。弁護士が、実際に弁護士と依頼者との関係が生ずる前は守秘義務を負いたくないならば、依頼者になるかもしれない者に対して、秘密にしたいことがあるならばそれを話すことはやめてほしいと非常に明確に示さなければならない。

受任前におけるもう1つの重要な義務は、率直に説明する義務である。弁護士は、その専門性を正確に説明し、訴訟の実質的内容について誠実に意見を述べる義務を負う[14]。弁護士はまた、法律事務の費用および合意される可能性のある様々な手数料基準について、できる限り率直に述べる義務を負う[15]。さらに、弁護士は、彼ら自身が利益相反になる可能性について、この段階において正確に告げる義務を負う。特に著しい利益相反は、過去または現在における他の依頼者の代理により生ずるものである。

まとめれば、弁護士は、現在または将来の依頼者との間で信認義務を負うが、信認義務の範囲は信認関係が形成されたか否かにより決まる。本章においては、弁護士を規律する中核的な信認原則に着目する。すなわち現に弁護士と依頼者との関係にある場合に適用される忠実義務と注意義務である。

8	Id. §14.
9	Id.
10	模範規程1.6条。
11	模範規程1.7条、1.9条（依頼者との利益相反）。
12	後掲注25〜35とその本文を参照。
13	模範規程1.18条（依頼者となりうる者）。
14	模範規程1.4条、4.1条（依頼者と依頼者でないものへの率直に説明する義務）。
15	模範規程1.5条（報酬）。

Ⅲ　忠実義務

　受認者は、信じて託す者に対して忠実であり続けなければならない。そのため、弁護士は依頼者に対して忠実でなければならないということになる。忠実義務は多くの要素により構成されるが、最も重要なことが３つある。それは、弁護士が依頼者と利益相反となることを回避する義務、弁護士が依頼者の秘密を守る義務、そして弁護士が依頼者（特に依頼者が組織である場合）の利益を、その依頼者に対して弁護士以外の受認者や代理人の立場にある者——彼ら自身が依頼者に対する義務違反を犯しているかもしれない——の利益と混同しない義務である。

A.　利益相反

　忠実義務の構成要素のうち、最初に利益相反を回避する義務を検討する。弁護士の利益相反には、弁護士、弁護士の家族、所属する弁護士事務所、およびその他の人または組織の私的な経済的利益に関係するものがあるが、弁護士の他の信認義務には関係しない。多くの利益相反は、他の信認関係との間の「義務の衝突」で、通常は他の依頼者との信認関係において問題になるのだが、時には弁護士が、会社やその他の組織の役員、受託者、その他の受認者となっている場合でも問題になる。例えば、依頼者が会社で、その取締役になると合意した弁護士は、その取締役としての受認者の役割と、その依頼者である会社または他の依頼者の代理人弁護士の役割が利益相反になりうる。

　利益相反が起こらないように、一般的に次の行為は禁止される。(1)現在受任中の依頼者を相手方とする事件の他方当事者の代理人弁護士となること、(2)弁護士の個人的利益、過去の依頼者やその他の個人や組織に対する義務、またはその他の弁護士の義務によって新たな依頼者の代理権を毀損する重大な危険を有する場合に、代理人弁護士となること[16]。

　いくつかの場合において、依頼者は、これらの利益相反があることに同意することができる。ただし、利益相反があることに同意するためには、弁護士が関連する全ての事項を依頼者に十分に知らせる必要がある。依頼者が、利益相反への同意を判断するために関係する情報を教えられていない場合、同意は無効になる

---

16 ｜ 模範規程 1.7 条。

可能性がある[17]。さらに依頼者が一旦同意したとしても、後にこれを撤回するか、または弁護士と依頼者の関係を終了させることができるかもしれない[18]。依頼者が利益相反に一旦同意しても、その同意の撤回を正当化できるような新たな事実があれば伝えられなければならない。

ある依頼者に報告する義務が、他の依頼者に対する守秘義務に反することがありうる[19]。このような事態において、秘密情報を伝えることについて守秘義務の対象となる他の依頼者の同意が得られない場合、または依頼者が利益相反について判断するために十分な情報であるとまではいえない場合、弁護士は、利益相反となる関係を回避しなければならない。

B. 守秘義務

忠実義務の2つ目の構成要素は、弁護士の依頼者に対する守秘義務である[20]。

秘密保持に関する信認義務は、弁護士・依頼者間の秘匿特権と呼ばれる証拠法上の規範と混同されることが多い。この信認義務と秘匿特権とは、コモン・ローにおいて同じ起源にあるものでよく似た根拠に基づくが[21]、弁護士の依頼者に対する守秘義務は、通常、秘匿特権よりもさらに広い。守秘義務は、依頼者の代理人業務で知りえた全ての非公開情報に係るものであって、情報の種類、誰が弁護士に伝えたか、どこで知ったのかに関係しない。弁護士は、予め依頼者の同意を得ずに、依頼者の不利益になるような形で情報を開示し、使用することはできない。この義務には例外があり、その1つは裁判所から弁護士に対する情報開示命令による証言録取書の作成で、相手方の書面の請求に応じてなされる場合と正式事実審においてなされる場合がある[22]。このような場合、弁護士・依頼者間の秘匿特権の対象とならない限り、弁護士は情報を開示しなければならない。

対照的に、弁護士・依頼者間の秘匿特権は、依頼者に対する義務ではない。むしろ、これは証拠に関する規範であって、弁護士・依頼者の関係を保護するために、法的助言を求めたり、法的助言を与える目的でする情報交換の内容は、証拠として認められないとしている。また、この規範により、依頼者または代理人は、弁護士と依頼者で交換される秘匿特権の対象情報の開示を拒否できる。

---

17 | 模範規程1.0条（「情報に基づく同意」を定義している）。
18 | 模範規程1.16条（依頼者はいつでも弁護士を解任できることを定めている）。
19 | 後述ⅢB参照。
20 | 模範規程1.6条（現在の依頼者に対して）、1.9条（c）（以前の依頼者に対して）参照。
21 | See Annesley v. Anglesea, 17 How. St. Trials 1139 (1743) (Gr. Brit.).
22 | 模範規程1.6条(b)参照。

秘匿特権は、弁護士の守秘義務より狭く、秘匿特権の範囲は法的助言を得る目的で弁護士と依頼者が交換する情報に限られる。依頼者が、弁護士に、既存の文書を1箱弁護士に引き渡し、文書の内容と法律上問題となることを説明した文書を付けたとすると、説明文書は秘匿特権の対象情報であるが、既存の文書は対象ではない。民事裁判における相手方と刑事裁判または捜査における政府は、弁護士に既存書類の引渡しを求めることができるが、説明文書は引渡しの対象でない。対照的に、依頼者の秘密を保護するという弁護士の信認義務は、依頼者が既存文書と説明文書の両方に対する秘密保持を期待していることから、両方が義務の対象となる。弁護士は、両方の文書について自らの意思で第三者に開示することはできない。ただし、秘密保持に関する信認義務の例外として、弁護士は、依頼者自身が開示しなければならない書類の引渡しを裁判所が命令した場合には拒否できないということは広く認知されている。その文書は弁護士・依頼者間の秘匿特権の対象外であるため、弁護士か依頼者のどちらかが既存文書を引き渡さなければならないのである。[23]

依頼者は、この秘匿特権を簡単に、しばしば不注意で放棄してしまうことがある。代理人・依頼者間で交換された情報を、代理の範囲外の第三者に伝えてしまうと、秘匿特権の対象でなくなる。弁護士との議論に親密な友人や親戚が加わると、そこでの会話は秘匿特権の対象でなくなるおそれがある。依頼者と弁護士の間で法的助言を求め、それに回答した電子メールを、第三者にも送ると、その電子メールについて代理人・依頼者間の秘匿特権を放棄することになる。弁護士から得た意見書が秘匿特権の対象であるとき、その意見書を依頼者が第三者に自ら開示すると（例えば、事業を売却しようとする者が、環境問題の弁護士からのを手紙を、購入する見込みのある者に見せれば）、おそらく意見書についての秘匿特権を失うだろう。一旦秘匿特権が放棄によって失われたときは、他の第三者は、その意見書、電子メールまたは手紙を得ることができることになる。

このことは、弁護士の秘密保持に関する信認義務とは全く異なる。ここで述べた例では、秘匿特権が放棄されてはいるものの、弁護士自らが、依頼者の事前の承諾なく他の依頼者やその他の第三者に、これらの情報交換やその内容を開示したときは、依頼者に対する義務違反となる。[24] 情報はもはや秘匿特権の対象ではないが、守秘義務の対象である。

---

23 ｜ See Personal and Professional Responsibilities of the Lawyer（John T. Noonan, Jr. & Richard W. Painter eds., 3d ed. 2011）（守秘義務と秘匿特権について論じている）.

24 ｜ 模範規程1.6条参照。

依頼者は、秘匿特権の放棄や代理人弁護士が放棄することの承認について決定できるという点において、秘匿特権の管理権限がある。代理人弁護士は、依頼者が正しく情報を得たうえで同意するのでなければ、秘匿特権を一方的に放棄することはできない。しかしながら、依頼者が弁護士に委任し、代理権を与えて依頼者のために行動させる場合、代理する事件について判断する現実の代理権を与えていることになるので、弁護士が秘匿特権の対象である情報を開示することを判断し、それによって秘匿特権を放棄すれば、その判断が仮に不適切であったとしても、依頼者はそれに拘束されるであろうというのが証拠法のルールである。

依頼者に対する弁護士の信認義務には、秘匿特権を保護する義務が含まれる。弁護士は、依頼者に対し、秘匿特権のある情報を第三者に開示することに同意することにより、その他の者に対しても秘匿特権を放棄することとなると、警告を発しなければならない。また、秘匿特権の放棄が依頼者の利益となるのでない限り、放棄により秘匿特権を保護できなかった弁護士は、注意義務に違反することになる。[25]

依頼者の秘密と秘匿特権を守る信認義務については、ともに重要な例外がある。例えば、弁護士は、依頼者が法律に違反することを手助けすることはできないし、法律に違反したり、他者に危害を加える目的で、弁護士の守秘義務または秘匿特権を守る義務を濫用することを依頼者に許してはならない。[26]弁護士は、人の生命または身体に重大な危害が及ぶことを防止するために、情報を公表することが必要なときは、依頼者に対する守秘義務を負わない。[27]さらに、模範規程およびほとんどの州の職務規定のもとでは、弁護士は、犯罪または詐欺により第三者が著しい財産的損害を被ることを防止するために、情報の公開が必要な場合は、依頼者に対する守秘義務を負わない。[28]代理人・依頼者間の秘匿特権にも同様の制限が適用される。いわゆる「犯罪・詐欺の特例」により、依頼者が、犯罪や詐欺行為を行う目的で法律上の助言を求めるためにする情報交換は、秘匿特権の対象とならない。[29]このような情報は、秘匿特権の対象でない。これらの場合、弁護士の法を守る義務は、依頼者の秘密を保持する弁護士の信認義務に優先する。

25　全般的に、後述Ⅳ B 参照。
26　模範規程 1.2 条 (d) 参照。
27　模範規程 1.6 条 (b)(1) 参照。
28　模範規程 1.6 条 (b)(2) 参照。
29　See In re Grand Jury Investigation, No. 15-50450, 2016 U.S. App. LEXIS 580 (9th Cir. 2016) (秘匿特権の情報が、詐欺罪では例外としてディスカバリーの対象となることを定める).

C. 依頼者を特定して代理すること

忠実義務の第3の要素は、依頼者が誰であるかを正しく特定し、忠実に代理することであり、依頼者と関係のある第三者の利益のために代理人とならないようにすることである。こういった依頼者と関係のある第三者は、依頼者に対して権力をもち、依頼者にとって重要な者であるかもしれないし、弁護士に対して報酬をもたらす者であるかもしれないが、依頼者ではない。

父母に雇われて子を代理する弁護士の場合を考えてみよう。依頼者が子である場合には、弁護士は、その子の最善の利益のために代理しなければならない。弁護士に報酬を支払う者が誰なのか、ということは重要ではない。子のために弁護士を雇った大人が、その子を虐待していたり、明らかに子の最善の利益にならないことをしている場合、弁護士は、児童の利益を保護するため必要なことを行わなければならない。子が弁護士の依頼者なのであって、大人ではない。

同様に、ある個人が弁護士を雇って、会社、大学、教会その他の団体の代理人とする場合、弁護士は団体に対して信認義務を負う。ある者が代理人弁護士の任命を主導するときに、その者は組織の役員会、受託者、最高経営責任者、その他の組織の代表者かもしれないし、あるいはゼネラルカウンセルのような組織内の弁護士かもしれない。誰が弁護士を雇って組織の代理人としたのかは関係なく、弁護士の信認義務は、組織のみを対象とし、組織を構成する者を対象とするのではない。[30]

この問題は、会社や非営利団体において、組織内の受認者が強い権力をもち、法律顧問の任命と解任や法律問題の相談料の支払に決定権をもつときに、最も顕著となる。これらの権力を有する個人は、団体を害する行為に加担しているかもしれないし、その中には団体が違法な行為を行ったとされるようなこともあるかもしれない。有害な行為には、危険な製品の製造販売、環境汚染物質の違法な排出、証券詐欺、未成年に対する性的虐待の隠蔽等などの様々な不正行為が考えられる。弁護士が信認義務を負う相手は団体なのであり、団体の上層部が対象ではないのだから、弁護士は団体の最善の利益のために行動しなければならないのであって、ほぼ常に、速やかに有害な行為を終わらせるように手を打たねばならず、しばしば、警察に報告する義務を負う。[31]

不幸なことに、法曹は、この忠実義務の第3の要素に苦闘してきた。なぜなら、

---

30 ｜ 模範規程 1.3 条（依頼者である組織）参照。
31 ｜ 模範規程 1.3 条。

団体の最善の利益を代理するために、団体の上層部にあたる受認者の指示に従っ
たと主張する弁護士が多くいるからである。エンロン・ワールドコム事件からカ
トリック教会での性的虐待事件、ペンシルベニア州立大学の運動部のスキャンダ
ルに至るまで、弁護士は、依頼者本人である組織の利益と、組織内の上層部の指
導者のより利己的で狭い利益を区別できないことによって、忠実義務に違反する
ことになる。

　政府内の弁護士も、同様に忠実義務に違反する可能性があり、ときには違反す
ることがある。ジョン・ディーンはリチャード・ニクソン大統領の顧問として、
大統領とその他のホワイトハウスの職員によるウォーターゲート事件の隠蔽行為
を助けたため、刑務所に入った。2003 年に、司法省（DOJ）の法律顧問室の弁護
士たちが、拷問にあたる尋問方法を正当化する公式意見書を作成したのは、多か
れ少なかれ、上層部の政治家がそのような形の意見書が出ることを望んでいると
認識していたからであろう。[32] ドナルド・トランプ政権の連邦政府の弁護士たちも、
同様に依頼者とされるアメリカ合衆国政府[33]の利益と、政府のために行動するべき
者であるアメリカ大統領を含む高官の個人的および政治的利益を区別しなければ
ならない。政府の弁護士が、政治家である上層部の違法行為や誤った法解釈に強
く反対しないならば、弁護士は政府という組織の代理人とされるのであるから、
依頼者に対する義務違反になる。

　これらの全ての場合において、依頼者の受認者である上層部の見解および指示
は、当然に、依頼者が組織体であるときに、依頼者の利益が何であるかを決定す
る際に重要なものである。大学の学長は、しばしば、何が大学の最善の利益なの
かを決定し、会社の最高経営責任者は、日常的に、何が会社の最善の利益なのか
を決定する。アメリカ合衆国政府の行政府では、大統領または大統領が権限を委
任した者が、通常はこの決定をしている。

　しかし、上層部にいる者が依頼者である組織体の利益を誠実に代理していない
ことが明らかな場合がある。例えば、公職にある者が司法の妨害をしたり、拷問
をしたり、また会社の経営者が証券詐欺その他の犯罪をした場合である。弁護士
は、他の受認者の判断が――それがたとえ最高位の受認者であっても――依頼者

32　See Jens David Ohlin, The Torture Lawyers, 51 Harv. Int'l L.J. (2010)（意見書と事実、意見書を記し
　　た弁護士に対する圧力について分析している）. これらの弁護士の中には、以前の地位からする
　　と大統領の権限を拡大解釈すると考えられることを理由として DOJ に雇われたことが明らかと
　　思われる者がいる。

33　いささか議論のあるところだが、政府の弁護士の依頼者は政府またはその下部組織であると通常
　　は考えられている。

を明らかな法律違反にするものであれば、それを許容することは忠実義務違反となる。

D. 情報伝達

弁護士が代理する事件について、依頼者が情報に基づいた判断するために必要な情報を伝える義務は、最も見落とされることが多い義務の1つである[34]。この義務は、信認法における基本的な概念である。例えば、代理人は、本人に代理事項について報告を続けなければならない[35]。依頼者が個人である場合、弁護士が誰に対して報告をする必要があるのかは、通常は明らかで、依頼者本人である。限られた状況において、依頼者の同意がある場合のみ、弁護士は、依頼者個人の関係者または依頼者のために働いている者に対して重要な情報を伝達しても適切であるとされる。

会社のような組織が依頼者である場合には、報告義務はより複雑になる。弁護士は、依頼者のために意思決定を行う者として誰が適切であるかを特定するか、または少なくとも法人の意思決定者に本質的な情報を伝える者として誰が適切であるかを特定したうえで、その者と意思疎通しなければならない。代表権の性質および会社の意思決定の性質によっては、依頼者である法人の中間管理者であったり、最高経営責任者や取締役会の全取締役であったりするかもしれない。弁護士が、情報を伝えるべき者を誤った場合や、よりありがちなこととしては、依頼者の構成員の中でその情報を知る必要がある者に対して情報提供を行わなかった場合、少なくとも依頼者への注意義務に違反することになる[36]。しばしば、このような情報伝達をしないことが忠実義務違反となる場合もある。依頼者のために判断を行う者が必要な情報を有しないことを弁護士が知り、または知るべきであった場合がそうである。弁護士が必要な者に情報を伝達しなかった理由として、弁護士を雇っていたり、弁護士と親密な関係にあったり、弁護士に報酬を払ったりする者が組織内に別に存在し、その者が組織内でその情報を必要とする他者に情報を提供することを望まないということがありがちである。

この問題は、1990年代には貯蓄貸付銀行の不祥事やその他の金融事業者の不祥事で大きく取り上げられ[37]、2002年にエンロン・ワールドコムの破綻により最

---

34 | 模範規程1.4条（依頼者への情報伝達）参照。
35 | 本書第2章参照。
36 | 後述IV参照。
37 | See Richard W. Painter, The Moral Interdependence of Corporate Lawyers and Their Clients, 65 S.

優先の問題となった。筆者と二十数人の法学教授が、証券取引委員会（以下「SEC」という）に対する書面で、公開会社の弁護士は、証券諸法違反を知った場合には、その情報を、まず会社の経営者に報告し、そこで適切な改善措置が講じられていない場合には、取締役会全体に報告しなければならないとする旨の規則を提案した。ABAや他の弁護士会は、長い間、企業弁護士が、このような「上層部に報告を上げていく」義務を強行規定として負うことに反対していた。彼らの主張は、弁護士は、依頼者である組織体の中の誰に重要な事項を伝達するかを決定する裁量がなければならない、というものである。しかし、2002年夏、議会は、サーベンス・オクスリー法の規定により、SECに対し、公開会社の証券弁護士の専門家としての責任に関して、上層部に報告を上げていくことを義務づけることを含む規則を公布することを義務づけた。[38]SECは約1年後にこれらの規則を公布した。[39]ほぼ同時期に、ABAは模範規程1.13条を改訂し、上層部に報告を上げていく義務をより明確に定義した。[40]

この一連の話と、サーベンス・オクスリー法における証券弁護士に関する連邦規制の制定は、弁護士会として最も著名なABAが、信認義務の中核的な側面、すなわち真の依頼者を特定し、依頼者のために意思決定を行う者に対して必要な情報を伝えるという弁護士の義務を認識していなかったことから生じた。依頼者である法人が、重大な法律違反に関わっているのに、その経営陣が止めようとしていない場合、弁護士が役員に違反に関する情報を伝えないとしたら、何らかの[41]理屈を付けようとしても弁解の余地はない。当該企業を監督する任にある取締役に対して情報提供を行わないことの理由が、経営陣がそれを望まないためであるとすると、忠実義務に違反することになる。このため、法人の役員に明確かつ即時に情報提供しない弁護士は、依頼者に対してフィデューシャリーの忠実義務違反となる。

Cal. L. Rev. 507, 507-584（1994）; Richard W. Painter & Jennifer E. Duggan, Lawyer Disclosure of Corporate Fraud: Establishing a Firm Foundation, 50 SMU L. Rev. 225, 225-276（1996）（これらの問題と、後に2002年サーベンス・オクスリー法で議会が定めたものと同様に、上層部に報告を上げさせる強行規定の必要性を論じている）.

38　See Sarbanes-Oxley Act of 2002 §307, Pub. L. 107-204, 116 Stat. 745（2002）.

39　17 C.F.R. pt. 205.

40　模範規程1.13条（上層部に報告する義務）参照。

41　See Del. Code Ann. tit. 8, §141（a）（2018）（会社は取締役会によって、または取締役会のもとに運営されることを定める）.

Ⅳ　注意義務

　フィデューシャリーの注意義務は、職務規程に何点か具体化されている。弁護士は、法律事務一般の取扱いのみならず、自らが依頼者を代理する法律分野においても受任する能力を有していなければならない。[42]弁護士はまた、提訴期限および訴訟における制限条項を満たすこと、依頼者の電話に返答すること、代理人として必要な事実に精通していること、および依頼者が情報に基づいた決定を下すことができるように重要な情報を依頼者に伝えることに努めなければならない。[43]

A.　依頼者の事情に精通すること

　最も見逃されがちな注意義務の側面として、弁護士が依頼者の事情に精通する義務がある。有能な法律上の代理人は、単に法律の知識だけでなく、法律が適用される事実についても精通している。訴訟弁護士は、このことを知っており、基礎となる事実を見つけ出すことに通常は極めて熱心である。会社の弁護士、信託と相続の弁護士、その他の取引に係る代理人弁護士は、このことについて注意深いこともあるし、そうでないこともある。依頼者の事件が複雑であるほど、弁護士は法律のみに焦点を当てて、事実関係の表面的な理解でよしとする誘惑にかられることが多くなる。このようにして弁護士が注意義務に違反することによって、壊滅的な結果を招きかねず、そのことが弁護士にとって大きな個人的または経済的な損失になりうる。このような状況は、弁護士が代理している企業を、その構成員がポンジースキームやその他の違法行為に使うために使用している場合に、とてもよく起こる。弁護士が違法な行為の存在を知らず、かつ、知ろうとする手間もかけなかった場合、忠実義務違反の責任を負うことを回避できるかもしれない。しかし、基礎となる事実を熱心に調査しない弁護士は、注意義務に違反することになる。

　このような筋書きとなるのは、依頼者の事業が類型として複合的なもので、かつ、合法的な企業にみえる場合に特に多い。弁護士の能力と勤勉さが不足していることの言い訳に、その弁護士は依頼者の事業（エンロンにあってはエネルギー、ワールドコムでは通信、バニー・マドフにあっては金融業）の専門家でないので、と

42　模範規程 1.1 条参照。
43　模範規程 1.3 条、1.4 条参照。

言うことがよくある。弁護士は、特定の事業分野の専門家ではなく、「ビジネス・スクールに行っていない」ため、注意義務によって、依頼者の事業類型と事業のリスクについての基本的な理解は求められるとしても、専門性が欠けていることが何もしなかったことの言い訳となるのだと推定するのである。この推定は誤っていて、取締役会、投資家または破産管財人による弁護過誤訴訟に対しては脆弱である。依頼者である会社の代理人となろうとするのであれば、弁護士は、依頼者の事業について学習して、「依頼者はどのようにして利益を得ているのか」、「事業を経営するのに必要な現金の入手方法は」、「依頼者が現金を現在必要とする理由は何か、将来、現金が必要となる事由が生じうるか」等の基本的な問題に十分答えられる必要がある。さらに依頼者が組織である場合、弁護士は、依頼者である組織のために行動していると称する人々も依頼者の受認者であることを認識する必要がある。これらの受認者の一部は、忠実かつ注意深いかもしれないが、そうでない者もいる。

　弁護士は、法律を知ることと同様に、関連する事実を知る義務を負う。事実を熟知しない者は、厄災が来ていると知ることはできない。例えば、会社の執行役の報酬制度、他の事業者との関係、株式の所有関係、その他の原因により利益相反が起こることに、弁護士は気を配る必要がある。法人である依頼者の組織のどのようなところで悪いことが起こりがちであるのかを知ることの方が、緻密な法律の知識より重要なことはよくある。実際に、法人に起こった大惨事として参照されるようなものの多くにとって、それを回避するために必要な法律は比較的少ないもので足りる。弁護士は、同様の状況にある似通った依頼者を代理する弁護士に期待される注意の水準を満たさないならば、注意義務違反の責任を負うだろう。弁護士が、重要な事実を知りながら、この事実に対して行動しなかった場合、忠実義務にも違反する。

　もちろん、受認者の中には、このような違反により、注意義務と忠実義務の両方に違反する者もいる。例えば、企業が流動性の問題を投資家に開示しないとか、利益相反取引を行っている、といった顧客の事業モデルに係る問題に弁護士が気づかなかった場合を考えてみよう。この場合には、確認を行っていないことにより注意を怠ったとされる（同様の地位にある弁護士が適切な注意を払えば知りうる状況にあると期待されるため）。しかし、弁護士が不注意な行動をした理由は、弁護士が自分の依頼者の事業モデルの問題点について知りたくないからなのかもしれない。弁護士は、これを知らないこと（故意の不注意）により利益相反（忠実義務

の問題）を回避できると信じているのかもしれない。この点において、注意を怠ったことは、忠実義務違反であり、注意義務違反でもある。弁護士は、任務懈怠による訴えやその他の訴訟において、[44]（事実を知らなかったとして）ひどく馬鹿だと認めるか、（知っていたとして）ひどく忠実でなく、おそらく不誠実でもあったと認めるかという、おなじみの究極の選択をすることになったと知るだろう。弁護士は、このような状況になりたくないのであれば、代理人となるにあたって、基本的な事実を知るように注意しなければならない。

B.　秘密の保護

　注意義務のもう1つの重要な要素は、秘密の保護である。依頼者の同意またはその他の正当な理由なしに依頼者の秘密情報を故意に開示することは、弁護士の忠実義務違反である。[45]不注意により開示したり、誤って依頼者の情報を保護できなければ、注意義務違反である。このような義務違反というのは、うっかり鞄を地下鉄に置き忘れる、公共の場で顧客との会話を続ける、安全でない電子メールその他の通信手段を使用する、または（最もありがちなものとして）受け取るべきでない人に電子メールを送る、というような不注意により起こりうる。

　依頼者の秘密情報の取扱いにおける注意義務は、秘匿特権の対象となる秘密情報の取扱いにおいても重要である。既に述べたように、証拠についての秘匿特権は簡単に放棄されてしまう。例えば秘匿特権の対象情報を法律上の代理人でない第三者に伝えた場合には放棄される。弁護士はこのようなことが起こらないように非常に注意する必要がある。弁護士は、依頼者は秘匿特権の対象情報を第三者に伝えてはならないこと、伝えると特権を放棄することになることについて、警告するように努めなければならない。[46]実際、弁護士の注意義務には、秘匿特権の放棄がもたらす結果、つまり、訴訟の相手方および政府の捜査官が、秘匿特権のある場合よりも容易に情報を入手できるということを依頼者に伝える義務が含まれる。[47]

---

44 ｜ 後述Ⅷ参照。
45 ｜ 模範規程1.6条参照。
46 ｜ 模範規程1.3条参照。
47 ｜ 模範規程1.4条参照。

V 信認義務と信認義務以外の専門家としての責任に関する義務との関係

弁護士には、他の専門家と同様に、その職業に関する特定の義務がある。時には、これらの専門家の義務は、依頼者に対する受認者の忠実義務と対立するような関係にある。それゆえ、弁護士は、その他の職務上の義務について依頼者に説明する義務を負っているのであり、依頼者は、弁護士の信認義務が、それ他の職務上の義務に照らして解釈されることを意識しなければならない。

A. 2つの義務が対立する場合があること

依頼者に弁護士が負う受認者としての忠実義務と、専門家としての責任との間に生ずるかもしれない対立関係を説明するためには、いくつかの例を挙げれば十分だろう。

おそらく最も極端な例として、死刑に相当する殺人事件の刑事被告人による偽証が挙げられる。弁護士は、あくまで死刑に反対する立場かもしれない。弁護士は、事情によっては依頼者の行為が、正当でなくても、理解できると思うかもしれない。だが、弁護士は、依頼者が宣誓した証言で偽証しようとしていることを知っているならば、依頼者を証言台に立たせてはならないし、嘘の証言を見逃して、法廷で訂正を行わないことはできない。1970年代までには、ほとんど全ての州で、弁護士が偽証を教唆することは、裁判所で公務を行うという弁護士の役割に反するということで意見が一致した。この場合は、弁護士の受認者としての忠実義務よりも、それ以外の専門家としての義務の方が優先するのである。[48] 依頼者が宣誓した証言において嘘をついていると知った弁護士は、訂正を**行わなければならない**。[49]

同様に、弁護士は、依頼者の詐欺その他の犯罪行為を助けることはできない。[50]依頼者が、他人を欺いて、しかも詐欺であると発覚する可能性が極めて低いと思われる商取引を成立させることが、最も自分の利益になるのだと自分勝手にも考えているとする。弁護士は、依頼者の取引の成立を助けることをとにかく拒否し

---

48 | 模範規程3.3条（法廷に対して率直に開示する義務）参照。
49 | 模範規程3.3条。
50 | 模範規程1.2条(d)参照。

なければならない。時には、依頼者が法律違反をしていると気づく前に、既に支援のほとんどを終えていることがある。このような場合、取引をやめることにより、依頼者が多大な財産上の損害を被るおそれがあるかもしれない。しかし、いずれにせよ、弁護士は、取引の支援をさらに行うことを拒否しなければならない。取引の成立に立ち会うだけでも取引が合法であると期待させることになりうるので、そのような行動は、法律違反を助けてはならないという弁護士の職務上の義務違反を構成する。このような場合には、弁護士は依頼者に対し単純にダメだと言わなければならない。弁護士が依頼者の受認者であるという事実によって、そのことが変わることはない。

政府の弁護士にも同様の懸念が生ずる[51]。例えば、2017 年 1 月、サリー・イエーツ司法長官代行が、トランプ大統領の署名した大統領令を裁判所で弁護することを拒否したのは、大統領令が違憲だと信じたからである。イエーツが違憲であると評価したことの是非にかかわらず、特定の国を指定して外国人の入国を排除する大統領令が違憲であると彼女がまさに信じているのであれば、合衆国を代理するものとして、大統領令は合憲であると主張することは倫理的にできなかったということになる。これに対して、イエーツが入国禁止を違憲だと信じていたものの、合理的な人物がその意見に反対することもありうるとも信じていたとするならば、彼女の対応は異なったものとなりうる。この場合、イエーツが自身はおそらく違憲であると信じていたとしても、入国禁止の合憲性の弁護は倫理的にもおそらく可能だろう。しかしながら、入国禁止の違憲性に対する彼女の信念がほぼ確実なものとなった（実際にそれは明らかだった）時点で、入国禁止を押し進めるような行為を裁判所においてすることは、依頼者による違法行為を助長することにほぼ等しくなったのである。彼女の唯一の選択は、拒否して解雇される（実際にそうなった）か、辞任することであった。この事例では、政府が依頼者である場合に選挙で選ばれた代表者の指示に従うという信認義務を、専門家としての弁護士の義務が上回ったのである。

仮に過去の司法省の弁護士たちが、例えば、フランク・D・ルーズベルトの在任中の日系アメリカ人の抑留やジョージ・W・ブッシュの在任中の拘留者の取調

---

51 | 弁護士を含めて、政府で働く者の信認義務は、主に属する部署に、次に公衆全般に対して向かうことなど、不整合ではないとしても異なった方向に向かうことも多い。See Evan J. Criddle & Evan Fox-Decent, Guardians of Legal Order: The Dual Commissions of Public Fiduciaries, in Fiduciary Government (Evan J. Criddle, Evan Fox-Decent, Paul B. Miller, Andrew Gold & Sung Hui Kim eds., 2018).

べを定めたような大統領令に意見書を作成していたとして、大統領令を助けるような意見書の作成を拒否していたならば、この国に起こった悲劇を回避することができたかもしれない。これらの例は、法規範のもとで物事を進める社会において、弁護士の「その他の義務」が極めて重要であることを示している。

　もちろん、受認者の受益者に対する「忠実さ」は、信認関係の重要な要素である。しかし、絶対的に忠実ということはありえない。弁護士は、依頼者の法律違反を助けることで法規範を害してはならない。このことは、法律に違反することが、依頼者の最善の利益になることが間違いないとか、または明らかな状況だとしても同じである。さらに、依頼者が法律に違反することを強く希望したとしても同じである。弁護士に絶対的に忠実であることを求める依頼者は、代理人にとって最も危険な依頼者となりうる。依頼者の権力が強いほどこの危険は大きくなるだろう。

B.　義務の調和

　依頼者に対する忠実義務、注意義務その他の信認義務は、通常、法規範の維持を目的とする複数の義務と調和する。これらの義務は、通常は相反するのでなく調和する。なぜなら、弁護士が法を維持する義務に誠実であることは、依頼者の最善の利益にもなるからである。依頼者が組織体である場合は、これが正しい可能性はより高い。

　このように、法律を維持する義務と依頼者の利益が調和することは正しいのであって、依頼者がある時点で何を言うか、依頼者が組織体である場合に依頼者のために発言する権限をもつ人が何を言うかということとは関係ない。弁護士が、もし依頼者や依頼者のために行為する権限を与えられた者の意見に従うことに同意して、法を維持する義務に反することをすれば、依頼者の利益を害することになる。

　組織体が依頼者である場合、弁護士の代理人としての職務には、依頼者の他の受認者のインセンティブと行動に起因するエージェンシー問題を解決することが含まれる。会社であれ、教会であれ、また連邦政府であれ、依頼者である組織体のために職務につく者は、彼ら自身の職務上の利益または経済的な利益のために、比較的短期的な視野になりがちである。最高経営責任者は、大幅な利益が出たと報告することで職務と賞与を維持したいと望み、司教は、教会の性暴力の不祥事を隠蔽することで職務を続けたいと考え、また、大統領は、再選したいと考えた

り、おそらく自分の家族を守りたいと考えたりする。それは依頼者である組織体の長期的利益とは全く異なるだろう。弁護士が、その他の専門家としての義務に従ったからといって、これらのエージェンシー問題の全部はもちろん大部分についても解決に向かうことはないのだろうが、場合によっては、他の受認者の短期的な思考に起因する最も甚しい不法行為に歯止めをかけることはできる。

　この問題のもう１つの部分は心理学的なものだ。筆者は他の機会に「隠蔽の心理学」について書いた際に、行動経済学の予測理論によれば、２つの選択肢がともに悪いものであるときにどちらかに決定しなければならない者は「損失回避の枠組み（loss frames）」に陥って、危険な行為を非合理的に選択することが予測されると述べた[52]。例えば、公開会社の最高経営責任者が、株主に業績不振を認めたくないために、会計上の不正操作——証券詐欺——により業績不振を隠すことを選択するという例がそうである。ニクソン大統領（担当者に絶対的な忠実さを求めた）と弁護士（この要求に屈した）は、部下が違法行為を行った際に、大統領自身はその違法行為により訴追されるおそれが低いにもかかわらず、隠すことを選択した。実際、ニクソン政権のホワイトハウス顧問であったジョン・ディーン弁護士は、ウォーターゲートで彼や他の者がしたことを、筆者が「隠蔽の心理学」で明確化したことによって説明されているということを特に認めた[53]。ビル・クリントン大統領が、不祥事ではあっても合法的な研修生との関係を認めるよりは、民事事件の証言録取書で偽証すること（弾劾裁判の可能性のある罪にあたる）を選択したことも同様の心理である。権力者たちが、非常に大きな危険を冒して違法な隠匿、隠蔽、司法妨害を何度も何度も行うのは、心理的な理由によって、自分のために働いている者が不正行為をしていることと比べて、より少ない過ちが何かを認めるという、より賢明な選択肢をとれないからである。

---

52 | See Richard W. Painter, Irrationality and Cognitive Bias at a Closing in Arthur Solmssen's The Comfort Letter, 69 Fordham L. Rev. 1111, 1111-1137 (2000).

53 | ディーンは以下のように説明している。
　「ノーベル賞を受けた Daniel Kahneman と Amos Tversky の著作に基づき、Richard [Painter] は、自身が『損失回避の枠組み』（または負け戦）にあると気づいた人々が、より損失が大きくなることを避けようとして、より大きな危険を冒す傾向があること、たとえそのような危険を冒すことが非合理的で、他の選択肢より危険が大きいにもかかわらずそうすること、さらに、損失回避の枠組みが『隠蔽に向かう認知バイアス』をもたらすことについて書いている。Richard は、これがウォーターゲート事件でニクソンとその他の人々に起こったことなのだろうと考えた。私は疑いなく彼の考えは正しいと認めることができる。それこそ我々全てに起こったことなのだから。」
　John Dean, How Lawyers Can Minimize Professional Mistakes During a Scandal Like That at Penn State: Part Two in a Two Part Series of Columns, Verdict (Aug. 2012), http://verdict.justia.com/2012/08/10/how-lawyers-can-minimize-professional-mistakes-during-a-scandal-like-that-at-penn-state.

弁護士は、隠蔽に向かう心理的な偏りと不適切な助言による危険の負担を一掃することができる。弁護士は、依頼者と同じように「損失回避の枠組み」に囚われることがないのが通常であり、また、囚われたとしても依頼者ほどひどいことにはならない。弁護士が、依頼者または他の受認者ほど、損失回避の枠組みにひどく囚われない限り、長期的にみて依頼者を害するような誤った選択をすることに「ダメだ」と言える立場にあるだろう。弁護士がこのように振る舞うことができる理由は2つある。第1に、弁護士が、自らを損失回避の枠組みから切り離して、過度にリスクをとるような傾向に陥らないようにできて、依頼者の長期的な利益が何かを認識することもできるのでれば、隠蔽が依頼者の利益にならないことを指摘できる。第2に、弁護士としての「その他の義務」に立ち戻り、誰が何と言うかにかかわらず、また依頼者の最善の利益とは何かということについて誰が正しいのかに関係なく、依頼者が法を犯すことを助けることはないし、依頼者が法に違反することを求めるなら代理を続けることはないだろう、と依頼者に言うことができるのだ。

例えば、カトリック教会での性的虐待の不祥事を取り上げてみよう。教会が、事件の都度、虐待被害者と秘密裡に和解して、その後に、訴えられた聖職者を別の教区に異動させるということをしていたとき、教会の弁護士の役割は重要なものであった。教会の代理人弁護士と原告の代理人弁護士のそれぞれが、個別の訴えを解決するために秘密裡に和解するという結論を出すことにより、依頼者の狭い利益のために忠実に仕事をしたのかもしれないが、2015年の映画「スポットライト　世紀のスクープ」にあるように、このような形で秘密裡に和解することで、他の虐待被害者や教会という組織にとって、より広い利益に甚大な影響を与えた。

司教やその部下にとっては、教会という組織の重要課題に埋没することの方が楽なのである。性的虐待の被害者を助けるだけでなく、司祭に思いやりを示し、教会の名声を守るということもあるのだと。しかし、エージェンシー問題、そしておそらくはプロスペクト理論によって説明される隠蔽の心理学によって、彼らの意思決定と優先事項の順序が曇らされていたのだとわかる。

教会は、弁護士がその職務における核心的な目的に適切な注意を払っていれば、より良い弁護士事務を受けることができただろう。つまり法を守るだけでなく、将来も法が守られることを確実にすることができたであろう。教会の指導者たちは、法がもたらすこと（大規模な民事損害賠償を含む）と犯罪行為が人間に与える

影響を甚しく過小評価した。教会の弁護士（教会法の弁護士ではないだろうが、民事弁護士である）は、世俗法を守る義務を堅持し、教会指導者による神の法の解釈（悲劇的に見当違いなものだった）に屈することなく、法に従うべきであると主張していれば、より依頼者のためになっていただろう。教会組織に対しては、多数の専門家が信認関係にあり、その主なものは聖職者で一部は弁護士であったが、弁護士は、法を守る義務という弁護士自身の専門家としての特に重要な義務を故意に怠ったことによって、自らの職分を果たしていなかったのである。

Ⅵ　受託者としての弁護士

　場合によって、弁護士は、コモン・ロー上の信託の受託者として特有の義務を負う。[54] 弁護士が、依頼者の代理人になることに合意するだけでなく、依頼者の要請により、依頼者の受託者になること、依頼者の家族の１人の受託者となること、または第三者の受託者となることにも合意しているような場合がこれにあたる。弁護士を受託者として指名する書面または他の受認者としての職務に指名する書面を作成する際には、利益相反を全面的に開示する。つまり，弁護士は、「受認者の役割および義務、法律その他の専門家の補助を受けて受認者の仕事を行う場合の一般人の能力、弁護士とそれ以外の個人または組織を受認者に指名する場合の費用の比較」について説明しなければならない。[55]

　受託者としての職務を行う弁護士は、２つの信認義務が相反する可能性がある特定の状況を知っておくべきである。例えば、家族のみが株主である会社の代理人弁護士が、同時に、委託者が当該会社の株式を出捐し家族のうち１人以上の者が受益者となる信託の受託者となっている場合を考えてみよう。家族の１人が会社の議決権についての支配株主である場合、取締役たちは、その家族の１人の事業構想を実行するであろうし、そのことは会社に対する信認義務にも合致している。ところが、信託財産である株式は、議決権株式については少数株主で、おそらく無議決権株式もあるだろう（家族の保有する企業では、このように議決権株式と無議決権株式に分けて、少数の家族に経営権を与え、株式の所有権は多数の家族に与えるという区別をしていることがある）。一方で、信託の受託者としての信認義務に従い、受託者は、会社の少数株主の価値を最大化する義務を負う。

---

54 ｜ 本書第３章参照。
55 ｜ ACTEC Commentaries on the Model Rules 107 (5th ed. 2016).

難しい問題が生ずるのは、少数株主が取締役と支配株主の判断に異議を申し立てる場合である。少数株主は、利益相反取引について鑑定書やその他専門家の意見を求めるかもしれない。少数株主は、執行役員の報酬に外部評価を求めるかもしれないし、会社、取締役または多数株主を被告として、少数株主訴訟を始める可能性さえある。これらの場合、弁護士である受託者は、2つの役割を兼ねることで板ばさみになる。信託の受益者が信認義務を免除することはあり得ないので、受託者として信認義務に厳正に従わないなら、職務を継続することができないのは明らかである。弁護士は、取締役に状況を説明したうえで、会社の代理人を続けることについて同意を得ることはできる。しかし、受託者としての役割が、弁護士として会社のためにできることを制限することになるだろう。もう1つの解決方法として、弁護士が信託の受託者を辞任し、会社の代理人を続けるということがありうる。その他の場合として、利益相反が生じたときは、弁護士は、双方の役割を辞任しなければならないこともありうる。

Ⅶ　強行規定と任意規定

弁護士は、専門家である受認者として、依頼者が同意をしても免除されることのない次の2種類の強行規定がある。[56] (1)弁護士の職務上の責任に関する強行規定、(2)一般に適用される法律、である。

A.　職務上の責任に関する義務

第1に、弁護士は、免許を受けた州における職務規程に従わなければならない。連邦政府機関の業務を行う弁護士も、当該機関の職務上の責任に関する規則に従う。[57] 例えば、SEC は、2003 年にサーベンス・オクスリー法に基づいてそのような規則を公布した。これらの規則の一部分は強行規定であり、他の部分は依頼者の同意によって免除できる任意規定である。

既に本章では、最も重要な弁護士の職務上の責任に関する規範をいくつか検討してきた。以前に議論した利益相反の規範[58]と秘密保持の規範[59]など、その大部分は、依頼者の保護を図るものである。ただし、訴訟における依頼者の相手方、公衆、

---

56 ｜ 本書第 23 章参照。
57 ｜ See Sarbanes-Oxley Act of 2002 §307, Pub. L. 107-204, 116 Stat. 745 (2002).
58 ｜ 模範規程 1.7 条～1.10 条参照。
59 ｜ 模範規程 1.6 条、1.9 条(c)参照。

法制度の統制のような、その他の利益を保護することを目的とする規範がある。その規範として、弁護士の法廷に対する率直に開示する義務[60]、依頼者の犯罪または詐欺を助けない義務[61]および第三者との取引における誠実義務[62]、などがある。

　弁護士の個々の信認義務が、強行規定と任意規定のいずれとして扱われるかは、その目的による。専ら依頼者の利益の保護を図ることのみのために定められた義務——例えば守秘義務——は、依頼者が重要な情報を知ったうえで同意すれば免除される[63]。対照的に、依頼者以外の当事者を保護し、職務上の中核的な価値と整合した状態を維持するために定められた職務規程は、常に強行規定である。したがって、依頼者は、弁護士の法廷に対する率直に開示する義務、犯罪もしくは詐欺を助けない義務、または第三者との取引における誠実義務を免除することができない。

　弁護士の信認義務の中には、複数の（時には相反する）利益を保護する目的で定められたものがある。これらの義務には免除できる場合とできない場合があり、重要なステークホルダーに及ぼす影響の大きさによって決まる。良い例として、弁護士は一般に、対立している当事者双方を代理できない。専門家責任の規範は、一般的に、依頼者がこのような利益相反に同意することを許しているが、弁護士が利益相反の関係にある「代理人となることを、法が禁止している」[64]ならば、免除は効力がない。また「依頼者が別の依頼者に訴訟を提起するであろう」場合またはその他の理由で「弁護士が1人または数人の依頼者に対して適正に代理できる見込みがない」場合も免除の効果はない[65]。これらそれぞれの場合において、弁護士には裁判所の職責者として法律制度の統一性を確保するという専門家としての責任があり、それは依頼者の主体的な判断を尊重することよりも優先されるのである。依頼者の同意により弁護士の職務上の義務を免除したり、修正したりすることが、どの程度できるのかは、一方では当事者の主体性、他方では弁護士の専門家としての役割の中核となるその他の公益・私益の双方を比較考慮することによるのである。

60　｜　模範規程3.3条参照。
61　｜　模範規程1.2条(d)参照。
62　｜　模範規程4.1条参照。
63　｜　See Restatement（Third）of the Law Governing Lawyers §62（Am. L. Inst. 2000）.
64　｜　See id. §121.
65　｜　Id. §122.

B. 一般法

　第2に、弁護士は、弁護士以外の者と同じく、一般的な法規範に従う。弁護士は、依頼者との信認関係や、その他の専門家としての行為規範を理由にして、一般に適用される法規範の遵守を回避することは許されない。唯一の例外は、代理人弁護士と依頼者の間の秘匿特権が限定的に適用されることで、そこでは依頼者と代理人弁護士の間の一定の情報交換が秘密として維持される。その一方で、依頼者と代理人弁護士以外の者との間で同じような情報交換がある場合は、訴訟において罰則付召喚令状、証言、証拠開示の対象となる。これ以外の場合では、弁護士でない者が行うと違法となる（弁護士業務以外の）ことを自分は弁護士であるので行うことができると主張することはできない。

　法域によっては、他者の身体に著しい傷害が及ぶことを避けるために、弁護士が依頼者の秘密情報を開示することを許容するが、義務とはしないと定められている[66]。この職務規程に基づく開示は、許容するという規範で、開示を強制する規範ではない。ただし、全ての人に児童虐待の事実を報告することを求めている法域で弁護士として活動する場合、当該弁護士は、児童虐待の存在を依頼者から知ったことを理由として一般に適用される法を免れることはできない。この場合は、開示を許容するという職務規程であっても、開示を強制されることになる。

Ⅷ　救　　済

　弁護士の信認義務違反に対する救済には、弁護士会による懲戒処分、刑事訴追、そして不法行為と信認義務違反に対する民事訴訟がある。

　州の弁護士会による懲戒は、専門家の責任についてのロースクールの課程で、最もたびたび議論される救済方法である。開業弁護士にとっては、現実となる可能性がありうるものである。単独で開業する弁護士や小規模事務所の弁護士が懲戒処分の対象となることが最も多くみられる。懲戒事件の多くは、期限を守らない、依頼者からの電話の返答を行わないなどの注意義務違反に関するものである。依頼者の信託財産の取扱いを誤ることも弁護士の問題事例として多く、重大な事件の場合、刑事訴追を受けることがありうる。

　著名な訴訟弁護士や法人向けの弁護士が懲戒される事例は稀である。このことは、弁護士会の中でこのような分野の者が権力や名声を有することと関係がある

66｜模範規程 1.6 条(b)参照。

かもしれないが、しかし、そのような皮肉で政治的な理由で、手ぬるい取締りがされているのだというのは的外れだろう。この分野で州の弁護士会による懲戒処分が少ない実際の理由は、会社や証券分野の業務がとても複雑で、多くの懲戒委員会の能力では、特定の状況において弁護士が何を行うべきであったかを決定するために必要な時間と専門性が相対的に不足していることである。

　連邦政府および州の規制当局がそれぞれの規制する業務に従事する弁護士の職務規程を定めていることがあるが、それらの当局による弁護士に対する懲戒事件は稀である。例えばSECは、サーベンス・オクスリー法に基づいて公布された2003年のSEC規則における「上層部に報告を上げていく」義務に違反したことのみを理由として、弁護士を懲戒していない。

　そこで、民事訴訟があるということになる。特に会社や商取引の事件においては、被害を受けた依頼者や、時には破産管財人には、信認義務に違反した弁護士に対して民事訴訟をするために弁護士を雇う資力があることが多い。対象となる金額や可能性のある損害賠償額が大きいため、このような場合に原告の弁護士は、成功報酬で引き受けようとするかもしれない。

　損害賠償訴訟は、弁護士に信認義務を実行させるための唯一の民事裁判手続ではない。差止命令による救済の請求（motions for injunctive relief）も使うことができる。最も一般的な例は、現在または過去の依頼者との利益相反を理由として、弁護士を他方当事者の訴訟代理人から忌避する申立てである。実際に、依頼者の利益相反の規範による忌避申立ては、弁護士会の懲戒手続や弁護士を信認義務違反で直接訴えることよりもはるかに多い。

Ⅸ　結　　論

　弁護士は依頼者のための受認者である。そのため、弁護士は、依頼者に対して忠実義務と注意義務を負う。しかしながら、弁護士は専門家でもあり、他の専門家と同様に専門家としての価値と規範に従ってその専門職務を遂行しなければならない。圧倒的に多数の事例において、この価値と規範は、依頼者のために判断を行う人々の認識と相違することがあったとしても、依頼者の長期的な利益に適合している。弁護士は、良き弁護士であることによって、最も依頼者の利益に貢献する。

　弁護士の職務上の価値のうち最大のものは法規範に従うことである。依頼者に

忠実であることは重要であるが、法に忠実であることも同じように重要である。しばしば法の解釈は明らかでないし、少なくとも議論の対象となる。弁護士は、明らかでない中で、依頼者の利益を増進するために法と依頼者に最善を尽くして働く。もっとも、法が明らかであるとき、または明らかであると弁護士が信ずるとき、信認義務を含む弁護士の義務は、法律に従うことである。

第 15 章	医療における信認原則

MARK A. HALL

I はじめに

　医師、病院その他の健康管理に従事する者は、何かにつけて患者との関係では受認者の地位にあるとするのが古典的な考え方である。しかし、この領域の法の多くは、ごく普通の法理を根拠にしていたり、または特別な規制当局に頼ったりしながら発展してきたのであって、信認責任という特定の次元を直接もたらしたり、批判の対象にしたりということはない。その結果、人身傷害、決定権限、金銭面の影響、様々な訴訟手続に関する規則等の数多くの領域において、医療関係者を受認者と位置づけることで法理上の正確な結論がどうなるのかについて、裁判所と学者は苦闘し続けてきている。

II 医師その他の医療従事者は「受認者」か

A. 医師

　医師は、患者の生命維持や健康回復に関する重要な技術と知識という複合的な経験において非常に優れている。生命を維持する必要に迫られる最も重要な局面を想像してみると、医師は患者の福利を支配している。病気の患者は、衰弱し脆弱な状態にあるために、医師の判断と行動に依拠することになるので、時には全く希望をもてないこともある。正確な診断を行うためには、患者は生活の最も個人的な事柄を伝えなければならず、効果的な治療には、まさに自分自身を形作る血液や内臓への侵入といった、最も本質的な身体に対する侵襲を必然的に伴うことが多い[1]。

　代理関係、依存、信頼そして情報の非対称性といった性質は、典型的な信認関係を構成することになる。そのため、多くの裁判所の判決や論者[2][3]は、医師は患者

---

1 | See Mark A. Hall, The History and Future of Health Care Law: An Essentialist View 41 Wake Forest L. Rev. 347 (2006); Mark A. Hall, Law, Medicine, and Trust, 55 Stan. L. Rev. 463 (2002).

2 | Maxwell J. Mehlman, in Why Physicians Are Fiduciaries for Their Patients, 12 Ind. Health L., Rev. 1 (2015), catalogues cases from forty-two different states.

に対して受認者としての責任があるとしている。ある裁判所では「患者と医師の関係は、最高位にある信認関係の１つである。信頼、信用と誠実さの全ての要素が含まれている[4]」と強調している。また、別な裁判所では、以下のように説明している。

　　　この信認関係の存在は、患者とその医師の間に単に医師が治療を約束し患者がその対価を支払うという契約以上の何かがあることを示している。医師が患者を治療するとき、受認者に求められる「誠実さ」に一致しないことを行わないという暗黙の約束がある。医師は患者の最善の利益のために行動し、医師と患者の関係における尊厳を守ると患者が信頼できるようにすべきである、と我々は信ずる[5]。

判例には、「信頼の関係」（confidential relationship）を信認関係（fiduciary relationship）と区別し、医師は前者だけに該当するというものがある[6]。しかし、このような区別をする目的は主に立証負担について区別することにあるのであって、義務の範囲を区別するのではない[7]。この点を除けば、治療関係の基礎的かつ固有の性質として、医師は患者に対して、少なくとも何らかの特別な受認者の類型の義務を負うことになるということについては、ほぼ法律上の異論はない。裁判所がこのような結論に到達するのは、一般的な医師と患者の立場を基礎としているのであり、個別の場合の各患者と医師の相互関係から結論を導いているのではな

3　Mehlem 教授の先例となる業績として彼の論文等（単著）の一部を以下に示す。Why Physicians Are Fiduciaries for Their Patients, 12 Ind. Health L. Rev. 1 (2015); Can Law Save Medicine, 36 J. Legal Med. 121 (2015); Dishonest Medical Mistakes, 59 Vand. L. Rev. 1137 (2006); Fiduciary Contracting: Limitations on Bargaining Between Patients and Health Care Providers, 51 U. Pitt. L. Rev. 365, 388-416 (1990). 追加の学術的な文献の例として、Robert Gatter, Faith, Confidence, and Health Care: Fostering Trust in Medicine Through Law, 39 Wake Forest L. Rev. 395, 396 (2004); Thomas L. Hafemeister & Sarah P. Bryan, Beware Those Bearing Gifts: Physicians' Fiduciary Duty to Avoid Pharmaceutical Marketing, 57 U. Kan. L. Rev. 491 (2009); Mark A. Hall, Law, Medicine, and Trust, 55 Stan. L. Rev. 463 (2002); Dayna Brown Matthew, Implementing American Health Care Reform: The Fiduciary Imperative, 59 Buff. L. Rev. 715 (2011); and Marc A. Rodwin, Medicine, Money & Morals: Physicians' Conflicts of Interest (1993) 参照。

4　Lockett v. Goodill, 430 P.2d 589, 591 (Wash. 1967).

5　Petrillo v. Syntex Laboratories, Inc., 499 N.E.2d 952 (Ill App. Ct. 1986).

6　See, e.g., Restatement (Third) of Trust §2 cmt. b(1) (Am. Law Inst. 2003) （「そのため、信用関係（confidential relation）は信認義務がなくても存在し、特に家族間もしくは親友との間に生ずるとし、または医師と患者もしくは聖職者と悔悟者の間の信用を基盤として生ずる」）; 1 Austin W. Scott & William F. Fratcher, The Law of Trusts §2.5, at 43 (4th ed. 1987) （「信用関係は、信認関係がない場合でも存在しうる。医師と患者または聖職者と悔悟者のような信用の関係……がある場合には特に存在しうる」）.

7　法は、信託の立場（position of trust）が信用関係の中に存在することは、それが信認関係の中にあることと同じように当然とは考えていない。しかし、そのような信託が存在する場合、義務の内容は基本的に同じとなる。

い。

　州の最高裁判所では反対する判例はない。唯一、明確に医師の信認関係を完全
に否定した判例は、*Gunter v. Huddle,* 724 So. 2d 544, 546（Ala. Civ. App. 1998）
（「アラバマ州の判例法は、医師と患者の関係は法的には信認関係でないことを判示す
る」）で、判決では、単に患者と性的関係をもつことは、専門家としての違反行
為にはあたらないとした。ほかにも受認者の地位を否定する際に時々引用される
裁判例があるが、それらはよく読めば、特定の信認義務違反について個別に請求
権を否定しているだけで、信認義務が形成されること自体を否定しているのでは
ない（その理由はⅦで論ずる）[8]。

B.　医師以外の者

　医師とは対照的に、裁判所は、病院は受認者であるという主張に対しては懐疑
的である。いくつかの裁判例の中には、病院は医療上の過誤を患者に対して開示
する信認義務があるとするものや[9]、また、一般社会との関係で、医師を不合理な
理由によって病院の医療従事者資格の範囲から排除してはならないという信認義
務があるとするものがある[10]。そして、何人かの論者は病院が受認者であることを
支持している[11]。しかし、ほとんどの裁判所はこの見解に反対している。例えば、

8　See, e.g., McMahon v. New Castle Assocs, 532 A.2d 601, 604 (Del. Ch. 1987)（「ある人はある種の職
　人に信頼を寄せるし、医師に信頼を寄せる。しかし、そういった信頼は、職人または医師による
　当然の注意の不足のために損害が生じたという主張に対し、エクイティ裁判所における［エクイ
　ティの］法管轄が及ぶことを保証しないという点で争いはない」); D.A.B. v. Brown, 570 N.W.2d
　168, 171 (Minn. Ct. App. 1997)（「［金銭的な誘因の開示を怠ったことで］信認義務違反があると
　いう形にしようと［原告］は試みているが、請求の趣旨 (gravamen of the complaint) は医療過
　誤である。……仮に信認義務違反であるとされれば……［原告が］損害を示すことを回避したり、
　強行法規である出訴期限法を回避したりすることが許されることになってしまう」).

9　このように過誤を開示するのは、悪意による隠蔽に基づいて出訴期限が停止されるためである。
　E.g., Keithley v. St. Joseph's Hosp., 698 P.2d 435, 439 (N.M. Ct. App. 1984)（患者に医療上の情報を開
　示するという病院と医師による信認義務に違反すれば、出訴期限が停止される」).

10　Greisman v. Newcomb Hospital, 192 A.2d 817, 824-825 (N.J. 1963)（病院が医師の資格の有無を認
　定する権限は、「合理的かつ公益のために行使されるべき受認者の権限であると考えることは正
　しい」); Silver v. Castle Mem'l Hosp., 497 P.2d 564, 570-571 (Haw. 2972)（病院は、「病院自身、医
　師として従事する者、病院の患者一般の三者間で信認関係にある」）. しかし、Dallon 教授はこ
　のように性格づけることには疑問があるとし、この文脈で患者は「秘密情報や財産を病院に託し
　ていないし、病院は患者に代わって判断していない。病院が医師の資格を認定する判断は、病院
　自身の利益のために行われたものである」とする。Craig W. Dallon, Understanding Judicial
　Review of Hospitals' Physician Credentialing and Peer Review Decisions, 73 Temp. L. Rev. 597, 666
　(2000).

11　E.g., Robert Gatter, The Mysterious Survival of the Policy Against Informed Consent Liability for
　Hospitals, 81 Notr Dame L. Rev. 1203, 1269-1270 (2006)（「病院は医療を患者に提供する組織を構
　築する責任を負うため、それぞれの患者とは同様に信認関係となる」); Maxwell J. Mehlman, Fiuci-
　ary Contracting: Limitations on Bargaining Between Patients and Health Care Providers, 51 U. Pitt. L.

コネチカット州最高裁は、インフォームド・コンセントの義務を負う者は、治療を行う病院ではなく医師であるとした判決（他のほとんどの裁判所も同じ[12]）の中で、「病院が患者に信認義務を負うと結論づける理由に乏しい」という見解を述べている[13]。さらに、一連の下級審の判決でも、患者に対する支払請求訴訟において病院が受認者の地位にあることを否定している[14]。あるジョージア州の裁判所は、非営利の病院への信頼と信用に個人的に依拠していると［患者］が主張しているという事実だけでは信用関係または信認関係があったとはいえない」とし、その理由は、ほとんどの「事業取引では、取引の相手方が誠実であることを信頼し、信用しているが、それだけで信用関係があるとはいえない」からである[15]。

　一般的に、裁判所は、私立病院は通常の営利企業であると考えている。しかし、VIで論ずるように、病院の入院申込書の特定の条項（訴訟する権利の放棄等）が非良心的であるか検討する場合、信認原則に似たものが時々現れるが、それらの裁判例は、契約における非良心性の原則が普通に適用されたのだと理解することもできる。裁判所の中には、私立病院は通常の民間企業より高い基準が適用されるという独創的な方法を考案し、「準公的（quasi-public）」な受認者の地位にあるとみなしているところもある。そのため、病院の医療従事者の資格の範囲から除外された医師が、病院の判断の合法性を争った訴訟において裁判所は、病院は初期のコモン・ローにおける宿屋の主人や一般運送業者のように「公益に関わる事業」であり、好きなように行為する自由は制約を受けると判示している（この問題を扱った州裁判所のうち約半数の立場[16]）。これらの裁判が、病院の医師に対する

Rev. 365, 366 n.6 (1990)（「医療提供者としての病院は、その患者との信認関係により負う義務も履行しなければならない」）.

12　例えば、IIIで議論する Moore v. Regents of the University of California, 793 P.2d 479 (Cal. 1990) は、医師が金銭上の利益相反の開示を怠ったことに基づき信認義務違反を認めた有名な判決であるが、病院や研究所、製薬会社といった法人の被告は対象でなく、「［当該医師］と違い、これら［法人の］被告は、Moore との間で信認関係はないし、治療行為に関して Moore のインフォームド・コンセントを得る義務もない」としている。

13　Sherwood v. Danbury Hosp., 896 A.2d 777, 797 (Conn. 2006)（「原告は、病院が患者に対して信認義務を負うと結論づける理由をほとんど示していない」）.

14　例えば、ミシガン州の裁判所は、「医師と患者の間に存在する信認関係の論理構成を病院が報酬をとる行為にまで拡大解釈しようとする試み」を否定している。Burton v. William Beaumont Hosp., 373 F. Supp. 2d 707, 724 (E.D. Mich. 2005). イリノイ州の裁判所は、「病院と患者の間で報酬をとる行為について信認関係はない」とした。Hill v. Sisters of St. Francis Health Service., Inc., 2006WL 3783415 (E.D. III. 2006). そして、ジョージア州の裁判所は、原告が先例を示すことができないことから「価格設定に関して病院と患者の間の信認関係」はないものとした。Cox v. Athens Reg'l Med. Ctr., Inc., 631 S.E.2d 68 (Ga. Ct. App. 2006).

15　Morrell v. Wellstar Health Sys., Inc., 633 S.E.2d 68 (Ga. Ct. App. 2006).

16　See generally Dallon, supra note 10.

義務だけを取り上げ、患者に対する義務を扱っていないというのは、その通りである[17]。しかし、病院は、少なくとも何らかの公的な業務を患者に対して行う義務があると認識している。例えば、保険の種類にかかわらず患者を受け容れなければならないというのは、私立病院として認可を受ける際の条件である[18]。しかし、病院の経営層または委員会が、経営管理上の責任を果たすにあたって、患者に対し直接信認義務を負うと認めるような強力な判例はない。

　医療保険会社が、患者に信認義務を負うという主張もあるかもしれない。現代の医療保険会社は、単に保険金を支払う以外にも多くのことを行っていることは明らかである。医療提供者のネットワークと契約し、治療の前にどのような治療方法が「医療上必要」か否かを決定することによって、医療の提供を取り決め、または影響を与えている[19]。そのため、論者の中には、医療保険会社は特定の目的のために受認者と性格づけられるのであって[20]、医療保険会社の医師への支払方法が、患者に有益な治療を行わないことを助長するのであれば、医療保険会社は患者にそれを開示する義務を負うと主張する者もいる。しかし、この論点に関する訴訟はほとんどない。なぜなら、コモン・ローで論点となることは、概ね連邦の制定法であるエリサ法により包含されるからである[21]。ほとんどの私的医療保険は、雇用主により支払がなされているため、医療保険に関する紛争のほとんどはエリ

17　数少ない例外として、Payton v. Weaver, 182 Cal. Rptr. 225 (Cal. Ct. App. 1982) がある。同判決では、病院が問題を引き起こす患者の治療を拒否できるかどうかを検討した。裁判所は、傍論で、病院は「間違いなく『公的業務を行う企業』の性質があり、恣意的にまたは合理的理由なく業務を行わないことは許容されるべきではない」としたが、治療を実施する義務を課すことはしていない。その理由は、論点となっていなかったことと、1つの病院にやっかいな患者の面倒を見る負担を課すことに否定的だったことである。See Stella L. Smetanka, Who Will Protect The "Disruptive" Dialysis Patient?, 32 Am. J.L. & Med. 53 (2006).

18　この保険によらない（insurance-agnostic）原則は、非常に影響力のある医療施設認定合同機構（Joint Commission on Accreditation of Healthcare Organizations〔アメリカ国内2万以上の医療施設と医療プログラムを認定している非営利団体。多くの州が認定を得ることをメディケア等の条件としている〕）の求めるものである。しかし、この原則は、無保険や支払原資のない患者を受け容れることは求めていない。Mark A. Hall, Mary Anne Bobinski & David Orentlicher et al., Health Care Law and Ethics 64 (9th ed. 2018).

19　See Rush Prudential HMO, Inc. v. Moran, 536 U.S. 355 (2002)（医療保険会社に医療提供者と治療費の支払者の2つの役割があることを説明）.

20　Peter D. Jacobson & Michel T. Cahill, Redefining Fiduciary Responsibilities in the Managed Care Context, 26 Am. J.L. & Med. 155 (2002); Cliford A. Cantor, Fiduciary Liability in Emerging Health Care, 9 DePaul Bus L.J. 189, 212 (1997).

21　場面が異なるが興味ある裁判例として、（メディケア〔連邦政府による65歳以上の市民向け健康保険〕とメディケイド〔連邦と州の低所得者・障害者向け健康保険〕の）医療保険会社に対し、保険提供者である医師が治療費の請求に関して信認義務を負うという主張を否定したものがある。United States v. Neufeld, 908 F. Supp. 491, 500 (S.D.Ohio 1995).　これを論じたものとして、Isaac D. Buck, Furthering the Fiduciary Metaphor: The Duty of Providers to the Payers of Medicare, 104 Cal. L. Rev. 1043 (2016).

サ法が適用される。医療保険会社は明らかにエリサ法で受認者とされているが[22]、エリサ法が特別に詳細に定めている基準が適用されるため、一般的なコモン・ローの原則は適用されない。もし病院が受認者でないと一般的に扱われるのであれば、医療保険会社の役割が商業的に対等な契約当事者であることは、より明確であり、裁判所がコモン・ローによって医療保険会社を受認者とすることはほとんどないだろう。

最後に、裁判所と論者は、臨床研究に従事する人が臨床研究の対象者に対して信認義務を負うのか検討している。下級審の2つの裁判例では、臨床研究をしている企業は、研究の参加者に対し信認義務を負わないと判示している[23]。これらの業界のスポンサーは、参加者の利益のために研究を実施しているのではないので、研究が終了すれば、薬や器具の供給を止めることは彼らの自由である。この延長のさらに論争的な意見として、医師として治療をしている研究者自身でさえも参加者に信認義務を負わないとし、実際には医師の忠誠心の対象は研究実施計画であって患者ではないと論ずるものがある[24]。他の論者はこの見解に賛同しておらず、研究に従事する医師には2つの役割があり、それぞれに受認者を構成する要素があるが、重複する側面と、重複しない側面があると主張している[25]。研究活動における信認義務の要素は、例えば、通常の臨床現場で行われているものよりも詳細な形でのインフォームド・コンセントを求められ、金銭的な利益相反についてもいくぶんか範囲がより厳しくなる[26]。

---

22 | See e.g., Shea v. Esensten, 107 F.3d 625, 629 (8th cir. 1997) (HMO はエリサ法のもとで制度参加者にインセンティブ構造を開示する信認義務があると判示).

23 | Suthers v. Amgen Inc., 441 F. Supp. 2d 478 (S.D.N.Y. 2006) (医薬品会社が臨床試験を中止し試験中の医薬品の利用を拒否すると決めたことを不服とした原告の訴えを否定した裁判で、信認義務は存在しないとしている); and Abney v. Amegen Inc., 443 F.3d 540 (6th Cir. 2006) (臨床試験のスポンサーは参加者の利益を主な活動目的としていないので、試験中の医薬品の提供を継続する信認義務はない).

24 | E. Haavi Morreim, The Clinical Investigator as Fiduciary: Discarding a Misguided Idea, 33 J.L. Med. Ethics 586 (2005); E. Haavi Morreim, Litigation in Clinical Research: Malpractice Doctrines Versus Research Realities, 32 J.L. Med. & Ethics 474 (2004); E. Haavi Morreim, Medical Research Litigation and Malpractice Tort Doctrine: Courts on a Leaning Curve, 4 Hous. J. Health L. & Pol'y 1, 43-46 (2003).

25 | E.g., Paul B. Miller & Charles Weijer, Fiduciary Obligation in Clinical Research, 34 J.L. Med. & Ethics 424 (2006); Mehlman, Why Physicians Are Fiduciaries for Their Patients, 12 Ind. Health L. Rev. 1 (2015).

26 | See generally H. S. Richardson and L. Belsky, The Ancillary Care Responsibilities of Medical Researchers: An Ethical Framework for Thinking about the Clinical Care that Researchers Owe Their Subjects, 34(1) Hastings Ctr. Rep. 25 (2004); C. H. Coleman, Duties to Subjects in Clinical Research, 58 Vand. L. Rev. 387 (2005).

Ⅲ　医療の受認者による忠実義務

　Mary Anne Bobinski 教授の調査によると[27]、「医師と患者の関係に信認原則を適用したかなり多くの裁判所はあてにならない」。なぜなら「ほとんどの裁判所は、医師と患者の関係を一律に信認法の対象とすることの意味を明示的に考えていない」。そして、「大抵の裁判所は、医師と患者の関係を信認関係に分類することがもつ幅広い政策的意味合いを考慮しておらず、そして、医師に要求される信認義務の範囲も分析していない」と続けている。そこで以下では、信認義務に関するこれらの疑問点について裁判所が判示してきたことを検討することとし、まず忠実義務から始める。

　裁判所は医師の患者に対する忠実義務について、非常に理想的なことを判決で述べるが[28]、それが具体的な責任を伴う忠実義務であることは滅多になく、そこでの信認関係は、会社法と同様に、受認者の地位によって何かを規定するのではなく、印象的なものにするという機能にとどまっている。Ⅱで述べたように、常々、裁判所は、医師が受認者の地位にあることによって様々な注意義務や行動基準が形成され、違反した者は責任を負うと言及しているが、信認義務違反から直ちに法的責任を導くことはほとんどない。これまでに指摘されてきたわずかな例外は、主に守秘義務違反か患者との性的な関係である[29]。

　忠実義務違反を認めた先例である *Moore v. Regents of Univ. of Calif.*[30] では、治療をした医師が患者に知らせずに、外科手術で得た脾臓細胞を使い、数多くの生物学的商品を開発して莫大な商業的価値を生み出したことについて信認義務違反による患者の請求権を認めた。裁判所は理由を以下のように述べている（引用部分は省略）。

> 　患者の同意を求めるうえで、医師は患者の意思決定のために全ての情報を開示する信認義務を負う。この原則により以下の結論が導かれる。(1)医

27　Autonomy and Arivacy: Protecting Patients from Their Physicians, 55 U. Pitt. L. Rev. 291, 347-356 (1994).

28　See supra note 2.

29　E.g., Tighe v. Ginsberg, 540 N.Y.S.2d 99 (N.Y. App. Div. 1989)（医師が患者の医療記録を権限なく開示することは、医療過誤でない信認義務違反の主張の根拠となり、そのためより長い出訴期限の対象となる）; Stevenson v. Johnson, 32 Va. Cir. 157, 159 (Va. Cir. Ct. 1993)（原告の妻と性的な関係をもった結婚問題のカウンセラーの精神科医に対して、信認義務違反の訴訟を認めた）.

30　793 P.2d 479 (Cal. 1990).

師は、患者の健康と関係ない個人的な利益について、それが研究か経済活動かにかかわらず、医師の専門的な判断に影響を与える場合は開示しなければならない。(2)それら利益の開示を医師が怠った場合は、インフォームド・コンセントのない医療処置または信認義務違反として訴権を生じさせる。……患者の健康に関係のない医療処置を行いたいという動機の存在は、潜在的な利益相反であり、患者の意思決定における重要な事実となる。[31]

　1人の患者の特殊な細胞により金儲けをすることは明らかに典型的な事例ではない。治療費を低く抑えることで医療保険会社から高額でない報奨金を得ることの方がより一般的である。*Moore* 訴訟の判決理由は、医師が医療管理組織である医療保険会社から金銭を受け取る取決めをすることによるリスクから患者を守るために信認理論を使うという道を開いたようにみえる。しかし、その後も裁判所は、しばらくこの種の主張を受け容れなかった。例えば *Neade v. Portes* [32] では、イリノイ州最高裁は、胸痛を訴えた患者（後に心臓発作により死亡）に対する医師の開示義務違反による信認義務違反を認容しなかったが、健康維持組織（Health Maintenance Organization; HMO）〔月額固定会費制で診療を行う会員制の民間組織〕が金銭を医師に支払うという仕組みが、医師が患者に対し循環器の検査を追加するよう言わなかったことに影響を与えたかもしれないとしている。裁判所が信認義務違反を認めなかった理由の1つは、そのような義務を課すことは実務上困難であるというもので、「医師は通常数多くの患者のために保険を扱っており、患者の属する HMO も異なっていることが多い。HMO との支払の取決めの開示を効果のあるものにするためには、医師は全ての患者について、属する HMO とそれぞれの規則と手順書を知っていることがいつも求められる」と述べている。

　他の裁判所は、直接この問題について判断を下していない。なぜなら、IIで説明したように、ほとんどの私立の医療保険は、雇用主がスポンサーになっているためにエリサ法の対象となっており、州法が責任を課すよりもエリサ法が優先して適用されるからである。[33] 他にも判例が発展しない理由としては、これよりも典型的な金銭上の利益相反は、広範な規制の対象となっていることがある。*Moore* 訴訟の判決では「起こる可能性がある利益相反から患者を守りたいという願いは、法律制定の動機にもなってきた。……そうした立法では、医師が原則として『重

31 ｜ Id. at 482.
32 ｜ 793 N.E. 2d. 496（Ill. 2000）.
33 ｜ Aetna Health Inc. v. Davila, 542 U.S. 200（2004）.

大な利害関係』のある組織に代わって患者に請求をしたり、転医させたりしてはならないとしており、これが許されるのは『事前に患者に対して書面により、ある組織と利害関係が存在することを開示し、医師が指示または依頼する医療処置を受けるためにはどの組織を選んでもよいと助言した場合に限られる』」としている。同じような制定法による禁止事項は連邦法にも存在する。連邦法によってなすべきことが特定されることは、不確かな信認義務の理論を新たに主張するよりも自然な方法といえる。

　忠実義務違反の問題は、臨床研究の文脈でも生ずる。再度、*Moore* 判決が参考になる。

> 　医師が患者を治療しつつ、その患者に研究対象としての関心を有していると、忠実性に対する潜在的な利益相反関係になる。これは、治療における判断は、患者の利益とリスクの比較衡量に基づいてなされるからである。……医師が、この比較衡量に自らの研究の利益という要素を加えてしまうと、科学にとって都合の良い技法を指示したり、患者の利益とならない検査を行う誘惑に駆られたりすることがあるからである。[34]

Moore 訴訟の患者は研究実施計画の対象ではなく、問題となった研究は医療とは別に行われたので、厳密にいえば臨床研究についての争いではない。もっとも、さらに直接的に臨床研究における利益相反を検討した裁判例もいくつか存在する。最も有名なのは、遺伝子治療の治験で亡くなった患者の家族がペンシルバニア大学を訴えたもので、大学および治験を指揮した医師は治験製品の製造会社に相当の金銭的利害を有していた。インフォームド・コンセントの用紙には、この利益相反について簡単な記載があったが、金銭上の利害関係をより明示的に記載していなかったことと、利益相反関係にある医師による治験を認めていたことについて、大学は各方面から批判を受けた。[35] この裁判は和解になり、判決は示されなかった。

　最後に、医師と他の医療関係者は、どのように患者に料金を課すのかという素朴な問題を検討する。料金を課すことによって利益相反関係になることは明らかであるが、医師は料金を最小限にしなければならないのだろうか？　通常は否である。[36] というのも、「もし忠実義務によって受認者が受益者の利益のためだけに

---

34 | 51 Cal. 3d at 130.

35 | See Robin F. Wilson, The Death of Jesse Gelsinger: New Evidence of the Influence of Money and Prestige in Human Research, 36 Am. J.L. & Med. 295 (2010).

36 | Cf. Maxwell J. Mehlman, The Patient-Physician Relationship in an Era of Scare Resources: Is There a

行動することを本当に求められるのであれば、それは誰も叶えることが望めない行動基準を課すことになる[37]」からである。その結果、医師または病院の信認義務は伝統的に「治療の提供にのみ関係し、代金の支払には関係しない[38]」ことになる。病院や医師が請求した医療費を争った訴えを退けた複数の訴訟がこの考え方を例証している[39]。例えば、ニュージャージー州の裁判所は「病院の信認義務を請求行為にまで拡大して適用すること」を否定している。「ニュージャージー州では……非営利の病院が人員配置の決定において公衆に対し信認義務を負うと認識されている」ものの、それ以外について信認義務を課した判例は裁判所の知るところではないとした[40]。

　同様に、他と比べて信認法理を広く及ぼしてきた州でもあるカリフォルニア州の最高裁は、悲観的な病気の経過の見通しが患者の「ビジネスと投資活動」に悪

Duty to Treat?, 25 Conn. L. Rev. 349, 356 (1993)（「医師は確かに患者から料金を受け取ることが許容される。しかし、患者はもし医療を無料で得られるのであれば、間違いなく一層良い状態になる。料金を課すことで、医師は自らの利益を患者より優先しているといえるかもしれない。しかし、このことは必ずしも信認義務違反を構成するものではない」）; id. at 367.

37　Paul B. Miller & Charles Weijer, Fiduciary Obligation in Clinical Research, 34 J.L. Med. & Ethics 424, 435 (2006).

38　DiCarlo v. St. Mary's Hosp., Slip Copy, 2006 WL 2038498 (D.N.J. 2006).

39　See Wright v. Jeckle, 144 P.3d 301 (Wash, 2006)（医師が処方した医薬品の費用よりも高い料金を課したことに対し信認義務違反はないとした）。私が知る限り、明確に信認義務があるとしたのは、Greenfield v. Manor Care, Inc., 705 So.2d 926, 932 (Fla. Dist. Ct. App. 1997) で、異なる理由により最高裁で破棄されたものであるが Beverly Enterprises-Florida, Inc. v. Knowles, 766 So.2d 335 (Fla. Dist. Ct. App. 2000) は、介護施設には入居者に過大な料金を請求してはならない信認義務があるとした。See also Havsy v. Washington State Dept. of Health Bd. of Osteopathic Medicine and Surgery, 123 Wash. App. 1030, 2004 WL 2153876 (Wash. Ct. App. 2004)（規制当局（州医師免許委員会）が、医師が「[患者に、診断のための検査の] 費用が高額で [患者の] 保険会社がその検査料を支払わないおそれがあるという情報を提供しなかったことにより信認義務違反になる」と決定したことを支持した）。
　いくつかの裁判所は、医療提供者は患者が保険の支払を受けることを支援しなければならないと示唆している。Murphy v. Godwin, 303 A.2d 668 (Del. Super. Ct. 1973)（患者の保険金申請を支援するために必要な書面を完成させる法律上の義務があると判示）; Picker v. Castro, 3 Misc. 3d 5, 776 N.Y.S.2d 433 (N.Y. Sup. Ct. 2003)（同旨）; Ahnert v. Wildman, 176 Ind. App. 630, 376 N.E.2d 1182 (Ind. Ct. App.1978)（傍論で賛成）; New York City Health and Hosps. Corp. Goldwater Mem'l Hosp. v. Gorman, 448 N.Y.S.2d 623 (N.Y. Sup. Ct. 1982)（公的病院は患者がメディケイドの申請を支援する義務がある）. Cf. Chew v. Meyer, 527 A.2d 828, 823 (Md. 1987)（患者が健康上の理由で有給休暇を取得することを支援する医師の義務を認めた）。しかし、これらの裁判例は、信認義務以外の限定的で独立した理由に基づいている。例えば、Picker 判決では、患者が、書類を完成させるためにかかった医師の時間給を支払うと申し出ているにもかかわらず、臨床心理医が保険業界に抵抗するために申請の支援を拒否している。前記の Gorman 判決では、特にメディケイドプログラムに関して公的病院は制定法と法人の目的が根拠になるとする。他の訴訟も、明確に信認義務のようなものを否定している。E.g. Mraz v. Taft, 85 Ohio App.3d 200, 619 N.E.2d 483 (Ohio Ct. App. 1993)（介護施設と病院は患者にメディケイドの資格があるかどうか助言する義務はないと判示）。

40　DiCarlo v. St. Mary's Hosp., Slip Copy, 2006 WL 2038498 (D.N.J. 2006).

影響を与えうる場合には、情報提供を行う信認義務を医師は患者に対して負う、という主張を退けるにあたり、「医師は患者の金融アドバイザーではない」と強調している[41]。そして、*Moore* 判決では、「受認者という用語が使われているとしても……医師は患者の金融アドバイザーではない……医師が利益相反の可能性を開示しなければならない理由は、彼が患者の金銭面の利益を守る義務があるからではなく、ある個人の利益が、専門家としての判断に影響を与えるからである」とされている。つまり、医療に関しては忠実義務に比べて注意義務の方が問題となる傾向がある。

Ⅳ　医療における受認者の注意義務

　インフォームド・コンセントの要件は、信認原則を医師の注意義務に最も直接的に適用したものである。インフォームド・コンセントの原則を明確に示して多大な影響を与えたいくつかの判決が、医師が主要な属性として受認者の地位にあることを根拠としているのである。*Cob v. Grant* で、裁判所は「医学を学んでいない患者は、判断の過程で根拠とする情報については、哀れなほどに医師に依存し信頼するしかないので、医師は対等な契約当事者間の取引での義務を超える義務を負う」と説明している[42]。そして、*Canterbury v. Spence* では、裁判所は以下のように詳細に述べている[43]。

　　　これらのほとんど自明の考え方から、患者が［情報に基づいて］判断できるようにするために、医師は合理的な開示を行う必要があり、開示を求められることになる。患者が医師を頼りにすることは、対等な当事者間の取引における義務を超えるものが求められるということにおいて伝統的な信託に類するものである。患者は、期待される治療に関して健康に影響を与える情報を医師に依存するという、全く哀れな立場にある……「［医師と患者の］関係における信認の性質によって、医師には、患者の最善の利益のために知っていることが重要なことを患者に知らしめる義務がある」ことを我々は既に知っている。医師の患者に対する義務の一環として、提案される治療方法以外にありうる選択肢と、それに伴う危険性または可能

---

41 | Arato v. Avedon, 858 P.2d 598 (Cal. 1993).
42 | 502 P.2d 1, 9-10 (Cal. 1972).
43 | 464 F.2d 772 (D.C. Cir. 1972).

性として考えられる危険性についての合理的な開示義務があると認める。[44]

医師の固有の義務である診療情報の守秘義務についても、受認者の地位にあることから直接に生じている。守秘義務は病院やその他の医療提供者にも適用される。[45]医療提供者がセンシティブ情報を漏洩することで患者が被害を被った場合、裁判所は信認義務に基づく医療上の守秘義務違反を固有の訴権として認めている。[46]

しかし、インフォームド・コンセントと守秘義務の範囲を超えて、医師の受認者としての地位によって、患者に対する注意義務が実質的に変わることはない。むしろそうした義務の内容は、免許を有する専門家に普通に適用される過失責任原則により、概ね決定される（ただしⅥの通り、この原則を契約で変更できる範囲は限られているという点が例外である）。医師は、無過失責任（strict liability）などの加重された責任を何ら負うことはなく、[47]その代わりに、同じまたは類似の状況下で、他の医師がどのように行動するかによって概ね決まる「合理的な医師」の基準によってのみ責任を負う。医師の責任に対しては、通常の立証責任、因果関係の考え方そして損害の算定方法が適用される。[48]

インフォームド・コンセントという、信認義務として注意義務が課されることが最も明確な分野についても、裁判所は、重要な医療行為に関する医療上のリスクを治療前に開示するという当初の範囲を超えて義務を拡大することに消極的である。そのため、医療情報を得たうえで治療を受けないという判断も存在しうることを信認原則は強く示しているにもかかわらず、裁判所は、患者の怪我については過去に医療過誤の事例があったと開示しなかったことが明確に責任を基礎づけると認めないし、ほとんどの裁判所は医療行為を行わないことに伴う危険性の開示（いわゆるインフォームド・リフューザル（情報に基づく拒否））を行うことを[49]

44 | Id. at 780-782 (quoting Schloendorff v. Soc'y of N.Y. Hosps., 105 N.E. 92, 93 (N.Y. 1914) と Emmett v. E. Dispensary & Cas. Hosp., 396 F.2d 931, 935 (D.C. Cir. 1967)); see also Pedersen v. Zielski, 822 P.2d 903, 909 (Alasla 1991) (「医師と患者の関係は信託（trust）の１つである。なぜなら、……患者は事実上全ての情報について医師に依存するしかなく、……それゆえに医師は合理的な人が治療について知りたいと思う全てのことを患者に伝えることを……引き受ける」).

45 | Hall et al., supra note 18 at 123-138.

46 | Tighe, supra note 29 (「医師が患者の医療記録を権限なく開示することは、医療過誤とは区別されて信認義務違反の主張の根拠となり、そのために出訴期限の延長の対象となる」); Biddle v. Warren Gen. Hosp., 715 N.E.2d 518 (Ohio 1999) (守秘義務違反の訴訟は、「受認者としての性格によりまたは慣習上秘密を守る義務を伴うと理解されていることにより、医師と患者の関係そのものの性質」から生ずることを判示); Gracey v. Eaker, 837 So.2d 348, 354 (Fla. 2002) (同旨).

47 | See Helling v. Carey, 519 P.2d 981 (Wash. 1974) (診断検査の実施を失念した医師に無過失責任を課すことを否定).

48 | See generally Mark A. Hall et al., Medical Liability and Treatment Relationships (4th ed. 2018).

49 | See Joan H. Krause, Reconceptualizing Informed Consent in an Era of Health Care Cost Containment, 85 Iowa L. Rev. 261, 305-337 (1999).

医師に求めていない。

さらに裁判所は、医師に対し、提案する医療行為に関して、その医師自身の経験とこれまでの成否の実績に基づいた危険性の重要な情報を開示するように求めることも、消極的である。ほとんどの人は、一般医が、専門医の方がその医療行為については技量があることを患者に助言したり、専門医が他の専門医のほうがより経験豊富であると助言したりすることは非常に重要と思うだろう。しかし、裁判所の典型的な対応は、患者から具体的に質問された場合に限り、医師がこの問題に答えることを求めるのみであり、これは全うな信認責任というよりは、契約法の買主は注意せよ（caveat emptor）の原則に近い。個々の医師についての危険性（個人の技術と訓練）の問題に、信認原則を声高にあてはめると、医師と患者という繊細な力関係に過度に踏み込むことになると裁判所は懸念しているように思える。[51]

V　医療に従事する受認者のその他の義務

インフォームド・コンセント、守秘義務そして利益相反は、医師に適用される信認法理の主要な分野である。しかし裁判所は、これらの分野以外でもしばしば、その他の様々な法的問題の解決のために、治療における関係に伴う受認者としての性質を根拠として用いる。

そのような分野の1つに契約の効力の問題がある。ある訴訟で裁判所は、患者と医師の関係が信認関係であることを踏まえ、手術により生じた麻痺に関する争いで患者が和解に合意したことを、医師が手術の失敗による傷害について完全に開示しなかったことを理由として、非良心性によって覆した。[52]もっとよくあるのは、医師が雇用または業務提供を契約する際に競合禁止条項があるときに、その効力を制限する理由として、担当する患者と医師との関係は、「高度な信認関係にあり、患者または依頼人は相談する医師……に対する信頼と信用に特別に依存

50　E. g., Duffy v. Flagg, 905 A.2d 15 (Conn. 2006)（インフォームド・コンセントにおいて、治療方法に関する医師の過去の詳細な記録を提供することは、当該回答がインフォームド・コンセントにおける主要な問題に関連している場合でなければ、医師には求められていない）; Wlosinski v. Cohn, 713 N.W.2d 16 (Mich. Ct. App. 2005)（「実際に成功した割合」を開示する必要はない）; Dutty v. Patterson, 771 A.2d 1255 (Pa. 2001)（インフォームド・コンセントの請求には医師個人の特質や経験は関係しない。不実表示の請求としてはありうる）.

51　See Mark A. Hall, Caring, Curing and Trust: A Response to Gatter, 39 Wake Forest L. Rev. 447 (2004).

52　Lockett v. Goodill, 430 P.2d 589, 591 (Wash. 1967).

する関係にある[53]」とすることである。

また、いくつかの訴訟手続上の問題を解決するために裁判所は受認者であることに言及している。医療過誤訴訟で、被告側弁護士が原告を治療した医師と非公式に面談することを（医師が被告側弁護士の依頼人でない場合には）、裁判所が厳格に禁止している理由の１つが、医師の守秘義務である。そのような「一方当事者による接触」は重大な法曹倫理違反と考えられている[54]。関連する裁判例として、第三者を人身傷害で訴えた患者に反対する立場で専門家証言を医師が行うことは、忠実義務に違反すると判示したものがある[55]。他に訴訟手続の文脈では、医師が全面的な開示を行う信認義務は、患者がその事案で実際に過誤が行われていたと知るまで裁判所が出訴期限を停止する理由となっている[56]。

Ⅵ　医療における信認義務の免責

医師の注意義務の中核は、信認義務違反よりは通常の専門家の過失法理により決定されるとはいえ、信認原則は責任に影響を与えている。そのため、（病院を含む）医療業務の提供者が、治療を受ける際に患者に署名させる契約によって注意義務の基準を制限したり変えたりすることができる範囲は大きく制限されている[57]。主要な判例としては、*Tunkle v. Regents of University of California* [58] があり、病院の免責は公序良俗に反していると判示している。厳密には裁判所は病院を受認者であるといっていないが、受認者を表わす場合と似た言葉遣いで、「医療行為の本質的な性格の帰結として……免責条項を援用しようとする当事者は、医療の提供を求める一般公衆に対して交渉上決定的に有利な立場にある」と述べている。

同じ考え方は、患者が治療の際に医療業務提供者との紛争は仲裁で解決するこ

---

53 | Murfreesboro Med. Clinic, P.A. v. Udom, 166 S.W.3d 674, 683 (Tenn. 2005).

54 | Domako v. Rowe, 475 N.W.2d 30, 34 (Mich. 1991); Petrillo v. Syntex Laboratories, Inc., 499 N.E.2d 952 (Ill. App. Ct. 1986).

55 | State ex rel. McCloud v. Seier, 567 S.W.2d 127, 128 (Mo. 1978).

56 | Black v. Littlejohn, 325 S.E.2d 469, 482 (N.C. 1985); Toman v. Creighton Memorial St. Josephs Hosp., Inc., 217 N.W.2d 484, 489 (Neb. 1974); Baines v. Blenderman, 223 N.W.2d 199, 202 (Iowa 1974); Witherell v. Weimer, 85 Ill.2d 146, 160, 421 N.E.2d 869, 876 (Ill. 1981); Billings v. Sisters of Mercy, 389 P.2d 224, 228 (Idaho 1964); Emmett v. Eastern Dispensary and Cas. Hosp., 396 F.2d 931, 935 (D.C. Cir. 1967).

57 | See A. M. Swarthout, Annotation, Validity and Construction of Contract Exempting Hospital or Doctor from Liability for Negligence to Patient, 6 A.L.R.3d 704 (1966 & Supp.).

58 | 383 P.2d 441 (Cal. 1963).

とを求められる場合にも生ずる。裁判所はそういった合意の効力を度々否定しており[59]、その理由をカリフォルニア州の裁判所は「通常の人であれば、病院に入院することは不安でストレスを感ずるし、トラウマになる経験であることもよくある……［患者は］通常は他に選択肢はなく……入院のためには目の前に出された全ての書類に署名することを含めて全ての条件に同意しなければならないと感ずる」といっている[60]。そのようなことはないと信じているとすれば、「通常入院をしようとする患者を取り囲むストレスや不安そして切迫感を無視するように求めることに等しい」。

　しかし、別の局面では、裁判所は患者が医師の信認義務を免責することができると認めている。患者は守秘義務による保護を自由に放棄することができる[61]。さらに、インフォームド・コンセントの法理は、権利放棄のような形で機能する場合がある。医師にリスクと傾向の開示を求めることにより、法が暗示していることは、一旦適切な開示がなされれば、治療がその他の点では適切に行われている限り、患者は重要な危険性について了承したとされるということである。例えば、*Schneider v. Revici*[62] では、裁判所は、医師が標準的でない癌の治療をすることについて、患者が情報提供を受けて同意したといえるか検討した。当該裁判所は、もしインフォームド・コンセントの書式がもっと明確なものであれば、危険性を引き受けたことを示すものとして機能して、免責に効果を生じえたであろうと判示した。

Ⅶ　医療における受認者の義務違反に対する訴訟

　前述の通り、治療に信認関係の側面を認めることは、裁判所による法理の分析に影響を与え、一般の法的問題を医療の文脈ではどのように考えるべきか、裁判所も結論を変えたり、少なくとも検討を加えたりすることになる。しかし、裁判所が、通常の過失や契約の訴訟と異なる形で、信認義務違反を訴訟原因として認めることは減多になく、その代わりに、より伝統的な不法行為法と契約法の原則を補正するために受認者であることを使う。Ⅲで論じた *Moore* 判決は、それに

---

59 | Hall et al., supra note 18, at 444.
60 | Wheeler v. St. Joseph Hosp., 133 Cal. Rptr. 775, 786 (Cal. Ct. App. 1976)（仲裁合意の効力を否定）.
61 | See C. C. Marvel, Annotation, Commencing Action Involving Physical Condition of Plantiff or Decendent as Walving Physician-Patient Privilege as to Discovery Proceedings, 21 A.L.R.3d 912 (1968).
62 | 817 F.2d 987 (2d Cir. 1987).

あてはまらない先例として代表的なものである。他の少数の事例は、これまで述べた通り、主に守秘義務違反か患者と性的な関係をもったものである[63]。しかし他の文脈では、この問題を検討する裁判所の圧倒的多数が、信認義務違反の訴訟であると明確に認めることを拒否し、通常の契約または不法行為の訴訟で十分であるとしている[64]。

　例えば、インフォームド・コンセントの義務は信認原則に基づいているものの、通常の過失による不法行為の訴訟により実現される。こうした訴訟では、開示されるべき情報が開示されていれば原告は実際に治療を拒否し、その結果としてより良い状態になっていたであろうこと等、厳格な因果関係の基準を原告は満たさなければならない[65]。何人かの論者は、これらの因果関係の要素は、損害回復にはあまりに高いハードルであり、そのために裁判所はもっと直接的に「個人の尊厳を侵害する不法行為」を認めるべきであると主張している。つまり、情報があってもなくても治療を進めることを決定したであろうとしても、より多くの情報を得るという患者の権利を否定することだけで、懲罰的損害賠償を課すことが可能とするのである[66]。しかし、裁判官の賛同は得られていない。

　裁判所は、信認義務違反に特別の訴訟を認めると、原告が、法制度の重要な目的を伴う諸法理の構成要件を回避できてしまうことを懸念していて、その懸念には強い影響力がある。例えば、ミネソタ州の裁判所は、医薬会社からキックバックを受け取っていた医師が「信認義務に違反していることに基づいて、新しい不法行為を認める」ことは、「医療過誤に係る不法行為法の要件を無視」するものであり、受け容れられないとした。なぜなら、それを認めてしまうと、出訴期限の延長と権利侵害理論の拡大を認めることになるからである。裁判所は、通常の医療過誤に係る法が適用されるべきだとして、次のように述べた。「医師が患者に医薬品を処方する行為に何らかの信認義務違反があるとすれば、それは医師が患者を診察し、診断し、治療または手当てを行っているときに義務違反が発生す

63　E.g., Tighe, supra note 29（「医師が権限なく患者の医療記録を開示することは、医療過誤とは区別され、信認義務違反の主張をもたらし、出訴期限の延長の対象となる」）; Stevenson v. Johnson, 32 Va. Cit. 157, 159（Va. Cir. Ct. 1993）（原告の妻と性的関係をもった結婚カウンセラーの精神科医に対する信認義務違反の訴訟を認める）.

64　Mehlman 教授の論文 "Why Physicians Are Fiduciaries for Their Patients, 12 Ind. Health L. Rev." の 10〜12 頁では、そのような 10 の判例を挙げている。

65　See Aaron D. Twerski & Neil B. Cohen, Informed Decision-Making and the Law of Torts; The Myth of Justiciable Causation, 1988 U. Ill. L. Rev. 607（1988）.

66　E.g., Caroline Forell & Anna Sortun, The Tort of Betrayal Trust, 42 U. Mich. J.L. Reform 557（2008-2009）; Alan Meisel, A "Dignitary Tort" as a Bridge Between the Idea of Informed Consent and the Law of Informed Consent, 16 L. Med. & Health Care 210, 211-214（1988）.

ることになる。つまり、訴えの対象となった行為は医療行為の過程になくてはならない部分である」。[67]

　医師の金銭上の利益相反から生ずる責任を他の責任から区別することに反対しているのは、ミネソタ州の裁判所だけではない。医師があからさまな利益相反を避けるか開示すべき義務があることは認識されているものの、通常の医療過誤やインフォームド・コンセントの原則によらず、患者が利益相反回避義務違反の訴訟を行うことを認める裁判所はほとんどない。やはり、*Moore* 訴訟は代表的な例外事例である。しかし、*Pegram v. Herdrich*[68] における最高裁判決では、逆に大多数の見解を支持している。*Pegram* 訴訟はエリサ法の訴訟（そのためエリサ法において受託者の地位に必然的に伴うものは何かについてだけを述べている）であったが、州の裁判所によるコモン・ローの訴訟に影響を与えた。*Pegram* 訴訟では、HMO のオーナーの１人が医師として治療を行う場合、このような医師は治療を差し控えることにより金銭的な利益を得ることが利益相反になるという観点で、信認義務違反を構成するか審議した（本件で、オーナーである医師は、HMO の保険の対象外である超音波検査を指示していなかったところ、患者は虫垂が破裂した）。裁判所は、主に以下に掲げる理由により、この利益相反をエリサ法の信認義務の対象としなかった。

> HMO の立場であれば、所属する医師が金銭的な理由から行動したのではなく良心的な医療上の理由に基づき行動したと抗弁することになるだろうが、そのもっともらしさを判断するには、同様の状況下において合理的かつ一般的な基準を論拠とすることが求められる。もちろん、それは伝統的なコモン・ローの基準である。そのため、実際上は、[医療と金銭の両面が]混じった判断を HMO 所属の医師が行うことについて信認義務違反で訴えると、必ず医療過誤の訴えに帰着することになり、その結果、受認者の基準と伝統的に医師の活動に適用される医療過誤の基準は変わらないことになる。[69]

　通常の医療上の過失訴訟と金銭上の利益相反により危険にさらされる明確な忠実義務とを区別する、という対応も裁判所は選択することができることを踏まえれば、この理由づけは隙がない対応というにはほど遠い。それにもかかわらず、

---

67 ｜ D.A.B. v. Brown, 570 N.W.2d 168, 171 (Minn. Ct. App. 1997)（引用省略）.
68 ｜ 530 U.S. 211 (2000).
69 ｜ Id. at 234.

Pegram 判決のロジックの一部を採用することで、イリノイ州最高裁は、医師が金銭上の利益相反を患者に開示することを怠ったことで、通常の医療上の過失またはインフォームド・コンセントとは区別された責任を問われるべきではないという見解に同意している。[70] 患者側は、医師が胸痛をより十分に診察するために血管造影を行わなかった結果、心臓麻痺により死亡したものと主張し、また、この診断の誤りは所属する HMO による医師への支払方法による影響を受けているため、信認義務違反になると主張した。しかし、裁判所は、この信認理論の「主要事実」は検査指示を出していないことを中心としており、「原告の信認義務違反の主張は、医師の医療上の過失の主張を焼き直したものにすぎない」と理由づけた。

　反対意見として、Harrison 主席判事は、裁判所の分析は正確ではないとしている。[71] 信認訴訟の目的を踏まえれば、因果関係として、治療を行った医師の**過失**を示す必要はなく、セカンド・オピニオンを得る機会を失うことにより、患者の生存の可能性が実質的に減少したことだけを示せばよい。それにもかかわらず、裁判所の理由づけと初期段階の類似の判例は影響力を持ち続けている。[72]

VIII　結　論

　要約すると、医師と患者の（そして他の治療）関係は、古典的な受認者の地位に属しており、そのため、裁判所は医師の患者に対する義務を論ずる際に繰り返し信認義務の考え方や用語をしばしば援用する。インフォームド・コンセントと医療上の守秘義務は、明確に医師の受認者の地位を根拠とする法規範の主要な例である。しかし、それ以外の医療法のほとんどは、不法行為法や契約法のような標準的な法理を根拠としているか、特別の規制法規を根拠としており、特に信認責任についての具体的な原則に基づくものではない。そのため、医療法の多くでは、受認者の概念は何かを具体的に規律するというよりも、印象的なものにとどまっている。

　したがって、医師は患者との関係において受認者の地位にある、という考え方を裁判所は様々な文脈においてよく使うが、そこでは受認者に属するということ

---

70 | Neade v. Portes, 739 N.E.2d 496, 443（Ill. 2000）.
71 | 710 N.E.2d at 451.
72 | See supra note 64.

によって特別な義務や救済の根拠を作り出そうとはしない。この領域で裁判所が
受認者だと強調しながら踏み出そうとしないのは、信認原則に関わる問題の多く
は、連邦法と州法に基づく詳細な規制が扱っているからということもあるだろう。
このように、患者を保護する手段が他にも存在することから、ほとんどの裁判所
は、強固な公の政策の目標を達成するために、信認原則による一般的なコモン・
ローの基準を公然と創ることに説得力のある理由はないと、普通は納得するのだ
ろう。

第16章 信認原則と公的な官職

ETHAN J. LEIB AND STEPHEN R. GALOOB

I はじめに

　公的な官職が「公共の信託」であることは、ほとんど公理だといえる。公務員が、国民を受益者とする代理人または受託者——どちらの職務もフィデューシャリー——であるという理念は、ギリシャ・ローマの政治思想、イギリスの政治哲学、そしてアメリカ建国の政治理論において共通している。このようなフィデューシャリーの概念は、私法において発展したものである。信託法が生まれたのは、受益者の法律上および事実上の利益につき裁量権を有する者が、権限を行使する際に適切な方法で裁量権を行使することを確実にするためである[1]。それは、公法上の規範が、公的な官職に備わっている裁量権の行使を制約しようとしていることと同様である。公法と私法の双方において、信認原則の規範の中心となるのは、フィデューシャリーはその権限を濫用してはならないということと、受認者が受益者の利益について熟慮することで、なすべき具体的な行動が導かれるということである。

　本章では、フィデューシャリーの規範が公的な官職にどのように適用されているかを示す。そのために、公職にある者にとって、その公的な役割に適切なふるまいとはどのようなものなのかを明らかにする。フィデューシャリーの規範は、最終的には、公職にある者がすべきことが憲法や制定法では十分詳細に定められていないとしても、その職務に求められる規範的な要請に違反することがあるのは、どのようなことをする場合なのかということを明らかにしてくれる。フィデューシャリーの規範は、公法の制度設計に洞察をもたらすのであり、公的な官職についてのフィデューシャリー概念を実現するために、私法において信託法を執行する方法がそのまま適用されるわけではないとしても、公法の制度のあらゆるところにフィデューシャリーの規範を適用できる。公法の分野においてフィデューシャリーの規範を直接執行することは特に困難であり、公的な官職のフィデューシャリーの規範が公職者に適用される実定法と完全に一致するものではない。

---

1 | 本書第3章参照。

それにもかかわらず、中核的な信認原則は、公的な官職を有するということを支えるものであり、そして公務員がフィデューシャリーとしての役割に伴う義務を受け容れ、遵守するようにするための改革において中心的な役割を果たしうる。

　本章では、アメリカにおける公法の３つの法分野を取り上げて、それにフィデューシャリーの性質があることを示して、公的な官職が公共の信託であることを裏づける。次に、公的な官職を有するということに適用される中核的なフィデューシャリーの規範をいくつか説明する。最後に、結論として、私法と公法における信認法の違いを考察し、フィデューシャリーの規範に照らせば公的機関はどのように設計されるべきかを示す。

Ⅱ　公的な官職は公共の信託である

　政府職員が、国民を受益者とする信託において公的な官職を保有しているとの考え方は、アリストテレス、プラトン、キケロに始まる[2]。国家機関は、公共の信託における国民の利益を守らなければならないと長らく考えられており、統治者が政治権力を行使する際には、受認者に求められる基準によって制約されるといわれることがよくある。このような制限の前提には、国民が公職者への信頼に依存する必要があり、同時にその信頼が濫用される可能性に国民は脆弱だということがある[3]。

　国家の官職は公共の信託である（そして、そうならば、公職にあるものは受認者である）という理念は、文化を超えた性質がある。それは古代ギリシャからローマの政治的思想と実践に始まり、イギリスに伝えられてコモン・ローの中に住処を見出した[4]。アメリカでは、公共の信認原則が植民地に承継された[5]。例えば、

---

2 | See Robert G. Natelson, Judicial Review of Special Interest Spending: The General Welfare Clause and the Fiduciary Law of the Founders, 11 Tex. Rev. L. & Pol. 239, 245 (2007); Robert G. Natelson, The Constitution and the Public Trust, 52 Buff. L. Rev. 1077 (2004).

3 | See Evan J. Criddle, Proportionality in Counterinsurgency: A Relational Theory, 87 Notre Dame L. Rev. 1073, 1090 (2012).

4 | See C. E. Vaughan, Studies in the History of Political Philosophy 143-157 (1939); J. W. Gough, John Locke's Political Philosophy 136-171 (1950); Paul Stanton Kibel, The Public Trust Navigates California's Bay Delta, 51 Nat. Resources J. 35, 36 (2011); Mary Christina Wood, Advancing the Sovereign Trust of Government to Safeguard the Environment for Present and Future Generations (Part I): Ecological Realism and the Need for a Paradigm Shift, 39 Envtl. L. 43, 69 (2009).

5 | See Joseph L. Sax, Introduction to the Public Trust Doctrine, in The Public Trust Doctrine and Its Application to Protecting Instream Flows: Proceedings of a Workshop 8 (G. E. Smith & A. R. Hoar eds., 1999).

1662 年にイギリス国王チャールズ 2 世は、イギリスコネチカット植民地会社とその総督に対して、植民地に居住する植民者を受益者とする信託に認可を与えた[6]。1787 年の連邦憲法条約会議が開催されるまでに、多くの州で憲法を定める文書にフィデューシャリーという言葉が用いられた[7]。

建国時代の人々は統治する者と統治される者の関係が信認関係であると理解していた。アメリカ憲法について議論し、最終的に採択した人たちは、憲法がフィデューシャリーに求められる基準を普及させ、公職にある者が政治において裁量権を行使する際に制限をかけるであろうと考えた[8]。その想定の通り、憲法は、公共の信託と「『信託』たる」公的な官職について広範に言及している[9]。アメリカ憲法の起草者は、ギリシャ・ローマとホイッグ党の政治理念をもとに起草するにあたり、政府を「私法上のフィデューシャリーの行為に倣って行為するものとして」作り上げた[10]。したがって、憲法は「公権力の信認法」であると考えられ、政府の権限に限界を定めることで、受益者である国民の利益となる方向へと導いている。このように公的な官職をフィデューシャリーとして扱う考え方が重要視されていることは、憲法が、アメリカの裁判所に、公共の信託に反する法律や公職者の行為があれば、それを無効にする権限を与えているように思えることからもわかるし、政治的な行為をする者が少なくとも何らかの信認義務を守るよう、司法当局が維持しなければならない、という理念を強固なものにしている[12]。

6 | Charter of Connecticut (1662), http://avalon.law.yale.edu/17th_century/cto3.asp.
7 | See Paul Finn, Public Trust and Accountability, 3 Griffith L. Rev. 224 (1994) (quoting the 1776 Maryland Declaration of Rights); Paul Finn, The Forgotten "Trust": The People and the State, in Equity: Issues and Trends 131, 131 (Malcolm Cope ed., 1995) (quoting the 1776 Pennsylvania Declaration of Rights). 筆者の 1 人が憲法の重要な歴史について展開したものとして、Ethan J. Leib & Jed Shugerman, Fiduciary Constitutionalism: Two Legal Conclusions, Geo. J.L. & Pub. Pol'y (2018).
8 | See Finn, "The Forgotten Trust," supra note 7, at 135 (「独立革命後の合衆国においては、公的な官職にある者の受認者としての地位は、その国の国民主権の考え方を厳格に受け容れていることからきている」). 最近の議論では、アメリカ合衆国憲法の文書は意識的に受認者を表す文面で起草されたとしていることについて、Gary Lawson & Guy Seidman", A Great Power of Attorney": Understanding the Fiduciary Constitution (2017) 参照。
9 | U.S. Const. art. I, §3, cl. 7 ("Office of......Trust (信任を伴う官職)"); id. art. I, §9, cl. 8; id. art. II, §1, cl. 2 ("Office of Trust (信任を受けて官職にある)"); id. art. VI, §3 ("Office or public Trust (官職または信任による職務)").
10 | Natelson, Judicial Review, supra note 2, at 245.
11 | Tamar Frankel, Fiduciary Law 284-287 (2010) 〔溜箭将之監訳『フィデューシャリー――「託される人』の法理論』(弘文堂・2014) 283〜285 頁〕; see also E. Mabry Rogers & Stephen B. Young, Public Office as a Public Trust: A Suggestion the Impeachment for High Crimes and Misdemeanors Implies a Fiduciary Standard, 63 Geo. L.J. 1025 (1975).
12 | これはある意味で、Mary Sarah Bilder, The Corporate Origins of Judicial Review, 116 Yale L.J. 502 (2006) で明らかにされた司法審査の考え方と同じである。これを一般化した考え方を取り入れ

時には、裁判所は、公的な信認義務と考えられることを裁判所の手で直接に実行する。ある裁判所では、そのことを以下のように示している。

> これらの［公的な信認］義務が、単なる理論的な概念または抽象的で純粋な理念で、実務的な効力や結果を伴わないというようなことはない。これらは、公務員に課されるコモン・ロー上の義務であり、かつ、公務員が公的な官職に就く際に受け容れた義務である。……市民は、公共の信託の地位を有する公務員から慈悲を受けているのではなく、投票という方法や世論の圧力、刑事訴追以外に、公務員の陰謀からの救済を確保することができないということはない。民事裁判において……市民が自己の名において訴えて、救済を求めることが保証されている。[13]

この Driscoll 訴訟で、裁判所は、州における公務員（橋梁委員会理事）は、公的な信認義務に拘束され、不履行の場合に責任を負うと判示した。他の州の事件では、郡の事務員が信認義務を負うとした。[14] そして、連邦裁判所でも同様の事件がある。ある事件では、農務省の食肉検査官は裁判所により強制されうる公的な受認者の義務を合衆国に対して負うとし、[15] 別の事件では、元CIA諜報員は受認者としての守秘義務を負うとした。[16] これらの直接的な執行が行われた事件は、誰が執行することができるか、あるいは、誰が関連する義務の執行を求める原告適格を有するかについては必ずしも明確にしていない。そして、正確には義務が誰に対するものかを最終的に判断するものではない。[17] しかし、これらの事件は、公的な信認義務が、私法における優れて伝統的な救済方法である擬制信託、計算・精算、利益の吐出しという形で、司法において直接適用されるものであることを示している。しかしながら、私法における信認法と同様に、フィデューシャリーの規範を実現することは、裁判以外の方法や、間接的なものとして、あるいは構造的な問題として、予防的な設計や規制によって実現されなければならないこと

た裁判例として、Fuchs v. Bidwill, 334 N.E.2d 117, 119–120（Ill. App. Ct. 1975）; City of Minneapolis v. Canterbury, 142 N.W. 812, 815（Minn. 1913）; U.S. v. Carter, 217 U.S. 286, 306（1910）; and U.S. v. Kearns, 595 F.2d 729, 734（D.C. Cir. 1978）．裁判官は（他者の信認義務を実現するだけでなく、むしろ）自身が受認者であるという理念を歴史的に補強するものとして、Ethan J. Leib, David L. Ponet & Michael Serota, A Fiduciary Theory of Judging, 101 Calif. L. Rev. 699（2013）参照。

13 Driscoll v. Burlington-Bristol Bridge Co., 86 A.2d 201, 222（N.J. 1952）.

14 See County of Cook v. Barrett, 344 N.E.2d 540（Ill. Ct. App. 1975）.

15 See U.S. v. Drumm, 329 F.2d 109（1st Cir. 1964）.

16 See Snepp v. United States, 444 U.S. 507（1980）.

17 この論点についてさらに検討したものとして、Ethan J. Leib, David L. Ponet & Michael Serota, Mapping Public Fiduciary Relationships, in Philosophical Foundations of Fiduciary Law 388（Andrew Gold & Paul Miller eds., 2014）参照。

もある。実際、多くの公共における信認法は、私法上の義務違反の訴因と構成されて裁判所で直接執行されることはない。

アメリカの実定法である公法でフィデューシャリーの規範を反映した事例をさらにいくつかみれば、広い範囲の法が、公的な官職を公共の信託であると（美辞麗句以上のものとして）認識している状況を示すには十分であろう。

A.　報酬条項

信認法のうち実定法であるものの多くは、その中核として、利益相反の状況において受認者が意思決定することを禁止する条項を置いている。実際、利益相反禁止ルールは、私法と公法における全ての受認者に対する禁止事項である[18]。例えば、アメリカ上院の内部倫理規則には、公職にある者が利益相反を回避するための詳細な規定をいくつか定めている[19]。そして、上院倫理委員会は、それらが専ら1978年政府倫理法（Ethics in Government Act of 1978）第5章に由来する「フィデューシャリーの基準[20]」であることを明示している[21]。

おそらく公的な官職を有する者の利益相反に関する規則について、今日最も議論されているのは、アメリカ合衆国憲法の「報酬条項」である。「外国からの報酬に関する条項」は、「合衆国から報酬または信任を受けて公職にある者は、連邦議会の同意なしに、国王、公侯または他の国から、いかなる種類の贈与、俸給、公職または称号をも受けてはならない」と規定している[22]。「国内での報酬に関する条項」は、大統領が、その報酬以外に「合衆国または州から他のいかなる報酬も」受けることを禁止している[23]。大統領に対するこれらの条項の適用および解釈は、特にドナルド・J・トランプの選挙に関して大きな論争を呼ぶ問題となった。彼の国内外の事業の利益は報酬条項の範囲とその執行力に関して大きな問題とな

18　See Matthew Conaglen, Fiduciary Loyalty: Protecting the Due Performance of Non-Fiduciary Duties (2011).

19　See, e.g., Senate Rule 37 ("Conflict of Interest"), 2 C.F.R §200.12 (2017), https://www.ethics.senate.gov/public/index.cfm/conflictsofinterest.

20　See id.（上院議員および西暦2017年において12万4,406ドルを超える年収のある者は次のことをしてはならない。
　　　信認関係を伴う専門的な業務（例えば、助言、医療、不動産、法律事務）を提供する目的で外部の事業者と提携し、または雇用されることにより報酬を得ること。
　　　報酬のために、専門的な業務を提供する外部の事業者に氏名を利用させること。
　　　報酬のために、信認関係を伴う専門的な業務を提供すること。
　　　倫理委員会の事前の承認なく教職に就くこと。See Senate Rule 37.5(b)).

21　上院倫理委員会は5 U.S.C. §§501-505（1978）を基にしている。

22　U.S. Const. art. I, §9, cl. 8.

23　U.S. Const. art. II, §1, cl. 7.

るからである[24]。

　しかし、なぜこれらの条項が存在するのかということについては、ほぼ疑問の余地がない。これらの条項は、アメリカ憲法の起草者が腐敗を強く嫌悪していたことを明らかにしているのである。この「反腐敗原則[25]」は、受認者は利益相反のない状態であることによって誠実さを保たなければならないという私法における理念に倣ったものと思われる[26]。Lawson & Seidman が最近論じたように、「忠実義務は、［憲法］において、報酬条項のように、贈答品の受領禁止……および個人の利益のために官職を用いることの禁止に反映されている」のである[27]。

　我々は、依然として、報酬条項を実現するためには誰が「原告適格」の要件を満たすのか、また、公職にある者による不履行に対する救済が何であるべきかという論点については検討しているところである[28]。もっとも、公的な官職が受認者であるという考え方の正当性を憲法制度上いかに説明するかということについて十分な理解が得られていないとはいえ、公職にある者が、公衆に対して忠実義務を負い、自己取引をしてはならないことに疑いはない。実際、仮に、憲法の起草者の中にも大統領の職が外国からの報酬に関する条項の対象となることを望まない者がいたことが明らかにされたとしても、その根底にある腐敗および自己取引の禁止という規範は、公的な官職は公共の信託であるとする建国世代の考え方の中心となっている。報酬条項は実定法であり、その根底にある広がりのある公法

---

24 | See, e.g., Zephyr Teachout, Trump's Foreign Business Ties May Violate the Constitution, N.Y. Times (Nov. 17, 2016), http://www.nytimes.com/roomfordebate/2016/11/17/would-trumps-foreign-business-ties-be-constitutional/trumps-foreign-business-ties-may-violate-the-constitution; Seth Barrett Tillman, Constitutional Restrictions on Foreign Gifts Don't Apply to Presidents, N.Y. Times (Nov. 18, 2016), http://www.nytimes.com/roomfordebate/2016/11/17/would-trumps-foreign-business-ties-be-constitutional/constitutional-restrictions-on-foreign-gifts-dont-apply-to-presidents.

25 | Zephyr Teachout, Corruption in America: From Benjamin Franklin's Snuff Box to Citizens United 276-290 (2014).

26 | 反腐敗原則が信認法に由来することを最も明らかにしたものとして Seth Barrett Tillman's engagement with Teachout's work. See Seth Barrett Tillman, Citizens United and the Scope of Professor Teachout's Anti-Corruption Principle, 107 Nw. U. L. Rev. Colloquy 1, 20-21 (2012); Seth Barrett Tillman, The Original Public Meaning of the Foreign Emoluments Clause: A Reply to Professor Zephyr Teachout, 107 Nw. U. L. Rev. Colloquy 180, 203, 207 (2013). Teachout 自身は信認法との結びつきを示すことに消極的である。その理由として、誰かを「腐敗している」と名指しすることの方が、誰かが受認者として任務懈怠であると訴えることよりも社会的な意味が大きいと主張している。

27 | Lawson & Seidman, supra note 8, at 47; see also id. at144 (大統領とその他の公務者にはフィデューシャリーとしての忠実義務があることを強調し、その根拠として、組織的な規範による制約と個人としての誓約を挙げている).

28 | Citizens for Responsibility and Ethics in Wash. v. Donald J. Trump, 2017 WL 277603 (S.D.N.Y.); District of Columbia v. Donald J. Trump, 2017 WL 2559732 (D. Md.); vand Blumenthal et al. v. Donald J. Trump, 2017 WL 2561946 (D.D.C.).

規範が存在することを示しているのである。

B. 行政法

　行政法の特徴のうちいくつかのものも、フィデューシャリーの解釈の影響を受けている。そのような行政法の法理および規定は、行政官の地位とは、公職にある者が公権力を託されたものという考えからきているように思われる。

　Evan J. Criddle は、このことを記述し、明確化することに最も貢献し続けることで、行政法を体系化している。Criddle の主張によれば、行政機関は、信認義務から導かれる倫理的基準に従って、その権限を行使しなければならない。また、他の形態の代理制度で託されていることや説明すべきことが、フィデューシャリーを模範とする行政国家に適用できることについても明らかにしている。Criddle にとって、「行政機関において［公職にある者］は、州民を自由で対等な自治の主体として尊重しなければならないし、公共の利益を促進するために行動しなければならないが、それは必ずしも公衆の望む通りに進めなければならないということではない」と論じている。[29] 実際、行政法の主たる関心事である、委任、残余財産管理権、裁量、合理性、司法審査の役割の全てが、統治管理のフィデューシャリーモデルと整合すると論じている。[30]

　例えば、行政による意思決定に関する司法審査の構造は、多くの場合、熟慮を円滑にする手続に行政機関が確実に従うことに努めた成果である。行政措置については、理由を付さなければならない。規則の制定は、一定の「告知と意見募集」の期間を経て、[31] その規則が優先順位の高い行為を規定しているのかということを注意深く考慮できるようにし、かつ、その決定は、「実質的な証拠」に支えられていなければならず、「恣意的」だったり「気分に左右される」ものであってはならない。[32] 司法は、これらの熟慮の手続に関する規律に合致しているかどうかを監督することを求められる。究極的な事例として、*State Farm* 事件[33]（しばしば「徹底的」審査と呼ばれる）の構造は、行政国家のフィデューシャリーモデルを徹底していて、会計および記録保存の義務づけに関して私法が受認者に課す義務の多くをなぞっている。[34] Criddle は以下のように主張している。

29　Evan J. Criddle, Fiduciary Administration: Rethinking Popular Representation in Agency Rulemaking, 88 Tex. L. Rev. 441, 466 (2010).

30　Evan J. Criddle, Fiduciary Foundations of Administrative Law, 54 UCLA L. Rev. 117, 121 (2006).

31　See Administrative Procedure Act, 5 U.S.C. §553.

32　See 5 U.S.C. §706(2)(A), (E).

33　Motor Vehicles Mfrs. Ass'n v. State Farm Mut. Auto. Ins. Co., 463 U.S. 29 (1983).

行政機関は、司法審査に通るために……相当の注意を払っていたことを示さなければならないので、同時期の全ての行政記録を具備し、各々の判断の根拠を詳細に説明し、過去の判断から変更したことの正しさを証明しなければならない。行政機関は、ある問題について説明する際には、合理的な選択肢の費用と利点を比較するなど、当該問題について重要な点を全て検討しなければならないし、最終的にまとめられた規則が、行政機関の有する経験的な証拠と反しないと、裁判所を納得させなければならない。……このように、［法は、］行政機関が、民間の受認者と同様に、その判断が「合理的な判断の結果」であると示すことのできる記録を提出する責任を負うものと定めている。[35]

ここでいうところの連邦政府の公職にある者の誠実義務（私法上の忠実義務に類する）は、制定法上の行政法の規律や司法審査のみならず、公職の宣誓にも反映されている。

　　大統領を除き、個人で公的な任務を行う官職に……選挙または指名により選ばれた者は、……次の宣誓をしなければならない。「私、○○は、アメリカ合衆国憲法を支持し、国内外の全ての敵から憲法を守ります。憲法に真に信義を尽くし、忠誠を誓います。この義務を、いかなる留保も回避も意図せず私の自由意思により引き受けます。これから担う官職の義務を十分かつ誠実に果たします。以上を全身全霊をもって誓います。神よ助け給え」。[36]

憲法に忠誠を誓い——国民に対する最も重みのある約束を言い換えたものである——、自らの役割に忠実であると誓うのであるから、公的な官職を有する者は、行政上の意思決定を行うに際しては、国民が好むことに左右されずに、国民の最善の利益を指向しなければならない。確かに、行政機関は、制定法に従わなければならないし、その制定法がその業務の起点となり、制定法に行政機関にとって

---

34 | See Robert H. Sitkoff & Jesse Dukeminier, Wills, Trusts, and Estates 656-657 (10th ed. 2017) (citing Uniform Trust Code §§806, 810 (a) (2000)).

35 | Criddle, Fiduciary Foundations, supra note 30, at 153-154 (quoting State Farm, 463 U.S at 52) (引用省略). もちろん、これが行政法上の審査基準の解釈として唯一のものではない。例えばAdrian Vermeule は、現実にはそのまま受け容れられることがほとんどで合理性審査は最小限にとどまり、真に受認者の基準であるといえないとする。See generally Adrian Vermeule, Law's Abnegation: From Law's Empire to the Administrative State (2016). Vermeule に懐疑的な意見として、Ethan J. Leib, Also, No, 53 Tulsa L. Rev. 267 (2018) 参照。

36 | 5 U.S.C. §3331 (傍点は筆者による).

の本人からの立法上の授権が明記されている[37]。この授権の範囲内で、行政機関は最終的な受益者たる国民に誠実に奉仕することを任務とする。

　アメリカの実定法である行政法は、行政機関に権限を委任する法律が目指す公益目的に従って、行政機関が規則と政策を更新し、変更することも求めている。この要請は、行政国家の受認者モデルと一致している[38]。行政手続法（Administrative Procedure Act; APA）の申立手続の規定を考えてみると、5 U.S.C. §553 (e)において、「各行政機関は、利害関係人に、規則の制定、修正または廃止を申し立てる権利を与える」と規定している[39]。行政機関が申立てを拒否したい場合、やはり、5 U.S.C. §555 に基づいて、拒否の具体的な理由を明示しなければならない[40]。さらに、APA は、行政機関の決定の司法審査を規定しており、裁判所は「行政機関に対して、不法に留保されたり、または理由なく遅延している行為を強制的に実行させる[41]」ことができるとしており、これは更新または改正が必要であるのに行政機関が何もしていないといえるかを、司法機関が審査できることを示唆している[42]。行政国家についてのフィデューシャリー理論は、特定の規制の分析にも、行政官の役割上の責任の分析にも有力な手段である。その理論によって、規範的な理想として、「あらゆる権限の行使は」受益者たる国民の利益の増進の点から「正当な理由があることが期待される」という「正当化を求める文化」が導かれる[43]。また、実定法としての信認法である報酬条項が、原告適格と救済に関して曖昧であるのと異なり、行政法は、原告適格と救済について非常に詳細な仕組みをはるかに注意深く定めている。

C.　裁判に関する法

　裁判官は、公共の信託としての公的な官職でないかのように思われている。こ

---

37 ｜ See Aaron Saiger, Agencies' Obligation to Interpret the Statute, 69 Vand. L. Rev. 1231 (2016).

38 ｜ See Ethan J. Leib & Stephen R. Galoob, Fiduciary Political Theory: A Critique, 125 Yale L.J. 1820, 1866-1868 (2016). もちろん実定法が 1 つの意味しかもたないということはない。他でも主張していることであるが、行政の管理に受認者の考え方を採用することは説得力があるが、合衆国の行政法の解釈として唯一の方法ではない。See id. at 1868.

39 ｜ 5 U.S.C. §553 (e).

40 ｜ 5 U.S.C. §555 (e).

41 ｜ 5 U.S.C. §706 (1).

42 ｜ See Massachusetts v. EPA, 549 U.S. 497 (2007). 環境保護局（EPA）は温室効果ガスの排出が気候変動の原因になっているかを判断しないようにしていたが、裁判所は EPA の不作為は「合理的な正当化根拠」がないとした。本来的に新たな気象学を、EPA に、異なる種類の汚染物質には最新の規制手法に改定することを求めている。

43 ｜ Evan J. Criddle, Mending Holes in the Rule of (Administrative) Law, 104 Nw. U. L. Rev. 1271, 1280 (2010).

の奇妙な事情は、ある意味では制度上の理由によるものなのだろう。裁判官が受認者らしくないのは、私法上の信認法に常々効力を与えるのが裁判官だからである。しかし、裁判に関する法に受認者の性質があると評価することは、司法の役割の責任を理解するうえで極めて重要である。裁判官の職位が、アメリカ合衆国憲法で「信任の公職」であると考えられているという事実[44]に加えて、裁判官に適用される一連の法律上の規範は、司法の役割が受認者の性質を有することを強化するものである。

　連邦最高裁判所は、「憲法が正当な手続を保障しているので、裁判の結果に利害関係のある裁判官の忌避を求めることができると長年認めてきた[45]」。直近で、*Caperton v. A.T. Massey Coal Co.* において、最高裁はさらに一歩踏み込み、「客観的で合理的な認識に基づいて」、「偏った判断の可能性」があるならば、──現実に偏りがある、というのではなく「偏った判断の起こる重大な危険」があればよい──憲法違反とするに十分である、と判断した[46]。この判決は、裁判官に求められる種類の「忠実さ」について強調するものである。厳格な予防的ルールは、裁判官に利益相反の気配があることも確実に避けようとする。我々は、このことを「中立性」とも呼ぶが、*Caperton* 判決は、利益相反だけでなく、不正の外観をも問題として予防を図ることによって、フィデューシャリーの基準に近いことを示す証拠にもなっている[47]。

　合衆国裁判官行動規範は、フィデューシャリーの義務の中心である権限濫用に対する懸念と熟慮を重視していることを示している。第3準則では、裁判官が「中立」で「誠実」であることの重要性を強調することによって、裁判官を忠実義務に従うフィデューシャリーであるとする考え方を強固なものとしている[48]。この規範が偏った判断と利益相反の回避に焦点を当てていることは、フィデューシ

44　法務省の法務顧問は、アメリカ合衆国憲法において裁判官の職位が「公職」であると明らかにする意見を提起してきた。See Memorandum Opinion for the Counsel to the President 78–99 (December 21, 1978), https://www.justice.gov/file/21806/download. しかしながら、憲法上の「信任の公職」（報酬条項および欠格条項）と「公共の信託」（6条「非宗教条項」の「公職または公共の信託」の箇所）という用語を裁判官に適用することには複雑な面がある。See Seth Barrett Tillman, Are Supreme Court Justices "Officers of and under the United States"?: A Proposed Answer for Professor Blackman（June 4, 2013）, https://papers.ssrn.com/sol3/papers.cfm?abstract_id2274039.

45　Richard M. Esenberg, If You Speak Up, Must You Stand Down: Caperton and Its Limits, 45 Wake Forest L. Rev. 1287, 1288 (2010).

46　Caperton v. A.T. Massey Coal Co., 129 S. Ct. 2252, 2263 (2009).

47　この段落以降は過去の著作で述べたところでもある。Leib, Ponet & Serota, supra note 12.

48　Code of Condnct for United States Judges Canon 3（Judicial Conference 2014）, http://www.uscourts.gov/judges-judgeships/code-conduct-united-states-judges#d.

ャリーの規範によって説明され、正当化される。そして、州の裁判官を規律する規則も同じで、ABAのモデル法は、前文で裁判所が「公共の信託」モデルにあたると明示的に説明している[49]。

裁判官は、注意義務を実現するにあたり、幅広い裁量権を有しており、「経営判断原則」を裁判官の業務にあてはめることができる[50]。裁判官は、どのようにして選任され、任官されたかにかかわらず、職務の範囲内であれば民事責任から強固に免責される[51]ということによって、幅広い裁量権があることはとてもよくわかるだろう。確かに、経営判断原則の存在によって法人の経営者がリスクを負うことができる場合が多くなったと考えられる。しかしながら、裁判官についても裁量を有することで、リスクをとって裁判上の革新することができると推論できる[52]。

信認義務の中核である注意義務と忠実義務以外の一連の義務——率直である義務（candor）、開示義務（disclosure）および説明義務（accounting）——も常々信認義務に関係している。これらの義務は、フィデューシャリーとしての医師に、患者に対して自らの財産的な利益との関係を開示する義務（当該利益が「患者の健康に関係ない」場合もある[53]）、または受益者が受認者に会計を説明させるために正確な帳簿作成を求めるという、より一般的な「計算の説明」義務といった形式をとることもある[54]。受認者による義務の履行を確実にするために監督する方法は限定されているものの、これらの一連の義務はそれを助けてくれる[55]。

裁判官をフィデューシャリーとして、司法に関する現代的な議論をするときに、率直である義務、開示義務、および説明義務によって理解できることがある。例

[49] See Stanley A. Leasure, Cash Justice and the Rule of Law: Post-Caperton Financing of Judicial Elections, 46 Idaho L. Rev. 619, 640 (2010).

[50] See Model Code of Judicial Conduct Preamble (Am. Bar. Ass'n 2007)（「本質的に、この準則の中の規定は全て、裁判官が個人としても総体としても、裁判官の職務が公共の信託であることを尊重し名誉とするとともに、法的機構の信頼を維持し強固にするよう努めることを訓示している」）。

[51] 本書第4章参照。

[52] 裁判官の免責規程とアメリカにおける実務について、John O. Haley, The Civil, Criminal, and Disciplinary Liability of Judges, 54 Am. J. Comp. L. 281, 290–291 (2006); Jeffrey M. Shaman, Judicial Immunity from Civil and Criminal Liability, 27 San Diego L. Rev. 1 (1990) 参照。

[53] See Wendt v. Fischer, 154 N.E. 303, 304 (N.Y. 1926) (Cardozo, J.)（「開示……によって真実が顕在化するのであって、そこには曖昧さも留保もなく、全てありのままの意味がある」）; Jordan v. Duffs & Phelps, 815 F.2d 429, 436 (7th Cir.1987)（信認義務としての開示義務を効力のあるものとした）; Deborah A. DeMott, Beyond Metaphor: An Analysis of Fiduciary Obligation, 1988 Duke L.J. 879, 882（受認者は「公平でなければならない」）。

[54] See Moore v. Regents of the Univ. of Cal., 793 P.2d 479, 483 (Cal. 1990).

[55] See 2A Austin Wakeman Scott & William Franklin Fratcher, The Law of Trusts §172, at 452 (4th ed. 1987); Rosenthal v. Rosenthal, 543 A.2d 348, 352 (Me. 1988); Herring v. Offutt, 295 A.2d 876, 879 (Md. 1972).

えば、率直であることが裁判官の美徳であると直感的に考えられているのに、い
つどのような場合に裁判官が率直でなければならないかについては、驚くほどの
意見の相違がある[56]。しかし、裁判官はフィデューシャリーで、それに付随して率
直である義務があると理解すれば、裁判官が意見を書く際に、なぜそのように判
断したのかを率直に説明するべきであるという広く知られた伝統的な知恵を再認
識できる[57]。この要請は、――例外や限界があるとしても――、裁判官の役割がフ
ィデューシャリーの地位を有することから生ずるものである。すなわち、裁判官
が、法理を曖昧にしながら、政治的な理由づけをすることがないことを確実にす
るためには、率直である義務は本質的なものである。裁判官の率直な判決は、
「民主主義への歩み寄り、――多数に対して判決を命ずるというエリート主義的
権力行使……を説明し、正当化を試みること[58]」である。選挙により裁判官を選ん
でいる州においても、裁判官の意見が記録されることによって、有権者が個々の
裁判官の再選や任官を判断する役に立つ。

　開示と説明の義務を裁判官に適用することによって、もう1つの重要な義務、
すなわち、裁判官は経済的な贈与と「その他の価値のある物品」の受領について
開示する義務があることが明らかになる[59]。合衆国裁判官行動規範は、1989年倫
理改革法その他の関係法令、規則および指令に規定されている説明原則と同様の
ものを参照して（より複雑で詳細な説明を）組み込んでいる。これらの入り組んだ
規則――および、同様の州法の仕組み――は、裁判官が、他のフィデューシャリ
ーと同様に、開示および説明に係る義務を負うという基本原則で容易に説明でき
る[60]。

56　主たる論考として、Paul Butler, When Judges Lie (and When They Should), 91 Minn. L. Rev. 1785
　　(2007); Mathilde Cohen, Sincerity and Reason-Giving: When May Legal Decision-Makers Lie, 59
　　DePaul L. Rev. 1091 (2010); Scott C. Idleman, A Prudential Theory of Judicial Candor, 73 Tex. L. Rev.
　　1307, 1330-1333 (1995); Robert A. Leflar, Honest Judicial Opinions, 74 Nw. U. L. Rev. 721 (1979);
　　David L. Shapiro, In Defense of Judicial Candor, 100 Harv. L. Rev. 731 (1987); Micah Schwartzman,
　　Judicial Sincerity, 94 Va. L. Rev. 987 (2008); and Nicholas S. Zeppos, Judicial Candor and Statutory
　　Interpretation, 78 Geo. L.J. 353 (1989) 参照。
57　政治指導者は一般的に率直である義務に服するべきであるという説を研究し、支持するものとし
　　て、Jeffrey Edward Green, The Eyes of the People: Democracy in an Age of Spectatorship (2009).
　　もっとも、Green は自身の説のために信認法の原則を用いてはいない。
58　Ray Forrester, Supreme Court Opinions—Style and Substance: An Appeal for Reform, 47 Hastings L.
　　J. 167, 173 (1995); see also Lon L. Fuller, The Forms and Limits of Adjudication, 92 Harv. L. Rev. 353,
　　388 (1978).
59　See Code of Conduct for United States Judges Canon 4(H)(3), supra note 48.
60　裁判官は誰のためのフィデューシャリーなのかという疑問が残されているだろう。選択肢として
　　は、訴訟当事者、立法者、「人民」または「法」があるだろう。この問題を掘り下げたものとし
　　て、Leib, Ponet & Serota, supra note 12, at 719-723.

＊　＊　＊　＊　＊　＊　＊　＊　＊　＊　＊　＊

　公的な官職を有する者を規制する実定法は、公的な官職という概念を公共の信託と捉えているように思われる。一方、具体的な規則とは別に、信認義務の根本的な構造というものがある。この構造を検討することにより、公法におけるフィデューシャリーの性質が明らかになる。Ⅲでは、これを検討する。私法の研究者の中には、例えば契約や不法行為の**現実の**姿を考える際に、訴訟と訴訟手続の影におびえて過大視しすぎだと主張する者もいる[61]。受認者の政治理論にも同様の危険がある。すなわち、公職者を規律する実定法の検討に集中しすぎると、我々が次に検討するような、公的な官職を有することについての規範のより根本的な構造が明瞭でなくなる。

Ⅲ　フィデューシャリーの規範はいかに公的な官職を有する者を制御するか

　フィデューシャリーの規範は、公的な官職の根本的な構造を示している。これらの規範は、実定法から抽出したものであるとともに、実定法の一部を正当化する根拠となるものである。また、実定法の仕組みを明らかにするとともに、批判の材料にもなりうる。私たちが明らかにしようとしているフィデューシャリーの規範は、現在の法律に必ずしも完全に反映されておらず、むしろ政治的な官職を規制する理想像として用いられる。我々は以前の著作において、これらの規範をより広範に調査しているが[62]、公法の分野における規範の適用に専ら着目するのであれば、規範の大まかな説明で十分であろう。

A.　忠実義務

忠実義務の原則：受認者は、受益者の利益に関して忠実に行動しなければな

---

61 | See, e.g., Gregory C. Keating, Duty or Right? A Comment on John Gardner's From Personal Life to Private Law, 15 Jerusalem Rev. Leg. Studs. 152 (2017); John Gardner, From Personal Life to Private Law (2018).

62 | See Stephen R. Galoob & Ethan J. Leib, Intentions, Compliance, and Fiduciary Obligations, 20 Legal Theory 106, 115-118 (2014); Ethan J. Leib & Stephen R. Galoob, Fiduciary Political Theory: A Critique, 125 Yale L.J. 1818 (2016). ここで述べた我々の意見を最も詳細かつ明確にしたものとして、Stephen R. Galoob & Ethan J. Leib, The Core of Fiduciary Political Theory, in Research Handbook of Fiduciary Law 401 (D. Gordon Smith & Andrew Gold eds., 2018).

らない（忠実でない行いをしてはならない）。

　忠実義務の原則は、一連の司法上の規範を伴うものである。利益相反禁止ルールや利益取得禁止ルールのように、受認者がどのように行動すべきかを制約し、どのような結果であればフィデューシャリーの責任を果たす行動をしたといえるかを定めている[63]。これらの規範は、一般的には予防的なものであるとされ、受認者が誠実であることを確保するために考え出されたものである。フィデューシャリーの政治理論の研究者の間では、忠実義務の原則が、政治の文脈で適用されることで見解の一致がある。ただし、忠実義務の原則を適用する際に、どのような行為が忠実であり、どのような行為は忠実でないのか、忠実義務の原則が適用される受益者の利益とは何なのか、対象となる受益者をどのように定義するかについては、異なることもあるだろう。

　フィデューシャリーの政治理論の研究者にとって、忠実義務の原則とは基本的に公職者が受益者を裏切らないことを義務づけるものである。この義務は、フィデューシャリーの政治理論の研究者の想像力をかき立てる、いくつかの帰結を伴う。すなわち、公職者は、腐敗行為または自己取引をしてはならない。研究者によっては、この忠実義務の原則により、立法者が自分の選挙区の区割りの立案に関与するときに制約を受けると主張する人もいる。つまり、有権者が立法者を選ぶのでなく、立法者が有権者を選ぶようなもので、利益相反を引き起こすことは自明であるとする[64]。別のフィデューシャリーの政治理論の研究者は、連邦議会の議員は私法におけるフィデューシャリーの類推で考えることができ、そのため、この地位について規制法の定めがあるか否かにかかわらず、インサイダー取引法の対象であると扱われるべきだと主張している[65]。ここで最も注目すべき重要な点は、忠実義務が要請されていることは実定法で明らかだが、それが常に忠実義務の定式化に厳密に従っているとは限らないことである。

---

63 ｜ See Irit Samet, Guarding the Fiduciary's Conscience—A Justification of a Stringent Profit-Stripping Rule, 28 Oxford J. Leg. Studs. 763, 765 (2008). さらに進めた考え方もあり、利益取得禁止と利益相反禁止のルールにより、（単なる例示でなく）フィデューシャリーの責任を尽くしているとする。See Conaglen, supra note 18.

64 ｜ See D. Theodore Rave, Politicians as Fiduciaries, 126 Harv. L. Rev. 671, 715 (2013).

65 ｜ See generally Sung Hui Kim, The Last Temptation of Congress: Legislator Insider Trading and the Fiduciary Norm Against Corruption, 98 Cornell L. Rev. 845 (2013); Donna M. Nagy, Insider Trading, Congressional Officials, and Duties of Entrustment, 91 B.U. L. Rev. 1105 (2011).

B. 注意義務

注意義務の原則[66]：受認者は、注意をもって受益者の利益を増進しなければならない。

　私法の領域で、注意義務が重要なのは、受益者が脆弱で、受認者の行動の監視が困難であることによる。受益者の運命は、受認者の努力次第である。この努力は、受益者の金銭面だけでなく、受益者のできることや行わなければならないことも変えてしまうことがある。注意義務があるのは、受認者の行為が規範的に重要であることによって、受認者が受益者を支配し、受益者の独立性が侵される可能性があるためである。確かに、全ての注意義務違反によって、支配が成立したり、独立性が侵されたりするわけではない。むしろ、このような悪いことが**起こるかもしれないと考える**ことによって、受認者がそもそもなぜ注意義務を負うかが説明できるし、注意義務の内容の一部を説明することができる。注意義務は、結果よりも過程を制約する。例えば、無謀な行為（つまり不必要にあるいは不合理に本人の利益を危険にさらす行為）をする受認者は、この危険が実現したかどうかにかかわらず、注意義務の原則に反している[67]。

　政治を評価する際に、政策決定者は、公益を増進するように行動するべきであり、不必要または不適切に公益を危険にさらすことがあってはならないという考え方が注意義務から導かれる。このような危険にさらす行為は、結果とは関係なく問題である。したがって、フィデューシャリーの政治理論の研究者は、支配する者とされる者の関係において、熟慮と透明性によってこのような危険を減少させるか、最小化するという方法を提唱している。要するに、フィデューシャリーの政治理論の研究者は、数学教師が「問題を解いた手順をわかりやすく示せ」[68]と

---

[66] 信認法の研究者は、注意義務が信認義務であるのかということを常々議論している。Compare Conaglen, supra note 18, at 35-39（「注意義務はフィデューシャリーに特有のものではないのであって、信認義務と同一視されるものではなく、信認義務と定義されるものでもない」）(引用省略), with Julian Velasco, A Defense of the Corporate Law Duty of Care, 40 J. Corp. L. 647, 672-682 (2015). 我々が注意を払うことは、（少なくとも注意義務の原則として定義する範囲では）公的なフィデューシャリーの規範の基本的な一面であるとしている。

[67] See, e.g., Julian Velasco, How Many Fiduciary Duties Are There in Corporate Law?, 83 S. Cal. L. Rev. 1231, 1301 (2010)（「注意義務は、役員が会社と株主の利益の追求に注意を払っている……ことに関する義務である」）; ACE Ltd. v. Capital Re Corp., 747 A.2d 95, 109 (Del. Ch. 1999)（「デラウェア州法は、取締役会に会社の業務管理の権限を与えることに重点を置いている。しかしこのような権限が与えられることによって、取締役会がこの権限を注意深く、忠実に行使する責任を負うことになるということに依拠している」）. 受益者の最善の利益を注意義務に欠けることによって危険にさらす行為が忠実義務違反にもなるのかということについては、Stephen R. Galoob & Ethan J. Leib, Fiduciary Loyalty, Inside and Out, 92 S. Cal. L. Rev. (2018).

言っていることを、立法者に対しても求めているのである。このような指示をされることは行政官や裁判官にとってはお馴染みである（Ⅱでみた通りである）が、立法者についても同じようにあてはめることができる[69]。

* * * * * * * * * * * *

　忠実義務と注意義務の原則によって、私法上の信認義務が全て説明されるものではないが、それと同様に、公職者がフィデューシャリーとして受ける制約について全て説明されるわけでもない。さらにいくつかの信認義務の原則が、忠実義務や注意義務の原則のほかに加えられる。それらの義務は、忠実義務や注意義務から独立したものであると思われるかもしれないが、公的なフィデューシャリーに特徴的かつ典型的に求められるものである。

C.　熟慮

　　熟慮の原則：受認者は、公職者としての権限を行使するにあたって、受益者の利益について、少なくとも付随的なものにとどまらない、重要な意義を与えなければならない。

　この原則は、受益者が有する法律上および事実上の資源に対して受認者が権限を行使する場合に、最低限の熟慮を重ねる義務があることを示している。受益者の利益こそ、受認者が意思決定をする際に重視しなければならないものであって、外部的考慮要因でなく、受益者との関連について考えるべきなのである[70]。厳しい審議基準を定める論者がいる[71]。しかし、我々は、受認者がこの原則を満たすことのできる熟慮の道筋が様々であることを幅広く認識できるようにするために、最低限のレベルを明確にしようとしている。受認者によって熟慮として求められることは、それぞれである。受認者が、求められるような方法で熟慮することを怠

---

68 ｜ See David L. Ponet & Ethan J. Leib, Fiduciary Law's Lessons for Deliberative Democracy, 91 B.U. L. Rev. 1249 (2011).

69 ｜ この考え方は、伝統的な「立法者には意図的に曖昧にする特権がある」との考え方と対立する。United States v. Nova Scotia Food Prods. Corp., 568 F.2d 240, 252 (2d Cir. 1977). フィデューシャリーの規範が立法者に適用されるとする限りは、フィデューシャリーの政治理論はこの立法者の特権を否定する根拠となる。

70 ｜ Galoob & Leib, Intentions, supra note 62, at 117.

71 ｜ See, e.g., Arthur B. Laby, The Fiduciary Obligation as the Adoption of Ends, 56 Buff. L. Rev. 99, 103 (2008) ; Lionel Smith, The Motive, Not the Deed, in Rationalizing Property, Equity and Trusts: Essays in Honour of Edward Burn 53 (Joshua Getzler ed., 2003).

った場合、公職者としての責任に違反することになるのであって、それは、受認
者がどのように行動したか、さらにはこの熟慮を怠ったことが行動に表れたか否
かに関わらないのである[72]。したがって、受益者を裏切る行為を計画し、または試
みることは、そのような裏切りをすすめるような明白な行為があるかどうかにか
かわらず、フィデューシャリーの規範に違反することになる[73]。

　熟慮の原則は、正式な理由づけを制約し、公職者がたまたまその役割の責任を
果たしたといったことがないようにする。公職者は、熟慮の要件に違反したこと
のみによって、義務違反となりうるのであり、これはその決定や政策が実際に公
共の利益を促進する効果をもたらしたか否かを問わない。さらに、政治過程の早
い段階であっても、公的な業務における責任に違反することがある。例えば、公
職者が熟慮の義務に反することを計画しただけであっても熟慮の原則に反するこ
とになるのであって、計画が頓挫したり、実現しなかった場合でも違反となる。
受認者の政治理論の研究者の中には、政治家が公職上の熟慮義務を満たすことを
確実にする方法として「熟慮の実行」を標準化することを呼びかけている者がい
る[74]。

D.　良心

良心の原則：受認者が熟慮することと受益者のためにする行為との間には、
適切な関係がなくてはならない。

　フィデューシャリーの政治理論の研究者の間で、受認者の熟慮と行為との間の
「適切な」関係として何が重要かを特定する方法は異なる。この良心の原則がフ

---

72 ｜ See Sandra K. Miller, The Role of the Court in Balancing Contractual Freedom with the Need for
Mandatory Constraints on Opportunistic and Abusive Conduct in the LLC, 152 U. Pa. L. Rev. 1609,
1641-1642 (2004)（2 つの LLC の「合併を秘密裡に試みること」は、合併が現実に生じなくて
も、役員の信認義務違反となる）.

73 ｜ See A. John Simmons, On the Edge of Anarchy: Locke, Consent, and the Limits of Society 159
(1995)（ロックの法による統治という理論には信託に類似する性質があることから、信頼に違反
した公職者は市民に対する権力を喪失し、権力の喪失は「現実に信頼に違反する行為を完遂した
場合だけでなく、違反を計画した場合にも起こる」（引用省略））; Cal Pak Delivery, Inc. v. United
Parcel Service, Inc., 52 Cal. App. 4th 1, 10-11 (Cal. Ct. App.1997)（代理人弁護士が個人的な利益の
ために依頼人を裏切って、依頼人の利益に反することを試み、それが実現しなかったとしても、
信認義務違反となる）; Union Minere, S.A. v. Parday Corp., 521 N.E.2d 700, 703 (Ind. Ct. App. 1988)
（代理人が本人を害することを試みたが成功しなかった場合、信認義務違反となる）; Financial
Gen. Bankshares v. Metzger, 523 F. Supp. 744 (D.D.C. 1981)（代理人弁護士が会社の乗っ取りを試
みたが成功しなかったことは、信認義務違反になる）.

74 ｜ See Ethan J. Leib & David L. Ponet, Fiduciary Representation and Deliberative Engagement with
Children, 20 J. Pol. Phil. 178 (2012); Leib, Ponet & Serota, supra note 12, at 740-752.

ィデューシャリーの規範の一部を構成するのは、受認者による熟慮と行動との**何らかの関係**が、受認者の役割における責任に反するおそれがある場合である。言い換えるならば、良心の原則は、受認者が「誤った種類の理由[75]」によって行動することは、一定の場合には、信認義務に対する違反にあたるということを示唆している。

　良心の原則が熟慮の原則と異なるのかという疑問があるかもしれない。この2つの原則は、ともに精神状態に関するものではあるが、それぞれが関係する認知の切り口は異なっている。熟慮の原則は、公職者が一定の精神活動を実行して**いるか否か**を評価するものであるが、他方で、良心の原則は、ある行動または精神活動を行う**理由は何か**を評価する[76]。

　良心の原則は、公的なフィデューシャリーにとって中心的な役割をもつ。一般に、公的な行為の規範的または法律的な意味は、公職者が行動する理由によって定まる。公職者の動機を精査する法律の法理や規範は、暗黙のうちに良心の原則が重要であることを認めている。例えば、立法行為において不正な動機を根絶することを目的とした憲法上の審査基準の区別や、公共機関の公職者による理由づけにより厳格な基準を要求する行政法の「徹底的審査」の形態[78]は、政策立案者が良心的に行動し、その結果、フィデューシャリーの責任を遵守することを確実にする仕組みであると解釈できる。立法の文脈では、立法者の判断に、考慮することが適切でないような事項が入ってくることで立法の質が低下しないようにすることが優先課題である[79]。建築物検査官が、建築物の認可を確実にするようにと賄賂を受け取ったが、実際には都市計画規定に従った建物であった場合について考えてみる。そのような検査官は、結果的に「正しい」認可であったかどうかにか

---

75 | See generally Mark Schroeder, Value and the Right Kind of Reason, 5 Oxford Stud. Metaethics 25 (2010); Wlodek Rabinowicz & Toni Rønnow-Rasmussen, Buck-Passing and the Right Kind of Reasons, 56 Phil. Q. 114, 115 (2006).

76 | この区別に関する議論として "Undercover Judge"〔アメリカのドラマ：冷戦下のソ連のスパイが司法制度を歪める連邦裁判所の裁判官となるが、実際の判決は別の裁判官を脅迫して正しいものを代筆させている〕の事例として、Stephen Galoob & Adam Hill, Norms, Attitudes and Compliance, 50 Tulsa L. Rev. 613, 629-633 (2015).

77 | See generally Ashutosh Bhagwat, Purpose Scrutiny in Constitutional Analysis, 85 Calif. L. Rev. 297 (1997); John Hart Ely, Legislative and Administrative Motivation in Constitutional Law, 79 Yale L. J. 1205 (1970).

78 | 前述ⅡB参照。

79 | これは Dennis Thompson が、立法における倫理において最重要とするものである。See generally Dennis F. Thompson, Political Ethics and Public Office 98 (1987). 確かに、Thompson は動機や意図に焦点が当たりすぎることを懸念している。そして、主観的な態度を評価することに代わる行程を求めている。Id. at 112-113. この論点については、Ⅳで取り上げる。

かわらず、フィデューシャリーの責任に違反している[80]。ここから、一般に忠実義務と関連づけられる予防的ルールが、良心と関わることがあることがわかる。我々が受認者の認識を十分に監視できるか、懸念が残るからこそ、我々は受認者に求められる良心を確保するため一定の事項を明確に禁ずるのである。

E. 堅確性

堅確性の原則：受認者の熟慮および行為に適用される要件は、受益者の利益の変化に連動して修正される。受認者は、このような変化を観察し、敏感であることが求められる。

受認者は、たまたま受益者の利益を増進するような行為を行ったということではいけない[81]。堅確性の原則は、フィデューシャリーの規範が本質的に「無限定」であることを体現する[82]。このような無限定性のために、フィデューシャリーの責任は時間をかけてその形態を変化させ、拡大することができるのだ[83]。フィデューシャリーの責任の堅確な性格は、受認者が、受益者のため「不測の事態に直面して新たな対応をしていく」ために、定期的に思考および行動を修正し、更新しなければならないことを意味している[84]。受認者が、受益者の利益または目的が変化することを観察するのを怠ったり、または受益者の利益もしくは目的が変化することに敏感でなかったりするだけでも、堅確性の原則への違反とされることがある。例えば、裁判所は、取締役が企業内で起こっていることを認識できるようにして監督することを怠った場合には、信認義務違反と認識すべきであると認めてきたし[85]、より一般的に、受認者が対応すべき変化に**敏感でないこと**につき訴えを

---

80 | この事例の出典は Dennis F. Thompson, Two Concepts of Corruption 11 (Edmond J. Safra Working Papers, No. 16, Aug. 1, 2013), https://papers.ssrn.com/sol3/papers.cfm?abstract_id=2304419.

81 | Philip Pettit, Republicanism: A Theory of Freedom and Government 35 (1999). 受認者の誠実性は——忠実さや友愛と同じく——、強く求められる価値で、純粋に仮定的・非現実的な思考に基づくものであっても違反となりうる。See Philip Pettit, The Robust Demands of the Good 84-85 (2015); Nicholas Southwood, Democracy as a Modally Demanding Value, 49 Noûs 504, 505 (2015).

82 | See, e.g., Robert Clark, Agency Costs Versus Fiduciary Duties, in The Structure of Business 55, 71-76 (John Pratt & Richard Zeckhauser eds., 1985); Robert D. Cooter & Bradley J. Freedman, The Fiduciary Relationship: Its Economic Character and Legal Consequences, 66 N.Y.U. L. Rev. 1045,1049 (1991).

83 | Henry S. Richardson, Moral Entanglements: The Ancillary-Care Obligations of Medical Researchers 106 (2012).

84 | Daniel Markovits, Sharing Ex Ante and Sharing Ex Post: The Non-Contractual Basis of Fiduciary Relations, in Philosophical Foundations of Fiduciary Law 209, 222 (Andrew S. Gold & Paul B. Miller eds., 2014).

認めている。[86]

　公的な官職にとって、堅確性の原則が示唆することがいくつかある。公職者の責任は、選挙の際の一時的に示された民意ではなく、公益に基づいて変容しなければならないので、公職者は自らの責任の及ぶ範囲について理解を改めるため、新たな情報を発掘することが求められるのだ。Ⅱにおいて、このように最新の状態にすることをアメリカの行政法が求めていることを示した。[87]従前の論稿で、我々は裁判官の責任もこのように変容することを主張してきた。[88]フィデューシャリーの規範は、政治における行為者および機関が事前に確約したり、委任したりすることを制限しているようにも思える。[89]多くの場合、公職者は、公的な決定に利害関係を有する者と熟慮のうえ関係を保つことによって、情報を更新し改訂する義務を果たすことができる。[90]

＊　＊　＊　＊　＊　＊　＊　＊　＊　＊　＊　＊

　フィデューシャリーの規範の深層構造が、法律上実行すべき関連規則として表層にいつも表れるわけではない。また、フィデューシャリーの規範は私法・公法における信認法で、あらゆる場面でいつも明確に認識されているわけでもない。ただし、ここで存在を認めたような信認原則は、現在の信認義務の概念として暗黙に認められている。また公法の理解として広く共有されていることの一部でもある。このような中核的な信認原則は、制度の整備と公の政治文化の改革の基盤

85	See Miller v. McDonald (In re World Health Alternatives Inc.), 385 B.R. 586 (Bankr. D. Del. 2008) ; In re Caremark International Inc. Derivative Litigation, 698 A.2d 959, 967, 970 (Del. Ch. 1996) ; see also FDIC ex rel. Wheatland Bank v. Spangler, 836 F. Supp. 2d 778, 792 (N.D. Ill. 2011) (「不健全な貸付実務に対する規制当局の警告と危険な貸付けが集中的かつ過大に増加していることを示す月次報告を無視し……、批判に対応して引受け業務を改革する行動をとらなかった」被告が、経営判断原則によって守られることを否定した).
86	See In re Lupo, 851 N.E.2d 404, 414 (Mass. 2006) ; Chiles v. Robertson, 757 P.2d 903, 926 (Ore. 1989) ; In re Evans, 578 A.2d 1141, 1151 (D.C. Ct. App. 1990) ; First Alabama Bank of Huntsville NA v. Spragins, 515 So. 2d 962, 964 (Ala. 1987) ; 前掲注 1 (本書第 3 章) 参照 (信託法において、投資を監督する義務について論じている).
87	See generally Ethan J. Leib & David L. Ponet, Representation in America: Some Thoughts on Nancy Pelosi, Gavin Newsom, Tim Johnson, and Deliberative Engagement, 16 The Good Society 3 (2007).
88	See Leib & Galoob, supra note 38, at 1852-1854.
89	例えば、フィデューシャリーの規範は、立法者がその責任を他の政治主体に委任できる範囲を制限しているようである。See Gary Lawson & Guy I. Seidman, A Great Power of Attorney: Understanding the Fiduciary Constitution (2017) ; Gary Lawson, Guy I. Seidman & Robert G. Natelson, The Fiduciary Foundation of Federal Equal Protection, 94 B.U. L. Rev. 415 (2014). 公法における受認者による再委任の許容性に係る問題については将来取り上げたいと望んでいる。
90	熟慮の実行を受認者に求めることについてさらに記したものとして、Leib & Ponet, supra note 74; and Leib, Ponet & Serota, supra note 12, at 740-752.

となるものである。IVでは、このことの意味を検討する。

IV　政治・政治制度にとっての意味

　信認法の規範は法律の改革を導き、制度設計の触媒となることができる。公的な官職を有する者は、他者のためにその権限を行使する。この権限の行使に伴い、規範として求められることを考えれば、個々の公職にある者がどのように裁量を拘束されるか（そして時には、拘束から自由になるか）がわかるだけでなく、そのような権限を与えられる公職や委任事項を構築する助けにもなる。これらの改革主義的・制度的な意味は、信認法とその理論の研究者に顧みられないことがよくある。

　例えば、忠実義務の原則は、政治制度の構築および評価にとって直接的な意味がある。最も広くいうと、政治的な制度は、公職者による裏切り行為の可能性やそれにより起こりうる衝撃の度合いを最小限にするために、構成され、解釈されるべきである。このように、権力は、抑制されるとともに隅々まで届くようになるべきなのだが、権力を有する公職者がその職務上の行為について説明責任を果たすようにするために、多くの経路があるべきである。公職にある者が腐敗する危険性を最小化するためには、十分な報酬が与えられるべきでもある。忠実義務の原則は、政治的な組織が公職者による利益相反を解決するための現実的な方法を備えるべきであることも示している。この類型の利益相反には、個人的な利益相反（当該公職者の私的な目的が公益に反している場合）と受益者間の利益相反（例えば、公職にある者の選挙区の利益と公衆全体の利益とが相反する場合）が含まれる。効果的に受認者を統制するという制度的な必要条件は、公的な官職が公共の信託であると約束することに由来する。

　公法において受認者の任務懈怠に対する救済を考えることは、制度的な問題を解決する試みでもある。公法において信認義務の原則を実現しようとすると、数多くの複雑な状況に直面する。義務違反を訴訟原因とすることは、私法上はフィデューシャリーの規範を実現する際の（唯一ではないが）通常の方法であるが、公法では信認原則を実現するために、多様な仕組みが用いられる。例えば、選挙制度の設計において、公的な官職の任期や要件を明確にすることによってフィデューシャリーの規範を強化することは、公職にある者に「フィデューシャリーの陰」を映すことに繋がる。トランプがアメリカ大統領となることで、前例のない

利益相反が起きたのであるが、多くの選挙では腐敗に焦点が当てられている。民主主義がうまく機能している場合、公共の利益よりも私的な利益を追求する候補者は敗北すべきである。

　また、職務に対する宣誓は、公職を有する者に求められる誠実さに敬意を表するための制度的な方法の1つである。公職を引き受けるとき、公的なフィデューシャリーは義務を負う。宣誓によって、フィデューシャリーの地位に変わると考えることができる。しかし、民間の職位の信認義務──その多くは宣誓を要件としない──と異なり、公職にある者の義務は裁判上の訴訟原因になることによって常に実現されるわけではない。それでも我々は、宣誓という儀式によって、公職にある者が在任期間中の意思決定における熟慮が形作られることを望む傾向がある。宣誓をした者がより定期的に約束を心に刻むことを望むのであれば、宣誓を毎年することとして、行事や儀式をより頻繁に行うことを検討してもよいかもしれない。

　歴史的には、弾劾は、フィデューシャリーに求められる水準を実現するための制度的な仕組みであると考えられてきた。[91] 実際、公的なフィデューシャリーがアメリカ共和国の公職を追われたとき、弾劾条項や弾劾に関する国会での議論は、信頼の濫用の際に通常主張されてきた議論に訴えるものであり、これは私法上の信認義務違反の判例に基づいている。[92]

　最後に、フィデューシャリーの説明責任を確保するために用いられる非公式な方法は色々あり、これには公的な譴責、委員会主導の監督その他のものがある。これらの非公式な仕組みも、裁判所の外でフィデューシャリーを統制する制度設計の一部である。個人に対する訴訟は、私法上はフィデューシャリーの規範を実現する主たる方法であるといわれているが、公法においてはそうではない。実際、これらの非公式な制度は、公法において特徴的なもので、公法では裁判による強制力の行使は一般的でなくむしろ例外である。[93] 裁判所が信認義務違反と思われる行為を強制力をもって排除しようとする取組みを、公法にもあてはめようとしても、的外れな帰結になりかねないが、公的な官職を公共の信託の受認者と観念するのは、単なる類推ではない。むしろそれは、公的なフィデューシャリーを律し、公職者の属する組織を正しく方向づけるための枠組みを提供する。[94] 公的機関の統

---

91 ｜ See generally Rogers & Yonng, supra note 11.
92 ｜ Id. at 1035.
93 ｜ E.g., Thompson, supra note 79, at 66, 81.
94 ｜ See Michael Pierce, Divided Loyalties: Using Fiduciary Law to Show Institutional Corruption 6 n.12,

制におけるフィデューシャリーの枠組みは、全て訴訟手続によるのではなく、公職にある者を監視するために十分な力のある政治的な手続の仕組みを必要とする。[95]

信認義務の原則の制度的な意味合いをさらに説明するために、ここでは、現在の政治倫理学において、おそらく最も著名な理論家である Dennis Thompson の研究と対比することは有益である。Thompson の主張は以下の通りである。

> ［公職にある者の］倫理を考えるときは、［公職にある者］がどのような**条件**で理由があるとしたのかということに注意を払わなければならない。なぜなら、市民が代議士の行動を評価する際に最も信頼のおける基礎となりうるのはそのときの条件なのだ。代議士は、政策の選択に限らず、自らの役割と理念を選択するにあたって裁量を有しなければならず、国民は、多年にわたり、その選択の結果を判断することができない。[96]

Thompson が「条件」に着目しているのは正しい。健全な手続に則って公職にある者が意思決定を行うことを確実にするような、制度設計の戦略である。ただし、彼が、個々の公職にある者が行う個別の判断に着目することに、政治的倫理の側面があることを否定しているのは、適切ではない。個々の判断を精査することは、公共の信託としての公的な官職のフィデューシャリー像と合致している。このような精査は、「私益によって公共の目的が阻害され［ない］」ことを確実にするために必要である。[97]

Thompson は、手続的条件の評価と公職にある者の個人の評価を区別する際に、しばしば組織的な腐敗と個人の腐敗の差異と同様に論ずる。

> 個人の腐敗について、利益と役務を結びつけるのは公職者……の内心の動機である。公職者の腐敗を立証するためには、当該役務の対価として当該利益の供与があったことを知っていたか、もしくは知るべきであったこと、または当該役務と引換えに当該利益の供与の要求をしたことを示さな

(Edmond J. Safra Working Papers, No. 19, Aug. 22, 2013), https://papers.ssrn.com/sol3/papers.cfm?abstract_id=2313321; Thompson, supra note 80, at 20.

95 | Contra Thompson, supra note 79, at 102（「立法における倫理にまず焦点を当てることこそ……立法手続のあるべき姿そのものである」）.

96 | Id. at 113.

97 | Thompson, supra note 80, at 4. Thompson にとっては、私的な利益は、「堅固な民主的手続の厳しさ」により「公的な目的に変容」可能である。しかし、我々は、個々の熟慮の段階で私的な利益の影響によって汚職が行われることに着目しているのであって、これは大局的な段階で浄化することは難しい。個々の立法者が信認義務に違反しているからといって、最終的な政策を非合法なものであるとする必要はないし、民主的な手続が個々の立法者の信認義務違反を浄化することがあるかもしれない。我々の意見では、組織はこのような義務違反の防止を目指す必要があり、違反後に事実を発見して浄化するにとどまるべきではない。

ければならない。その枠組みは収賄である。組織の腐敗について、利益と役務を結びつけるのは組織の傾向である。その公職者が利益の供与を受けて役務の提供を行ったときの組織的条件が、当該役務の提供が利益と交換されることを引き起こす傾向にあったか、または当該交換が行われていたと合理的に信じさせるようなものか、いずれかのみを示せばよい。[98]

　組織の腐敗を疑うことは、公職にある者がその役割を正しく果たす**可能性が最も高くなる**ことを確実にするために最善の組織設計はどうすればよいかを決定するという事前予防の観点からは、最終的には有用であるとわかるかもしれない。しかし、このような事前予防の観点に専ら着目することは、信認原則とは対立関係にあると考えられる。利益相反は、単に「問題とされる組織の中心的な使命に不可欠な手続や目的を保護する」[99]ことのみを目的として規制されるのではない。むしろ、このような利益相反の防止によって、公職にある者が適切に熟慮するように方向づけられ、受認者がその公職に就く際の規範的基準に従うことを確実にするのである。Thompson の主たる関心が、不適切な動機による意思決定という亡霊を「乗り越える」[100]ことであるため、組織を設計する際に中心的な関心事とすべきフィデューシャリーの規範が見落とされることがある。フィデューシャリーの規範は、たとえ組織の仕組みがその根底にあるフィデューシャリーの規範を完全に反映するようにすることが不可能だとしても（卑劣な動機をもつ公職にある者を捕らえることのみを目的とした腐敗防止法を運用することは不可能である）、組織の仕組みの選択を規律すべきものである。

Ⅴ　結　論

　本章では、公的な官職が公共の信託であることを説明するにあたり、コモン・ローがそのように認識してきたこと、また、制定法・憲法がそのような分類を強調していることを検討した。公的なフィデューシャリーの義務に係る実定法と、それに関係する規範の状況の２つの観点から、公的な官職を有する者を拘束するフィデューシャリーの規範の深層構造を説明し、しばしば外見上はわからない、受認者が認識面で求められる事柄に光を当てた。[101]最後に、信認義務の原則の適用

---

98 | Id. at 12.
99 | Id. at 13.
100 | Id.
101 | 私たちが信認義務についての認知主義について議論を進めたものとして、Galoob & Leib, supra

において公法と私法の領域ではいくつかの点で異なる場合があることを説明した後、公職を有することをフィデューシャリーとする見解の政策的な意味を、Dennis Thompson のより結果主義的な見解の場合と比較した。フィデューシャリーの政治理論、すなわち信認原則が公的な官職に適用されると観念することは、法の考古学にとどまらない。それは、今まさに重要で、かつ進歩的な理論を探求することであり、複雑で腐敗が常に発生する現在の政治を改革するための工程を提供するものである。

謝　辞

　私たちが 2017 年 11 月にハーバード大学ロースクールで本章を発表した際に、ご意見を頂いたことを、特に Evan Criddle、Evan Fox-Decent、John Goldberg、Sung Hui Kim、James Penner、Rob Sitkoff に感謝する。

| note 67.

| 第17章 | 信認原則と国家 |

D. THEODORE RAVE

I　はじめに

　少なくとも Hobbes 以来、個人が完全な自律性を有するとするならば、およそ共同作業というものは全く不可能であることを我々は知っている。誰もが集団的行為を放棄できる自然状態のもとでは、人生は「孤独で、貧しく、卑劣で、残酷で、かつ短い」ものとなり、勤勉な努力をしようという動機づけが何も存在しない。Hobbes の優れた洞察は、集団のために意思決定を行い、その決定に反対する者たちにも服従を強制する権力を主権国家という集合体に与えることによってのみ、個人が互いの協力を通じて大きな利益を実現することが可能となるというものだった。

　しかし、自然状態における集団的行為の問題に対して示した Hobbes の解決策によって、新たな問題が生まれる。個人の自律に優先する権力を国家に与えるということは、必然的に支配の権限および裁量を一部のエリートに委ねることになり、人民（people）は、濫用されがちな権限および裁量に服することになる。それらのエリート層が定期的に選挙で選ばれる民主主義の国家であったとしても、人民は、自分たちが選んだ議員（agents）らの機会主義（opportunism）と多数派による搾取にさらされる。抵抗できるかどうかは結局のところ、搾取に抵抗できるかどうかなのである。

　国家権力（state authority）がフィデューシャリーの性質〔を有するという考え方〕は、人民が自らの自律性を放棄し、国家またはそれに代わって統治する個人と組織による支配と搾取を恐れることなく自然状態から離脱するにはどうしたらよいか、そしてその理由は何か、を説明するのに有益である。

1　Thomas Hobbes, Leviathan 84 (A. R. Waller ed., 1904) (1651).
2　See D. Theodore Rave, Two Problems of Fiduciary Governance, in Fiduciary Government (Evan J. Criddle, Evan Fox-Decent, Andrew S. Gold, Sung Hui Kim & Paul B. Miller eds., 2018).

Ⅱ　フィデューシャリーとしての国家

　フィデューシャリーの観点から国家を捉えることは、少なくとも Plato、Cicero および Locke の時代にまで遡る長い歴史的背景があり、公職は「公共の信託（public trust）」であると長く考えられてきた[3]。この理論は、アメリカ合衆国憲法が起草され、承認された時点で既に広く知られていた[4]。そして 1990 年代の Paul Finn の主張を契機として、現代において再浮上し、近年、さらに勢いを増している[5]。

　国家をフィデューシャリーと捉える考え方が広がり始めたのは、概して古典的な社会契約説への不満から生じており、そこには、誰も実際に社会契約に同意したわけではないし、現実問題として人民の多くは国家への服従を拒否できない、という少し困った事実がある[6]。フィデューシャリーの理論は、国家の合法性と、人民が同意していなくても法に従わざるをえないのはなぜかということを説明してくれるだろうとの期待を抱かせてくれる。

　Evan Fox-Decent は、フィデューシャリーとしての国家を最も包括的に説明している[7]。彼は、主権を有する存在としての国家は「その権力および権威に服従する個々人」に対して受認者であると説く[8]。彼によれば、この信認関係は契約による権限の委任ではなく、むしろ Kant が例示した子に対する親の義務と同じものから生じているという[9]。子は親の裁量的な決定に従うものとされ、まだ自立することは許されず、またそのような状況にあることに納得もできない状況にあるの

---

3 ｜ See Plato, The Republic 71, 284-285 (H. P. D. Lee trans., 1961) (381 B.C.); Cicero, De Officiis 87 (Walter Miller trans., 1947); John Locke, The Second Treatise Of Civil Government §149 (J. W. Gough ed., 1946) (1690). 歴史的経緯の解説について、Ethan J. Leib, David L. Ponet & Michael Serota, A Fiduciary Theory of Judging, 101 Cal. L. Rev. 699, 708-711 (2013); Daniel Lee, The State Is a Minor: Fiduciary Concepts in the Roman Law of Guardianship, in Fiduciary Government (Criddle et al. eds., 2018) 参照。政府職員の信認義務の詳細について、本書第 16 章参照。

4 ｜ See, e.g., The Federalist Nos. 46 (Madison), 65 (Hamilton). Robert Natelson は、憲法制定時の世代が信認原則をどのように理解していたかを年代順にまとめている。See, e.g., Robert G. Natelson, The Constitution and the Public Trust, 52 Buff. L. Rev. 1077 (2004).

5 ｜ See Paul Finn, The Forgotten "Trust": The People and the State, in Equity: Issues and Trends 131 (Malcolm Cope ed., 1995). フィデューシャリーの政治理論に関する近年の学説集について、Fiduciary Government (Criddle et al. eds., 2018) 参照。

6 ｜ See, e.g., A. John Simmons, Moral Principles and Political Obligation (1988); David Hume, Of the Origina Contract, in Social Contract (1748).

7 ｜ See Evan Fox-Decent, Sovereignty's Promise: The State as Fiduciary (2011).

8 ｜ Id. at 40.

9 ｜ Id. at 44-47.

と同じように、人民は国家の統治権に服せしめられ、国家権力を自ら行使することはできない[10]。Fox-Decent によれば、人民に対する国家の信認義務は、同意からではなく信頼に基づくものなのである[11]。この信頼に応えるため、国家はその権力を人民に対し、恣意的にではなく、また支配階級の地位を強化するためでもなく、人民の利益のために行使しなければならない[12]。つまり、国家は法の支配によって法秩序を確立し、人民を公正かつ正当に処遇しなければならないのである[13]。これに対応して人民は、国家が信認義務を果たしている限り、その命令に従う義務を負うこととなる[14]。

　このような説明によれば、フィデューシャリーたる国家は、正当であるために民主主義国家である必要はないものの、泥棒国家であったり、支配権を恣意的に行使する気まぐれな専制国家であってはならないことになる[15]。また、Fox-Decent と Criddle の共著または個別論考によれば、国家は、国民以外の者、例えば自らの主権を放棄していない領域内の先住民[16]や他国民[17]および将来の世代[18]等に対してさえも義務を負うという。

　国家をフィデューシャリーとみる Fox-Decent と Criddle の説には、国の機関および公職者もまたフィデューシャリーであり、その義務は国民全てに対する義務と重複することもあれば、重複しないこともあるという考えが含まれている[19]。全ての機関および公職者が国民全体（public）に対する国家の包括的な義務を共

10　Id. at 104–105.
11　Id. at 106.
12　Id. at 112.
13　Id. at 35–37.
14　Id. at 128–135.
15　詳細について、前掲注 3（本書第 16 章）、本書第 43 章（未訳）Fiduciary Law and Corruption 参照。
16　See Fox-Decent, supra note 7, at 55–74.
17　See, e.g., Evan J. Criddle & Evan Fox-Decent, Fiduciaries of Humanity: How International Law Constitutes Authority chs. 5–7 (2016); see also Eyal Benvenisti, Sovereigns as Trustees of Humanity, 107 Am. J. Int'l L. 295 (2013).　国家の信認原則が国際法上いかに機能しているかの詳細については、本書第 18 章参照。
18　See, e.g., Evan Fox-Decent, From Fiduciary States to Joint Trusteeship of the Atmosphere: The Right to a Healthy Environment Through a Fiduciary Prism, in Fiduciary Duty and the Atmospheric Trust 253 (K. Coghill, C. Sampford & T. Smith, eds., 2012); see also Edward Foley, Voters as Fiduciaries, 2015 U. Chi. Legal F. 153.
19　See, e.g., Evan Fox-Decent, Challenges to Public Fiduciary Theory: An Assessment, in Research Handbook on Fiduciary Law 379 (D. Gordon Smith & Andrew S. Gold eds., 2018) [hereinafter Fox-Decent, Challenges]; Evan Criddle & Evan Fox-Decent, Guardians of Legal Order: The Dual Commissions of Public Authorities, in Fiduciary Government (Criddle et al. eds., 2018) [hereinafter Criddle & Fox-Decent, Guardians].

有する一方、統治機関は、目の前の個人を特定対象とする義務だけでなく、直接的には影響を受けない他の利害関係者に対しても中間的な義務（intermediate duties）を負うことがある。[20]同様に、立法者が、選挙区内の有権者、政府、州、国または国民に対して義務を負うとともに、立法機関自体も、フィデューシャリーとしての義務を負う。これらの義務は相反することがあるため、両立させることは容易でないとして、問題となりうる信認関係をまず洗い出さなければ、信認原則が公法の問題解決に大きく寄与することはできないとする論者がいる。[21]これに対し、楽観論者も存在し、信認義務を課す目的から考えて（purpose-oriented）適用すればよいとか、[22][フィデューシャリー機能の]ハイブリッド性から考えて適用すればよいとするもの、[23]フィデューシャリー概念の適用範囲を狭く限定して適用することを唱える者[24]などがいる。

　フィデューシャリーとしての国家に関する前記のような言葉の説明には、他にもいくつか問題がある。例えば、信認原則は私法に由来し、公法の場面では、個々の受益者や合意された目標を最大化するということが観念できないためにうまく適合しないこと、[25]親子間の信認関係を類推するというのは奇抜な考えで適当とはいえないこと、[26]国家に関する信認理論は、植民地主義およびヨーロッパ諸国によるアメリカ先住民等に対する支配を擁護するために用いられてきたこと、[27]社会契約説に基づき同意しているという仮説以外には、誰も国家を信認するという権限付与が実際に行われているわけではない中で、信認されたと推定することの正統性は説得力に欠けること[28]等である。確かに、Andrew Gold は、国家がフィ

---

20 | See Fox-Decent, Challenges, supra note 19, at 8.
21 | See Ethan J. Leib, David L. Ponet & Michael Serota, Mapping Public Fiduciary Relationships, in Philosophical Foundations of Fiduciary Law 388 (Andrew S. Gold & Paul B. Miller eds., 2014).
22 | See Paul B. Miller & Andrew S. Gold, Fiduciary Governance, 57 Wm. & Mary L. Rev. 513 (2015).
23 | See Andrew S. Gold & Paul B. Miller, Fiduciary Duties in Social Enterprise, in The Cambridge Handbook of Social Enterprise Law (J. Yockey & B. Means eds., Dec. 2018); see also Criddle & Fox-Decent, Guardians, supra note 19.
24 | See D. Theodore Rave, Institutional Competence in Fiduciary Government, in Research Handbook on Fiduciary Law 418 (D. Gordon Smith & Andrew S. Gold eds., 2018).
25 | See Seth Davis, The False Promise of Fiduciary Government, 89 Notre Dame L. Rev. 1145, 1170 (2014).
26 | See id. at 1159: Andrew S. Gold, Reflections on the State as Fiduciary, 63 U. Toronto L.J. 655, 662-665 (2013).
27 | See Davis, supra note 25, at 1185-1189; Seth Davis, Pluralism and the Public Trust, in Fiduciary Government (Criddle et al. eds., 2018); Seth Davis, American Colonialism and Constitutional Redemption, 105 Cal. L. Rev. 1751 (2017).
28 | See Gold, supra note 26, at 662-664; Paul Miller, Principles of Public Fiduciary Administration, in Boundaries of State, Boundaries of Rights 251 (A. Scolnicov & T. Kahana eds., 2016).

デューシャリーであるとすれば、それは邪悪なフィデューシャリーであって、国家の人民に対する義務は、単にその正当化されない権力の主張を和らげる手立てにすぎないと主張している[29]。また、Eathan Leib と Stephen Galoob は、信認義務は正当な理由のために行動する義務をフィデューシャリーに課すものであり、「これを政治の文脈で理論化しようとしても、熟考することより行動することが重要とされ、規範を遵守しさえすれば規範の要求を満たすとされ、規範の要請が厳しくないような法の文脈では法的に機能しそうにない」と主張している[30]。

　しかし、国家をフィデューシャリーと考える概念は、政治的正統性という分野全てにわたる壮大な統一的理論である必要はない。フィデューシャリーの政治理論を唱える者の中には、規格の一部であるとする者もあり、これだけでは政治的合法性を十分に説明できないとしても、信認原則は他の理論と両立し、それらを補完することができるとする[31]。この説明によれば、政府に関する信認原則は社会契約説と矛盾しない[32]。信認義務は、（私法上の信認義務は取引費用が高いときにおける黙示的な契約条項であるという主張があるように）社会契約における黙示の条項の1つと考えることができる[33]。合理的個人が自律を放棄し、自然状態から脱却しようとするのは、国家が人民から搾取することはないという保証がある場合だけにおいてであるが、国家による独創的な搾取の方法を事前に全て特定することは不可能である。そこで、国家が公益のために行動するという信認義務を引き受けるというのである[34]。

　実際、フィデューシャリー国家は、政治の世界における多元的モデルに合致しうる[35]。政治の代表を、本人と代理人の問題として考えれば、信認義務は、国家と

---

29 ｜ See Andrew S. Gold, The State as a Wrongful Fiduciary, in Fiduciary Government (Criddle et al. eds., 2018).

30 ｜ See Ethan J. Leib & Stephen R. Galoob, Fiduciary Political Theory: A Critique, 125 Yale L.J. 1820, 1824 (2016).

31 ｜ Stephen R. Galoob & Ethan J. Leib, Fiduciary Political Theory and Legitimacy, in Fiduciary Government (Criddle et al. eds., 2018).

32 ｜ See id. at 12-19 (Rawls の自由主義および Simmons の主意主義との両立性の説明).

33 ｜ See, e.g., Frank H. Easterbrook & Daniel R. Fischel, Contract and Fiduciary Duty, 36 J.L. & Econ. 425 (1993).

34 ｜ See, e.g., D. Theodore Rave, Politicians as Fiduciaries, 126 Harv. L. Rev. 671, 711-712 (2013).

35 ｜ But see Galoob & Leib, supra note 31, at 4 (「信認原則による政治のビジョンは、多元主義的モデル（政治を市場と捉える政治的公共選択理論に内在するモデル）において、私的利益または派閥の利益の追求と合法性が両立し、諸制度が私的利益をふるいにかけ統合する目的のために構築されることとは、対照的である」). 経済および法律に関する文献における政治市場の古典的な取扱いについて、James M. Buchanan & Gordon S. Tullock, The Calculus of Consent (1962) および Samuel Issacharoff & Richard H. Pildes, Politics as Markets: Partisan Lockups of the Democratic Process, 50 Stan. L. Rev. 643 (1998) 参照。

主権者（subjects）との間のエージェンシー・コストを最小化するための方法の1つといえるかもしれない。国家は国民の利益のために行動しなければならないという大前提を受け容れれば、公益とは何か、いかにして政府官僚に公益を追求させることができるか、また特定の個人または集団のみが全ての費用負担を強いられることがないようにするためにどうしたらよいか、といった基本的な問題が浮かび上がってくる。制度設計には多数の選択肢があり、様々な選択をとりまとめ、代理人のインセンティブを本人のインセンティブと一致させ、少数派を保護するというガバナンス戦略も数多くあり、そこには、市場原理、定期的に行われる選挙、政党、繰り返しゲーム、および票取引（log-rolling and vote trading）、ティボー・ソーティング〔Tibout が提唱した自治体間に競争原理を導入し、効率的な政策を遂行させようという地方自治のモデル理論の1つ〕、連邦主義、権力分立等が含まれ、その他にも、利益集団が「多元的な競争の中で押したり引いたり、駆引きをしたり」できる手段は無数にある。[36]実際、我々の歴史の大半を通じて、徴税人および税関吏等の政府官吏は、自らの物質的利益と国家の物質的利益を調整し、結果的にその奉仕対象たる国民の物質的利益とも調整を図るために、報奨金または便宜を図ったことへの見返りという形で、インセンティブ報酬を得てきた。[37]しかし、いかなる統治メカニズムにも弱点があり、これに代わる統治メカニズムが予想通り失敗に終わると、機会主義を監視するという裁判所の役割を取り込む形で、国家をフィデューシャリーと捉える考え方が構想される余地が出てくる。[38]

　要するに、信認原則は、政治的正当性を提供する理論の1つなのである。政治的道徳を倫理面から求める際の指針にもなりうる。また、予測されうる統治体制の病理現象に対応するための制度的アプローチを説明することもできると思われる。しかし、フィデューシャリーたる政府という概念をあまり希薄化しすぎると、フィデューシャリーという言葉で公法における積年の問題を言い直しただけに終わるおそれがある。[39]

36　Johnson v. DeGrandy, 512 U.S. 997, 1020 (1994).

37　Nicholas R. Parillo, Fiduciary Government and Public Officers' Incentives, in Fiduciary Government (Criddle et al. eds., 2018). 今日でもなお、インセンティブに基づく法執行が行われている。もっとも、その役割の多くは、私的訴権、私人による代理訴訟、市民側代理人に関する法規ならびに法定損害賠償および懲罰的損害賠償の制度を通じて、私的な内部告発者や集団訴訟の弁護士に委ねられている。See generally Sean Farhang, The Litigation State: Public Regulation and Private Lawsuits in the United States (2010).

38　See D. Theodore Rave, Fiduciary Voters?, 66 Duke L.J. 331, 351 (2016); cf. John C. Coffee, Jr., The Mandatory/Enabling Balance in Corporate Law: An Essay on the Judicial Role, 89 Colum. L. Rev. 1618, 1621, 1681 (1989)（会社法における信認義務を執行するという裁判所の同様の役割を肯定）.

Ⅲ　国家に適用される信認原則

　信認原則は、アメリカ先住民の信託法理や天然資源法における公共信託の法理といった具体的な法理から、行政法および憲法といった比較的抽象的な適用に至るまで、様々な形で国家に対して適用されている。

A.　アメリカ先住民信託の法理

　裁判所が信認原則を国家に対して明示的に適用してきた例の1つがアメリカ先住民の信託法理であり、「連邦政府は諸部族の利益を保護する信認義務を負う」とされている。[40] この原理は、〔当初〕主権をもっていたアメリカ先住の諸部族からアメリカ合衆国へ領土が譲渡されたことに遡るものであり、ヨーロッパ諸国が条約または征服を通じて獲得した先住民の領土に対する権限を正統化するために用いた国際法上の「発見の法理」を根拠としている。[41] 連邦最高裁の Marshall 長官は、連邦と部族の関係を後見人と被後見人の関係と類比し、連邦政府は、先住民の領土を獲得した時点で、先住部族に対して信認義務を引き受けたことになると説明した。[42] また、連邦最高裁による近年の説明にある通り、この信託法理では、「アメリカ合衆国は受託者、アメリカ先住の諸部族または個人は受益者、そしてアメリカ合衆国の統治下にある財産および天然資源は信託財産」として扱われる。[43]

　しかし、アメリカ先住民信託の法理は厳しい批判にさらされている。[44] 条約を有利に解釈する規律の1つとしてアメリカ先住民をある程度保護し、諸部族の領土に対する州の規制を排除する根拠を提供する[45]一方、歴史的には、アメリカ先住民を連邦政府から保護するよりも、連邦政府の不正行為の隠れ蓑として用いられる

---

39 ｜ See Davis, supra note 25, at 1151.
40 ｜ Mary Christina Wood, Indian Land and the Promise of Native Sovereignty: The Trust Doctrine Revisited, 1994 Utah L. Rev. 1471, 1499.
41 ｜ Davis, supra note 25, at 1185.
42 ｜ See Cherokee Nation v. Georgia, 30 U.S. 1, 17 (1831); Johnson v. McIntosh, 21 U.S. 543, 591-592 (1823); see generally Davis, supra note 25, at 1185.
43 ｜ Dep't of Interior v. Klamath Water Users Protective Ass'n, 532 U.S. 1, 11 (2011).
44 ｜ See, e.g., Davis, supra note 25, at 1185-1189; Kevin Gover, An Indian Trust for the Twenty-First Century, 46 Nat. Resources J. 317 (2006); Nell Jessup Newton, Federal Power over Indians: Its Sources, Scope, and Limitations, 132 U. Pa. L. Rev. 195 (1984).
45 ｜ See McClanahan v. Ariz. State Tax Comm'n, 411 U.S. 164, 174 (1973).
46 ｜ See United States v. Kagama, 118 U.S. 375, 380 (1886).

方が多かったというのである。確かに、19 世紀の最高裁は、アメリカ先住民信託の法理を議会の「全権」に結びつけ、諸部族との条約に基づく義務を一方的に無視した。今日でも、連邦政府が引き受けた条約または法令上の具体的義務を除けば、信認関係によって課される義務は、法的強制力のある義務より道徳的義務というべきである。連邦最高裁は、アメリカ先住民との問題に関し、連邦政府を当然に判例法上の受託者のように扱うわけではなく、公益と部族の利益との競合を調整し、均衡させる裁量的余地を連邦政府に与えている。

　アメリカ先住民信託の法理が示す通り、国家をフィデューシャリーとみる包括的な理論は、それらの原則が濫用される可能性に対処する必要がある。その動機となった民族的優位性および植民地主義の概念を否定することはできても、歴史を覆すことはできない。

B. 天然資源法における公共信託の法理

　信認原則を国家に適用しているもう１つの例が、環境および天然資源法における公共信託の法理である。この法理のもとでは、国家は国民および将来世代のために天然資源を信託財産として保持（hold）しているのであるから、それらを譲渡することなく、公共の利益のために保全・保護する義務を負うとされる。これらの義務は、色々な意味で国家をフィデューシャリーとみる、より広義の政治理論から、様々な形をとって自然に導くことができる。

　連邦最高裁は、*Illinois Central Railroad Co. v. Illinois* において公共信託の法理を示し、イリノイ州は、ミシガン湖の可航水域および水面下の土地に対し、「国民がそこで自由に航行し、商売を営み、釣りを楽しめるよう、国民のための信託として（in trust）」権原を有しているのであるから、ミシガン湖の湖底地を鉄道会社に譲渡することはできないと判示した。それ以来、公共信託の法理は拡

---

47 | See Davis, supra note 25, at 1186-1188.
48 | E.g., Lone Wolf v. Hitchcock, 187 U.S. 553, 565-567 (1903); see also Newton, supra note 44, at 234-235.
49 | United States v. Jicarilla Apache Nation, 546 U.S. 162, 177-178 (2011); see also Reid Peyton Chambers, Judicial Enforcement of the Federal Trust Responsibility to Indians, 27 Stan. L. Rev. 1213, 1277 (1975).
50 | Jicarilla Apache Nation, 546 U.S. at 182-183 (「政府は、多様な利益を代表しなければならないため、私法のフィデューシャリーに関する細かな基準に従うことは不可能であり」).
51 | Davis, supra note 25, at 1187-1188, n.255. 対応の一例について、Fox-Decent, Challenges, supra note 19, at 11-12 参照。
52 | See, e.g., Richard M. Frank, The Public Trust Doctrine: Assessing Its Recent Past & Charting Its Future, 45 U.C. Davis L. Rev. 665, 667 (2012).

大し、湿地、水道水の供給[54]、地下水[55]、ビーチへのアクセス[56]、野生生物[57]、庭園およ[58]
び大気[59]にまで適用している州もあれば、水資源の民営化に対する伝統的な制限に[60]
固執している州もある[61]。

公共信託の法理は、連邦最高裁の判例を「指導原理」[62]としているが、それは主
に、連邦法ではなく州法の領分とされる[63]。また、大半の裁判所は、この原理を連
邦政府に適用することを拒んでいる（連邦政府がアメリカの土地の４分の１以上の
所有者であることを考慮すると、これは大きな意味をもつ[64]）。しかしながら、公共信
託の法理の背景にある州法の正確な法源に関しては、これまでかなりの議論があ
った[65]。その理由の１つは、実際問題として、公共信託の法理が対象とする事項の
多くは、既に実定法または州憲法に盛り込まれているからである[66]。この法理を実
定法の解釈上の脚注にすぎないとする学説もある[67]。また、この法理をローマ法、
スペイン法およびイギリス法を古い起源とし、「主権に内在する特質の１つ」と
して扱う判例や学説もある[68]。

公共信託の法理は、その正確な法源はどうであれ、アメリカ合衆国憲法修正５
条に対抗して州の規制を守るための盾（shield）としても、また州の規制は国家

---

53 | 146 U.S. 387, 452 (1892).
54 | Just v. Marinette County, 201 N.W.2d 761 (Wis. 1972).
55 | Nat'l Audubon Soc'y v. Superior Court, 658 P.2d 709 (Cal. 1983).
56 | In re Water Use Permit Application for Waiahole Ditch, 9 P.3d 409, 445-447 (Haw. 2000).
57 | Matthews v. Bay Head Improvement Ass'n, 471 A.2d 335, 365-366 (N.J. 1984).
58 | Geer v. Connecticut, 161 U.S. 519, 534 (1896).
59 | Gould v. Greylock Reservation Comm'n, 215 N.E.2d 114, 121 (Mass. 1966).
60 | Robinson Twp. v. Commonwealth, 83 A.3d 901, 955 (Pa. 2013).
61 | See Robin Kundis Craig, A Comparative Guide to the Western States' Public Trust Doctrines: Public Values, Private Rights, and the Evolution Toward an Ecological Public Trust, 37 Ecology L.Q. 53, 71 (2010).
62 | See Joseph L. Sax, The Public Trust Doctrine in Natural Resource Law: Effective Judicial Intervention, 68 Mich. L. Rev. 471, 489 (1970).
63 | See Frank, supra note 52, at 684-685.
64 | See id. at 680-681.
65 | See generally Sax, supra note 62; Joseph L. Sax, Takings, Private Property and Public Rights, 81 Yale L.J. 149 (1971); Charles Wilkinson, The Headwaters of the Public Trust: Some Thoughts on the Source and Scope of the Traditional Doctrine, 19 Envtl. L. 425 (1989); James L. Huffman, Speaking of Inconvenient Truth—A History of the Public Trust Doctrine, 18 Duke Envtl. & Pol'y F. 1 (2007).
66 | See generally Dave Owen, The Mono Lake Case, the Public Trust Doctrine, and the Administrative State, 45 U.C. Davis L. Rev. 1098 (2012).
67 | See William D. Araiza, The Public Trust Doctrine as Interpretive Canon, 45 U.C. Davis L. Rev. 693 (2012).
68 | In re Water Use Permit Applications for the Waiahole Ditch, 9 P.3d 409, 432 (Haw. 2000); see also Jan Stevens, The Public Trust: A Sovereign's Ancient Prerogative Becomes the People's Environmental Right, 14 U.S. Davis L. Rev. 195, 196 (1980).

権力に優先すると主張するための矛（sword）としても用いられてきた[69]。この法理を拡大し、全ての天然資源を対象に含め、地球規模の気候変動にも適用すべきと主張する学説もある[70]。ただし、多くの信認法における議論と同様に、信認義務の内容についてのレトリックが先行し、現実に信認義務を強制するまでには至らないことが多い[71]。

C.　行政法

　行政法上、国家を明示的にフィデューシャリーとして扱う規定はないが、学者——特に Evan Criddle が著名——は、信認原則は行政法の深層構造の基礎となるものであり、行政国家の多くの特徴の説明に役立つと主張している[72]。行政機関は、フィデューシャリーたる国家の組織の機関にすぎない[73]。議会および大統領は、ともに「委託者からの代行者」として行為し、授権法を通じて特定の政策分野における「規制の裁量権」を各行政機関に委ねている[74]。しかし、これは伝動ベルトモデルや単一執行府モデル（transmission belt or unitary executive model）などではなく[75]、行政機関は議会や大統領のために行為するフュデューシャリーではない。むしろ、Criddle によれば、行政機関は制定法上の受益者と国民全体に対して信認義務を負っているのである[76]。

69 | See, e.g., City of Berkeley v. Superior Court, 605 P.2d 362, 372 (Cal. 1980)（請求を却下）; Robinson Twp. v. Commonwealth, 83 A.3d 901, 974–977 (Pa. 2013)（環境権を修正した州憲法の公共信託の法理に反するという理由で水圧破砕を促進する州法を却下）; see also Frank, supra note 52, at 682–684.

70 | See, e.g., Mary Christina Wood, Nature's Trust: Environmental Law for a New Ecological Age (2013); Sax, supra note 62.

71 | See generally Julian Velasco, The Role of Aspiration in Corporate Fiduciary Duties, 54 Wm. & Mary L. Rev. 519 (2009).

72 | See, e.g., Evan J. Criddle, Fiduciary Foundations of Administrative Law, 54 UCLA L. Rev. 117 (2006); Jessica Mantel, Procedural Safeguards for Agency Guidance: A Source of Legitimacy for the Administrative State, 61 Admin. L. Rev. 343, 359–365 (2009).

73 | 前掲注 19・20 およびこれに対応する本文参照。

74 | Criddle, supra note 72, at 121.

75 | See, e.g., Richard B. Stewart, The Reformation of American Administrative Law, 88 Harv. L. Rev. 1669, 1675 (1975)（伝動ベルトモデル〔利害関係者の意思を政策決定に取り込む 1 つの統治システムとして提唱されたモデル〕の説明）; Steven G. Calabresi, Some Normative Arguments for the Unitary Executive, 48 Ark. L. Rev. 23, 37 (1995).

76 | See Criddle, supra note 72, at 139; Evan J. Criddle, Fiduciary Administration: Rethinking Popular Representation in Agency Rulemaking, 88 Tex. L. Rev. 441, 475 (2010) [hereinafter Criddle, Administration]. 受益者に関するこれら 2 つの概念は、常時ではないが多くの場合、重複する。例えば、行政機関は、目の前に現れた規制対象者に対して特定の義務を負う可能性がある一方、その義務と、国民全体に対するより一般的な義務との調整を図る必要がある。Criddle と Fox-Decent は、これらを「第 1 順位」および「第 2 順位」の義務と呼ぶ。Criddle & Fox-Decent, Guardians, supra note 19. また、Gold および Miller は、同様の問題を役務およびガバナンスに関連する種類の「ハイブリッド」な権限の委任と説明している。Gold & Miller, supra note 23.

議会から行政へのフュデューシャリー的裁量権の委託は、*Chevron* 判決の法理を理解する手立てとなる[77]。議会が制定する法律に曖昧な点がある場合、これを審査する裁判所は、規制を通じて穴を埋める権限を行政機関に与えたと推定する[78]。そのため、行政行為を審査する裁判所は、行政機関の法解釈を尊重するが、これは合理的な法解釈をするという信認義務を果たしている限りにおいてである[79]。憲法および行政手続法は行政機関に対し、私法における受認者に忠実義務および注意義務が要求されるのと同様に、（規則制定と裁決の双方に関し）合理的手続を経たうえで、合理的な意思決定を通じて、公共の利益のために裁量権を行使することを求めている[80]。言い換えれば、Criddle は、行政機関は細心の注意を払い、かつ十分に審議したうえで行動しなければならず、自らの裁量権の行使がいかに（国民の好むところでなくとも）公共の利益に資するものであるかを合理的な説明で正当化する準備ができていなければならないと主張しているのである[81]。Criddle によれば、これらの信認原則は、行政機関による措置に対する司法審査の指針となるべきものであり、実際にそのようになっている[82]。

行政法の信認モデルは、人民主権を論拠とした行政国家に対する異議にも答えうるという期待を抱かせる[83]。また、Criddle は、行政法は行政機関に対して目的に基づき合理的かつ透明性のある方法で行動する義務を負わせる（大統領はそのような義務を負わない）点で、大統領制または単一執行府モデルよりも優れていると主張する[84]。しかし、他方、フィデューシャリーに基づく説明はあまりに浅薄であり、既存の問題をフィデューシャリーという言葉に置き換えているにすぎないであるとか[85]、もっともらしく聞こえ、訴求力もあるが、結局のところ「行政法が正当性の文化を反映しているか否かという、さらに深いレベルでの議論の結論次第だ[86]」と主張する向きもある。

---

77 | See Criddle, supra note 72, at 144-146.
78 | See Chevron U.S.A., Inc. v. Nat. Res. Def. Council, Inc., 467 U.S. 837, 843-844 (1984); see also Smiley v. Citibank, 517 U.S. 735, 740-741 (1996).
79 | See Criddle, supra note 72, at 147.
80 | See id. at 151-154.
81 | See Criddle, Administration, supra note 76, at 471, 490.
82 | Criddle, supra note 72, at 144-147. Criddle は、行政機関による措置に対する審査の指針となる信認原則の要素として、「目的があること、インテグリティ、配慮（solicitude）、公正性、合理性および透明性」の6つを挙げている。Criddle, Administration, supra note 76, at 476-478.
83 | Criddle, Administration, supra note 76, at 491; see also Evan J. Criddle, Mending Holes in the Rule of (Administrative) Law, 104 Nw. U. L. Rev. 1271 (2010).
84 | See Criddle, Administration, supra note 76, at 493.
85 | See Davis, supra note 25, at 1158, 1197.
86 | Leib & Galoob, supra note 30, at 1825.

D. 憲法

　信認原則は、憲法の分野にも大きく影響している。政府が自らの定めた規則に従う義務を負う国民にとってのフィデューシャリーというならば、憲法は、政府にとっての信託証書[87]、政府にとっての会社定款または委任状に相当する[89]。国家に関するフィデューシャリーの概念は、憲法上、様々なところで適用されている。

　第1に、信認原則は、憲法の本来の趣旨および個別条項を理解するための解釈指針となりうる[90]。例えば、Robert Natelson、Gary Lawson、Guy Seidman および Seth Barrett Tillman 等の学者は、アメリカ合衆国憲法の起草者が当時理解していた信認法および信認理論の内容を踏まえ、「必要かつ適切な条項（Necessary and Proper Clause）[91]」、「一般福祉条項（General Welfare Clause）[92]」、「弾劾条項（Impeachment Clause）[93]」、「報酬条項（Emoluments Clause）[94]」および「適正手続条項（Due Process Clause）[95]」について原意主義的な解釈を提示している。また、フィデューシャリー的理解は、連邦主義や三権分立などの統治構造原理と同様に、憲法に内在するフィデューシャリー的な政府のあり方への構造的なコミットメントを醸成するために用いることができるかもしれない[96]。

---

87 ｜ See Natelson, supra note 4.

88 ｜ See Mary Sarah Bilder, The Corporate Origins of Judicial Review, 116 Yale L.J. 502 (2006); Geoffrey P. Miller, The Corporate Law Background of the Necessary and Proper Clause, 79 Geo. Wash. L. Rev. 1 (2010).

89 ｜ See Gary Lawson & Guy Seidman, "A Great Power of Attorney": Understanding the Fiduciary Constitution (2017).

90 ｜ See id.

91 ｜ See Robert G. Natelson, The Agency Law Origins of the Necessary and Proper Clause, 55 Case W. L. Rev. 243 (2004); Natelson, supra note 4, at 1171; cf. Miller, supra note 88, at 2-3.

92 ｜ See Robert G. Natelson, The General Welfare Clause and the Public Trust: An Essay in Original Understanding, 52 U. Kan. L. Rev. 1 (2003); Robert G. Natelson, Judicial Review of Special Interest Spending: The General Welfare Clause and the Fiduciary Law of the Founders, 11 Tex. Rev. L. & Pol. 239 (2007).

93 ｜ See Natelson, supra note 4, at 1170; E. Mabry Rogers & Stephen B. Young, Public Office as a Public Trust: A Suggestion That Impeachment for High Crimes and Misdemeanors Implies a Fiduciary Standard, 63 Geo. L.J. 1025 (1975).

94 ｜ Seth Barrett Tillman, Business Transactions and President Trump's "Emoluments" Problem, 40 Harv. J.L. & Pub. Pol'y 759 (2017); Seth Barrett Tillman, Opening Statement, Citizens United and the Scope of Professor Teachout's Anti-Corruption Principle, 107 Nw. U. L. Rev. 399, 420-421 (2012).

95 ｜ See Natelson, supra note 4, at 1174; Gary Lawson, Guy I. Seidman & Robert G. Natelson, The Fiduciary Foundations of Federal Equal Protection, 94 B.U. L. Rev. 415 (2014); Gary Lawson & Guy I. Seidman, By Any Other Name: Rational Basis Inquiry and the Federal Government's Fiduciary Duty of Care (Boston Univ. Sch. of Law, Pub. Law Research Paper No. 16-29, August 12, 2016), http://papers.ssrn.com/sol3/papers.cfm?abstract_id=2822330 [hereinafter Lawson & Seidman, Any Other Name].

96 ｜ See Rave, supra note 34, at 721; cf. Zephyr Teachout, The Anti-Corruption Principle, 94 Cornell L. Rev. 341, 343 397-405 (2009)（裁判所は憲法の構造的汚職防止原則を認めるべきと主張）。

第2に、解釈上の課題とは別に、国家をフィデューシャリーという言葉と関連づけて考えることは、集団行動問題、エージェンシー問題、多数者専制問題など、政治的代表制に内在する問題に対処するため、憲法が行った制度設計上の選択について、一部なりとも理解するのに資する可能性がある[97]。

　第3に、政治における正統性または倫理性の理論ではなく、ガバナンスの問題を出発点とするアプローチによれば、国家をフィデューシャリーと捉える考え方は、民主主義における裁判所の役割に光を当てることとなるかもしれない。裁判所による信認義務の強制は、エージェンシー問題に対応するガバナンス戦略の1つである。憲法には、（James Madison の言葉を借りれば）「第1に、政府による被統治者の支配を可能とし、第2に、政府に自己制御の義務を課す」ために、選挙から二院制、連邦主義および三権分立に至るまで、多様な戦略が盛り込まれているのである[98]。

　裁判所は通常、多元的な利害衝突を通じて政府の裁量権が制限され、少数派の利益が保護されるであろうと信頼して、これらの統治プロセスがもたらす結果を尊重する。言うまでもなく、これは *United States v. Carolene Products*[99] で示された合理性根拠の審査の前提である。この前提のもとで、私法において民事裁判所がフィデューシャリーによる経営判断を尊重しつつ、インセンティブ報酬や株式売却による退出の脅しによる経営者の抑制など、経営者と株主の利害を一致させるメカニズムに期待してきたのと同様、公法においてもフィデューシャリーの裁量権が尊重されてきた[100]。しかし、取締役の会社との自己取引や支配株主が少数株主に金銭を交付して企業買収するキャッシュアウト・マージャーなど、利益相反のために私法上のフィデューシャリーによる経営判断を信頼できなくなったときには、裁判所が介入し、信認義務を強制する[101]。同様に、公職者が自己取引を行い八百長により保身を図ったり、分離されて孤立化した少数者が理不尽な偏見のせいで交渉過程から締め出されたりする結果、*Carolene Products* 事件で前提となった多元主義が機能しないような場合には、裁判所が介入し、政府の信認義務を執行することが正当化されることとなる[102]。

---

97 ｜ See Rave, supra note 2.
98 ｜ The Federalist No. 51 (Madison).
99 ｜ 304 U.S. 144, 152 (1938).
100 ｜ See Lawson & Seidman, supra note 95.
101 ｜ See Rave, supra note 24, at 7.
102 ｜ See Carolene Prods., 304 U.S. at 152 n.4; see generally John Hart Ely, Democracy and Distrust: A Theory of Judicial Review (1980). But see Natelson, supra note 4, at 1174-1178 (*Carolene Products*

このように、国家をフィデューシャリーとして扱うと、多元主義的な政治モデルを前提としても、〔司法審査の〕反多数決主義という難問への対応策が得られる。公法においても、私法の場合と同様に、機会主義的行動を監視することにより、公平を維持する重要な役割を裁判所が果たすことができるが、その役割は主に、他のガバナンス戦略が機能しそうになくなった場合の最後の手段なのである。[103] 私法において同じような構造をもったガバナンス問題を類推するアプローチをとることは、司法審査がより求められることになる分野を知ることに役立つ。[104] もちろん、私法から公法への転換が必ずうまくいくわけではなく、特定の局面に適合する原則を別の局面にそのまま適用できるのは稀であるが、[105] ガバナンスの問題点の構造が似通っている場合、相違点を賢く捌くことにより解決策を見出すことができるかもしれない。

　最後に、国家をフィデューシャリーとみることは、裁判所がこれまで憲法上の問題であると認めることに慎重であったような積極的権利を主張する際の支援材料となる可能性がある。Luara Underkuffler は、国家と主権者との関係の信認性から、政府は、住居や食糧、医療を含む基本的かつ必要最低限の生活物資に対する積極的権利を認めざるをえないと主張する。[106] この主張は、フィデューシャリーたる国家に関する道徳的主張の１つとして強力である。というのも、フィデューシャリー理論は、積極的権利と消極的権利とを区別していない。[107] 国家は、一部の国民が路上で飢えている状況を放置していながら、全国民の利益のために行動する義務を果たすことなどできるだろうか。忠実で注意深い公職者であれば、そのような状況を許しはしないだろう。しかし、個人が国家に対し裁判で強制できる法的権利を有すると Underkuffler が主張する限りにおいて、裁判所が積極的権利を強制することについて一般に提起される異論に対し、信認原則が新たな回答

事件での特別利益団体のために制定された法律の尊重および分離され孤立した少数者への配慮は、公平の信認義務に矛盾すると主張); Davis, supra note 25, at 1177 (同旨).

103　See Rave, supra note 2; Coffee, supra note 38, at 1621. 政府をフィデューシャリーとみるこの説は、フィデューシャリーは正当な理由で行動しなければならないという Leib および Galoob の見解とは相容れないが（Leib & Galoob, supra note 30, at 1835-1838)、インセンティブ報酬などの絆を形成するメカニズムが広く用いられている私法における信認関係に関連する実際の法律との整合性は高い。

104　See, e.g., Rave, supra note 34; Rave, supra note 38.

105　See, e.g., Ethan J. Leib, David L. Ponet & Michael Serota, Translating Fiduciary Principles into Public Law, 126 Harv. L. Rev. F. 91 (2013); Davis, supra note 25, at 1198-1206.

106　See Laura S. Underkuffler, Fiduciary Theory: The Missing Piece for Positive Rights, in Fiduciary Government (Criddle et al. eds., 2018).

107　See id.; Gold, supra note 29.

を提示しうるか否かは定かではない。というのも、これらの権利を実現するために国家はどれほどの努力と資源を費やす必要があるのか、対立するその他の積極的・消極的な権利や優先事項とのバランスをいかにしてとるべきか、または政府の諸機関が行った相反する価値の衡量を事後にあれこれ批判する管轄権が裁判所にどの程度あるのかも、信認原則は語っていないのである。[108]

Ⅳ　国家の信認義務

フィデューシャリーたる国家は、主権者である人民（subjects）に対して忠実義務および注意義務を負う。しかし、これらの義務は、単純に私法から移植できるものではない。公法固有の局面に適応させる必要がある。

A.　忠実義務

言うまでもなく、忠実義務は典型的な信認義務である。しかし、フィデューシャリーの政治理論を唱える者たちが国家の人民に対する忠実義務を口にするとき、その念頭にある概念は様々に異なっている。これらの概念は必ずしも排他的な関係にあるものではなく、特定の局面で複数の概念が重なることがある。しかし、これらの概念が網羅的であるとはいえない。とはいえ、フィデューシャリーの政治理論を唱える者が国家の信認義務の内容を特徴づける際の主要な道筋の幾許かはこれらの概念が示している。

これらの概念の全てに共通する特徴の１つは、多数の受益者の存在という問題である。受認者がただ１人の受益者または利益の比較的均質な受益者集団に対して忠実義務を負っている私法分野とは異なり、国家にとっての受益者の数は膨大で、その利益も多種多様である。[109]いずれにしても国家の忠実義務に関する概念は、この問題に取り組まなければならない。

1.　法の支配としての忠実性

多数受益者の問題は公法に固有なものではなく、フュデューシャリーが多様な利益を有する多数の受益者のために行動する（信託や年金基金等）私法の分野で

---

108 | See, e.g., San Antonio Indep. Sch. Dist. v. Rodriguez, 411 U.S. 1 (1973)（「本法廷の裁判官は、公的収入の増強および処分に関する賢明な決定を行うために必要なローカルな問題についての専門知識に欠け、かつそれらに精通していない」という理由で、教育資金を調達する憲法上の積極的権利を認めることを拒否）.

109 | See Davis, supra note 25, at 1158.

は、忠実義務は公平、公正または合理性の義務へと変化する[110]。同様に、国家の人民に対する忠実義務も公正および合理性の義務へと変化させることができる。フィデューシャリーたる国家は、各人の平等な尊厳を尊重し、恣意的に差別することを差し控えなければならない[111]。Fox-Decent は、これを法の支配を忠実に遵守する国家の義務の1つであると主張している[112]。また Criddle は、この概念に肉付けをし、統治機関は「目的があること、インテグリティ、配慮、公正性、合理性および透明性」をもって行動しなければならないと主張する[113]。要するに、国家とそれを構成する行政機関は、適正手続に従い行動する義務を負っているのである。

2. 利益相反回避としての忠実性

受益者多数における忠実義務に関する2つ目の考え方は、これをフィデューシャリーの自己取引および利益相反を回避する義務とみる考え方である。利益相反禁止ルールは、背信的行為への誘惑を排除することで、フィデューシャリーの意思決定プロセスを保護することを目的とした、予防的ルールである[114]。これは特定の受益者との関係での定義ではないため、忠実義務を利益相反の回避義務として構成することにより、公法上の信認関係においては、誰がフィデューシャリーで、誰が受益者であるかを正確に示すというさらなる難問を回避することができる[115]。また、この考え方は、公職者の保身や汚職の問題への対策にもなりうる[116]。しかし、利益相反を回避するという忠実義務の概念は、主権者としての国家（実際に国家を運営する生身の人間ではなく）が自己取引を行うといっても、その意味が明らかでないため、主権者＝人民間の包括的な信認関係の解明に寄与するところは少ない[117]。

---

110 | See, e.g., Howe v. Earl of Dartmouth, 7 Ves. 137 (Eng. 1802); see generally Finn, supra note 5.
111 | Fox-Decent, supra note 7, at 35–37.
112 | Id. at 37–39.
113 | Criddle, Administration, supra note 76, at 476.
114 | See Lionel Smith, Fiduciary Relationships: Ensuring the Loyal Exercise of Judgment on Behalf of Another, 130 L.Q. Rev. 608, 623–626 (2014).
115 | See Rave, supra note 24, at 15–16; Larry E. Ribstein, Fencing Fiduciary Duties, 91 B.U. L. Rev. 899, 909 (2011).
116 | See, e.g., Rave, supra note 34; Sung Hui Kim, The Last Temptation of Congress: Legislator Insider Trading and the Fiduciary Norm Against Corruption, 98 Cornell L. Rev. 845 (2013); Donna M. Nagy, Owning Stock While Making Law: An Agency Problem and a Fiduciary Solution, 48 Wake Forest L. Rev. 567 (2013).
117 | 例えば、国家がその管理下にある居留地や領域の住民より自国民を優先する場合、国際的レベルの自己取引を国内で行ったことになる可能性がある。前掲注 17（本書第 18 章）参照。同様に、インドの信託原理に全権を結びつけるこじつけも、アメリカによるアメリカ先住民を犠牲にした国内自己取引の一例といえるかもしれない。See Davis, American Colonialism and Constitutional Redemption, supra note 27. ただし、これらは、むき出しのナショナリズムによる恩恵を受ける自国民に関する国家の自己取引の事例ではない。

3. 公平な取扱いとしての忠実性

　国家の忠実義務に関する３つ目の考え方は、全ての人民を公平かつ誠実に扱う義務と捉える考え方である。この考え方によれば、国家は、多数派の利益のために機会主義的に少数派を搾取してはならない。この義務には強い形と弱い形があり、本当にフィデューシャリーの忠実義務に分類できるか否かには合理的にみて疑問がある[118]。少数派は、多元主義的な政治過程において様々な駆引きをすることを期待されているともいえ、必ずしも特別な配慮に依存する必要はない。しかし、国家が敵意に満ちた、または理不尽な偏見により少数派に不利益な扱いをしたとすれば、それは国家の誠実な行為とはいえない。少数派の利益に対する構造的な保護が弱く、失敗に終わる可能性が高い状況にあるとき、少数派を虐げる暴政をしてはならないという義務が特に重要となってくる[119]。実際、*Carolene Products* 判決において「分離され孤立した少数派」に司法が配慮したのは、政治的に無力であることの証明[120]、すなわち、〔この領域に〕信認義務を課すということを正当化する顕著な概念が、至るところにあったからである。

　さらに、公平な扱いをするという国家の義務は、現在の多数派および少数派のみならず、現在の政治過程においては同じように権力をもっていない将来の世代にまで拡大するという説もある[121]。言い換えれば、国家は、現在および将来の受益者の利益のバランスをとり長期的な考えに立って、かつ資源を浪費しない義務を負うこととなる[122]。

4. 良心性としての忠実性

　国家の忠実義務に関する４つ目の概念は、フィデューシャリーに正当な理由に基づき行動することを求めている。Leib と Galoob によれば、フィデューシャリーは、熟慮（deliberation）、良心性（conscientiousness）および頑健性（robustness）の基準に従わなければならない[123]。言い換えれば、国家は、単に国民にとって最善の成果を実現するだけでは信認義務を果たしたとはいえない。それらの成果を慎

118　これらの義務について、筆者は別稿で、分配を度外視で純粋な利己心からパイ全体を最大化しようとする行為、他者を害する行為の自粛、自己の利益より他者の利益を追求する行為など、多様な範囲に及ぶ潜在的内容を明らかにしようと試みたことがある。See Rave, supra note 38, at 351–362.

119　Rave, supra note 2, at 16–17; see also Rave, supra note 38, at 365–371（構造的保護が最も弱い直接民主制における裁判所の少数派への明らかな配慮を強調）.

120　See Nicholas O. Stephanopoulos, Political Powerlessness, 90 N.Y.U. L. Rev. 1527, 1531（2015）.

121　See, e.g., Fox-Decent, supra note 18; Foley, supra note 18.

122　E.g., Robinson Twp. v. Commonwealth, 83 A.3d 901, 958–959（Pa. 2013）.

123　Leib & Galoob, supra note 30, at 1824.

重に、かつ正当な理由をもって実現しなければならない。さらに国家は、国民の利益を常に把握し、それらの利益や世界全体の関連事実に変化があれば、その変化に応じて新たな対応をしなければならない。信認に基づく忠実義務に関するこの概念は、フィデューシャリーの心理状態に着目しているため、主権を有する実体としての国家に対して直接作用するのではなく、裁判官等の個々の公職にある者に作用する[124]。とはいえ、国家の法的および構造的特徴（行政法の規則や裁判官の任用方法等）は、公職者が信認義務に関するこの概念に従い行動するための手助けとなりうる[125]。しかし、誠実義務としての忠実義務に関するこのような考え方は、政治的な公職者が道具主義的で利己的な理由から行動すると想定されることから、政治についての多元主義的な説明とはなかなか調和しない[126]。

B.　注意義務

　忠実義務の場合と同様に、フィデューシャリーの政治理論を唱える者たちは、国家の信認義務に関し、様々な異なる規範と制度的要因（institutional implication）を取り入れた多様な注意義務を考えている。ここでも、これらの概念は必ずしも相互に排他的ではないし、いずれも網羅的なものではない。

1.　裁量権行使の尊重としての注意（Care as Deference）

　国家の注意義務に関する考え方の1つ目は、制度面を出発点とするもので、裁量権行使の尊重（deference）を強調するものである。この概念によれば、国家が公益を追求するうえで適切と自ら判断する方法で行動する裁量権が保護され、国家の多数の受益者が有する多様な利益を満たすために必要な任務（mandates）が競合する場合に、裁判所がこれらを衡量する制度的能力の限界が認められる[127]。その代わり、国家に常に注意深く行動させ、これを怠ることのないよう規律するために、選挙から始まって、政党等の中間的機関、利益団体の政治的衝突に至るまで、様々なガバナンス戦略がとられる[128]。

　国家の注意義務に関する裁量権尊重の概念は、適正手続条項に基づく合理性に

---

124 | See id. at 1846; Ethan J. Leib, David L. Ponet & Michael Serota, A Fiduciary Theory of Judging, 101 Cal. L. Rev. 699 (2013). 公職者の義務の詳細については、前掲注3（本書第16章）参照。

125 | Cf. Leib & Galoob, supra note 30, at 1868（行政法には、慎重さ、誠実さ、および行政法の要件に関する見解に応じて新たな対応をとる必要性が盛り込まれているとは限らないと結論）.

126 | Galoob & Leib supra note 31, at 4.

127 | See Rave, supra note 2, at 2.

128 | See Samuel Issacharoff & Daniel R. Ortiz, Governing Through Intermediaries, 85 Va. L. Rev. 1627, 1629 (1999).

基づく違憲立法審査基準に最も顕著に示されている。[129]古典的な合理性審査基準よれば、法律は全て、政府の正当な目的を達成するための合理的手段であることが求められる。しかし実際は、ニューディール政策以来、裁判所がこの基準を適用する際の姿勢は極めて慎重なものである。審査に際し、裁判所は、法律制定の真の目的を調査することはなく、それどころか、審査の契機となった事実の発生後に自ら仮想的な目的を立てようとさえする。[130]この仮想目的を実現するために選択する手段は、最善の手段でも良い手段でもある必要はなく、合理的な関連性がありさえすれば問題ないとされる。[131]裁判所は、立法機関がその法律を制定すると判断するに至った経緯も検討しない。[132]

　合理的根拠の審査基準に基づく国家の注意義務は、多くの点で、経営判断の原則に基づく会社法上の注意義務に類似している。[133]この準則は注意義務の基準を定めており、立法は常に合理的でなければならないが、実際にこの準則を裁判所が適用することはほとんどなく、立法府の能力の制度的優越と民主的説明責任を尊重している。[134]

2.　プロセスとしての注意（Care as Process）

　国家の注意義務をより強度の高いものとして観念するのは、国家がその権限を行使するプロセスを重視する考え方にある。この概念が最も明白に示されているのは行政法の分野であり、行政手続法は、行政機関に対し、告知とコメントによる規則制定等所定の手続に従うことを義務づけていて、裁判所は、行政機関に当該機関が行った手続を開示するよう求める。[135]裁判所が適用する実質的な審査基準は通常、行政機関の行為は「恣意的」または「気まぐれ」なものであってはならないという、裁量権行使を尊重するものであるが、行政機関には、関係者に聴聞の機会を与え、かつ最終的な決定を公的に正当化することが一般的に要求される。[136]司法審査は、行政機関が合理的な手続を実施したか否か、また、機関の行為の正当な理由を示す記録を示せるかを重視する傾向がある。裁判所はこれらの「合理

129 　裁判所は、憲法の多数の異なる規定に基づき法律を審査する際、同様の合理的根拠の基準を適用している。See, e.g., McCulloch v. Maryland, 17 U.S. (4 Wheat.) 316 (1819)（必要かつ適切条項）; Williamson v. Lee Optical, Inc., 348 U.S. 483 (1955)（適正手続条項および平等保護条項）.

130 　See, e.g., Lee Optical, 348 U.S. at 483.

131 　See, e.g., id.

132 　See, e.g., U.S. R.R. Ret. Bd. v. Fritz, 449 U.S. 166 (1980).

133 　See Lawson & Seidman, Any Other Name, supra note 95, at 19; Rave, supra note 34, at 720.

134 　Cf. Julian Velasco, A Defense of the Corporate Law Duty of Care, 40 J. Corp. L. 647, 661 (2015).

135 　See Criddle supra note 72, at 152-154.

136 　See id.

性、一貫性、透明性、公論（public deliberation）および代替手段調査の徹底性に関する最低限度の基準」を適用することで、行政機関に対し「合理的な慎重さをもって委任された権限を行使する」義務の履行を求めている。[137]

3. 熟慮としての注意（Care as Deliberation）

国家の注意義務についての最後の概念は、手続ではなく、道徳の要請を反映したものである。この概念は、国家の意思決定者の思考過程に注目する。国家は、合理的な手続を形式的に実施するだけでは十分ではない。理に適った意思決定、すなわち様々な意見を検討し、新たな情報を入手したらその内容に応じて考えを見直し、正当な理由に基づいてのみ最終決定を下し、これを正当化するという方法を実践しなければならない。[138]

Leib と Galoob は、裁判官はこの注意義務に関する考え方には従うべきであると主張している。[139] 審議を尽くすことによって注意義務を果たすという考え方は、フィデューシャリーの心理状態に着目しており、主権を有する存在としての国家に対し、これを直接適用することは難しい。しかし、国家機関で働く公職者が適切な熟慮を行うようにするため、国家の制度をいかに設計すべきかを検討するとき、この観点を考慮することは可能である。

V　救済手段

国家が信認義務に違反した場合の救済手段は、多くの場合、政治的なものであるが、裁判所が状況によっては関与することがある。

国家をフィデューシャリーとみるからといって、私法における受益者の救済手段がそのまま適用されることを意味するわけではない。文字通りの直訳は通用しないのである。国家が信認義務を負うということと、受益者がその義務を履行させるために訴訟提起できるということは同じではない。[140] たとえ受益者が訴えを提起したとしても、連邦政府と各州は、主権免除により不同意の訴訟から保護され

---

137 | Id. at 151.
138 | Leib & Galoob, supra note 30, at 1828.
139 | Id. at 1849–1854.
140 | But cf. Porter v. Magill [2001] UKHL 67（ウェストミンスター市議会議長が周辺地域に保守派の有権者を引き寄せるため、市が所有する住宅の労働党寄りの入居者との賃貸契約を更新せず、市場の相場を下回る価格で販売しようとしたことは、市議会選挙の区割りを有利にするための恣意的選挙区改定であり、公共の信託に違反するとされた事件で、同議長に 3,600 万ポンドの支払を命ずる決定が支持された）。

ている。また、州および連邦の公職者は、差止命令（injunction）による将来的救済のために訴えられる可能性はある（ただし、実質的には州に対する訴訟となる）が、大抵の場合、金銭的損害賠償訴訟について限定的免責を受ける。また、原告は、信認義務を主張する当事者適格の立証があるかという問題に直面し、国家の信認義務違反は、具体的かつ特定の損害ではなく、全般的な不満にすぎないとみなされる可能性がある。あるいは、原告の主張は司法判断に適合しない政治的問題であると裁判所が判断する可能性もある。

　一方、政治的な救済手段は、国家が信認義務に違反した場合、ほぼ常に選択肢の１つとなる。国民は、国家が信認義務を果たさない場合、選挙により支配層を退陣させることができる。あるいは、次の選挙まで待てないときには、信認義務違反を理由として行政官や裁判官を弾劾（または国会議員を罷免）できる。憲法は弾劾の根拠として「反逆罪（treason）、収賄（bribery）およびその他の重罪（other high crimes）または非行（misdemeanors）」を規定しているが、弾劾は本来、政治的行為である。また、国民に対する背信行為（breach of the public trust）は、弾劾の正当な理由となりうる典型的な政治的「非行」にあたるとの説が強い。

　選挙および弾劾に加え、国民は、組織化、政治献金または独自の選挙支出、議員に対するロビー活動、マスコミまたはソーシャルメディアを通じて公に発言を行うことなどもできる。同様に、政党や利益集団、市民グループ（civil society）、社会運動などといった〔個人と公を繋ぐ〕中間組織も、国家に圧力をかけることができる。

　しかし、政治的な救済手段は、公共の選択理論が予測するあらゆる病理および政治的市場の失敗による影響を受けるため、不完全である。現職の公職者が国家権力を利用して、職に留まるため選任プロセスを操作しようとした場合は特に、政治的な救済手段ではとりわけ効果を発揮できない。これまでのところ、明白な

141　See, e.g., U.S. Const. amend. 11; Price v. United States, 174 U.S. 373 (1899); Alden v. Maine, 527 U.S. 706 (1999).

142　See, e.g., Ex Parte Young, 209 U.S. 123 (1908); Harlow v. Fitzgerald, 457 U.S. 800 (1982).

143　See, e.g., Gill v. Whitford, 138 S. Ct. 1916 (2018); Lujan v. Defenders of Wildlife, 504 U.S. 555 (1992). But see Massachusetts v. Environmental Protection Agency, 549 U.S. 497 (2007)（国家が提起した訴訟で適格要件を緩和）.

144　See Vieth v. Jubelirer, 541 U.S., 267, 281 (2004)（Scalia J., plurality op.）（政治的な恣意的選挙区改定は司法判断に適合しない政治的問題であると主張）; but cf. id. at 206 (Kennedy, J., concurring)（適切な基準が特定される場合、司法判断の適合性は排除されないと判示）.

145　U.S. Const. art. II §4.

146　See Rogers & Young, supra note 93.

147　See Issacharoff & Ortiz, supra note 128, at 1629.

信認義務違反でありながらいかなる種類の政治的救済の対象にもなっていないものの特に顕著な事例を1つ挙げるならば、議員選挙区の区割りで、現職の議員らが恣意的に選挙区の境界線を引き直すこと（ゲリマンダリング）により、本来は有権者が議員を選ぶところ、実質的に議員が自らに有利な有権者を選んでいる状況を考えるとよい。[148]

　国家の信認義務違反に対し、状況によっては、司法による救済手段が適用される可能性がある。実定憲法および実定制定法により、司法的に強制できる救済手段が定められることがある。行政手続法および適正手続条項は、信認義務の基準に反する行政行為に対する司法審査の道筋を定めている。また、天然資源法における公共信託の法理は、国家の制定法、憲法またはコモン・ローに多く取り込まれている。[149]この場合には、裁判所は、典型的なエクイティ上の救済手段を活用できる。裁判所はまた、立法府の行為または行政行為が公共信託に違反する場合、これを無効とすることができ、[150]ある特定の状況に対してどのように信託義務が適用されるかをより厳密に定義するよう宣言的判決を下すことができ、[151]さらには、実体法の定める信託義務を政府が遵守するよう差止命令を出すこともできる。[152]

　信認原則から導き出される連邦憲法（状況によっては各州の憲法）を解釈できる限りにおいて、裁判所は、司法審査により、憲法により与えられた権限を超えたり、憲法に抵触したりする政府の行為を無効とする権限を有する。[153]また、信認原則は、適正手続条項または平等保護条項のように、より開かれた構造（open-textured）を有する憲法の一部条項についても、その立法者意思によるにせよ、構造的もしくは倫理的な解釈様式によるにせよ、解釈を導き出すことができる。[154]

148	See Rave, supra note 34, at 713-719.
149	E.g., Pa. Const. art. I §2（「州民は、清浄な空気や水、環境の自然的、科学的、歴史的および美的な価値の保全を求める権利を有する。ペンシルバニア州の公共天然資源は、次世代を含む全州民の共同財産である。州は、これらの資源の受託者として、全州民の利益のためにこれらの資源を保全し、維持しなければならない」）.
150	See, e.g., Illinois Cent. R.R. Co. v. Illinois, 146 U.S. 387, 452（1892）（土地の譲渡を無効とした事例）; Robinson Twp. v. Commonwealth, 83 A.3d 901, 974-977（Pa. 2013）（州の法令を無効とした事例）.
151	See Wood, supra note 70, at 248-249.
152	See, e.g., Nat'l Audubon Soc'y v. Superior Court, 658 P.2d 709, 712（Cal. 1983）（州の水資源局に対し、河川の流れを変えようとする前に、公共信託により保護される利益への影響を調査し、検討するよう命令）; Nat'l Wildlife Fed'n v. Nat'l Marine Fisheries Serv., No. 01-CV-640-RE, 2005 WL 2488447, at *3（D. Or. Oct. 7, 2005）（連邦水産庁が絶滅危惧種保護法により義務づけられた鮭を保護する計画の策定を怠った場合、鮭が川を遡上することを脅かしており、ダムが流れるように命ずるとした）.
153	See, e.g., Marbury v. Madison, 5 U.S.（1 Cranch）137（1803）; Bilder, supra note 88.
154	See Phillip Bobbitt, The Modalities of Constitutional Argument, in Constitutional Interpretation 11（1991）.

確かに、裁判所は、自己取引や無力な少数派を抑圧してはならないという国家の信認義務に反するような政府の行為を無効とするため、*Carolene Products*事件の政治過程論に重きを置いてきた。[155] しかし、裁判所が信認原則を根拠として介入し、公職者の自己取引や多数派の暴政を抑止しようとする場合、公平な取扱いとしての忠実観念よりも利益相反禁止のアプローチの方が私法から公法への翻訳しやすいことが多いことは考慮に値する。[156]

　最後に、国家が主権者に対して信認義務違反を犯した場合の最終的な救済手段としてJohn Lockeが思い描いていたのは、革命である。[157] これについては、そのような事態にならないことを祈ろう。

VI　結　　論

　フィデューシャリーたる国家の性質につきどのような理論的対立があるにせよ、公職者の間ではフィデューシャリーという言い回しが至る所で使用されている。彼らは相当程度まで自らをフィデューシャリーとみなし、その権限および義務をフィデューシャリーという言葉で捉えている。[158] 原理または原則の私法から公法への読み替えが必ずしも容易ではないとしても、この考えには深く響くものがある。

　国家に関するフィデューシャリー概念に興味をそそられる要因の1つは、この概念がガバナンスという積年の問題に対応するため手段や原則を多数提示していることである。これらの問題を起点とすることにより、どのような場合に信認原則が最も影響力を発揮するかが明らかとなる。鍵となるのは、法律が対処しようとする問題の構造に注目することである。ガバナンスに関する私法上の問題と公法上の問題との間に著しく実質的な類似性がある場合、理論的にその相違点を調整する機は熟している。ある局面で信認原則に基づく解決策が有効であれば、別の局面でも役立つ可能性はある。

　しかし、私法の信認法との局面の相違があまりにも著しいため、公法において

---

155 ｜ See generally Ely, supra note 102.

156 ｜ See Rave, supra note 2, at 15-16.

157 ｜ Locke, supra note 3 §140（「法律は目的のために行動するフィデューシャリーの権限の1つにすぎないが、それでもなお国民は、法律が信頼に反すると判断した場合、その法律を改廃する最高権限を有する」）.

158 ｜ See, e.g., STOCK Act, Pub. L. No. 112-105, 126 Stat. 291 §4 (b)(2) (2012); Code of Ethics for Government Service, H.R. Con. Res. 175, 85th Cong. ¶10 (1958); see also Hollingsworth v. Perry, 570 U.S. 693, 712-714 (2013)（カリフォルニア州の選挙で選ばれた役人を「信認義務」を負う国民の代理人と説明）.

裁判所による決定の指針となる規則を提示できないような場合においても、国家に関するフィデューシャリーの概念はなお強力たりうる。また、信認原則は、公職者が国家の権限を行使する自らの役割をどのように捉え、行動すべきかに対し、規範的指針を示すことができる。言い換えれば、国家に関するフィデューシャリー概念は、公職者に対し、自らの役務にどのように向き合うべきかを教えてくれるとともに、権力を濫用する同僚をチェックするため政治的手段を行使するときに合図を出してくれる。信認原則はまた、政治活動をする者に国家権力の合法的な行使または悪用について、公に訴えるために必要な説得力ある語彙を提供してくれ、それによって世論と政治的行動が形成される。言うまでもなく、過去には、非難されるべき国家の行為を正当化するためにフィデューシャリーというレトリックが使われたこともある。植民地主義の過去を忘れてはならない。しかし、国家のフィデューシャリーとしての性質の捉え方が真摯であればあるほど、フィデューシャリーというレトリックが濫用であると指摘するため、多くのことができるようになる。

　信認法の特徴の1つは、より広いエクイティと同様に、その柔軟性にある。信認原則を公法の分野に適用するにあたっても、状況に応じて柔軟に行わなければならない。

謝　辞

　Zachary Bray、Evan Criddle、Daniel Clarry、Matthew Conaglen、Jushua Getzler、Ethan Leib と Henry Smith およびハーバード大学ロースクールで開催された「信認法の領域を探索する」カンファレンスの参加者の皆様から、有益なコメントを頂いた。ここに感謝の意を表する。

第18章	国際法における信認原則

EVAN J. CRIDDLE

I　はじめに

　国際法の法律家は、数世紀にもわたり、私法を参照しながら国際公法のモデル
を考えてきた。[1]財産法は、領土と資源を国家が権利主張する際のルールとなった
し、[2]契約法は、条約に関する法に影響を与え、[3]私法の諸規則と救済は国際仲裁に
様々な情報を提供してきた。[4]したがって、信認原則が国際法の発展に中心的役割
を果たしてきたと述べたとしても、特に驚くべき話ではない。

　なかでも、信認原則は、国際的な領土管理（International Territorial Administra-
tion; ITA）に関する法領域において、最も顕著な役割を果たしてきた。Francis-
co de Vitoria と Hugo Grotius のような国家法における初期の著名な学者は、植
民地保有国の権限と法的義務を説明するために、後見や代理、信託といった私法
概念を類推して使った。[5]20世紀になると、ITA は信認義務が適用される「神聖
な信託（sacred trust）」であるとの考え方が、国際連盟の委任統治制度およびそ
の後の国際連合の信託統治制度等の中心的概念となった。今も信認原則は占領に
関する国際法および国連の平和維持活動を通じて ITA に貢献し続けている。国
際社会は、これらのいずれにおいても、領土管理を行う者が忠実義務と注意義務
を負っていることを明確に認めており、そこには、受益者の利益を犠牲にして了
承の得られていないいかなる利益も受け取ってはならないという典型的な信認義
務が含まれている。

　ITA 以外の領域でも、国際法では様々な関係において信認義務が発生する。
国際法の法律家は、フィデューシャリーの概念を自国民に対する国家主権の法的

1　See Hersch Lauterpacht, Private Law Sources and Analogies of International Law (1927).
2　See Andrew Fitzmaurice, Sovereignty, Property, and Empire: 1500-2000 (2014).
3　See William Edward Hall, A Treatise on International Law, 379-418 (8th ed. 1924).
4　See Lauterpacht, supra note 1, at 215 (仲裁実務が「私法概念とは全く独立して国際法という虚構
　を打ち砕いている」と述べてはいるが).
5　Francisco de Vitoria, On the Indians Lately Discovered (1532), in Francisco de Vitoria, De Indis et de
　Ivre Belli Relectiones 115, 151-161 (Classics of Int'l Law ed., 1917) (translation based on Boyer ed.
　1557, Muñoz ed., 1565, and Simon ed., 1696).

性質と範囲の説明に使ってきた。国家もまた、地球環境の保全と持続可能性の問題などいくつかの問題に関し、共同受認者として務めているが、地球環境の問題は国際法が「人類共通の課題」としている問題なのである。さらに、外交官も、その忠実義務と注意義務は国際法上極めて断片的な規制にすぎないとはいえ、広く受認者とみられている。したがって国際法では法律関係の広い範囲で信認義務が生じている。

　信認原則が国際法においてうまく機能できるかどうかは今も議論の的である。植民地時代、国際社会が曖昧な態度に終始し、信認義務を履行させることが不十分なままであったために、博愛的な「後見（guardianship）」の名のもと植民地保有国が先住民社会から搾取することを可能にした。20世紀の中頃がそのターニングポイントで、このとき国際社会は、苦労の末、取決めにより信認原則を法典化し、受認者に信認義務違反を清算させる新たな制度を確立した。この進展は受益者にとって記念すべき勝利をもたらしたが、執行力が弱かったために、この分野に特有な問題として今も続く課題となってしまった。結局のところ、国際的レベルで信認法を最適に機能させるには、国際社会が信認規範を明確に表現し、判断し、執行するためのもっと信頼の置ける制度を発展させなければならなかったのである。

　本章において、以下では、国際法が信認原則を取り入れてきたことを様々な文脈から概観する。Ⅱでは、信認原則が16世紀の国際法において、どのような経緯でヨーロッパの植民地主義を擁護する法的枠組みとして入ってきたかを説明する。ⅢとⅣでは、国際社会がどのように国際連盟規約と国際連合憲章に信認原則を奉って大事に温存してきたか、そしてその後の20世紀において、国際社会がこの原則をどのように履行させようと格闘してきたかを考察する。Ⅴ〜Ⅷでは、今日も信認原則が国際法に関係し続ける4つの領域、すなわち、国連の派遣、軍事的占領、国家の法的地位と義務、外交官の役割と責任、について検討する。そのうえで、Ⅸで結論を述べる。

---

6 ｜ See, e.g., Evan J. Criddle & Evan Fox-Decent, Fiduciaries of Humanity: How International Law Constitutes Authority (2016)（Vitoria と Grotius らの信認理論に依拠している）.

7 ｜ See, e.g., U.N. Framework Convention on Climate Change pmbl., opened for signature June 20, 1992, 1771 U.N.T.S. 107 (entered into force Mar. 21, 1994) [hereinafter Climate Change Convention].

II 植民地の起源

国際法における信認原則は、現代の初め頃にルーツがあり、国際法の法律家や理論家がヨーロッパ植民地主義の倫理的および法的制限を説明するためのモデルとして私法を参照したことに遡る。国際法の法律家の草分けとして有名な Vitoria は、新世界における外国の介入は、(1)人柱や食人主義などを含む、その国の支配者による圧政的で抑圧的な行為から先住民を守ること[8]、および(2)スペイン人とそれ以外の外国旅行者の自然権（旅行や取引をする権利、改宗させる権利を含む）を擁護すること[9]、という 2 つの目的に由来する博愛的な後見としてのみ認められると主張した。Vitoria は、スペインが新世界の領土を征服する場合、その統治権は信認原則を満たさねばならないだろうと警告した。それゆえ、スペインは、先住民の利益に注意を払い、「その利益のために」明確に行動することにより、外国の領土を統治する義務を負うこととなった[10]。

Vitoria の植民地統治におけるフィデューシャリーの概念は、その後の国際法にしっかりと広がっていった。Hugo Grotius や Emmerich de Vattel のような他の影響力の強い公法学者が国際法の概説書の中で Vitoria の考え方を是認し、さらに発展させたのである[11]。イギリス国王 James 1 世は、後にジェームズタウン植民地となるものを樹立する権限をバージニア会社（Virginia Company）に認める際の法的根拠として、文明化のための後見原則を唱えた[12]。その後、Edmund Burke は Fox のインド条例に関する 1783 年の演説の中で、「政治権力」は先住民の「利益のために何らかの形で最終的に行使されなければならない」、「厳密な意味では**信託**」であると述べ、植民地の権限にフィデューシャリーの性格があると自己弁護をした[13]。

---

8 | Vitoria, supra note 5, at 159.

9 | Id. at 151-153, 157.

10 | Id. at 161.

11 | See Hugo Grotius, De Jure Belli ac Pacis bk. II, ch. XXV, pt. VIII (2)（F. Kelsey trans., 1925）(1625); Emmerich de Vattel, The Law of Nations: Or Principles of the Law of Nature Applied to the Conduct and Affairs of Nations and Sovereigns Iv, 13, 21-22 (trans. 1876)(1758).

12 | See Robert A. Williams, Jr., The American Indian in Western Legal Thought: The Discourses of Conquest, 201 (1990).

13 | Edmund Burke, Speech on Fox's East India Bill (1783), in Edmund Burke, On Empire, Liberty, and Reform: Speeches and Letters 282, 291 (David Bromwich ed., 2000). Burke は、もし東インド会社が信託的権限に違反すれば、与えられた統治権限を議会に返さなければならないだろうと主張した。Id. at 291-292.

このような経緯から、ヨーロッパ列強は、19世紀末にアフリカ大陸における
それぞれの権益を明確にするために一堂に会した際、いずれも先住民の利益を図
るための後見として植民地と保護領を統治することを約束している[14]。同様の精神
で、アメリカ合衆国も20世紀初頭、キューバおよびフィリピンとの関係がフィ
デューシャリーの性格をもつことを繰り返し認めている[15]。植民地保有国は、先住
民の「最終的には利益」となるよう外国の領土を統治することが求められるとい
う原則は、このように条約と国際慣習法によって徐々に固められていったのであ
る。

　植民地保有国は、自分たちの外国への介入は、経済発展と国際貿易を促進する
ものであるから、植民地の先住民にとっても、国際社会全体にとっても、利益に
なりうることであると主張した[16]。そこで当時イギリスの植民地大臣だった
Joseph Chamberlainは、「世界商業の文明化を担う受託者[17]」として直ちに外国領
土を取得し発展させるという自国政府の方針を肯定しながら、同時に植民地の信
託統治に関する、Burkeのいう他者のためという考えを皮肉ることなく是認した
ようだった。無論、この「二重の委任統治」は実際のところ見せかけにすぎなか
った。植民地保有国は、先住民の「意思から独立した資格」を主張することを正
当化するためにフィデューシャリーの概念を唱えたのであり[18]、先住民社会の利益
を促進するための信認義務もそっちのけで傍若無人に振る舞った。植民地保有国
の忠実義務に反する行為に対し責任を追及する国際レベルの仕組みが正式に存在
しなかったから、この時期の信認原則は、主に、植民地保有国が先住民の望みや
最善の利益を真摯に考慮することなどなく、自国の経済的および政治的利益を追
求することを可能にするイデオロギー[19]として使われたということになる[20]。

14 | Berlin Conference General Act, art. 6 (Feb. 26, 1885)（参加国は、「先住民族の保護を見守ること、
道義的および物質的幸福の改善に注力すること、奴隷制度、特に奴隷貿易を禁止するよう努力す
ること」を約束している）。

15 | See Neely v. Henkel, 180 U.S. 109, 120 (1901)（キューバは、「キューバ国民のものであり、キュー
バ国民のための信託として保有される地域である」と判示された）; Charmian Edwards Toussaint,
The Trusteeship System of the United Nations 7-8 (1956)（William McKinley アメリカ合衆国大統
領が、フィリピンは、「道義的にも、国家の責任としても」「非利己的に担うべき信託なのだ」と
述べている箇所を引用している）。

16 | See F. D. Lugard, The Dual Mandate in British Tropical Africa 60 (1922)（「ヨーロッパは、アフリカ
において、産業階層の利益のため、および先住民族をより高い領域へと発展させるため、相互に
互恵的なものであって、二重の委任統治を満たすための文明化された統治が目的であり、願い
だ」としている）。

17 | Id. (Chamberlain の引用)。

18 | Cherokee Nations v. Georgia, 30 U.S. (5 Pet.) 1, 17 (1831); see generally Seth Davis, American
Colonialism and Constitutional Redemption, 105 Calif. L. Rev. 1751 (2017).

19 | See Susan Marks, The Riddle of All Constitutions: International Law, Democracy, and the Critique of

Ⅲ　委任統治制度（国際連盟）

　植民地制度に批判的な人々は、説明責任がないままフィデューシャリーの権限を与えることは抑圧の処方箋にすぎないと認識し、新たな説明責任の仕組みを考案し、国際法における信認原則を何とか実際により意味のあるものにしようとした。イギリスの左派的批評家 J.A. Hobson は、1902 年に「真に文明化を代表する機関」を作って、そこで特定の植民地を統治する者が「本当に信託を実行する能力がある」かどうかを決定する国際的認証プロセスを提案した[21]。このような Hobson の提案に触発されて、アメリカの Woodrow Wilson 大統領と南アフリカの政治家 Jan Smuts が、第 1 次世界大戦の終了に際し、国際連盟の監督のもとでの委任統治というプランを開発した。このプランを受けて、ドイツとオスマントルコ帝国が領有していた領土は国際連盟によって整理され、国際連盟が「この偉大なる財産」の受託者ないしは執行者となった[22]。戦争に勝利した連合国の最高会議は、後にこのプランを承認し、8 カ国に対し、14 の委任統治領における「国際連合委任統治国」となるよう委託した[23]。

　国際連盟規約は、委任統治制度が信認原則を前提としていることを明確に認めている。規約 22 条は、委任統治制度のもとにある領土には、「現代世界の厳しい状況下でまだ自立することができない人々が住んでおり」、「そのような人々の幸福と発展は文明の神聖な信託を形成する原則が適用されるべきである[24]」と述べている。さらに規約は、「この原則を実行する最良の方法は」、「そのような人々の後見は、彼らの資源やこれまでの経験、地理的な位置の理由により、この責任を最もよく引き受けることができ、受け容れる意思のある先進国に委ねられるべきであり、この後見は国際連盟に代わり委任統治として彼らによって行われるべきである」としている[25]。

> Ideology 10 (2000)（「イデオロギー」を「支配関係を確立し、維持するための方法」と定義している）.
>
> 20 | See Anthony Anghie, Imperialism, Sovereignty, and the Making of International Law (2004).
> 21 | J. A. Hobson, Imperialism: A Study 251 (1902).
> 22 | Jan Smuts, The League of Nations: A Practical Suggestion 12, 26 (1918).
> 23 | 国際連盟規約 22 条; see generally A. M. Margalith, The International Mandates 31 (1930).
> 24 | 国際連盟規約 22 条。
> 25 | Id. 規約と全ての委任地域に独立の道を提供したわけではない。そうではなく、3 つのカテゴリーに分けたのである。「カテゴリーA」の委任は、国家と暫定的にみなし、独立を留保して統治助言を受けるだけのもの。「カテゴリーB」の委任は、期間の定めなく全権統治に服するもの、そして「カテゴリーC」の委任は、人口が拡散していて「文明の中心から遠いところにある」

国際連盟規約は、委任関係を述べる際に「信託」「委任」「後見」といった文言を使っているけれども、私法から特定の法原理的ルールと救済を持ち込むためにこれらの文言を用いたのではなかった[26]。そうではなく、これらの文言は、委任が信認義務を伴う信認関係であるという一般的考えを伝えたのである。併せて、委任権限は「国際連盟の名のもと」で、かつその監督下で受認者たる委任統治国の統治に服する2,000万人の人々の利益のために行動するという、独自の信認法の領域を構成すると理解された[27]。

国際慣習法上、委任統治国は様々な信認義務に服する。法的には、自国の利益より、受益者である委任統治領住民の利益のために尽くすことが求められる[28]。私法における信認法の「利益取得禁止」ルールに概ね相当する、いわゆる「『利益取得禁止』原則（principle of 'no benefit'）」のもと、委任統治国は委任統治領を併合したり、適正な補償なく委任統治領から自然資源や財産を取得すること、また当該地域に居住する自国民に有利な立法や規制を課したりすることは認められない[29]。委任統治国は、統治費用を賄うため、現地に税を課すことは認められているが、余剰が生ずれば、当該統治領に戻さなければならないことになっている[30]。

さらに国際連盟規約は、委任統治領の統治者の信認義務を監督するための最初の国際的組織、常任委任委員会（Permanent Mandates Commission: PMC）を設置した[31]。PMCは委任統治国に、毎年、履行状況に関する質問に対する完全な報告を求めた[32]。また委任統治領の住民は個別にPMCに不平を申し立てることで問題

とみられることから、恒久的に外国のルールに委ねられたものであった。委任統治国は、数十年後に漸く外国のルールから独立することを先住民社会に認めたが、自己決定原則が国際慣習法に強固に根ざすようになってからのことであった。See Legal Consequences for States of the Continued Presence of South Africa in Namibia (South West Africa) notwithstanding Security Council Resolution 276 (1970) (Namibia), Advisory Opinion, 1971, I.C.J. 16, 31 ¶53 (June 21).

26 法学者は、国際連盟規約22条は「理想的意図」をもった政治実務家が起草したものであって、法律の専門家によるものではなかったとしている。Margalith, supra note 23, at 29; see also Isaak I. Dore, The International Mandate System and Namibia 16, 23 (1985)（国際法における委任、信託、後見という「言葉の意味」は、「私法で述べられているものと同じではない」と指摘している）。

27 Margalith, supra note 23, at 8（国際連盟総会の報告書を引用している）. 大抵の場合、委任統治合意書の起草は、委任統治国自身の手で委ねられ、最高会議の検証と承認は22条の一貫性のためのものであった。Id. at 79-80. 先住民がこの過程で諮問されることは基本的になかった。See R. N. Chowdhuri, International Mandates and Trusteeship Systems: A Comparative Study 83 (1955).

28 See Namibia, 1971 I.C.J. at 28-29, International Status of South-West Africa (International Status), Advisory Opinion, 1950 I.C.J. 128, 149 (July 11)（McNair判事の個別意見）.

29 See Margalith, supra note 23, at 47, 165.

30 See Freda White, Mandates 168 (1926). ローマ帝国の委任統治とは異なり、委任統治制度では全く無償のサービスは求められていないという。

31 国際連盟規約22条; see also Toussaint, supra note 15, at 11（委任統治制度は「国際的な説明責任が実施された最初の例である」としている）.

32 See White, supra note 30, at 35.

を提起することができた[33]。しかし、PMC には、事実を調査する権限と委任統治国に履行させる権限を独立して有していなかったため、委任統治国による信認義務違反を是正させることは難しかった[34]。しかしながら、PMC に監督の役割が正式に認められたことは、委任統治国の信認義務が国際法上真なる法的義務であることを示すものであることは強調しておきたい。

また委任統治合意書の解釈と適用に関する紛争は常設国際司法裁判所（Permanent Court of Justice; PCIJ）が管轄した[35]。PCIJ は、1920 年代、パレスチナに対するイギリスの委任統治問題を含むいくつかの事案について判断を下した[36]。1945 年に PCIJ から国際司法裁判所（International Court of Justice; ICJ）に取って代わられた際、ICJ は委任統治に関する事件の管轄を継承し、国際法上信認原則を含む最も重要な紛争で、ランドマークとなった *South West Africa* 事件の膳立てをした[37]。

第 1 次世界大戦を受けて南アフリカは、隣接する南西アフリカ（現在のナミビア）の委任統治を引き受けることに同意した。しかし南アフリカは、慣習上認められた信認原則や委任統治合意書で定められた条項を無視し、アパルトヘイト政策を南西アフリカにも速やかに適用し、人種差別法を押しつけ、領土会議へ代表を出すことを現地住民に平等には認めず、公共資源を専ら白人社会のために使った[38]。このような濫用行為は PMC から非難されるところとなり、南アフリカは法的な義務違反と宣告された[39]。

第 2 次世界大戦が終了して国際連盟が解散すると、南アフリカは南西アフリカを併合しようとした。南アフリカは、委任統治領の先住民は自治政府を樹立することができないから、委任統治の目的が達成されえないと主張したのである[40]。国

---

33 | See Dore, supra note 26, at 30-31.
34 | See White, supra note 30, at 36.
35 | See Dore, supra note 26, at 61.
36 | See Readaptation of the Mavrommatis Jerusalem Concessions, Jurisdiction, 1927 P.C.I.J. (ser. A) No. 11, at 18 (Oct. 10); Mavrommatis Jerusalem Concessions (Greece v. Gr. Britain), 1925 P.C.I.J. (ser. A) No. 5, at 7 (Mar. 10); Mavrommatis Palestine Concessions (Judgment No. 2), 1924 P.C.I.J. (ser. A) No. 2, at 34 (Aug. 30).
37 | See, e.g., Namibia, 1971 I.C.J. 16; South West Africa Cases (Ethiopia v. South Africa, Liberia v. South Africa), Second Phase (SWA Second Phase), 1966 I.C.J. 6 (July 18); South West Africa Cases (Ethiopia v. South Africa, Liberia v. South Africa), Preliminary Objections (SWA Preliminary Objections), 1962 I.C.J. 319 (Dec. 21); International Status, 1950 I.C.J. 128.
38 | See Itsejuwa Sagay, The Legal Aspects of the Namibian Dispute 120-124 (1975)（ヨーロッパ人生徒とアフリカ系生徒との教育に費やされる金額は 40 対 1 であったとしている）.
39 | Dore, supra note 26, at 55（国際連盟常任委任委員会の第 4 会期における総会への第 8 会期活動（1928 年 11 月 13 日）を引用している）.
40 | See Laurent C. W. Kaela, The Question of Namibia 11-12 (1996).

連総会はこの主張を拒否して、南アフリカに対し、国連制度のもと委任統治を信託統治に移行するよう勧告した。これに対して、南アフリカは抵抗し、代わりに、正式に併合することなく引き続き委任統治を継続することに同意した[41]。その後何年にもわたって、南アフリカは、国連総会による、新たに設立された国連信託統治委員会に対する報告書の提出に関する度重なる要請を拒絶した[42]。

　1949年、国連総会は、ICJ に対し、国際連盟の解散以降、南西アフリカに対する委任統治が有効かどうかを明確にする勧告的意見を出すよう要請した[43]。ICJ の結論は、全員一致で、委任統治の合意は有効であり、この委任統治はフィデューシャリーの性格を有するものであって、「文明化の神聖なる信託という国際的な目的をもった国際組織として、委任統治領の先住民および人類一般の利益のために設定された」ものであるから、南アフリカが一方的にこれを変更したり、終了させることはできないというものであった[44]。したがって、同裁判所〔ICJ〕は、南アフリカの南西アフリカに対する権限は、当該委任統治から離れては認められないとした[45]。同様に重要なことは、同裁判所が、国連総会が国際連盟総会の当然の継承者であり、よって、委任統治の合意に対する監督権限を有するとしたことである[46]。これにより、南アフリカは、これまで PMC に対して報告してきたのと全く同様に、前記信託統治委員会に年次報告書を提出する法的義務を負うこととなった[47]。その後 ICJ は、委任統治に伴う［信認］義務を取り除くことは、委任統治の本質そのものを取り除くことになるであろうと強調し、これらの原則を、それ以降の事件において認めた[48]。

　南アフリカがアパルトヘイトを廃止し、南西アフリカの国際監視に同意した1966年、国連総会は委任統治制度を終了した[49]。この時、国連総会は、南アフリカは南西アフリカ先住民の精神的・物理的幸福と安全を確保することに失敗したことに示されるように、その信認義務違反によって同委任統治を事実上否認したと説明した[50]。翌年、国連総会は、南アフリカに同委任統治領からの撤退を命じ、

41 | See id. at 16; Dore, supra note 26, at 105.
42 | See Ralph Wilde, International Territorial Administration: How Trusteeship and the Civilizing Mission Never Went Away 170 (2008).
43 | See International Status, 1950 I.C.J. 129.
44 | Id. at 132.
45 | Id. at 133.
46 | Id. at 136-137.
47 | Id.
48 | SWA Preliminary Objections, 1962 I.C.J. 133-134
49 | G.A. Res. 2145, ¶4, U.N.Doc. A/RES/2145 (Oct. 27, 1966)〔G.A. Res は国連総会決議。以下同じ〕.
50 | Id. ¶3.

独立まで、南西アフリカを統治するための弁務官とともに南西アフリカのために同地域を監督する国連の委員会を設置した[51]。国連経済社会理事会も、南アフリカと南西アフリカのアパルトヘイト政策を非難し、これらの地域における「重大なる人権侵害と基本的自由の侵害」に関する調査を正式に開始した[52]。南アフリカは、理事会メンバーが同領域に立ち入ることを拒否した後、国連安全保障理事会（安保理）も南アフリカに撤退するよう要請した[53]。

ICJ は、1971 年に再び勧告的意見の中で南西アフリカ紛争に言及した[54]。同裁判所は、委任統治に基づき南アフリカに託された「信託」は、「道義上のものだけでなく法的にも拘束される性質を有する義務を引き受けたことを含意しており、その信託から導かれる必然として、『[その] 履行の保障』は [連盟規約 22 条のもと] 職務を果たし義務を履行することに対する法的説明責任の形で取り込まれていることを再確認した」のである[55]。同裁判所は、国連総会が南アフリカの信認義務違反を根拠に委任統治を終了させる権限を法的に有していたことを是認し[56]、安保理は、南アフリカに〔南西アフリカの〕地域からの撤退を要求するにあたり、国連憲章に基づく権限の範囲内でこれを行ったとした[57]。

ICJ の勧告的意見を受けて、安保理は、南アフリカの「ナミビアにおける継続的な違法な駐在は、……国際的に不法行為であって国際的な義務に反するものである」と宣言した[58]。安保理は、南アフリカの即時撤退要求を繰り返すとともに、南アフリカがアパルトヘイト政策を廃止し人権を尊重するべきと主張し、さらに南アフリカの違法な駐在を支持または正当化すると解釈されうるあらゆる行為を差し控えるよう他国に要請した[59]。事実調査団の派遣に続いて、国連事務局は、南アフリカが、依然として、国連決議に少しも合致していないと結論づけた[60]。個々

---

51 | See G.A. Res. 2248 (S-V), ¶II(1)(a), U.N. Doc. A/RES/2248 (S-V) (May 19, 1967). この翌年、国連総会は、ナミビア委員会およびナミビア担当弁務官と名称を変更した。See G.A. Res. 2372, ¶3, U.N. Doc. A/RES/2372 (June 12, 1968).

52 | See ECOSOC Res. 1235 (XLII), 42 U.N. ESCOR Supp. (No. 1) at 17, U.N. Doc. E/4393 (1967).

53 | See S.C. Res. 264, S/RES/264 (Mar. 20, 1969); S.C. Res. 276, S/RES/276 (Jan. 30, 1970); John Dugard, The South West Africa/Namibia Dispute: Documents and Scholarly Writings on the Controversy Between South Africa and the United Nations 436 (1973) 〔S.C. Res は国連安保理決議。以下同じ〕。

54 | See Namibia, 1971 I.C.J. 36.

55 | Id. at 29, ¶47.

56 | See id. at 37-38 ¶72; id. at 46-47, ¶¶92-95.

57 | See id. at 51 ¶¶107-108.

58 | S.C. Res. 303, ¶4, S/RES/303 (Oct. 20, 1971).

59 | Id. ¶¶8-11; S.C. Res. 385, ¶¶9-11, S/RES/385 (Jan. 30, 1976).

60 | Sagay, supra note 38, at 350 (国連事務局の決定を引用している).

にみれば、これらの措置の遵守がいずれも十分確保されていなかったが、最終的に南アフリカは国際社会の要求に屈し、1980年代末にナミビアの独立を認めた。[61] したがって最終的には、国連の6つの主要機関——すなわち、安保理、総会、事務局、信託統治委員会、西アフリカ諸国経済共同体（ECOWAS）およびICJ——の一体とした努力によって南アフリカにナミビアの人民に対する信認義務違反の意味ある清算をさせることができたのである。

Ⅳ　非自治地域と信託統治（国際連合）

第2次世界大戦の結果、戦勝国である連合国は、信認原則を全ての非自治地域に対して拡げた。それまで非自治地域を統治することを引き受けていた国々は、「これら委任統治領の住民の福祉を、この現国連憲章によって確立された国際の平和および安全の制度内で、最高度まで増進する義務」を伴う「神聖な信託として」、その権限を行使することが、国連憲章のもと求められたのである。[62] 同憲章では、この「神聖な信託」という言葉に、「関係住民の文化への尊重」や「政治的、経済的、社会的および教育的進歩の確保」、「建設的な発展措置の促進」、「公正な待遇ならびに虐待からの保護」および「自由な政治制度の漸進的発達の援助」の要請などを含む、様々な明確な義務が観念された。[63] 統治国は、国連事務局に対し、非自治地域における教育、社会、経済状況に関する定期的な報告書を提出することが求められた。[64] 統治国は、先住民のためと国際社会全体のためという二重のフィデューシャリーを務めるという伝統的な考え方に一致して、「社会的、経済的および商業的事項に関し、他の地域の利益および福祉を正当に考慮する」義務も負ったのである。[65]

国連憲章は、また国連の権限のもと非自治の委任統治領のうち、特別な地域、すなわち、それまで委任統治の合意によって統治されていたか、あるいは第2次世界大戦中ドイツ、イタリア、日本に占領されていた地域を統治する信託統治制

61 　See Ralph Wilde, Trusteeship Council, in The Oxford Handbook of the United Nations 149, 154 (Thomas G. Weiss & Sam Daws eds., 2007).

62 　国連憲章73条。1955年までにこの仕組みは、約1億7,500万人（当時の世界人口の14%）が住む98の非自治の委任統治領をカバーするようになった。Chowdhuri, supra note 27, at 6.

63 　国連憲章73条(a)～(e)。

64 　国連憲章73条(e)。このルールの例外は信託統治制度で、その場合信託統治委員会への報告が義務づけられていた（国連憲章87～88条）。

65 　国連憲章74条。この二重の委任統治の含意するところとして、統治権限は、独裁政権や他国民を差別する者には与えられないということがある。See Toussaint, supra note 15, at 69.

度を創設した。[66]国際連盟のもとにおける委任統治と同じように、国際連合の信託統治は、統治国とその他「直接関係する国々」とが取り交わす特別合意書により設定され、安保理による承認が必要とされた。[67]信託統治制度の目的は、「神聖な信託」原則がもつ二重の性質を反映したものであった。先住民社会のための受認者として、統治国には、信託統治地域の先住民の政治的、経済的、社会的および教育的進歩と、その地域の特殊事情と関係住民の自由に表明された意思に適合するよう、自治または独立に向けての漸進的発展を図る義務が伴っていた。[68]同時に、国際社会全体のための受認者として、統治国は、「国際的な平和と安全を促進」し、「全ての人権および基本的自由の尊重を奨励」するとともに、「全ての国際連合加盟国およびその国民のために社会的、経済的および商業的事項について平等な待遇を確保し、および司法の運営において国民のために平等な待遇を確保することも」しなければならなかった。[69]信託統治合意書の典型的なものでは、基本的に統治国は言論の自由、良心および信仰の自由、集会の自由といった特定の人権を尊重し、保護しなければならないことが特に明記されることによって、これら一般目的が強められた。[70]統治国は、信託統治理事会に対し、その進捗について定期報告することが求められるが、[71]これは報告させることで、国連総会およびその他の国連機関による監視も促進されるであろうと理解されてのことであった。[72]

　国際連盟規約と同様、国連憲章は、信託や代理、後見といった特定の私法の枠組みから具体的なルールを抽出することなく、一般の信認原則をITAに適用することを認めている。同憲章の英語版は、ITAにおいて発生する信認関係を「信託」という言葉を用いて表現しているが、[73]フランス語版では、**後見**を表わす言葉が使われているし、スペイン語版では、より一般的な「**信頼の統治**」、「**信じて託された地域**」、「**統治受託者の助言**」という言葉が使われている。[74]このような言葉が使われる趣旨は、ただ、当該地域の統治者がフィデューシャリーとしての信頼と信用に基づき権限を受けているという一般的なメッセージを伝えることにある。

66 ｜ 国連憲章 12〜13 章参照。
67 ｜ 国連憲章 79 条、83 条。
68 ｜ 国連憲章 76 条。
69 ｜ 国連憲章 76 条。
70 ｜ Lassa Oppenheim, International Law: A Treatise 231-232 (Hersch Lauterpacht ed., 8th ed. 1955).
71 ｜ 国連憲章 87〜88 条。
72 ｜ 国連憲章 88 条、91 条。
73 ｜ See Wilde, supra note 42, at 367-368.
74 ｜ See Oppenheim, supra note 70, at 236 & n.5 (この違いを議論している).

統治権限のあまりに広範囲に及ぶ信認義務は、受益者とされた、関係委任統治領の先住民の利益を促進するためであった[75]。利得禁止則のような信認法の一般的要求は、「国際法の（一般）原則を形成するほど、非常に広く受け容れられ、理解されていた原則」とみなされた[76]。したがって、国際法の法律家は、これらの法的義務が、非自治地域の住民のための受認者としての統治国の権限を構成すると認識していた。

不幸なことに、国連憲章における信認義務の執行メカニズムは、完全な遵守を保証するには不十分であった。*South West Africa* 事件が示すように、最もひどい信託違反に対してさえも、国連は国家に対してこれを清算させることに苦労した。受認者の規範は、良い意図をもった統治国による義務の履行をより良くしたかもしれないが、これらの規範に関する脆弱な監視とやる気のない執行が重なった場合には、抜け目のない統治国が偽りの利他主義の仮面のもと、植民地支配を続けることを可能にもしてしまった[77]。このように、信認規範に関する国際社会における不十分な執行は、先住民に対する権力の一方的引受けという植民地主義の原罪を一層悪くしたのである[78]。

ナウルの信託統治が、ITA に対する信認原則の適用に関連する約束と抜け穴の両方を明らかにしてくれる。第1次世界大戦の終わりに、国際連盟は、ナウルをオーストラリアとニュージーランド、イギリスの共同統治とすると約束した。第2次世界大戦後、委任統治3カ国は、ナウルの委任統治を直ちに国連の信託統治に移行した[79]。しかしながら、統治国は、初めから、ナウル島民と広く国際社会に対して負う信認義務に全く違反していた。1919年のナウル島合意に基づき、オーストラリアとニュージーランド、イギリスは、ナウルの豊かなリン酸塩の鉱床を独り占めにし、鉱床から資源を採掘して販売するための独占事業、イギリスリン酸塩委員会（BPC）を設置したのである。このリン酸塩の独占は、島民と他の国の競争相手に損失を被らせ、統治国の民間産業家に富みをもたらしただけで

---

75 | See Toussaint, supra note 15, at 215-216（この義務を「最高」と表現している）.

76 | See Christopher Weeramantry, Nauru: Environmental Damage under International Trusteeship 153 (1992).

77 | See Anghie, supra note 20, at 140（委任統治制度は、植民地保有国の利己的願望によってではなく、むしろ、現地の利益となることと自立政府樹立という願いによって管理されたので、植民地住民の管理が可能となったとしている）;Chowdhuri, supra note 27, at 36（信託統治の概念は、「信託違反の場合に受託者に損害賠償責任を負わせる独立かつ公平な裁判がなかった」ので、意味あるものではなかったとする）.

78 | See Lea Ypi, What's Wrong with Colonialism, 41 Phil. & Pub. Aff. 158（2013）.

79 | Weeramantry, supra note 76, at vii.

なく、統治国は利得禁止則に「明らかに、あからさまに反して」BPC から報酬を直接収受してもいた[80]。この BPC の行為によって島の天然資源はほぼ枯渇し、島の約 80% の土地が居住不能となった[82]。しかも統治国は、自分たちの行為が最終的に島を「不毛な珊瑚柱の骨組み」といった状態にし、島の全人口が別の所に移住しなければならなくなるかもしれないことを十分知りながら、このようなことを行ったのである[83]。

　国際的な責任追及がなされるまでには時間がかかった。信託統治の合意はまだ有効であったが、国連総会は、統治国にナウルの独立に向けた道筋を描くきちんとしたスケジュール表を提出するよう求めた。この報告手続は、「ナウルの独立が到来するのを早め、再生不能なリン酸塩資源のさらなる採掘を阻止した」とされるが[84]、直ちにナウルの人々のための原状回復または補償はなされなかった。費用の如何にかかわらず、ナウル島民が居住できるよう、ナウル島の回復に向けた直接的措置を講ずる要請を国連総会が統治国にするに至るまでに数十年を要したのである[85]。

　最終的にナウルは、オーストラリアが、受認者として「〔ナウルの〕先住民の物質的な……幸福と社会発展を最大限促進する」ことを怠ったことに基づいて、国連憲章と信託統治の合意のもと、オーストラリアに対する訴訟を、ICJ に提起した[86]。ICJ は、1992 年 6 月、ナウルによる請求を受け入れる管轄権を有するとの判断を下し[87]、その翌年、事件の和解を当事者に促した[88]。オーストラリアはナウルに対し 20 年以上にわたり、1 億 700 万豪ドルを支払うことに合意した[89]。和解による支払金の大半は、環境の回復と経済発展プロジェクトに割り当てられた[90]。ま

---

80 | Id.
81 | Id. at 88.
82 | Roman E. Reyes Jr., Nauru v. Australia: The International Fiduciary Duty and the Settlement of Nauru's Claims for Rehabilitation of Its Phosphate Lands, 16 N.Y.L. Sch. J. Int'l & Comp. L. 1, 34 (1996).
83 | Weeramantry, supra note 76, at 264（オーストラリアの外部領域担当大臣 Cyril Chambers から Ben Chifley 首相に対する説明を引用している）.
84 | Id. at 125.
85 | G.A. Res. 2226（XXI）, ¶3, U.N. Doc. A/RES/2226（XXI）（Dec. 20, 1966）.
86 | Application Instituting Proceedings, Case Concerning Certain Phosphate Lands in Nauru（Nauru v. Austl.）, 1989 I.C.J. 4, 30（May 19）（委任統治契約を引用している）.
87 | Case Concerning Certain Phosphate Lands in Nauru, Preliminary Objections, 1992 I.C.J. 240（June 26）.
88 | Australia-Republic of Nauru: Settlement of the Case in the International Court of Justice Concerning Certain Phosphate lands in Nauru, Aug. 10, 1993, 32 I.L.M. 1471.
89 | Id. art. 1(1).
90 | Id.

たオーストラリアは、支払期間の 20 年間の終わりに、相互合意のレベルで、さらなる「開発共同支援」を提供する旨の約束をした[91]。ニュージーランドとイギリスは、当該和解に対して 850 万ドルを拠出した[92]。このようにして漸くナウルは、統治国の信認義務違反に対する救済として相当な金銭的救済を確保することができたのである。

　最後の国連信託統治が 1994 年に解散して以降[93]、西洋帝国主義と信託統治制度が共犯関係にあるという懸念によって、国際社会がうまくいかない国や移行期にある国々のために新たな信託統治を生み出すことを思いとどまらせている。国連事務局と国連総会は共に信託統治制度を廃止する提案を是認している[94]。これには、国連憲章自体の改正が必要となる──これは最も控えめにいっても恐ろしく障害となる──から[95]、これまで国際社会は、信託統治制度をそう簡単に廃止することができていない。

V　国連の派遣

　信託統治制度の活動は、ITA の打ち切りで終わらなかった。単に場面が換わり、国際舞台に新たな行為者が登場しただけだったのである。信託統治理事会はその活動を徐々に縮小しはじめたが、国連安保理は、国連事務局の監視のもとでカンボジア（1992 年～1993 年）とソマリア（1993 年～1995 年）において ITA を行う暫定的派遣を承認した。その後、国連は東スロベニア（1996 年～1998 年）、東ティモール（1999 年～2002 年）およびコソボ（1999 年～現在）に直接的な、全権を有する統治を行った[96]。また国連事務局は、69 カ国の限定平和維持活動の後援もした[97]。これもまた注目すべきことであるが、国連難民高等弁務官は、世界中の

---

91 | Id. art. 1 (2).

92 | See Reyes, supra note 82, at 33 (Kalinga Seneviratne, Environment-Nauru: Britain, New Zealand Pay for Past Plunder, Inter Press Service, Mar. 31, 1994 を引用している).

93 | See The United Nations and Decolonization: Trusteeship Council, http://www.un.org/en/decolonization/trusteeship.shtml.

94 | See Kofi Annan, In Larger Freedom: Towards Development, Security and Human Rights for All, U.N. Doc. A/59/563, Dec. 2, 2004, ¶¶114-119; 2005 World Summit Outcome, G.A. Res. 60/1, A/RES/60/1, Oct. 24, 2005, ¶176.

95 | 国連憲章の改正には、参加国の 3 分の 2 以上と安保理常任理事国 5 カ国全ての国内承認が必要（国連憲章 108 条）。

96 | See United Nations Interim Mission in Kosovo, Promoting Securitiy, Stability and Respect for Human Rights in Kosovo, http://www.un.org/en/peacekeeping/missions/umik/; Wilde, supra note 61, at 155.

97 | See United Nations, United Nations Peacekeeping: A History of Peacekeeping, https://www.un.org/

何百万人もの弱者のために食糧、避難施設、教育、医療その他の社会的サービスを提供する難民キャンプを何百も直接運営し、またはその支援をする責任を引き受けてきた[98]。これらの状況下では、国連がいずれも人類のために暫定的にその地域を管理しているのである。

　信認原則と植民地主義との間の歴史的関連から、国連が、派遣と国際的な「信託」「後見」の負の遺産を結びつけることについて、嫌がることは理解できる[99]。それでもやはり、法学者は、国連が地域の統治に携わる際、事実上フィデューシャリーの役割を確かに引き受けていることを認めてきた。国連の派遣の法的構成は、委任統治や信託統治とは別ではあるが、「表面上その地域の住民のために統治権限を行使する外国人の行為者という中核概念は同じ」なのである[100]。委任統治や信託統治制度に基づく委任統治領の統治者と同様に、国連の派遣には、それが管理する地域に住む住民の利益を促進することと、また平和と安全という国際社会全体の利益を守ることという任務が課せられているのである[101]。ITA の国際慣習法の一部となった利益取得禁止ルールのような信認義務は、国連の暫定的派遣にも適用される。したがって、国連憲章が国連の派遣に対して明確には信認義務を課してはいないという事実について、ITA を行う者の新しい世代に対して、慣習法によって要請されてきたフィデューシャリーの忠実義務と注意義務を免除するといったような誤った解釈をするべきではない。

　しかし国連が信認規範に反することをした場合に、その清算を求められるかどうかは別問題である。これまで国連は、委任統治と信託統治制度の特徴を定義づけるきちんとした見直しを組織的に行うことを何とか避けてきた[102]。国連の派遣は、安保理や国連総会、関連する国連機関に対して正式に報告はされているものの、これらの監視団体を通じた公式の説明はどうみても組織的なものとはいえない[103]。安保理は 2005 年に助言する権限が与えられた平和構築委員会を設置したが、同委員会には明確な任務が与えられておらず、個々の国連の派遣を直接監視する権

en/peacekeeping/operations/history.shtml.
98　See U.N. High Commissioner for Refugees, Shelter, http://www.unhcr.org/en-us/shelter.html.
99　See Wilde, supra note 42, at 426.
100　Id. at 344.
101　See Bernhard Knoll, The Legal Status of Territories Subject to Administration by International Organisations 149–183 (2008).
102　See Wilde, supra note 42, at 425（「説明の仕組みを構築することは必然的に信託統治自体の構築と正当化となるだろう」ということを指摘している）.
103　この監督が全く効果的なものではないということをいっているのではない。See Eyal Benvenisti, The International Law of Occupation 290 (2d ed. 2012)（コソボにおける国連の活動報告が「かなり酷いレビュー」とされた後、特別監督制度が創設されたとしている）.

限もなかった。さらに、委任統治や信託統治制度に基づく委任統治領の統治者とは異なり、国連の暫定的派遣は、通常、ICJ や国内裁判所における訴訟にさらされない。その結果、ITA の説明責任は、信託統治時代が終了して以降、むしろギャップが拡大したのである。

VI　軍事的占領

　信認原則は、占領に関する国際法において、より重要な役割を果たしている。ある有名な学者が主張しているように、「占領に関する法全体の基礎となる基本原則は、外国の一方的な力によって統治権を奪うことはできないという原則である」。したがって、ある国が外国の領土を事実上支配したとき、その国際法上の「立場は」占領が終了するまでの間、「ほんの一時的に管理権」を行使する「受託者の立場と考えられる」。

　占領者のフィデューシャリーとしての主たる責任は、占領下にある人民の利益となる有効な統治体制を樹立することである。1907 年のハーグ規制によれば、占領者は、「可能な限り公の秩序と安全を取り戻し、これを確保するため、権限を行使してあらゆる措置を講じなければならない」。これらの義務は、「明らかに結果の義務ではなく、行為の義務である。したがってデューデリジェンスが求められる」。

　また占領者は、様々な禁止的な信認義務を負っている。占領者は、「絶対的に禁止されない限り、その国で有効な法を尊重しなければならず」、その地域の公

104 ｜ See Wilde, supra note 42, at 425.
105 ｜ See Convention on the Privileges and Immunities of the United Nations art. II §2, Feb. 13, 1946, 1 U.N.T.S. 15 (国連は明確な免責規定がなく、「法的プロセスの全てから」免責されるとしている).
106 ｜ See Wilde, supra note 42, at 427-428. ITA に従事する際に国際組織は信認義務を負うという議論として、Criddle & Fox-Decent, supra note 6, ch. 10 参照。
107 ｜ See Benvenisti, supra note 103, at 6.
108 ｜ Id.; see also Wilde, supra note 42, at 322 (この原則を認める数多くの出版物を引用している).
109 ｜ See Hague Convention Respecting the Laws and Customs of War on Land art. 43, Oct. 18, 1907, 36 Stat. 2277, T.S. No. 539 [hereinafter Hague Regulations].
110 ｜ Id.; see also Geneva Convention (IV) Relative to the Protection of Civilian Persons in Time of War, art. 55, Aug. 12, 1949 [hereinafter Geneva Convention] (「占領国は、可能な限り、住民に対して食糧と医療の供給を確保する義務がある」とする); Armed Activities on the Territory of the Congo (D.R.C. v. Uganda), Judgment, 2005 I.C.J. 168, 252, ¶ 246 (Dec. 19, 2005) (占領国は、「その軍事力を天然資源の略奪や搾取等に使用しないようにするため、然るべく措置を」講じなければならない、と判示している).
111 ｜ Benvenisti, supra note 103, at 76.
112 ｜ Hague Regulations, supra note 109, art. 43.

務員と裁判官に不必要な介入をすることなく、それぞれの役割を果たすことを認めなければならない。占領者は、外国の領土を併合してはならず[113]、その地域の住民を強制的に軍隊に徴兵してはならないし[114]、その地域から非戦闘住民を無理やり移住させたり、追放してもならない[115]。また、民間の財産を没収してはならないし[116]、軍事的必要性なしに財産を破壊したり[117]、補償なしに物資やサービスを徴用してもならない[118]。占領地域から得られた税や賦課金、使用料等は、その地域の統治のために使用するか返還されなければならない[119]。さらに、占領者は、占領国にあって敵国に属する公共施設や不動産、森林および農地の管理者および使用者としてのみ、従事することができる。占領者は、これらの財産の資本を守り、使用のルールに従って財産を管理し[120]、「良き管理のルールに反して……資本の価値を荒廃させたり、誤って毀損したり」しないようにしなければならないのである[121]。

　占領者の信認義務は様々な仕組みを通じて履行させることができる。国際的な監視はいわゆる「保護国」──第三国または赤十字国際委員会のような人権団体によって果たされうる役割を担う──によって主に行われるよう、ジュネーブ条約では企図された[122]。この監視メカニズムは、国際社会が保護国を指名する明確な手続を定めなかったため、そして占領国がこれに協力しなかったために、実効性を欠くことが後に明らかとなった[123]。国際裁判所や国内裁判所が占領に関する法違反に基づき民事責任または刑事責任を何度か課したことがあったが、法的執行の[124]

113 | Geneva Convention, supra note 110, art. 54.
114 | See Hague Regulations, supra note 109, art. 45 （占領者は「占領地域の住民に敵国に対する忠誠を誓うよう強制することが禁じられている」としている）.
115 | Geneva Convention, supra note 110, art. 51.
116 | Id. art. 49.
117 | Hague Regulations, supra note 109, art. 46; see also id. art. 47 （「略奪行為は公式に禁じられている」）.
118 | Geneva Convention, supra note 110, art. 53.
119 | Hague Regulations, supra note 109, art. 52.
120 | Id. arts. 48-49.
121 | Id. art. 55.
122 | Id. ハーグ規則は「使用権」という言葉を使っているが、占領者には外国の財産から生ずる利益を保持する権限がないということは、その関係がフィデューシャリーの性格を有するものであることを示している。
123 | Geneva Convention, supra note 110, art. 9-12; see also Additional Protocol I to the Geneva Conventions of August 12, 1949, Relating to the Protection of Victims of international Armed Conflicts art. 5, June 8, 1977, 1125 U.N.T.S. 3 （利益代表の指名手続を指摘している）.
124 | See Benvenisti, supra note 103, at 341-343 （この欠陥を指摘している）.
125 | See, e.g., Legal Consequences of the Construction of a Wall in the Occupied Palestinian Territory, 2004 I.C.J. 136 (July 9) [hereinafter Wall]; Namibia, 1971 I.C.J. 54 ¶ 118; HCJ 2056/04 Beit Sourik Village Council v. The Government of Israel (2004), http://elyon1.court.gov.il/Files_ENG/04/560/020/A28/04020560.A28.pdf.

全般的な記録は、控えめにいってもぱっとしないものであった[126]。国連安保理とそれ以外の国連機関による占領者に対する監視も同様にバラバラだった。そのため、多くの場合、占領に関する法は、占領者による信認義務違反に対して効果的な救済を保証するうえで、依拠できるものになりえなかった。

Ⅶ　国　　家

　信認原則はまた、国際法秩序の中で、国家の法的な位置づけと義務を形成してきた。何世紀にもわたって、国際法の法律家と政治家が、国家の統治権限は当該国民の利益のため信託として保持されるという原則を認めてきた[127]。

　Evan Fox-Decent と私は、信認原則は３つの側面から国家としての地位を規制していると主張してきた。「第１に、国際法は、国家を国際機関として**扱い**、その法的な行為能力（すなわち、統治権）を、受益者のための受認者の代表として権利を行使し、義務を引受け、免責を主張することと明確に定めている[128]」。「第２に、国際法はどの人民と地域が、ある国家の管理権（すなわち、管轄権）に服するかを結びつけることによって、統治権を国家間に**割り当てている**[129]」。国際的に国家として承認されるために、大志を抱く国家は、その人民のための受認者として権限を行使する用意があることを示さねばならない。「第３に、国際法は託された権限のその他の目的にも合致する形でその権限を行使する信認義務のもとに国家を置くことで、その公権力行使を**規制する**[131]」。国際社会は、過去１世紀以上、国際人権法や、公職の腐敗や深刻な環境破壊の禁止といった強行規範を通じて、これらの義務を明確にする努力をしてきたのである[132]。これらの義務の多くは、国際裁判所や地域の裁判所、委員会を含む、仕組みとしては、委任統治や信託統治

---

126 | See Benvenisti, supra note 103, at 318-340.
127 | See e.g., Grotius, supra note 11, at bk. II, ch. XXV, pt. VIII (1) – (3) ; Samuel Pufendorf, On the Law of Nature and of Nations, in Political Writings 242 (Craig Carr & Michael Seidl eds., 1994) ; Vattel, supra note 11, at 13; Kofi Annan, Annual Address to the General Assembly, SG/SM/7136, Sept. 20, 1999, http://www.un.org/News/Press/docs/1999/19990920.sgsm7136.html.
128 | Criddle & Fox-Decent, supra note 6, at 46.
129 | Id. at 46.
130 | See id. at 63-65.
131 | Id. at 46.
132 | See id. chs. 3-4; Evan J. Criddle & Evan Fox-Decent, A Fiduciary Theory of Jus Cogens, 34 Yale J. Int'l L. 331 (2009). 信認理論が国際規範となりうるか否かの議論について、Ethan J. Leib & Stephen R. Galoob, Fiduciary Political Theory; A Critique, 125 Yale L.J. 1820, 1821 (2016) と Evan J. Criddle & Evan Fox-Decent, Keeping the Promise of Public Fiduciary Theory: A Reply to Leib and Galoob, 126 Yale L.J.F. 192 (2016) とを比較せよ。

制度における監督機関に相当する機関を通じて履行させたのである。[133]

　自国民との信認関係とは別に、国家はまた別の意味でのフィデューシャリーでもある。すなわち、国際法は、国家に対し、人類の利益となるよう国際的法秩序を管理する権限を集合的に与えているから、国家はそれらの権限の行使に関連性のある信認義務をも負っている。[134]したがって、国家は、国際法上、自国民のためのフィデューシャリーであるばかりでなく、広く人類のためのフィデューシャリーでもある。この二重の意味でのフィデューシャリー原則は、国際法の多くの領域で、国家は国際社会全体に対し法的義務（全ての者に対する義務）を負っているという法理や、[135]国際社会は大量虐殺から人類を「守る義務」を集団的に負っているという考え、[136]そして国家は「人類共通の問題」として環境の共同受託者であると是認する国際合意を含む表現に表われている。[137]このような世界主義的な信認義務は、委任統治領を統治する者は、「他の国々の利益と幸福」を尊重しつつ、その権限を行使しなければならないという国連憲章の訓戒と共鳴する。[138]

449

VII

国

家

133 | See generally Dinah Shelton, Introduction, in IV The United Nations System for Protecting Human Rights xviii-xxi (Dinah Shelton ed., 2014)（南西アフリカのアパルトヘイトに対する国際監視と非難がどのように国による人権記録問題の国際監視に繋がっていったかの道筋を説明している）.

134 | See Criddle & Fox-Decent, supra note 6, chs. 5-7; Eyal Benvenisti, Sovereigns as Trustees of Humanity: On the Accountability of States to Foreign Stakeholders, 107 Am. J. Int'l. L. 295 (2013). Fox-Decent と私は、Evan J. Criddle & Evan Fox-Decent, Guardians of Legal Order: The Dual Commissions of Public Fiduciaries, in Fiduciary Government 67 (Evan J. Criddle et al. eds., 2018) の中で、人権のフィデューシャリーという国家の世界主義的義務と自国民に対する義務とがどのように調整されるかを考察している。

135 | See Barcelona Traction, Light & Power Company, Ltd. (Belg. v. Spain), Second Phase, 1970 I.C.J. 3, 32 ¶ 33 (Feb. 5).

136 | See e.g., 2005 World Summit Outcome, G.A. Res. 60/1. A/RES/60/1, Oct. 24, 2005, ¶¶ 133, 138-139; S.C. Res. 1973, A/RES/60/1 Mar. 17, 2011, pmbl.

137 | Climate Change Convention, supra note 7, pmbl.; U.N. Conference on Environment and Development: Convention on Biodiversity pmbl., opened for signature June 5, 1992, 31 I.L.M. 822; see also IUCN, Draft International Covenant on Environment and Development art. 3, cmt., at 39-41 (4th ed. 2010)（「共通の問題」原則は、「地球環境に関心をもつという国際社会全体の権利と義務を共に受け容れるという意味が込められている」と説明している）; UN Conf. on Env't & Dev., Rio Declaration on Environment and Development, princ. 7, U.N. Doc. A/CONF.151/26 (Aug. 12, 1992)（「地球生態系の健全性と完全性を維持し、保護し、回復するために、地球規模のパートナーシップ精神で協調する」義務が国家にあることを認めている）; Criddle & Fox-Decent, supra note 6, chs. 5-7（国際人権法と国際難民法がなくてはならないこともまた、この原則からきていると主張している）.

138 | 国連憲章 74 条。

Ⅷ　外交官

　国際法はまた外交官がフィデューシャリーであることも認めている。[139] 外交官には、多くの場合、他の国の承認を前提とはするものの、暫定的に自国を国際的な義務に服させることのできる「全権」が与えられることがある。[140] 全権が与えられていない外交官であっても、通常は、自国の利益に影響を与えうる方法で裁量権を行使する。したがって、外交官は、託された権限の行使に関し、信認義務を負っている。

　外交に関する取決めでは、外交官は「いかなる場合も主人（master）の栄光と優位を求めること」に忠実でなければならないという義務を負っていると長らく強調されてきた。[141] 外交官が忠実義務を負う「主人」は、時間が経つにつれて君主から統治国家となった。[142] 外交上の倫理に関する現代の学者の中には、さらに、外交官も、それらが代表する国家と同様、国際システム全体のフィデューシャリーであると論ずる者がいる。[143] このモデルのもとでは、外交官には2つの任務がある。1つは、国際関係における自国の目的を促進すること（**国益**）であり、もう1つは人類全体の利益のために「確実に〔国際〕システムそのものの構造を維持し、それを継続させること」（**制度上の理由**）である。[144]

　外交官がフィデューシャリーの任務を1つまたは2つもっていると理解することが適切であるかどうかは別として、外交官という職務に伴う信認義務は、国際法にしっかりと組み込まれてこなかった。外交に関する法律上、忠実義務に最も

---

139 | See, e.g., Alberico Gentili, De Legationibus Libri Tres bk. II, chs. ii, xxii-xxiii; bk. III, chs. x, xvi-xvii (Gordon J. Laing transl., 1924) (1594); Abraham van Wicquefort, The Ambassador and His Functions, ch. XII (John Digby transl., 1716) (1680-1681).

140 | See Thomas M. Franck, Legitimacy of the International System, 82 Am. J. Int'l. L. 705, 733 (1988).

141 | Wicquefort, supra note 139, at 335.

142 | See Corneliu Bjola, Diplomatic Ethics, in SAGE Handbook of Diplomacy 123, 125-126 (Costas M. Constantinou et al. eds., 2016).

143 | See e.g., Corneliu Bjola & Markus Kornprobst, Understanding International Diplomacy: Theory, Practice and Ethics 151 (2013); Sasson Sofer, The Diplomatic Corps as a Symbol of Diplomatic Culture, in The Diplomatic Corps as an Institution of International Society 31, 36 (Paul Sharp & Geoffrey Wiseman eds., 2007).

144 | See Bjola & Kornprobst, supra note 143, at 151 (citing Adam Watson, The Evolution of International Society 14 (1992)); but see William Macomber, The Angel's Game: A Handbook of Modern Diplomacy 66 (1975) (「外交権限の客観的分析は、その外交官の国の利益はどこにあるか、およびどのような行動をすればその促進にために最も良いかという点に専ら、かつ感傷的にならずに焦点を当てられるべきである」とする).

近い条項は、外交関係に関するウィーン条約 42 条であるが、同条は、外交官は受入国において「いかなる職業的活動または商事的活動にも個人的利益のために従事」してはならないとしている[145]。このウィーン条約制定過程の記録資料によると、42 条は、「外交官の外国での活動はその公的任務に限定され」、よって利益相反の可能性を回避できるようにしていると派遣国に保証することが、部分的に企図されていたと示唆されている[146]。しかしながら、利益相反が外交判断に影響を与えるのを阻止することがこの規定の唯一の目的ではない。議論のあるところだとは思われるが、42 条の主目的は、信認規範、すなわち、外交官が日常世界で受入国および同国民を不当に利用した場合に民事および刑事の管轄権から免除される特権を行使できなくすることとは、全く関係がなかった[147]。実際、42 条は外交官が賄賂を受け取ったり、外国のスパイとなったり、その他様々な明らかに忠実ではない行為に従事することを禁じていないことに留意する必要がある[148]。要するに外交関係に関するウィーン条約は、伝統的な忠実義務のうち、狭い部分のみを規定していると考えた方がよい。

　国際社会は、外交官を国際法のもと信認義務に服させるというより、国家権力に外交官の信認義務の規制、執行を先導するようにさせてきた。アメリカ法において、これらの義務は様々な法領域で重視され、様々な仕組みを通じて執行されている。他の公務員と同様、外交官はコモン・ロー上信認義務を負っている[149]。アメリカ国務省は、外国がアメリカの制裁から免れる手助けをすることなどといった忠実義務違反にあたる一定の行為を外交官が行うことを禁ずる規則を採択している[150]。外交官が信認義務に違反した場合、国務省は、その者をポストから解任し、その職務を停止または終了させ、外交官免責特権を取り上げることによって、受

---

145 | Vienna Convention on Diplomatic Relations art. 42, Apr. 18, 1961, 23 U.S.T. 3227, 500 U.N.T.S. 95 [hereinafter VCDR].

146 | Eileen Denza, Diplomatic Law: Commentary on the Vienna Convention on Diplomatic Relations 386 (4th ed. 2016) (citing U.N. Docs. A/Conf. 20/C 1/L 174 and A/Conf. 20/14 at 211-213); see also id. (42 条は、「その立場を利用して業務以外で利益をあげていると指摘されることから外交官を守ることになるだろう」ということを指摘している).

147 | Id.

148 | See Satow's Guide to Diplomatic Practice 103 (Sir Nevile Bland ed., 4th ed. 1961) (「国家の法は賄賂には関心がないかもしれない」としている).

149 | See Republic of Rwanda v. Uwimana (In re Uwimana), 274 F.3d 806 (4th Cir. 2001) (「外交官は定義上その者が代表する国に対する受認者である」と判示している); United States v. King, 469 F. Supp. 167 (D.S.C. 1979) (ビザの申請を認めるために賄賂を受け取った領事館員に対し信認義務を課している); また一般論として、本書第 16 章参照。

150 | See Denza, supra note 146, at 387-388 (関連規則を引用).

入国の民事または刑事責任に服させることができる。事案によっては、信認義務違反があったことで、外交官が刑事責任を問われることすらあるかもしれないのである。これまでのところ、国内におけるこれらおよびその他の説明責任を問う仕組みは、国際レベルで、より徹底した法規範と機関を必要とすることはなく、外交官の不品行を正すには十分であると考えられている。

IX 結 論

South West 判決〔前掲注43〕の中で、Arnold McNair 判事は、国際法は「私法体系から多くの諸規則や制度を取り入れ続けている」と述べた。しかし、

> 国際法がここから借用した方法は、「何にもかも」揃っているルールとして既にできあがって完備した状態で私法制度を輸入したわけではない。……この問題における国際法廷の義務に対する正確な見方は、これらのルールおよび制度を直接輸入するというのではなく、方針と原則を示唆するものとして私法のルールと制度を想起させる特徴または用語を尊重しているのである。

国際法における信認原則の発展が、McNair 判事の意見を裏づけている。国際法において信認義務を引きつける関係は、私法の信認関係の特徴と共通している。すなわち、一方（フィデューシャリー）が、他方（受益者）の法的利益または事実上の利益に関し、裁量権を与えられる関係なのである。しかしながら国際社会は、信託法や代理法、後見法といった私法の法源から具体的な法的ルールや救済を十把一絡げにただ輸入したわけではなかった。その代わり、国際社会は、地球規模で発生する独自の信認関係に、より適合した法規範と制度を確立するために一般

---

151 | See VCDR, supra note 145, art. 32(1)（「外交官の裁判権の免除は、……派遣国から破棄されることがある」とする）.

152 | See, e.g., United Sates v. Betancis-Avalos, 65 Fed. App'x 508（5th Cir 2002）（賄賂を受け取った領事館員を連邦法に基づき有罪と判示した）.

153 | International Status, 1950 I.C.J. 148.

154 | Id.

155 | See Evan Criddle, Liberty in Loyalty: A Republican Theory of Fiduciary Law, 95 Tex. L. Rev. 993, 1036（2017）（「第三者の法的または事実上の利益に対し、権限を託された場合、その者は受託者である」と説明している（強調省略））; Paul B. Miller, The Fiduciary Relationship, in Philosophical Foundations of Fiduciary Law 63, 69（Andrew S. Gold & Paul B. Miller eds., 2014）（「信認関係とは、ある者（フィデューシャリー）が他の者（受益者）の重大な事実上の利益に関し、裁量を行使する場合の関係である」と定義している）.

的な信認原則に頼ってきたのである。

　国際法で頼られてきた信認義務は、重要な点において私法の信認義務とパラレルの関係にある。国際法において、フィデューシャリーは、誠実に、適切な注意を払いながら、かつ受益者の利益を特に優先して、その任務を履行する義務を負っている。国際法はフィデューシャリーがその受益者を犠牲にして自らの特別な利益を図るため、信頼と信用に基づく立場を濫用することを禁じている。*South West* 事件では、国際法上、受認者が国際監視を受けるという独立した法的義務を負っていることを認めた。そしてナウルの和解では、国際法における信認義務違反は、補償および原状回復を含む、伝統的なフィデューシャリーの救済が与えられる可能性があることを示した。重大な信認義務違反は、受認者の目に余る義務違反を防ぐため、国際介入することすら正当化し（例えば、2011 年のリビアへの NATO の介入[156]）、または受認者としての委任統治を終了させる（例えば、ナミビア）ことができるのである。

　このような共通点があるにもかかわらず、国際信認法の規範と制度はいくつか重要な点において私法の制度と異なっている。国際法は、利益の衝突と義務の衝突に関する私法上の禁止に相当する規範をまだ発展させてはいない。むしろ、2つの受益者に対して忠実に行為することは国際法において、全部ではないものの、多くの信認関係における明確な特徴である。さらに国際法が信認義務を課している多くの分野において、これに伴う救済は判然とせず、実際に与えられることは滅多にない信認義務の執行は、国際法一般における多年にわたる問題ではあるが、信認規範と制度が今日においてもまだ相対的に未発達なままであるという事実は——Vitoria が信認原則を国際法の言説に取り入れてから数世紀も経過しており——深刻な反省に値する。

　今後のことを考えると、国際法における信認原則の将来は不確かな状況にある。信認規範は、国際法の歴史と理論の中に深く組み込まれているが、国際社会がこれらの基礎のうえに法原則を確立し続けるのか否か、また確立し続けるならどの程度かが明確ではない。学者の中には、信認原則はあまりに大国に濫用されやすいとして、国際法からそれを排除すべきであるとする者がいる[157]。他方、信認原則は、公の領域における自由の構成要素であり、であるからこそ、国際社会は強力

---

156 | See Criddle & Fox-Decent, supra note 6, at 199-202（国連が承認した介入がいかにフィデューシャリーの救済として理解できるかを説明している）.

157 | See, e.g., Anghie, supra note 20; Davis, supra note 18, at 1790-1791.

な行為者を制限するための規範的で魅力的な枠組みとしてもっと十分に国際公法の中にこれらの原則を組み入れるべきであると主張する学者もいる[158]。このように両極に分かれはするものの、信認原則は 21 世紀の国際秩序に解釈上貢献することは皆が認めているように思われ、国際社会は、植民地主義に陥りやすい信認原則を打ち消して、同原則の有する解放の可能性をより完全に発揮させるのに十分確固たるものに、新しい規範と制度を発展させなければならないだろう。

謝　辞

　Evan　Fox-Decent、Martin　Getzler、John　Goldgerg、Richard　Helmholz、Nicholas Howson、Nina Kohn、Ethan Leib、Paul Miller、John Pottow、Robert Sitkoff そして溜箭将之からの有益なコメントに対し感謝する。Gabriel Ibrahim、Alex King、Vania Ratliff の特別な調査協力に対しても感謝の意を表する。

---

158 | See, e.g., Criddle & Fox-Decent, supra note 6; Reyes, supra note 82.

| 第 19 章 | 信認関係の特定 |

PAUL B. MILLER

Ⅰ　はじめに

　本書第1編では、信認法の射程が幅広いことを明らかにしてきた。信認原則が及ぶ範囲は、想像以上に幅広く多岐にわたっていて、個人的な関係や専門的な役務提供関係に始まり、人間関係や商業組織上の関係の全般にまで及んでいる。信認原則によって構築される関係としては、児童の育成、後見等を要する成人、機密性の高い依頼者の利益保護、巨額の投資資金、企業経営、不動産その他の財産の管理、行政機能の遂行、慈善団体の運営にまで及ぶ。信認法は、相互依存関係がますます複雑になり、利益を追求するために互いを頼るようになる際に、他の法分野以上に支えとなる。

　信認関係は極めて多様であるため、信認法には、研究課題としても、立法の対象としても、独特の難易度の高さがある。統合性をもたらすことは容易でなく、信認原則の現れ方や適用のされ方の状況がいかに多彩であるかを覚えておこう[1]。

　第1編の各章で示されたように、統一的な原則がいくつかあることによって、信認法は義務の明確な根拠になるという意見が支持されている。第2編の各章で、これらの原則の統合的な分析を強力に行う。このように1つの信認原則それ自体を解明しようとしていない、という点において、ここでの我々の着眼点は例外的である。信認関係という概念は、法律上、所与の規範ではない。信認関係とは信認原則が本質として参照する構造（より具体的には、法的な相互作用の形態）であるといった方がよいだろう。筆者は別稿で既に解説しているが、信認関係は、信認法を構成する中心的な構造である[2]。概念的にも、法理としても、信認関係は受認者の責任の基軸となるものであり、信認義務の土台であり、我々が受認者の任務として何を行うべきと理解しているかを伝えるものである。信認関係とは、信

1　多様性は、信認関係に様々な種類があることから明らかである。もっとも、法域による多様性もある。例えば、本書第30章（未訳）Fiduciary Principles in Contemporary Common Law Systems、本書第31章（未訳）Fiduciary Principles in European Civil Law Systems 参照。

2　Paul B. Miller, The Fiduciary Relationship, in Philosophical Foundations of Fiduciary law 63 (Andrew S. Gold & Paul B. Miller eds., 2014).

認義務と救済の正当性を規範的に根拠づけることのできる場である。簡単にいうと、信認原則は、信認関係への論及なしには理解できない。

このことは第1編の各章を振り返ると明らかだといえるだろう。信認義務は、信認関係と認識されるものが成立していることを前提としている。信認義務は、信認関係の規範にとって顕著な出来事（エージェンシー・コスト[3]であったり、搾取、妨害または権利侵害の対象に特になりやすい[4]というリスクがある）の全てに、1つ1つ対応する。特定の信認関係の対象が何なのかによって、受認者が遂行すると期待される任務を予測することができる。さらに、信認関係を構成する要素によって、信認義務の適用期間や事務処理の範囲が限定されたりする。

筆者は、信認関係と**認識されるもの**が成立することによって信認原則が生ずると述べてきた。信認法においては信認関係が中心にあるため、信認関係の認識の仕組みを明確にすることの重要性は明らかである。個別の関係を信認関係であると特定し、認識することを正確に行うためには、どのようにすればよいのだろうか。それが、本章で扱う問題である。法を創る者には、信認関係を特定する方法を発展させ、利用することにおいて、必ずしも明確だとも一貫しているともいえない。しかし、法を創る者は、今まで積み重ねてきた一連の方法を用いる点では一貫している。このそれぞれの方法を明確にする特定の方法論は、信認関係の存在を理由づける、それぞれに特有な方法と相関している。

本章は、以下の通りの構成でまとめられる。Ⅱでは、信認関係の特定に関する一般的所見を述べ、法律上明らかな基本的前提を説明する。Ⅲ〜Ⅵでは、理由づけの特徴的な形式によって組織される信認関係を特定する主要な方法を説明し例証する。それらは、地位に基づく理由づけの定型、事実関係に基づく理由づけの定型、地位や事実関係に基づく理由づけの類推による変形、地位や事実関係に基づく理由づけの定義による変形である。最後に、Ⅶで、信認関係の成立および終了に関連する複雑な事項について紹介し、説明する。

Ⅱ　前提に関する一般的所見

信認関係の存在を特定する様々な方法を取り扱う前に、信認関係という概念が

---

3 | Robert H. Sitkoff, An Economic Theory of Fiduciary Law, in Philosophical Foundations of Fiduciary law 197 (Andrew S. Gold & Paul B. Miller eds., 2014).

4 | Paul B. Miller, Justifying Fiduciary Duties, 58 McGill L.J. 969 (2013).

一般的な問題として法律においてどのように機能しているのか（すなわち、立法者や裁判官が信認関係であるとする意図）、また信認関係が法においてどのようにして定められるか（すなわち、法を創る者が信認関係という概念の意味内容を、いかにして独占的に支配し続けているか）について、いくつかの前提を確立しておくことが有用であろう。

　第1に、多くの法律上の概念がそうであるように、法を創る者は、「信認関係」という概念の意味と範囲（または使用）を詳細に論ずることについて、独占的に支配していると主張する[5]。独占的な支配は、法には幅広く規範となり調整を行う目的があることを理由として正当化される。法は、概念を通して形成されるものであり、人間の行動を制限し調整するためには、規範体系を法概念の意味内容が規定されないまま設計したとしても、法はうまく機能しないであろう。社会生活（すなわち慣習）、争訟制度（それによる法的な権利の擁護）、政治制度（すなわち政治における審議と扇動）は、法的概念の意味内容が発展していることを知らせてくれるのだが、法を創る者は、法的意味を権威によって決定する者であり続ける。

　このことの実務的な意味は、信認関係の存在を特定することは、「信認関係」という法律上の概念に明示的に（条文として）または黙示的に（立法者以外の法を創る者により同じように使われることにより）与えられた意味を考慮して、裁判で決定する問題であるということである。これらの結論にたどり着くために、裁判官が、当事者の意思に関連する証拠に注意を払うこととなるのは当然である。ただし、Ⅵにおいてより明らかにするように、当事者の意思によってのみ決定されるのではない。最終的には、裁判所は、信認関係であるかを判断するために、当事者の関係の本質を適切に決定するために重要な全ての資料を基礎とする。

　第2に、信認関係の概念は、信認法において鍵となる分類機能がある。信認関係を特定することは、信認義務をあてはめるために本質的な決定条件である。さらに、現在の信認関係の要素によって、信認義務の適用範囲が決まる。

　信認関係の概念には、信認関係の分類を決定する役割があると認識することは重要であるが、その役割には限界があると認識することも重要である。また、関係、権利、義務、救済の区分——Ernest Weinrib が「司法における分類[6]」と呼

---

5 ｜ 分類の範囲を画する他の概念（例えば「契約」、「贈与」、「信託」）や、これらの範囲に付随する形式的な特徴を示す概念（例えば「約因」、「慈善目的」）またはこれらの範囲に付随する規範（例えば「事務執行義務」、「計算義務」）を示す概念と同様である。

6 ｜ Ernest Weinrib, The Juridical Classification of Obligations, in The Classification of Obligations 37 (Peter Birks, ed., 1998).

ぶ区分は、相互に排他的であると仮定されることがある。しかし、人工的に構成された概念によって仕分ければ分類学的に整然としたものを期待できるという仮定はあてはまらない。法律上の概念は時に曖昧で、分類における役割も厳密なものであったり、なかったりする。さらに、それらの概念は、社会生活において拡張し、判決で用いられることによって、著しく重複していることや、関連する規範を適切に調和させる必要があることも明らかになる。

　信認法においても、このような差し迫った状況にあることを多くの証拠が示している。例えば、最近の論文では、信認法と契約法が共同して、契約により組成された商業その他の信認関係を促進したり制限したりすることを研究しており、代表的な信認法と契約法の原則が相互に排他的であったり対立するものであると早計に評価することを拒んでいる。[7]事実の問題として、信認関係を特定することは、主張されている訴訟原因が多数あって、基礎となる事実関係が複雑な事件においては、分析の手始めにすぎない。そして、そのような事件は比較的普通にある。例えば共同事業者間の紛争を分析する際に、裁判所は、信認法、組合法、一般的な契約法および代理法に交錯する訴訟原因を扱う必要がある。したがって、信認関係を最もよく理解するためには、正義が一般的に求めるものの実現を助けるという、法の大きな望みと一貫する方法で、責任を組み合わせて適用するために、それ以外の法概念と多くの場合は両立し、時には対立するものとして解釈しなければならない。

Ⅲ　地位に基づく理由づけの定型パターン

　本書第１編でみてきたように、地位に基づいて信認関係を特定することにより、信認法に見慣れた状況がより身近なものになる。地位に基づいて信認関係を特定することは、ある種の関係が信認関係であるということが権威をもって宣言されているということを認めることで進められる。[8]地位に基づく理由づけが一般的に

7　See the essays collected in Contract, Status, and Fiduciary Law (Paul B. Miller & Andrew S. Gold, eds., 2016).

8　本書第２章39頁（「個別の事実関係とその背景事情を評価して信認義務が適用される関係とは対照的に、代理関係は、類型的に信認関係として扱われる」）、本書第３章61頁（「信託は典型的な信認関係である」）、本書第４章91頁（「会社法において、信認義務の発生の契機となるものは、他の法分野ほど複雑な問題ではない。関連する意味において、人は主に会社の取締役または業務執行役員になることにより受認者になる」）、本書第５章114頁（「会社以外の組織の制定法は、組織内における役職に基づいて、個々の構成員に分類的に信認義務を課す傾向がある」）、本書第９章219頁（「年金プランの受認者の地位を生じさせる最も明確な方法は、……各年金制

なることには、信認法についての伝統的な知見が反映されている。信認法の原則は、その人の法的もしくは社会的役割または職業上の地位に基づいて適用されるのだと考えられる傾向がある。このようにして、私たちは、受託者、取締役、代理人、弁護士、医師は受認者であるとし、その示唆するところにより、これらの者がその役割を遂行する関係にあるときには信認関係であると性格づける。私たち——ここでいう「私たち」には法を創る者も含む——は、あまり考えずにそのようにしている。後でみるように、地位に習慣的に依拠することは、基礎的法原則として強固なものとなっている。時間の経過とともに、信認法に含まれるものとして、受認者の地位に該当すると権威づけられる各種の関係の数は増え続けている。増加し続けることに何らかの原則があるのではないかと考えてみても——すなわち、受認者の地位の範囲が拡張することに公的に明確な正当性を与えようとしても——捉えどころがないことがわかるだろう。[9]

　実用的な目的——すなわち、受認者に関する請求の訴訟および判決の手続——のために、地位に基づく理由づけは、通常、受認者の地位について権威をもって宣言されていると認められていることのみを前提としている。[10]したがって、例えば、多くの受認者は、適用法において、受認者の地位にあることを類型的に宣言

度は制度管理者を指名しなければならないという制定法上の要件を満たすことであり、指名された者は自動的に『指名受認者』となる」)、本書第8章198頁（「ほぼ全ての州は証券立法を有しており、州内で投資顧問業者を定義し、そのビジネスを規制している。そして、州法は一般に投資顧問業者に対し信認義務を課している」)、本書第15章363～364頁（「多くの裁判所の判決や論者は、医師は患者に対して受認者としての責任があるとしている」）参照。

9　See Paul B. Miller, The Idea of Status in Fiduciary Law, in Paul B. Miller Contract, Status, and Fiduciary Law 25 (Paul B. Miller & Andrew S. Gold, eds., 2016).

10　See, e. g., M.A. v. United States, 951 P.2d 851, 854 (Alaska 1998) (「医師と患者の関係の特質によって、医師は患者に対して受認者としての責任を負っていると、**認識されてきている**」); Billings v. Sisters of Mercy, 389 P.2d 224, 228 (Idaho 1964) (「医師と患者の信認関係は開示義務を課すものであり、違反すれば悪意の秘匿を構成すると、**今では一般的に支持されている**」) (注釈の掲載省略); Witherell v. Weimer, 421 N.E.2d 869, 876 (Ill. 1981) (「**多数の裁判例**がこの関係を信認関係であると性格づけている」); Natanson v. Kline, 350 P.2d 1093, 1101–1102 (Kan. 1960) (「**裁判所は**、医師と患者の関係は信認関係であり、それゆえ、医師は患者に、病気に関する適切な情報を全て、完全かつ率直に開示する義務を負うと**しばしば宣べている**」); Rajnowski v. St. Patrick's Hosp., 564 So.2d 671, 681 (La. 1990) (否認命令 (in writ denial) における Barham 判事と Tate 判事の補足意見) (「**法律上の有力説では**、医師と患者の関係は信認関係であるとされている」); Alberts v. Devine, 479 N.E.2d 113, 120 (Mass. 1985), cert. denied, 474 U.S. 1014 (1985) (「**本法廷は**、医師と患者の関係は、契約の……側面とともに信認関係としての側面もあると**従前より認識している**」); Madden v. Rhodes, 626 So.2d 608, 617 (Miss. 1993) (「**本法廷は、長年にわたって、多くの判決で、**弁護士と依頼人、医師と患者の関係を信認関係であると**認識してきた**」); Tehven v. Job Serv. North Dakota, 488 N.W.2d 48, 51 (N.D. 1992) (「**裁判所は、一般的に、**医師による医療情報の不正な開示を医師と患者の信認関係に違反するものとして、それに起因する損害を医師に請求する権利を患者に**認めている**」); Parris v. Limes, 277 P.3d 1259, 1265 n.3 (Okla. 2012) (「**オクラハマの裁判所は**、医師と患者の関係は信認と信頼の関係であると**長らく認識してきた**」).

されているものの、受認者の地位についての根拠は定められていない[11]。さらに加えて、または制定法に代わるものとして、裁判官により形成される法によって、多様な関係が信認関係であると宣言されている。

このような方法で信認関係を特定することには、後に説明するように大きな欠点がある。もっとも、利点もいくつかある。そのなかでも最も重要な利点は、信認原則が適用できることが比較的明らかになるということである。ある種の関係を信認関係であると単純に宣言することで、法的にどう扱われるか、全ての関係者に対して明確に示すことができる。ある特定の関係が受認者の地位にあると宣言される種類の関係であるとされれば、裁判所にそのように取り扱われることはほとんど避け難い。したがって、地位という概念によって、受認者による管理の実務と受認者に関する事件の判決を非常に劇的に簡素化できる。

地位に基づく特定の**定形**は比較的単純であるため、必要な分析手順が少ないことが最も優れた利点である。認定の方法は次の手順のみである。**第1**、受認者に属することを決める権限があると認められている者——法を創る者——によって、受認者の地位が明確に宣言される。**第2**、ある裁判所でこのように宣言されていることが正式に認められる。**第3**、その裁判所で、ある個別の関係が、受認者の地位を伴う関係に属するか否かが、事実によって決定される。**第4**、裁判所でこの結論が公に宣言される。この認定の過程はとても単純なものであり、多くの裁判例では、受認者の地位が争われないため、このような過程があることは見逃される。

そうは言っても、時には難しい事案が発生する。「難しい」事案の種類は少なくとも4つある。第1は、受認者の地位の範囲の拡張が新たに提起されること。第2は、ある関係が、概念的には地位に基づいて受認者とされる種類に属するものの、受認者と位置づけることが不適切であるような異例な特徴を有するとして、受認者の地位が通常通りに適用されることを争うこと。第3は、自らを受益者と主張する者が、地位に基づいた受認者に対する請求を否認し、その代わりに、その者が当事者であった関係の実際の状況を述べて、一度限りで受認者と認められる関係であると主張すること。第4は、受認者の地位にあると広く認められてい

---

11 筆者は以前、立法者は緊急時の制定法では特に広く地位を宣言する傾向があると聞いたことがある。そのことが本当かどうか、なぜそうなのかは、我々の知るところではないが、事実関係に基づき裁判所が信認関係を特定するために、立法された条文が障害になることはないということを記しておく。立法者が事実関係に基づき信認関係を定めることはまずないという事実は、立法による信認法と裁判官による信認法の違いという論点よりも、事実関係に基づく信認法の分析についてより関係するだろう。

る範囲を争ったり、修正する必要がある（例えば、範囲を縮小したり拡大したりする）と論じられること[12]、である。

　これらの4種類の事例は、それぞれ困難な問題を提起する。地位に基づく理由づけの**定型**は、それらの答えを全く持ち合わせていない。当然のことながら、単に慣習に頼ることは、受認者の地位を拡張することが適当かという問題に対しては役に立たない。慣習から示唆を得るためには、その根拠となる理由（すなわち、受認者の地位にあるとされる理由）が理解されていなければならない。受託者の地位が与えられると広く認められる場合にも、典型的な信認関係の枠組みに関する争訟をもたらす可能性が潜在するのだが、分類の根拠（すなわち、**特定の性質**がある種の関係を区分する根拠となり、**そして**受認者の地位を正当化すること）は、法律に明記されていない。したがって、地位に基づく理由づけの**定形**は、受認者の地位の典型的な分類にあてはまらないとする争い（すなわち、典型的な分類に適合していないとの主張による争い）、または、広く認められた地位についての争い（すなわち、地位を放棄または再定義するべきという争い）に建設的に対応する助けとはならない。最後に、訴訟の当事者が、ある関係に受認者の性質があるかを議論する際に、重要な事実を根拠として、地位を根拠とすることを否定する限りにおいて、地位に注意を払っても何にもならないことは明らかである。つまり、これらの争いは、ある関係から通常想定される性質ではなく、事実に着目することを、裁判所に求めている。

　難しい事案では、地位に基づく理由づけの方法を単純にあてはめても弱点が示されると、以前から筆者は述べてきた。今や、それら弱点はかなり明白である。大前提として、正当化の根拠が目に見える形では存在しない。地位に基づく理由づけの**定型**は、慣習に浅はかに依拠している部分を含むため、それを使っても、法を創る者の判断に説得力のある理由を与えられないということになる。受認者の地位にあると宣言する根拠が明確に表示されていないところで、慣習に頼ることから、全ての当事者が、ある特定の種類の関係が**信認関係であること**を理解していても、その**理由**はわからないということになるのだろう。総体的にみると、地位に浅はかに依拠することは、それ自体のために慣習を持続させることを優先しているのである。一方で、このことは、法の発展を妨げ、法全般を尊重するた

12 | 例えば、従業員に受認者の地位を認める場面をめぐる議論が挙げられる。See Aditi Bagchi, Exit, Choice, and Employee Loyalty, in Contract, Status, and Fiduciary Law 271 (Paul B. Miller & Andrew S. Gold, eds., 2016) and Matthew Bodie, Employment as Fiduciary Relationship, 105 Geo. L.J. 819, 823-830 (2017).

めに必要な条件を損なうことになる。[13]

Ⅳ　事実関係に基づく理由づけの定型パターン

　通常、信認関係は、地位に基づいて特定される。ただし、既に述べたように、裁判所は、事実関係に基づいて信認関係を認めることを求められる場合がある。[14] 事実関係に基づいた請求が行われるのは、多くの場合、その関係が従前からの受認者の地位の基準に明らかにあてはまらず、相談を受けた弁護士が、新たに受認者の地位の範囲を拡張する主張をしても勝てると信じていないからである。

　事実関係に基づく請求について判断を下すために、裁判所は事実関係に基づく理由づけを検討することを求められる。事実関係に基づく請求は2つの部分からなる。**第1に**、ある特定の特徴が典型的に、そして／または、本質的に信認関係に一般的なものであるとの主張。**第2に**、それらの特徴を示す証拠に基づき、請求権者は信認関係にあるとの主張である。この場合において、裁判所は、事実関係に基づいた請求に判決を下すために、**第1に**、請求者が、一般に信認関係と性格づけられるような特徴を正しく示しているか否かを判断し、**第2に**、当該特徴を有すること自体が、信認関係であると性格づけるに十分な材料であるか、あるいはそうでないとしても信認関係であると性格づける目的のために概ね十分であるといえるかを正式に決定し、**第3に**、請求権者が信認関係であることを証拠により立証したか否かを判断しなければならない。

　事実関係に基づく分析は、地位に基づく分析にはないような複雑なものであることがよくわかる。なかでも、信認関係に必要十分な特徴は何かということを法的論点として検討する必要がある。地位に基づく理由づけを単純にあてはめる際にはそのようなことを検討しなくてもよかったのである。

　しかし、事実関係に基づく理由づけの**定型**においては、形式に関わらず信認関係であると性格づける、すなわち、関連する明示的な基準に拘束されずに性格づけるという意味では単純である。このような手法による場合、訴訟当事者は信認

13　法を尊重することが、絶えず法の基礎となる、目に見えるように示された根拠を考慮することと相関する限度において、そうであろう。

14　一般論としては、本書第1章参照。また、本書7章166頁以下参照（「銀行の主要な商業銀行業務または投資銀行業務における関係は、一律に信認関係と取り扱われているわけではない。……信認義務が生ずるとすれば、それは、一定の銀行関係についての事実関係固有の分析に基づき惹起される。……裁判所は、信認関係を生じさせる指標を特定し、……銀行が対等な役割を超える場合に、銀行を受認者とみなす傾向にある」）。

関係を性格づける特徴について曖昧な主張をする傾向があり、裁判所もそれを受け容れる傾向がある。

このような実務によって、戸惑うほど異なった性格づけが、信認関係になされることとなった。信認関係は、次のような様々なことに関係するといわれる。ある者が相手方に関する法的な権利や権限を保有し、行使すること。当事者間で、重要な地位、権限、強さ、または影響力が不平等であること。ある者が相手方に対して依存し脆弱であったりすること。財産の横領や搾取をされる危険性が高い立場にあるなど危害を受ける具体的な可能性があること。秘密または個人情報が交換されること。信頼し信用していること。一方当事者が法的にもしくは事実上能力がなかったり、完全にもしくは状況によって監督、報告、その他の自己防衛ができないこと。ある者が相手方に依存していること。ある者が、善意、利他主義、忠実、または能力あるもしくはよく考えられた助言や判断を相手方に期待していること[15]。

このように長々と列挙してもなお不完全である。信認関係であると特定するための特徴の数や種類は多いものの、ほとんどがやたらに曖昧模糊としている。例えば、勢力や影響力が同等でないことが問題となるのかということを、どのように（重要性、非同等性、強さについて）測定するべきなのかは明らかでない。同様に、どのような種類の信頼が信認法にとって特徴的なものであるのか、どのようにして信頼は生ずるのか、信頼に基づく期待は常に信認関係の存在を示唆するのかどうか、その他の信頼のもつ規範性（例えば、信頼の対象の価値、信頼は求められるものなのか、受け容れられるものなのか等）に関連する要因を考慮すべきかどうかについては、明らかでない。他の信認関係の特徴の有する意味についても、同じような疑問をもつことができるだろう。さらに、信認関係の存在を事実関係に基づいて特定する際に、信認関係の様々な特徴が示されるのだが、それが必要かつ十分であるのかということについての共通認識がないにもかかわらず判断されている。このことは、信認関係と信認関係でないものを区別するという目的が意図されているのに（そして現実に区別しているのに）、適切な性格づけができていると判断できないことを意味する。

15 前掲注14（本書第7章168頁）参照（「『圧倒的多数』の法域においても、いわゆる特別な状況・例外的な状況が存在する場合は、銀行が借主である顧客の受認者になる可能性があることが認められている。……裁判所は、借主が銀行を信頼し信用していたか、借主が銀行の助言を受け、それに依拠していたか、銀行が借主を管理し、または借主よりも情報面で有利な立場にあったかという点を指摘する」）。

「単純に」事実関係に基づく理由づけをするという形態は、つまりは洗練されていないという意味で単純なものとして理解するのが最も良いだろう。裁判例が深刻な一貫性のなさを示していることが明らかになっても、それは驚くべきことではない。ある関係が信認関係であること——またはないこと——の理由づけが異なっているとしても、簡単に調和させることはできない。この手法によっては、ある関係が「事実」のもとで信認関係とされるか否かを予測することが難しいのは、特定の「事実」がその関係に受認者の性質をもたらすほど重要なものかを明らかにする基準がないからである。

V　地位と事実関係に基づく類推による理由づけ

ここまでで、信認関係を特定するための主要な方法を2つ検討した。また、それらにはそれぞれに限界があることも明らかとなった。地位に基づく理由づけの**定型**は、受認者の地位に属すると従来からされている理由が不明瞭であるために限界がある。事実関係に基づく理由づけの**定型**は、少なくとも訴訟の当事者と裁判所が、信認関係の性格を有するという直接的な分類づけをすることを求めている。しかし、この努力も、包括的なものにしたいという野心がなければ、時間の経過により、**一定の信認関係の何らかの側面**が不明瞭に叙述されているにすぎないことになってしまう。[17]

このような限界があることを認識すると、裁判所が、地位に基づく方法と事実関係に基づく方法のそれぞれのより洗練された応用形を採用する場合があったとしても驚くにはあたらないだろう。なかでも最も洗練された応用形は、定義による理由づけを用いる方法であるということを後で説明する。しかしながら、裁判所は概して類推により理由づけを行う傾向がある。

類推による理由づけの一般的な特徴について、いくつか言及しておこう。第1に、類推による理由づけは、信認関係を**一般化して述べること**に関心がないとい

16　議論をさらに進めたものとして、Paul B. Miller, A Theory of Fiduciary Liability, 56 McGILL L.J. 235 (2011) 参照。

17　ここには重要な教訓がある。まず、直接的に説明を述べることは難しいかもしれないし、特に法的構成についての類型について述べることは、技巧的なもので自然なものでないため難しい。次に、ある者の経験する法的構成が限定された文脈によるため説明することが難しい。ここでは後者の難しさが特に顕著で、信認関係と信認義務については、最近になるまで初歩的な分析が個別の文脈（これが本書第1編各章の主題である）の中でのみ行われていた——個別に必要な部分にとどまっていた——のである。

う点において、定義による理由づけや事実による直接的な分類づけとは対照的なのだろう。その代わり、類推による理由づけは、**共通の性質**を特定することを目指していて、そのことが概念的に（特定の事象を概念的な枠組に入れるために）関連性があり、規範的にも（類推される事象については法的に同一の結果となることを助けるために）関連性があることを示そうとしている[18]。第2に、類推による理由づけの説得力は「適合性」と相関しており、その適合性は、事象を比較し、その程度や関連性において一致しているという点から評価される。相対的にみて、類推による理由づけには、信認関係があると誤って特定すること（すなわち、共通性があると断定する際の誤り）または関連性がないこと（すなわち、共通性に概念的および／または規範的重要性がないこと）に起因して、誤った類推に陥る危険性がある。

　そう考えると、信認関係の特定を地位に基づく理由づけから類推する場合と、事実関係に基づく理由づけから類推する場合とでは、異なる点があることに注意すべきである。地位に基づく分析においては、類推によって、地位の範囲の拡大が助けられるのであり、適用範囲を広げるための正当な理由と原則の基礎となるものであり、慣習のみによるよりも、地位に基づく方法を使う範囲を広げることが認められる。こうして、類推に基づく理由づけが用いられることには、少なくとも2つの意味がある。第1に、受認者の地位があると認められるか、慣習として受認者の地位があるとされる制限の範囲内で、類推による理由づけによって、様々な種類の信認関係の類型化を確立する根拠となり、そして、全く異なるとされる種類の関係を単一の法的類型の事例として扱うことを説明し、または正当化する根拠となる。このようにして、例えば、学者は、信託の受託者と取締役が共に他人の財産に関して特別な権限があるという事実を、受認者の地位の共通性を説明する際に強調している[19]。第2に、より重要なのは、類推による理由づけによって新たな種類の関係に受認者の地位を拡大するための正当化の根拠が与えられたことで、信認法の拡大が推進されてきたということである[20]。法を創るものが、

18　例えば、Scott と Chen は、類推による理由づけを親子関係に信認関係の性質を与えることを助けるために使っていることにつき、本書第12章294頁（「親子の関係は、後見制度や信託、会社取締役と株主との関係など、他の信認関係と多くの点で共通している。親は、他の受認者と同様に、本人の利益となることが目的の一定の関係において、非対称的な権限をもち、大変大きな裁量権を行使できる代理人なのである。また子も、他の場合の本人と同様弱い立場にあって、親の行動を監督したり、コントロールする立場にはない」）参照。

19　E. Merrick Dodd, Jr., For Whom Are Corporate Managers Trustees? 45 Harv. L. Rev. 1145 (1932); Adolph Berle, For Whom Corporate Managers Are Trustees, 45 Harv. L. Rev. 1365 (1932).

20　例えば、研究者や立法者が政府をフィデューシャリーであるとする理論を進めることにおいて、

新たに受認者の地位に属することを認めるかどうかを考える際には、(1)その関係を類型化できるか（典型的な特徴を有するかどうか）、(2)その類型が重要な点において、受託者の地位を有する他の類型に類似しているか、の２点を、すぐ判断できることが必要である。重要な点で類似しているのであれば、類推の強さは明らかであり、受認者の地位の拡大を助けることになるだろう[21]。その類型の関係が、重要な点で類似していないか、実際には重要な点で異なっていると思われる場合、法を創るものは、受認者の地位を拡大しないことが正当だと感ずるだろう。

　類推による理由づけは、事実関係に基づく分析において、より直接的な役割を有している。事実関係に基づく請求が、地位に基づく請求に対する判断の有する先例的な影響力を有しないことから、その判断の**結果**に筋を通す点で、類推による思考に頼る必要はない。ここによる理由づけがあてはまるのは、判決を下す際に厳密に**当事者間**限られることである。さらに、類推的な理由づけは、裁判所による信認関係の解釈を指示する——曖昧な表現をするならば——規律のあるものにする。より具体的には、裁判所が、どの事実が訴訟の判決にとって重要であるかを判断し、本案の判断に至るためにこれらの事実のどこに重点を置くかを決めることに影響する。原告の立場からは、信認関係の一般的な性格があることを示すために、見本となるものを特定して主張する（例えば、信認関係の特徴が信頼と信用を有する関係であることを示すために、医師と患者の関係に言及する）。同様に、裁判所は訴えを分析するにあたり、原告が示した類推に（またはより適切と考えられる類推に入れ替えて）言及し、そして、類似性が成立するかどうか（すなわち、共通性があるという指摘が、原告は信認関係にあるという一度限りの判断するために説得力のある根拠となるかどうか）を決定するであろう。

　類推による理由づけの利点を認識するとともに、類推には限界があり（前述）、これらの限界は他の領域と同様に信認法においても顕著であることを覚えておくことも重要である。簡単にまとめると、類推の説得力を決めるのは、(1)関連性についての正当な基準の明文化。そこでは、正当性が、類推による議論がなされる

広く使われている。例えば、本書第 18 章参照。See also Evan Fox-Decent, Sovereignty's Promise: The State as Fiduciary (2011), Daniel Lee, The State is a Minor: Fiduciary Concepts of Government and the Roman Law of Guardianship from Azo to Hobbes, in Fiduciary Government. (Evan J. Criddle, et al. eds., 2018).

21　例えば、心理学者やその他の健康管理の専門家と依頼者の関係が信認関係であるとされているのは、医者と患者の関係が信認関係として確立していることの類推によるものである。See John C. P. Goldberg and Benjamin C. Zipursky, Triangular Torts and Fiduciary Duties, in Contract, Status, and Fiduciary Law 239, 245-257. (Paul B. Miller & Andrew S. Gold, eds., 2016).

目的になることがある。(2)これらの基準に従っていること、(3)類推される事象の描写における正確さ、および類似性の主張の正確さ、である。信認法において類似による理由づけが困難であるのは、(1)と(2)の条件が通常は満たされないからである。(1)の条件が特に顕著なのだが、その理由は、類推による議論の結果と、(関連して) 類推の基となる類似性が**関連するもの**なのかを判断するための基準についての説明が求められるからである。この文脈では、類似による理由づけは、信認関係を特定することを支援するための分析の方法である。それゆえ、関連性についてのもっともらしい基準とは、信認関係を信認関係でないものと区分するために意味のある基準ということになる。さらに特定していうと、関連性の基準においては、類推される物事の特徴は、信認関係全般に**典型的で本質的な**ものでなければならない。この基準が広く採用されたなら、類推される関係には法的性質の決定に重要な共通の特徴があると示すことにおいて、類推は有益であるということになるだろう。しかし、実務的には、これらの基準または重要性が特定されていないので、従うことはあまりない。このため、信認法において類推による理由づけに依拠することに疑問をもつ理由はあるということになる。関連性の基準に従っているのでなければ、類推の方法により類似点や相違点を見出すことで、ある関係を信認関係であるか否かを考えることに、何らかの価値があるという理由はない。

Ⅵ　地位と事実関係に基づく定義による理由づけ

　信認関係を特定する主な方法には限界があるが、その最たるものが、信認関係を明瞭で一般的な概念にできないことである。せいぜい、いくつかの信認関係にいくつかの特質があるという不明瞭な印象しかないのである。最悪の場合、法的な慣習を写して、拡大解釈するだけであったりする。類推による理由づけは、いくつかの特定の種類の信認関係の間には共通点があることに注意を向けさせるのに役立つ。しかし、共通点を一般的な用語で明確に表現することを目的としていないため、類推による理由づけは相違点を示すことはできない。類推による理由づけでは、**類似していること**に焦点を当てていて、類似していることの重要性を決める条件が、類推による理由づけそれ自体とは無関係に導かれている。

　筆者は、信認関係を特定する主要な方法は、せいぜい信認関係についての不明瞭な概念を使っているだけであると先ほど述べた。しかし、ここで次の疑問が出

てくる。法的概念を明確にすることはなぜ重要なのか。そして、法的概念を合理性のある明確なものとすることに、どのような意味があるのだろうか。

　ある概念は、全体の輪郭と構成要素が明らかである場合に、明確であると考えられる。ある概念に類型化の機能がなくてはならないとき、概念として明確であれば、より類型化に役立つだろう。例えば、動物を分類するとき、「腕」があるという特徴はあまり明確でないので、より明確な「翼」や「ヒレ」があるという特徴に言及する方がより役に立つ。概念自体が規範性や、規範的重要性をもつ場合には、概念が明確であることによって、より守りやすくなるだろう。例えば、制限速度（つまり時速 65 マイル）の規則は、運転者に「合理的かつ慎重な速度」で運転することを求める規則よりも、法を守らせるのに有用である。[22] 重要なのは、法的概念が機能するためには**完全に**明確である必要はなく、法を創る者が、法の基となる概念を正当な理由のために明確（またはより明確）にすることを目指す（べき）ということである。法的概念を明確化する（そして改善する）ことは、法を明確化（改善）することになる。

　法的概念をより明確にする方法の 1 つとして定義がある。ここ数十年、信認関係を定義することについて関心が高まっている。本当にたまにではあるが、アメリカ合衆国の裁判所で信認関係が定義されることがある。[23] 他の法域——特にカナダおよびオーストラリア——の裁判所は、受認者が他者に関する裁量権を有する

22　State v. Stanko, 974 P.2d 1132 (Mont. 1998); for commentary, see Jim Robbins, Montana's Limit of?? M.P.H. Is Overturned as Too Vague, N. Y. Times, December 25, 1998, at A20.

23　例えば、合衆国第 2 巡回控訴裁判所は、「信認関係は裁量権と依存的性質を有するものであり、……信認関係の受益者は受認者を信頼して何らかの財産を預ける」とする。United States v. Chestman, 947 F.2d 551, 569 (2d Cir. 1991). いくつかのアメリカの裁判所は、信認関係は「信頼と信用」の関係であるとも定義しているが、信頼または信用が何を必要とするものなのか説明していない。See Criddle, supra note 28, at 1032 (citing: Advocare Int'l LP v. Horizon Labs, Inc., 524 F.3d 679, 695-696 (5th Cir. 2008); Amendola v. Bayer, 907 F.2d 760, 763 (7th Cir. 1990); Lash v. Cheshire Cty. Sav. Bank, 474 A.2d 980, 982 (1984); and Gerdes v. Estate of Cush, 953 F.2d 201, 205 (5th Cir. 1992)). See also Burdett v. Miller, 957 F.2d 1375, 1381 (7th Cir. 1992); and In Re Daisy Systems Corp, 97 F.3d 1171, 1177 (9th Cir. 1996)（信認関係を以下の通り性格づけている「[信認関係にある] 両当事者の取引は対等の条件ではない。なぜなら、信頼・信用され、その信頼と信用を引き受ける者は、依存する側の当事者に対して、独特な影響力を行使できるという優位な立場にあるからである」。最終的に同様の文言は制定法、リステイトメント、統一法にも取り入れられている。例えば、Restatement of Employment, §8.01 (a) (Am. Law. Inst. 2015) を参照（「雇用主から信頼と信用を受ける立場にいる従業員は、雇用に関連する事項について雇用主に信認義務を負っている」）。しかし、「信頼と信用」という言葉が論拠とされるのは（意味が広すぎるため、弱められて）せいぜい、実際にその関係が問題となる場合、つまり他者に間する裁量権を与える場合であると理解される。同条コメントa を参照（「本条のいう忠実義務は、雇用主にとって「平社員」であるとされる従業員に適用されることはほとんどない。……彼らはその職責を果たす際に実質的な裁量権を与えられていないのである」）。

場合を信認関係と定義する傾向にある[24]。立法によって受認者の地位を与える際には、受認者が裁量権限を有する地位にあることを前提とすると明示する場合もある[25]。

　代表的な学者が信認関係を同様の言葉で定義して、説明しているのは、偶然ではない。筆者自身の受認者の権限の理論では、信認関係が発生するのは、他者に関する目的のために裁量をもって法的権限を行使することを認めるという委任を、受認者が引き受ける場合である（組織の抽象的な目的の場合もあれば、特定の受益者個人の利益または特定の受益者集団に共通の利益を図る目的の場合もある）と論じている[26]。Gordon Smith の重要資源の理論が示唆するのは、信認関係とは、他者の所有する「重要資源」の管理、投資その他の処理の権限の行使に関し、法的な裁量権限を有する者が存在するということである[27]。より最近では、Evan Criddle が、信認関係とは、ある者に、他者の法的または実用的な利益について法的または事実上の権限が託されている場合に生ずると主張している[28]。

　これらの理論は、いずれも、他者に関する権限が信認関係の中心にあることを示唆している。一方で、権限、他者への関与の仕方、その他の信認関係の側面を説明する方法が、それぞれ他の説と異なっている。筆者は他の論考で、受認者の権限の理論の長所を論じ、この理論によって、地位および事実関係に基づく信認関係の特定に関して改善がなされることが約束されていると示した[29]。定義による理由づけの利点を評価するというⅣの目的からは、信認関係の定義がまだ絞りきれていないにもかかわらず、そのうちの１つを正解とする必要はない。私自身の見解は、既に別稿で詳しく説明しているので、例証的な目的のために、Gordon Smith の説を考察してみよう。

　Smith は、信認関係は一方の当事者（受認者）が他方の当事者（受益者）のた

24　Galambos v. Perez, [2009] S.C.C. 48 (Can.); Hospital Products Ltd. v. United States Surgical Corp. (1984) 156 CLR 41 (Austl.).

25　本書第 6 章 144 頁（「信認関係の有無は、これらの個人または個人の集まりに権限があるかないかで決まる」）参照。また、同 144 頁（「リステイトメントは、……慈善に関する『実質的権限』が信認関係の発生する正式の契機であるとした」）も参照。前掲注 8（本書第 9 章 219 頁）（「［任命された受認者］に加えて、個人または団体が受認者となるのは、それらが年金プランの資産、運用または管理について裁量権を有するか、報酬を受領して年金プランに対し投資のアドバイスを行う場合であり、そのような場合はいつでも、そしてその裁量権の範囲において受認者となる」）も参照。

26　See Miller, supra note 2; see also Paul B. Miller and Andrew S. Gold, Fiduciary Governance, 57 Wm. & Mary L. Rev. 255 (2015).

27　D. Gordon Smith, The Critical Resource Theory of Fiduciary Duty, 55 Vand. L. Rev. 1399 (2002).

28　Evan J. Criddle, Liberty in Loyalty: A Republican Theory of Fiduciary Law, 95 Tex. L. Rev. 993 (2017).

29　Miller, supra note 2; Miller, supra note 9.

めに行動する際に受益者に属する重要資源に裁量権を行使する場合に成立すると主張する。既に明らかなように、このような定義によって信認関係の特定に関して改善がなされることが約束されている。なぜならば、その定義によって何が信認関係であるかという概念が合理的に明らかで、各当事者の地位（権限を有する者としての受認者、およびその権限の対象となる資源の所有者である受益者）および当事者間で重視されていること（Smith の説では「重要資源」の管理）を明らかにしているからである。

　定義による理由づけは、信認関係を地位に基づいて特定することについて、著しく改善することが見込まれる。第1に、定義は――Smith の定義のように――慣習によって受認者の地位にあるとされるもの、慣習に沿ったものとして扱うことへの志向をある程度念頭に置いて構成されている範囲で、定義に基づく理由づけは、我々の慣習では黙示的なものにとどまっていたことを明確にするのに役立つ。信認関係であるとされる特性を導き出して説明することにより、定義による理由づけは、一定の関係を信認関係であると認めるに足りる裁判上の根拠を明瞭に示す。ある種類の関係に受認者の地位を認める慣習は、当該種類に入るとされる関係の性格が、定義による理由づけに正確に照らし合わせて、実際に信認関係に該当する場合のみ意味があるのだろう。Smith の定義によれば、地位に基づいて受認者に属することが正当化されるのは、その種類に属する関係が、重要資源を他者のために管理する者が、裁量権を行使するという類型にあてはまる場合に限られる。

　第2に、定義による理由づけによって、裁判所は、当該事件では地位に基づいて受認者であると決めるべきでないという主張に、生産的に対処できる。これらの事件で、受認者であると称する者が、その種類の関係では通常はないことではあるが、（ここでも Smith の言うところの）他者の重要資源に対する裁量権を有しない場合、裁判所は典型的な受認者の事例とは**全くいえない**と考えるだろう。

　第3に、定義による理由づけは、新たに地位に基づく受認者を認めるべきことを求める訴訟において、健全な評価のための根拠を与えるものである。Smith の説によれば、新たに受認者の地位の範囲を拡張することを正当化できるのは、問題となっている種類の関係が、ある者が他の者のために重要資源を管理することが通常である場合に限られる。

　定義による理由づけによって、事実関係に基づき受認者を特定することも著し

30 | Smith, supra note 27, at 1402.

く改善されることが約束される。再び Smith の説を用いると、裁判所は、原告が受認者であると主張する者が原告の所有する重要資源に裁量権を有すると、原告が立証できるか否かを考えればよいことになるだろう。定義による理由づけに依拠すれば、従来の慣習による受認者の地位を超える範囲にまで責任を課す可能性は低くなる傾向があるだろうが、このことを、法による支配の価値に穏健な関心をもつ者は、積極的な発展であると考えることになるだろう。

　定義による理由づけによって、信認関係を特定する際の原則的な基礎がもたらされることが約されているとしても、欠点がないわけではない。第1に、定義による理由づけの価値は、使用される定義の適切性に左右されることは明らかである。つまり、使用されている信認関係の定義が正しいものでなければならない。定義が正しくないと、含まれる範囲が過大または過少となるおそれがあり、うまく規定できなければ、受認者と受認者でないものを区別する際に頼りにできないおそれがある。第2に、定義による理由づけによって、信認関係の特定が改善されると約束できるのは、裁判所が従う場合だけである。

Ⅶ　いくつかの複雑なこと：信認関係の成立と終了

　ここまで、裁判において信認関係を特定する方法に焦点を当ててきた。その理由は、信認関係なのか、そうでないのかを決定することが法解釈にとって問題となるからである。受認者の地位は、私人が変更もしくは部分的に効果を否定できるものではない。さらに、その関係の実質についての当事者の意図に関する証拠があるということは、事実関係に基づく分析にとって関係があるとしても、解釈を決定づけることはない。

　ただし、裁判官が、当事者に信認関係に参加する意図があるか質問することに関心がないわけではない。実際、関係の成立および終了を、常時――そして適切に――注目している。

　様々な理由により、定型的な事実関係に基づく方法やその類推による変形により信認関係と認められる関係の成立と終了について一般化することは、とても複雑なため困難――おそらくは不可能――である。第1に、事実関係に基づく方法で裁判所が解釈に用いる指標の多くは、明瞭でなく、曖昧なため、信認関係の成立または終了のために必要な手順が**あるのか**明らかでない。第2に、類推に基づく応用形の方法では、裁判所が信認関係の成立または終了の理由づけをする際に、

類推の選択に影響を受ける（つまり結論も変わる）傾向があるように思われる。

こうした問題は、地位や事実関係に基づく方法に定義による変形をほどこすことで解決する。なぜなら、信認関係の成立および終了の条件についての分析は、信認関係の定義の仕方から導かれるからである。ある特定の定義に基づいて信認関係が成立し終了する仕組みに対しては、曖昧である、わからないところがある、反論があるなど、その妥当性に疑問をもつ理由が個別にあるだろう。一方で、定義によって成立および終了の条件の説明が納得のいくものとなり、助けられたとなれば、賛同を得られるだろう。信認関係の成立と終了は同じように、地位と事実関係に基づく方法を定義により変形することで分析され特定されるため、これらの問題をさらに検討することは一旦後回しにして、地位に基づく関係について何世紀もの間我々が学んだ経験を先に考察するのがよいと思われる。

地位に基づく信認関係は、次のものによって**成立する**ことが経験的に知られている。(1)当事者の相互の合意（契約その他の当事者の明示的な言葉または行為によって表示されるものを含む[31]）、(2)受認者が必要とされる法的な能力と権限をもっている場合に、合意なく一方的に引き受ける[32]、(3)法律の条項、(4)裁判所の形成する法の一般的な定め、または裁判所の個別の命令もしくは宣言[33]、または(5)以上の仕組みの適切な組み合わせ、である。

一般論として、信認関係が成立する仕組みからは、受認者が一定の権限行使を委任されることによって**明示的に権限が与えられる**、という方法で信認関係が生ずることがわかる。実際には、信認関係の成立には複数の仕組みが関係する場合があるため、私人間で法的権限を付与するために必要な条件がより複雑なものと

---

31 例えば、本書第13章323頁（「資金管理に関する委任状における代理人の任命は、私的かつ任意の行為である。任命を行うために、個人は、自らの資金管理および支援に関連する特定の業務に関して、他者が代理として行為することを承認する文書を作成する」）、同324頁（「医療に関する委任状……に基づく代理人の任命もまた、私的かつ任意の行為である……任命を行うために、成人は、治療に関する意思決定を自ら行うことができない場合に、治療に関する意思決定を行う権限を他人に付与する旨の文書を作成する」）参照。また、前掲注8（本書第3章63頁）（「信託における信認原則が適用される前提として、信託が設定され、受託者となる者が就任を承諾していなければならない」）も参照。

32 信託宣言の受託者が一例である。その他に該当するものとしては、実親が子に一方的に受認者となることを引き受けて扶養することがある。前掲注18（本書第12章295頁）（「生物学上の親が子と一緒に暮らす場合の信認義務は、公から任命されるものではなく、また（通常の場合）親の役割という広範な義務を果たすことのできる後見人に相応しい人間であるかどうか評価されることもなく、子の誕生とともに始まる」）参照。

33 裁判所は、後見人、受託者、遺言執行者、取締役、その他の受認者を任命できる。例えば、前掲注18（本書第12章306～307頁）（「成人が、自分で自分のことができなくなったり、認知能力を喪失する等によって自分のための判断が難しくなったとき、裁判所は……その人と財産を管理するために、法定後見人……を指名することができる」）参照。

なることがある（例えば、取締役会が執行役に権限を委任することが認められるのは、法律の授権によりそのような委任の権限が与えられているからである）。信認関係が生じたとしても、最終的には、受認者が委任内容を合意により引き受け、その実行を継続することが、信認関係が拘束力のあるものとされるために、ほぼ常に必要である。[34]

信認関係の**終了**にも同じように複雑な面があることは経験的に明らかである。一般論として、有効に終了するには、(1)受認者への委任に際して予め定められた自動的な終了決定条件が満たされること（例えば、委任期間に関する条件や、委任内容の完了事由とされる条件）、(2)事後的に設定者が明示的に委任を解除すること、(3)事後的な裁判所による委任の解除[35]、(4)事後的な受認者による誠実な辞任[36]、による。つまり、広くいえば、これらの仕組みからは、終了は、委任の決定内容の成就、辞任または解除により起こると考えられる。より簡単にいえば、信認関係は、受認者が行動する際に基づく委任内容と通常は表裏一体であることがわかる。

信認関係の成立と終了をより仔細に検討しようとすると、やはりより複雑になっていく。なぜならば、成立と終了を認めるために多様な仕組みに依拠する理由は様々で、(1)受認者に与えられ、そして／または引き受けることが求められる委任内容の性質（より具体的には、委任内容により与えられた権限および特定された目的）、(2)設定者の法的条件（法的な能力と権限を含む）、(3)場合によっては、一般的に、または委任内容の対象との関係によるが、委任内容の意図する受益者の法的条件、(4)客観的に表示された、設定者の委任内容に込められた意図、(5)委任の成立または終了が、第三者の法的権利、かつ／または設定者、受認者、もしくは受益者が、独立した法的責任もしくは義務を履行するための能力に影響を及ぼすか否か、またどのようにして影響を及ぼすか、に拠っているからである。

前述のように、このような複雑さのために、一般化することは困難になっている。ただし、信認関係の成立と終了は、受認者が委任内容——このもとで受認者は権限を自由意志で引受け、裁量で行使する——に基いて行為することの有効な

---

34 | 例えば、前掲注31（本書第13章320〜321頁）（「成人のための後見人および財産管理人の信認義務は、裁判所が後見人または財産管理人として任命し、被任命者が任命に対する承諾書を提出することによって発生する。その任命および受諾のときに、後見人または財産管理人は、後見または財産管理の対象となる個人と直ちに信認関係に入ることになる」）参照。

35 | 例えば、子の保護のため裁判所の命令により親権を剥奪することについての議論として、前掲注18（本書第12章）参照。

36 | 特定の文脈における信認関係の終了について、前掲注8（本書第2章54頁）、前掲注8（本書第3章64頁）、前掲注8（本書第8章212頁）参照。

権限付与が、初めからそして継続的にあることが重要なのだと、比較的信頼感をもって、思い切って述べることができる。「**比較的信頼感をもって**」というのは、この規範の例外にならざるをえないような複雑なことがほかにもなおあるからである。一例として、一定の状況（特に受認者が不誠実に辞任した場合）において、信認関係の終了後も受認者の責任は及ぶかもしれない。ほかには、まれな場合であるが、裁判所が、信認義務——と責任——を、法形式的には受認者として行為する権限がなかった者に課すことがあるだろう。例えば、事実上の受託者または取締役として行為をする者は、受認者としての行為をする権能を法形式的には与えられていないにもかかわらず、通常、法律上も受託者または取締役として扱われるであろう。このことは興味深い疑問をもたらすが、信認関係は、受認者の権限（権限の取得が違法または不適切であっても）に服する者の利益を保護する必要がある場合には、法形式的な権限付与とは無関係に信認関係があると認められうるというのが、適切な議論である。

VIII　結　論

　本章では、信認関係の存在を特定することと、信認関係の成立および終了について、統合的に概観してきた。裁判所が、信認関係の特定にあたって、地位に基づく方法と事実関係に基づく方法という2つの基本的な方法のいずれかを用いることを述べた。地位に基づく方法によれば、権威をもって受認者の地位が宣言されたとの認識に基づいて、その種類の関係の全てに受認者の地位が適用される。受認者の地位にあてはまらないところは、事実関係に基づく方法を用いて、裁判所は、一度限りの判断として、信認関係の一般的な性質を有することを理由に、個別の関係を信認関係であると特定できる。地位に基づく方法と事実関係に基づく方法は、ともに、類推による変形と定義による変形によって、判決の透明性と予測可能性が進展することは約束されており、特に定義による理由づけは、合理性と利点の両面でより優れていると論じた。信認関係の成立および終了に関する考察は、新たに複雑な問題をもたらすが、このような複雑な問題を統合的にみるならば、信認関係の権限に関する新たな理論が生まれることを示唆するものでもある。

謝　辞

　Rick Brooks、Daniel Clarry、Evans Criddle、Hanoch Dagan、Deborah DeMott、Josh Getzler、Dan Kelly、Sung Hui Kim、Lloyd Mayer、James Penner、Emily Sherwin、Rob Sitkoff、Henry Smith、Andrew Tuch、その他にも 2017 年 11 月に開催されたハーバード大学ロースクールでの「信認法の領域を探索する」ワークショップ参加者からのコメントに感謝する。

第20章 フィデューシャリーの忠実義務

ANDREW S. GOLD

I　はじめに

　忠実義務に関する最も有名な叙述はおそらく、*Meinhard v. Salmon* における Cardozo 判事の判決文であろう。すなわち、当事者が相互に信認義務を負う場合は「最も繊細な点を尊重する細やかさ」が行動基準となる[1]。このように忠実義務を理解すれば、これが些細な義務ではないことがわかる。しかし、Cardozo 判事の流麗な表現を少々時代がかっているとみる向きもあるかもしれないものの、Cardozo 判事の判決を全体として読むと常軌を逸しているようなところは全くない。忠実義務の説明は高い倫理性を帯びることが多く、裁判所も、フィデューシャリーに「最高度の誠実義務および忠実義務」を尽くすことを求めている[2]。多くの人々にとって、忠実義務の重要な特徴の1つは、前記の「最高度の誠実義務および忠実義務」という表現が意味するほどに特別に重い義務であるということにある[3]。

　裁判所がどのような言葉を用いるかはさておき、これらの義務には特徴的な点がある。すなわち、フィデューシャリーの忠実義務をめぐる判例のほとんどにおいて、利益の相反に基づく責任または義務の相反に基づく責任が問われている。これは、信託から代理、法人、金融アドバイザーと顧客の関係から医師と患者の関係に至るまでの関連分野に一貫して共通するテーマである。ある関係が信認関係に一括して分類されるか、または一括して信認関係に分類されずに信託、友情、脆弱性などに関わる個別具体的な事情次第で信認義務が問題となってくる関係であるかにかかわらず、利益相反禁止ルール（the no-conflict rules）が何らかの形で

---

1 ｜ 164 N.E. 545, 546（N.Y. 1928）.
2 ｜ Donahue v. Rodd Electrotype Co. of New England, Inc., 328 N.E.2d 505, 515（Mass. 1975）.
3 ｜ Edward B. Rock, Saints and Sinners: How Does Delaware Corporate Law Work?, 44 UCLA L. Rev. 1009, 1101-1103（1997）（信認義務に関する説明が道徳的指針となることを示唆）; Gregory Alexander, A Cognitive Theory of Fiduciary Relationships, 85 Cornell L. Rev. 767, 777（2000）（レトリックは、司法的行動にも影響するため重要であると説明）. But see Frank H. Easterbrook & Daniel R. Fischel, Contract and Fiduciary Duty, 36 J.L. & Econ. 425, 429（1993）（司法のレトリックの重要性を軽視）.

表れる。[4]利益相反禁止ルールは、フィデューシャリーの忠実義務が問題となる多くの事例において、忠実義務の適用の有無や適用のあり方を特定し、検討する際の指標となる。

フィデューシャリーの忠実義務についてさらに深く掘り下げてみると、この義務がその周辺領域において著しく多様性に富んでいることがわかる。受託者に求められることと取締役に求められることは同じではなく、取締役に求められることと代理人に求められることも同じではない。また、医師と患者の関係、弁護士と依頼人の関係または親子の関係に目を向ければ、その差異がさらに際立つともいえる。特に、忠実義務を単なる禁止的ルール（proscriptive rules）だけではなくそれ以外の義務を含む義務と理解すれば、このようなフィデューシャリーの忠実義務の内容の多様性もまた、忠実義務の基本的な特徴であると思われる。フィデューシャリーの忠実義務の内容および範囲は信認関係の種類によって異なり、それぞれの種類の信認関係の特性が反映される。このような差異が存在することは、フィデューシャリーの忠実義務について統一的な説明を試みる論者にとって相当難しい課題となっているし、また、フィデューシャリーの忠実義務についての説明の仕方に幅があり異なる理由の1つでもある。

フィデューシャリーの忠実義務の根本的な性質に関する考え方は様々であっても、忠実性の重要性は幅広く認められている。忠実義務は信認法の中核である。すなわち、忠実義務は、信認法の分野が際立った特性を有する要因の一部である。信認関係を起点として忠実義務を考えるか、または逆に忠実義務を起点として信認関係について考えるべきかについては、今もなお様々な説がある。[5]しかし、これらの議論があるものの、フィデューシャリーにとっての忠実義務の意味についてはより深い合意があることは明らかである。様々な法域および学説において、忠実義務は信認関係に不可欠な要素であるという基本的結論は共通している。[6]

---

4 | 個別具体的な事情次第で信認関係が問題となる事例については、本書第1章参照。

5 | James Edelman, When do Fiduciary Duties Arise?, 126 L.Q. Rev. 302, 316 (2010)（「特定の義務を負うとの判断がまずなされ、その帰結として『信認』というラベル付けがなされる」との見解を示す説）と、Paul B. Miller, Justifying Fiduciary Duties, 58 McGill L.J. 969, 978-979 (2013)（分析に際しては信認関係を個別の信認義務よりも優先的に考えるべきと示唆する説）とを比較。

6 | ただし、信認法において「忠実」と呼ばれるものは純粋な意味での忠実ではないと強く主張する説もある。See Stephen A. Smith, The Deed, Not the Motive: Fiduciary Law Without Loyalty, in Contract, Status, and Fiduciary Law 213 (Paul B. Miller & Andrew S. Gold eds., 2016). See also James Penner, Is Loyalty a Virtue, and Even If It Is, Does It Really Help Explain Fiduciary Liability?, in Philosophical Foundations of Fiduciary Law 159, 166-168 (Andrew S. Gold & Paul B. Miller eds., 2014)（忠実義務に関する常識的理解では、その概念はフィデューシャリーの負う責任の説明には不適切であることを示唆）。

本章ではまず、Ⅱでフィデューシャリーの忠実義務の主な特徴について、利益相反禁止ルール、すなわち利益の相反および義務の相反を禁止する原則に特に重点を置いて考察する。Ⅱではまた、誠実義務を含め、状況により忠実義務とみなされることのあるその他の信認義務についても論ずる。Ⅲでは、利益の吐出しによる救済など、その性質上、忠実義務に関連して認められる救済手段を取り上げる。Ⅳでは、フィデューシャリーの忠実義務の効果または範囲が修正される状況について考察する。これには、特定の信認関係の範囲および目的や、判例法や制定法における任意規定（legal default rules）の契約による修正などが含まれる。Ⅴでは、フィデューシャリーの忠実義務を１つのカテゴリーとして説明しようとする諸説を概観する。そしてⅥで結論を述べる。

Ⅱ　行動基準

A.　利益相反禁止ルール

　多くの人は、フィデューシャリーの忠実義務の核心が利益相反禁止ルールであることに議論の余地はないと考えている[7]。それはすなわち、典型的な事例では利益相反を回避する義務を意味する[8]。その理由は容易にわかることである。利益相反関係がある場合、不適切な意思決定や、経済学的観点からのエージェンシー・コストの増加を招く可能性が特に高い。しかし、最も顕著な相反の問題は利益相反であるものの、それが唯一の問題ではない。Paul Miller が述べている通り、実際には以下の２つの基本的規則が存在する。

> 　　第１に、フィデューシャリーは、自己の利益の追求と受益者の利益になるよう行動する義務の履行との相反を回避しなければならない（利益相反ルール：the conflict of interest rule)。第２に、フィデューシャリーは、自らが負う（フィデューシャリーとしての）他の義務と他者の利益を追求すべ

---

[7]　But see Lionel Smith, The Motive, Not the Deed, in Rationalizing Property, Equity, and Trusts: Essays in Honour of Edward Burn 53, 56 (2003)（「私の考えではむしろ、『利益相反回避義務』は信認義務を最も明らかに保護するものであるが、信認義務そのものではない」）。留意点として、利益相反禁止ルールのような基本的特徴も、不可欠な特徴とはいえない場合がある。See generally, Andrew S. Gold, The Loyalties of Fiduciary Law, in Philosophical Foundations of Fiduciary Law 176 (Andrew S. Gold & Paul B. Miller eds., 2014)（利益相反禁止ルールをフィデューシャリーの忠実義務に不可欠とされる要素の候補とみなすことについて疑義を提起）.

[8]　フィデューシャリーの忠実性は、忠実義務それ自体の遵守ではなくむしろ権限行使の要件の遵守を意味するともいわれている。See Lionel D. Smith, Can We Be Obliged to Be Selfless?, in Philosophical Foundations of Fiduciary Law 141, 152-158 (Andrew S. Gold & Paul B. Miller eds., 2014).

き義務との相反を回避しなければならない（義務相反ルール[9]：the conflict of duty rule）。

　状況によっては、信認関係において複数の相手方に対しての忠実さが求められることが普通にあるものの、原則として、忠実義務を負う場合、先に負っている忠実義務に反する新たな義務を引き受けることは禁止される[10]。

　利益相反がある場合にどのような結果となるかは、利益相反関係を有するフィデューシャリーの種類によって異なる可能性がある。信認関係の種類が異なれば、具体的な問題を法的にどのように取り扱うかもそれぞれ異なってくるものであり、その最もわかりやすい例は信託法と会社法における相違である。多くの場合、フィデューシャリーにとっての受益者の同意がある場合、または法律関係を規律する文書に基づく授権がある場合、利益相反取引が認められる。信認関係の中でも特にアメリカの会社法の場合には、取引の公正さも問題とされる。公正な取引であるという抗弁が主張された場合、裁判所は、利益相反の当事者であるフィデューシャリーの行動を注意深く精査し、大抵はフィデューシャリーによる意思決定について、手続と内容の両側面から公正さを検討する[11]。

　例えば信託法は、受託者に専ら受益者の利益を図ることを義務づける、専ら受益者の利益を図るルールを採用している[12]。このルールは、一定の利益相反取引は利益相反関係があるという事実のみで、それ以上の証明を要することなく無効とされるという「不探求」の原則によって補強されている[13]。専ら受益者の利益を図るルールは、様々な除外・例外のルールも認めている。例えば、委託者が利益相反関係の存在を予め認めている場合には、「不探求」ではなく取引の公正さの審査が行われる。すなわち、利益相反取引を一律に禁止するのではなく、一律禁止以外の方法による規制の対象とするのである[14]。とはいえ、専ら受益者の利益を図るルールは、周知の通り厳格なルールであり、場合によっては、信託の受益者に本当の意味で利益をもたらした受託者もその標的となる。

9 ｜ See Paul B. Miller, A Theory of Fiduciary Liability, 6 McGill L.J. 235, 257（2011）.
10 ｜ 義務の相反が想定される状況の良い例の１つは、社債証書に基づく社債権者と社債管理会社との間の信認関係である。See Steven L. Schwarcz, Fiduciaries with Conflicting Obligations, 79 Minn. L. Rev. 1867, 1870-1873（2010）.
11 ｜ 本書第４章 94〜96 頁参照。
12 ｜ See Restatement (Third) of Trusts §78 (Am. Law Inst. 2007)（専ら受益者の利益を図るルールを説明するもの）. これに関連して、本書第３章 65〜68 頁参照。
13 ｜ See Unif. Trust Code §802 cmt. (Unif. Law Comm'n)（「不探求」の原則を説明するもの）.
14 ｜ 様々な例外事項とそれらの重要性については、前掲注 12（本書第３章 67 頁）、John H. Langbein, Questioning the Trust Law Duty of Loyalty: Sole Interest or Best Interest?, 114 Yale L.J. 929, 963-980（2005）参照。

会社法は、少なくとも一定の条件を満たす状況のもとで利益相反取引を認めている（このような場合に問題となるのは多くの場合、裁判所が〔授権のあった取引に関し〕どのような審査基準を適用するかである）。利害関係がなく独立した取締役の過半数が利益相反取引を承認した場合や、そのために編成された委員会に決定を委ねる場合などがこれにあたる。取締役会が株主総会に取引の承認を求める場合も同様である。株主による事後承認も可能であり、この場合も前記のような授権された取引と類似する、考察を要する論点が出てくる。アメリカの各州法では、裁判所が「完全な公正性（entire fairness）」の基準を適用し、利益相反取引につき防御活動を行う当事者に公正性の立証責任を負わせることがある。完全な公正性の分析は包括的な吟味を必然的に伴うものであり、そこでは公正価格および公正取引の双方が分析の対象とされ、このうちいずれか１つの要因だけを充足しさえすれば責任が否定されることにはならない。

信認関係の種類によって懸念事項が異なり、それらの懸念事項が忠実義務の内容に影響する。例えば信託法は、財産がなくならないよう保全する役割を通常果たしてきたとともに、財産を譲与した委託者の意思を実効的なものとすることを重視する。一方、会社法は、株主の富の最大化を重要視する点が特徴的である。代理法は、代理人が本人の指示にきちんと従うことを重要視する。また、後見人に係る法は、自ら意思決定ができない（または意思決定ができたとしてもそのような意思決定が、有効な意思決定をする能力を認められるための法的な基準に適合しない）被後見人のために意思決定を行うことを多くの場合に求めている。このように信認義務が個々の状況に応じて異なる特徴をもつことは、様々な信認義務および信認義務以外の義務に関係するとともに、利益または義務の相反に対処するにあたって、法がどの程度柔軟であるか（または柔軟でないか）を説明する際にも

---

15 │ 前掲注 11（本書第 4 章 96 頁）参照。
16 │ 前掲注 11（本書第 4 章 96 頁）参照。
17 │ 前掲注 11（本書第 4 章 94〜96 頁）参照。
18 │ See Weinberger v. UOP, Inc., 457 A.2d 701, 711 (Del. 1983)（完全な公正性の基準を説明するもの）.
19 │ 慈善団体法のように広汎なフィデューシャリーを含む領域で、複数の形式による法人が包摂される場合は特に明白である。本書第 6 章 149 頁（公益信託は従来から専ら非営利組織の利益のためにのみ行動することを求めているが、その他の非営利組織には最善の利益の基準が適用されていると指摘するもの）参照。
20 │ 前掲注 12（本書第 3 章 61 頁）（「このような〔寄付を目的とし、取消不能な私的信託〕の使い途は、世襲財産をフィデューシャリーが継続的に管理することである」）参照。
21 │ 前掲注 11（本書第 4 章 88 頁）参照。
22 │ 本書第 2 章 41 頁（「本人が代理人を支配・監督する権利または権限を有するという要件がある点において、代理は他の信認関係と区別される」と指摘）参照。
23 │ 後見が問題となる場面での意思決定能力の重要性については、本書第 13 章 321〜322 頁参照。

役立つ[24]。

しかし、関係の種類のみが差異の原因ではない。取引に関わる事情もまた、利益相反への法的対応を決定づける要素となる。例えば、1つの取引につき双方の立場をとるフィデューシャリーが忠実義務違反に問われることもある。一般に、フィデューシャリーが受益者に財産を売却しようとした場合、または受益者の財産を自ら使用する目的で購入しようとした場合に、そのような状況が生ずる。当然のことながら、そのような場合には不適切な価格が設定されるおそれがあるし、より良い選択肢があるにもかかわらず受益者がそれを十分に知らされないおそれがある。また、本来は受益者が有する機会、または少なくとも受益者と共有すべき機会をフィデューシャリーが独占しようとする取引も同様である。このような場合の問題点は、受益者が不当な価格での取引や疑問の余地がある契約上の義務の負担を強いられることではない。そうではなく、受益者が全く知らないところで、かかる取引が行われてしまう点が問題である。

あるフィデューシャリーが1つの取引につき両方の側の立場をとる場合（利益相反取引と呼ばれることが多い）には通常、より形式的なルールが適用される。多くの事例において、制定法が適用される法の少なくとも一部となる[25]。ただし、ここでも、重要な利益相反とは何かが常に事前に明白になっているとは限らないため、どうしても不明確な領域が残る。それでもなお、ルールとその例外は比較的厳格に適用される。これと対照的に、フィデューシャリーが機会を奪った場合に適用になる法は、通常、〔形式的なルールではなく適法性の〕スタンダードのような形をとり、考慮すべき要素を列挙したうえで、これらを比較衡量することで判定される[26]。忠実義務に関する法理論は、しばしばルールとして明確化されるが、機会に関連する判例をみると、裁判所は、より柔軟で様々な要素を考慮したうえでの法的推論を用いる傾向がある[27]。

B. 利益取得禁止ルール（The No-Profit Rule）

ⅡAで述べた通り、利益相反禁止ルールには、利益の相反禁止と義務の相反禁止という2つの基本的要素がある。これらのほかにもう1つの利益相反を規制

---

24 | 例えば、会社法が、株主の同意があれば相反についてより緩やかに許容する取扱いは、株主の利益への配慮が関係している。前掲注11（本書第4章96～97頁）参照。

25 | See, e.g., Del. General Corp. L. §144.

26 | 標準的アプローチの好例として、See Broz v. Cellular Information Systems, Inc., 673 A.2d 148 (Del. 1996)（特定の要因のみを手がかりとすることなく、8要素基準を採用）.

27 | 前掲注11（本書第4章97頁）（公正性の基準を適用している法域もあることを指摘）参照。

するルールがある。それが利益取得禁止ルールであり、フィデューシャリーは、利益相反のある取引から利益を得てはならない。ただし、信認関係のもとでは多くの場合、フィデューシャリーがその関係から何らかの報酬を受領することが想定されており、報酬の額についても一定の柔軟性が認められている。その好例の１つが医師と患者の関係であり、法律上、通常、医師には診療報酬をある程度自由に決定することが認められている[28]。

　利益取得禁止ルールと利益相反禁止ルールの関係性については争いがある。例えば、Peter Birks の分析によれば、信認義務の核心は公平無私に行動する義務である。だとすればこれは利益取得禁止ルールに繋がる。Birks は、「公平無私に行動する義務は『利益取得禁止』義務に帰着し、この義務はより正確にいえば『授権されていない利得をしてはならない』義務であり、その大部分は『相反禁止』義務によって定義されるものであるし、かつ『相反禁止』義務がなければ一貫性を失うであろう」と述べている[29]。この観点からみると、利益相反禁止ルールには利益取得禁止ルールが含まれると理解するのが正しいということになる。一方、Lionel Smith は、利益取得禁止ルールは、利益相反禁止ルールとは異なる基礎を有すると主張する[30]。Smith の説によれば、利益取得禁止ルールは、（権利利益等の）帰属に関するルールであって、その基礎は、特有のものである[31]。

C.　誠実義務

　法域によっては、フィデューシャリーの忠実義務とは、利益相反禁止ルールを遵守することにほかならないと理解するのが最善とされているようである。これは、フィデューシャリーの忠実義務を禁止的な（proscriptive）義務と解する見方である。しかし、フィデューシャリーの忠実義務が規範的（prescriptive）と理解される重要な場面もある。学説も同様で、一部の学者は、忠実義務とは、フィデューシャリーが受益者の「最善の利益のために」なると自ら判断する通りに行動する義務を意味すると理解するのが最も正しいと考えている[32]。これは会社に関連

28　本書第 15 章 371〜372 頁（医師が通常、診療報酬を最小限とする義務を負わない状況を考察）等を参照。

29　Peter Birks, The Content of Fiduciary Obligation, 34 Israel L. Rev. 3, 10 (2000).

30　See Smith, supra note 8, at 150.

31　See Lionel D. Smith, Deterrence, Prophylaxis and Punishment in Fiduciary Obligations, 7 J. Equity 87 (2013).

32　See Smith, supra note 7.　フィデューシャリーは受益者の目的に沿うべきとする学説もある。See Arthur Laby, The Fiduciary Obligation as the Adoption of Ends, 56 Buff. L. Rev. 29 (2008).　あるいは、フィデューシャリーが熟慮した内容を何らかの形で具体化しなければならない。See Stephen R.

する場合の基礎的法原則としてもそうであり、フィデューシャリーの忠実義務は受益者の「最善の利益のために」行動する義務であると明示的に認めている法域がある[33]。誠実義務（duty of good faith）は、これらの状況における忠実義務のうち法的強制力を有する義務であり、単なるこうあってほしいという願望ではなく、法的効果のない行動基準でもない。

　この種の忠実義務を認める重要な判決がデラウェア州で出ている。特に影響力が大きいのは、2006年の *In re Disney Litigation* におけるデラウェア州最高裁判所の判決である[34]。デラウェア州最高裁判所は、「会社法におけるフィデューシャリーが負う誠実義務は、狭義の注意義務および忠実義務のみならず、真の忠実性に必要とされるあらゆる行為をすべき義務および会社とその株主の利益のために献身的に働くべきことを含むものである」と判示した[35]。また、デラウェア州最高裁判所は、不誠実とされるのがどのような場合か、否定表現による説明も加えている。

> 　誠実義務違反が認められるのはどのような場合かというと、例えば、フィデューシャリーが意図的に会社の「最善の利益」を促進すること以外の目的で行動した場合や、適用される法に違反する意図をもって行動した場合、または行為義務があることを知りながら意図的にこれを怠った場合であり、これらの場合にはフィデューシャリーが意識的に義務を無視したことが明らかである[36]。

　しかし、前記のように不誠実とされる場合の例示により誠実義務が説明されているからといって、裁判所が、「真の忠実性と献身性の基準」によって必要とされる行動をすべき誠実義務が存在すると理解していることを見逃してはならない。また、*Stone v. Ritter* では、このフィデューシャリーの誠実義務という概念が、

　Galoob & Ethan J. Leib, Intentions, Compliance, and Fiduciary Obligations, 20 Legal Theory 106 (2004).

[33] フィデューシャリーの誠実義務に関する分析については、本書第 40 章（未訳）Fiduciary Law, Good Faith, and Publicness 参照。明確な受益者が存在しない忠実義務もある。例えば、公益目的の信託の場合、忠実義務には抽象的な目的の遂行が含まれる場合がある。See Paul B. Miller & Andrew S. Gold, Fiduciary Governance, 57 Wm. & Mary L. Rev. 513 (2015)（かかる公益目的の信託の分野について議論するもの）。ただし、目的の遂行が、特定の受益者に対して忠実であることという形をとることもある。See Andrew S. Gold, Purposive Loyalty, 74 Wash. & Lee L. Rev. 881 (2017).

[34] 906 A.2d 27 (Del. 2006).

[35] See id., at 67（第 1 審裁判所の意見を引用するもの）。

[36] See id（第 1 審裁判所の意見を引用）。フィデューシャリーの誠実義務に基づき債務が発生する実際のリスクは限定的であることを知っておくことが重要である。本書第 46 章（未訳）Delaware Corporate Fiduciary Law: Searching for the Optimal Balance, at 874 と比較。

忠実義務のカテゴリーに属する副次的な義務として盛り込まれた。[37]

　フィデューシャリーの忠実義務の一部である誠実義務は、取締役が株主の「最善の利益のために」行動する義務を負うことを意味すると解釈されることが多い。しかし、この「最善の利益のために」行動する義務という概念には、複数のカテゴリーに属する誠実義務（および複数のカテゴリーに属する忠実義務）が含まれている。例えば、フィデューシャリーが実定法に違反することとなる行為をあえて行うことを決定した場合は忠実義務違反とみなされるが、かかる取締役の背信行為は、会社の利益に対する積極的な献身を怠った結果として行われるものとは限らない。[38] 同様に、法的な義務を意識的に無視することが、受益者の「最善の利益」を図らなかったことによる場合もあれば、そうでない場合もある。同じような理由で、株主に対する不誠実な行為も、必ずしも取締役が受益者の最善の利益を無視したことを意味するわけではない。しかし、いずれの場合も、これらの不正行為は忠実義務違反の一形態と理解されている。言い換えれば、デラウェア州におけるフィデューシャリーの忠実義務の理解には、受益者の「最善の利益のために」行為することを中核とする忠実義務のみならず、「正しくあること」という忠実性の概念が含まれているように思われる。[39] もっとも、フィデューシャリーが積極的に法律違反をしたり、株主に嘘をついたりした場合には、多くの場合（意図的であれ、自己欺瞞であれ）株主の「最善の利益」に反する行動をしたとみなされることになるだろう。

D.　開示義務

　開示義務は、必ずしも忠実義務の１つとみなされるものではないが、そのように理解されている場合もあるため、取り上げておく。情報を共有し、これを正確に共有する義務は、信認法の中心的要素であり、[40] 忠実義務を構成する場合もあれば、少なくとも忠実義務と密接に関連する場合もある。その顕著な例はアメリカ

---

37 | 911 A.2d 362 (Del. 2006). 誠実義務違反は（デラウェア州以外でも）忠実義務違反とみなされる可能性があるという主張については、Lionel Smith, Aspects of Loyalty 21, https://ssrn.com/abstract=300989 参照。

38 | この点の議論については、Andrew S. Gold, The New Concept of Loyalty in Corporate Law, 43 U.C. Davis L. Rev. 457, 473-477 (2009) 参照。

39 | See id. at 488-494. 関係を規定する諸条件の遵守を重視する「忠実性」に関する学説については、Matthew Harding, Disgorgement of Profit and Fiduciary Loyalty, in Equitable Compensation and Disgorgement of Profit 19, 20-27 (Simone Degeling & Jason N. E. Varuhas eds., 2017) 参照。

40 | See Richard R. W. Brooks, Knowledge in Fiduciary Relations, in Philosophical Foundations of Fiduciary Law 225 (Andrew S. Gold & Paul B. Miller eds., 2014).

の会社法である[41]。

しかし、開示義務の正確な分類には注意を要する。開示義務を忠実義務の1つと位置づけることの是非につき定説は未だないというべきだろう。開示が忠実性に関わる問題とみなされているのは一部の法域のみである[42]。また、一部の裁判所は、受益者に対して情報を正確に開示しなかった場合、背景事情しだいで忠実義務違反にあたることもあれば注意義務違反にあたることもあると判示している[43]。例えば、取締役が不注意により株主への通知書等に特定の情報を記載し忘れた場合は、単なる注意義務違反とみなされる可能性がある。一方、その記載漏れが利益相反を伴う場合には、当該取締役の忠実義務違反と解釈されることもありうる。

E.　その他の義務との関連性

忠実義務とその他の義務との関連性については多くの議論がある。場合によっては、どの法域について考察するかで回答が異なる。また、具体的にどのような義務が問題となるかにもよる。例えば、ⅡDで述べた通り、開示義務は一部の法域および状況によっては忠実義務とみなされ、その他の法域および状況では忠実義務とはみなされない。また、忠実義務に該当しない義務が忠実義務を補完するという考え方をとったとき、それらの忠実義務に該当しないが忠実義務を補完する義務の取扱いは様々である。一部の法域では注意義務が信認義務の1つとされ、別の法域ではそうではない[44]。このように、忠実義務と注意義務の概念上の関連づけは、注意義務の適切な特徴づけをどのように考えるかによって、ある程度決まるものともいえよう。

注意義務が性質上、信認義務に該当するとされる法域では、信認義務のうちの1つを他のあらゆる信認義務の根拠とする説がある[45]。この観点からみると、（利

---

41 | 前掲注11（本書第4章103頁）参照。
42 | 本書第30章（未訳）Fiduciary Principles in Contemporary Common Law Systems, at 571（開示義務がフィデューシャリーの積極的義務というよりはむしろフィデューシャリーが責任を負うことがないよう保護する仕組みであるとみなされる状況を説明するもの）参照。前掲注11（本書第4章103頁）（会社法上の開示義務を注意義務、忠実義務または誠実義務の枠組みに該当する信認義務として説明するもの）と、前掲注19（本書第6章150頁）（情報の非開示について忠実義務の観点から説明するもの）とを比較せよ。
43 | See Zirn v. VLI Corp., 681 A.2d 1050, 1062 (Del. 1996).
44 | 忠実義務が唯一の信認義務とされる法域と、そのようなアプローチの実際的理由に関する分析については、前掲注42（本書第30章（未訳））at 574-576参照。注意義務が信認関係に特有なものであるか否かについては、本書第21章502～505頁参照。
45 | See Claire A. Hill & Brett H. McDonnell, Disney, Good Faith and Structural Bias, 32 J. Corp. L. 833, 855 (2007).

益相反の観点から理解されている）忠実義務、注意義務および誠実義務はいずれも、本人の「最善の利益のために」行動するという包括的義務を具体化したものである。注意義務が信認義務に該当しないとされる法域では、フィデューシャリーの忠実義務が、信認義務に該当しないその他の義務を適切に遵守させることを目的とした予防的義務であるとの理解も可能である。例えば、Matthew Conaglen はこの見解をとっている[46]。その立場によれば、忠実義務は、フィデューシャリーが忠実義務以外の義務に違反しようとするインセンティブを変化させる、という独特な役割を果たすとされる。

しかし、忠実義務とフィデューシャリーのその他の義務との間には概念上の関係以上のものがある。すなわち注目すべきこととして、その他の義務の内容が忠実義務により形作られているといえるかもしれない。例えば、代理人の主要な義務は本人の指示に従うことである。Deborah DeMott が述べている通り、本人の指示を正しく解釈するという代理人の職務を正しく行うためには、代理人の忠実義務の教えに従わなければならない[47]。もっとも、もう１つの留意点として、代理人が本人の指示に従う義務を負う点で、この信認関係は、忠実なフィデューシャリーが受益者のためパターーナリスティックに行為すべきとされる信認関係とは異なっている。（代理人と本人との関係における）忠実性を「最善の利益」の追求と同一のものとみなすと、フィデューシャリーの本人の指示に従う義務は、「最善の利益」を追求するためフィデューシャリーがとっても良い手段を限定することになり不合理である[48]。

同様に興味深い問題として、契約または不法行為法上の義務に忠実義務が優先する場合のように、フィデューシャリーの忠実義務が信認義務に該当しないフィデューシャリーの義務を排除するか、そのような排除がなされるのはどのようなときか、という論点がある。信認義務は、しばしば契約上の義務に優越するが、その理論的説明は、契約が受益者の「最善の利益」に配慮しなければならないというフィデューシャリーの責務を制限するのは不適切だというものである[49]。かか

---

46 | Matthew Conaglen, Fiduciary Loyalty: Protecting the Due Performance of Non-Fiduciary Duties, 62 (2010).

47 | 前掲注 22（本書第 2 章 51 頁）; Deborah A. DeMott, The Fiduciary Character of Agency and the Interpretation of Instructions, in Philosophical Foundations of Fiduciary Law 321, 321（Andrew S. Gold & Paul B. Miller eds, 2014）参照。

48 | 忠実義務との間に共通点があるもう１つの重要な義務は、公平義務である。信託法に関連する議論について、前掲注 12（本書第 3 章 76～78 頁）参照。

49 | See Paramount Communications, Inc. v. QVC Network, Inc., 637 A.2d 34, 51（Del. 1994）（「契約またはその条項により、取締役会が信認義務の行使を制限される形で行動する義務または行動しない

る場合において、忠実義務は、フィデューシャリーの損害賠償責任の根拠となりうるのみならず、契約当事者以外の第三者に与えられる契約上の権利の成立を制約する要因となる。また、忠実義務が存在することによって、忠実義務がなければフィデューシャリーが第三者に対して不法行為法上の注意義務を負うような場合において、そのような注意義務の成立が制限される可能性がある。このような可能性があるのは、セラピストが子供を治療することにより、その子供の両親の利益を害する結果となることが想定される場合など、「三者間の不法行為（triangular tort）」に該当する事例においてである。[50]

　フィデューシャリーの忠実義務を、法的な義務に該当しない義務の観点から理解すること、すなわち、社会規範の観点、道徳的な義務の観点もしくは美徳の観点から忠実義務を理解することも可能である。[51]フィデューシャリーの忠実義務と、忠実性に係る法の枠を超えた理解との関係についての論稿が、近時多く発表されており、これには法的な忠実義務と道徳的な忠実義務との関係性を論じたものが含まれる。フィデューシャリーの忠実義務の内容を、道徳的に美徳とされる忠実性に照らして解釈する見解がある。[52]他方で、道徳的な忠実性は（いくつかの点で）信認法に馴染まないとする見解や、（法により）強制される忠実性は真の忠実性それ自体とは異なるのではないかとの指摘もある。[53]また、フィデューシャリーの忠実義務は、法の枠外での忠実性に関する一定の理解（法の枠外の理解が道徳的なものであろうとなかろうと）に呼応するものであるし、あるいは呼応すべきであるとの見解もある。[55]さらに、忠実義務に対する法的理解と道徳的な理解との間に乖離があるとして、裁判所が道徳的な表現を用いることも考えれば、道徳的な理解とかけ離れた忠実義務の法的理解をすることは問題であるという見解がある。[56]

義務を負うとされる場合、当該契約または条項はその範囲で無効かつ実施不能となる」）。この事件の詳細な分析については、前掲注 36（本書第 46 章（未訳））at 886 参照。

50　See John C.P. Goldberg & Benjamin C. Zipursky, Triangular Torts and Fiduciary Duties, in Contract, Status, and Fiduciary Law 239（2016）. 前掲注 44（本書第 21 章 505 頁）も参照。

51　本書第 42 章（未訳）Fiduciary Law and Social Norms 参照。

52　See, e.g., Irit Samet, Fiduciary Loyalty as Kantian Virtue, in Philosophical Foundations of Fiduciary Law 125（Andrew S. Gold & Paul B. Miller eds., 2014）.

53　See Paul B. Miller, Dimensions of Fiduciary Loyalty, in Research Handbook on Fiduciary Law（D. Gordon Smith & Andrew S. Gold eds., 2018）.

54　See Avihay Dorfman, On Trust and Transubstantiation: Mitigating the Excesses of Ownership, in Philosophical Foundations of Fiduciary Law 339, 347（Andrew S. Gold & Paul B. Miller eds., 2014）.

55　Andrew S. Gold, Accommodating Loyalty, in Contract, Status, and Fiduciary Law 185, 201（Paul B. Miller & Andrew S. Gold eds., 2016）.

56　See Lyman Johnson, After Enron: Remembering Loyalty Discourse in Corporate Law, 28 Del. J. Corp. L. 27（2003）.

Ⅲ　救済手段

　忠実義務違反があった場合、通常の補塡損害賠償が請求されることが多く、かかる場合について解説すべき内容は、私法におけるその他の事例と同様のものでしかない。しかし、忠実義務違反につき独特の救済が認められる状況もある。忠実義務違反があった場合は一般的に利益の吐出しが求められるが、信認法の適用されない分野では、利益の吐出しという救済が適用されるのは例外的な場合に限られる[57]。したがって、フィデューシャリーの忠実義務を理解するためには、利益の吐出しという救済の性質と、かかる救済が採用される理由を理解する必要がある。

　重要な点の1つは、利益の吐出しが適用される可能性のある状況が多岐にわたることである。また、注目すべき特徴として、この救済手段は妥協を許さぬ厳格なものであり、利益相反を伴うフィデューシャリーの行動が受益者に全般的には利益をもたらしている場合であっても、また、受益者の「最善の利益」の実現を図ることをフィデューシャリーが真に目指していた場合であっても、この救済が適用される[58]。忠実義務違反に対する利益の吐出しという救済は、契約法などの他の私法の分野における救済法理が適用になる場合と比較して、より厳格に適用されているといってよい[59]。実際、忠実義務に違反した当事者に対する影響を考慮し、利益の吐出しは、信認法が〔契約法とは異なり〕効率的違反の概念を拒否していることを示すものとみなされることもある[60]。

　利益の吐出しの論理的根拠には諸説ある。ある有力な説によると、利益の吐出しによる救済は、フィデューシャリーが忠実に行動する動機を創り出すことを目

---

[57] この救済手段の適用に関する法域ごとの相違点および信認関係に該当しない状況での適用の分析については、前掲注42（本書第30章（未訳））at 576-578 参照。例えば、信認関係が成立する特定の状況については、前掲注11（本書第4章106頁）（会社法）、前掲注22（本書第2章57頁）（代理法）参照。ただし、信認関係が成立する状況によっては、忠実義務違反に対して使える救済手段が極めて限定的なこともある。前掲注28（本書第15章369頁）（医師と患者の関係）、本書第12章302頁（婚姻法）等を参照。

[58] 外見上は誠実にふるまったフィデューシャリーが受益者に利益をもたらしたのに信認義務違反が認められた、古典的な例の1つは、In re Will of Gleeson, 124 N.E.2d 624（Ill App. Ct. 1955）である。また、イギリスで著名な判例として、Boardman v. Phipps, [1962] 2 AC 46（HL）がある。

[59] Emily Sherwin, Formal Elements of Contract and Fiduciary Law, in Contract, Status, and Fiduciary Law 167, 180 (Paul B. Miller & Andrew S. Gold eds., 2016).

[60] See Daniel Markovits, Sharing Ex Ante and Sharing Ex Post: The Non-Contractual Basis of Fiduciary Relations, in Philosophical Foundations of Fiduciary Law 209, 209 (Andrew S. Gold & Paul B. Miller eds., 2014).

的としている[61]。Robert Cooter および Bradley Freedman はこの観点から、利益の吐出しによる救済が横領への抑止力となると考えている[62]。この見解によれば、利益を全て吐き出させても不十分な場合もありうるが、その他の法的原則と組み合わせることにより、利益の吐出しは抑止力として機能しうる。また、効率性の観点から利益の吐出しを支持する説もある。例えば、Robert Sitkoff が言う通り、この救済手段は罰則的な任意規定（penalty default terms）の観点から理解できる[63]。他方で、利得の吐出しという救済が適用される状況において、かかる救済を抑止効果で説明する分析について極めて懐疑的な見解もある。Lionel Smith は、利益の吐出しによる救済手段を抑止効果に基づいて説明しようとする見解には問題があると述べている[64]。彼の理解によれば、利益の吐出しは一種の予防策である[65]。また、Paul Miller は、判例法の理解として、利益の吐出しを忠実義務違反に対する救済手段の一形態とみなしている[66]。

　さらに議論を呼ぶであろうが、利益の吐出しを懲罰的救済手段とみなす論者もいる[67]。利益の吐出しは、信認義務違反に対し懲罰的な救済手段が認められることもありうることを指し示す、唯一の独特な制度とまではいえない。忠実義務違反が認められた場合に、売却時から公判終結時までの財産価値の上昇分も含めて損害額を算定した判例がいくつかある。有名な *Rothko* 事件もその１つである[68]。また、裁判所が、忠実義務違反に対し通常の懲罰的損害賠償を命じた事例もある。

---

61 ｜ 経済的観点からの詳細な分析については、本書第 35 章（未訳）The Economics of Fiduciary Law, at 679 参照。

62 ｜ See Robert Cooter & Bradley J. Freedman, The Fiduciary Relationship: Its Economic Character and Legal Consequences, 66 N.Y.U. L. Rev. 1045（1991）.

63 ｜ See Robert H. Sitkoff, An Economic Theory of Fiduciary Law, in Philosophical Foundations of Fiduciary Law 197, 207（Andrew S. Gold & Paul B. Miller eds., 2014）（当該救済手段を「開示を促す罰則的な任意規定」と特徴づけている）. See also Michael Whincop, Of Fault and Default; Contractarianism as a Theory of Anglo-Australian Corporate Law, 21 Melbourne U.L. Rev. 187, 199-200（1997）（フィデューシャリーによる信託財産の購入の禁止を罰則的な任意規定の観点から分析するもの）; Colaglen supra note 46, at 219-220.　あるいは、当該救済手段は、日和見主義に対する懸念への 2 次的反応の 1 つとみることもできる。本書第 39 章（未訳）Fiduciary Law and Equity, at 759 参照。

64 ｜ See Smith, supra note 31. See also Penner, supra note 6, at 175.

65 ｜ See Smith, supra note 31. See also Irit Samet, Guarding the Fiduciary's Conscience―A Justification of a Stringent Profit-stripping Rule, 28 Oxford J. Legal Stud. 763（2008）.

66 ｜ See Paul B. Miller, Justifying Fiduciary Remedies, 63 U. Toronto L.J. 570, 612-617（2013）.

67 ｜ See Cooter & Freedman, supra note 62, at 1074-1075.

68 ｜ See In re Estate of Rothko, 372 N.E.2d 291（N.Y. 1977）. See also Cinerama, Inc. v. Technicolor, Inc., 663 A.2d 1134, 1146（Del. Ch. 1994）（会社法上の取消しに代わる損害賠償（rescissory damages）の根拠を理論化し、Rothko 事件を引用するもの）. Rothko 事件に関する詳細な議論については、前掲注 12（本書第 3 章 86 頁）参照。

しかし、懲罰的損害賠償はエクイティ裁判所では伝統的な判決とはいえず、懲罰的損害賠償を適用できるという考え方を拒否する裁判所もある。[69]法域によっては、このように他の不正行為に対して適用可能な種類の救済手段に訴えることができない点が、むしろフィデューシャリーの忠実義務の特徴といえるかもしれない。

Ⅳ　忠実義務が修正される状況

A.　契約による変更および免除

　忠実義務をどの程度まで変更または排除できるかは状況によって異なる。例えば、信託法、会社法、組合法および代理法においては、フィデューシャリーが忠実義務を課される。[70]それでもなお、忠実義務から導かれる個別的な義務は、一定の条件を満たす状況では任意の義務とされることが多い。オプトアウトに関するルールは状況によって異なり、多くの場合、忠実義務の修正の可否は、法により慎重に制限されている。信託法は、利益相反禁止ルールの適用につき、事前および事後に、一定の制限を加えることを認めている。[71]また、デラウェア州会社法は、会社の機会の法理（corporate opportunity doctrine）の適用を受けない機会につき、それがどのよう場合であるかを、定款で明確に定めておくことを認めている。[72]組合法も、例外が「明らかに不合理」ではないことを前提として、〔忠実義務の問題にはならない機会に関し〕明確な定めを置くことを認めている。[73]しかし、通常、忠実義務には変更することのできない中核部分が存在する。

　注目すべき例外の１つは、デラウェア州の LLC（limited liability company）である。LLC は、誠実義務および公正取引義務を定める契約の規定（これらは信認義

69　法域も同様に重要であり、オーストラリアの裁判所は、フィデューシャリーに関連する状況での懲罰的損害賠償による救済手段を認めていない。前掲注 42（本書第 30 章（未訳））at 579 参照。個別の信認関係のあり方も〔懲罰的損害賠償の適用に〕関連性を有することがある。信託法に関連する状況での有益な分析については、Samuel L. Bray, Punitive Damages for Trustees?, in Research Handbook on Fiduciary Law（D. Gordon Smith & Andrew S. Gold eds., 2018）；前掲注 12（本書第 3 章 86 頁）参照。

70　信託法の場合については、本書第 23 章 547～548 頁参照。

71　前掲注 70（本書第 23 章 551 頁）（利益相反禁止ルールを緩和し、本来は違法とされる行為を許可することが可能であるという認識を示す一方、「かかる禁止的ルールそれ自体の適用を完全に排除することはできず、断続的に適用され続ける」と述べている）参照。前掲注 12（本書第 3 章 80～84 頁）（信託法の強行規定および任意規定を説明）参照。

72　See Del. Gen. Corp. L. §122(17). 考察については、前掲注 11（本書第 4 章 103～104 頁）参照。

73　See Revised Uniform Partnership Act §103（Unif. Law Comm'n）. また、本書第 5 章 133 頁参照。ただし、Revised Uniform Partnership Act（改定統一組合法）自体にも、本来パートナーの忠実義務とされる事項に対する制限となりうる規定がある。前掲（本書第 5 章 118～119 頁）参照。

務とは同一ではない）を必ず置くよう義務づけられているが、信認義務を修正し、さらには最終的に排除することさえも認められている。LLCは現在、契約に親和的な性質を有するにもかかわらず、信認関係を出発点としつつ別段の定めによりこれを排除する選択を可能とした形態と理解されている[74]。それでも、完全に信認関係を排除する選択の自由を認めたことはやはり革新的である。とはいえ、完全な信認義務の免責を認めているのはデラウェア州のみではない。もう1つの例外は、イギリスの有限責任組合（limited liability partnership; LLP）である。Christopher Burnerが述べている通り、これらの組合はデラウェア州のLLCの一歩先を行き、メンバー間で信認義務を負わないという任意規定を採用している[75]。

　状況によってフィデューシャリーの忠実義務を完全に排除できることが明白であるとすれば、同様に、この義務が特定の関係のもとで強行的とみなされる場合があることも明白なはずである。忠実義務が強行的とみなされる分野の明らかな例の1つは信託法である[76]。これは、信認義務について契約論的アプローチを展開してきた、法と経済学の立場からは、理論的に問題だと考えられている[77]。しかし、強行規定としての忠実義務は必ずしも信認法を経済学的な観点から説明する見解にとって困難な問題ではなく、Robert Sitkoffが力説している通り、その強行規定としての性格は、保護または警告の機能やカテゴリー化の機能によって正当化できるものである[78]。情報コストは、とりわけ設立に登記を要しない信託や団体については、信認義務を強行規定とする論拠となるだろう。

　一定の状況では、忠実義務は単に強行規定の性質を有するのみならず、該当する法律関係にとって不可欠の構成要素とされる。この場合、強行規定の根拠は単なる政策上の問題ではなく、ある関係が一定の法的位置づけを有するということが何を意味するかについての考え方を反映するものとなる可能性がある。代理とされる関係は、忠実性を要求されていなければ到底、代理関係とはいえない[79]。信

---

74 | 前掲注73（本書第5章116頁）参照。

75 | See Christopher M. Burner, Opting Out of Fiduciary Duties and Liabilities in U.S. and U.K. Business Entities, in Research Handbook on Fiduciary Law（D. Gordon Smith & Andrew S. Gold eds., 2018）.

76 | 前掲注12（本書第3章80〜82頁）（信託法上の強行的規律としての信認義務を取り上げている）参照。

77 | その代表例は、Easterbrook & Fischel, supra note 3 である。

78 | See Sitkoff, supra note 63, at 204-206（フィデューシャリーに関する強行規定の経済学的基礎を説明するもの）.

79 | See Restatement (Third) of Agency §8. 06 cmt. b（Am. Law Inst.）; Demott, supra note 47, at 329（「本人と代理人との間で事前に、本人が代理人に忠実義務を求めないことに同意している場合、その同意は無効であるか、または両者の間に代理関係以外の法律関係を成立させることとなる」）.

託法にも同様の特徴がある。[80]しかし、このような理解は信認法の全てにあてはまるわけではない。前記の通り、デラウェア州のLLCは、契約により忠実義務を排除することができるものの、任意規定としては信認関係である。LLCから忠実義務を排除したときにLLCがLLCでなくなってしまうわけではない。とはいえ、ある特定の法律関係が忠実性を前提としていないとしても、その関係が信認関係と認められるために忠実性が必要とされる場合もある。

　前記とは異なるが関連性のある問題は、信認義務にはそもそも契約的根拠があるかという点である。信認義務は契約的なものではありえないと主張する論者も、信認義務が同意から発生する可能性があることは否定しないが、それでもこのような論者は、合意により成立した信認義務であってもそれが契約的なものといえるかについて疑問を呈する。[81]しかし、裁判所がフィデューシャリーの忠実義務を契約から生じたものと認めた事例がいくつかある。例えば、LLCに関わる事例において、デラウェア州最高裁判所は、契約により信認義務が課されうることを明示的に認めている。[82]また、オーストラリアの判例法において契約が信認義務の内容を構成する基盤としての役割を果たすことがあると示唆する説もある。[83]フィデューシャリーの忠実義務が契約から生ずる可能性を否定する見解が相当であるか否かの評価は、問題となる法域および信認関係が何であるか次第で異なることもあろう。

B.　複数の受益者

　受益者が複数存在する場合には前記とは別の問題が生ずるが、ここでもやはり、複数の受益者がいる状況においては標準的な忠実義務を修正する作業が必然的に行われる。受益者が複数存在する場合、ある受益者にとって「最善の利益」となる決定が別の受益者にとっての「最善の利益」ではないということがしばしばあ

80　前掲注70（本書第23章550頁）参照。前掲注12（本書第3章61頁）（「信託がまさに信認関係という性格を有することは、その定義に表れている」）も参照。Sitkoff, supra note 63, at 205（「この見解によれば、信認義務は、一定の法的なカテゴリー（信託および代理など）に不可欠な構成要素の1つである」）（Restatement（Third）of Trusts §78 cmt c（2）（Am. Law Inst.）を引用）; Dorfman, supra note 54, at 355.

81　See Markovits, supra note 60, at 221（婚姻関係の例を引いて説明）. 留意点として、配偶者の忠実義務の内容は、歳月をかけて相当な発展を遂げてきたものである。その考察については、前掲注57（本書第12章303～304頁）参照。

82　Gatz Properties, LLC v. Auriga Capital Corp., 59 A.3d 1206, 1212-1223（Del. 2012）.

83　契約が信認義務の基盤となる可能性を示唆するオーストラリアの判例に関する分析については、Matthew Harding, Fiduciary Undertakings, in Contract, Status and Fiduciary Law, 71, 80-81（Paul B. Miller & Andrew S. Gold eds., 2016）参照。

る。「最善の利益」を例えば富の最大化のような曖昧な意味に定義したとしても、受益者間で「最善の利益」が衝突する可能性がある。

　義務の相反を禁止するルールは、受益者が複数となる可能性を限定しうるが、常にそうとは限らない。場合によっては、信認関係が複数の受益者の存在を想定することもある。例えば、会社には多数の株主の存在が想定されており、当然ながら、それらの株主が皆同じ利益を共有するわけではない。また、新株発行の都度、既存の株主に対する義務と相反する可能性のある新たな信認義務が生ずるともいえよう。破産法は、義務の相反が生ずる可能性のある特に顕著な例である[84]。また、国家のような公的フィデューシャリーもこの問題に直面しており、しかも多くの場合、どの当事者を受益者とみなすべきかの判断が困難であるという別の問題が伴う[85]。

　場合によっては、これらの義務を階層化することで前記の問題に対応できる可能性がある（例えば、普通株式保有者は常に信認義務の恩恵に浴する一方、優先株式保有者がこの恩恵を享受できるのは例外的な場合に限られる[86]）。しかし、このように義務を階層化するという選択肢を常に実行できるわけではなく、複数の受益者それぞれに対して負う受益者の最善の利益を図る義務が相反することは避けられない。このような利益相反が存在する場合の解決策の1つは、忠実義務とは、受益者を公正にかつ合理的に取扱うべき要請に他ならないと理解することである。もう1つの解決策は、公平義務を課すことである[88]。その場合、受益者個々の利益に対する十分な配慮を示せば足りる可能性がある[89]。あるいは、法の支配を強調するアプローチ、または利益相反を重視するアプローチもしくは良心的であること（conscientiousness）を要求するというアプローチもありうる[90]。フィデューシャリーは、受益者の目的を実現するために真に努力したことを証明する義務を課される可能性が高いが、このような要請は、専ら受益者の利益を図る義務と同一のものでは

---

84 ｜ 本書第11章274～275頁を参照。
85 ｜ この複数の受益者の問題に対応するための戦略については、本書第17章421～424頁を参照。
86 ｜ 前掲注84（本書第11章276～277頁）（優先順位について説明するもの）参照。
87 ｜ See Evan Fox-Decent Sovereignty's Promise: The State as Fiduciary 35 (2011). 開示義務についてもこれと関連する問題がある。本書第9章229頁（「コストと便益のバランスをどうとるかという点で、年金プランの複雑さと加入者の個々の環境を踏まえると、開示の要求は無限に近いものになりかねない」）参照。
88 ｜ 信託法に関わる場合の分析について、前掲注12（本書第3章76頁）参照。Sitkoffが述べている通り、この義務は平等を求めるものではなく、むしろ「信託条項において委託者が定める各々の受益者の利益に十分に配慮すること」を求めるものである。同（本書第3章76頁）参照。
89 ｜ 前掲注12（本書第3章76頁）（信託法におけるこのアプローチを説明するもの）参照。
90 ｜ 前掲注85（本書第17章421～424頁）参照。

ない。[91]

　公平義務は、受益者が複数存在する場合の対応策としては古典的な手法の1つである。とはいえ、信認関係によっては、フィデューシャリーが、限定された条件を満たすとき、一部の受益者の利益に反することを承知で行動することが認められる場合がある。[92]また、公平性の要件は、信認関係ごとに異なる可能性がある。[93]公平性へのアプローチに対する統一的な解答は存在しないように思われる。要するに、複数の受益者が存在する関係においてどのような法的取扱いがされることになるかは、その関係が生ずる場面によって異なる。

C.　適用に影響するその他の要因

　忠実義務の内容を理解するために、忠実義務の適用のあり方に影響を及ぼすその他の要因を勘案すべき場合もある。それらの要因には、フィデューシャリーおよび受益者について推定される選好および実際の選好、信託法における委託者や後見人制度における国家のような第三者の選好、エージェンシー・コスト、情報コストまたは裁判手続上の誤りに伴うコストおよび公共政策に関わる事項などがある。紙面の都合上、その各々を詳しく考察することはできないが、忠実義務の内容に関連する主なカテゴリー、すなわち信認関係の範囲、信認関係の目的および受益者の脆弱性を考察することは有益と思われる。

　信認関係の範囲は、忠実義務が多様なものになりうる基本的要因である。例えば、ジョイントベンチャーと無限責任組合との主な違いは、ジョイントベンチャーにおいては利害関係が結合する範囲がより狭いことにある。そのため、フィデューシャリーの忠実義務の適用範囲も狭くなる。このような多様性は代理法の分野でもみられ、問題となっている代理関係の内容次第で、忠実義務の内容がある程度決まる。[94]ここでも、信認関係の範囲がフィデューシャリーの負う義務に影響する可能性がある。忠実義務の内容そのものが信認関係の範囲次第で異なってみえるわけではないが、忠実義務に影響を与える事実関係のパターンは、このように忠実義務には状況により影響されやすいという特徴があるため、様々に異なっ

---

91 | See Paul B. Miller, Multiple Loyalties and the Conflicted Fiduciary, 40 Queen's L.J. 301 (2014).
92 | See Orban v. Field, 1997 WL 153831, at *8 (Del. Ch. 1997) (Allen, Ch.) (取締役会は「より大きな利益」のために誠実に行動する限り、普通株主の利益に反する行動をすることを認められると判示).
93 | See Robert H. Sitkoff, An Agency Costs Theory of Trust Law, 89 Cornell L. Rev. 621, 651-652 (2004) (それらの差異を指摘するもの).
94 | 前掲注 22 (本書第 2 章 43 頁) 参照。

たものとなりうる。

　信認関係の目的は、その関係が何を目標またはゴールとするかに関わる問題である。この問題が忠実義務の内容を形作る際に重要な意味をもつような分野もある。特に、何がある者にとって法的に最善の利益とみなされるかは、信認関係の状況によって異なる。これは、単に人によって幸福とは何かが異なるという考え方を反映してではなく、ある信認関係の明確な目的が何であるかの帰結である。例えば、医師と患者の関係における忠実義務は脆弱性の観点から説明可能であるが、忠実義務がなぜ正当化できるかを、医師と患者との間の関係性がそもそも存在した理由に照らして説明すべき場合もある。医師が〔患者に対する〕信認義務として投資顧問の義務を負わない理由は、患者が金融の分野で脆弱ではないこと（ただし、そうとは限らない）ではない。これは、医師と患者の関係の目的が金融の分野と直接的に関係するものではないからである。[95]

　金融面が重視されない関係もあれば、他の要素を全て排除して金融面に集中する関係もある。会社法は、説得力のある実例を示している。それはすなわち、株主の最善の利益は富の最大化であるという古典的な理解である。同様に、金融アドバイザーの助言は、受益者が立派な徳を積むなどといったことよりも、受益者に金融取引における成功をもたらすことを目的としていると理解できる。留意点として、より幅広い視野でみれば、前記のような金融アドバイスの目的は、受益者の人生における金融取引以外の様々な事柄であって、価値あると思う事柄に専念できるようにすることだとも考えられる。[96]ただし、最善の利益の意味は、信認法の各分野で定型化され、対象となる信認関係の目的に応じたものとなっている。したがって、会社法のもとでは、最善の利益は経済面（特に、富の最大化）を重視したものとなる。

　前記の通り、脆弱性も重要な要因の1つである。信認関係においては〔フィデューシャリーが〕幅広い裁量を有するという特徴があるため、支配的な行動のリスクを含む、ある種の脆弱性が必然的に生ずる。[97]このような脆弱性という特徴が

95　医師と金融に関する助言の問題については、前掲注 28（本書第 15 章 372～373 頁）参照。ただし、状況によっては、金融アドバイスに信認義務が適用される場合もある。本書第 8 章 191～194 頁（投資顧問に関わる忠実義務を説明するもの）参照。

96　See Hanoch Dagan & Sharon Hannes, Managing Our Money: The Law of Financial Fiduciaries as a Private Law Institution, in Philosophical Foundations of Fiduciary Law 91, 104–105 (Andrew S. Gold & Paul B. Miller eds., 2014).

97　支配的な行為の抑止という観点からフィデューシャリーの忠実義務を正当化したものとして、Evan J. Criddle, Liberty in Loyalty: A Republican Theory of Fiduciary Law, 95 Tex. L. Rev. 993 (2017) 参照。

あることは、信認法の全般にわたって忠実義務が認められることの説明に役立つ
かもしれない。しかし、脆弱性は程度の問題であり、脆弱性を制限するためのメ
カニズムも同様に信認関係の状況によって異なる[98]。ある種の信認関係について、
またはその種の信認関係における一定の状況下で、脆弱性の程度がより大きい場
合、忠実義務に変化が生ずる可能性がある。ここで考慮すべき事項は、ガバナン
スの権利、離脱の権利、受益者の判断能力（mental capacity）、モニタリングの容
易性および問題となっている事項についての洗練度等である。信認関係のこれら
の側面はいずれも、受益者の脆弱性の程度を変化させる要因となる場合がある。
そして、脆弱性の程度がより大きければ、忠実義務はより厳格になり、または変
更しにくいものとなる可能性がある。

V 忠実義務に関する学説

　フィデューシャリーの忠実義務は広範囲に及び、中核となる特徴がいくつかは
あるものの、その他の点では多様性に富んでいる。したがって、フィデューシャ
リーの信認義務を理解するためには、その主な特徴や、個々の信認関係および法
域、または信認法の全領域における多様な形での忠実義務の具現化のあり方に注
目する必要がある。信認法という対象分野において一貫性をもたせることは殊に
難しいが、それは、フィデューシャリーの忠実義務を論ずる場合、利益相反禁止
ルールのような中核的な特徴のみならず、信認関係ごとに異なる多様性をも説明
する必要があるからである。
　しばしば、この問題は、効率性（efficiency）の重視により解決が可能である。
この種の代表的な学説の１つは、Frank Easterbrook 判事と Daniel Fischel が支
持する契約論に基づく説である[99]。契約論的にいえば、契約法上の任意規定には
様々な種類があり、それらは形態も様々である。このアプローチはもともと「多
数派が望む任意規定（majoritarian defaults）」と呼ばれる考え方を支持するもので
あるが、状況に応じて、「個別の状況に合わせた任意規定（tailored defaults）」、
「罰則的な任意規定（penalty defaults）」、「少数派が望む任意規定（minoritarian de-
faults）」または「交渉を模倣した任意規定（bargain-mimicking defaults）」など、

98 　例えば後見人制度の場合、裁判所が後見人を指名することが多いという点で他の信認関係とは異
　なる。前掲注 23（本書第 13 章 319 頁）参照。
99 　See Easterbrook & Fischel, supra note 3.

様々な考え方を支持する説がある。強行規定としての信認義務の存在がこれらの説の問題点であると思われがちであるが、前記の通り、契約論に基づく見解においても、理論的な補強により強行規定の存在も説明可能であることに留意しなければならない。また、重要な点として、信認関係にまつわるエージェンシー・コストの問題は、信認関係ごとにその特徴が異なり、そのために信認義務の内容が多様であってもよいことの裏づけにもなる[100]。

　前記の契約論的な説とは異なるが、義務の引受けに基づく説によっても同様に、状況に影響される忠実義務の性質を説明することができる。この見解によれば、信認関係には、忠実義務を伴うことの合理的な予測を伴う義務の引受けが不可欠である。異なる内容の忠実義務が通用しているのは、フィデューシャリーが個々の状況に応じて異なる義務を引き受けているからである。James Edelman 判事が述べている通り、「いかなる任務の履行に関して忠実義務が要求されているのかがわからなければ、忠実義務を理解することはできない[101]」。もちろん、義務の引受けそれ自体がなぜそれぞれの様相を呈しているのかを説明することのできる理論がその次に必要になってくる。

　利益相反禁止ルールに注目すれば、このルールがフィデューシャリーが行使する権限の性質に影響されたものであることがわかる。例えば、Paul Miller は、信認義務は、「フィデューシャリーの権限が、当該権限が専ら受益者の利益のために行使されることを求める受益者の請求権と整合する形で行使されることを確保するものである」と結論づけている[102]。このフィデューシャリーの権限に基づく理解も、信認関係ごとの差異に伴う忠実義務の多様性に対応する説明を可能とするものである。すなわち、フィデューシャリーの忠実義務の輪郭を定義するためには、該当する信認関係の範囲を定義しなければならない[103]。特定の目的のためにフィデューシャリーに権限を付与する場合には、その目的についても同様に考慮を要する。このような考察の結果、中核となるフィデューシャリーの忠実義務と、

---

100 | See Sitkoff, supra note 63, at 203 (「もとになる代理の問題が性質上、信認関係ごとに異なるため、信認義務の正確な輪郭も分野によって異なる」); Easterbrook & Fischel, supra note 3, at 432. ただし、契約論に基づくアプローチの高い柔軟性が欠点とされる場合もある。See Brooks, supra note 40, at 237 (契約論に基づくアプローチが過度に広範かつ弾性的である場合の分析上の有用性を疑問視).

101 | See Hon. J. James Edelman, The Role of Status in the Law of Obligations: Common Callings, Implied Terms, and Lessons for Fiduciary Duties, in Philosophical Foundations of Fiduciary Law 21, 22 (Andrew S. Gold & Paul B. Miller eds., 2014).

102 | See Paul B. Miller, The Fiduciary Relationship, in Philosophical Foundations of Fiduciary Law 63, 75 (Andrew S. Gold & Paul B. Miller eds., 2014).

103 | See id.

忠実義務に関する具体例を理解する手段との双方を一体のものとして提示する理論が成り立つ。

異なる立場をとる説もある。Henry Smith は、忠実義務とこれに関連するその他の義務および救済手段に関する原則を、日和見主義に陥るリスクへのエクイティによる対応策とみている[104]。彼の説は、忠実義務の説明のみならず、忠実義務を現実に執行するために適用される様々な法律上の推定の原則および立証責任転嫁の原則の意味を理解するうえでも役立つ。すなわち、日和見主義に伴うリスクが多様であることは、忠実義務の内容が多様であることおよび法的な判断に用いられるアプローチが多様であることを正当化するものである。汎用性のあるもう1つの説は、Hanoch Dagan が単独で、または Sharon Hannes との共著で提示している多元的アプローチである[105]。この説は、信認関係の種類およびそれらが支持する価値観の多様性を認めており、また、一般的に人の自律的な意思決定を促進する、様々な信認関係のカテゴリーが多様であること認めている。フィデューシャリーの忠実義務のもとになる信認関係の多様性を考慮すれば、忠実義務の輪郭が多様性に富むことは予想できる。

前記は全ての学説を網羅してはいないが、これらの各説の紹介により主だった理論の説明をした。また、これらの学説はそれぞれ、多様なフィデューシャリーの忠実義務の全てを、あるいは少なくとも大半を説明できる原則を提示している[106]。我々がどのようなアプローチを用いて解釈するかにもよるものの、前記のような統一的説明には、潜在的メリットもある。単一の原則に照らして信認関係の法理の説明ができる解釈論を求めるのであれば、前記の様々な学説は大いに役立つであろう。

もっとも、単一の原則に照らして説明できる旨の論証をしなかったとしても、フィデューシャリーの忠実義務の説明に成功する可能性がある[107]。このような説明

---

104 | See Henry E. Smith, Why Fiduciary Law is Equitable, in Philosophical Foundations of Fiduciary Law 261 (Andrew S. Gold & Paul B. Miller eds., 2014). 前掲注 63（本書第 39 章（未訳））at 758（忠実義務を信認関係における日和見主義への 2 次的対応策として説明）も参照。

105 | See Dagan & Hannes, supra note 96; 本書第 44 章（未訳）Fiduciary Law and Pluralism 参照。

106 | 留意点として、Dagan が主張する私法の多元性は、自律性というただ 1 つの価値観によって正当化されている。See Dagan & Hannes, supra note 96, at 94 n.11. そこでの記載によれば、Dagan は、自律性の強化を伴わない（そのため、別の要素による正当化を要する）信認関係の存在を認めている。前掲注 105（本書第 44 章（未訳））at 844.

107 | 誰もが信認法をただ 1 つの原則から説明できると考えているという意味ではない。懐疑論については、Joshua Getzler, Ascribing and Limiting Fiduciary Obligations: Understanding the Operation of Consent, in Philosophical Foundations of Fiduciary Law 39, 40 (Andrew S. Gold & Paul B. Miller eds., 2014) 参照。

を可能と捉えるか否かは、方法論の問題に行き着く。私法学者は、適合性、一貫性、道徳性、知の統合、透明性および簡潔性等を含む様々な基準に照らして、法の解釈論を示す理論を評価することが少なくない。[108] 例えば、信認法に関する一部の学説は、法的原則に十分に適合しないという理由で批判されている。[109] 一貫性もまた共通の懸念事項であり、統一的な学説を求める様々な学者がこの懸念を示している。すなわち、学説は、フィデューシャリーの忠実義務が信認法の全般にわたって統一されていることを証明するものであると主張すべきかという問題である。

そもそも、あらゆる種類の関係に適用される忠実義務に対する一貫性のあるアプローチを学説が証明することができると主張することが誤っているかもしれない。また、忠実義務として捉えられる様々な義務がどのように具体的な例として示されるかについての理解次第では、忠実義務とされる義務を単一のアプローチで整理するのは困難であるとの認識に至るかもしれない。Deborah DeMott は、フィデューシャリーの忠実義務は個々の状況に応じて特定されるものであると主張し、さらに忠実義務は、それぞれの状況に応じ、個別でばらばらな性格を有するとも述べている。[110] フィデューシャリーの忠実義務は、フィデューシャリーに個々の受益者の特性への対応を義務づける場合があり、[111] だとすれば、忠実義務の一部を構成するある特定の義務は、個々の受益者の特性に対応するために丁寧に細分化された性質をもつがために、極めて個別的な性格なものになりうる。忠実義務が、事例ごとに異なる特性を十分に発揮できる概念であれば、個々の事例全てをカバーできて一貫性のある学説を見出すことが可能かもしれないが、次々に新たな状況が出現するため、そのような学説を生み出す作業は終わりのない道になりかねない。

事によると、フィデューシャリーの忠実義務は、信認法のあらゆる分野にわたる一貫性を達成することはなく、信認法の個別分野に限って理論的に統一されて

---

108 | See Andrew S. Gold & Henry E. Smith, Sizing Up Private Law, https://ssrn.com/abstract=2821354 (基準およびそのバリエーションを説明するもの).

109 | Lionel Smith は、契約に基づく説と義務の引受けに基づく説の双方についてこの主張をしている。See Lionel D. Smith, Contract, Consent and Fiduciary Relationships, in Contract, Status and Fiduciary Law 117 (Paul B. Miller & Andrew S. Gold eds., 2016). 同じ批判が逆にも作用し、あらゆる事例について契約に基づく説明を認めない学説は、裁判所が特定の関係について契約に基づく理解を支持している判例を説明する際に行き詰まることとなる。

110 | See Deborah A. DeMott, Beyond Metaphor: An Analysis of Fiduciary Obligation, 1988 Duke L.J. 879, 879, 915.

111 | Cf. Markovits, supra note 60, at 218.

いるにとどまるのかもしれない。裁判における原則および法的に権威のある考え方によって、地域ごとに一貫した法的原則がもたらされる可能性はあるが、グローバルな一貫性は望めない[112]。Jeremy Waldron の言葉を借りれば、法制度は中途半端なもの同士を組み合わせたチェッカーボードにすぎないのかもしれない[113]。信認法が何世紀にもわたる間に、例えば効率性に基づく推論をより多く盛り込むことや、名誉に基づく理解から道徳に基づく理解への変化などの改革を経てきたという点で、忠実義務が全てにおいて一貫しているわけではない可能性は極めて高い[114]。法域ごとの差異を加味すれば、さらなる、いかんともし難いような混乱が生じうる。この観点からみれば、カナダの親、アメリカの会社の取締役およびオーストラリアの受託者がそれぞれ負う忠実義務は、その内容および忠実義務を負わせてよい根拠の双方において、異なる可能性がある。

VI 結　論

　対象分野を全体的に考察すると、フィデューシャリーの忠実義務は変幻自在にみえるかもしれない。しかし、忠実義務の多様性および複雑性のためにその様式の存在を見逃してはならないし、フィデューシャリーの忠実義務の大半はその適用を予測できるものである。特定の法域における特定の信認関係に注目すれば、まさにこのような予測可能性が認められる。曖昧かつ変更可能な部分があるのも、各信認関係における個別の課題に対応するためものと理解することができるし、フィデューシャリーの忠実義務がエクイティの構成要素の１つであることを考慮すれば、なおさらに、そのような理解が可能といえる。しかし、フィデューシャリーの忠実義務を統一的なものとみるか、または断片的なものとみるかにかかわらず、忠実義務は信認関係の中心的な要素である。フィデューシャリーの忠実義務がなければ、信認関係と考えられてきた関係は、そもそも信認関係などではないともいえる。

---

112 ｜ 法律における地域ごとの一貫性については、Joseph Raz, The Relevance of Coherence, in Ethics in the Public Domain: Essays in the Morality of Law and Politics 277, 315-318 (1994) 参照。

113 ｜ See Jeremy Waldron, "Transcendental Nonsense" and System in the Law, 100 Column. L. Rev. 16, 42 (2000) (「法律が一貫性のあるただ１つの制度を見極めるあらゆる試みに抗い、中途半端なもの同士を組み合わせた『チェッカーボード』となる」ような立法過程を説明するもの).

114 ｜ See Andrew S. Gold, Interpreting Fiduciary Law, in Research Handbook on Fiduciary Law (D. Gordon Smith & Andrew S. Gold eds., 2018).

謝　辞

本章の執筆に際しては、Matthew Conaglen、Deborah DeMott、Evan Fox-Decent、Stephen Galoob、Matthew Harding、Ethan Leib、Paul Miller、Robert Sitkoff、Henry Smith および Lionel Smith ならびにフィデューシャリーの分野におけるその他多くの学者との長年にわたる対話から恩恵を受けた。誤りがあれば、全て筆者の責任である。

| 第21章 | フィデューシャリーの注意義務 |

JOHN C. P. GOLDBERG

I　はじめに

　受認者の役割は、それに付随する特徴的な義務によって特徴づけられる部分がある。受認者は、受益者の利益について、入念に注意を払わなければならない[1]。これに関連して、受認者は、自己の利益を考慮することが受益者のための自身の努力をゆがめないようにするための措置をとらなければならない。これらの考え方は、そしておそらくその他の考え方も、受認者が受益者に**忠実義務**を負うという思想[2]、あるいは少なくとも忠実義務に沿って行動するという思想[3]の中で、一般的に捉えられている。

　信認法に対する忠実義務の重要性を評価することは、受認者の**注意**義務の議論がなぜ難しいのかを理解することである。忠実義務は、受認者と他の法的な当事者とを最もよく区別するものである。対照的に、注意義務は私法、特に不法行為法の中によくみられる。薬局はその顧客に法的な忠実義務を負わない。しかしながら、薬局は調剤の際に顧客に注意を払う義務を負う。運転手と、その不注意な運転で危害を受けることが予見されうる見ず知らずの人も同様である。問題は、受認者が注意義務を負わせるのに適しないということではない。例えば、信託財産を管理する際に慎重な態度をとることを受託者に求めることは、完全に理に適っている[4]。むしろ、問題は、受認者の注意義務について他の場面の注意義務との

---

1 ｜ Meinhard v. Salmon, 164 N.E. 545, 546 (1928).

2 ｜ Andrew S. Gold, The Loyalties of Fiduciary Law, in Philosophical Foundations of Fiduciary Law 176, 176 (Andrew S. Gold & Paul B. Miller eds., 2014)（「信認法は、特に忠実義務と関係がある」と述べているが、この文脈における「忠実義務」とは、これ以上単純化できない複数の考え方をいうと示唆している）; James Penner, Is Loyalty a Virtue, and Even If It Is, Does It Really Help Explain Fiduciary Liability?, in Gold & Miller, supra, at 159, 159（信認関係が忠実義務によって特徴づけられるという考え方が広まっていることに留意しつつ、これを批判している）.

3 ｜ たとえ信認法が主観的態度または忠実性をもって行動することを受認者に求めていない場合でも (See Stephen A. Smith, The Deed, Not the Motive: Fiduciary Law Without Loyalty, in Contracts, Status, and Fiduciary Law 213 (Paul B. Miller & Andrew S. Gold eds., 2016))、そのような態度または性質をもつことと矛盾する行動は、なお受認者の忠実義務に違反しているとみなされる可能性がある。

4 ｜ 本書第3章68〜76頁参照。

区別を示すものが何もないように思われることである。[5] 受認者の注意義務について言われることは何でも、薬局が顧客に負う義務や、運転手が〔車の〕近くにいる人々に負う義務についても同じようにあてはまることになると思われる。

実際、受認者が負う注意義務は、不法行為法との簡単な対比からも明らかなように、信認関係以外の関係により負うことになる注意義務と重要な性質が共通する傾向がある。信認法では、不法行為法と同じように、注意義務の概念は、不正行為を伴わない責任の考え方と反対の立場にある。受認者が十分な注意を払った場合（かつ、その他の義務を遵守した場合）、たとえその行動が受益者にとって悪い結果をもたらしたとしても、受認者は責任を問われることはない。[6] また、信認法における注意義務によって定められた行為規範は、不法行為に関係する事例における基準と同様に、客観的なものである。[7] 問題は、受認者が（注意を払うことを心がけて）良心的に行動していたかどうかではなく、また、受認者ができる限りの分別をもって行動したかどうかでもない。むしろ問題は、受認者が、一般に分別のある人物がそのような状況下で行動するのと同じように、思慮深さをもって行動することに成功したかどうかである。[8] さらに、いずれの分野においても、注意の水準は、主張された不正行為があったとされるときに被告が果たしていた役割を果たす者が、通常有し、または行使する習熟度、技能および専門知識が考慮される。破綻した会社の第三者投資家が、会社の会計士に対し、過失により経済的損失を生じさせたとして不法行為訴訟を提起した場合、義務違反の問題は、

5　Julian Velasco, A Defense of the Corporate Law Duty of Care, 40 J. Corp. L. 647, 677（2015）（他の法律分野における注意義務の認識により、何名かの会社法の学者が、取締役が負うフィデューシャリーの注意義務の独自性について懐疑的になっていると述べている）.

6　See, e.g., Restatement (Third) of Agency §8.08, cmt. d (Am. Law Inst. 2006)（「代理人が〔結果を出すために〕合理的な努力を注いだが、その努力が本人が望む目的を達成しなかった場合、代理人は本人に対して責任を負わない」）.

7　Joshua Getzler, Duty of Care, in Breach of Trust 41, 42 (Peter Birks & Arianna Pretto eds., 2002)（任意規定としての注意義務の「固く客観的な基準」に関する現代イギリス信託法の一体化について記録している）.

8　See, e.g., Uniform Prudent Investor Act §2 cmt. (Unif. Law Comm'n 1994)（当該法律の任意規定としての思慮深さの基準は客観的であると述べている）; Tibble v. Edison Int'l, 135 S. Ct. 1823, 1828 (2015)（「エリサ法の受認者は、『同様の能力で行動し、かかる問題に精通している』分別のある者が用いる『注意、技能、思慮深さおよび精勤さ』をもって責任を履行しなければならない」）(29 U.S.C. §1104(a)(1) を引用している); Restatement (Third) of Trusts §77, cmt. b (Am. Law Inst. 2007)（客観的な基準により検証される受託者の思慮深さ）; 本書第8章203頁（「投資顧問業者は、同様の状況における者が通常行使する注意、技能、精勤さをもって行動する義務を負う」）、前掲注4（本書第3章68頁）（受託者の慎重義務は、「客観的かつ相関的な注意基準を課す」）、本書第4章98頁（「デラウェア州法において、『会社の問題を管理する会社の取締役は、同様の立場にある者が同様の状況において合理的に適切であると考える量の注意を払う義務がある』」）（引用および引用された典拠省略）参照。

思慮深い会計士が果たしたであろう注意義務をその会計士が果たしたかどうかを判断することによって検証される。投資顧問業者の役割を果たす受託者に対する注意義務違反の主張についても同様である[9]。こうした共通点を全て考慮すると、受認者に対して提起される受認者の注意義務に違反したと主張する訴えには、ごく普通の過失責任に関する別個の訴因が含まれる傾向があることは、驚くに値しない[10]。

　私法の様々な分野における注意と思慮深さの概念との間において、以上の内容を含む重複があることを否定するものではないが、本章では、注意義務がフィデューシャリーの文脈において特別な面をもっていることを実証することを目的とする。たとえ注意義務が信認関係と他の法律関係とを区別する信認関係の側面ではないとしても、それは依然としてはっきりと異なる性質を帯びる傾向がある[11]。そのような性質のいくつかは、信認関係一般に共通する。その他の性質は、特定の種類の信認関係に限定される。本章では、両方の種類の性質について論ずる。要点は、（おそらく驚くべきことではないが、）信認法が法的な忠実義務を認めているためだけでなく、様々な信認義務（忠実義務と注意義務の両方を含む）が相互に

[9]　客観的な基準には「段階的に上げられる」共通の例外もあるように思われ、これによると、特定の役割を占める者に期待される知識および技能を超える知識または技能を有する行為者の行動は、その特定の能力を参考に検証される。本書第2章52頁（受認者が「同様の立場にある代理人に関する規範を超える特別な技能または知識を保有することは、代理人がそれらの状況において当然払うべき注意および精勤さをもって行動したかどうかに関係する」）および前掲注4（本書第3章69頁）（受託者の慎重義務には、特別な技能を行使する義務が含まれる場合がある）とRestatement (Third) of Torts: Liability for Physical and Emotional Harm §12 (Am. Law. Inst. 2010)（「行為者が大半の他者が有するものを超える技能または知識を有している場合、これらの技能または知識は、行為者が合理的に思慮深い人として行動したかどうかを判断する際に考慮される事由である」）を比較。

[10]　本書第7章173〜177頁（銀行に対する特定の訴訟の特徴として、この重複について述べている）参照。Paul Millerは、受認者の注意義務が、注意だけでなく精勤さおよび技能の行使も要求するという点で、受認者の不法行為法に基づく義務よりも「広い」ことを示唆している。Paul B. Miller, A Theory of Fiduciary Liability, 56 McGill L.J. 235, 282 (2011). 彼はさらに、この違いの一部は、受益者が、集団として、受認者の手による損害に弱いということによると示唆している。この主張を検証するためには、精勤さおよび技能の要件を明示する特定の決定を分析する必要があるが、一見したところ、これは誇張して述べているように思われる。確かに、被告が過失法の一般的な思慮深さの基準に適っていたかどうかの決定は、一部、被告が予防措置を講ずる努力をしていたかと、被告が有している被告の行動の危険性を減らすことができる特別な技能を行使したかによる面があることは稀ではない。例えば、裁判官または裁判員は、薬剤師が、調剤をする際または特定の薬がどのように相互に作用する可能性があるかについて顧客に知らせる際に努力を尽くさず、または特別な訓練を行わなかったことを過失とみなす可能性がある。

[11]　他の場面で、Benjamin Zipurskyと著者は、特定の受認者の忠実義務の特徴的な性質が、受認者が受益者以外の者に対して負う注意義務に影響を及ぼすと述べたことがある。John C. P. Goldberg & Benjamin C. Zipursky, Triangular Torts and Fiduciary Duties, in Contracts, Status, and Fiduciary Law 239 (Paul B. Miller & Andrew S. Gold eds., 2016).

作用する方法により、特徴的であることがわかるということである。

Ⅱでは、受認者の注意義務と不法行為法に基づく注意義務とを区別する、広く共有されているが、普遍的に共有されているわけではない受認者の注意義務の2つの特徴を述べる。すなわち、(1)受認者の注意義務について合意によって緩和することができる程度（違反した場合の責任をどの程度放棄することができるかを含む）、および(2)裁判所がこれらの義務について「厳格に執行を行わない」頻度である[12]。そのうえで、このパターンの例外、すなわち、医師と患者の関係の文脈における裁判所による注意義務の取扱い、特に医師は当然払うべき注意により、治療に対する説明に基づく患者の同意を確保することが求められるという裁判所の認識を検討する。さらに、その後、フィデューシャリーの文脈において忠実義務および注意義務が相互に作用する方法に重点を置くパターンとその例外について説明する。

本章の結論となるⅣでは、受認者の注意義務と不法行為法に基づく注意義務との間における様々な対比に重点を置く。ここでの問題は、受認者と受認者でない者が負う注意義務によって規律される行為規範ではない。むしろ、問題はこれらの義務の**目的**、すなわち、法的権利侵害を行い、責任を伴わせる不注意から生ずるに違いない結果（もしあれば）である。過失による不法行為は、それ自体、注意深い行動を要求するものではない。むしろそれは、他人に対して不注意な行動をとって**他人を傷つけない**ように私たちを仕向けるものである。運転手は、軽率な運転に対して不法行為責任を負うものではなく、直接的に一定の危害を生じさせた軽率な運転に対してのみ責任を負う。対照的に、受認者の注意義務は、危害を生じさせないようにする義務に限られるものではない。少なくともいくつかの状況では、受認者の注意義務違反は、たとえその違反が危害をもたらさないとしても、責任、すなわち、法律関係の変動を生じさせる場合がある。言い換えれば、事例によっては、受認者が受益者に対して負う注意義務は、軽率な行動により危害を生じさせることを回避する義務ではなく、思慮深い行動を求める**無条件**の義務である。

---

12 | ここで、著者は、Julian Velasco に従う。会社法の注意義務に関する彼の著書では、それらを不法行為法に基づく義務と区別する理由としてそれほど要求が厳格ではないという性質を強調しており、経営判断の原則について厳格に執行を行わない原則として記載している。Velasco, supra note 5, at 678.

Ⅱ　行為、不履行および厳格に執行を行わないことの基準

　本書へのいくつかの寄稿で述べられている通り、多くの種類の信認関係の当事者は、契約により、受認者の注意義務を修正することができ、または否定することもできる[13]。例えば、一部の状況において、裁判所は、契約がなければ受認者に指定されていたであろう当事者がかかる地位にあることを否定する旨の契約の効力を認めるであろう[14]。おそらく、このように地位を否定することにより、注意義務を含む適用されるべき義務が否定されることになる。また、修正されうることの例は、代理法に規定されている。本人および代理人は、契約により、「代理人に適用される履行の水準を引き上げる、または引き下げる[15]」ことができる。さらに、取引の当事者は、互いに負う義務について、不注意な行為を避ける義務から、重過失行為を避ける義務へと引き下げることを合意することができる[16]。このことは、少なくとも一部の投資顧問業者[17]および一部の受託者[18]にも適用される。広く適用されている規律が公益信託受認者に関する注意基準を定める限りでは、委託者は、「非営利企業に適用されるような、より緩やかな重過失の契機を代わりに当該受認者に適用することができることがよくある[19]」。

　注意義務違反に対する責任の免除は、義務を修正する契約とは区別されるものである。責任が免除される場合、少なくとも原則として、免除をする者が義務違反について訴えを提起できないとしても、義務は継続する。少なくとも、自らの（引き続き適用される）注意義務に違反した受認者の一部は、責任とは別に、引き続き不利な法的効果（解任を含む）に直面する可能性がある[20]。しかしながら、免除は、この文脈において言及するに値するほど、注意義務を修正する契約によく類似する。特に重要な点は、会社法は、完全な故意によるのではない不正に関する責任から取締役を免除することを会社の定款で規定することを認める点である[21]。

---

13 ｜ 本書第 23 章は、この分野の法律における任意規定の一般的な説明を提供している。
14 ｜ 前掲注 10（本書第 7 章 183 頁）参照。
15 ｜ 前掲注 9（本書第 2 章 54 頁）参照。
16 ｜ 本書第 6 章 159 頁参照。
17 ｜ 前掲注 8（本書第 8 章 210 頁）参照。
18 ｜ Getzler, supra note 7, at 42（客観的な注意基準を任意規定とする状態は、当事者らに対し、より低い基準とすることについて契約することを認めると述べている）.
19 ｜ 前掲注 16（本書第 6 章 159 頁）参照。Mayer が説明するように、一部の法域において、公益信託受認者の注意の任意規定は重過失である。
20 ｜ Velasco, supra note 5, at 656（会社法におけるこの責任放棄の特徴について述べている）.
21 ｜ 前掲注 8（本書第 4 章 103 頁）; but see Matthew Conaglen, Fiduciary Principles in Contemporary

信託証書により、過失に関する責任から受託者を免除することが認められているが、詐欺に関する責任からは免除できない[22]。

　一般的に、不法行為法に基づく注意義務は、契約による修正の対象ではなく、違反に関する責任は、常に免除できない。そして、たとえ被告および原告が交渉の重要な機会を有する場合であっても、これがあてはまる。日常的に通勤電車の乗客となる者が、了承のうえで、自主的に、かつ有価約因を受けて、鉄道会社がその乗客に対して重過失による傷害を避ける義務のみを負うと記載される契約に署名することを想像してほしい。乗客が列車事故による負傷について訴える場合、鉄道会社の行為は、適用される不法行為基準（当然払うべき注意または特別な注意（後者は、公共の運送業者に適用されることがある高められた基準である）のいずれか）によって判決が下される[23]。法律により設定される義務を緩和するための契約上の合意は、効力を認められない可能性が高い。これは、製造業者に要求される注意の程度について売買契約がどのように定めているかにかかわらず、負傷した消費者が製品製造業者に対して訴えを行う場合にもあてはまる[24]。

　このことは、不法行為法全体で用いられる単一かつ確立した注意基準が存在することを示すものではない。合理的に思慮深い者は、異なる状況において異なる外観ないし陰影を帯びる。医師や弁護士等の専門家が基準を満たしたか否かは、通常、適用される専門家規範に準拠して決定的に判断されるが、非専門家が基準を満たしたか否かについてこのことはあてはまらない[25]。より明らかな点として、判例法および制定法は、注意の基準を、重過失（またはそれに近いもの）と設定することがある。例えば、「主要なリスクの引受け」の法理は、一定の私的な娯楽活動の参加者について、互いに怪我を負わせないようにするための注意を払う義務を負わないとみなすが、代わりに、重過失、無思慮または故意の不正行為によって他の参加者を負傷させないようにする義務を課す[26]。一部の裁判所は、社会

	Common Law Systems 569（オーストラリアおよびイギリスの法律は、注意義務の違反に関する責任から取締役を免除することを禁止すると述べている）.
22	Conaglen, supra note 21, at 569; 前掲注4（本書第3章82頁）（免責および免除条項について論ずる）参照。
23	Dan B. Dobbs, Paul T. Hayden & Ellen M. Bublick, The Law of Torts §234（2d ed. 2017）.
24	Id.
25	Id. §127（専門家基準）; The T. J. Hooper, 60 F.2d 737（2d Cir. 1932）, cert. denied, 287 U.S. 662（1932）（慣例を遵守することは証拠となるが、非専門家による過失事案において注意義務が遵守されたことの手がかりとはならない）.
26	Swigart v. Bruno, 220 Cal. Rptr. 3d 556, 569（Cal. App. 2017）（主要なリスクの引受けの法理は、原告に対し、少なくとも被告側の重過失を証明するよう要求する）. 好意同乗者法は、運転手が同乗者に対して負う義務について、過失を重過失に緩和した。Dobbs et al., supra note 23, §140（同

的来客およびその他の被許諾者に関して安全に家屋を使用させるという土地所有者の義務について、被許諾者の安全に関する重過失がある場合のみが違反とされうる義務であると判示する[27]。ただし、もちろん、これらは、立法者が、通常の思慮深い人物の基準を下回る義務の注意基準を設定した例である。これらの例は、当該基準の適用を受ける者が、それを自由に変更できることを意味するものではない。

不法行為責任の免除についてもほぼ同様である。アメリカにおいて、一部の裁判所は、重過失または無思慮な行為に基づく不法行為責任の書面による免除を有効と認めていない。他の裁判所は、当事者の明確な意図および交渉力が等しいことが示される場合に限り、これらを有効と認めるであろう[28]。同様に、裁判所は、多くの類型の行為者（製造業者、運送業者および医療機関を含む）による過失に関する責任の免除を有効と認めない。過失責任の契約による免除の効力を認めようとする裁判所の傾向として、主に、被告の過失がない場合であって、身体的負傷の明らかなリスクを伴う純粋に任意の娯楽活動に参加したことに起因する訴えに関して、効力を認める傾向がある[29]。

要するに、注意義務によって定められる行為規範に関して、一般に、信認法においては、当事者が基準を緩和することについて認められる余地が実質的により多い。また、違反に対する訴えを提起する権利を受益者が放棄することについて認められる余地がより多い。

信認法における注意義務の2番目の、かつ1番目に関連する特徴（おそらくアメリカの法的慣行に特有のもの）は、裁判所が、体系的に信認法における注意義務の執行を厳格に行わないという「判断原則」をどの程度採用しているかということである[30]。Julian Velascoが説明するように、これらのうち最も有名なものは経営判断の原則であり、これは、軽率な行為であることの主張に合理性がある場合であっても、企業の取締役に注意義務違反についての責任があると裁判所が判示

乗者法のこの特徴について述べ、同法は現在ではほぼ廃止されていると述べている).

[27]　See, e.g., Ragnone v. Portland School Dist. No. 1J, 633 P.2d 1287, 1290 (Or. 1981).

[28]　Dobbs et al., supra note 23, at §232.

[29]　See, e.g., Jones v. Dressel, 623 P.2d 370 (Colo. 1981)（スカイダイビング会社による航空機の不注意な操作により生じた負傷について当該会社を訴える権利をスカイダイバーが放棄することの効力を認める).

[30]　Mitchell N. Berman, Constitutional Decisions Rules, 90 Va. L. Rev. 1 (2004)（実体的な憲法の規則と「判断原則」（これにより、裁判所は実体法を執行または実施する）の間の差を強調する); Lawrence Gene Sager, Fair Measure: The Legal Status of Underenforced Constitutional Norms, 91 Harv. L. Rev. 1 (1975).

することを広い範囲で不可能にする[31]。類似の原則が、非営利団体の理事[32]、事業組合の組合員[33]およびおそらく年金プラン管理者[34]に適用される。親および後見人が未成年の子どもに対して負う注意義務に関しては、（Elizabeth Scott および Ben Chen が述べるように）「親の判断」基準が存在する[35]。破産に関して、アメリカ連邦最高裁判所は、誠実義務に従って行為していたものの難しい経営判断を誤った管財人に対して責任を課すことを裁判所は容易に認めないものであると判示している[36]。

　不法行為法には、執行を厳格に行わないというこれらの原則に正確に類似するものは定められていない。これまでに述べたように、場合により、不法行為法はより緩やかな行為規範を認めるが、執行を認めることに差を設けることでこれを認めるのではない。そうではなく、不法行為法は、端的に、関連する行為者に求める注意義務をより低い水準とする。おそらく、最も類似するのは、医師、弁護士および建築家等の専門家に対して合理的に思慮深い者の基準が適用されることである。この文脈において、通常、関連する専門家の業界の構成員の間で広まっている慣行および実務が基準を定める（その行為が判断の対象となる行為者の区分の方法を重視し、かつ相対的に被告に有利となる点で、経営判断の原則を想起させるアプローチ）。しかしながら、この点を類似と捉えることは、かなり説得力に乏しい。この不法行為法に基づく注意義務の一部に関して、（繰り返しになるが）執行を厳格に行わないことの意図的な制度を示すものは存在しない。これに関連して、専門家の注意基準は、経営判断の原則により認められるような不注意の責任からのほぼ全面的な免除を認めることがほとんどない。

　要約すると、受認者の注意義務の司法上の（および立法上の）取扱いは、相当する不法行為法に基づく注意義務と比較して、これらの義務が概して受認者の行為および責任を実際に規律する可能性が低いことを示す。何がこの違いを生じさせるのだろうか。一見したところ、それは直感に反するように思われる。受認者は、通常特に重い、または要求が厳格な義務を負うと考えられている。では、なぜ、注意義務となると、このことがあてはまらないのだろうか。観察されたパタ

31 | 前掲注8（本書第4章98〜100頁）参照。
32 | 前掲注19（本書第6章154〜155頁）（「最善の判断ルール」について説明している）参照。
33 | 前掲注16（本書第5章123頁）参照。
34 | 本書第9章224頁（年金プラン受認者が自らの注意義務を遵守したかの判断について、裁判所は、実証テストではなく手続テストを用いる傾向があると述べている）参照。
35 | 本書第12章297頁参照。
36 | Mosser v. Darrow, 341 U.S. 267, 274（1951）. Mosser 事件を提示してくれたことについて、John Pottow に感謝する。

ーンはほとんど批判を免れない[37]ものの、複数の理由の組み合わせによりこのことを裏づける可能性がある。これらの一部は信認関係に一般的なものであり、その他は特定の種類の信認関係にのみあてはまるものである。

　重要な例外があるが、受認者が提供および促進しようとする利益（したがって、信認義務が保護しようとする利益）は、経済的なものである。企業、事業提携関係および雇用関係は、しばしば、構成員に関する経済的利益の確保を目的として機能するものである。一般に、裁判所は、不法行為法に基づく注意義務をより狭い範囲でしか認めないが、一方で、身体的インテグリティ、行動の自由、有形財産の所有もしくは使用、名誉または精神的幸福に関する場合とは対照的に、金銭が争点となる場合には、契約に関してより広い余地を認める。[38]

　しかしながら、契約上、経済的損失のリスクを割り当てることが認められやすい状況において、受認者の注意義務違反が経済的損失のリスクを発生させることが典型的であるということは、十分に満足のいく説明ではない。一例を挙げると、一部の受認者の注意義務は、この説明と一致しない。未成年の子どもに対する親または後見人の義務について改めて考えてほしい。他の例として、会計士の過誤や弁護過誤のように、当事者が契約を締結できず、かつ、厳格な執行がなされるような、経済的損失が生じないようにするための不法行為法に基づく注意義務が存在する。このように、追加的な検討が必要になるようである。いずれにせよ、なぜ、我々は、受益者の資産の管理を担う受託者または投資顧問業者に対し、思慮深い投資またはアドバイスを行う義務を負うことを求めないのだろうか。

　皮肉なことに、注意義務の要求が相対的に厳格ではなく、または執行を厳格に行わないこと、および当該義務の違反に対する責任を免除可能とすることを、裁判所および議会がより受け容れやすくしている原因は、受認者の忠実義務（および関連する開示、説明等の義務）にあるかもしれない。受託者の例をみると、受託者が、受益者の最善の利益のために行為するルールおよび自己取引を行ってはならない義務に拘束されること、この義務が開示義務を含むその他の義務に紐づけ

37　例えば、取締役に対し過失責任からの全面的な免除を付与する定款の採用を承認する制定法は、特別利益法の不道徳な事柄であると懸念される可能性がある。この可能性を強調してくれたことについて、Josh Getzler に感謝する。

38　Cf. Robert J. Rhee, The Tort Foundation of Duty of Care and Business Judgment, 88 Notre Dame L. Rev. 1139, 1143 (2013). Rhee は、経営判断の原則が純粋な経済的損失を引き起こす過失に関する責任を制限する不法行為法の実体的原則と密接に一致すると主張する。筆者は、私法の場合、裁判所は通常、他の種類の損害のリスクと比較して、経済的損失のリスクの契約上の割当ての可能性に関してより受容的であるため、裁判所が、注意義務に関して受認者に余地を与えるという、より一般的であるがより説得力に乏しい主張を行う。

られていること、ならびに、これらの義務は様々な方法（計算・精算または利益の吐出しに関する訴訟を含む）により執行可能であることを理由の一部として、裁判所は、適切な状況において受託者および受益者に注意の水準を下げることを認めようとし、また、受託者により注意義務が履行されることについて積極的に検証することを控えようとするのではなかろうか。

　確かに、一定の状況において、厳格な注意義務または当該義務の厳格な執行は、受認者による忠実義務の履行を妨げる可能性がある。この種の主張は、経営判断の原則を支持するものとして行われることがある。持分権者の利益の最大化を追求する良心的な会社経営者には、経済的リスクをとる余地を残しておかなければならない。経営者は、思慮深くこれを行わなければならないが、民事訴訟によってこの義務を積極的に執行することは、経営者を過度に慎重にしてしまう可能性がある。その場合、注意義務は、事実上、経営者の忠実義務が実行を可能にしようとする職務の履行を妨げることになる。[39]

　他のフィデューシャリーの分野においても、特別な配慮が作用することは間違いない。例えば、親または後見人の、未成年の子どもの利益を促進するために注意する義務を厳格に執行しないことは、　連の政治的、社会的および法的規範を反映するものであり、これらに従い、家族（適切な範囲で広義において）は、（良くも悪くも）例えば私的事業よりも政府から大きく自立して運営する権利を有すると理解される。もちろん、リベラルな政治秩序においても、法律は、多くの方法で家族を規制する。しかしながら、例えば、裁判所が、思慮深くない方法で育児を行ったとの主張により親に対する補償を子どもが請求することを認めることについては、多くの者が懸念を示す可能性がある。

　以下、Ⅱの残りの部分では、ここまで検討してきたパターンと部分的には一致し、部分的には矛盾するように見受けられるある信認法の分野に関する簡潔な検討を行う。裁判所が、忠実義務およびその役割に関連する規範を参照して受認者の注意義務の一部を定義することを示唆している点では、一貫性がある。しかし、忠実義務や役割に関連する規範（およびその他の考慮事項）が、裁判所に対して、注意義務を引き下げるのではなく**引き上げる**ように作用する点では、矛盾していることになる。

　Mark Hall は、本書の彼が担当する章において、治療に対する患者の説明に基

---

39 ｜ Robert H. Sitkoff, Trust Law, Corporate Law, and Capital Market Efficiency, 28 J. Corp. L. 565, 574-575 (2003); 前掲注 8（本書第 4 章 99 頁）参照。

づく同意を確保しないことを医療過誤の一種として（すなわち、医師の注意義務違反として）認める先駆的判決の一部は、この判断を行う根拠として、医師と患者の関係のフィデューシャリーの側面を想起させると述べている[40]。実際、これらの判決のうち最も影響力を有する判決である、*Canterbury v. Spence* は、同一の裁判所（および同一の裁判官）が「『[医師と患者の]関係のフィデューシャリーの性質において、医師の患者への開示義務は、当該患者の最善の利益のために患者が知っておくことが重要であることを開示することである』と判断した」先例の意見を引用した[41]。

Canterbury 事件の判決理由（主治医は、当然払うべき注意義務により、異なる治療の選択肢に関連して重要なリスクを患者に知らせることを求められる）は、十分直感的に理解できるものである。この原則が医師と患者の関係の**フィデューシャリーの側面**から生ずるということは、前記判決理由と比べ直感的に理解しにくい。説明に基づく同意の法理は、特別な状況にない場合、患者の健康を管理する方法を決定する権利を有するのは患者自身であるという考えと常に紐づいている。この患者主権主義の考え方は、医師が自らの信認義務を遵守するという見解と相当に対立するように思われる。このことは、部分的には、この義務が通常、受益者が自らの幸福の一部の実現について受認者による専門知識および裁量の行使に大きく依存する状況に対処することを意味しているためである。対照的に、説明に基づく同意の法理を推進することは、患者の医療について決定する際に、医師は、受益者が運転席に座ることができるようにする措置を講ずる必要があるということのように思われる。

しかしながら、おそらく、*Canterbury* 事件における医師の忠実義務と注意義務の繋がりを理解する方法がある。ヒントは、この意見の別の一節で提供されている。

> リスク開示の義務が生ずる状況は、常に、特定の治療法を行うかどうかについての決定の場面である。訓練によって自己満足的な評価が可能である医師にとって、答えは明確であると思われるかもしれないが、方向性（これに患者の利益がかかっている）を自ら決定するのは、医師ではなく患者の権限である[42]。

40 ｜ 本書第 15 章 373〜374 頁参照。
41 ｜ Id. (Canterbury v. Spence, 464 F.2d 772, 782 (D.C. Cir. 1972) (Emmett v. Eastern Dispensary and Casualty Hosp., 396 F.2d 931, 935 (D.C. Cir. 1967) を引用している)（傍点は筆者による）.
42 ｜ Canterbury, 464 F.2d at 781（傍点は筆者による）.

医師と患者の関係の範囲において、受認者の忠実義務は、特定の患者の健康に焦点を当て、かつ、これに入念に対処する義務である。このことは、とりわけ、医師は、選択が行われなければならないという事実および異なる患者は異なる選択を行う権利を有するという事実に留意し、個別の方法で、治療の課題に取りかからなければならないことを意味する。

　確かに、ここでの懸念は、忠実義務に伴う通常の懸念（すなわち、自己取引または背信のリスク）ではない。そうではなく、ここでの懸念は、医師が、治療に関して、型にはまった画一的なアプローチを採用する傾向にあるのではないかというものである。医療に関して、この進め方は、異なる種類の背信行為を構成する。患者は、医師に自らの治療を委託する。しかしながら、この委託は、寄託者が受寄者に貴重品を引き渡すように、患者が医師に自らを引き渡すことではない。同様に、医師は、患者の幸福に配慮しなければならないという点で、患者に対する忠誠を負う。しかしながら、幸福は、単に結果の問題ではない。その結果を達成するために、患者が意思決定に参加することもまた重要である。このように、患者は医師に相当に依存する一方で、医師の責任の一部は、健康を達成するための患者自身の努力を可能にし、あるいはこれを支援する方法で、患者と相互にやり取りを行うことである。医療において、忠実義務は、医師と患者の関係の「間主観性」を医師が受け容れる（すなわち、医師は患者の健康という目標に向けて**患者と協力する**）ことを部分的に要求する。

　この忠実義務に関する役割に特有の理解を念頭に置くと、医師の慎重に治療を行う義務には、患者による説明に基づく同意を保障する義務が含まれるという考え方は、筋が通っているだろう。治療のリスクおよび利益の開示は、忠実義務によって治療の決定に関して患者と協力することを要求される際に、（医師の専門知識および経験を考慮すると理解できることだが）医師が治療について一方的に決定するという罠に陥ることに対する予防措置として、部分的に理解されうる。その場合、説明に基づく同意の法理は、明らかに要求が厳格な注意義務を生じさせる形で、この種類の受認者の忠実義務が注意義務と結びつく事例となる。不法行為法も注意義務を認めるが、より適切な情報を有する当事者に対して取引によって企図される行為に対する相手方の説明に基づく同意を確保する義務を課しているものではなく、相互のやり取りが多く存在するという点で、説明に基づく同意の法理は「明らかに要求が厳格」である。例えば、娯楽用のクライミングウォールの運営者は、顧客に対して注意義務を負うが、他の娯楽的活動と比較したクライ

ミングに関連するリスクおよび利益について顧客に確実に知らせる義務を負うものではない（せいぜい、当該運営者は、クライミングに関連する明らかではないが重要な危険について警告する義務を負うだけである）。また、このことは、クライミングウォールの運営者と顧客の関係が、信認関係の特徴を有していないことを理由の1つとする。

Ⅲ　注意義務、損害および責任

　定義上は、不法行為とは、損害を伴う不正行為である。未遂の不法行為というものはない。いずれの不法行為にも、ある者が一定の方法で他人に損害を与えることを禁止する命令が含まれている。土地への不法侵入は、各人が無断で**他人の土地に立ち入ることやとどまること**を差し控えることを命ずる。名誉毀損の不法行為は、他人に関する中傷的な声明を公表することにより、**他人の評判を低下させること**を禁じている。詐欺は、故意に欺くことにより、**他人の意思決定を実際に妨げること**を禁じている。

　過失による不法行為も損害を伴う不正行為である。そのため、2つの義務を定めており、その義務の1つはもう一方の義務に「組み込まれ」ている。1つ目は、損害を発生させてはならないという「主たる」義務である。2つ目は、主たる義務に組み込まれた当然払うべき注意に関する「2次的な義務」である。不注意があったものの損害が生じない場合は、単に注意に関する2次的な義務に違反するものにすぎず、不注意により損害を発生させてはならないという主たる義務に違反するものではないため、過失には該当しない。したがって、ホテルが不注意により危険な階段を修繕しなかったとしても、ホテルの宿泊客が誰も滑って転倒しなかった場合には、ホテルに過失責任が課されない。同様に、外科医が不注意により器具を滅菌しなかったとしても、感染が起こらなかった場合は、外科医に不法行為責任が課されない。顧客を代理する際の弁護士による不注意についても、事案の結果に影響を及ぼさなかった場合は同じことがいえる。

　他の法分野には、損害を伴う不正行為と損害を伴わない不正行為の両方を認めているものもある。例えば、刑法は、無謀な行為により他人を死亡させてはならないという義務と、一定の麻薬を購入したり所持してはならないという義務を課している。これらの刑法上の義務のうちの前者は、不法行為法上の義務と同様に、他人に損害を与えてはならない義務である。これとは対照的に、後者は、その行

為が他人に損害を与えるかどうかに関係なく、行為を差し控える義務である。

　当然ながら、刑法ではなく民法の一部であるが、信認法は、不法行為法とは異なり、両方の種類の義務を認めており、したがって、その違反により受益者や他の誰かに損害が生じたかどうかに関係なく、受認者の注意義務違反となる可能性を認めており、受認者に一定の形態の責任を負わせることができると思われる。言うまでもなく、信認義務違反は、（麻薬所持の多くの事例が損害を発生させるのと同様に）実際には損害を発生させるものが多い。しかしながら、このことによって、少なくとも一定の信認義務違反が、損害を発生させなかった場合でも、その違反により責任を生じさせる可能性があるという点が変わるものではない。

　差し当たり、注意義務ではなく忠実義務に焦点を当てると、Ben Zipursky と著者は、不法行為法と財産法に関して語り尽くされた事例である *Moore v. Regents of California*[43] が、患者に対する医師の不忠実な行為により、損害が発生しなかった場合でも、裁判所がその不忠実な行為を根拠として医師に利益の吐出しを命ずるエクイティ上の権限を行使することができる例として広く理解されていると論じた。[44]

　Moore の医師である Golde 博士は、Moore の体内の特定の細胞には潜在的に商業的価値があると判断した。脾臓摘出とそれに続く何年にもわたる術後処置を含む治療を通して、Golde は Moore から血液と組織を採取した。この間、Golde は、その細胞から臨床的応用を進展させるために、第三者と共同で特許を取得し、収益性の高いベンチャービジネスを立ち上げた。Golde は Moore に研究や商業的利益について知らせることはなかった。*Moore* 事件の多数意見は、その分析において、Moore の症状に対する Golde の実際の治療が適切であったとみなしていたと思われるが、それにもかかわらず、Golde が情報開示を怠ったことを根拠として Moore が訴因を主張したと結論づけた。

　説明に基づく同意の法に関する著者の議論において、**治療の危険性と利益**に関する情報を提供する義務は、1 つには医師の忠実義務を強化するために裁判所が

---

43 793 P.2d 479 (Cal. 1990)（en banc）. Moore 事件の多数意見は、Moore の請求が不法行為または信認義務違反の性質を有するかという問題をすり替えた。Id. at 483（Moore の主張は、「正しくは、患者の同意を得て重要な事実を開示するという信認義務の違反、または最初に患者の説明に基づく同意を得ることなく医療処置を行ったことのいずれかとして性質づけられるべき訴因を述べている」）.

44 John C. P. Goldberg & Benjamin C. Zipursky, From *Riggs v. Palmer* to *Shelley v. Kraemer*: The Continuing Significance of the Law-Equity Distinction, in Philosophical Foundations of the Law of Equity (Dennis Klimchuk, Irit Samet & Henry Smith eds., 2018).

示した医師の注意義務の一部として理解されていることを示唆したことがある。したがって、この注意義務違反は、そのような情報が提供されていたとしたら患者が受けなかったであろう処置を受けるよう誘導するという、ある種の損害をもたらすものとして、医療過誤として不法行為法において訴訟を基礎づけるに足りるものである。ほぼ間違いなく *Moore* 事件で主張されているような状況を含む他の状況において、情報が提供されなかったことは、治療の危険性と健康上の利益に関する情報に関係していないため、注意義務より忠実義務に関係する。確かに、Moore の訴えでは、仮に Golde が彼のビジネス上の利益を開示していたとしたら、Moore が別の治療過程を選択したであろうとは主張しなかったように思われる。むしろ、Moore の訴えの要旨は、*Meinhard v. Salmon* の訴えの要旨に類似していた。すなわち、Golde は自分のためにビジネスの機会を確保し、その状況を考慮すると、Golde はビジネスの機会について患者に伝える義務があったということである。この種の不当な扱いによって、不法行為法において損害として認識されるような過失の主張を基礎づける身体的損傷や、身体的接触の主張を裏づける尊厳の利益の妨げのようなものが患者に生ずることはないかもしれない。しかしながら、裁判所によれば、その事実は責任の問題を解決するものではなかった。むしろ、忠実義務の違反は、計算・精算と利益の吐出しという形でエクイティ上の救済の請求を行うのに十分〔な理由〕となる可能性があることを示唆しているように思われた。[45]

　前記の解釈において、*Moore* 事件は、原告が（不法行為法の意味において）損害を立証することなく受認者の**忠実**義務違反の主張を行った事件である。同様の結果がより信認法の核心に近い事案において得られると考える理由がいくつかある。実際、最近の論文で、Stephen Galoob と Ethan Leib は、忠実な受認者が全く同じように行動したとしても、忠実義務に違反しようとして失敗した場合や、適切に熟慮せずに行動したり、不適切な動機で行動した場合に責任が生ずる可能性があることを示唆している。[46]

　損害を伴わない忠実義務違反に対して責任が生ずる場合と類似する**注意**義務は存在するであろうか。おそらく存在するであろう。例えば、受託者が注意義務に

45　Cf. Wendt v. Fischer, 154 N.E. 303, 304 (N.Y. 1926)（Cardozo 判事）（不動産の売主に雇われたブローカーは、自分が当該不動産の買主の役員であることを開示しなかった。販売条件が売主にとって最も有利であったとしても、ブローカーが信認義務に違反した場合、売主は、販売を無効にし、仲介手数料の払戻しを受け、不動産を転売した場合に買主が得た利益を吐き出させる権利を有している）。

46　See Stephen R. Galoob & Ethan J. Leib, Fiduciary Loyalty, Inside Out, 92 S. Cal. L. Rev. 69 (2018).

違反した場合に解任されうることは明白である[47]（また、受託者の注意義務違反による取引やその結果として生ずる取引は巻き戻され、裁判所は、損害が発生する前でも、不注意な行動が継続する場合は、受託者に対して差止命令（injunction）を発することができる）。受託者の違反によって実際に受益者に損害が発生した場合、その事実は解任の主張がなされる度合いを高めるであろう。もっとも、受託者を解任するために受益者に対する悪影響が常に**必要とされる**とは限らない[48]。受益者は、受認者の義務履行における不注意があったことの証拠をもって裁判所に出廷するだけで十分である（過失の法理を説明するために前記の用語でいうと、過失の法理における注意深い行動をとるべき2次的な義務などに違反したと立証するだけで、フィデューシャリーの文脈においては、受認者に対する一定の種類の法的権限が受益者に生ずるのに十分である一方で、この2次的な義務の違反を立証するだけでは、不法行為法の領域においては同等の法的権限は生じない）。同様に、使用者に対するフィデューシャリーの注意義務を怠った従業員は、その義務を怠らなければ雇用契約の条件に基づいて認められないであろうが、解雇の対象となる可能性があると考えられる[49]。この種の例が他にもあることは間違いない。これは、他の論者が気づいたように、信認法は、伝統的にエクイティと密接に関係しているためである。また、エクイティを適用する裁判所は、損害が生ずる前や、損害に関係なく救済を付与することを含め、コモン・ローを適用する裁判所とは全く異なる条件で救済を付与する。

　損害に対する賠償や継続的に発生している損害を阻止するための差止命令による救済とは対照的に、受認者の注意義務違反によって、計算・精算、擬制信託の設定または受認者の解任を求める請求が認められやすくなることがあるという事実は、Ⅱで説明した方法以上に、フィデューシャリーの文脈によって裁判所の注

47　See, e.g., In re Gerald L. Pollack Trust, 867 N.W.2d 884, 904（Mich. App. 2015）（「重大な信託違反」がミシガン州法に基づく解任の根拠として列挙されていることについて述べている）; In re Loyal W. Sheen Family Trust, 640 N.W.2d 653, 660（Neb. 2002）（下級裁判所による受託者解任命令を支持するいくつかの根拠の1つとして注意義務の違反があることについて述べている）; 前掲注4（本書第3章86〜87頁）参照。

48　統一信託法典の解説は、信託の管理について受益者に合理的な報告を継続する義務の受託者による違反は、それ自体が解任の根拠であることを示唆している。Uniform Trust Code §706 cmt.（Unif. Law Comm'n 2010）. この解説は、損害の立証なしに責任を想定しているように思われ、信託の管理における不注意を含む他の形態の受託者の不正行為が、解任を正当化するのに十分である場合があることを示唆している。親権または後見人の権利の剥奪についても同じことがいえる。

49　前掲注9（本書第2章57頁）（代理人による信認義務の違反は、本人が代理関係を築く契約を無効にするための根拠となる）参照; cf. Restatement（Third）of Agency §8.10, cmt. b（Am. Law Inst. 2006）（従業員が善良な行動義務（注意義務とは別の義務として分類される義務）に違反した場合、契約上の雇用期間が終了する前に従業員が解雇される可能性があることについて述べている）.

意義務に関する議論が影響を受ける可能性があるという他の状況を示唆している。裁判所が受認者による注意義務違反に関して損害が発生しない場合においても責任を認めることを厭わないのは、一部には、受認者には受益者との関係で多くのことが期待されており、このことに付随して受益者が脆弱性にさらされているためである。全ての点についてではないが、この点においては、受認者の注意義務は、不法行為法上の義務というより契約上の義務という印象の方が強い。不法行為法は、ある者が他人によって損害を受けないための権利を一定の方法で付与している。前記の例に戻ると、不法行為法は、薬局の顧客が、薬局またはその従業員の過失によって損害を受けないようにするための権利を付与している。信認法によって、受益者は一定の種類の**履行**、つまり、受認者が任命された任務を忠実かつ慎重に履行することに関する権利が付与されている[50]。したがって、信認法は、受益者に対する不適切な履行による結果に関係なく、受認者の不適切な履行を根拠として、責任を負わせることを認めることがあるのである。

Ⅳ　結　論

　受認者の注意義務は、馴染み深いものでもあり、同時に奇妙なものでもある。受認者の注意義務は、私法の他の領域、特に不法行為法上の注意義務の多くの特徴を備えている。しかしながら、受認者の注意義務は、フィデューシャリーの文脈特有の特徴も併せ持っている。本章では、受認者の注意義務が、いくつかの重要な例外を除いて、不法行為法上の注意義務ほど要求が厳格ではなく、かつ、執行力が強力ではないことを述べた。また、受認者の注意義務違反に対する責任は、必ずしもその違反により損害が発生したかどうかによるものではないことについても述べた。最後に、受認者の注意義務に関するこれらの特徴が、法理や規範理論の問題として明確に、また、全ての点において、正当化されているわけではないが、これらの特徴にはおそらく正当性があると主張した。

50　信認義務の概念にとって適切な履行がいかに重要であるかについて著者に強調してくれた、Paul Miller に感謝する。

謝　辞

Matthew Conaglen、Evan Criddle、Joshua Getzler、Andrew Gold、Don Herzog、Tamaruya Masayuki、Paul Miller、John Pottow、Teddy Rave、Robert Sitkoff、Henry Smith、Julian Velasco および Benjamin Zipursky より、多くの有益な提案やコメントを頂いたことに感謝する。全ての誤りは著者に帰するものである。

第 22 章	その他の信認義務
	――忠実義務および注意義務を実行するための義務

ROBERT H. SITKOFF

I　はじめに

　フィデューシャリーの分野では、受認者の負う義務に共通の法理の構造がある。すなわち、**忠実義務**により利益相反に対処し、**注意義務**によりその信認関係に対応した客観的な注意のスタンダードを課している。そしてその他の多くの信認義務は、開示義務、記録保存義務や守秘義務など、分野によって様々である。

　忠実義務と注意義務を、ここでは**主たる**信認義務と呼ぶが、典型的には、幅広で広がりのあるスタンダードの構造をとるのが一般的である[1]。忠実義務と注意義務のスタンダードの正確な輪郭は、フィデューシャリーの分野によって異なるが、分野をまたがって一貫性のある共通の構造がある[2]。これに対し、**その他の**信認義務、以下では**従たる**信認義務、または**主たる信認義務を実行するための**信認義務と呼ぶこととするが、典型的には、**ルール**か少なくとも**相対的に特定されたスタンダード**の構造をとっており、より詳細に定められている。様々な信認法の分野において、ある種類の従たる義務を見出すことができても、分野ごとに具体的な差異がある場合もあるし、また別の分野では、他の信認法の分野に対応するものがないような特異な従たるルールがある場合もある。

　本章においては、従たる信認義務の性質および機能を検討する。ただし、最初に2つの制限があることを注意しておきたい。第1に、本書の前章までと同じく、アメリカ法を対象とする。第2に、本章は、これらのその他の義務が、信認法の性質を有することを所与のものとする。分類学な区分をどのようにしても、本書の前章までが示すように、実定法としてそれらの義務が存在する。本章では、それらの義務の性質および機能を説明し、主たる信認義務である忠実義務と注意義務に密接に関係し、信認法の性質を有すると分類するに相応しいことを論ずる[3]。

1　本書第 20 章、第 21 章参照。
2　特に忠実義務の「利益相反の禁止」と「利益取得の禁止」のルールについては、後掲注 35・36 とその本文を参照。
3　しかし、前掲注 1（本書第 20 章、第 21 章）は特に例外的なものを対象としている。誠実（the duty of good faith）は本章では扱わず、本書第 40 章（未訳）Fiduciary Law, Good Faith, and Publicness を参照。

本章の中心的な主張は、従たる信認義務は、特定の分野で主たる義務である忠実義務と注意義務を詳細化したものであって、主たる義務である忠実義務と注意義務を特定の類型または種類の信認関係において共通して繰り返し起こる状況において実行するということである。広がりのあるスタンダードとして構成される忠実義務と注意義務は、ルールまたは少なくともより具体的なスタンダードとして構成される従たる義務とともに、受認者を規律するために、ルールと具体的なスタンダード、そして広がりのあるスタンダードを組み合わせることで、ルールまたはスタンダードのいずれかだけでは規律する力が弱いことを補っている。[4]

　経済学の用語でいうなら、従たる義務は、不完全な契約によってエージェンシー問題が発生し、信認法による解決が求められる局面において、より詳細な具体策を提供することによって、取引費用を削減する。[5] ただし、忠実義務および注意義務という主たる信認義務以外の義務に、これらの主たる義務に内容を与えて実行する機能があるということは、わざわざ信認法の経済理論にあてはめて考えなくともわかることである。この基本的な視点は、様々な理論的観点と一致している。

　フィデューシャリーの分野の典型である信託法を例に考えてみよう。[6] 信託法の従たる原則の１つとして**合理的な投資家の準則**（*prudent investor rule*）がある。構造としては、合理的な投資家の準則は、信託の受託者に投資をする機能があることから適用され、リスク・リターンと分散投資に着目して、広がりのある主たる義務である注意義務（信託法の用語では慎重義務（prudence）といわれる）に具体的な内容を付与した詳細なスタンダードとなった。[7] 合理的な投資家の準則は、

4 筆者は以前の論文でこの主張を行っており、特に引用や紹介なく自由に掲載している。See Robert H. Sitkoff, An Economic Theory of Fiduciary Law 202-204, in Philosophical Foundations of Fiduciary Law（Andrew Gold & Paul Miller eds., 2014）[hereinafter Sitkoff, Economic Theory]; see also Robert H. Sitkoff, The Economic Structure of Fiduciary Law, 91 B.U. L. Rev. 1039, 1044-1045（2011）; Robert H. Sitkoff, An Agency Costs Theory of Trust Law, 89 Cornell L. Rev. 621, 682-683（2004）[hereinafter Sitkoff, Agency Costs]; Robert H. Sitkoff, Trust Law, Corporate Law, and Capital Market Efficiency, 28 J. Corp. L. 565, 578（2003）[hereinafter Sitkoff, Trust Law, Corporate Law]. この主張の契機となったものとして John H. Langbein, The Contractarian Basis of the Law of Trusts, 105 Yale L.J. 625, 656（1995）（フィデューシャリーの下位規則として「忠実義務と合理的である義務に包摂される」としている）。筆者の以前の業績である Restatement（Third）of Agency §8.01 cmt. b（Am. Law Inst. 2006）のリポーターズノートでこの考え方について、「一般的な信認原則」と「より具体的な詳細なルール」と述べている。類似の概念の示唆を受けたものとして、Matthew Conaglen, A Re-Appraisal of the Fiduciary Self-Dealing and Fair-Dealing Rules, 65 Cambridge L.J. 366（2006）.

5 See Sitkoff, Economic Theory, supra note 4.

6 本書第３章参照。

7 前掲注6（本書第３章）; Max M. Schanzenbach & Robert H. Sitkoff, The Prudent Investor Rule and

同様の投資機能をもつ、年金法、慈善団体と非営利組織の法、投資顧問法のいずれにも認められる。[8]信託の受託者に起源のある投資機能が、その他の分野にとっては特有の属性ではないことから、合理的な投資家の準則は、フィデューシャリーの分野全体には及ばない。ただし、投資機能を有するフィデューシャリーの分野においては、合理的な投資家の準則には、受認者が投資する際の注意義務に求められる知見が集積されて、包含されている。したがって、受認者が投資業務を何の準備もなく始めるよりは、受認者、受益者および裁判所は、注意義務の適用を判断するために、合理的な投資家の準則によって、詳細に検討できるだろう。

この例によれば、信認法では、広がりのあるスタンダードと、より具体的なスタンダードおよびルールが重なり、交じり合って統合されていることがわかる。これは、ルールとスタンダードは規律のための戦略として競合関係にあるというよくいわれることよりも、踏み込んだ知見を得ることができる。[9]従たる義務により、義務の内容がより具体化されることで、条件に合った事案に適用される信認義務が簡単にわかる。しかし、忠実義務と注意義務という主たる義務が依然として適用されるので、従たる義務によって繰り返し起こる問題への対応を具体化されることでしばしば生ずる、戦略的に義務を回避する行動の段取りが示されるわけではない。[10]受認者が本人の利益に反するような行為をし、従たる義務では対処されない場合には、本人は、受認者の行為に対応するために、やはり、忠実義務と注意義務という広がりのある主たる義務に訴えるであろう。信認法において、忠実義務および注意義務という主たる義務（広がりがある）と具体化された従たる義務（より具体的なスタンダードおよびルール）の組み合わせは、スタンダードの柔軟性にルールの具体性が加わって、それぞれの不利益を最小限のものとする。[11]

さらに続いて2点考察すると、1つの難問が残る。第1に、このように従たる

Market Risk: An Empirical Analysis, 14 J. Emp. Legal Stud. 129 (2017) 参照。後掲注44〜47とその本文参照。

8　本書第9章、第6章、第8章; Max M. Schanzenbach & Robert H. Sitkoff, Financial Advisers Can't Overlook the Prudent Investor Rule, J. Fin. Plan., Aug. 2016, at 28 参照。

9　See, e.g., Louis Kaplow, Rules Versus Standards: An Economic Analysis, 42 Duke L.J. 557 (1992); Carol M. Rose, Crystals and Mud in Property Law, 40 Stan. L. Rev. 577 (1988); Pierre Schlag, Rules and Standards, 33 UCLA L. Rev. 379 (1985); Duncan Kennedy, Form and Substance in Private Law Adjudication, 89 Harv. L. Rev. 1685 (1976); Isaac Ehrlich & Richard A. Posner, An Economic Analysis of Legal Rulemaking, 3 J. Legal Stud. 257 (1974); See also Robert H. Sitkoff & Jesse Dukeminier, Wills, Trusts, and Estates 380-381 (10th ed. 2017)（例外によって調整されるルールと推定によって調整されるスタンダードについて論じている）.

10　関連する概念として信認原則を "second order" law とするものとして、本書第39章（未訳）Fiduciary Law and Equity 参照。

11　後述ⅡC参照。

信認義務の性質と機能を説明すると、従たるルールは、信認法の各分野において、主たる信認義務である忠実義務と注意義務について蓄積された学識を反映し、法として固まっていくという、原因と結果の関係をもつ筋書きが示唆される[12]。時が経つにつれて、裁判例の蓄積に加え、規範や慣行が形成され、忠実さや合理性を評価する際の証拠となる。それが、正式に従たる信認義務として定着することで、繰り返し起こる事実のパターンに対して、より広い概念である忠実さや合理性という題目のもとで、何度も証明する必要がなくなってくる。そのようにして、裁判所および立法は、各信認分野における主たる義務である忠実義務と注意義務の輪郭にあてはめることに加えて、その分野において特に必要な従たる義務も認めている。

　第2に、従たる信認義務または主たる信認義務を実現するための義務の性質が様々であることは、信認法は捉えどころがないという評者が多いことの理由を説明する際に助けとなる[13]。信認法は、個々のフィデューシャリーの分野によって様々で捉えどころがないといわれるが、むしろ特定の状況に適応しているのだと考えるべきである。もっとも、適応の程度には、主たる義務である忠実義務と注意義務の輪郭が各分野で微妙に異なっているだけの場合もあれば、より明らかに従たる義務や忠実義務と注意義務を実行するための義務が相当異なっている場合も時にはある。しかし、これらの差異は、信認関係の多様性に由来する。合理的な投資家の準則は、受認者が投資をする際の注意義務を詳細化する場合には適切であるが、運用機能を欠く信認関係には相応しくないだろう。

　最後に難問であるが、事実関係に基づく受認者の事案では、信認義務が個別に課されるが、どう考えるべきなのか[15]。本章で展開する中核的な主張では、従たる信認義務とは、特定の類型または種類の信認関係において共通して繰り返し起こる状況に対応して、主たる義務である忠実義務と注意義務を分野ごとに詳細化したものである。この主張は、ある類型または種類の信認関係には、繰り返し起こる状況、つまり均質性があることを前提とする。しかし、受認者とみなされる理由として、代理人や受託者のように当事者の類型や地位に基づくのではなく、むしろ、受認者の地位を特別に課すことを正当化する特別な信頼と信用を示すよう

---

12 ｜ 後掲注 39 とその本文を参照。
13 ｜ D. Gordon Smith, The Critical Resource Theory of Fiduciary Duty, 55 Vand. L. Rev. 1399, 1400 (2002) が、この主張の例を詳細に説明していることを参照。
14 ｜ 前掲注 1 (本書第 20 章、第 21 章) 参照。
15 ｜ 本書第 1 章参照。

な事実関係に基づいて、特別に事実関係に基づく受認者の地位を課される当事者はどうなのか。

　本章の残りの部分の構成は、次の通りとする。Ⅱでは、中核的な主張を展開する。従たる信認義務について、既に用いたような機能的な用語により、単純な仕方で簡易なエージェンシー・コストのモデルを示す。Ⅲでは、主張を検証する。本書の前章までが示すところにより当該主張の説明力を証明し、私法および公法のフィデューシャリーの分野全体で、従たる信認義務または忠実義務および注意義務を実行するための信認義務を詳細に論じ、事実関係に基づく信認関係についての難問を解く。Ⅳでは結論を短く述べる。

Ⅱ　従たる信認義務の簡易なモデル

　本章の中核的な主張によれば、忠実義務と注意義務以外の信認義務の性質と機能とは、しばしば生ずる事実と状況において忠実義務と注意義務がどのように適用されるかを詳述または具体化することによって、忠実義務と注意義務を実現するための原則を提示することである。この主張の根本は、信認法についての簡易なエージェンシー・コスト理論と、ルールとスタンダードのいずれによって規律すべきかという対立的な選択における決定費用と誤謬費用のトレードオフというお馴染みの考え方である。[16]

　主張の検討は３段階で行うこととする。(1)未完成の契約によって生ずるエージェンシー問題に信認法はどのように答えるかという、信認義務の経済理論として馴染み深い問題のまとめ（**A**）。(2)残されたエージェンシー・コストを抑えることに関して、広がりのあるスタンダードを提供する忠実義務と注意義務の役割についてのまとめ（**B**）。(3)従たる義務の役割は、繰り返し起こる状況に適用される信認原則を特定し、誤謬費用を増加させることなく決定費用を低下させることによって、さらにエージェンシー・コストを抑えることだが、それができるのは広がりのある主たる義務である忠実義務と注意義務が適用可能であり続けるからであること（**C**）。

　ただし、主たる義務である忠実義務および注意義務以外の信認義務の機能が、これらの主たる義務に内容を与えて実行することであるということを受け容れる

16　エージェンシー・コスト理論について、Sitkoff, Economic Theory, supra note 4 参照。決定費用と誤謬費用のトレードオフについて、前掲注９の文献参照。

ためには、信認法についてエージェンシー・コスト理論を採用することを特に要しない。基本的にこのように考えることは、様々な理論家の観点にも一致する。

　以下に重点を要約すると、主たる義務である忠実義務と注意義務は、広がりのあるスタンダードとして構成され、従たる義務は、ルールまたは少なくともより具体的なスタンダードとして構成されるのであるが、ルール、具体的なスタンダード、広がりのあるスタンダードを組み合わせて、決定費用と誤謬費用の両方を最小化することで、信認関係におけるエージェンシー・コストを抑制するという方法で、受認者を規律する。

A.　エージェンシー問題と不完全な契約

　法は、経済学者が**プリンシパル・エージェント**または**エージェンシー問題**と呼ぶものを提示する関係に、受認者の地位を課す傾向がある。[17]エージェンシー問題は、ある者が本人となり、他の者を代理人（agent）として、本人の福利に影響を及ぼす裁量性のある行為に従事させるが、それを完全には監視できないときに発生する。[18]代理人に事務を委任することによって、本人は代理人の専門能力によって利益を得て、他の活動に従事することができる。

　しかし、代理人に任せて利益を得ることは、費用として、権限の濫用に脆弱だということを伴う。代理人は、本人のためにする行為に関連して生ずる費用と利益の全てに責任を負わない。利害が相違することが、**エージェンシー・コスト**が発生する原因である。[19]エージェンシー問題が発生するのは、代理人の監視を十分にできないことと、将来起こりうる事情の全てについて代理人がどのように対応すべきかを、事前に正確に定めておくことまでは取引にかかる費用として負担することができないということの２つが組み合わされるからである。多くの場合で、代理人を任命する目的は、代理人の専門的な知見を活用することであり、そのためには状況が変わっていくことに対応できるように、広範な裁量を与える必要がある。

---

17 ｜ See Michael Jensen & William Meckling, Theory of the Firm: Managerial Behavior, Agency Costs, and Ownership Structure, 3 J. Fin. Econ. 305, 308-310 (1976)（「エージェンシー関係を、１人または複数の当事者（本人）が、本人のために、他方当事者（代理人）に意思決定権限の委任を伴う役務に従事させること、と定義する」）。信認関係の存在を特定することについての研究としては、本書第 19 章参照。

18 ｜ エージェンシー理論では「代理人（agent）」という用語を使うが、代理法に定める関係に限られるものではない。本書第 2 章参照。

19 ｜ See Jensen & Meckling, supra note 17.

エージェンシー問題は、受託者と受益者、後見人と被後見人、本人と（法律上の）代理人、取締役と会社、弁護士と依頼者のような信認関係と分類される関係に共通する問題である。事実関係に基づく信認関係では、本人が代理人に特別な信頼と信用を寄せることが正当とされ、前記のように分類または地位に基づいた信認的な性質が認められない場合にも信認関係として特に認識されることを正当化するが、エージェンシー問題は、そのような関係にも共通する問題である。[21]

信認義務は、地位に基づく信認関係と事実関係に基づく信認関係の双方にとって、エージェンシー・コストを抑制するための法律上の主な戦略である。地位に基づいて分類されるか、事実に照らして特に認められるかにかかわらず、信認関係とみなされる場合、信認義務を課することにより、契約が不完全なまま締結されることによって発生するエージェンシー問題が改善される。[22]受認者を規律する戦略として、広範な裁量権を有する代理人のある時点の行為について、代理人が本人の最善の利益を追求するために忠実かつ注意深く行動したかどうかを事後的に本人が精査することができるようになっている。[23]つまり、法律上の形式主義と道徳的な美辞麗句を取り除けば、信認義務の機能的な核心は**抑止力**である。[24]代理人が、このようにすべきだったのに間違ったと事後的に責任を負わされることを恐れて、本人の最善の利益のために行為するように誘導されることで、エージェンシー・コストが最小化される。[25]

信認法は、このようにして**取引費用**を最小化する。両当事者にとって必要なことは、全ての将来の偶発事象を事前に書面に条文化しようと努力することではなく、そのような偶発事象のうち、条項を明示することにかかる取引費用を正当化できるほど重要で十分な事象のみを特定することである。その他の全ての偶発事象については、信認義務によって対応する。実際に、全ての事情を勘案したうえで、当事者が当該事情を想定できたならば合意したであろうことに従って受認者

---

20 | 前掲注6（本書第3章）、本書第13章、前掲注18（本書第2章）、本書第4章、第14章参照。
21 | 前掲注15（本書第1章）、前掲注17（本書第19章）参照。例えば、Burdett v. Miller, 957 F.2d 1375, 1381-1382 (7th Cir. 1992) 参照。
22 | See Sitkoff, Economic Theory, supra note 4.
23 | the Restatement (Third) of Trusts の illustration では「信託事務処理の基本原則」は、言うなれば「受託者は、信託財産の管理、およびその他信託の条項と目的を達成するための完全な権限を有すると推定され、ただし、受託者としての全ての権限の行使または不行使は受託者の信認義務に従わねばならない」とされている。Restatement (Third) of Trusts §70 cmt. a (Am. Law Inst. 2007). 前掲注6（本書第3章）も参照。
24 | See Frank H. Easterbook & Daniel R. Fischel, Corporate Control Transactions, 91 Yale L.J. 698, 702 (1982).
25 | 救済の利用については、本書第24章参照。

が行動したかどうかを考慮して、事後的に契約を完全なものにするのは、裁判所の役割である。[26]

B.　主たる信認義務としての忠実義務と注意義務

　主たる信認義務は、忠実義務と注意義務である。忠実義務は、利益相反を規制するもので、多くの場合では開示されない利益相反を禁止している。受認者に「本人の最善の利益」のために行動することを要求し、または「専ら本人の利益のためだけに」行動することを要求することさえある。[27] 注意義務は、業界の規範および慣行によって知られる「合理性」または「思慮深さ」のスタンダードを設定することによって、信認義務のスタンダードを定める。受認者の注意義務のスタンダードは、不法行為法における合理人のテストと類似しており、同様の状況にある合理的または思慮深い者との比較で、客観的に測られる。[28]

　構造的に、主たる義務である忠実義務と注意義務は、広がりのあるスタンダードであり、均質でない状況に適用しうる程度の一般性があるとされる。一般性があるため、多様な事実に適用することができ、具体的な事実により正確に対応した規律方法を義務の目的から確実に導くことができる。このようにして、忠実義務と注意義務は、**誤謬費用**を最小化し、広がりのあるスタンダードによる統制の典型となった。ただし、広がりのあるスタンダードは、その対価として、**不確実性**と**決定費用**を増加させることになる。スタンダードには状況に応じて変わる性質があるため、事前の予測を困難にするものであり、より強力な役割を裁判所に求める特徴がある。誤謬費用と、決定費用および事前の不確実性との間にはトレードオフの関係がある。

　確かに、「直感的には、スタンダードはルールに比べると、人々の行動を導こうとするときによりわかりやすく、ある意味でより明解で正確である」。[29] 例えば、受認者が忠実義務の要点を理解していれば、開示されていない利益相反を回避すべきとわかるだろう。しかしながら、簡単なよくある事案を除くと、ルールに比べてスタンダードは「曖昧で広がりのある」性格があるため、「事業を計画するのを困難にし、時には予測不可能な裁判所の裁量権の行使を招き、判決を得るの

26　この交渉の枠組みの仮説を最初に述べたものとして、Frank H. Easterbrook & Daniel R. Fischel, Contract and Fiduciary Duty, 36 J.L. & Econ. 425 (1993) 参照。本書第 35 章（未訳）The Economics of Fiduciary Law も参照。

27　前掲注 1（本書第 20 章）参照。

28　前掲注 1（本書第 21 章）参照。

29　Mindgames, Inc. v. Western Pub. Co., Inc., 218 F.3d 652, 656-657 (7th Cir. 2000) (Posner, C.J.).

により費用がかかる」とされる。[30]

　通常の判例法による法の漸進的な発展は、立法による法典化でますます促進されるのだが、主たる義務である忠実義務と注意義務のスタンダードという性質に必然的に伴う不確実性と決定費用を、2つの関連する方法により抑制してきた。第1に、本書の以前の章で示されたように、受認者の主たる義務である忠実義務と注意義務は、信認法の分野によって微妙に異なっているが、それは各分野ごとに規律の課題には微妙な違いがあることを反映しているからである。主たる義務である忠実義務と注意義務は、将来の知られていない状況にどのようにでも対応できるように、柔軟なものでなくてはならないのだが、ある分野に限れば、起こりうる将来の状況の範囲は狭くなるので、具体的な追加策が認められる。

　例を挙げると、信託法の忠実義務は不探求の原則により絶対的であると推定され、利益相反関係にある受託者が誠実かつ公正であったとしても考慮されない。その理論的根拠は予防の必要性にあり、信託の実際上の運用においては典型的には監督が弱く、かつ開示されない利益相反の禁止により禁じられる取引をすることが少ないことが反映されている。[32]これに対し、会社法においては、忠実義務は、利益相反関係にある取締役が、誠実かつ公正であるという抗弁を立証することが認められており、監督が実行可能であることや機会費用の範囲についての前提が異なることを反映している。[33]家族王朝信託では譲渡不可能な受益権が世代を超えて存続するのに対し、公開会社では株式が広く公開市場で取引されるので、エージェンシー・コストを抑制するために忠実義務に求められることは両者で異なるのだ。[34]

　第2に、主たる信認義務である忠実義務と注意義務は、多くの従たる義務によって精緻化され、忠実さと合理的な判断ということにより具体的な意味内容を与えられて、繰り返し起こる事実や状況に適用される義務として実行されてきたのである。このような具体化が可能となるのは、一般（主たる義務）から具体（従たる義務）に移ることで、事実の均質性が高まるからである。

　しかし、私たちが従たる義務に目を向ける前の手順として、最後に、主たる義務である忠実義務に関して分類を試みたい。忠実義務について共通していわれる

---

30 ｜ Id.
31 ｜ 前掲注1（本書第20章、第21章）参照。
32 ｜ 前掲注6（本書第3章）参照。
33 ｜ 前掲注20（本書第4章）参照。
34 ｜ See Sitkoff, Trust Law, Corporate Law, supra note 4.

ことは、受益者に「利益相反の禁止」および「利益取得の禁止」ルールが課されるということである。[35] おそらく、忠実義務は、このような観点からは先述のモデルで示唆されたものよりも、具体的で広がりが小さいということになる。しかし、利益相反禁止と利益取得禁止のルールを別の観点で理解するならば、主たる義務としてより一般的な性質をもつ忠実義務を実行するための従たる義務であるということにもなる。分類学は、目的ではなく手段であるべきであり、利益相反禁止と利益取得禁止のルールを従たる義務と分類することで、これらのルールの性質について議論を進めやすくなるといえよう。[36]

C. 従たる信認義務

　最初に示した通り、本章の中核的な主張は、従たる信認義務とは、忠実義務と注意義務を特定の分野において詳細化したものであり、特定の類型または種類の信認関係に繰り返し起こる状況において、これらの主たる義務を実行するために用いられる、というものである。また、主たる義務である忠実義務と注意義務は広がりのあるスタンダードとして構成され、従たる義務は、ルールまたは少なくともより具体的なスタンダードとして構成され、それによってルール、具体的なスタンダードおよび広がりのあるスタンダードの組み合わせによって受認者を統制する方法を提供して、ルール対スタンダードという従来の考え方よりも優れた知見を得ることができる。

　ルールとスタンダードの組み合わせによって、信認法は両方の長所を活かすことができる。従たる義務として具体化される義務が増えることで、その条件に合う場合に信認義務が簡単に適用できるようになる。しかし、このように従たる義務が具体的になったとしても、戦略的な義務回避行為の手引きをするわけではない。なぜならば、主たる義務である忠実義務と注意義務が、受益者の利益に反するが従たる義務で対応されない行為に依然として適用されるからである。

　前記の主張には、5点付け加えることがある。**第1に**、従たる信認義務によって、事前に義務が明確になり、事後的にも、繰り返し起こる状況に対して忠実義務および注意義務をどのように適用すべきかを決定する費用が低減する。例えば、受認者の注意義務として十分な記録を保持することを求めるべき状況において、

---

35 | 前掲注1（本書第20章）参照。
36 | Compare Lionel Smith, The Motive, Not the Deed, in Rationalizing Property, Equity, and Trusts: Essays in Honour of Edward Burn（Joshua Getzler ed., 2003）, with Matthew Conaglen, Fiduciary Loyalty: Protecting the Due Performance of Non-Fiduciary Duties（2011）, Matthew Conaglen, The Nature and Function of Fiduciary Loyalty, 121 L.Q. Rev. 452（2005）.

従たるルールが受認者にそのような義務があることを具体化しているのであれば、受益者が特にそのような注意義務があることを示す必要がない[37]。このように義務内容が具体化されることで、受認者が遵守すべきことが、この場合は注意義務によって記録の保存が求められるということについての指針が、提供されるので、訴訟となる蓋然性が最初から減少する。従たる義務は、このように(1)信認義務を負う受認者、(2)信認義務が守られているかどうかを判断すべき裁判所の「2方向に働きかける」[38]。

　第2に、このように従たる信認義務を理解すると、主たる義務としてより一般的な性質をもつ忠実義務と注意義務を、繰り返し起こる事実や状況に適用することで、知見が蓄積されて法が生成し、従たる義務となるというような、因果関係のある筋書きがあるとわかる。前の段落に記載した記録保存の例に戻ると、特定の文脈においては、注意義務によって受認者は十分な記録を保存することが求められるという事例が十分に集まった後、このような記録を保存する従たる義務がこれらの事例から導き出されるということになる[39]。このような従たる信認義務を生み出すために、まず裁判所の決定があり、そして現在ではより多くの法律に定められ[40]、それらによって、継続的に起こる事実のパターンに具体的な結論を導くために、忠実義務と注意義務という一般論から何度も始める必要がないようにしているのである。確かに、ある従たる義務が、実際にこのような方法で進化しているのかどうかは、歴史的な研究に委ねられる問題であり、本章の範囲を超えている。しかし、多くの従たる義務がそのように進化したのではないかと思われ、将来の研究で解明できるだろう。

37 | Compare Restatement (Third) of Trusts §77 (Am. Law Inst. 2007)（主たる義務としての注意義務）, with id. §83（従たる義務としての「明確、完全かつ正確な帳簿と記録」を具備する義務）.
38 | See Ehrlich & Posner, supra note 9, at 261.
39 | ルール対スタンダードに関する初期の論文として、Ehrlich & Posner も同様の観察をしている。前掲注 9 の文献の 266 頁では、以下のように述べている。
　　　最初にある形態の裁判例が一般的なスタンダードのもとに判示され、そのスタンダードは広範囲の事実の審理にあてはめることができる。それに続く判決でいかにそれらの事案が判示されるべきなのかという情報が追加される。やがて、このスタンダードによって新たな判決がなされたという情報が追加されることに新たな費用をかける価値がなくなる。……スタンダードにより判断するよりもルールにより判断する方が相応しくなる。そして既にある情報に基づいて、それに続く判決にはルールが適用される。
　　See also Sitkoff & Dukeminier, supra note 9, at 644（「これらのルールは、主たる義務である忠実義務と合理的判断義務を詳細化して繰り返し起こる事実と状況に適用されるもので、そのような事実と状況において慣行が信託における信認法として定着したものである」）.
40 | 例えば信託法では、記録保存義務は、Restatement (Third) of Trusts §83 (Am. Law Inst. 2007) のような判例法をまとめた裁判上の権威だけでなく、Uniform Trust Code §810 (a) (Unif. Law Comm'n 2000) のような法令にもなっていることがわかる。

第3に、従たる信認義務が新たに出現して、主たる義務である忠実義務と注意義務が詳細になることは、長年の知見を反映しているというだけでなく、これらの信認義務の原則が適用される事実および状況が均質なものか、それとも不均質なものかという観点に鋭敏であることも反映している。「最初は問題となる領域が非常に複雑かつ多様であると思われても、時間の経過とともに共通する要素が明らかになる[41]」。このような共通性がなければ、従たる義務として具体性をもたせるほどに効力があるものとならないであろう。事実および状況における均質性がより高くなるほど、過不足のない具体性をもった法原則が適用できることとなる。従たる信認義務が生まれる過程は、様々なフィデューシャリーの分野で多くの均一性があることを発見する過程でもある[42]。そこには主たる義務である忠実義務と注意義務が適用される事実および状況には繰り返し起こるパターンがあることがわかる。

　第4に、従たる信認義務が主たる義務である忠実義務と注意義務を精緻化し実行するものであるということは、従たる義務に「ルール」という厳格な分類を押しつけて、「スタンダード」としての主たる義務と対照的な関係にあるとするものではない。実際には、主たる義務か従たる義務かに関係なく、信認原則の全体の中で、概念的には対立するとされるルールとスタンダードを連続的に捉えている。ここでの主張の内容は絶対的なものというよりはむしろ相対的なものであり、従たる義務は主たる義務よりも相対的に具体性が高いということである。したがって、主たる義務を精緻化することは、従たる義務では具体性を相対的に高くするということである。このようにして、従たる義務は継続的に起こる事実および状況のうち比較的均質なものに適用され、それによって主たる義務は内容を与えられ、実行される。

　冒頭で扱った、合理的な投資家の準則を例にとって検討する[43]。ルールとスタンダードという大まかな区別でいえば、合理的な投資家の準則は、どちらかというと、ルールよりはスタンダードにあたる。受認者として管理する勘定の目的に照らして、ポートフォリオの「全体として……リスクとリターンの目標が……合理的に適合している[44]」かどうかをみるものであり、フィデューシャリーが「合理的

---

41 | See Ehrlich & Posner, supra note 9, at 273.
42 | Cf. id. at 266（「この分析は、重要な行動のうち主なものは均質であり、そのため（後でみるように）ルールによる統制は明らかに適切なものであるが、問題は基本的な均質性を見出すことである」）.
43 | 前掲注6～8とその本文を参照。
44 | Unif. Prudent Investor Act §2(b)（Unif. Law Comm'n 1994）.

に」分散投資を不要と認めない限り分散投資を義務づけ[45]、また、信認関係が開始してから受認者が適合した投資計画を策定および実施するまでに「合理的期間」を認めている[46]。それでも、これらの原則は、主たる義務としての一般的な注意（合理的な判断）義務が、受認者に「合理的な人として」行為することを求めていることに比べれば、より具体的である[47]。このように、合理的な投資家の準則は、合理的な人が、より具体的な投資運用（つまり、全体的なリスク・リターンに対処し、分散投資を合理的な期間内に行うこと）をより特定の文脈においてどのように行うかということについて、詳細を追加的に提供することで、注意（合理的な判断）義務を具現化している。

　第5に、従たる信認義務は、主たる信認義務としての忠実義務と注意義務に取って代わる義務ではなく、むしろ補完的な義務である。主たる義務としての忠実義務と注意義務は依然として適用されるため、繰り返し生ずる問題に具体的な対応ができる、という従たる義務の利益に伴う、適用範囲が限られるという費用を回避することができる。このようにして信認法は、ルールとスタンダード（多かれ少なかれ具体的な原則）が、それぞれの弱点を緩和しながら、それぞれの利点を組み合わせるという理念を実現している。この理念は、ルールとスタンダードについての初期の文献では、具体例のない理論的な可能性として提起されたものであった[48]。

　この点において、信認法は、競合する統制モデルとしてのルールとスタンダードの競合という従来の考え方よりも前進している。信認法では、具体性の程度が様々な法原則が重なり合いながら、同じ場所で協調して機能している。信認法は、主たる義務としての忠実義務と注意義務を広がりのあるスタンダードとして構成することと、多くの具体化された従たる義務をより具体的なスタンダードやルールとして多様に構成することを組み合わせて、柔軟なスタンダードによって誤謬費用を抑制するとともに、ルールやより具体的なスタンダードのもたらす具体性によって事後の決定費用を抑制している。

---

45 Id. §3.

46 Id. §4. リスク・リターン、分散投資、合理的期間は、Restatement（Third）of Trusts §§90, 92（Am. Law Inst. 2007）でも認められている。

47 Unif. Trust Code §804（Unif. Law Comm'n 2000）; Restatement（Third）of Trusts §77（Am. Law Inst. 2007）.

48 See Ehrlich & Posner, supra note 9, at 275 & n.24（「しかし、抑止力を高める方法の1つが禁止行為のより明確な具体化であることは明らかである」、「抜け穴（包括的でないこと）が使われないようにするためには、具体的な禁止事項を補完するために一般的な禁止事項が有効であると推測される」）.

Ⅲ　モデルの検証

　Ⅲでは、Ⅱで示した従たる信認義務のモデルとしての説明力を検証するため、本書の前章まで扱われた従たる信認義務に立ち入った検討を行う。以下の **A** では私法により信認関係と分類されているものについて主に検討し、**B** では公法における信認法を検討し、最後に **C** で個別のまたは事実関係に基づく信認関係における従たる義務という難問を検討する。[49]

　この後で行う法理の検討には３つのテーマがある。第１に、従たる義務は、主たる忠実義務と注意義務に比較して具体的であり、この比較的具体性があることによって、従たる義務は、特定の類型または種類の信認関係に繰り返し起こる事実および状況において適用されるべき主たる義務を実行する。第２に、従たる義務は、信認関係によって異なるものであり、それらの関係の状況が違うことによって、忠実義務と注意義務を繰り返し起こる状況に適用する際に求められる内容が異なることを反映している。第３に、複数のフィデューシャリーの分野を検討すると、いくつかのバージョンの従たる義務が観察され、フィデューシャリーの分野の多くにまたがって、繰り返し起こる状況に共通性があることを反映している。言い換えれば、前章までで述べられた理論は、本章で示される従たる信認義務のモデルと整合している。

A.　私法

　代理法、信託法および会社法という中心的なフィデューシャリーの分野から検討を始める。代理法の章[50]において示されたように、代理人の主たる義務である忠実義務を詳細化した従たる義務として、より具体的な従たる義務としての自己取引、実質的利益の取得、本人との競合、および本人の財産の使用に関する規律がある。同じように、代理人の主たる義務である注意義務は、指図の遵守、重要な事実の開示、財産の混同、帳簿の記録、計算の提供、その他の多様な事項を定めることにより具体化された従たる義務によって詳細化されていることがわかる。このように具体化されることで、代理関係において繰り返し起こる状況によく適合していることは想像に難くない。

---

49 ｜ 注３で述べたように、本章では誠実義務は扱わない。
50 ｜ この部分は前掲注18（本書第２章）に基づく。

信託法の章では、受託者の主たる義務である忠実義務と注意義務を詳細化して幅広く具体化した従たる義務があることが示されている。それらは、受認者に法的に帰属する財産を分別管理された一体の財産として、受益者の利益のために管理するという状態に適合したものである。これらのより具体化された従たる義務には、合理的な投資家の準則と並んで、(1)信託行為の条項に従い信託事務を処理するとともに、その条項に従うと受益者に害が及ぶ場合は裁判所に申し立てを行う義務、(2)信託財産を回収し、安全に保管するとともに分別管理し、混同しない義務、(3)信託事務処理の適切な記録の保存義務、(4)信託に属する請求権を行使し、信託に対する請求を防御する義務、(5)費用の無駄遣いがないよう配慮し、合理的費用のみを負担する義務、(6)受益者への情報提供と説明を行う義務が含まれる。ここで特に指摘しておきたいことは、信託の受認者は、この分野にやや特化した公平義務に服することである。公平義務は、潜在的に対立する複数受益者の利害を一手に引き受ける立場における受認者が、主たる義務である忠実義務と注意義務（信託の用語では慎重義務）を具現化するものである。これは、信託事務を処理する際に特に管理が難しい問題とされる。

会社法に関する章では、会社における受認者のガバナンスについて繰り返し起こる問題についての具体化された従たる義務によって、主たる義務である忠実義務と注意義務が具現化されている。つまり、会社法におけるより具体化された従たる義務が、(1)会社の機会の不正利用、(2)会社の支配権をめぐる争いにおける経営者の役割、(3)株主の議決権または株主総会の効力を損なうおそれのある行為、(4)会社内の監督および法令遵守の必要性、(5)株主に対する情報の開示、のような事項に対処している。

会社以外の営利組織、慈善団体とそれ以外の非営利組織、年金の法は、おおまかにいえば代理法、信託法および会社法といった中心分野を、特殊な形態として具現化したものであり、代理法、信託法および会社法と同様のパターンを見出すことができ、これらの法分野からの反響を聞き取ることができる。例えば、会社以外の営利組織について定めた法では、従たる義務として、組織の事業との競業、利益の対立する当事者のためにする取引、利益の計算・精算と開示等に関する事

---

51 ｜ この部分は前掲注 6 （本書第 3 章）を出典として自由に使っている。
52 ｜ See Sitkoff, Agency Costs, supra note 4.
53 ｜ 前掲注 6 〜 8 および 43〜46 とその本文を参照。
54 ｜ 前掲注 6 （本書第 3 章）参照。
55 ｜ この部分は前掲注 20 （本書第 4 章）に基づく。
56 ｜ 本書第 5 章参照。

項が規律されている。慈善団体とそれ以外の非営利組織を規律する法[57]には、機会の不正利用、私的利益、合理的な投資、開示等に関する事項について、従たる義務を見出すことができる。そして、年金に係る法[58]には、合理的な投資、投資メニューの構築、記録保存、開示等を規律する、馴染みある従たる信認義務を見出すことができる。

これらのより専門的な分野の従たる信認義務が、基本となる代理法、信託法または会社法の分野の従たる義務と対応していることは、これらの分野の境界を越えて繰り返し起こる状況が重なることを反映している。

このような見方で、さらに、倒産、投資顧問、雇用法の3分野について検討する。

破産および倒産法に関する章[59]では、従たる信認義務によって、フィデューシャリーの受領した全ての財産について計算を明らかにし、異なる階層の受益者（担保権者、無担保債権者および債務者をいう）で利益が相反するおそれがあることを取り扱うが、信託における信認法の従たる義務と親和性があることがわかる。投資顧問に関する章[60]においては、この分野でも受認者による投資の機能があることを反映して、合理的な投資家の準則があるほか、多くの従たる義務が、帳簿と記録の具備、財産の保管、指図の裁量執行など、信託法および代理法の同様の法原則と親和性があることがわかる。雇用法に関する章[61]では、雇用法は、代理法に古い歴史的な起源があり、現代にはない主人と従者という区分けもそれに基づいていて、代理人に似た従たる義務として、雇用主との競合および企業秘密または事業機会の不正流用に関する義務があるとわかる。

最後に、代理人弁護士と医療に関する章で示された従たる信認義務について検討する。これらの従たる義務は、これらの専門性に関する状況で繰り返し起こる問題について忠実義務と注意義務を詳細に規定する。代理人弁護士の章[62]では、従たる義務が、利益相反、秘密保持、依頼者の特定および依頼者との情報伝達に適用される忠実さの意味を詳細化することがわかる。また、従たる義務によって、注意義務の意味を詳細化して、依頼者の事情に精通し、と依頼者の秘密を保護する義務として適用されていることがわかる。医療に関する章[63]では、情報提供に基

---

57 ｜ 前掲注8（本書第6章）参照。
58 ｜ 前掲注8（本書第9章）参照。
59 ｜ 本書第11章参照。
60 ｜ 前掲注8（本書第8章）参照。
61 ｜ 本書第10章参照。
62 ｜ 前掲注20（本書第14章）参照。
63 ｜ 本書第15章参照。

づく同意、秘密保持および利益相反に係る従たる信認義務が認められる。

B. 公法における信認法

　最近の文献では公法におけるフィデューシャリーの理論を検討し、多くの信認原則を公法に見出している。これらの原則は真にフィデューシャリーの性質を有するのかという議論や、このような原則に効力はあるのかという難問は、ここでは置く。公法における信認法を扱った本書の以前の章からは、現行法にも、少なくとも文言をみる限り、本章で示される意味での従たる義務と性格づけることができるような様々な原則があることがわかる。この点において公法における信認法の理論は私法における信認原則が構築したものにそっくりである。

　まず、公的な官職の章から始める。この章によれば、実定法には従たる義務のパターンに沿った原則がいくつか認められる。例えば、(1)アメリカ合衆国憲法の報酬条項は利益相反のある形態を特定して禁止するもので、忠実義務の中心的な関心事にあたる。(2)アメリカ上院の倫理規則は、「受認者」と明示しており、忠実義務を実行する従たる義務であると読むのが最も自然である。(3)アメリカ合衆国憲法修正14条の適正手続条項は、裁判官に対し、裁判官が先入観をもつ可能性さえも回避することを義務づけており、これも同様に忠実義務を実行する従たる義務として読むことが素直である。(4)裁判官の様々な行動規則は、開示義務および説明義務を課しており、従たる信認義務と読めるものである。

　次に、国家についての章では、公共信託の法理を詳述した実定法上のルールが検討され、公共信託の法理にはその信託において保有する天然資源を譲渡しない義務があることがわかる。また、Chevron判決の法理は、行政機関に対し制定法を合理的に解釈する義務を課しており、行政手続法で行政行為に理由を付すことを義務づける規則と併せて、行政機関は私的な受認者と同様に合理的な熟慮をすることを求められるという従たる原則に従うべきことが示唆される。

　最後に、国際公法の章では、主たる義務としての忠実義務と注意義務に対応す

64　Seth Davis, The False Promise of Fiduciary Government, 89 Notre Dame L. Rev. 1145 (2014) と本書第48章（未訳）New Frontiers in Public Fiduciary Theory とを比較せよ。

65　それゆえ、ここでの議論では、本書の公法に関する章におけるより意欲的な法原則を対象とせずに、国内の実定法と有力な国際法に明確な基礎のある重要な法原則に焦点を絞っている。

66　この部分は、本書第16章に基づく。

67　この部分は、本書第17章に基づく。

68　さらなる議論としては以下を参照。Evan J. Criddle, The Constitution of Agency Statutory Interpretation, 69 Vand. L. Rev. En Banc 325 (2016)；Evan J. Criddle, Fiduciary Foundations of Administrative Law, 54 UCLA L. Rev. 117 (2006).

る従たる義務と読めるような国際法の原則が複数あることがわかる。例えば、(1)委任統治に関する国際慣習法により、領土の併合または天然資源の取得をしてはならないとする義務、(2)国連憲章その他に基づく統治国に課される多様な報告義務、(3)ジュネーブ会議およびハーグ規制に基づく軍事占領者として、実現可能な範囲で住民の利益のために、実施可能な統治体制を維持し、現地の法令および機関を尊重する義務、(4)外交関係に関するウィーン条約その他に基づく、外交官が国外で個人的な利益のために商業活動を行わない義務、である。

C.　事実関係に基づく受認者

　本章の中核的な主張とは、信認法による規律は、主たる信認義務として広がりのある忠実義務と注意義務の適用と、忠実義務と注意義務を繰り返し起こる事実と状況に適用した具体的な従たる義務とを組み合わせる戦略をとっている、というものである。この広がりのあるスタンダード（主たる義務）と、より具体的なスタンダードおよびルール（従たる義務）の組み合わせによって、柔軟なスタンダードによる誤謬費用の抑制と、ルールまたはより具体的なスタンダードのもたらす具体性による決定費用の抑制の双方が可能となる。

　同様の組み合わせによる戦略は、信認関係を特定する際にも明らかである。本書の他の章でも示されているように、分類または地位に基づく信認関係に加えて、その他に、もともとは分類または地位に基づけば信認関係にならない場合でも、関係が濫用される可能性があり、信認義務を課して保護を要するような事実および状況に基づいて、個別に信認関係とみなされることがある。[70]したがって、信認関係の存在を認めるか否かの判断にあたり、事実関係に基づくスタンダードの存在が、分類に基づく信認関係の成立条件を定めるより具体的なルールを補完し、それによって、既存の分類のパターンに適合しないが受認者として規律することが正当化できる事案を、規律の対象とすることができる。[71]

　ただし、個別に事実関係に基づく信認関係であると認められるということは、従たる信認義務を理論化する際に問題となる。本章で検討が進められた従たる信認義務のモデルは、特定の類型または種類の信認関係において共通して繰り返される状況（同質性のポケット）に照らして、主たる義務である忠実義務を特定の

---

69 ｜ この部分は、本書第 18 章に基づく。
70 ｜ 前掲注 15（本書第 1 章）、前掲注 17（本書第 19 章）参照。
71 ｜ See Sitkoff, Economic Theory, supra note 4, at 200-201.

分野について精緻化したものであると位置づけている。それゆえ、このモデルは、特定の類型または種類の信認関係において繰り返し起こる状況を前提としている。

この問題点には、少なくとも２つの答えがありうる。第１に、裁判所は、事実関係に基づいて個別の信認関係を認める際に、受認者として分類されるものからの類推によって、従たる信認義務を描き出す。それは、様々な受認者の類型において、同じような状況で同じような従たる信認義務があるとされることと同様である。第２に、一部の繰り返し起こる事実関係に基づく信認関係については、繰り返し起こる事実と状況が存在するので、裁判所がこれらの事案に従たる信認義務があると認めることになるかもしれない。

この２つの示唆は、本書の以前の章について暫定的検証が可能である。つまり、事実関係に基づく受認者の章[72]によれば、裁判所はこのような受認者に共通して守秘義務と開示義務を課していると認められる。同様に、銀行に関する法における信認原則の章[73]においては、受認者は地位に基づいた分類よりも、事実関係に基づいて認定されることが多いが、そこでもやはり開示義務が強調される。

これらの章で開示義務が強調されていることは興味深い。事実関係に基づく信認関係が個別に認められる際には、本人が、情報が非対称な状況において受認者に特別な信頼と信用を置いていると判断される傾向がある[74]。開示義務が従たる義務としての繰り返し適用されることは、このような状況に適っており、本章で述べた従たる信認義務のモデルとも整合的である。

Ⅳ　結　論

本章の目的は、忠実義務および注意義務という主たる義務以外の信認義務について、その性質および機能を考察することだった。中核的な主張としては、これらの信認義務は、従たる義務として、主たる義務である忠実義務と注意義務を特定の分野に応じて詳細な規律をしつつ、これらの義務を、特定の類型または種類の信認関係において共通して繰り返し起こる状況に適用する形で、具現化しているというものである。さらに、広がりのあるスタンダードとして構成される主たる義務としての忠実義務と注意義務と、ルールまたはより具体的なスタンダード

---

72 ｜ 前掲注 15（本書第 1 章）参照。
73 ｜ 本書第 7 章参照。
74 ｜ 前掲注 15（本書第 1 章）参照。

として構成される従たる義務は、ルール、具体的なスタンダード、そして広がりのあるスタンダードの組み合わせによって、ルールかスタンダードのどちらかだけの場合よりも受認者を統制する際の弱点を軽減する。

このようにルール、具体的なスタンダード、広がりのあるスタンダードを組み合わせることで、信認法は両方の長所を活かすことができるようになり、統制のための戦略としてルールとスタンダードのどちらを取るかという慣れ親しんだ考え方よりも進歩できる。従たる義務がより具体的になることで、該当する事案に信認義務を簡単に適用できる。しかし、主たる義務としての忠実義務と注意義務は依然として有効であるため、繰り返し起こる問題に対して従たる義務によってルールを具体的しても、戦略的に義務を回避しようとする行動の手引きになるようなことはない。

それゆえ、信認法では、具体性の程度が異なる法原則が、互いに重なり合いながら、同じ局面で協調して機能することになる。これにより、一般的な原則によって誤謬費用が抑制されるとともに、より具体的な原則によって決定費用が抑制される。このように従たる信認義務を説明することは、信認法に関するエージェンシー・コスト理論に沿うものであるが、その理論に頼るものではない。また、その理論の根底にある、仮想的な取引と取引費用に基づく枠組みとも整合した因果関係があることも示唆している。

最後に、本章では、忠実義務と注意義務以外の信認義務について以上に示したことを、本書の以前の章における私法および公法に関する理論的調査に照らして検証し、個別に事実関係に基づく信認関係が認められる場合をどのように説明すべきか、という問題について暫定的な答えを示した。

筆者注記

　ハーバード大学ロースクールの利益相反に関する方針に従い、本章の問題に関連する筆者の一定の外部活動を以下に開示する。
https://helios.law.harvard.edu/Public/Faculty/ConflictOfInterestReport.aspx?id=10813

謝　辞

　筆者は、Rick Brooks、Matthew Conaglen、Evan Criddle、Hanoch Dagan、Deborah DeMott、Andrew Gold、Daniel Kelly、Ethan Leib、Paul Miller、Max Schanzenbach、およびハーバード大学での「信認法の領域を探索する」カンファレンスの参加者から有益な意見と示唆を頂き、Alex King、Joseph Ruckert、Catherine Wiener から素晴らしい研究の手助けを受けたことに感謝する。

| 第23章 | 信認法の強行規定・任意規定 |

DANIEL CLARRY

I　はじめに

　信認法の特徴は、忠実義務を規律する点である[1]。信認法上の忠実義務によれば、他者への配慮を要する権限を行使する立場にある者は、利己的でなく無私無欲に職務を遂行しなければならない[2]。言うまでもなく、ある者が他者への配慮を要する権限を付与され、行使する状況は数多くある。したがって、信認法の適用対象となる者も多岐にわたる。ある者が他者への配慮を要する権限を有する法制度の規律は、従来、個別の法的な課題ごとに分析され、個々の課題[3]に関わる事実関係のパターンや公共政策に対応してきたのに対し、フィデューシャリーの忠実義務を規制する強行規定および任意規定は、信認法を統一的に束ねる共通の中核的概念として存在している。

　本章では、強行規定および任意規定が適用される様々な例を踏まえつつ、忠実性が、信認義務が適用される全ての法制度に共通する基本的な構成要素であることを論証していく。信認関係の当事者には、信認義務に関する多様な規則の適用のあり方を任意に変更する自由が相当広い範囲で認められている。しかし、フィデューシャリーの忠実性を規律する規則の適用を包括的に排除することは、他者の利益に対する配慮という、問題となる個別の信認関係の本質に矛盾すると考えられる。信認法のもとで忠実性を求められる者は、信認法上の制限に従う場合にのみ、付与された権限を行使することができる。確かに、商業活動を目的とするジョイント・ベンチャー等の一定の法制度においては、信認法に基づく規制が強行規定にはなっていない。また、代理および信託等の他の法制度においては、信

1　See Paul Finn, Fiduciary Obligations 1-2 (1977); Paul Finn, The Fiduciary Principle, in Equity, Fiduciaries and Trusts 1 (Timothy Youdan ed., 1989); Peter Birks, The Content of Fiduciary Obligation, 34 Israel L. Rev. 3, 11-12, 14-22, 28 (2000); Matthew Conaglen, The Nature and Function of Fiduciary Loyalty, 121 L.Q.R. 452-480 (2005); Matthew Conaglen, Fiduciary Loyalty 1-6 (2011).

2　See Paul B. Miller, The Fiduciary Relationship, in Philosophical Foundations of Fiduciary Law 63-90 (Andrew S. Gold & Paul B. Miller eds., 2014); and Evan J. Criddle, Liberty in Loyalty: A Republican Theory of Fiduciary Law, 95 Tex. L. Rev. 993 (2017).

3　信認原則が適用される法的主体のリストについては、本書第1章～第18章参照。

認法に基づく規制が適用されるが、一定の取引につき個別的に適用除外がなされうる。しかし、フィデューシャリーが信認義務を負うべきことが法律上、あるいは法的な分類上、強行法規として求められているとき、信認法上の忠実義務を構成する各種の規則もまた強行法規性を有する。

信認関係を法制度の文脈で捉えると、忠実義務に関する規定を意図的に排除することが妥当か否か、また該当する規定が強行規定か任意規定かを決定する判断材料が得られる。このような決定を信認法全体にわたり一般化するのは難しく、地域的差異や法制度間の差異に服する（例えば、商業活動を目的とするジョイント・ベンチャーと一般企業とでは取扱いが異なる可能性があるし、デラウェア州の会社法は、デラウェア州以外の多くの法域の会社法と大きく異なっている）。これらの差異があるため、信認法の強行規定と任意規定に関する法理の一般化も難しくなりそうである。しかし、あらゆる状況において、信認法の特徴的要素として、忠実性が重視されている。信認法がいつ適用されるかという問題が個別の信認法の外延において存在するものの、だからといって信認的な法的制度に関わるそうした統一的な原則が存在し、それが適用されていることを見失ってはならない。

Ⅱ　重要な概念および文脈

本章における特徴として、「強行規定」と「任意規定」の分類を区別している。ここでの「規定」とは、例外もあるものの原則として、H. L. A. Hart が言うところの「人が自らの意思にかかわらず、一定の行為をしなければならない、またはしてはならない」ことを定める「基本的または主要な」規則をいう。[4] 任意規定は、公共政策の目的を推進するために、特定の法的文脈において、特段の事情がない限り当然に適用になる法的ルールを効率的に提供する。しかし、信認関係の当事者は、特定の場合に〔任意規定の定めの通りでは〕目的を達成できない場合、または法律関係に入る関係当事者が単に任意規定の適用を意図しない場合に、その限りにおいてこれらの規則の適用を変更することができる。これとは対照的に、強行規定は、ある法制度の性質それ自体および適用を定義しながら、それと同時に他の法制度から〔法制度を〕差別化するものであり、強行規定が適用される法制

---

4 | See, e.g., H. L. A. Hart, The Concept of Law 81 (2d ed. 1994); see also, id. at 79-123, 259-268. 規則は権限の付与に繋がる場合もある。See, e.g., CPT Custodian Pty Ltd. v. Commissioner of State Revenue (2005) 224 CLR 98 [43] (Austl.).

度を創設するに際して、別段の意図により、または性質決定の意図的な変更（mislabeling）により、強行規定を変更し、またはその適用を排除することはできない[5]。

A.　強行規定

「強行規定」は、法律関係の根拠となる行為ないし文書において、特定の強行規定を適用すべきではなく、もしくは当該強行規定の適用を変更すべきである旨の反対の意図の定めが存在してもなお適用され、また、このような定めと強行規定との間に抵触がある場合は（その範囲で）強行規定が優先する。強行規定は、いかなる社会でも発生が避けられない事象を規制する。任意規定が実際的な有用性を高めるものであるのに対し、強行規定は、法制度に関わる個々の状況について、その制度の本質に応じ、適用排除が不可能で、それゆえに安定した規則を提供する。個別の法制度につき、いかなる強行規定が適用されるかを特定する必要がある。この問題は、実際的な観点から法をいかなる方法で適用するかという問題であると同時に、法制度の基本的な構造および機能に関わる問題でもある。強行規定は、法制度（信認義務を伴う法制度を含む）を定義し、差別化することにより、人々が自らを取り巻く事柄に対処することを可能とするとともに、かかる対処を目的として人々が互いに関わり合うことをも可能にする法的な枠組みを提供する。

一般に、信認法上の強行規定は、他者との関係で何らかの権限を有する者に忠実義務を課し、もって、忠実義務を課せられた者が、法的に保護される目的を真摯に遂行することを確実にする。もっとも、個々の法域においてフィデューシャリーを規制するさらに広範な強行規定を発展させ、説明責任、法的強制力および有用性をどこまでも高めることができる[6]。また、個別の政策目的により、一部の法制度について、他では一般的にはみられない特別なルールを適用することも正当化できる。種々の信認関係の基本的な構造、目的および法と社会にとっての有用性が著しく異なるからである。

例えば信託では、必ず、確定可能で合法的な目的を達成するため（典型的には、他者（すなわち受益者）の利益のため）にフィデューシャリーによる財産の管理が

---

5 ｜ See, e.g., Street v. Mountford [1985] AC 809 (HL), 824-827 (U.K.)（賃貸借および使用許可についての判例）.

6 ｜ See, e.g., Trusts Act 1973 (Qld) ss 10, 20, 29-30C, 31 (1), 60, 65, 79, 111 (Austl.).

行われる[7]。信託を通じて、目的の達成に必要な作業をフィデューシャリーに遂行させることにより、多様な目的を実現するという特定の意図を達成するために財産を捧げることが可能となる。信託法では、強行法規が受託者の説明責任および信託の法的強制力の基準を設定しているので、この法制度に関わるあらゆる状況に対応するための機能性および有用性が確保されている[8]。確定可能で合法的な目的を達成するために財産を捧げることを促進する法制度としての信託の本質的な機能を理解することは、信託法の強行規定（他のフィデューシャリーに適用され、信託（および信託に携わる者）にも適用される強行規定を含む）の内容および本質の理解に大いに役立つ。信託法にこれらの強行規定がなければ、受託者が背信行為についても説明責任を問われない可能性があるため、法制度としての信託の法と社会に対する有用性はその真価を失ってしまう。そのような「信託」は、適正な遂行を確保し管理の不備を是正するために必要な法的保護を十分に得られないため、法的強制力を失ってしまい、それを作った意味が事実上もなくなってしまう可能性がある。

B.　任意規定

　「任意規定」は、当事者が、その適用を排除または変更すべきとの意思を法的に拘束力のある方法で表明しない場合に適用される。例えば、信託証書に定める規則が信託法の任意規定と抵触する場合、信託証書の規定が優先する[9]。私人間では、法制度に関する任意規定の変更に対する制約がない限り、その法制度の設定時またはその設定後に任意規定を排除し、もしくは変更することができる[10]。

　任意規定がどのような機能を果たすかというと、効率化、意思の補充および公の政策の実現に資することが挙げられる[11]。歴史的にみると、信託法の任意規定は、

7 | Daniel Clarry, Fiduciary Ownership and Trusts in a Comparative Perspective, 63 (4) Int'l & Comp. L.Q. 901, 929-931 (2014).

8 | See David Haytoon, The Irreducible Core Content of Trusteeship, in Trends in Contemporary Trust Law 47 (A.J. Oakley ed., 1996); John Langbein, Mandatory Rules in the Law of Trusts, 98 (3) Nw. Univ. L. Rev. 1105 (2004); Joshua Getzler, Ascribing and Limiting Fiduciary Obligations, in Philosophical Foundations of Fiduciary Law 50-52 (Andrew S. Gold & Paul B. Miller eds., 2014).

9 | See, e.g., Trustee Act 1956 ss 13B, 13C, 13D (1) (N.Z.); cf. id. s 13D (2) (N.Z.).

10 | 任意規定に関する学術文献は、会社法等の一部の法分野において、より深い検討がされている。信託法の任意規定に関する文献が登場するのは1990年代中頃以降であるが、信託法における任意規定は、そのはるか前から実務上適用されていた。See John H. Langbein, The Contractarian Basis of the Law of Trusts 105 Yale L.J. 625 (1995).

11 | See, e.g, Taylor v. Caldwell [1863] 122 Eng. Rep. 309, 312 (Eng.); Globe Ref. Co. v. Landa Cotton Oil Co. 190 US 540, 543 (1903). See also C.A. Riley, Designing Default Rules in Contract Law: Consent, Conventionalism, and Efficiency 20 (3) Oxford J.L. Stud. 367 (2000).

特定の法域で設定された全ての信託に標準化された法的な規則を取り込み、有用性を高める一方、信託の判例を参照してこれを利用する作業の複雑性、信託証書の冗長性および事前または事後に裁判所等による授権、拡張および変更をしなくてはならないことの不便さの回避に役立ってきた[12]。例えば、19世紀後半には、受託者が投資可能な先として特定されたリストへの信託財産の投資を行うことが「信託証書がありかつその規定により明示的に禁止されていない限り、合法」とされた[13]。信託証書に別段の意図が明示されていれば、そのような投資を禁止することができるため、任意規定の好例といえる。

C.　信認法における強行規定および任意規定の法源

　フィデューシャリーを規律する規則の法源は、法律関係の根拠となる法的行為、一般的な判例法（コモン・ローおよびエクイティ）および制定法の組み合わせを含む。信認法の強行規定および任意規定の考察は、これら複数の法源をどのように統一的なものとできるかに着目するものである。したがって、法域によって原則および公共政策の実施を重視する程度が異なるという理由のみならず、規則の内容も著しく異なるため、法域ごとの文脈の違いを強く意識することが重要となる。デラウェア州では、LLC（limited liability company）および有限責任組合の設立に際し、誠実義務および公正取引義務を除き、フィデューシャリーの忠実義務に関する規則のほぼ全ての適用を排除することができる[14]。法制度の内容をどの程度まで詳細に規定するかは法域ごとに異なり、このような法域による差異の存在が、信認法の強行規定と任意規定の総合的な分析を難しくしている。本章でも、かかる分析作業を行うに際して、あらゆる信認関係に共通して適用される強行規定と任意規定の組み合わせがただ1つ存在するかのようなアプローチはとらない[15]。

　近年は成文化が進む傾向にある。信認原則を含む強行規定および任意規定を成文化するために法案起草者が採用している基本的モデルが3つある。その1つ目は、特定の規定が強行か任意かに関する記述が反復され、単一の法令のあちこち

12　See, e.g., An Act to give Trustees, Mortgagees, and others certain Powers now commonly inserted in Settlements, Mortgages, and Wills 1860, 23 & 24 Vict. C. 145（aka Lord Cranworth's Act）, preamble, §§1-10, 25（U.K.）.

13　Trust Investment Act 1889, 52 & 53 Vict. C. 32 §3（U.K.）; see also Trustee Act 2000 §§3, 6（U.K.）.

14　信認義務を伴う法制度における法域の文脈の重要性を示す例の1つは、LLCおよび有限責任組合に適用される規定に関するMohsen Maneshの研究で提示されている。本書第5章。

15　本章における議論および本章に記載の法の源泉については正しい法的文脈で理解すべきであり、法域による差異は比較法の文脈で理解すべきである。

に場当たり的に散見される完全分散型のモデルである[16]。2つ目は、法令（または法令の各章）の最初の規定により、その法令（または該当する章）の全ての条文が別段の指示がない限り任意規定または強行規定とみなされる中間型のモデルである[17]。そして3つ目は、法令の最初の規定により、個別にリスト表示されている強行法規を除き、それ以外の規定は全て任意規定とみなされる個別リスト表示型のモデルである[18]。ある法令が全般的に任意規定からなる場合、どの規定が強行規定かを特定する個別リスト表示型のモデルが望ましい。

　適用ある制定法が存在しない場合、信認法の規則が強行規定または任意規定のいずれであるかの判断は、裁判所が解釈する一般法によることとなる。当事者間の自主的な取決めよりも法制度による一般的規律がどの程度優先すべきかを検討することには、多大な努力を要するが、これにより強行規定が何であるかが形作られる[19]。このような方法により規則が検証されるまでの間は、ある規則が判例法において強行規定であるか任意規定であるかを最終的に判断し、その適用範囲を決定することは難しい。通常、一般的な判例法における強行規定の段階的発展を見守って待つことよりも、立法で強行規定を特定する方が容易である。研究者や裁判官は従来、判例法において、強行規定として様々なルールを定立することに躊躇を示してきており、特にエクイティの分野においてそうであった[20]。

　さらに、契約書および信託証書のような法的文書を裁判所が解釈することにより決定することのできる解答の種類は限られている。まず当事者の意思が認定された後に、分析の第2段階として、そのような意思がもたらす帰結を法律問題として判断しなければならない[21]。また、関連する基本的な規則の充足の結果が複数の法的制度の設定がなされたものとの判断に繋がり、その結果、例えば契約と信

---

16 | See, e.g., Conveyancing and Law of Property Act 1881, §§3(9), 6(4), 13(2), 17(2), 18(3), 18(4), 19(3), 31(7), 32(3), 35(2), 37(3), 38(1), 42(7), 43(3), 44(5), 59(3), 60(3), 61(2), 63(2) (U.K.)（任意規定）. See, e.g., Conveyancing and Law of Property Act 1881, §§14(9), 15(3), 16(2) (U.K.)（強行規定）.

17 | See, e.g., Trustee Act 1925, §69(2) (U.K.); Trustee Act 1956 §2(4) (N.Z.); Trusts Act 1973 (Qld) §§4(4), 10, 31(1), 60, 65, 79, 111 (Austl.).

18 | See, e.g., Unif. Trust Code §105(a)-(b) (Unif. Law. Comm'n 2000, rev. 2010).

19 | See, e.g., Wood v. Honeyman, 169 P.2d 131, 161-166 (1946).

20 | See, e.g., William Blackstone, Commentaries §§61-62（「エクイティはこのように、本質的に個々の事例の事情によるため、エクイティに関する規則や教訓の本質を噛み砕いて実定法に落とし込まない限り、それらの規則や教訓が確立されることはない」）; Lord Millett, The Common Lawyer and the Equity Practitioner, in The UK Supreme Court Yearbook, Volume 6: 2014-2015 Legal Year 175 (Daniel Clarry ed., rev ed. 2018)（「エクイティは、複数の規則をひとまとめにしたものではなく、考え方を示すものである」）; Armitage v. Nurse [1997] EWCA Civ 1279, [1998] Ch 241, 253-256 (Eng.).

21 | See Street, supra note 5, at 824-827.

託とが共存していることにより、ルールが何層にも重なる状態となる可能性がある[22]。任意規定は変更できるが、フィデューシャリーの立場にある者に適用される強行規定は、その者が別の立場も併せて有することにより適用されるその他の規定に加えて重畳的に適用される。前記のような当事者の意思が認定された後に行われる分析の第2段階では、当事者の意思に従っていかなる法的制度が設定されるかという法的分類が決定されるだけでなく、別段の意思により任意規定の変更を容認できる範囲でその任意規定の適用が排除されるとともに、認定された意思が適用ある強行規定と抵触する場合はその範囲で意思を無効とすることにより、法的帰結の判断も行う[23]。留意すべきは、フィデューシャリーの負う義務が、ある種の法制度については強行規定となり[24]、別の種類の法制度については任意規定にすぎない場合もありうることである[25]。したがって、いかなる制度が問題となっているかという文脈も極めて重要である。

　信認関係を伴う法制度は多種多様であり、各法制度における強行規定と任意規定のバランスのとり方およびこれらの組み合わせ方もそれぞれ異なり、そのような差異は、各法制度においてフィデューシャリーが果たす機能の差異と相関している。機能の差異は、信認関係を伴う法制度に適用される法規制の内容および範囲の理解にも役立つ。例えば、破産・倒産時の管財人による財産管理に適用される法規制は、債務者の資産を確保し、分配の優先順位に従い債権者の債権を満足させる破産・倒産の手続を詳細に規定している[26]。破産・倒産法に現在規定されて

22 ｜ Barclays Bank Ltd. v. Quistclose Inv. Ltd. [1970] AC 567 (U.K.), 581–582. Cf. Hospital Products Ltd. v. United States Surgical Corp. [1984] HCA 64, (1984) 156 CLR 41 (Austl.), [70] (Mason J); Breen v. Williams (1995) 186 CLR 71, 93 (Austl.). See Lionel D. Smith, Can We Be Obliged to be Selfless?, in Philosophical Foundations in Fiduciary Law 141, 144–145 (Andrew S. Gold & Paul B. Miller eds., 2014).

23 ｜ See, e.g., Leerac Pty Ltd. v. Fay [2008] NSWSC 1082, [12], [22]–[27] (Austl.).

24 ｜ 全般的に以下を参照。代理：Kelly v. Cooper [1993] AC 205 (U.K.); Restatement (Second) of Agency §131 (Am. Law Inst. 1958). 王室直轄の公務員 (Crown Servants): Attorney-General for Hong Kong v. Reid [1994] 1 AC 324 (H.K.). 取締役：Regal (Hastings) Ltd. v. Gulliver [1967] 2 AC 134 (U.K.). 組合員：Aas v. Benham [1891] 2 EWHC (Ch) 244 (Eng.). 事務弁護士：Boardman v. Phipps [1967] 2 AC 46 (U.K.). 受託者：Keech v. Sandford [1726] 25 Eng. Rep. 233 (Eng.); Restatement (First) of Trusts §2 (Am. Law Inst. 1935).

25 ｜ ジョイント・ベンチャーがフィデューシャリーに該当するとされた事例については、United Dominions Corp. Ltd. v. Brian Pty Ltd. (1985) 157 CLR 1, 7–8, 12–13, 16 (Austl.); Murad v. Al-Saraj [2004] EWHC (Ch) 1235 [325]–[341] (Eng.) 参照。ジョイント・ベンチャーがフィデューシャリーに該当しないとされた事例については、John Alexander's Clubs Pty Ltd. v. White City Tennis Club Ltd. [2010] HCA 19, [44], [90], [101] (Austl.); Ross River Ltd. v. Waveley Commercial Ltd. [2013] EWCA (Civ) 910 [51]–[59] (Eng.) 参照。商品販売業者が特定の活動についてのみフィデューシャリーとして行為したとされた事例については、Hospital Products, supra note 22, at 98 参照。

いるフィデューシャリーの義務は複雑であり、それらのフィデューシャリーを取り巻く規制の文脈による影響を強く受けている[27]。これらの義務の一部は信認法にも馴染み深い（例えば、破産における破産者の財産に関する管財人の責任等）が、その他の義務は、前記の文脈で遂行される機能に特有の規定を反映している。例えば家族間での信認関係を、フィデューシャリーに対する通常の規制のあり方により完全に解明することはできない。だからといって、例えば両親がフィデューシャリーにあたらないわけではないが[28]、フィデューシャリーに関するルールをそのまま家族関係に転用するためにはさらに深い分析がまず必要になる[29]。また、高齢者などの意思決定代行者については、受益者に対し代行者が負う忠実義務の一部には、一般の代理関係における代理人には適用されないものもあり（例えば、一定の自己取引の場合等）、このようなルールの違いは、制度の文脈に着目しなければ理解することができない[30]。同様に、公法の分野での信認原則の適用を検討するとき、私法における伝統的な信認法の主題からの類推を行うことにより、公職者に対する規制[31]や国家対一般人の構図[32]にそれらの原則を適切に反映させ、また、国際法上の信認原則がどのようなものかを特定するためには、信認法の中核をなす原則について、より高度な抽象化をしたうえで改めて想像してみる必要がある[33]。

Ⅲ　フィデューシャリーの忠実性

忠実性は、信認法を定義づける統一的な特徴である[34]。フィデューシャリーは、信認関係の範囲内では忠実に行為しなければならない[35]。フィデューシャリーになることの意味を定義づける統一的な特徴として、忠実性が信認法上必須とされている。忠実性を欠く者はフィデューシャリーに相応しくなく、いかなる者も、フィデューシャリーでありながら、同時に完全に自由な形で気の向くままに行動す

26	本書第 11 章。
27	前掲注 26（本書第 11 章）。
28	See Lionel Smith, Parenthood Is a Fiduciary Relationship (July 24, 2017), https://ssrn.com/abstract=3007812.
29	本書第 12 章。
30	本書第 13 章。
31	本書第 16 章参照。
32	本書第 17 章参照。
33	本書第 18 章参照。
34	See, e.g., Bristol and West Building Society v. Mothew [1998] EWHC (Ch) 1 (Eng.), at 18（「フィデューシャリーの特徴的な義務は忠実義務である」）。
35	See, e.g., Restatement (First) of Trusts §2 (Am. Law Inst. 1935).

ることはできない。[36]一部の法制度はまさにその本質上、ある者が別の者の利益のために、すなわち忠実に行動することを求める。[37]これらの法制度においては、フィデューシャリーは、そのフィデューシャリーとしての機能の中核をなす職責を果たす責任を負う（例えば、受託者の場合は信託の条件に従い信託を管理することであり、その機能を恒常的に、受益者の利益のため、または〔目的信託では〕合法的な目的を達成するために遂行しなければならない）。忠実性は、この遂行についても必要とされる。ただし、忠実性が「義務」の問題であるのか、それともフィデューシャリーの権限に内在する制約（すなわち、その権限の行使が有効となる条件）を反映するものとみなすべきかについては議論の余地があるとの見方もある。[38]

　信認関係を構成要素とするある法制度が形成されると、フィデューシャリーが一定の行為をすることを法的に許容されなくなることにより、フィデューシャリーに対する抑止効果も生ずる。大半のフィデューシャリーとの関係で、利益相反および不正利得を禁止する予防的ルールによりフィデューシャリーの忠実性が確保されている。[39]

　フィデューシャリーの忠実性を強行性のある義務とすることは、法的分類の基本的機能を反映するものといってよい。ここでいう法的分類とは、多種多様な法制度を定義づけ、そのような定義によって各法制度を互いに区別することをいう。[40]信託証書の内容が忠実性の要件に違反した場合に法的にどのような対応がありうるかというと、抵触がある場合に（その範囲で）該当する条項を無効とすること、利益を受けるべき者が信託証書上そのように指定されていない場合に、その者に受益者としての地位を与えること、もしくは信託を無効とすることがありうる。法制度の創設は、利害関係者による単なる恣意的な性質決定により決まる問題ではなく、また、恣意的な性質決定だけの問題であってはならない。

　信認性の有無を問わず、法制度はいずれも一定の構成要素によって定義される。[41]

36 | See, e.g., Elovalis v. Elovalis [2008] WASCA 141 [50]–[53]（Austl.）, rev'g Elovalis v. Elovalis [2006] WASC 291 [7], [17]–[18], [22]（Austl.）.
37 | See, e.g., Restatement（Third）of Agency §8.06, cmt. b（Am. Law Inst. 2006）; Deborah A. DeMott, The Fiduciary Character of Agency and the Interpretation of Institutions, in Philosophical Foundations of Fiduciary Law 321, 329（Andrew S. Gold & Paul B. Miller eds., 2014）. See also Restatement（Third）of Trusts §78, cmt. c（2）（Am. Law Inst. 2007）; Robert H. Sitkoff, An Economic Theory of Fiduciary Law, in Philosophical Foundations of Fiduciary Law 197, 204-206（Andrew S. Gold & Paul B. Miller eds., 2014）．本書第3章。
38 | See Smith, supra note 22, at 141, 142, 152-158; 本書第20章も参照。
39 | See, e.g., Breen, supra note 22, at 113.
40 | 代理の文脈については、本書第2章参照。信託の文脈については、本書第3章参照。
41 | 前掲注40（本書第2章）、本書第4章および前掲注14（本書第5章）参照。

信認関係を含む法制度に分類される法制度の中には、信認義務の適用を排除でき
ないものものある[42]。しかし、商業活動を目的とするジョイント・ベンチャー等の
信認関係を含む法制度であっても、信認義務の適用を排除することができるもの
もある[43]。一般的に、契約に基づく関係の場合、法は、契約主義（contractarian-
ism）の論理的な延長として、信認原則の適用を排除することを認めている[44]。そ
の場合でも、公共政策に基づき制定法により強行規定が置かれる可能性がある。
Arthur Laby によれば、法律上、クライアントの同意の有無にかかわらず禁止さ
れる金融取引もあり、金融アドバイザーは、一般的に、金融仲介者（「ブローカ
ー・ディーラー」）には適用されない信認原則の適用を受ける[45]。金融に関わる信認
関係を分析する際に、契約主義が強い説得力を有することは否定できないが、あ
る関係が信認関係であるか否かは、当事者の意思だけによって決められることで
はない[46]。本書の別の章では、他の筆者が「事実関係に基づく信認関係」および信
認法の外延部において認められうる信認関係とは何かという問題を取り上げ、社
会において新しく、新奇なものとして表れてくる関係を規制することのできる信
認原則の柔軟性を明らかにしている[47]。現在の目的に照らして重要なのは、信認法
が多種多様な法制度を著しく異なる形で規制しつつも、強行規定と任意規定の区
別を重視しているという点である。

　信認関係と分類される様々な法制度（legal institutions）にとって、忠実義務の
存在が本質的であり、かつ非常に重要であることが正しく理解されていないこと
から、多くの混乱が生じている[48]。信託法については従来、「受託者の最も基本的
な義務は忠実義務である」とされ、Austin Scott, William Fratcher および Mark
Ascher によれば、忠実義務は「信託の条項（terms of the trust）に含まれる規定か
ら生ずるのではなく、単に、全ての信託に内在する関係ゆえに生ずるものである」[49]。

---

42 | See supra note 24.
43 | See supra note 25.
44 | 本書第 8 章。
45 | 前掲注 44（本書第 8 章）参照；see, e.g., Employee Retirement Income Income Security Act（"ERISA"）, 29
U.S.C. 1001 §§404-410（1974）; Investment Advisers Act 1940, 15 U.S.C. §§206, 215（a）（1940）.
46 | 本書第 7 章；Sitkoff, supra note 37, at 205-206.
47 | 本書第 1 章および本書第 19 章参照。
48 | Compare ASIC v. Citigroup Global Mkts. Austl. Pty Ltd. [No 4]（2007）10 FCR 35（Austl.）; Citibank
NA v. MBIA Assurance SA [2006] EWHC 3215 [48]（Eng.）; Citibank NA v. QVT Financial LP [2007]
EWCA（Civ）11（Eng.）.
49 | Austin Wakeman Scott, William Franklin Fratcher & Mark L. Ascher, 3 Scott and Ascher on Trusts, 4th
ed. 1077（2006）; see also Pegram v. Herdrich 530 U.S. 211, 224（2000）.

奇妙なことに、統一法委員会が「忠実義務」の条項に対する注釈においてこの見解を採択しているにもかかわらず、統一信託法典は「忠実義務」を強行規定ではなく任意規定とみなしている[51]。受託者の「最も基本的」な義務につき適用を排除できるなどということがあろうか。

実のところ、信託の委託者は、その「信託」が信託として認められるものである限り、信認法上の忠実義務の適用を排除することができない。統一信託法典は、受託者の「忠実義務」は「専ら受益者の利益のためにのみ信託を管理する」義務であると規定している[52]。この法理における「ためにのみ」という表現は、フィデューシャリーの忠実性につき、包括的で例外を許さない要件ではなく、フィデューシャリーに対する予防的ルール（prophylactic rules）ではあるものの少しずつならば変容させることも可能なものとして忠実義務を位置づけようとしていることを示唆している[53]。統一信託法典において、成文化された「忠実義務」は、信託の強行性を有する要素の１つである。したがって、信託行為の定めは、以下の法的要件を上書きすることはできない。それは、(1)信託設定の要件（明確な受益者の存在、目的の合法性および受託者が任務遂行義務を負っていることを含む）、(2)信託の条項および目的に従い、受益者の利益のために行動する受託者の義務、および(3)信託およびその条項が受益者の利益になり、信託の目的が公共政策に反することなく合法的かつ達成可能であることである[54]。これらはいずれも、フィデューシャリーの忠実義務を実現する強行法規である。

統一信託法典の注釈によれば、「信託設定の要件（信託の目的が合法的であること等）は、委託者によってではなく、制定法および判例法によって決定されるものであり」、さらに「委託者は、受託者がフィデューシャリーとしての地位に基づき行動しないことが許されるほどにまで、受託者の義務を軽減することができない[55]」。また、フィデューシャリーの利益相反に対する事前の承認は、信認性を否定するほど広範であってはならない。受益者の利益のため、または合法的な目

---

50 | 「〔統一信託法典〕［802］条は、おそらく受託者の最も基本的な義務にあたる忠実義務を規定している」。Unif. Trust Code §105(a) (Unif. Law. Comm'n 2000, rev. 2010).

51 | Unif. Trust Code §802, cmt. (Unif. Law. Comm'n 2000, rev. 2010); Langbein, supra note 8, at 1122 n. 93.

52 | Unif. Trust Code §802(a) (Unif. Law. Comm'n 2000, rev. 2010) (強調削除); Restatement (Second) of Trusts §170(1) (Am. Law Inst. 1959).

53 | Unif. Trust Code §§105(b)(1)-(3) (Unif. Law. Comm'n 2000, rev. 2010); また、前掲注37（本書第3章）参照。

54 | Id. §§105(b)(1)-(3), 402(a)(3)-(4).

55 | Id. §§105(b)(1); see also Langbein, supra note 8, at 1122-1123.

的の達成のために行動しなければならないという〔長い歴史を経てなお〕現存している義務の履行が何ら求められていないとすれば、信託そのものが存在しないことになる。これは、有名な *Armitage v. Nurse* で定義された受託者の義務の「これ以上縮減できない中核というべきもの」として、「信認性」や「忠実性」があえて特筆されなかった理由を説明するものである。すなわち、信認法上の忠実義務は、信託が「受益者の利益のため」のものでなければならないという本質的な要件に当然に含意されているものである[56]。

全ての信認義務の適用を排除できると考えるのは間違いである[57]。禁止的ルール（proscriptive rules）の効果を段階的に軽減することにより、本来は違法な行為を容認できるというのは、陳腐な考え方である[58]。しかし、信認関係を含む法制度のうち一定のものにおいては、かかる禁止的ルールそれ自体の適用を完全に排除することはできず、かかるルールが断続的に適用され続ける[59]。裁判官および学者は、予防的ルールをも信認義務の「これ以上縮減できない中核というべきもの」に分類しているが[60]、それらのルールの性質や適用を十分に深く理解したうえでのこととは限らない。これらの規定の適用を完全に排除すれば、信認性を包括的に否定することになる。例えば、受託者が信託財産を自分のものにしたり、本来の価値を下回る価格で第三者に譲渡したりできる絶対的な自由を与えられることなどありえない。しかし、フィデューシャリー・ルールの適用を排除できるとすれば、そのような結果となる。信託においては、必ず、受益者の利益のため、または合法的な目的を達成するためにフィデューシャリーが財産を管理する[61]。「信託」か

56　Armitage, supra note 20, at 253-254（「受益者の利益のために誠実に信託を管理するという受託者の義務は、信託を中身の伴うものとするために最小限必要なものであり［……］」）; see also McIntosh v. McIntosh [2014] QSC 99 [69] (Austl.)（「フィデューシャリーの義務の本質として、その義務には、法律上の人格代表者が受益者の利益のために誠実に義務を履行するうえで必要な基本的なまたはこれ以上縮減できない最小限の義務が含まれる。これは、フィデューシャリーの忠実義務を凝縮したものである」）.

57　Compare Frank H. Easterbrook & Daniel R. Fischel, Contract and Fiduciary Duty, 36 J.L. & Econ. 425, 429-432 (1933); James Edelman, Four Fiduciary Puzzles in Exploring Private Law 298, 306 (Elsie Bant & Matthew Harding eds., 2010)（「イギリス法では、明示・黙示の別を問わず全ての信認義務の適用を排除することができる」）; see also James Edelman, When Do Fiduciary Duties Arise? 126 L.Q. Rev. 302, 302-303 (2010).

58　See, e.g., Companies ACT 2006 §§175 (1), 205 (U.K.); Pilmer v. Duke Group Ltd. (in liq) [2001] 207 CLR 154 [78] (Austl.); see also Mordecai v. Mordecai [1988] 12 NSWLR 58, 66-67 (Austl.)（本人が利益相反を事前に知りながら取引の続行を選択した場合）.

59　See, e.g., Unif. Trust Code §802 (b)-(h) (Unif. Law. Comm'n 2000, rev. 2010).

60　See, e.g., Alpha Wealth Financial Services Pty Ltd. v. Frankland River Olive Company Ltd. [2005] WASC 189, [34] (Austl.); Fenwick, Kingi and Heke v. Narea [2015] NZSC 68 [70] (N.Z.).

61　Clarry, supra note 7, Clarry at 929-931.

ら信認義務に関する要件を除外してしまえば、「受託者」（または受贈者）が財産
に対し、行使するもしないも意のままの権限を有するにすぎない[62]。このように、
予防的ルールは、一定の文脈では適用を排除できる注意義務のような任意規定と
は一線を画している[63]。

　義務違反に該当するはずの行為につきその都度許可を与えることが、その義務
の適用を完全に排除することと同じではないことには留意を要する。実際、例外
のない規則はない。

　信認法に関し繰り返し議論されているテーマの１つしていわれていることは、
一定の行為について事前承認する余地は相当広くあるものの、法制度の構成要素
であるフィデューシャリー・ルールを排除することになればそのような事前承認
は無効であるということである。当然ながら、フィデューシャリー・ルールがあ
る法制度の構成要素といえるほどに重要でなければ、当事者間でその適用を排除
することができる。慈善団体と非営利団体の場合、Lloyd Hitoshi Mayer によれ
ば、特定の利益相反が容認される可能性はあるが、包括的な〔利益相反に係るル
ールの〕適用排除は無効となる[64]。また、Dana M. Muir も同様に、年金の文脈に
おいて、契約または年金プラン上の規定により信認義務を全面的に変更し、また
は放棄することはできないと述べている[65]。家族法の文脈では、家族法には信認法
に基づく伝統的な関係（後見人と被後見人の関係等）に類似する面もあるので、利
益相反を規制する規定や信認法の分野に属するその他の義務と同様の義務が定め
られている[66]。さらに、特定の利益相反が発生することもあり、これが、事案ごと
に、つまり限定された形で免責されることがある。これらの例はいずれも、フィ
デューシャリーの説明責任という基礎は、信認関係を要素とする各法制度の本質
が当然に含意するものである、という基本的な要点を反映している。このような
基本的な要点が、当該法制度における中核的な機能が法律により保護の対象とし
て定められた者の利益のために遂行されることを保証している。事前の承認があ
るとしても、法は、信認義務を負う役職者の行為が許容範囲を超えないようにす
るため、これらの者の行為を規制している[67]。例えば弁護士の場合、利益相反のあ

62 　See, e.g., Brown v. Higgs (1803) 32 (Eng.) Rep. 473 (Eng.), 478; Morice v. Bishop of Durham (1805) 32 Eng. Rep. 947 (Eng.), 954; McNeil v. McNeil, 798 A.2d 503, 508-509 (Del. 2002). 前掲注 37（本書第 3 章）も参照。

63 　See, e.g., Trustee Act 2000, §§1, 2, sch 1, para 7 (U.K.); Armitage, supra note 20, at 251-254.

64 　本書第 6 章。

65 　本書第 9 章; see, e.g., ERISA, 29 U.S.C. 1110 §410(a).

66 　前掲注 29（本書第 12 章）。

67 　See, e.g., Restatement (Third) of Trusts §78, cmt. c(2) (2007).

る複数の依頼人に対して同時に忠実義務を負うことは不可能なこともあると考えられるため、信認法は、公共政策上、依頼人の保護が必要な一定の状況における利益相反を〔事前承認による免責の余地なく〕禁止している。[68]

Ⅳ　注意義務・誠実義務

　本章が重点を置いているのは、注意義務および誠実義務の内容および分類ではなく、これらの義務に関する強行規定または任意規定である。要点は3つある。第1に、注意義務および誠実義務を「信認」義務に分類することには賛否両論があり、この種の義務を信認法上の強行規定または任意規定の問題として考察するのが適切かどうかについては疑問の余地がある。第2に、どのように分類されるかにかかわらず、誠実に行動する義務は法全般に共通する強行法規的なものである（不誠実な行動は、多くの法域で詐欺同然とみなされる）。第3に、注意義務は個々の法制度および法域により強行・任意のいずれの可能性もあるため、どのような文脈かが明らかでない限り、一般的な分類はできない。

　注意義務を信認義務とみなす見解もあるが[69]、コモンウェルスにおける支配的な見解はそのように解していない[70]。アメリカでも、ある種の信認関係について、注意義務は信認義務ではないと解されている。例えば、Mark Hall によれば、医師と患者の関係の信認性から、一定の義務（注意義務および秘密保持義務等）の内容、正当性および範囲を把握できる場合がある[71]。しかし、それを除けば、医師の注意義務の判断基準となるのは、信認法に特有な一連の判断基準ではなく、過失の「ごく一般的な要件」とされる因果関係、合理性および遠因性などである[72]。

　広い意味での文脈も、注意義務の適用のあり方を判断する参考になる。法制度や法域の文脈が異なれば、注意義務の取扱いも異なる。受託者が負う相当の注意

---

68 | See, e.g., Farrington v. Rowe McBride & Partners [1985] 1 NZLR 83, 90 (N.Z.). See Samuel J. Hickey, The Non-Negotiable Baseline of Lawyers' Fiduciary Duties, 10 J. Equity 115, 128-136 (2016). アメリカの弁護士に課される信認義務の全般については、本書第14章参照。

69 | See, e.g., J. D. Heydon, Are the Duties of Company Directors to Exercise Care and Skill Fiduciary? in Equity in Commercial Law 185 (Simone Degeling & James Edelman eds., 2005); J. D. Heydon, Modern Fiduciary Liability: The Sick Man of Equity? 20 Trusts & Trustees 1006, 1007-1009, 1015-1021 (2014).

70 | See, e.g., Mothew, supra note 34, at 18; Permanent Building Society v. Wheeler (1994) 14 ACSR 109, 157 (Austl.); LAC Minerals Ltd. v. Int'l. Corona Res. Ltd. [1989] 61 D.L.R. 14, 28 (Can.); Spread Trustee Co. Ltd. v. Hutcheson [2011] UKPC 13 [61] (Guernsey).

71 | 本書第15章。

72 | 前掲注71（本書第15章）。

および技能を用いて行動する義務は、例えばイングランドおよびウェールズでは判例法および制定法における任意規定によるものであるが[73]、ガーンジー島およびジャージー島では強行規定によっている[74]。また、イングランドおよびウェールズの域内でも、アプローチは様々に異なる。信託では、注意義務は一般的に任意規定であるが[75]、一定の種類の受託者（社債、年金およびユニット・トラストなどの受託者）の注意義務は強行規定であり、これらの受託者が相当の注意、技能または勤勉の要件を欠いた場合における信認義務違反につき免責を認められることはない[76]。同様に、イングランドおよびウェールズでは、会社法の強行法規により、取締役は「合理的な注意、技能および勤勉を尽くす義務」を負い、「過失、債務不履行、義務違反または背任」についての免責は全て「無効となる」[77]。これらの相違点は、注意義務に関する規定はいかなる理由で一部のフィデューシャリーに対し、他のフィデューシャリーに対する場合より厳格なのかという公共政策の問題を提起するものであり、それらのフィデューシャリーが遂行する機能が類似している場合は特にそうである。

　もう1つの特異な点は、制定法上の注意義務に関する James Edelman 判事の解釈から生じている。この解釈は、強行的な意味合いの語句（英語の must：しなければならない）を任意的な意味合いの語句（英語の may：してもよい）に置き換え、制定法上の注意義務を新種の準任意法規に変形するものである。「must という語句を用いると、強行的な任意規定が創出されるものであり、すなわち、受託者は、信託証書に別段の意思表示がない限りそれを遵守しなければならないという意味合いとなる」と Edelman 判事は述べている[78]。この「強行的な任意規定」という矛盾語法による新たな分類は、対象の規則を任意規定に変えるものにすぎない[79]。二項分類はそのまま維持されるのであり、個々の規則は、適用を排除でき

---

73 | Bartlett v. Barclays Bank Trust Co., Ltd. [Nos. 1 & 2] [1980] EWHC (Ch) 515, 531-534 (Eng.); Armitage, supra note 20, at 251-254; Trustee Act 2000 §§1, 2, 42(4), sch 1, para .7 (U.K.).

74 | See Trusts (Guernsey) Law 2007 §§22(1), 39(7)-(8) (Guernsey); Trusts (Jersey) Law 1984, §§21(1), 30(10) (Jersey); Spread Trustee Co., Ltd. v. Hutcheson (2009) 10 GLR 403, 421 (Guernsey); Spread, supra note 70, at 209, 213, 218; see also Daniel Clarry, The offshore trustee en bon père de famille, 18(1) Jersey & Guernsey L. Rev. 5, 26-53 (2014); Daniel Clarry, Exclusions and Exemptions in Onshore and Offshore Trusts, 12 Trusts Q. Rev. 31, 33-36 (2014).

75 | See supra note 63.

76 | Companies Act 2006, §750(1) (U.K.) (社債の受託者); Pensions Act 1995, §§33 (U.K.) (年金の受託者); Financial Services and Markets Act 2000, §253 (U.K.) (ユニット・トラストの受託者); see, e.g., Indep. Trustee Serv. Ltd. v. GP Noble Trustees Ltd. [2010] EWHC (Ch) 1653 [43] (Eng.).

77 | Companies Act 2006, §§174, 232 (U.K.).

78 | Australian Sec. and Inv. Comm'n v. Drake (No 2) [2016] FCA 1552 (Austl.) (傍点は原文のまま); Trusts Act 1973 (Qld) s 22 (Austl.).

る任意規定または適用を排除できない強行規定のいずれかであり、あるルールを同時に適用しつつ、適用が排除されるものとしても取り扱うことはできない。

　誠実義務にも同様の考察があてはまる。誠実に行動する義務は、代理[80]、慈善団体[81]、法人[82]、雇用[83]、組合[84]、信託[85]その他の多くの信認関係を含む法制度について、強行規定である。注意義務と同様に、誠実に行動する義務の内容および適用について判断する際も文脈が肝要である[86]。誠実に行動する義務は、信認法の分野の法制度に限らず多くの法制度において重要とされている[87]。したがって、弁護士および学者が誠実義務をフィデューシャリーに適用される強行規定であるとみなしているとしても、誠実義務は、フィデューシャリーのみを規制するものではないため、**信認法上の**強行規定に該当しない。法学者は誠実義務と忠実義務とを同義語として扱うことがあり、また、デラウェア州の会社法においては誠実義務をフィデューシャリーの忠実義務に従属する要素と位置づけているが、契約法等のその他の文脈における誠実義務に関してのこれまでの議論が強く示唆している通り、誠実義務と忠実義務とは区別して分析することが可能であるし、これらを区別して分析すべきである[89]。

79　この見解は当該法域の法改正委員会の賛同を得られず、同委員会は、制定法上の注意義務は強行法規であると判断した。Queensland Law Reform Commission, A Review of the Trusts Act 1973 (Qld): Interim Report (WP No 71, June 2013) para 5.17（「1973 年信託法（クイーンズランド）には、同法 22 条が定める義務の適用を排除する規定はない。したがって、これらの義務は、信託証書に別段の意思表示があるか否かにかかわらず適用される」）; Queensland Law Reform Commission, A Review of the Trusts Act 1973: Report (No 71, Dec. 2013) paras 1.10-11.13, 4.7（「現行法には、既存の［1973 年信託法（クイーンズランド）］22 条および 24 条は信託証書上の別段の意思表示にかかわらず適用されるという明示規定はないが、同法上、信託証書によりこれらの条文に基づく義務および既存の［1973 年法］26 条の効果を排除する余地はない」）。

80　前掲注 40（本書第 2 章）。
81　前掲注 64（本書第 6 章）。
82　前掲注 41（本書第 4 章）。
83　本書第 10 章参照。
84　前掲注 14（本書第 5 章）。
85　See, e.g., Unif. Trust Code, §105 (b)(2) (Unif. Law. Comm'n 2000, rev. 2010); Armitage, supra note 20, at 253-254. また、前掲注 37（本書第 3 章）も参照。
86　本書第 40 章（未訳）Fiduciary Law, Good Faith, and Publicness 参照。
87　See Richard Nolan & Matthew Conaglen, Good Faith: What Does It Mean for Fiduciaries and What Does It Tell Us About Them?, in Exploring Private Law 319 (Elise Bant & Matthew Harding eds., 2010).
88　See, e.g., Bhasin v. Hrynew [2014] 2 S.C.R. 494 [32]-[93] (Can.); Yam Seng PTE Ltd. v. Int'l Trade Corp. Ltd. [2013] EWHC 111 [145] (Eng.). See also Jane Stapeleton, Good Faith in Private Law, 52 Current Legal Probs. 1 (1999).
89　See, e.g., Horst Klaus Lücke, Good Faith and Contractual Performance, in Essays on Contract 155 (P. D. Finn ed., 1987); Charles Fried, Contract as Promise: A Theory of Contractual Obligation 88 (1981); Jeannie Marie Paterson, Good Faith Duties in Contract Performance, 14 (2) Oxford Univ. Commonwealth L.J. 283, 285 (2014).

V 結　論

　本章では、信認法の強行法規と任意法規の性質および適用について考察してきた。法的分析の１つの方法として、強行規定と任意規定の基本的な区別をすることにより、状況次第で著しい多様性があることを見極めることができる。その結果、強行規定と任意規定のバランスおよび組み合わせのあり方について、問題となる信認関係によって明らかな差異が存在することを、いかなる公共政策を理由に正当化できるかという重要な問題が提起される。これらの差異についてはさらに説明的な分析を早急に行う必要がある。本章では、今後の分析に役立つ可能性のある多くの所見を提示してきた。また、多種多様な信認関係の全般にわたる強行規定と任意規定の共通点および相違点の双方を明らかにしてきた。さらに、特定の関係または法制度が本質的に信認法的なものであるか否かの判断が極めて重要であることも論じてきた。特定の関係または法制度が本質的に信認法的なものである場合、フィデューシャリーの忠実義務を構成する要素の少なくとも一部は強行法規的なものであるのに対し、これが本質的に信認法的なものでないときには、フィデューシャリーの忠実義務に係るルールはいずれも法的に任意規定であり、適用を排除できるものとして取り扱うことができる。最後に、本章では、成文化が進む傾向についてみるとともに、それに伴い信認法やその他の法領域で、強行規定と任意規定との明確な立法による区別が進んでいる近年の傾向について述べてきた。信認法およびエクイティの原則一般を成文化することについては異論があるかもしれないが、強行規定と任意規定の明確な区別は歓迎すべき傾向である。これにより、本質的で適用を排除することができない、重要な法制度の信認法的な要素に対し、私的自治がどの程度まで譲歩しなければならないかが明確になる。

謝　辞

　Lionel Smith、Robert Sitkoff、Paul Miller、Sarah Clarry、および Samuel Hickey ならびに「信認法の領域を探索する」カンファレンス（ハーバード大学ロースクールにて2017 年 11 月 10 日・11 日開催）の参加者の皆様から有益なコメントを頂いたことへの謝意を、ここに表する。

第24章 フィデューシャリーに関する救済方法

SAMUEL L. BRAY

I　はじめに

　信認法の核心は、忠実義務や注意義務などの義務にある。これらの義務は、信託に関する法の中で、イギリスの大法官によって発展した[1]。やがてエクイティは、信託以外の関係にも適用範囲を広げたため、義務もそれ以外の受認者に対し課されるようになった。しかし、信認法の中核にあるこれらの義務は、自動的に執行されるというものではない。これを有効ならしめるのはフィデューシャリーに関する救済手段である。

　実際、フィデューシャリーに関する救済は信認法の発展・成長において、その中心にあった。包括的でしっかりとしていたので、裁判所は受認者が得た利益を取り戻すために追及の手を遠く及ぼすことができた[2]。こうした特徴は訴える者（原告）にとって魅力的であり、彼らは、この救済が利用できるよう、信認法に根拠をもつものとして請求することが多い。その場合、「被告の不法な行為を信認義務違反とする性質決定が、救済手段を念頭に行われる[3]」のである。

　フィデューシャリーに関する救済手段は数多くある。中心となるのは、利益の計算・精算（accounting for profits）であり、これは、受認者に会計をさせ、受認者のものとするのが正当とされない利益全てを受益者に渡すよう命ずるものである。もう1つは、エクイティ上の賠償（equitable compensation）（「エクイティ上の損害賠償（equitable damages）」または単に「損害賠償（damages）」、信託法においては「追徴金（surcharge）」と呼ばれることがある）で、これは金銭による救済で、受認者が得た利益ではなく、受益者が被った損害によって測られる。これらの救済を通じて、忠実義務や注意義務が表現され、強固なものとなる。これら以外にも、擬制信託（constructive trust）、差止命令（injunction）、取消し（rescission）、

1　Neil Jones, Trusts Litigation in Chancery After the Statute of Uses: The First Fifty Years, in Law and Legal Process: Substantive Law and Procedure in English Legal History 103 (Mathew Dyson & David Ibbetson eds., 2013). もう少し古い伝統的説明として、本書第25章（未訳）Fiduciry Principles in English Common Law 参照。

2　Paul B. Miller, Justifying Fiduciry Remedies, 63 U. Toronto L.J. 570, 570-571 (2013).

3　Attorney-General v. Blake [1998] 1 All E.R. 833, 841 (Ct. App. 1997).

文書訂正命令（reformation）、無効（avoidance）、解除（cancellation）、（裁判所からの）指示（instruction）、解任（removal）等様々な救済方法がある。

　共通するのは、これらフィデューシャリーに関する救済は、エクイティの中にある信託法とともに発展したエクイティ上の救済であるということである。このエクイティの系譜は法域を超えて変化する。エクイティによるということは、例えばオーストラリア法では懲罰的賠償が信認義務違反に対しては認められないことを意味し、アメリカ法では、エクイティ上の抗弁が利用でき、陪審審理の権利がないことを意味する。エクイティに端を発するという背景と整合性をとるため、裁判官がフィデューシャリーに関する救済を与える際に、裁判所が（何らかの罰則を課したり、第三者に損害を加えるなど）正義に反することに利用されないかが問題となる。

　ただし、フィデューシャリーに関する請求と救済がエクイティ上のものだとする原則には例外がある。その1つが代理である。代理の制度は主にコモン・ロー裁判所で発展した。代理では、原告の損害により焦点が当たり、代理人の義務を表現し実現する救済手段にはそれほど焦点が当たらない。加えて、陪審や懲罰的賠償、コモン・ロー上の不当利得的救済が伝統的に利用されてきた。もう1つの例外は、信託の受益者が、金銭の支払や動産の引渡しを直ちにかつ無条件に行う義務を負う受託者に対し、コモン・ロー上の請求をすることがあるという点である。さらに、信認法のエクイティにおける背景を忘れたり、誤って理解している場合には、信認義務違反に基づく通常の受託者に対する訴訟であっても、陪審や懲罰的賠償が認められることがある。

　これらの救済全てに共通することは、信託法が適用されるエクイティ上の救済であれ、代理法が適用されるコモン・ロー上の救済であれ、被告に原告を正しい立場に戻すことを求めるという、救済本来の役割が機能することである。正しい

4　Harris v. Digital Pulse Pty. Ltd. [2003] 56 N.S.W.L.R. 298 (N.S.W. Ct. App.).

5　E.g., Stevens v. Nat'l City Bank, 544 N.E.2d. 612, 620-622 (1989)（消滅時効に関する事例）; Jo Ann Howard & Assoc., P.C. v. Cassity, 868 F.3d. 637, 648-649 (8th Cir. 2017)（無陪審の事例）.

6　Austin Wakeman Scott, William Franklin Fratcher & Mark L. Ascher, 4 Scott and Ascher on Trusts §24.1 (5th ed. 2007). 例外は狭い。Restatement (Second) of Trust §198 cmt. c (1959). アメリカにおいてこれらのコモン・ロー上の権利主張は陪審審理の権利であり、エクイティ上の抗弁は使えない。Jefferson Nat'l Bank of Miami Beach v. Cent. Nat'l Bank in Chicago, 700 F.2d. 1143, 1149-1151 (7th Cir. 1983).

7　See Samuel L. Bray, Punitive Damages Against Trustees?, in Research Handbook on Fiduciary Law 201 (Gordon Smith & Andrew Gold eds., 2018)（受託者に対して懲罰的賠償を与えることを批判している）; 本書第3章（受託者に対して懲罰的賠償を与えることを肯定している）.

立場とは、原告の権利につき違反がなければ原告が置かれたであろう立場と通常理解されている。正しい立場は、実体法の方針と価値観によって形作られる。換言すれば、本章で考察する救済方法は、本書における他の章の分析により最終的に導かれるということになる。

本章は以下の構成となる。Ⅱは、信認義務に違反した受認者に対して受益者が利用できる救済に力点を置きつつ、フィデューシャリーに関する救済の一覧表を提供する[8]。Ⅲは、特定の事件において裁判所がどのように救済を組み合わせるかを考察する。Ⅳは、未解決の問題をいくつか分析する。Ⅴにおいて結論を述べる。

Ⅱ　フィデューシャリーに関する救済手段の一覧

救済手段は全ての法分野にあるが、強調するポイントが異なる。不法行為においては、原告の損害に焦点が当たる。契約では、原告がその契約で何を達成しようとしていたかに焦点が当たる。不当利得（準契約ともいう）においては、被告が得た不当な利益を取り戻すことに焦点が当たり、典型的には、原告の財産権が主張されたり、契約があったとすれば当事者が合意したであろうことに近づけようとされる[9]。

これら救済で強調されることと信認法との間には、密接な関係がある。フィデューシャリーが求められる救済は、損失を補うこともあれば、利益を元に戻させることもある。しかし、特徴的なのは、信認義務の影響が広くみられるということである。「義務」が不法行為の実体法の一部であることはよく知られているが、不法行為法の救済が、裁判所による義務の分析によって正確かつ一貫している訳ではない[10]。これに対し、信認義務は、フィデューシャリーに関する救済内容をより強く規定する[11]。

フィデューシャリーに関する救済のある種のものは、受認者に単純に義務の履行を求めるものと理解することができる[12]。このことは、忠実義務を課すことによ

8 　救済の問題は、第三者がフィデューシャリーを訴える場合にも生ずるし、フィデューシャリーが受益者または第三者を訴える場合にも生ずる。

9 　後掲注 91 およびこれに対応する本文参照。本章にある通り、特段の事情のない限り、「原状回復」は契約に準ずる法的主張とされるが、エクイティ上の主張は含まない。

10 　Palsgraf v. Long Island R.R. Co., 162 N.E. 99, 102 (N.Y. 1928)（Andrews 判事の反対意見）.

11 　Miller, Justifying Fiduciary Remedies, supra note 2.　本書第 39 章（未訳）Fiduciary Law and Equity（「信認義務違反に対する救済は他の私法領域の救済と異なり、エクイティの影響の強い影響がみられる」）参照。

12 　See e.g., Scott and Ascher on Trusts, supra note 6, at §24.3.1（「エクイティにおいて裁判所は、単に

って、本来、受益者に帰属させるべき利益を、受認者に諦めさせる際などに特に妥当する。しかし、これ以上事態が悪くなるのを回避することを認める場合のように、巻き戻しによる救済の場合には、あてはまらない[13]。こうした問題は、後記の一覧の中にみることができる。

A.　利益の計算・精算（Accounting for Profits）

　利益の計算・精算は、おそらくフィデューシャリーが求められる救済の中心にくるであろう[14]。しかし、これを単なる「救済」と呼ぶのは少し時代錯誤の感があり、信認法の中心にあったこの法的手段の歴史に触れておく必要があるだろう[15]。

　中世のコモン・ローでも計算・精算義務は知られており、寄託等においてこの義務が認められ、コモン・ローの裁判所で執行されていた[16]。しかし、手続が煩雑で、被告が不屈の精神の持ち主であれば、免れることができた。中世の終わり頃から少しずつ大法官が、エクイティの尋問手続を使って清算を命じ始め、17世紀には大法官府裁判所の主要業務となった[17]。エクイティ上の計算・精算と、同じくエクイティである信託法は、よく適合した。19世紀になると、有名な *Hadley v. Baxendale* で知られる Alderson 男爵が、コモン・ローの清算は「あまりに不便なので、長らく使われておらず、関係者は好んでエクイティ裁判所に行くようになった」と述べるに至る[18]。

　損害賠償を認めるだけでなく、受託者に信託を履行させることもある）。さらに州法と統一信託法典にも、フィデューシャリーの救済のリストはみられる。そこで優位を占めるのは損害ではなく、義務であり、受託者はその義務を果たすとか、裁判所は義務を履行する者を見つめるなどといった表現が使われている。See e.g., Uniform Trust Code §1001 (2010); see also Cal. Prob. Code §16420 (West 2011); Del. Code Ann. tit. 12, §3581 (West 2007); Iowa Code Ann. §633-4502 (West 2003); Morrison v. Doyle, 582 N.W.2d 237, 243 (Minn. 1998). 一方、第2次代理法リステイトメント (1958) 399条は、代理人に対する本人の救済手段が、契約から始まり、不法行為、エクイティへと続く一覧を載せている。

13 　後述 II E 参照。

14 　「利益の計算・精算」と「管理の計算・精算」との間に区別はない。この区別について、Matthew Conaglen, Equitable Compensation for Breach of Trust: Off *Target*, 40 Melbourne U. L. Rev. 126 (2016) 参照。

15 　See Peter Devonshire, Account of Profits 48 (2013). 前掲注7 (本書第3章) 参照。第3次原状回復と不当利得法リステイトメントは、コモン・ローとエクイティの区別を嫌っているため、利益の計算・精算に対するガイドとしては信頼性の面で劣る。利益の計算・精算に関しては、J. D. Heydon, M. J. Leeming & P. G. Turner, Meagher, Gummow and Lehane's Equity: Doctrines and Remedies 907 (5th ed. 2015); Samuel L. Bray, The System of Equitable Remedies, 63 UCLA L. Rev. 530, 553-554 (2016); Joel Eichengrun, Remedying the Remedy of Accounting, 60 Ind. L.J. 463 (1985) 参照。

16 　一般に、前掲注1 (本書第25章 (未訳)) 参照。

17 　S. J. Stoljar, The Transformations of Account, 80 L.Q. Rev. 203, 220-221 (1964).

18 　Sturton v. Richardson [1844] 153 Eng. Rep. 7, 9 (Exch.).

このような歴史的産物であるエクイティ上の計算・精算は、狭義の単なる救済とはいえない。被告受認者に対し、利益を原告に支払わせるに至る、調査手続なのである。一種の請求権と表現することもできるし、訴訟原因と呼ぶこともできる。フィデューシャリーには計算・精算を行う独立した義務があるから、それ以外の信認義務違反を立証する必要はない[19]。そのような場合でも、原告が別の信認義務違反を訴え、計算・精算という手段を用いて、義務違反をした受認者の得た利益の支払を命ずる判決を得ることが多い。

このような計算・精算による救済と密接な関係をもつ義務は忠実義務である。この義務に違反した受認者は、受益者に帰属する利益を返さなければならない。そして計算・精算により、受認者の不誠実が暴かれることもある。この救済の本質は、受認者に計算・精算と利益の引渡しを求めることによって、法による強制のもと、忠実義務と注意義務の履行を受認者に求めるところにある。したがって、利益の計算・精算は、「財産を管理する1次的義務の履行を強制する手段とされ、これには、財産に対する管理権限が全て当初から適切に行使されていたかのような履行を命ずることが含まれる[20]」。

このように計算・精算という作為を求めるというところに、エクイティの特徴がある。人口に膾炙した法格言にあるように、「エクイティはなされなければならぬことを既になされたものとみなす[21]」。エクイティが、「契約をその定めに従い履行させ、約束した通りのことをさせる[22]」のと同様に、受認者に対し、その本質に従って行動するよう求めるのである。Millett卿が述べたように、エクイティは、「『良き人』の法理論として表現された[23]」ものを採用する。受認者が賄賂を受け取ったときなどのように、信用を失墜した状況にあるとき、

> エクイティは、あくまで、その者が義務に従って行動してきたものと扱い続ける。本人の利益より自分の利益を優先したということを許さない。その者は、賄賂を受け取ってはならない。その場合、エクイティは、本人の利益のための正当な支払として扱う。あれは賄賂だったとは言わせない

---

19 | 受託者の情報提供義務と会計清算義務に関しては、前掲注7（本書第3章）参照；see also Amir N. Licht, Lord Eldon Redux: Information Asymmetry, Accountability and Fiduciary Loyalty, 37 Oxford J. Legal Stud. 770 (2017).

20 | Joshua Getzler, "As If." Accountability and Counterfactual Trust, 91 B.U.L. Rev. 973, 978 (2011); see also Peter Devonshire, Account of Profits for Breach of Fiduciary Duty, 12 Sydney L. Rev. 389, 394 (2010).

21 | Emily Sherwin & Samuel L. Bray, Ames, Chaffee, and Re on Remedies 287 (2d ed. 2017).

22 | F. W. Maitland, The Constitutional History of England 226 (1950).

23 | Sir Peter Millett, Bribes and Secret Commissions, 1 Restitution L. Rev. 7, 20 (1993).

のである[24]。

　さらに、計算・精算はエクイティ上の救済手段であるから、被告を罰すること
は想定されていない[25]。この限定は手続的正義と符合しており、エクイティでは陪
審が置かれず、事実審の判断が上訴審の審査でも尊重される傾向にある。またエ
クイティの基本とも整合しており、エクイティは不正行為を正そうとするが、被
告に不当な取扱いはしないのである。被告の認識する費用や利益の調整を通じて
ではなく、被告の立場の調整によって不正を防ごうとするのである[26]。このやり方
は、フィデューシャリーから誘惑を取り除くことを強調し続けていることに表れ
ている[27]。フィデューシャリーに受益者の利益にのみ奉仕することを求めることに
よって、エクイティは、フィデューシャリーをして、その役割に相応しい行動を
するよう訓練し、社会に適合させるのである[28]。エクイティは、罰するのではなく
「教え諭す」法なのである[29]。

　原告が計算・精算を通じて受け取るのは利益に他ならず、利益を超えるもので
はない。この救済が狙いとするところはフィデューシャリーの利益全体ではなく
純利益であるため、生じた費用を求償することは認められる[30]。ただし、裁判所が
その証明がなされたと認めた限りではある[31]。問題の利益は、通常、信託により生
み出されたもの、すなわちフィデューシャリーが保有していた受益者の財産によ
って生み出されたものである。しかし、フィデューシャリーに利益相反がある場
合、受益者はフィデューシャリー自身の財産から生み出された利益であっても回

---

24 | Id. For discussion, see Lionel Smith, Fiduciary Relationships: Ensuring the Loyal Exercise of Judgement on Behalf of Another, 130 L.Q. Rev. 608, 628 & n.81 (2014). For criticism, see William Swadling, Constructive Trusts and Breach of Fiduciary Duty, 18 Trusts & Trustees 985, 997-999 (2012).

25 | Harris v. Digital Pulse Pty. Ltd. [2003] 56 N.S.W.L.R. 298 (N.S.W. Ct. App.); Tull v. United States, 481 U.S. 412, 422, 424 (1987); Bush v. Gaffney, 84 S.W.2d 759, 764 (Tex. Civ. App. 1935); see also Devonshire, Account of Profits, supra note 15, at 59-63; Meagher Gummow and Lehane's Equity, supra note 15, at 865. この考え方につき、第3次原状回復と不当利得法リステイトメント (2011) 51条は、不履行のフィデューシャリーを故意の不法行為者と同じだとするが、その目的は罰を与えるところにあるのではないと主張している。

26 | Bray, Punitive Damages Against Trustees?, supra note 7, at 214. 複線的社会において、どこまでこの目的がエクイティで追及できるかには限界があるとする。

27 | E.g., Chioffi v. Martin, 181 Conn. App. 111, 136-137 (Conn. App. Ct. 2018); City Bank Farmers Trust Co. v. Cannon, 51 N.E.2d 674, 676 (N.Y. 1943); Wormley v. Wormley, 21 (8 Wheat.) U.S. 421, 463 (1823) (Johnson判事); 前掲注7 (本書第3章65～66頁) 参照。

28 | Richard R.W. Brooks, Loyalty, Law and Economics; The Economics of Fiduciary Law (2017年11月7日の原稿) at *7.

29 | Id.

30 | See Restatement (Third) of Restitution and Unjust Enrichment §43 cmt. h (2011). このような実務は16世紀後半に遡る。See Jones, suora note 1, at 117, at n.75.

31 | Gratz v. Claughton, 187 F.2d 46, 51 (2d Cir 1951) (L. Hand, C.J.). 立証責任と戦略的重要性に関しては、Eichengrun supra note 15, at 477-481参照。

復することができる。[32]

　この結論を示す用語法の問題には、注意する必要がある。最近の学説では、「利益の計算・精算」という言葉は、「利益の吐出し（disgorgement）」という言葉に置き換わった。[33] しかし不幸なことに、この置き換えによって明確性が大きく損なわれてしまった。「利益の吐出し」の概念は、利益の計算・精算にも使われるが、利益に関わる全てのエクイティ上の救済に使われるため、対人的な救済なのか対物的な救済なのかが不明確になる。[34][35] 時に、この言葉は利益に関わる救済に、特に区別されることなく使われ、準契約における回復などコモン・ロー上の救済（legal relief）も含むことがあるからである。[36]

　こうした用語法の変化は、沿革上の混乱に加え、関係性の欠落という根本的な問題を生じさせた。「利益の計算・精算」は、ＡのＢに対する計算・精算という、義務との関係についての他動詞的な関係性を有する。[37]「利益の吐出し」だとこの関係性の視点が抜け落ちてしまい、Ａが吐き出すという自動詞的概念となってしまう。もし、信認法とフィデューシャリーに関する救済が特別なものであるとするならば、本章および本書の他章〔第25章（未訳）〕で述べられた理由から、伝統的な言葉はそのまま使われるべきである。

B.　擬制信託（Constructive Trust）

　もう１つのフィデューシャリーの利益に関する救済として擬制信託があり、[38] これによって裁判所は、被告が保有する財産は原告のための信託として保有しているのであると宣言することができる。しかし擬制信託は、特定可能な財産（特定

32　Regal (Hastings) Ltd. v. Gulliver [1967] 2 AC 134 (H.L.)；Phipps v. Boardman [1967] 2 AC 46 (H.L.).

33　See Restatement (Third) of Restitution and Unjust Enrichment §51(4) (2011). 批判的論文として、Samuuel L. Bray, Remedies, Meet Economics; Economics, Meet Remedies, 38 Oxford J. Legal Stud. 71, 87-88 (2018) 参照。初期の文献に、「利益の吐出し」はいくつかの特定の救済を定式化した言葉であるとするものがあるとする例として、Robert Cooter & Bradley J. Freedman, The Fiduciary Relationship: Its Economic Character and Legal Consequences, 66 N.Y.U. L. Rev. 1045, 1051 n.14 (1991). しかし、かかるニュアンスは今では忘れられていることが多い。

34　E.g., Kelli A. Alces, The Fiduciary Gap, 40 J. Corp. L. 351, 402 (2015).

35　（この点は Lionel Smith に負っているのであるが、）信認関係から生み出された利益とフィデューシャリーではない被告に課された利益の計算・精算との区別が曖昧になる。

36　E.g., Dan B. Dobbs & Caprice L. Roberts, Law of Remedies: Damages—Equity—Restitution §4.3 (3d ed. 2018).

37　Meagher, Gummow and Lehane's Equity, supra note 15, at 916 (計算・精算の救済は通常計算・精算をすべき側とされる者に対して与えられるとする). この他動詞的な要素が含まれていることは、コモン・ローの説明責任の伝統の特徴と同じでもある。前掲注１（本書第25章（未訳））参照。

38　Restatement (Third) of Restitution and Unjust Enrichment §55 (2011). 最近の文献としては、本書第30章（未訳）Fiduciary Principles in Contemporary Common Law System, at 576-578 参照。

の資金も含まれるが）を取り戻すことができるだけであって、利益全般を補償する手段ではない。擬制信託は、詐欺を働いた受認者や、会社またはパートナーシップの機会を利用した受認者に対し、与えられる。

　この救済方法をフィデューシャリー以外の場面で使うと、架空の側面があらわになる。第3次原状回復と不当利得法リステイトメントでは、「信託の比喩が長らく用いられてきたのは、この救済の全ての場面における中核的特徴を極めて明確にするからである。それはすなわち、特定の財産に対するBの法的権限が、Aの優越する（エクイティ上の）所有権に劣後するとする、裁判所の認定である[39]」と述べられている。しかし、信認法において「受託者」と性質決定することは決してフィクションではない。

　擬制信託を便利なものにしているのは、形を変えた財産にも裁判所の追及が及ぶ点にあり、その財産がさらに第三者に渡った場合（善意有償の第三者、または善意有償の第三者から取得した者でない限り）にも適用されることにある。ある受認者が受益者の金銭を手に入れて不動産を購入し、その後売却して株を買い、さらにその株を売却して債券を買った場合、全ての段階で実質が評価され、擬制信託として、形を変えた全てについて受益者にその金銭の「追及」が認められる[40]。

　この当該財産につき同一性を保つという考え方は、擬制信託の威力を理解するうえで重要である。要するに、擬制信託は破産時に一般債権者より優先することになる[41]。「受益者には優先権がある」が、「それは代位物に対し信託財産として追及できる限りにおいて[42]」なのである。

　擬制信託とされた場合、裁判所は擬制信託の受託者が財産を返したかどうかを監視することができる。特段の事情のある場合、正義を実現するため、必要に応じ、裁判所が条件や一定の法的義務を付すことがある[43]。また擬制信託受託者に費用の相殺を認めることもある[44]。ここでも、目指されるのは、フィデューシャリーを罰することでも、本来受益者に帰属すべき財産を保持し続けることによってで

39　Restatement (Third) of Restitution and Unjust Enrichment §55 cmt. b (2011). 明示信託と擬制信託の関係については、Lionel Smith, Philosophical Foundations of Proprietary Remedies (Philosophical Foundations of the Law of Unjust Enrichment 281 (Robert Chambers, Charles Mitchell & James Penner eds., 2009)) 参照。

40　See generally Lionel D. Smith, The Law of Tracing (1997); see also F. W. Maitland, Equity: A Course of Lectures 220 (A. H. Chaytor & W. J. Whittaker eds., John Brounyate rev., 2d ed., 1936).

41　Restatement (Third) of Restitution and Unjust Enrichment §55 reporter's note e (2011); but see Swadling, supra note 24.

42　Restatement (Second) of Trust §202 cmt. o (1959).

43　Restatement (Third) of Restitution and Unjust Enrichment §55 cmt. b (2011).

44　Id. cmt. l.

もなく、フィデューシャリーとしてなすべきことを履行する義務を課すところにある。

擬制信託を利益の計算・精算と比較・対照することは有益である。両方とも、受益者に帰属すべき利益をフィデューシャリーから剝がすものであり、「典型的なフィデューシャリーに関する救済[45]」である。しかし、利益の計算・精算は対人的な救済であり、特定の資産や資金に紐づけられるものではないのに対して、擬制信託は対物的な救済である[46]。それぞれ、どこが複雑かにおいて違いがあり、カバーする範囲も異なる。利益の計算・精算の場合は、金銭的救済を与えるまでの過程が複雑なのであって、ひとたび過程が完結すれば、資金の支払を命ずる局面は極めて簡単である。これに対し、擬制信託の場合、財産の当初の受益者的所有者を特定することは簡単であるが、複雑なのは、追及の側面と、擬制信託受託者から正当な所有者に財産を渡すよう裁判所が命ずるにあたって付加する条件である。

C. エクイティ上の賠償（Equitable Compensation）

エクイティ上の賠償は、損害賠償に似た救済手段である。「エクイティ上の損害賠償」とか、単に「損害賠償」と呼ばれ、「追徴金」、「誤りの立証（falsification）」などといった信託の香り漂う言葉が使われることもある[47]。これもまた、受益者が受託者の義務違反、特に注意義務違反を主張して訴える際によく使われる[48]。利益の計算・精算や擬制信託とは異なり、エクイティ上の賠償は、損害が根拠となる。被告から利益を剝ぎ取る代わりに、原告が失ったものを被告から原告（または信託）へと賠償させるのである[49]。

---

45 | Evan J. Criddle, Liberty in Loyalty: A Republican Theory of Fiduciary Law, 95 Tex. L. Rev. 993, 999 (2017).

46 | Cf. Robert Chambers, Two Kinds of Enrichment, in Philosophical Foundations of the Law of Unjust Enrichment, supra note 39, at 242, 266:「利益の計算・精算と擬制信託は、金銭的価値と譲渡可能な権利という、2つの異なる不法に得た利得に対する異なる反応である」。

47 | CIGNA Corp. v. Amara, 563 U.S. 421, 441-442 (2011); see also John H. Langbein, What ERISA Means by "Equitable": The Supreme Court's Trail of Error in Russell, Mertens, and Great-West, 103 Colum. L. Rev. 1317, 1352-1353 (2003).

48 | 前掲注7（本書第3章85頁）参照（これを、受託者による信認義務違反に対する2つの"中核"的救済の1つとする）。

49 | Restatement (Third) of Trusts §100 (2012)（受託者の責任を信託財産の価値の回復に必要な額と義務違反により影響を受けた部分が適切に管理されたとすれば行われたであろう信託の分配額であるとする）。賠償と回復という言葉については、Joshua Getzler, Equitable Compensation and the Regulation of Fiduciary Relationships, in 1 Restitution and Equity: Resulting Trusts and Equitable Compensation 235, 236-237 (Peter Birks & Francis Rose eds., 2000) 参照。

この救済に対して用いられる言葉の違いは取るに足らないことのようにみえるかもしれない。しかし、コモン・ローの損害賠償との混同を避けることには、いくつか理由がある。[50]

まず第1に、損害賠償は不法行為における中心的救済方法であり、不法行為法がどのような救済を求めているかを表している。すなわち、被告に、被告による不法な行為が行われる前の状態に原告を戻させることにある。不法行為の損害賠償は、正しい状況を**振り返って**みている。しかし、フィデューシャリーに関する救済の焦点は損害に当たっているのではない。[51]その主要な機能は賠償にあるのではない。正しい状況を**これから**作ることにある。[52]

したがって、エクイティ上の賠償は、信認義務違反に対する模範的な救済方法ではなく、不法行為の模範的救済なのである。実際、特徴的救済としての賠償は、計算・精算に端を発している。近道（による救済）であって、面倒な会計清算をしなくても、受益者が帳簿のマイナス部分に対して期待していた結果を求め、訴えることができるようにしたものなのである。[53]「伝統的な原則」によれば、エクイティ上の賠償は、「信託財産を預かる者としての計算・精算をさせる受託者責任に焦点が当たっており、この救済方法は、不履行を犯した受託者に、その者が奪った資産を信託財産に戻させる義務を負わせるという表現で表すのが適当である」。[54]

「利益の計算・精算」と「エクイティ上の賠償」を分けることにも、両者を受益者の資産をもって行ったことについての同一の会計という救済上の利益と損失として扱うことにも、それぞれ分析上の利点があるかもしれない。いずれにせよ、これらの救済の類似性は、「エクイティ上の賠償」が不法行為法の損害賠償と同じではないことを示唆する。

実際、法域によっては、「損害賠償」と「エクイティ上の賠償」とでは、明らかに微妙な違いがある。ただし、この点がどこまで裁判所で認識されているかは、

---

50 | 同様の問題につき、Meagher, Gummow & Lehane's Equity, supra note15, at 800-801 参照。

51 | See Deborah A. DeMott, Fiduciary Obligation Under Intellectual Siege: Contemporary Challenges to the Duty to Be Loyal, 30 Osgoode Hall L.J. 471, 488-489 (1992).

52 | Bray, Punitive Damages Against Trustees?, supra note 7, at 204-207. 正しい状況とは受益者の希望とか夢ではない。実際の正しい状況とは、フィデューシャリーに託された内容による。典型的には、与えられる目標を（忠実義務や注意義務といった信認義務に服しながら）追求するだけでなく、与えられた結果を達成する責任まで負っているわけではない。

53 | Meagher, Gummow and Lehane's Equity, supra note 15, at 802-803; Conaglen, Off *Target*, supra note 14, at 146-150.

54 | Conaglen, Off *Target*, supra note 14, at 127 (引用符省略); see Ackerman v. Halsey, 37 N.J. Eq. 356, 366 (Ch. 1883).

裁判所がどの程度エクイティに精通しているかによって異なる。ある法域では、エクイティ上の賠償を、少なくとも、ある種、直接的な「マイナスの精算（negative accounting）」手段とみている場合には、厳格な因果関係の証明までは求められていない。[55] これに対し、別の法域では、受認者が提供したサービスとの相殺を認めるところもある。[56] 計算・精算という救済手段の起源とも合致するが、コモン・ローにおける損害賠償の通常の計算方法からすると奇異に映るという違いもある。また別の違いとして、エクイティ上の賠償を認める際、違反時点での損失の回復を認めるのではなく、判決時点での損失の回復を認める裁判所が、少なくともいくつか存在する。これは受益者に対し、受認者が合理的で慎重な管理をする義務を継続して負うこと、すなわち、受認者がこの義務を果たしていたら、当該資産の評価額の上昇も得られていたであろうとの理論に基づいている。[57] さらに、エクイティ上の賠償では、精神的苦痛のような非金銭的損害に対する回復は認められないという違いもある。[58] かかる限定は、エクイティ上の賠償が、受託者に対し、義務違反によって信託財産（より一般的には、受認者の手にはあるが、受益者のものとされる財産）の欠損を回復する義務を負わせるものだという理論と整合している。[59]

---

55 | Meagher, Gummow and Lehane's Equity, supra note 15, at 817-835; Conaglen, Off *Target*, suprs note 14, at 136-146. このための説明は特にないものの、代わりに、原告は、不法な行為によって生じた損失の損害賠償を求めるというより、主たる権利を履行させているということは事実としてある。

56 | E.g., Chelsea Industories, Inc. v. Gaffney, 449 N.E.2d 320, 326-328 (Mass.1983).

57 | Meagher, Gummow and Lehane's Equity, supra note 15, at 846-847, 854-855; Getzler, Equitable Compensation and the Regulation of Fiduciary Relationships, supra note 49, at 245; see also Melick v. Voorhees, 24 N.J. Eq. 305, 308 (Ch.1873). エクイティ上の賠償におけるこの原則は、アメリカ法で損害賠償の評価に関し、最も著名な Rothko 判決（372 N.E. 2d 291 (N.Y. 1977)）の忘れられた理論的解釈を提示しているのかもしれない。See Rollins v. May, 473 F. Supp. 358, 366-367 (D. S.C. 1978), aff'd, 603 F.2d 487 (4th Cir. 1979); Lionel Smith, Fiduciary Relationships: Ensuring the Loyal Exercise of Judgment on Behalf of Another, 130 L.Q. Rev. 608, 622 & n.56 (2014). しかしながら、アメリカ法の通常ルールは、資産は、(1)受託者にそれを保持すべき義務があるとき、または(2)受託者がある目的のためにそれを売ることが承認され第三者に売却したとき、にのみ判決時の評価となっている。Scott and Ascher on Trusts, supra note 6, at §24.11.1. このような背景にもかかわらず、*Rothko* 判決は懲罰的のようにみえる。Richard V. Wellman, Punitive Surcharges Against Disloyal Fiduciaries: Is *Rothko* Right?, 77 Mich. L. Rev. 95 (1978).

58 | Meagher, Gummow and Lehane's Equity, supra note 15, at 866-867; E. Daniel Robinson, Note, Embracing Equity: A New Remedy for Wrongful Health Insurance Denials, 90 Minn. L. Rev. 1447, 1473 (2006).

59 | 財産と説明責任の関係については、一般に、James Watson, The Duty to Account: Development and Principles (2016) 参照。エクイティ上の賠償を類型化できないか精力的に議論が展開されているが、信認義務に対する代替手段として与えられているものであるということが抜けている。Compare Charles Mitchell, Equitable Compensation for Breach of Fiduciary Duty, 66 Current Legal Probs. 307 (2013), with Meagher, Gummow and Lehane's Equity, supra note 15, at 867-868.

アメリカ連邦最高裁判所が判示しているように、エクイティ上の賠償が認められるための一般原則として、「全ての要請がエクイティからきているものでなくてはならない」[60]。この救済は、コモン・ローの損害賠償より寛大なこともあれば、そうでないこともある。しかし、この違いは、場当たり的なものではない。エクイティ上の賠償は、フィデューシャリーの義務と繋がっているということからくる。ある学者の言葉によると、「受認者が当該財産を保持しておらず、義務を履行することができない場合には、その者が同じ金銭的価値を支払わねばならないことになる」[61]。その場合、エクイティ上の賠償は、「義務の範囲と目的を超えて被った損失にまで広がることはないが、賠償の否定または減額が認められるのは、義務から生じた期待の範囲と一貫している場合に限られる」[62]。

「損害賠償」ではなく「エクイティ上の賠償」という特別な語を用いることによって裁判所と学者は、自分たちが論じているものが特別な金銭的救済なのだとの認識を示すことができる[63]。「ラベル付けは、……法原則の言外にもつ意味合いを形成し、それによって人が考える際の道筋をも形作る」ことになる[64]。

2番目に、特別な用語を用いることで、この救済の分類を人々が誤解するのを防ぐことができる。不法行為や契約による典型的な損害賠償は、コモン・ロー上の救済である。しかし、信認義務違反の受託者に対し、裁判所がエクイティ上の賠償を認めるときは、「コモン・ロー」の救済を与えるのではない[65]。信託法は、全領域においてエクイティにより発展してきたのであり、エクイティが法領域なのである[66]。

エクイティ上の賠償はエクイティ上のものであるという結論は、アメリカ法においていくつかの意味合いをもつ。具体的には、この救済は、エクイティ上の消

---

60 | CIGNA Corp. v. Amara, 563 U.S. 421, 443 (2011) (「追徴」という語が使われている).

61 | Charles E. F. Rickett, Equitable Compensation: Towards a Blueprint?, 25 Sydney L. Rev. 31, 37 (2003).

62 | Charles Rickett, Compensating for Loss in Equity—Choosing the Right Horse for Each Course, in 1 Restitution and Equity: Resulting Trusts and Equitable Compensation, supra note 49, at 173, 176; see also id. at 190-191.

63 | フィデューシャリー関係以外でも、アメリカの裁判所では、コモン・ローの損害賠償とエクイティでこれに類する救済との間に違いが散見されている。E.g. E.J. Brooks Co. v. Cambridge Security Seals, No. 26, 2018 WL 2048724, at *9 (N.Y. 2018) (Wilson 判事は反対意見を述べている); UFG, LLC v. Southwest Corp., 848 N.E.2d 353, 365 (Ind. Ct. App. 2006); Caveny v. Asheim, 274 P.2d 281, 292-297 (Or. 1954).

64 | Mark Leeming, Receipts Clauses and "Contractual Estoppel" Revisited, 134 L.Q. Rev. 171, 175 (2018).

65 | Sergent v. McKinstry, 472 B.R. 387, 412 (E.D. Ky. 2012) (Thapar 判事).

66 | Langbein, What ERISA Means by "Equitable," supra note 47, at 1320. エクイティの排他的管轄、競合管轄、付帯領域の区別につき、Joseph Story, 1 Commentaries on Equity Jurisprudence §33 (1836); David Yale, A Trichotomy of Equity, 6 J. Legal Hist. 194 (1985).

滅時効や「汚れた手」のようなエクイティ上の抗弁に服し、損害賠償も陪審によって与えられるものではない。[67]

D. 差止命令（Injunction）

もう１つのフィデューシャリーに関する救済に差止命令がある。禁止的な差止命令（prohibitory injunction）は行為を禁ずるものであり、強制的な差止命令（mandatory injunction）は行為を求めるものである。ともにフィデューシャリーに対して課されるものであり、ここでもまた信認義務が中心にくる。受認者は義務に反する行動を禁じられるが、義務を履行するよう命じられることもある。強制的な差止命令は好ましくないというのが一般原則であるが、受認者は行動する義務を既に引き受けているから、この原則は信認法においてはそれほど重みがない。[68][69]実際、受認者に対する強制的な差止命令は、既に約束したことを実行するよう命ずることになり、特定履行のように機能する。

禁止的な差止命令は、利益の計算・精算や擬制信託、エクイティ上の賠償などの積極的救済と一緒に使われることがある。例えば、信認義務違反を犯した受託者は、利益の計算・精算と併せて、信託から追加的資金をさらに引き出すことを禁じられることがある。この例は、命令が信認法と共にあることが多いという重要な点を示すとともに、付随的機能であるということを示している。別の救済方法でより直接的に主たる救済目的を達成する一方で、被告を捕らえて、不正行為をさせないというものである。[70]命令は、金銭的救済の効果が薄いときに、特に与えられる可能性が高い。[71]あることを履行するよう命じたり、違反をしないようにするために利用されるため、どの信認義務が命令と密接に繋がっているというわけではなく、忠実義務から、適切な目的のためにフィデューシャリーの権限を行使するという義務まで、多くの義務と結びついている。

E. 巻き戻しによる救済（Unwinding Remedies）

エクイティが特殊なものであるということの１つに、巻き戻し（unwinding）

---

67 | E.g., Regions Bank v. Kramer, 98 So.3d 510, 518-520 (Ala. 2012)（信認義務違反の主張に基づき、金銭賠償のみを求める陪審審理を拒否する州の判例を分析している）.

68 | E.g., Park Village Apartment Tenants Ass'n v. Mortimer Howard Trust, 636 F.3d 1150, 1160-1161 (9th Cir. 2011).

69 | Drewry v. Kelz, No. 11-C-1323, 2013 WL 855725, at *4 (N.D. Ill., Mar. 6 2013).

70 | Cf. Lumley v. Wagner [1852] 42 E.R. 687 (Ch.).

71 | 本書第４章107〜109頁参照。

と取消し（undoing）がある。エクイティは、不正を完全に消去し、これを中途半端にしないことにこだわるともいえる。かかる特殊性は、「受託者の不正な行為を取り消す（set aside）」との起訴状の表現にもみることができる[72]。裁判所は、こうした救済を与えるにあたって、様々な形式の中から選択することができる。そこには、文書の取消し（cancellation of documents）、契約の取消し（avoidance of contracts）、文書訂正命令（reformation）、エクイティ上の取消し（equitable rescission）が含まれる[73]。これら多様なエクイティ上の救済を与えるに際し、裁判所が善意有償の第三者に渡った財産は取り戻すことはないが、これはⅡ B で取り上げた擬制信託と同じである。

F. 監督による救済 （Supervisory Remedies）

フィデューシャリーに関する救済の多くは、既に発生したか、あるいは差し迫った義務違反に関心が向けられているが、それほど狭く焦点が絞られていないこともある。これは「監督的管轄権」と呼ばれるもので、その救済方法は多岐にわたる。この救済は、理論上は、他のフィデューシャリーに対して使われてもおかしくないが、大半は信託法で用いられている。

監督による救済の1つとして「指示」があり、この救済が裁判官と受認者とが敵対関係にある必要はないことを表している。かなり以前の話ではあるが、「大法官は、受託者の唯一の安全で心配の要らない相談相手である[74]」と述べた裁判所がある。今や「宣言的判決」と呼ばれることもある、この救済が与えられると、受託者は疑わしい取引の責任を回避することができる。John H. Langbein が述べているように、「エクイティ上の救済ではよくあることであるが、指示の申立てとして、受託者の義務または権限に関し、合理的な疑いがある場合、受託者は信託の管理につき裁判所に指示を仰ぐことができる[75]」。

---

72 George Gleason Bogert, George Taylor Bogert & Amy Morris Hess, Bogert's Trusts and Trustees §861 nn.40-44 (2010) (listing example). これが忠実義務違反の際の主要な救済であるとの議論について、Smith, Fiduciary Relationships, supra note 57, at 619-621 参照。

73 多くの法域は、エクイティとコモン・ローで取消しの形式を区別している。E.g., Nadinic v. Drinkwater [2017] 94 N.S.W.L.R. 518 (N.S.W. Ct. App.); Knaebel v. Heiner, 663 P.2d 551, 554 (Alaska 1983). エクイティにおいては、当事者が取引自体を巻き戻す必要がない場合、裁判所は取消しを命じ、その命令を守らせる。その理由は、歴史的経緯および機能の面でも、信認関係の特徴が認められ、信認法の取消しによる救済はエクイティ上の救済なのである。

74 Freeman v. Cook, 41 N.C. 373, 378 (1849).

75 John H. Langbein, Questioning the Trust Law Duty of Loyalty: Sole Interest or Best Interest?, 114 Yale L.J. 929, 965 (2005) (quoting the Restatement (Second) of Trusts §259 (1959)); see also Restatement (Third) of Trusts §71 (2007).

これと全く異なる監督による救済として解任があり、裁判所は受託者を追いや
り、別の者を選任することができる[76]。ある概説書には、「受託者が信託違反を犯
した場合、またはそのおそれがある場合か、その他安全でない管理があった場合、
裁判所は、その者を解任し、その後にその者に代わる後継者を指名するか、複数
受託者の場合では新たな受託者を選任することなく1人を解任するか、もしくは
信託を保護するために共同受託者を追加指名することができる[77]」と書かれている。
ただし、この救済は軽々に使われるものではないうえ、委託者が信託を設定する
際に制限を加えることができる[78]。

　このように、裁判所が資産の管理につき、監督権限を行使する際には、事前の
指示といった極めて友好的な救済手段から、事後の解任といった極めて敵意に満
ちた救済手段に至るまで、選択肢がたくさんある[80]。

G.　コモン・ローの救済（Legal Remedies）（特に代理）

　代理という仕組みは、エクイティ裁判所ではなく、主にコモン・ローの裁判所
で発展した[81]。この背景により、代理法の救済手段の形成に重大な影響を及ぼした。
以下の3点を考えてみたい。

　第1に、本人および第三者は、代理人をコモン・ローに基づき訴えることがで
きるので、伝統的に陪審がつき、コモン・ローでは典型的な請求であるが、陪審
によって懲罰的賠償が認められる[82]。したがって、代理において懲罰的賠償が認め
られることにつき争いはない[83]。またコモン・ロー上の原状回復という救済が代理
人に対して適用できることにも疑いがない[84]。

76	Uniform Trust Code §706（2010）.
77	Bogert's Trusts and Trustees, supra note 72, at §861.
78	McNeil v. McNeil, 798 A.2d 503, 513–514（Del. 2002）.
79	Princess Lida of Thurn & Taxis v. Thompson, 305 U.S. 456, 463（1939）.
80	Id. at 463–464; see also P. G. Turner, Equity and Administration in Equity and Administration 1, 18–19（2016）.
81	See, e.g., Holter v. Moore & Co., 681 P.2d 962, 966（Colo. App. 1983）; Lord Peter Millett, Bribes and Secret Commissions Again, 71 Cambridge L. J. 583, 586（2012）. 代理のエクイティ法領域として、Bradshaw v. Thompson, 454 F.2d 75, 78–80（6th Cir.1972）; Holter, 681 P.2d at 966; Walter Ashburner, Principles of Equity 117（1902）; Restatement（Second）of Agency §399 cmt. e（1958）参照。最近のエクイティの影響を受けて、コモン・ロー上の救済が適当でない場合にはエクイティ上の救済が代理人に対しても適用されるとしている。
82	本人に対する代理人の行動に係る懲罰的賠償につき、Note, Liability of Corporations to Exemplary Damages for the Torts of Their Agents, 7 Harv. L. Rev. 45（1893）参照。
83	Restatement（Third）of Agency, §8.01 cmt. d(1)（2006）. 信認法における懲罰的賠償の全般に関しては、後述Ⅳ C 参照。
84	Compare Restatement（Second）of Agency §399（1958）（本人は、コモン・ローまたはエクイティ

第2に、代理では、自力救済がより強調される傾向にある。代理人に対する本人の救済を概説するにあたり、Deborah DeMott は、次のように自力救済から説明を始める。「手始めとして、代理人との関係を終わらせるという自力救済は、その後の法的結果にかかわらず、賢い選択となる場合もある」[85]。こうした対応は、代理の文脈で有効である。というのも、本人は、常に存在し、恐れることなくコントロールを主張できるのが一般的だからである。しかしながら、エクイティでは自力救済の役割は小さかった。受認者に欺かれた受益者の中には、それでも受認者に頼るしかない者がいて、自分で自分を救済することのできない者を助けるという長い歴史があったからである。

第3に、信託法は、受託者に対する受益者による訴訟によって形成されることが多かったが、代理法は、代理人の行為につき第三者が本人に対して提起する訴訟によって形成されることが多かった。この典型的な裁判のあり方の違いによって、代理における関心事は、義務の履行（本人の観点）というより、損失の分担（損害を被った第三者の観点）に注がれることとなったのである。

代理人の場合、あまり損害賠償をする資力がないことが多い。したがって、問題の中心は本人の責任であった。そこで、伝統的に、また今日もしばしば、どのような状況であれば、第三者が代理人の行為につき、本人に対する懲罰的賠償が認められるかが注目されている[86]。

代理の救済は、不法行為の救済と合致することが多いため、代理が救済の諸原則の発展をそちらに委ねたことも、あながち不思議なことではない。したがって、第3次代理法リステイトメントでは信認義務という言葉が使われているが、信認義務が、信託法やより一般的な信認法におけるほど、代理法における救済の形成に寄与しなかった。その代わり、代理法リステイトメントは不法行為法と不当利得法を参照して、救済の根拠としてきた[87]。

Ⅲ　救済方法の組み合わせ

Ⅱでは、フィデューシャリーに関する救済方法について1つ1つみてきた。し

の原状回復法に基づき代理人に対し、損失回復を請求できるとしている), with Restatement (Second) of Trusts §199 (1959) (受託者は、直ちにかつ無条件の金銭支払または動産引渡義務に服する場合を除き、受託者に対する受益者の救済は、専らエクイティに基づき行われるとしている).

85 　本書第2章71頁参照。

86 　E.g., Note, supra note 90, at 45.

87 　Restatement (Third) of Agency §8.01 cmt. d (1) (2006); see also supra note 12.

かし、裁判所は、これらのいくつかを同時に認めることが多い。[88] 無論、裁判所は、1つの義務違反について2度救済を認めることがないよう意を用いる。Ⅲでは、全て網羅はできないが、裁判所がよく組み合わせるいくつかのパターンを検討したい。

まず第1に、利益の計算・精算をエクイティ上の賠償と組み合わせる裁判所がある。この補完的論理は、1つの救済で受認者の利益を捉え、もう一方で、重複は避けつつも、受益者の損失を取り戻すというものである（同じ効果がどちらかの救済で達成できることもあるが）。

第2に、対人的な救済を対物的な救済と組み合わせる場合が挙げられる。例えば、受託者が不適切な管理に基づき信託に帰属することとなった財産を保持する場合で、ある利益のみが追求できる場合、受益者は、2つの救済が与えられる。すなわち、追及可能な部分に関して、擬制信託による対物的な救済が与えられ、資金の流れを辿り追及していくことができない部分に関しては、金銭賠償（利益の計算・精算またはエクイティ上の賠償と呼ばれる）という対人的な救済が与えられる。

第3に、被告に賠償や作為を命ずる救済（affirmative relief）を、これから行われる信認義務違反を否定する救済と組み合わせる場合がある。例として、本来の受益者が受認者の行為から受益することを確保するため擬制信託または利益の計算・精算を命じつつ、これと組み合わせて、受認者が資金の横領その他の不正行為をするのを禁ずる差止命令を下したりすることが考えられる。

第4に、被告に賠償や作為を命ずる救済を、既に行われた信認義務違反を元に戻させる巻き戻しによる救済とを組み合わせることがある。例としては、契約の無効と、無効とされた契約から受認者が得た利益を計算・精算させる救済と組み合わせるというものが挙げられる。

第5に、裁判所が受託者を解任するとき、ほとんどの場合、利益の計算・精算や、擬制信託、エクイティ上の賠償などといった別の救済が組み合わせられる。

最後に、エクイティによるものではないが、よく行われる組み合わせとして、

---

88 ｜ しかしながら、二重の回復と考えることにつき十分合意されているわけではない。Compare Miller v. Bank of Am., N.A., 352 P.3d 1162, 1168-1170 (N.M. 2015)（「信託の賠償を十分に行い、（受託者の）自己取引によって得た利益を全て取り除くことができるのであれば」、エクイティ上の賠償と利益の計算・精算——すなわち、返還と利益の吐出し——を認めている), with Devonshire, Account of Profits, supra note 15, at 14-15, and Meagher, Gummow and Lehane's, Equity, supra note 15, at 909（「加えられ損失に対し、原告にエクイティの計算・精算とエクイティ上の賠償を共に認めることはない」としている).

補塡損害賠償を懲罰的賠償と組み合わせるというものがある。この組み合わせには、当該代理人の行動を非難するとともに、将来、別の代理人が同様のことをするのを抑止するという意味がある。

Ⅳ　未解決の問題

Ⅳは、Ⅱで言及した問題のうち、重要な３つの問題点について考察する。すなわち、「フィデューシャリーに関する救済は、他の法領域の救済へと吸収されていくべきか」、「衡平法ということが考慮されるべきか」、「罰を与えるということは正しい目的ではないのか」の３点である。ただし、以下 **A ～ C** は、伝統的な答えであって、まだ解決したわけではないというべきである。

A.　フィデューシャリーに関する救済には独自の目的と方法がある

法分野とは、境界線で仕切られた領域というよりは、中核部分を有する広がりのようなものである。ある法領域は、主にその外延を画することよりも、全てが関係をもつ中心点を認識することによって定義され、他の法領域と区別される。身体にたとえれば、四肢を描いていくより、脈打つ心臓を見つけるようなものといえよう。

多くの信認法学者にとって、脈打つ心臓というべき中心点は、信認義務に見出される[89]。しかし、他の法領域の学者にとって、信認義務の概念はそれほど重要でないかもしれない。結局、不法行為法や契約法、不法行為法は、腹を空かせた野獣のようなものである。これら分野の学者は、自分たちの法領域で確立した概念上のポイントを説明する数ある例の１つとして信認法をみているのである[90]。

フィデューシャリーに関する救済について考えることにより、信認法の特殊性に光を当てることができるだろうか。救済する目的を考えてみよう。不法行為法は、一貫して損失に焦点を当てる。原状回復法では、少なくとも、不当利得の原則により説明される場合において、一貫して利益に焦点を当てる[91]。ここでは、フ

---

[89] | E.g., Paul B. Miller, Justifying Fiduciary Duties, 58 McGill L.J. 969 (2013).

[90] | 不法行為とエクイティの同化に関し、John C. P. Goldberg & Henry E. Smith, Wrongful Fusion: Equity and Tort, in Equity and Law: Fusion and Fission（John C. P. Goldberg, Peter Turner & Henry E. Smith eds., forthcoming 2019）参照。第 3 次原状回復と不当利得法リステイトメントは、フィデューシャリーの責任を不当利得の原則に従って扱っている。§43, cmt. b（2011）。しかし、フィデューシャリーの責任は独立して分析することができるとしていることは確かである。Id.

[91] | これは、第 3 次原状回復と不当利得法リステイトメント（2011）においてみられるアメリカの

ィデューシャリーに関する救済内容は、信認義務によって形成されると考える。損失が救済され、利益が取り戻されはするが、中心にあるのは義務の履行なのである。

このようなフィデューシャリーに関する救済概念は、別のアプローチをとることによって補強することができる。フィデューシャリーに関する救済の意図が、抑止を最適なものとすることを通じて社会的コストを減らすことにあると考えてみたらどうだろう。[92] 信認法は、確かに、経済用語で有益な分析される問題をいくつか、特に、エージェンシー・コストの問題を解決できる。[93] しかし、フィデューシャリーに関する救済は、最適抑止のモデルに吸収できるであろうか。伝統的な信認法の救済方法では、信認法の諸規則が十分実現されていないことを示す「特別手当（bonus）」や「罰則」を認めておらず、[94] これを認めないことに対し批判が加えられている。[95] Darryn Jensen が洞察しているように、「訴えられる可能性がある限り、合理的な人間には、訴えられる可能性を少なくしようとする動機があるため、抑止は私法の副産物であることが多いものの、抑止が常に私法が応答する構造に含まれているわけではない」。[96] フィデューシャリーに関する救済の構造は、それが抑止のために作られたのではないことを示している。[97]

このことは、フィデューシャリーに関する救済方法が経済的に非合理であることを意味するものではない。むしろ、その経済合理性は、——飴と鞭という枠組みではなく——義務と責任という別の枠組みを指向している。[98]

信認法のエクイティ上の救済は、フィデューシャリーの不正行為を義務違反と

一般的な見方である。別にこれを説明する原則として、財産法については、Steve Hedley, What Is "Unjust Enrichment" For?, 16 Oxford Commonwealth L.J. 333 (2017) (reviewing Charlie Webb, Reason and Restitution: A Theory of Unjust Enrichment (2016))；および契約類似に関する法については、Dan Priel, In Defense of Quasi-Contract, 75 Modern L. Rev. 54 (2012); see also Stephen A. Smith, Unjust Enrichment: Nearer to Tort than Contract, in Philosophical Foundations of the Law of Unjust Enrichment, supra note 39, at 207.

92 | Cooter & Freedman, supra note 33.

93 | Brooks, supra note 28; Robert H. Sitkoff, An Economic Theory of Fiduciary Law, in Philosophical Foundations of Fiduciary Law 197 (Andrew S. Gold & Paul B. Miller eds., 2014).

94 | Meagher, Gummow and Lehane's, Equity, supra note 15, at 865 (「不正行為に損害賠償を加重することは、……エクイティの原則にそぐわない」とする).

95 | Daniel B. Kelly, Deterrence and Disgorgement in Trust Fiduciary Law (draft paper).

96 | Darryn B. Jensen, Compensation for Breach of Trust—The Remoteness Impasse, in Justifying Private Law Remedies 205, 218 (Charles E. F. Rickett ed., 2008).

97 | See Lionel Smith, Deterrence, Prophylaxis and Punishment in Fiduciary Obligations, 7 J. Equity 87 (2013). Cf. Cooter & Freedman, supra note 33, at 1056 (抑止に基づき判断すると忠実でないことに対する厳しい準則が不適切なものになることを認めている).

98 | Uri Gneezy & Aldo Rustichini, A Fine Is a Price, 29 J. Legal Stud. 1 (2000).

して規定することを意味し、正しいことをするとは義務を果たすことであることを示唆する。フィデューシャリーに「効率的な違反を回避し、代わりに託す者に忠実に仕えるよう促す——許可なく個人的利益を追及したり、義務を遵守するにあたって費用と便益を比較考量したり、競合する利益に心を惑わされたりしないよう促すのである[99]」。

このような規定の仕方は、フィデューシャリーがこれを受け容れ、内製化したとき、エージェンシー・コストを削減することができる。Richard Brooks が指摘するように、フィデューシャリーの外からの動機づけが何かだけでなく、「行動の性質がどうであるか[100]」も重要である。信認法の諸規則の意図は、正しいことを促進し、フィデューシャリーが「結果だけでなく、他人に配慮する行動をとるよう奨めることにある[101]」。

B.　フィデューシャリーに関する救済はエクイティ上の救済である

コモン・ロー諸国では、近年、コモン・ローとエクイティの区別について、改めて関心が高まっている[102]。その1つの帰結として、信認法のエクイティ上の次元についてより注意深い検討が加えられた[103]。とはいえ、フィデューシャリーに関する救済がコモン・ロー上のものか、エクイティ上のものかの分類は（実際のところ）錯綜している。

コモン・ローとエクイティの区別にいかなる意味があるか、ここで考慮しておく価値がある。アメリカ法において、受認者に対する救済の請求がエクイティ上のものとされた場合、陪審審理ではエクイティ上の請求権が認められていない（修正7条と類似の州法）ので、裁判官が判断することになる。その場合、エクイティ上の救済に違反すると法廷侮辱罪の対象となる。破産に際して有利な扱いを受ける場合があり、消滅時効やクリーン・ハンドといったエクイティ上の抗弁が認められる。逆に、救済がコモン・ロー上のものとされると、陪審審理を受ける権利が認められる可能性が高くなり、破産における有利な取扱いを受けることや

99　Getzler, "As If," supra note 20, at 975. See also Restatement (Third) of Restitution and Unjust Enrichment §43 reporter's note d (2011).

100　Brooks, supra note 28, at *7.

101　Id. at *10.

102　Samuel L. Bray, The Supreme Court and the New Equity, 68 Vand. L. Rev. 997 (2015); Joshua S. Getzler, Patterns of Fusion, in The Classifications of Obligations 157 (Peter Birks ed., 2011).

103　E.g., Smith, Equity in Private Fiduciary Law, supra note 11; see also Deborah A. DeMott, Beyond Metaphor: An Analysis of Fiduciary Obligation, 37 Duke L.J. 879, 880-882, 923 (1988).

エクイティ上の防御手段を使うことはできなくなる。こうした具体的な法理の適用に加え、フィデューシャリーにコモン・ロー上の救済を与えるか、エクイティ上の救済を与えるかの判断は、判決文の表現と論理展開にも影響を与えることになる。

信認法における中心的な救済である、差止命令と擬制信託が、エクイティ上の救済手段であるのは明らかである。混乱が生じやすいポイントは２つある。１つは、受認者に課されるエクイティ上の損害賠償が、特に、「賠償」という言葉が用いられ、コモン・ロー上のものと裁判所が分類する場合があることである。もう１つは、「利益の計算・精算」という言葉を使わず、「利益の吐出し」という言葉を参照することがあり、この場合は分類上の混乱が避けられない。後者の言葉は、擬制信託のようなエクイティ上の法理や救済でも用いられるが、一方で、準契約のように、コモン・ローの法理や救済手段としても広く用いられているからである。[104]「利益の吐出し」という用語は、利益の計算・精算という言葉の由来を曖昧にし、裁判官が正しく分類することを難しくしている。

混乱のポイントの２つとも、エクイティが信託の分野でどのような働きをしてきたかに答えがある。エクイティは、複数の「管轄」、すなわち作用の形態を発達させた。「専属管轄」においては、エクイティが法分野の全体を発達させた。「競合管轄」においては、コモン・ローの欠陥を正し、救済手段を付加することによって、コモン・ローを補完してきた。[105]

信認義務のエクイティ上の源である信託法[106]は、専属管轄において発展した。大法官府裁判所が専属管轄で行ってきたことは全てエクイティ上の問題であったから、そこでの救済を特に「エクイティに基づく」と考える必要はなかった。加えて、専属管轄においては、救済が「コモン・ローでは適切な救済手段がない」場合に用いられるという準則は、コモン・ローとエクイティの区別を強調するもので、[107] 適用の余地はなかった。[108] 専属管轄においては裁判所がなすことは、救済も含めて、全てエクイティ上の問題であるということを覚えている限り、混乱が生ずることはない。しかし、この教えが忘れ去られると、これまで誰も疑問としなかった問題、すなわち、受託者から受益者が被った「損害」の回復手段は、コモ

---

104 | 本章における「原状回復」の狭義の使用法に関して、前掲注９参照。
105 | エクイティの管轄に関して、前掲注66参照。
106 | 説明責任のコモン・ローの伝統に関して、前掲注１（本書第25章（未訳））参照。
107 | Bray, The System of Equitable Remedies, supra note 15, at 580-581.
108 | Lionel Smith, Common Law and Equity in R3RUE, (68 Wash. & Lee L. Rev. 1185, 1195 (2011); see also Henry L. McClintock, Handbook of the Principles of Equity 537 (2d ed. 1948).

ン・ロー上の問題かエクイティ上の問題かという問題、と格闘しなければならなくなるのである。[109]

C.　フィデューシャリーに関する救済は罰を与えるものではない

　もう1つの問題は、フィデューシャリーに関する救済が何か罰を与えることを意味するか否かということであるが、これは前記で議論したコモン・ローとエクイティの区別の問題と密接に関連する。エクイティ上の救済方法は罰を与えるということを想定していないというのは基礎的法原則である。[110] 大法官が罰を与えたり、処罰を執行することはない。フィデューシャリーの救済をエクイティ上のものと考え、この基本原則を知っている法域であれば、何の問題も生じない。フィデューシャリーに関する救済で罰してはならないのである。[111] にもかかわらず、フィデューシャリーに関する救済を認める目的の1つとして、処罰を加えるべきだとする判例法の圧力が、近年高まってきている。

　フィデューシャリーに関する救済が懲罰的にみえる1つの理由として、「強い」救済と「弱い」救済という分類がある。強い救済ほど処罰的で抑止的である、と単線的に考えがちである。フィデューシャリーに関する救済は確かに「強い」と捉えることができ、したがって抑止力をもつ。しかし、この分類は、区別によって証明されるべき救済の目的を当初から想定してしまっている。被告に信認義務の履行を義務づけるという1つの目的からみると、救済は「強い」かもしれないが、罰を与えるという別の目的も伴うかというと、それは論理必然ではない。

　もう1つ、フィデューシャリーに関する救済を懲罰的と考える見解がある理由として、法の目的についてある特定の見方がある。法を、賢明な動機づけにより社会全体の福祉を最大化し[112]、法規範に対する違反が他者に外部性を生じさせることが多く、違反が100％探知されるとは限らないと考える——フィデューシャリーの文脈でも合理的に認められる想定である——ならば、フィデューシャリーに関する救済は損失塡補を上回るものでなければならないとの結論になりがちである。しかし、信認法はこれまで罰してこなかった。

　要するに重要なのは、フィデューシャリーに関する救済が独自のものであると

---

109 ｜ いくつかの法域においてこの問題は立法によって解決されている。E.g., Cal. Prob. Code §16421 (West 2011).

110 ｜ See supra note 25.

111 ｜ Bray, Punitive Damages Against Trustees?, supra note 7, at 209-214.

112 ｜ E.g., Robert D. Cooter & Ariel Porat, Getting Incentives Right: Improving Torts, Contracts, and Restitution (2014).

するか、不法行為法や契約法など他の領域の救済と同じものとできるかである。もしその独自性を素直に認めるならば、極めて厳格に義務を課しつつ処罰を注意深く回避するという異例な組み合わせに気づくであろう。

この組み合わせは、フィデューシャリーに関する救済と信認義務との強い結びつきからくる。信認義務を信認法の中核に置いたことにより、裁判所は信認義務の履行を義務づける救済手段を発展させてきた。救済手段が履行を義務づけるものであるため、救済の指向するものが、最低費用回避者を見つける、非効率的な自助を回避する、不正行為を最適量以上に促進しないといった、別の有用な社会的目的にはなっていない。大法官には、忠実でない受託者が最適な数だけいると考える（シェイクスピアの『十二夜』に登場する）マルヴォリオのような悪意の取り巻きがたくさんいたが、過ちを犯したり、迷っている受託者を晒し者にすべきと考える者はほとんどいなかったのである。

V 結 論

信認法は救済の法であると言っても過言ではないだろう。しかし、それで正しい方向に向かうと考えることは誤りである。フィデューシャリーに関する救済は強力である。強力さゆえに、原告は、その救済を利用して信認法の問題であるかのように主張しようとし、実体法の外延を広げようとする。

フィデューシャリーに関する救済の威力の裏には、今も重大な意味をもつ歴史的事実がある。現代の信認法の大部分は、エクイティの産物である。そこでは、フィデューシャリーに関する救済ほど深く刻まれたものはない。信認法において最も特徴的な救済手段である、利益の計算・精算と擬制信託は、エクイティの中で発展した。それ以外の、差止命令やエクイティ上の賠償といった、よく使われる救済手段もまた大法官が生み出したものである。

信認法は、これらの救済手段を使ってフィデューシャリーの行動をコントロールし、彼らに、フィデューシャリーの立場にある者に課された義務を強制してきた。したがって、救済方法として、裁判所による管理や強制を認めるだけでなく、エクイティの特徴ともいえる自己抑制も示してきたのである。[114]

---

113 | Miller, Justifying Fiduciary Duties, supra note 89, at 1004.
114 | C. C. Langdell, A Summary of Equity Pleading 38 n.4 (2d. ed. 1883)（「イギリスにおけるエクイティ制度の現在および当初からを理解したいという者は、その長所だけでなく短所も学ばねばならない」）.

フィデューシャリーに関する救済は、全体としてみれば、罰を与えるものではない。フィデューシャリーに関する救済は、最適な抑止を実現する手段として期待されるものではないのである。しかし、原告と被告の正しい立場に置くことに注意を払い、被告が命令を回避する可能性を考慮し、フィデューシャリーに徹底的に義務を果たさせる、こうしたこだわりを共有する、エクイティに由来する一連の救済手段として期待されるものが、フィデューシャリーに関する救済であることは確かである。この最後の点は、フィデューシュリーに関する救済にとって最も特徴的な点である。フィデューシャリーに関する救済は、相当程度まで信認義務の表れであり、信認義務を体現するものである。

謝　辞

　Joshua Getzler と Mark Leeming 判事、Lionel Smith、Julian Velasco、そして本書の編集者の方々からの批評に対し、謝意を述べたい。

事項索引

あ

あるべき状態に回復させる…61, 85, 86, 237, 239

い

医学的アプローチと現代的アプローチ
　（後見人または財産管理人の任命の）…………321
一方当事者による接触…………………………376
医療保険会社の信認義務……………………367
インサイダー取引（商品取引規制の）……………46
インサイダー取引法（insider traiding law）の
　目的と連邦議会議員…………………………395
インフォームド・コンセントの義務
　………………………………………366, 368, 373
隠蔽の心理学…………………………………355

う

ウィーン条約（Vienna Convention）……………451
ウォーター・ゲート事件（the Watergate scandal）
　の隠蔽…………………………………………346

え

エージェンシー・コスト（理論）…18, 27, 63, 65,
　　　　　　412, 456, 478, 494, 497,
　　　　　　524-526, 528, 539, 575, 576
エージェンシー問題……………19, 88, 354-356,
　　　　　　419, 521, 525, 526
エクイティ上の先取特権…………36, 66, 85, 237
エクイティ上の損害賠償…………35, 61, 86, 557
エリサ法／従業員退職所得保障法（Employee
　Ritirement Income Security Act; ERISA）
　………………………17, 191, 216, 241, 367
　——と信託法……………………………………218
　——におけるフィデューシャリー……………195
　——の禁止取引リスト…………………………231
　——の排他的給付ルール………………………223
LLC（limited liability company）………32, 44, 111-,
　　　　　　141, 144, 145, 151, 155,
　　　　　　158-162, 164, 490-492, 544
エンロン・ワールドコム（Enron and WorldCom）
　………………………………………………347

お

横領………………………………………23, 333, 463
親
　——の信認義務に基づく法の執行…………297
　子を監護していない——の義務……………299

か

カードーゾ（Cardozo, Benjamin）判事
　………………………………………94, 117, 476
会社の機会………………97, 103, 149, 490, 534
カトリック教会での性的虐待事件………346, 356
管財人
　——の義務の範囲による制限………………286
　——の計算・精算（義務）…………………288
　——の個人的地位による責任追及の制限…285
　——の地位による責任追及の制限…………284
　——の忠実義務………………………………274
　——の反信認義務……………………………271
　——の非信認義務……………………………269

き

危害を伴わない注意義務違反（受認者の）………505
議決権行使とエンゲージメント（受認者の）
　………………………………………………227, 228
擬制信託………………………35, 36, 62, 107,
　　　　　　137, 385, 517, 557, 563
基礎的法原則…………………………………459, 578
義務相反ルール………………………………………479
行政手続法（Administrative Procedure Act; APA）
　………………………………………390, 417, 536
記録保存…………75, 143, 158, 317, 388, 520
禁止的ルール…201, 204, 205, 386, 446, 477, 551

く

グラム・リーチ・ブライリー法（Gramm-Leach-
　Bliley Act）………………………………………165

け

経営判断原則…………………61, 88, 98, 99, 101
経済的損失ルール…………………………………52
計算・精算（義務）……………385, 388, 392, 511,
　　　　　　517, 533, 534, 557

会社以外の営利組織の―― ……136-139, 534
管財人の―― ……288
組合の―― ……119
事実関係に基づく受認者の―― ……35-37
慈善団体または非営利組織の―― ……534
従業員の―― ……254
代理人の―― ……57
忠実義務違反の救済としての―― ……516
契約によって課される信認義務……492
現代ポートフォリオ理論……71, 212, 225

こ

公益信託…141, 142, 144, 148-155, 159, 161, 506
公共信託の法理………382, 383, 408, 413
公職の宣誓………389, 403
公正性の基準………95, 96, 98, 101, 480
公平（中立）義務……224, 274, 391, 422, 493, 534
合理性根拠の審査（United States v. Calolene
　　Products における）………419
合理的な投資家の準則………71-, 203, 224, 521
合理的な投資の原則………61
合理的に思慮深い者………507
　　――の基準………509
合理人………130, 353
　　――のテスト（不法行為法の）………527
合理人準則………71, 196, 218
国家
　　――の公平な取扱いとしての忠実性………423
　　――の裁量権行使の尊重としての注意……424
　　――の自己取引………422
　　――の熟慮としての注意………426
　　――の誠実義務………423
　　――のプロセスとしての注意………425
　　――の法の支配としての忠実性………421
　　――の利益相反回避としての忠実性………422
　　――の良心性としての忠実性………423
混同／混蔵………75, 534

さ

サーベンス・オクスリー法（Sarbanes-Oxley Act）
　　………260, 348, 358
最高経営責任者（chief executive officer; CEO）…345
　　会社の代理人としての――………53
最善の利益………15, 67, 89, 122, 149, 193, 223,
　　　　295, 330, 345, 354, 364, 373,
　　　　389, 434, 482, 512, 526, 527
　　受益者の――を図るルール………67, 89, 510
裁判例の深刻な一貫性のなさ………23, 464

South West Africa 事件 ………437
先取特権
　　エクイティ上の―― ………36, 66, 85, 237
　　代理人（証券ブローカー）の本人の財産に
　　　対する債権者としての―― ………43
差止命令（による救済）……66, 85, 107, 137, 181,
　　　　213, 236, 253, 361, 427, 517, 557, 569
　　緊急的―― ………213
　　暫定的―― ………213

し

Chevron 判決の法理 ………417, 536
自己取引
　　――と強行規定・任意規定………547
　　――の禁止と注意義務の水準………510
　　意思決定代行者の―― ………327
　　家族の―― ………312
　　公職者の―― ………387, 419
　　国家の―― ………422
　　従業員の―― ………246
　　従たる義務としての――の禁止………533
　　受託者の―― ………65-67
　　代理人による――の慣例化………49
　　代理人の―― ………49
　　投資顧問業者の―― ………201
　　取締役の―― ………95, 419
　　年金プラン提供者の―― ………225
　　年金プランの受認者の―― ………257
　　破産管財人の―― ………273
　　役員の―― ………152
慈善団体………61, 141-, 522, 535, 552, 555
私的訴権………213, 232, 412
従業員株式給付制度（Employee Stcok Ownnership
　　Plan; ESOP）………227, 257
従業員の信認義務に対する代理法説………245
重大性基準………103
重要資源の理論（Smith, Gordon による）………469
熟慮（または審議）………397, 423, 426, 516, 536
受認者／フィデューシャリー
　　――としての親………308
　　――としての弁護士………337
　　――の危害を伴わない注意義務違反………505
　　――の議決権行使とエンゲージメント
　　　………227, 228
　　――の守秘義務………148
　　――の定義………468
　　事実関係に基づく――の計算・精算（義務）
　　　………35-37

退役軍人管理局の―― ………………326
受認者の権限の理論（Miller, Paul B.による）……469
守秘義務
　医師、病院その他の医療提供者の―― ………374
　銀行の―― ………………………170
　受認者の―― ………………………148
　代理関係終了後の―― ………………49
　代理人の―― ………………………49
　非営利組織に対する―― ……………158
　元CIA諜報員の―― ………………385
上層部に報告を上げていく義務（弁護士の）…348
商品取引法におけるフィデューシャリー……197
思慮深い行動を求める無条件の義務…………505
親権の機能………………………………298
親権の終了………………………………301
信託
　――財産の分別管理義務…………74, 75, 534
　――の指図権者……………………83
　――のデキャンティング……………70
　――の投資について繰り返し発生する問題
　　…………………………………72
　委託者が有する財産処分の自由を実現する
　　道具としての―― …………………62
　裁量―― ………………………………69
　指図型―― ……………………………83
慎重義務（注意義務）…………………68, 503
信認義務を狭い密室に閉じ込める……………117
進歩的婚姻モデル………………………293
信頼と信用…… 17, 18, 45, 168, 199, 201, 241, 337,
　　339, 441, 452, 463, 466, 523, 538

す

スカルピング………………………………202
ステークホルダー法／利害関係者法
　（constituency statute）……………92, 107, 261
ストロングアーム条項（strong arm clause）
　…………………………………268, 276, 277

せ

誠実義務…………………………31, 482, 509, 553
　――と開示義務………………………31, 202
　――と忠実義務との区別………………555
　医師の―― ……………………………364
　親の―― ………………………………296
　会社法におけるフィデューシャリーが負う――
　　…………………………………483
　国家の―― ……………………………423
　従業員の―― …………………………248, 249

信託受託者の―― ………………………61
デラウェア州裁判所の忠実義務としての――
　…………………………100, 122, 483, 555
デラウェア州裁判所の２つの―― …… 130, 145
独立当事者間の契約関係の―― ………31
取締役の―― ……………………………89, 100
誠実義務と公正取引義務（誠実と公正）… 129, 544
　忠実でない行為の同意の際の―― ……57
　非営利組織のメンバーの契約上の―― ……145
　利益相反関係にある信託の受託者の――と
　　不探求の原則………………………528
説明（会計・帳簿の作成）…… 51, 76, 78, 307, 311,
　　392, 393, 510, 534-536
専占条項…………………………………217
占有継続債務者…………………………264

そ

率直（である義務）………… 103, 340, 359, 392, 393
損失回避の枠組み………………………356

た

退役軍人管理局の受認者………………326
代行判断基準（意思決定代行の）…………328
代表訴訟（派生的訴訟）……………106, 108, 136
代理関係の終了と信認義務………………50
他の方法を排除するルール（判例法上、計算・
　　清算以外の）…………………………137

ち

地位に基づく―― ………… 15, 246, 456, 526
　コモン・ローにおける――法的枠組み……244
中間的制裁（連邦税法の）……………151, 152
忠実義務
　――違反の救済としての計算・精算（義務）
　　…………………………………516
　――と取引の公正さ………………479
　管財人の―― ………………………274
　誠実義務と――との区別………………555
　デラウェア州裁判所の――としての誠実義務
　　…………………………100, 122, 483, 555
直接訴訟…………………………………107, 136

と

統一プルーデント・インベスター法（Uniform
　Prudent Investor Act）………………154, 212
投資会社法におけるフィデューシャリー……197
投資家と助言者の間の信認関係………………19
投資家とブローカーの間の信認関係…………21

投資銀行業務
　　——における顧客対応業務と投資家対応業務
　　　　…………………………………………171
　　——における確約引受けとベストエフォート
　　　　方式引受け………………………………172
投資顧問…………………17, 61, 190-, 219,
　　　　220, 231, 255, 495, 535
投資顧問業者……………17, 166, 190-, 504, 510
　　——の自己取引………………………………201
投資顧問法………………………………………522
　　——におけるフィデューシャリー……………191
統治国の二重のフィデューシャリー……………440
特に信頼された葡萄畑の小作人の譬え………337
トランプ（Trump, Donald J.）大統領
　　　　……………………………346, 353, 386
取消しに代わる損害賠償…………………………107

な

内国歳入庁（Internal Revenue Service; IRS）
　　　　……………………………………156, 238

に

ニクソン（Nixon, Richard M.）大統領……346, 355

ね

年金プラン……………17, 190, 255, 258, 509, 552
　　——提供者の自己取引………………………225
　　——の受認者の自己取引……………………257

は

Barton 法理………………………………………284
派生的免責の法理………………………………285
反腐敗原則………………………………………387

ひ

秘匿特権…………………………………………340
病院の信認義務…………………………………366
非良心性（医師の）……………………………375

ふ

フィデューシャリーの政治理論…………………395
不探求の原則……………………65, 232, 479, 528
　　利益相反関係にある信託の受託者の
　　　　誠実公正と——………………………528
腐敗／汚職……………………………387, 422, 448
不法行為法上の代理人の本人に対する信認義務
　　　　違反に係る救済……………………………57

プライベート・ファウンデーション…………151
ブローカー…………………………………… 43
ブローカー・ディーラー………… 16, 165, 192, 549
プロスペクト理論………………………………356
フロント・ランニング………………………… 46, 47
分散投資義務………72, 76, 212, 225, 257, 532

ほ

ホッブズ、トマス（Hobbes, Thomas）…………407
補塡損害賠償………………… 236, 253, 488, 574

ま

Meinhard 判決（Meinhard v. Salmon）
　　　　………………………………… 94, 117, 476
McNulta 法理……………………………………286
マドフ、バーナード（Madoff, Bernard）………213

む

無思慮………… 82, 86, 123, 159, 160, 507, 508

も

専ら受益者の利益を図るルール…… 15, 61, 65-67,
　　　　89, 149, 201, 223, 256, 312, 479, 527, 550
モデル事業会社法（The Model Busuness
　　　　Corporation Act）……………………… 92

よ

予防的ルール……66, 95, 101, 133, 247, 385, 391,
　　　　395, 400, 422, 486, 528, 548, 550, 551

り

利益取得禁止ルール… 95, 395, 436, 481, 482, 529
利益相反禁止ルール…………95, 313, 386, 395,
　　　　422, 476-478, 529
利益の吐出し……57, 61, 107, 189, 213, 253, 313,
　　　　385, 478, 488, 511, 515, 563
リスクとリターン……………… 71, 228, 258, 521

る

ルールとスタンダード…………………… 25, 520

れ

レギュレーション・ベスト・インタレスト……193

わ

賄賂……………………………… 48, 399, 451, 561

監訳者・訳者紹介

【監訳者】

溜箭　将之（たまるや　まさゆき）
東京大学法学部卒。現在、東京大学大学院法学政治学研究科教授。『英米民事訴訟法』（東京大学出版会・2016 年）、『フュデューシャリー――「託される人」の法理論』（監訳、弘文堂・2014 年）、「米国金融機関に対する司法判断の状況」神作裕之編『フュデューシャリー・デューティーと利益相反』（岩波書店・2019 年）「公益信託の潜在力―アメリカの寄付者助言基金を参考に」神作裕之・三菱 UFJ 信託銀行フィデューシャリー・デューティー研究会編『フィデューシャリー・デューティーの最前線』（有斐閣・2023 年）。

萬澤　陽子（まんざわ　ようこ）
国際基督教大学教養学部卒。東京大学大学院法学政治学研究科博士課程修了。現在、筑波大学ビジネスサイエンス系法曹専攻准教授。『アメリカのインサイダー取引と法』（弘文堂・2011 年）、「アメリカにおける取締役の信認義務と受託者の信認義務の比較」信託法研究 47号（2023 年）、「アメリカにおける取締役の不作為の責任」神作裕之・三菱 UFJ 信託銀行フィデューシャリー・デューティー研究会編『フィデューシャリー・デューティーの最前線』（有斐閣・2023 年）。

【訳　者】

有吉　尚哉（ありよし　なおや）　4 章、7 章、13 章、21 章
東京大学法学部卒。現在、弁護士（西村あさひ法律事務所・外国法共同事業）。「顧客本位の業務運営に関する実務と 2023 年金融商品取引法等改正のねらい」後藤元・小野傑・守屋貴之編『動き出す「貯蓄から投資へ」――資産運用立国への課題と挑戦』（金融財政事情研究会・2024 年）、「日本法の下での ESG/SDGs を考慮した投資と法的責任」神作裕之・三菱 UFJ 信託銀行フィデューシャリー・デューティー研究会編『フィデューシャリー・デューティーの最前線』（有斐閣・2023 年）。

中田　直茂（なかだ　なおしげ）　3 章、11 章、20 章、23 章
東京大学法学部卒・コロンビア大学 L. L. M.。現在、弁護士（北星法律事務所）。「リーディング金融法務　顧客の最善の利益を図る義務の信託銀行・年金関係者等への影響」金融法務事情 2229 号（2024 年）、「信託受託者が行う自己取引における一般的忠実義務の適用（第 3部）」『高齢社会における民法・信託法の展開〔新井誠先生古稀記念論文集〕』（日本評論社・2021 年）。

友松　義信（ともまつ　よしのぶ）　はしがき、1 章、2 章、6 章、10 章、12 章、17 章、18 章、24 章
三菱 UFJ 信託銀行経営企画部。溜箭将之監訳・三菱 UFJ 信託銀行 Fiduciary Law 研究会訳『フュデューシャリー――「託される人」の法理論』（共訳、弘文堂・2014 年）、「フィデューシャリー・デューティーから見る米国金融機関の歴史」神作裕之編『フィデューシャリー・デューティーと利益相反』（岩波書店・2019 年）、「プラットフォーマーはフィデューシャリーか」「ESG 投資と信認義務」神作裕之・三菱 UFJ 信託銀行フィデューシャリー・デューティー研究会編『フィデューシャリー・デューティーの最前線』（有斐閣・2023 年）。

吉谷　晋（よしたに　すすむ）　5章、14章、16章、19章、22章

三菱 UFJ 信託銀行経営企画部。溜箭将之監訳・三菱 UFJ 信託銀行 Fiduciary Law 研究会訳『フュデューシャリー——「託される人」の法理論』（共訳、弘文堂・2014年）、「公益信託の目的と受託者の善管注意義務・忠実義務」神作裕之・三菱 UFJ 信託銀行フィデューシャリー・デューティー研究会編『フィデューシャリー・デューティーの最前線』（有斐閣・2023年）。

佐藤　令康（さとう　のりやす）　8章、9章、15章

三菱 UFJ 信託銀行経営企画部。「フィデューシャリー・デューティ、利益相反に係る米国金融機関を取り巻く環境」神作裕之編『フィデューシャリー・デューティーと利益相反』（岩波書店・2019年）。

【監訳者】

溜箭　将之　東京大学大学院法学政治学研究科教授
萬澤　陽子　筑波大学ビジネスサイエンス系法曹専攻准教授

【訳　者】

有吉　尚哉　弁護士（西村あさひ法律事務所・外国法共同事業）
中田　直茂　弁護士（弁護士法人北星法律事務所）
友松　義信　三菱 UFJ 信託銀行経営企画部
吉谷　　晋　三菱 UFJ 信託銀行経営企画部
佐藤　令康　三菱 UFJ 信託銀行経営企画部

フィデューシャリー法大全

2024（令和6）年9月30日　初版1刷発行

監訳者　溜箭将之・萬澤陽子

発行者　鯉渕　友南

発行所　株式
　　　　会社　弘 文 堂　101-0062 東京都千代田区神田駿河台1の7
　　　　　　　　　　　　 TEL 03（3294）4801　振 替 00120-6-53909
　　　　　　　　　　　　 https://www.koubundou.co.jp

装　幀　大森裕二
印　刷　三 陽 社
製　本　牧製本印刷

© 2024 Masayuki Tamaruya, Yoko Manzawa, Mitsubishi UFJ Trust and Banking Corporation. Printed in Japan

JCOPY 〈（社）出版者著作権管理機構　委託出版物〉
本書の無断複写は著作権法上での例外を除き禁じられています。複写される場合は、その
つど事前に、（社）出版者著作権管理機構（電話 03-5244-5088、FAX 03-5244-5089、
e-mail : info@jcopy.or.jp）の許諾を得てください。
また本書を代行業者等の第三者に依頼してスキャンやデジタル化することは、たとえ
個人や家庭内での利用であっても一切認められておりません。

ISBN 978-4-335-35998-9

━━━ 関連書 ━━━

フィデューシャリー
──「託される人」の法理論

タマール・フランケル◎著
溜箭将之◎監訳
三菱UFJ信託銀行Fiduciary Law研究会◎訳

　フィデューシャリーとは、英米法の国々におけるコモン・ローとエクイティというユニークな法体系の中から発達したもので、昨今、注目の法概念です。しかし、日本においては、信託という仕組みが受託者に対する信認を前提に成り立っているにもかかわらず、十分な理解が得られているとはいえません。

　そこで、信託銀行のアイデンティティともいえるフィデューシャリー・デューティについて正しく理解し、それを日々の業務にも活かしていくことが必要であると考えてきた三菱UFJ信託銀行が、フィデューシャリーについてより良く理解するための助けになるもの、あるいは基本に立ち返るときに指針となるものとして、ボストン大学のタマール・フランケル教授が2010年に執筆した「Fiduciary Law」を翻訳したのが、本書です。

　信託の根底をなすフュデューシャリーのすべてがわかる。学界へもインパクトを与える信託実務の中から生まれた注目の一冊。Ａ５判　上製　320頁　本体3000円

　　［主要目次］
　　第１章　信認関係の本質
　　第２章　信認法はどこから来たか
　　第３章　受認者の義務
　　第４章　信認法と任意規定
　　第５章　なぜ信認法を独立のカテゴリーとして考えるのか
　　第６章　裁判所による受認者の規律、救済方法、裁判手続
　　第７章　託すことと信頼を促進するうえで信認法が果たす役割

━━━ 弘文堂 ━━━

本体価格は2024年９月現在

信託法を
正しく理解するために——

弘文堂の「信託法」の本

条解 信託法
道垣内弘人◎編

新信託法施行後の状況をふまえ、条文ごとに、その趣旨・改正の経緯・旧法との対比、詳細な解説を付した、第一線の研究者による逐条解説書。 **15,000円**

信託法制の新時代
能見善久・樋口範雄・神田秀樹◎編

信託の現代的展開と将来展望 新しい活用方法、担い手、新たな概念の登場で、あらためて注目されている「信託」に、多角的な視点から迫る。**4,000円**

現代の信託法
樋口範雄・神作裕之◎編

アメリカと日本 現代のアメリカ「信託」事情を知るために不可欠な信託法第3次リステイトメントを読み解き、日本の信託法の今後を考える。**4,900円**

信託法講義【第2版】
神田秀樹・折原誠◎著

図表も駆使して信託の基本を解説。信託業法・信託兼営法・金商法との関係にも触れ、実務のニーズに応える。民法改正に対応した最新版。 **3,500円**

入門 信託と信託法【第2版】
樋口範雄◎著

「信託」ってそもそも何？ 信託の意義としくみ、そして新しい信託法のことがよくわかる入門書。信託の面白さを伝える東大での講義を再現。 **1,700円**

アメリカ信託法ノートⅠ・Ⅱ
樋口範雄◎著

判例やリステイトメントを素材に、基本的な重要項目から最新論点までをわかりやすく解説。信託の全体像が見えてくる入門書。 **2,800円・3,500円**

新しい信託30講
井上聡◎編著

新しい信託法制の枠組みとそれが現実にどのような場面で適用されるかがよくわかる。信託のしくみを利用した新しい金融取引の設計図を描く。**3,000円**

解説 新信託法
寺本振透◎編集代表

80余年ぶりに全面改正された信託法を、新進気鋭の弁護士が逐条解説。専門家が信託法制を活用するためのシミュレーションを示す実務書。 **3,500円**

＊価格(税抜)は、2024年9月現在のものです。

アメリカ法ベーシックス

●アメリカ法の正確な基本知識を提供する実務にも役立つシリーズ！

　現在、アメリカ法への関心の裾野は広がり、わが国の法解釈の参考とされるだけでなく、関連企業や個人が直接アメリカ法の適用をうける可能性も多くなりました。

　このようにアメリカ法が身近な存在となり、また日本法との違いが両国の関係にとって大きな壁となるなか、一方でアメリカ法研究の発展のために、他方で実務的にアメリカ法の基本的な知識を必要とする人たちのために、主要な法領域における依拠すべき信頼できる基本書が求められています。

　本シリーズは、アメリカ法の各分野における本格的な概説書として、正確な基本的知識を提供し、具体的事例を用いてアメリカ法の特色を明示します。長く基本書として引用・参照されるシリーズを目指しています。

＊	現代アメリカ法の歴史［オンデマンド版］	ホーウィッツ著 樋口範雄訳	6000円
＊	アメリカ契約法［第3版］	樋口範雄	3800円
＊	アメリカ労働法［第2版］	中窪裕也	3700円
＊	アメリカ独占禁止法［第2版］	村上政博	4000円
＊	アメリカ証券取引法［第2版］	黒沼悦郎	2900円
＊	アメリカ民事手続法［第3版］	浅香吉幹	2600円
＊	アメリカ代理法［第2版］	樋口範雄	3300円
＊	アメリカ不法行為法［第2版］	樋口範雄	3700円
＊	アメリカ製造物責任法	佐藤智晶	3000円
＊	アメリカ憲法［第2版］	樋口範雄	4600円
＊	アメリカ渉外裁判法	樋口範雄	3800円
＊	アメリカ高齢者法	樋口範雄	3700円
＊	アメリカ銀行法	川口恭弘	2900円
＊	アメリカ家族法	樋口範雄	3800円
	アメリカ憲法	松井茂記	
	アメリカ租税法	水野忠恒	
	アメリカ行政法	中川丈久	
	アメリカ会社法	吉原和志	
	アメリカ商取引法	藤田友敬	
	アメリカ倒産法	松下淳一	
	アメリカ医事法	丸山英二	

弘文堂

表示価格は2024年9月現在の本体価格(税別)です。＊は既刊